胡适文集 2

欧阳哲生 编

胡适文存

北京大学出版社

1914年胡适摄于美国绮色佳。

1909年的胡适

上：年轻的北大教授胡适。
下：1919年胡适（后排左一）与杜威（前排右一）、杜威夫人（前排右二）、史量才（前排左一）、蒋梦麟（后排左二）、陶行知（后排左三）摄于上海。

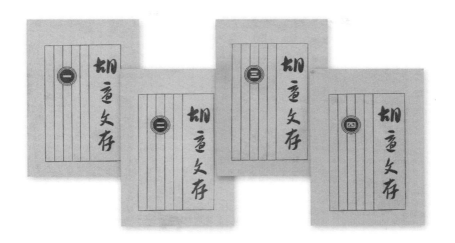

上：1921年12月《胡适文存》由上海亚东图书馆出版。

下左：胡适与胡祖望合影，胡适题赠给杜威夫妇；题词中，称他的儿子是"小胡适"。

下右：1920年3月14日胡适（右二）与李大钊（右一）、蔡元培（右三）等人在北京西山卧佛寺合影。

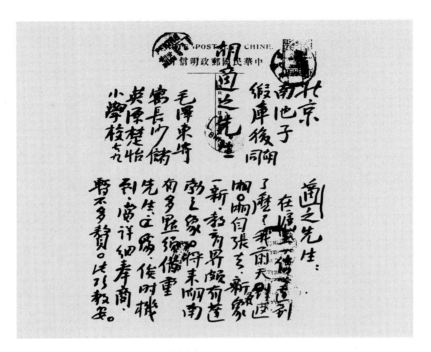

上：1920年7月9日毛泽东给胡适的明信片。

下：北京大学沙滩校园全景，胡适在这里工作、生活了十八年。

第二册说明

《胡适文存》1921年12月由上海亚东图书馆出版,分平装(四册)、精装(两册)两种,六开本。《胡适文存》内收录的文章大致写于1911年5月至1921年11月之间,大都已在报纸杂志上发表过,有些文章胡适又作了修改,具体情形胡适在《序例》中有所交待。《胡适文存》问世后,深受广大读者的欢迎,是20年代流传甚广的畅销书。1930年出第十三版,系重排,新增《十三版自序》,胡适在序中说:"这一版的校勘胜过以前的本子。"以后又印行多版,1953年台北远东图书公司印行《胡适文存》四集合印本,除原《胡适文存》三集外,又将《胡适论学近著》改为《胡适文存》第四集。书前新增《〈胡适文存〉四部合集本自序》一文,篇目作了删削,一集删去:《致蓝志先书》、《寄吴又陵先生书》、《朋友与兄弟》三篇。

此次整理出版《胡适文存》,系依1930年所出第十三版排印。原书无文章发表出处,现将每篇文章的出处,一一括注说明,供读者参考。

序例

这四卷是我这十年来做的文章;因为有好几篇不曾收入,故名为《文存》。

这四卷的区分,大概依下列的标准:

卷一,论文学的文。这一卷删去最少,因为我觉得这些讨论文学的文章,虽然有许多是很不配保存的,却可以代表一种运动的一个时代,也许有一点历史的趣味,故大部分都被保存了。

卷二与卷三,带点讲学性质的文章。我这几年做的讲学的文章,范围好像很杂乱——从《墨子·小取》篇到《红楼梦》,——目的却很简单。我的唯一的目的是注重学问思想的方法。故这些文章无论是讲实验主义,是考证小说,是研究一个字的文法,都可说是方法论的文章。

卷四,杂文。这一卷性质稍杂:有讨论社会问题之文,有传记之文,有序跋之文;还有一两篇文学的小尝试也附在里面。

至于这种随时做的文章,是否有出版的价值,这个疑问,我只好让国内的读者与批评家代我回答了。我自己现在回看我这十年来做的文章,觉得我总算不曾做过一篇潦草不用气力的文章,总算不曾说过一句我自己不深信的话:只有这两点可以减少我良心上的惭愧。

这些文章,除了极少数之外,都是在杂志上或在别的书里发表过的。此次有许多篇是经过一番修改的;有许多篇虽没有大改动之处,也经过一番校勘的工夫。修改最多的是《〈红楼梦〉考证》一篇,共改动了七八千字。《清代学者的治学方法》一篇,有一部分曾登在《北京大学月刊》和《科学》上,当时的题目是《清代汉学家的科学方法》。此次我修改了好几处,又加上了第八章。卷一附录钱玄同先生的两篇通信,是钱先生自己修改过的。此外的修改,我也不一一列举了。

校对此书付印时,我的朋友汪原放、章希吕的帮助是我最感谢的。没有他们的鼓励与帮助,这几卷书恐怕到明年还没有出书的希望。

说完了这几句开场的话,我恭恭敬敬的把我这几十篇文贡献给我的读者。

十,十一,十九　胡适

十三版自序

《胡适文存》初集是民国十年十二月出版的,八年之中,印了十二版,共计四万七千部。现在纸版损坏稍多,故亚东图书馆今年重排一遍,是为第十三版。

对于这几万个读者的好意,我自然十分感谢。对于八年来校勘这部书的亚东图书馆编辑部的诸位先生,我的感谢是很难用笔墨表现的。即如章希吕先生,他细细校读此书至少在七八遍以上。一个著作家往那里去寻求这样热心的读者呢?此外,如余昌之先生,汪乃刚先生,周道谋先生,都担任第十三版的校读工作。这一版的校勘胜过以前的本子,全是这四位朋友的恩惠。

胡适　十九,一,廿八

目录

卷一
寄陈独秀/3
文学改良刍议/6
 附录一 文学革命论 陈独秀/14
 附录二 寄陈独秀 钱玄同/17
寄陈独秀/22
 附录 答书/24
历史的文学观念论/25
再寄陈独秀答钱玄同/28
答钱玄同书/31
 附录一 钱先生原书/34
 附录二 钱先生答书/39
建设的文学革命论/41
论文学改革的进行程序/54
答汪懋祖/59
答朱经农/61
答任叔永/67
跋朱我农来信/73
致蓝志先书/75
答蓝志先书/76
论句读符号（答"慕楼"书）/80
答黄觉僧君《折衷的文学革新论》/82
请颁行新式标点符号议案（修正案）/86

论短篇小说/95
文学进化观念与戏剧改良/105
追答李濂镗君/116
读沈尹默的旧诗词/118
谈新诗(八年来一件大事)/121
《尝试集》自序(收入《胡适文集》第9册,此处存目)
《尝试集》再版自序(收入《胡适文集》第9册,此处存目)
什么是文学(答钱玄同)/136
中学国文的教授/139
《国语讲习所同学录》序/150

卷二
诗三百篇言字解/155
尔汝篇(藏晖室读书笔记之一)/158
吾我篇(藏晖室读书笔记之二)/162
诸子不出于王官论/166
《墨子·小取》篇新诂/172
实验主义/191
问题与主义/227
杜威先生与中国/253
清代学者的治学方法/256
井田辨(四篇)/277
论国故学(答毛子水)/296

卷三
国语文法概论/301
《水浒传》考证/339
《水浒传》后考/372
《红楼梦》考证(改定稿)/391

卷四

归国杂感/425

易卜生主义/431

美国的妇人(在北京女子师范学校讲演)/444

贞操问题/455

论贞操问题(答蓝志先)/462

论女子为强暴所污(答萧宜森)/468

"我的儿子"/470

不朽(我的宗教)/475

不老(跋梁漱溟先生致陈独秀书)/482

我对于丧礼的改革/486

新生活(为《新生活》杂志第一期做的)/496

新思潮的意义/498

工读主义试行的观察/505

非个人主义的新生活/509

许怡荪传/517

李超传/525

吴敬梓传/534

先母行述(1873—1918)/540

寄吴又陵先生书/544

朋友与兄弟(答王子直)/546

《曹氏显承堂族谱》序/547

《吴虞文录》序/549

《林肯》序/552

一个问题/557

终身大事(游戏的喜剧)/563

胡适文存　卷一

寄陈独秀

独秀先生足下：

2月3日，曾有一书奉寄，附所译《决斗》一稿，想已达览。久未见《青年》，不知尚继续出版否？今日偶翻阅旧寄之贵报，重读足下所论文学变迁之说，颇有鄙见，欲就大雅质正之。足下之言曰："吾国文艺犹在古典主义理想主义时代，今后当趋向写实主义。"此言是也。然贵报三号登某君长律一首，附有记者按语，推为"希世之音"。又曰："子云、相如而后，仅见斯篇；虽工部亦只有此工力，无此佳丽。……吾国人伟大精神，犹未丧失也欤？于此征之。"细检某君此诗，至少凡用古典套语一百事。……中如"温瞮延犀烬（此句若无误字，即为不通），刘招杳桂英"，"不堪追素孔，只是怯黔嬴"（下句更不通），"义皆攀尾柱，泣为下苏坑"，"陈气豪湖海，邹谈必禆瀛"，在律诗中，皆为下下之句。又如"下催桑海变，西接杞天倾"，上句用典已不当，下句本言高与天接之意，而用杞人忧天坠一典，不但不切，在文法上亦不通也。至于"阮籍曾埋照，长沮亦耦耕"，则更不通矣。夫《论语》记长沮、桀溺同耕，故曰"耦耕"。今一人岂可谓之"耦"耶？此种诗在排律中，但可称下驷。稍读元、白、柳、刘（禹锡）之长律者，皆将谓贵报案语之为厚诬工部而过誉某君也。适所以不能已于言者，正以足下论文学已知古典主义之当废，而独啧啧称誉此古典主义之诗，窃谓足下难免自相矛盾之诮矣。

适尝谓凡人用典或用陈套语者，大抵皆因自己无才力，不能自铸新辞，故用古典套语，转一弯子，含糊过去，其避难趋易，最可鄙薄！在古大家集中，其最可传之作，皆其最不用典者也。老杜《北征》何等工力！然全篇不用一典（其"未闻殷周衰，中自诛褒妲"二语乃比拟,非用典也)。其《石壕》、《羌村》诸诗亦然。韩退之诗亦不用典。白香山《琵琶行》全篇不用一典,《长恨歌》更长矣,仅用"倾国"、"小玉"、"双成"三典而已。律诗之佳者,亦不用典。堂皇莫如"云移雉尾开宫扇,日映龙鳞识圣颜"。宛转莫如"岂谓尽烦回纥马,翻然远救朔方兵"。纤丽莫如"梦为远别啼难唤,书被催成墨未浓"。悲壮莫如"永夜角声悲自语,中天月色好谁看"。然其好处,岂在用典哉?(又如老杜《闻官军收河南河北》一首,更可玩味。)总之,以用典见长之诗,决无可传之价值。虽工亦不值钱,况其不工,但求押韵者乎?

尝谓今日文学之腐败极矣:其下焉者,能押韵而已矣。稍进,如南社诸人,夸而无实,滥而不精,浮夸淫琐,几无足称者(南社中间亦有佳作。此所讥评,就其大概言之耳)。更进,如樊樊山、陈伯严、郑苏盦之流,视南社为高矣,然其诗皆规摹古人,以能神似某人某人为至高目的,极其所至,亦不过为文学界添几件赝鼎耳,文学云乎哉!

综观文学堕落之因,盖可以"文胜质"一语包之。文胜质者,有形式而无精神,貌似而神亏之谓也。欲救此文胜质之弊,当注重言中之意,文中之质,躯壳内之精神。古人曰:"言之不文,行之不远。"应之曰:若言之无物,又何用文为乎?

年来思虑观察所得,以为今日欲言文学革命,须从八事入手。八事者何?

一曰,不用典。

二曰,不用陈套语。

三曰,不讲对仗(文当废骈,诗当废律)。

四曰,不避俗字俗语(不嫌以白话作诗词)。

五曰,须讲求文法之结构。

此皆形式上之革命也。

六曰,不作无病之呻吟。

七曰,不摹仿古人,语语须有个我在。

八曰,须言之有物。

此皆精神上之革命也。

此八事略具要领而已。其详细节目,非一书所能尽,当俟诸他日再为足下详言之。

以上所言,或有过激之处,然心所谓是,不敢不言。倘蒙揭之贵报,或可供当世人士之讨论。此一问题关系甚大,当有直言不讳之讨论,始可定是非。适以足下洞晓世界文学之趋势,又有文学改革之宏愿,故敢贡其一得之愚。伏乞恕其狂妄而赐以论断,则幸甚矣。匆匆不尽欲言。即祝撰安。

胡适白　民国五年十月

(原载1916年10月1日《新青年》第2卷第2号)

文学改良刍议

今之谈文学改良者众矣,记者末学不文,何足以言此?然年来颇于此事再四研思,辅以友朋辩论,其结果所得,颇不无讨论之价值。因综括所怀见解,列为八事,分别言之,以与当世之留意文学改良者一研究之。

吾以为今日而言文学改良,须从八事入手。八事者何?

一曰,须言之有物。

二曰,不摹仿古人。

三曰,须讲求文法。

四曰,不作无病之呻吟。

五曰,务去烂调套语。

六曰,不用典。

七曰,不讲对仗。

八曰,不避俗字俗语。

一曰须言之有物

吾国近世文学之大病,在于言之无物。今人徒知"言之无文,行之不远";而不知言之无物,又何用文为乎?吾所谓"物",非古人所谓"文以载道"之说也。吾所谓"物",约有二事:

(一)情感 《诗序》曰:"情动于中而形诸言。言之不足,故嗟叹之。嗟叹之不足,故咏歌之。咏歌之不足,不知手之舞之,足之蹈之也。"此吾所谓情感也。情感者,文学之灵魂。文学而无情感,如人之无魂,木偶而已,行尸走肉而已(今人所谓"美感"者,亦情感之一也)。

（二）思想　吾所谓"思想"，盖兼见地，识力，理想三者而言之。思想不必皆赖文学而传，而文学以有思想而益贵；思想亦以有文学的价值而益贵也：此庄周之文，渊明、老杜之诗，稼轩之词，施耐庵之小说，所以复绝千古也。思想之在文学，犹脑筋之在人身。人不能思想，则虽面目姣好，虽能笑啼感觉，亦何足取哉？文学亦犹是耳。

文学无此二物，便如无灵魂无脑筋之美人，虽有秾丽富厚之外观，抑亦末矣。近世文人沾沾于声调字句之间，既无高远之思想，又无真挚之情感，文学之衰微，此其大因矣。此文胜之害，所谓言之无物者是也。欲救此弊，宜以质救之。质者何？情与思二者而已。

二曰不摹仿古人

文学者，随时代而变迁者也。一时代有一时代之文学：周、秦有周、秦之文学，汉、魏有汉、魏之文学，唐、宋、元、明有唐、宋、元、明之文学。此非吾一人之私言，乃文明进化之公理也。即以文论，有《尚书》之文，有先秦诸子之文，有司马迁、班固之文，有韩、柳、欧、苏之文，有语录之文，有施耐庵、曹雪芹之文：此文之进化也。试更以韵文言之：《击壤》之歌，《五子》之歌，一时期也；《三百篇》之诗，一时期也；屈原、荀卿之骚赋，又一时期也；苏、李以下，至于魏、晋，又一时期也；江左之诗流为排比，至唐而律诗大成，此又一时期也；老杜、香山之"写实"体诸诗（如杜之《石壕吏》、《羌村》，白之《新乐府》），又一时期也；诗至唐而极盛，自此以后，词曲代兴，唐、五代及宋初之小令，此词之一时代也；苏、柳（永）、辛、姜之词，又一时代也；至于元之杂剧传奇，则又一时代矣；凡此诸时代，各因时势风会而变，各有其特长，吾辈以历史进化之眼光观之，决不可谓古人之文学皆胜于今人也。左氏、史公之文奇矣，然施耐庵之《水浒传》视《左传》、《史记》何多让焉？《三都》、《两京》之赋富矣，然以视唐诗宋词，则糟粕耳。此可见文学因时进化，不能自止。唐人不当作商、周之诗，宋人不当作相如、子云之赋，——即令作之，亦必不工。逆天背时，违进化之迹，故不能工也。

既明文学进化之理，然后可言吾所谓"不摹仿古人"之说。今日之中国,当造今日之文学,不必摹仿唐、宋,亦不必摹仿周、秦也。前见《国会开幕词》,有云:"于铄国会,遵晦时休。"此在今日而欲为三代以上之文之一证也。更观今之"文学大家",文则下规姚、曾,上师韩、欧;更上则取法秦、汉、魏、晋,以为六朝以下无文学可言,此皆百步与五十步之别而已,而皆为文学下乘。即令神似古人,亦不过为博物院中添几许"逼真赝鼎"而已,文学云乎哉!昨见陈伯严先生一诗云:

涛园抄杜句,半岁秃千毫。所得都成泪,相过问奏刀。万灵噤不下,此老仰弥高。胸腹回滋味,徐看薄命骚。

此大足代表今日"第一流诗人"摹仿古人之心理也。其病根所在,在于以"半岁秃千毫"之工夫作古人的钞胥奴婢,故有"此老仰弥高"之叹。若能洒脱此种奴性,不作古人的诗,而惟作我自己的诗,则决不致如此失败矣。

吾每谓今日之文学,其足与世界"第一流"文学比较而无愧色者,独有白话小说(我佛山人,南亭亭长,洪都百炼生三人而已)一项。此无他故,以此种小说皆不事摹仿古人(三人皆得力于《儒林外史》、《水浒》、《石头记》。然非摹仿之作也),而惟实写今日社会之情状,故能成真正文学。其他学这个,学那个之诗古文家,皆无文学之价值也。今之有志文学者,宜知所从事矣。

三曰须讲文法

今之作文作诗者,每不讲求文法之结构。其例至繁,不便举之,尤以作骈文律诗者为尤甚。夫不讲文法,是谓"不通"。此理至明,无待详论。

四曰不作无病之呻吟

此殊未易言也。今之少年往往作悲观,其取别号则曰"寒灰","无生","死灰";其作为诗文,则对落日而思暮年,对秋风而思零落,春来则惟恐其速去,花发又惟惧其早谢;此亡国之哀音也。老年人为之犹不可,况少年乎?其流弊所至,遂养成一种暮气,不思奋发有为,服劳报国,但知发牢骚之音,感喟之文;作者将以促其寿年,读者将亦短其志气:此吾所谓无病之呻吟也。国之多患,吾岂不知之?然病国危时,岂痛哭流涕所能收效乎?吾惟愿今之文学家作费舒特(Fichte),作玛志尼(Mazzini),而不愿其为贾生、王粲、屈原、谢皋羽也。其不能为贾生、王粲、屈原、谢皋羽,而徒为妇人醇酒丧气失意之诗文者,尤卑卑不足道矣!

五曰务去烂调套语

今之学者,胸中记得几个文学的套语,便称诗人。其所为诗文处处是陈言烂调,"蹉跎","身世","寥落","飘零","虫沙","寒窗","斜阳","芳草","春闺","愁魂","归梦","鹃啼","孤影","雁字","玉楼","锦字","残更",……之类,累累不绝,最可憎厌。其流弊所至,遂令国中生出许多似是而非,貌似而实非之诗文。今试举吾友胡先骕先生一词以证之:

> 荧荧夜灯如豆,映幢幢孤影,凌乱无据。翡翠衾寒,鸳鸯瓦冷,禁得秋宵几度?幺弦漫语,早丁字帘前,繁霜飞舞。袅袅余音,片时犹绕柱。

此词骤观之,觉字字句句皆词也,其实仅一大堆陈套语耳。"翡翠衾","鸳鸯瓦",用之白香山《长恨歌》则可,以其所言乃帝王之衾之瓦也。"丁字帘","幺弦",皆套语也。此词在美国所作,其夜灯决不"荧荧如豆",其居室尤无"柱"可绕也。至于"繁霜飞舞",则更不成话矣。谁曾见繁霜之"飞舞"耶?

吾所谓务去烂调套语者,别无他法,惟在人人以其耳目所亲见亲闻所亲身阅历之事物,一一自己铸词以形容描写之;但求其不失真,但求能达其状物写意之目的,即是工夫。其用烂调套语者,皆懒惰不肯自己铸词状物者也。

六曰不用典

吾所主张八事之中,惟此一条最受朋友攻击,盖以此条最易误会也。吾友江亢虎君来书曰:

> 所谓典者,亦有广狭二义。饾饤獭祭,古人早悬为厉禁;若

> 并成语故事而屏之，则非惟文字之品格全失，即文字之作用亦亡。……文字最妙之意味，在用字简而涵义多。此断非用典不为功。不用典不特不可作诗，并不可写信，且不可演说。来函满纸"旧雨"，"虚怀"，"治头治脚"，"舍本逐末"，"洪水猛兽"，"发聋振聩"，"负弩先驱"，"心悦诚服"，"词坛"，"退避三舍"，"滔天"，"利器"，"铁证"，……皆典也。试尽抉而去之，代以俚语俚字，将成何说话？其用字之繁简，犹其细焉。恐一易他词，虽加倍蓰而涵义仍终不能如是恰到好处，奈何？……

此论甚中肯要。今依江君之言，分典为广狭二义，分论之如下：

（一）广义之典非吾所谓典也。广义之典约有五种：

（甲）古人所设譬喻，其取譬之事物，含有普通意义，不以时代而失其效用者，今人亦可用之。如古人言"以子之矛，攻子之盾"，今人虽不读书者，亦知用"自相矛盾"之喻，然不可谓为用典也。上文所举例中之"治头治脚"，"洪水猛兽"，"发聋振聩"，……皆此类也。盖设譬取喻，贵能切当；若能切当，固无古今之别也。若"负弩先驱"，"退避三舍"之类，在今日已非通行之事物，在文人相与之间，或可用之，然终以不用为上。如言"退避"，千里亦可，百里亦可，不必定用"三舍"之典也。

（乙）成语　成语者，合字成辞，别为意义。其习见之句，通行已久，不妨用之。然今日若能另铸"成语"，亦无不可也。"利器"，"虚怀"，"舍本逐末"，……皆属此类。此非"典"也，乃日用之字耳。

（丙）引史事　引史事与今所论议之事相比较，不可谓为用典也。如老杜诗云，"未闻殷周衰，中自诛褒妲"，此非用典也。近人诗云，"所以曹孟德，犹以汉相终"，此亦非用典也。

（丁）引古人作比　此亦非用典也。杜诗云，"清新庾开府，俊逸鲍参军"，此乃以古人比今人，非用典也。又云，"伯仲之间见伊吕，指挥若定失萧曹"，此亦非用典也。

（戊）引古人之语　此亦非用典也。吾尝有句云，"我闻古人言，艰难惟一死"。又云，"尝试成功自古无，放翁此语未必是"。此乃引语，非用典也。

以上五种为广义之典，其实非吾所谓典也。若此者可用可不用。

（二）狭义之典，吾所主张不用者也。吾所谓用"典"者，谓文人词客不能自己铸词造句以写眼前之景，胸中之意，故借用或不全切，或全不切之故事陈言以代之，以图含混过去：是谓"用典"。上所述广义之典，除戊条外，皆为取譬比方之辞。但以彼喻此，而非以彼代此也。狭义之用典，则全为以典代言，自己不能直言之，故用典以言之耳，此吾所谓用典与非用典之别也。狭义之典亦有工拙之别，其工者偶一用之，未为不可，其拙者则当痛绝之。

（子）用典之工者　此江君所谓用字简而涵义多者也。客中无书不能多举其例，但杂举一二，以实吾言：

（1）东坡所藏"仇池石"，王晋卿以诗借观，意在于夺。东坡不敢不借，先以诗寄之，有句云，"欲留嗟赵弱，宁许负秦曲。传观慎勿许，间道归应速"。此用蔺相如返璧之典，何其工切也！

（2）东坡又有"章质夫送酒六壶，书至而酒不达"。诗云，"岂意青州六从事，化为乌有一先生"。此虽工已近于纤巧矣。

（3）吾十年前尝有读《十字军英雄记》一诗云："岂有酖人羊叔子？焉知微服赵主父？十字军真儿戏耳，独此两人可千古。"以两典包尽全书，当时颇沾沾自喜，其实此种诗，尽可不作也。

（4）江亢虎代华侨诔陈英士文有"未悬太白，先坏长城。世无钼𪓑，乃戕赵卿"四句，余极喜之。所用赵宣子一典，甚工切也。

（5）王国维咏史诗，有"虎狼在堂室，徙戎复何补？神州遂陆沉，百年委榛莽。寄语桓元子，莫罪王夷甫"。此亦可谓使事之工者矣。

上述诸例，皆以典代言，其妙处，终在不失设譬比方之原意；惟为文体所限，故譬喻变而为称代耳。用典之弊，在于使人失其所欲譬喻之原意。若反客为主，使读者迷于使事用典之繁，而转忘其所为设譬之事物，则为拙矣。古人虽作百韵长诗，其所用典不出一二事而已（《北征》与白香山《悟真寺诗》皆不用一典），今人作长律则非典不能下笔矣。尝见一诗八十四韵，而用典至百余事，宜其不能工也。

（丑）用典之拙者　用典之拙者，大抵皆懒惰之人，不知造词，故

以此为躲懒藏拙之计。惟其不能造词,故亦不能用典也。总计拙典亦有数类:

(1)比例泛而不切,可作几种解释,无确定之根据。今取王渔洋《秋柳》一章证之:

> 娟娟凉露欲为霜,万缕千条拂玉塘。浦里青荷中妇镜,江干黄竹女儿箱。空怜板渚隋堤水,不见瑯琊大道王。若过洛阳风景地,含情重问永丰坊。

此诗中所用诸典无不可作几样说法者。

(2)僻典使人不解。夫文学所以达意抒情也。若必求人人能读五车书,然后能通其文,则此种文可不作矣。

(3)刻削古典成语,不合文法。"指兄弟以孔怀,称在位以曾是"(章太炎语),是其例也。今人言"为人作嫁"亦不通。

(4)用典而失其原意。如某君写山高与天接之状,而曰"西接杞天倾"是也。

(5)古事之实有所指,不可移用者,今往乱用作普通事实。如古人灞桥折柳,以送行者,本是一种特别土风。阳关、渭城亦皆实有所指。今之懒人不能状别离之情,于是虽身在滇越,亦言灞桥;虽不解阳关、渭城为何物,亦皆言"阳关三叠","渭城离歌"。又如张翰因秋风起而思故乡之莼羹鲈脍,今则虽非吴人,不知莼鲈为何味者,亦皆自称有"莼鲈之思"。此则不仅懒不可救,直是自欺欺人耳!

凡此种种,皆文人之下下工夫,一受其毒,便不可救。此吾所以有"不用典"之说也。

七曰不讲对仗

排偶乃人类言语之一种特性,故虽古代文字,如老子、孔子之文,亦间有骈句。如"道可道,非常道;名可名,非常名。无名天地之始,有名万物之母。故常无,欲以观其妙;常有,欲以观其徼"。此三排句也。"食无求饱,居无求安";"贫而无谄,富而无骄";"尔爱其羊,我爱其礼"。此皆排句也。然此皆近于语言之自然,而无牵强刻削之迹;尤未有定其字之多寡,声之平仄,词之虚实者也。至于后世文学末流,言之无物,乃以文胜;文胜之极,而骈文律诗兴焉,而长律兴焉。骈文律诗之中非无佳作,然佳作终鲜。所以然者何?岂不以其束缚人之自由过甚之故耶?(长律之中,上下古今,无一首佳作可言也。)今日而言文学改良,当"先立乎其大者",不当枉废有用之精力于微细纤巧之末:此吾所以有废骈废律之说也。即不能废此两者,亦但当视为文学末技而已,非讲求之急务也。

今人犹有鄙夷白话小说为文学小道者,不知施耐庵、曹雪芹、吴趼人皆文学正宗,而骈文律诗乃真小道耳。吾知必有闻此言而却走者矣。

八曰不避俗语俗字

吾惟以施耐庵、曹雪芹、吴趼人为文学正宗,故有"不避俗字俗语"之论也(参看上文第二条下)。盖吾国言文之背驰久矣。自佛书之输入,译者以文言不足以达意,故以浅近之文译之,其体已近白话。其后佛氏讲义语录尤多用白话为之者,是为语录体之原始。及宋人讲学以白话为语录,此体遂成讲学正体(明人因之)。当是时,白话已久入韵文,观唐、宋人白话之诗词可见。及至元时,中国北部已在异族之下,三百余年矣(辽、金、元)。此三百年中,中国乃发生一种通俗行远之文学。文则有《水浒》、《西游》、《三国》……之类,戏曲则尤不可胜计(关汉卿诸人,人各著剧数十种之多。吾国文人著作之富,未有过于此时者也)。以今世眼光观之,则中国文学当以元代为最盛;可传世不朽之作,当以元代为最多:此可无疑也。当是时,中国之文学最近言文合一,白话几成文学的语言矣。使此趋势不受阻遏,则中国几有一"活文学出现",而但丁、路得之伟业(欧洲中古时,各国皆有俚语,而以拉丁文为文言,凡著作书籍皆用之,如吾国之以文言著书也。其后意大利有但丁(Dante)诸文豪,始以其国俚语著作。诸国踵与,国语亦代起。路得(Luther)创新教始以德文译《旧约》、《新约》,遂开德文学之先。英、法诸国亦复如是。今世通用之英文《新旧约》乃 1611 年译本,距今才三百年耳。故今日欧洲诸国之文学,在当日皆为俚语。迨诸文豪兴,始以"活文学"代拉丁之死文学;有活文学而后有言文合一之国语也),几发生于神州。不意此趋势骤为明代所阻,政府既以八股取士,而当时文人如何、李七子之徒,又争以复古为高,于是此千年难遇言文合一之机会,遂中道夭折矣。然以今世历史进化的眼光观之,则白话文学之为中国文学之正宗,又为将来文学必用之利器,可断言也(此"断言"乃自作者言之,赞成此说者今日未必甚多也)。以此之故,吾主张今日作文作诗,宜采用俗语俗字。与其用三千年前之死字(如"于铄国会,遵晦时休"之类),不如用二十世纪之活字;与其作不能行远不能普及之秦、汉、六朝文字,不如作家喻户晓之《水浒》、《西游》文字也。

结　论

上述八事,乃吾年来研思此一大问题之结果。远在异国,既无读书之暇晷,又不得就国中先生长者质疑问难,其所主张容有矫枉过正之处。然此八事皆文学上根本问题,一一有研究之价值。故草成此论,以为海内外留心此问题者作一草案。谓之刍议,犹云未定草也,伏惟国人同志有以匡纠是正之。

民国六年一月

(原载 1917 年 1 月 1 日《新青年》第 2 卷第 5 号,又载 1917 年 3 月《留美学生季报》春季第 1 号)

附录一　文学革命论

陈独秀

今日庄严灿烂之欧洲,何自而来乎?曰,革命之赐也。欧语所谓革命者,为革故更新之义,与中土所谓朝代鼎革,绝不相类;故自文艺复兴以来,政治界有革命,宗教界亦有革命,伦理道德亦有革命,文学艺术,亦莫不有革命,莫不因革命而新兴而进化。近代欧洲文明史,宜可谓之革命史。故曰,今日庄严灿烂之欧洲,乃革命之赐也。

吾苟偷庸懦之国民,畏革命如蛇蝎,故政治界虽经三次革命,而黑暗未尝稍减。其原因之小部分,则为三次革命,皆虎头蛇尾,未能充分以鲜血洗净旧污。其大部分,则为盘踞吾人精神界根深底固之伦理,道德,文学,艺术诸端,莫不黑幕层张,垢污深积,并此虎头蛇尾之革命而未有焉。此单独政治革命所以于吾之社会,不生若何变化,不收若何效果也。推其总因,乃在吾人疾视革命,不知其为开发文明之利器故。

孔教问题,方喧哗于国中,此伦理道德革命之先声也。文学革命之气运,酝酿已非一日,其首举义旗之急先锋,则为吾友胡适。余甘冒全国学究之敌,高张"文学革命军"大旗,以为吾友之声援。旗上大书特书吾革命军三大主义:曰,推倒雕琢的阿谀的贵族文学,建设平易的抒情的国民文学;曰,推倒陈腐的铺张的古典文学,建设新鲜的立诚的写实文学;曰,推倒迂晦的艰涩的山林文学,建设明了的通俗的社会文学。

《国风》多里巷猥辞,《楚辞》盛用土语方物,非不斐然可观。承其流者两汉赋家,颂声大作,雕琢阿谀,词多而意寡,此贵族之文古典之文之始作俑也。魏、晋以下之五言,抒情写事,一变前代板滞堆砌之风,在当时可谓为文学一大革命,即文学一大进化;然希托高古,言简意晦,社会现象,非所取材,是犹贵族之风,未足以语通俗的国民文学也。齐、梁以来,风尚对偶,演至有唐,遂成律体。无韵之文,亦尚对偶。《尚书》、《周易》以来,即是如此。〔古人行文,不但风尚对偶,且多韵语,故骈文家颇主张骈体为中国文章正宗之说(亡友王旡生即主张此说之一人)。不知古书传抄不易,韵与对偶,以利传诵而已。后之作者,乌可泥此?〕

东晋而后,即细事陈启,亦尚骈丽。演至有唐,遂成骈体。诗之有律,文之有骈,皆发源于南北朝,大成于唐代。更进而为排律,为四六。此等雕琢的阿谀的铺张的空泛的贵族古典文学,极其长技,不过如涂脂抹粉之泥塑美人,以视八股试帖之价值,未必能高几何,可谓为文学之末运矣!韩、柳崛起,一洗前人纤巧堆朵之习,风会所趋,乃南北朝贵族古典文学,变而为宋、元国民通俗文学之过渡时代。韩、柳、元、白应运而出,为之中枢。俗论谓昌黎文章起八代之衰,虽非确论,然变八代之法,开宋、元之先,自是文界豪杰之士。吾人今日所不满于昌黎者二事:

一曰,文犹师古　虽非典文,然不脱贵族气派,寻其内容,远不若唐代诸小说家之丰富,其结果乃造成一新贵族文学。

二曰,误于"文以载道"之谬见　文学本非为载道而设,而自昌黎以讫曾国藩所谓载道之文,不过抄袭孔孟以来极肤浅极空泛之门面语而已。余尝谓唐宋八家文之所谓"文以载道",直与八股家之所谓"代圣贤立言",同一鼻孔出气。

以此二事推之,昌黎之变古,乃时代使然,于文学史上,其自身并无十分特色可观也。元、明剧本,明、清小说,乃近代文学之粲然可观者。惜为妖魔所厄,未及出胎,竟尔流产,以至今日中国之文学,委琐陈腐,远不能与欧、美比肩。此妖魔为何? 即明之前后七子及八家文派之归、方、刘、姚是也。此十八妖魔辈,尊古蔑今,咬文嚼字,称霸文坛,反使盖代文豪若马东篱,若施耐庵,若曹雪芹诸人之姓名,几不为国人所识。若夫七子之诗,刻意模古,直谓之抄袭可也。归、方、刘、姚之文,或希荣誉墓,或无病而呻,满纸之乎者也矣焉哉。每有长篇大作,摇头摆尾,说来说去,不知说些甚么。此等文学,作者既非创造才,胸中又无物,其伎俩惟在仿古欺人,直无一字有存在之价值。虽著作等身,与其时之社会文明进化无丝毫关系。

今日吾国文学,悉承前代之敝:所谓"桐城派"者,八家与八股之混合体也;所谓骈体文者,思绮堂与随园之四六也;所谓"西江派"者,山谷之偶像也。求夫目无古人,赤裸裸的抒情写世,所谓代表时代之文豪者,不独全国无其人,而且举世无此想。文学之文,既不足观;应用之文,益复怪诞。碑铭墓志,极量称扬,读者决不见信,作者必照例为之。寻常启事,首尾恒有种种谀词。居丧者即华居美食,而哀启必欺人曰,"苫块昏迷"。赠医生以匾额,不曰"术迈歧黄",即曰"著手成春"。穷乡僻壤极小之豆腐店,其春联恒作"生意兴隆通四海,财源茂盛达三江"。此等国民应用之文学之丑陋,皆阿谀的虚伪的铺张的贵族古典文学阶之厉耳。

际兹文学革新之时代,凡属贵族文学,古典文学,山林文学,均在排斥之列。以何理由而排斥此三种文学耶? 曰,贵族文学,藻饰依他,失独立自尊之气象也;古典文学,铺张堆砌,失抒情写实之旨也;山林文学,深晦艰涩,自以为名山著述,于其群之大多数无所裨益也。

其形体则陈陈相因,有肉无骨,有形无神,乃装饰品而非实用品;其内容则目光不越帝王权贵,神仙鬼怪,及其个人之穷通利达。所谓宇宙,所谓人生,所谓社会,举非其构思所及。此三种文学公同之缺点也。此种文学,盖与吾阿谀夸张虚伪迂阔之国民性,互为因果。今欲革新政治势不得不革新盘踞于运用此政治者精神界之文学。使吾人不张目以观世界社会文学之趋势及时代之精神,日夜埋头故纸堆中,所目注心营者,不越帝王,权贵,鬼怪,神仙与夫个人之穷通利达,以此而求革新文学,革新政治,是缚手足而敌孟贲也。

欧洲文化,受赐于政治科学者固多,受赐于文学者亦不少。予爱卢梭、巴士特之法兰西;予尤爱虞哥、左喇之法兰西;予爱康德、赫克尔之德意志,予尤爱桂特、郝卜特曼之德意志;予爱培根、达尔文之英吉利,予尤爱狄铿士、王尔德之英吉利。吾国文学界豪杰之士,有自负为中国之虞哥、左喇、桂特、郝卜特曼、狄铿士、王尔德者乎?有不顾迂儒之毁誉,明目张胆以与十八妖魔宣战者乎?予愿拖四十二生的大炮,为之前驱!

(原载1917年2月1日《新青年》第2卷第6号)

附录二　寄陈独秀

独秀先生鉴:

胡适之先生之《文学改良刍议》,其陈义之精美,前已为公言之矣。弟兹有私见数端,愿与公商榷之。倘得借杂志余幅以就教于胡先生,尤所私幸。

(1) 胡先生"不用典"之论最精,实足祛千年来腐臭文学之积弊。弟尝谓齐、梁以前之文学如《诗经》、《楚辞》及汉、魏之歌诗乐府等,从无用典者(古代文学,白描体外,只有比兴。比兴之体,当与胡先生所谓"广义之典"为同类;与后世以表象之语直代实事者迥异)。短如《公无渡河》,长如《焦仲卿妻诗》,皆纯为白描,不用一典,而作诗者之情感,诗中人之状况,皆如一一活现于纸上。《焦仲卿妻诗》尤与白话之体无殊,至今已越千七百年,读之,犹如作诗之人与我面谈。此等优美文学,岂后世用典者所能梦见!(后世如杜甫、白居易之写实诗亦皆具此优美。)自后世文人无铸造新词之材力,乃竞趋于用典,以欺世人;不学者从而震惊之,以渊博而称誉;于是习非成是,一若文不用典,即为俭学之征。此实文学窳败之一大原因。胡先生辞而辟之,诚知本矣。惟于"狭义之典",胡先生虽然主张不用,顾又谓"工者偶一用之,未为不可",则似犹未免依违于俗论。弟以为凡用典者,无论工拙,皆为行文之疵病。即如胡先生所举五事,(1)(3)(5)虽曰工切,亦是无谓;胡先生自评谓"其实此种诗尽可不作"最为直截痛快之论。若(2)所举之苏诗,胡先生已有"近于纤巧"之论。弟以为苏轼此种词句,在不知文学之"斗方名士"读之,必赞为"词令妙品",其实索然无味,只觉可厌,直是用典之拙者耳。(4)所举江亢虎之诔文,胡先生称其"用赵宣子一典甚工切",弟实不知其佳处。至如"未悬太白"一语,正犯胡先生所云用典之拙者之第五条:胡先生知"灞桥"、"阳关"、"渭城"、"莼鲈"为"古事之实有所指,不可移用",则宜知护国军本无所谓"太白旗",彼时纵然杀了袁世凯,当不能沿用"枭首示众"之旧例;如是,则"悬太白"三字,无一合于事实,非用典之拙者而何?故弟意胡先生所谓典之工者,亦未为可用也。

(2)文学之文用典,已为下乘。若普通应用之文,尤须老老实实讲话,务期老妪能解;如有妄用典故,以表象语代事实者,尤为恶劣。章太炎师尝谓公牍中用"水落石出","剜肉补疮"诸词为不雅。亡友胡仰曾先生谓曾见某处告诫军人之文,有曰,"此偶合之乌,难保无害群之马。……以有限之血蚨,养无数之飞蝗",此实不通已极。满清及洪宪时代司法不独立,州县长官遇有婚姻讼事,往往喜用滥恶之四六为判词,既以自炫其淹博,又借以肆其轻薄之口吻;此虽官吏心术之罪恶,亦由此等滥恶之四六有以助之也。弟以为西汉以前之文学,最为朴实真挚。始坏于东汉,以其浮词多而真意少也。弊盛于齐、梁,以其渐多用典也。唐、宋四六,除用典外,别无他事,实为文学中之最下劣者。至于近世,《燕山外史》、《聊斋志异》、《淞隐漫录》诸书,直可谓全篇不通。戏曲,小说,为近代文学之佳者,小说因多用白话之故,用典之病尚少(白话中罕有用典者。胡先生主张采用白话,不特以今人操今语,于理为顺,即为驱除用典计,亦以用白话为宜。弟于胡先生采用白话之论,固绝对的赞同也);传奇诸作,即不能免用典之弊,元曲中喜用《四书》文句,亦为拉杂可厌。弟为此论,非荣古贱今,弟对于古今文体造句之变迁,决不以为古胜于今,亦与胡先生所谓"有《尚书》之文,有先秦诸子之文,有司马迁、班固之文,有韩、柳、欧、苏之文,有语录之文,有施耐庵、曹雪芹之文,此文之进化"同意,惟对于用典一层,认为确是后人劣于前人之处,事实昭彰,不能为讳也。

（3）用典以外尚有一事,其弊与用典相似,亦为行文所当戒绝者,则人之称谓是也。人之有名,不过一种记号。夏、殷以前,人止一名,与今之西人相同。自周世尚文,于是有"幼名,冠字,五十以伯仲,死谥"种种繁称,已大可厌矣。六朝重门第,争标郡望。唐、宋以后,"峰,泉,溪,桥,楼,亭,轩,馆",别号日繁,于是一人之记号多乃至数十,每有众所共知之人,一易其名称,竟茫然不识为谁氏者,弟每翻《宋元学案目录》,便觉头脑疼痛,即以此故;而自来文人,对于此等称谓,尤喜避去习见,改用隐僻,甚或删削本名,或别创新称。近时流行,更可骇怪。如"湘乡","合肥","南海","新会","项城","黄陂"等等,专以地名名人,一若其地往古来今,即此一人可为代表者然;非特使不知者无从臆想,即揆诸情理,岂得谓平。故弟意今后作文,凡称人,悉用其姓名,不可再以郡望别号地名等等相摄代。（又,官名地名须从当时名称,此前世文人所已言者,虽桐城派诸公,亦知此理。然昔人所论,但谓金石文学及历史传记之体宜然;鄙意文学之文,亦当守此格律。又文中所用事物名称,道古时事,自当从古称;若道现代事,必当从今称。故如古称"冠,履,袷,裳,笾,豆,尊,鼎",仅可用于道古;若道今事,必当改用"帽,鞋,领,裤,碗,盆,壶,锅"诸名,断不宜效法"不敢题糕"之迂谬见解。）

（4）一文之中,有骈有散,悉由自然。凡作一文,欲其句句相对与欲其句句不相对者,皆妄也。桐城派人鄙夷六朝骈偶,谓韩愈作散文为古文之正宗。然观愈之《原道》一篇,起首"仁"、"义"二句,与"道"、"德"二句相对,下文云,"仁与义为定名,道与德为虚位";又云,"故道有君子小人,而德有凶有吉";皆骈偶之句也。阮元以孔子作《文言》为骈文之祖,因谓文必骈俪(吾友刘申叔先生即笃信此说,行文必取骈俪。尝见其所撰经解,乃似墓志。又刘先生之文,专务改去常用之字,以同训诂之隐僻字代之,大有"夜梦不祥,开门大吉"改为"宵寐匪祯,辟札洪庥"之风,此又与用僻典同病)。则当诘之曰,然则《春秋》一万八千字之经文,亦孔子所作,何缘不作骈俪?岂文才既竭,有所谢短乎?弟以为今后之文学,律诗可废,以其中四句必须对偶,且须调平仄也。若骈散之事,当一任其自然;如胡先生所谓"近于语言之自然而无牵强刻削之迹"者,此等骈句,自在当用之列。

(5)胡先生所云"须讲文法",此不但今人多不讲求,即古书中亦多此病。如《乐毅报燕惠王书》中"蓟丘之植,植于汶篁"二语,意谓齐国汶上之篁,今植于燕之蓟丘也。江淹《恨赋》,"孤臣危涕,孽子坠心",实"危心坠涕"也。杜诗,"香稻啄余鹦鹉粒,碧梧栖老凤皇枝","香稻"与"鹦鹉","碧梧"与"凤皇",皆主宾倒置。此皆古人不通之句也。《史记》裴骃《集解·序索隐》有句曰,"正是冀望圣贤胜于'饱食终日,无所用心',愈于《论语》'不有博弈者乎'之人耳",凡见此句者,殆无不失笑。然如此生吞活剥之引用成语,在文学文中亦殊不少;宋四六中,尤不胜枚举。

(6)前此之小说与戏剧在文学上之价值,窃谓当以胡先生所举"情感"与"思想"两事来判断。其无"高尚思想"与"真挚情感"者,便无价值之可言。旧小说中十分之九,非海淫海盗之作(海淫之作,从略不举。海盗之作,如《七侠五义》之类是。《红楼梦》断非海淫,实是写骄侈家庭,浇漓薄俗,腐败官僚,纨袴公子耳。《水浒》尤非海盗之作,其全书主脑所在,不外"官逼民反"一义,施耐庵实有社会党人之思想也),即神怪不经之谈(如《西游记》、《封神传》之类);否则以迂谬之见解,造前代之野史(如《三国演义》、《说岳》之类);最下者,所谓"小姐后花园赠衣物","落难公子中状元"之类,千篇一律,不胜缕指。故小说诚为文学正宗,而前此小说之作品,其有价值者乃极少(前此文人,最喜描写男女情爱。然彼等非有写实派文学之眼光,不过以秽亵之文笔,表示其肉麻之风流而已,故并无丝毫价值之可言)。弟以为旧小说之有价值者,不过施耐庵之《水浒》,曹雪芹之《红楼梦》,吴敬梓之《儒林外史》、李伯元之《官场现形记》、吴趼人之《二十年目睹之怪现状》、曾孟朴之《孽海花》六书耳。曼殊上人思想高洁，所为小说，足为新文学之始基乎。此外作者，皆所谓公等碌碌，无足置齿者矣。刘铁云之《老残游记》，胡先生亦颇推许；吾则以为其书中惟写毓贤残民以逞一段为佳，其他所论，大抵皆老新党头脑不甚清晰之见解，黄龙子论"北拳南革"一段信口胡柴，尤足令人忍俊不禁。至于戏剧，南北曲及昆腔，虽鲜高尚之思想，而词句尚斐然可观；若今之京调戏，理想既无，文章又极恶劣不通，固不可因其为戏剧之故，遂谓为有文学上之价值也（假使当时编京调戏本者能全用白话，当不至滥恶若此）。又中国旧戏，专重唱工，所唱之文句，听者本不求甚解，而戏子打脸之离奇，舞台设备之幼稚，无一足以动人情感。夫戏中扮演，本期确肖实人实事，即观向来"优孟衣冠"一语，可知戏子扮演古人，当如优孟之像孙叔敖，苟其不肖，即与演剧之义不合；顾何以今之戏子绝不注意此点乎！戏剧本为高等文学，而中国之旧戏，编自市井无知之手，文人学士不屑过问焉，则拙劣恶滥，固其宜耳。

梁任公先生实为近来创造新文学之一人。虽其政论诸作，因时变迁，不能得国人全体之赞同，即其文章，亦未能尽脱帖括蹊径，然输入日本文之句法，以新名词及俗语入文，视戏曲小说与《论》《记》之文平等（梁先生之作《新民说》、《新罗马传奇》、《新中国未来记》，皆用全力为之，未尝分轻重于其间也），此皆其识力过人处。鄙意论现代文学之革新，必数及梁先生。

至于当世所谓能作散文之桐城巨子，能作骈文之选学名家，做诗填词必用陈套语，所造之句不外如胡先生所举胡先骕君所填之词，此等文人，自命典赡古雅，鄙夷戏曲小说，以为猥俗不登大雅之堂者，自仆观之，此辈所撰，皆"高等八股"耳（此尚是客气话；据实言之，直当云"变形之八股"），文学云乎哉！（又如林纾与人对译西洋小说，专用《聊斋志异》文笔，一面又欲引韩、柳以自重；此其价值，又在桐城派之下，然世固以"大文豪"目之矣！）

钱玄同白　1917年2月25日

（原载1917年3月1日《新青年》第3卷第1号）

寄陈独秀

独秀先生左右：

今晨得《新青年》第六号，奉读大著《文学革命论》，快慰无似！足下所主张之三大主义，适均极赞同。适前著《文学改良刍议》之私意不过欲引起国中人士之讨论，征集其意见，以收切磋研究之益耳。今果不虚所愿，幸何如之！此期内有通信数则，略及适所主张。惟此诸书，似皆根据适寄足下最初一书（见第二号），故未免多误会鄙意之处。今吾所主张之八事，已各有详论（见第五号），则此诸书，当不须一一答复。中惟钱玄同先生一书，乃已见第五号之文而作者，此后或尚有继钱先生而讨论适所主张八事及足下所主张之三主义者。此事之是非，非一朝一夕所能定，亦非一二人所能定。甚愿国中人士能平心静气与吾辈同力研究此问题！讨论既熟，是非自明。吾辈已张革命之旗，虽不容退缩，然亦决不敢以吾辈所主张为必是而不容他人之匡正也。

顷见林琴南先生新著《论古文之不当废》一文，喜而读之，以为定足供吾辈攻击古文者之研究，不意乃大失所望。林先生之言曰：

> 知腊丁之不可废，则马、班、韩、柳亦自有其不宜废者。吾识其理，乃不能道其所以然，此则嗜古者之痼也。

"吾识其理，乃不能道其所以然"，此正是古文家之大病。古文家作文，全由熟读他人之文，得其声调口吻，读之烂熟，久之亦能仿效，却实不明其"所以然"。此如留声机器，何尝不能全像留声之人之口吻声调？然终是一副机器，终不能"道其所以然"也。今试举一例以证之。林先生曰：

> 呜呼！有清往矣！论文者独数方、姚，而攻掊之者麻起，而

方、姚卒不之踏。

此中"而方、姚卒不之踏"一句,不合文法,可谓"不通"。所以者何?古文凡否定动词之止词,若系代名词,皆位于"不"字与动词之间。如"不我与","不吾知也","未之有也","未之前闻也",皆是其例。然"踏"字乃是内动词,其下不当有止词,故可言"而方、姚卒不踏",亦可言"方、姚卒不因之而踏",却不可言"方、姚卒不之踏"也。林先生知"不之知"、"未之有"之文法,而不知"不之踏"之不通,此则学古文而不知古文之"所以然"之弊也。

林先生为古文大家,而其论"古文之不当废","乃不能道其所以然",则古文之当废也,不亦既明且显耶?

钱玄同先生论足下所分中国文学之时期,以为有宋之文学不独承前,尤在启后,此意适以为甚是。足下分北宋以承前,分南宋以启后,似尚有可议者;盖二程子之语录,苏、黄之诗与词,皆启后之文学,故不如直以全宋与元为一时期也。足下以为何如?总之,文学史与他种史同具一古今不断之迹,其承前启后之关系,最难截断。今之妄人论诗,往往极推盛唐,一若盛唐之诗,真从天而下者。不知六朝人如阴铿,其律诗多与摩诘、工部相敌(工部屡言得力于阴铿。其赠李白诗,亦言"李侯有佳句,往往似阴铿"。则太白亦得力于此也),则六朝之诗与盛唐固不可截断也。此意甚微,非一书所能尽,且俟他日更为足下作文详言之耳。

白话诗乃蒙选录,谢谢。适去秋因与友人讨论文学,颇受攻击,一时感奋,自誓三年之内专作白话诗词。私意欲借此实地试验,以观白话之是否可为韵文之利器。盖白话之可为小说之利器,已经施耐庵、曹雪芹诸人实地证明,不容更辩;今惟有韵文一类,尚待吾人之实地试验耳(古人非无以白话作诗词者。自杜工部以来,代代有之;但尚无人以全副精神专作白话诗词耳)。自立此誓以来,才六七月,课余所作,居然成集。因取放翁诗"尝试成功自古无"之语,名之曰《尝试集》。尝试者,即吾所谓实地试验也。试验之效果,今尚不可知,本不当遽以之问世。所以不惮为足下言之者,以自信此尝试主义,颇有一试之价值,亦望足下以此意告国中之有志于文学革命者,请大家齐来尝试尝试耳。归国之期不远,相见有日,不尽所欲言。

胡适白　4月9日,作于美国纽约

（原载 1917 年 5 月 1 日《新青年》第 3 卷第 3 号）

附录　答书

适之先生足下：

　　惠书敬悉。鄙意区分中国文学之时代,不独已承钱玄同先生之教,以全宋属之近代,且觉中国文学,一变于魏,再变于唐（诗中之杜,文中之韩,均为变古开今之大枢纽）,故拟区分上古迄建安为古代期,建安迄唐为中古期,唐宋迄今为近代期。玄同先生颇然此说,不知足下以为如何？

　　改良文学之声,已起于国中,赞成反对者各居其半。鄙意容纳异议,自由讨论,固为学术发达之原则；独至改良中国文学,当以白话为文学正宗之说,其是非甚明,必不容反对者有讨论之余地,必以吾辈所主张者为绝对之是,而不容他人之匡正也。其故何哉？盖以吾国文化,倘已至文言一致地步,则以国语为文,达意状物,岂非天经地义,尚有何种疑义必待讨论乎？其必欲摈弃国语文学,而悍然以古文为文学正宗者,犹之清初历家排斥西法,乾嘉畴人非难地球绕日之说,吾辈实无余闲与之作此无谓之讨论也！率复不宣。

独秀

（原载 1917 年 5 月 1 日《新青年》第 3 卷第 3 号）

历史的文学观念论

居今日而言文学改良,当注重"历史的文学观念"。一言以蔽之,曰:一时代有一时代之文学。此时代与彼时代之间,虽皆有承前启后之关系,而决不容完全抄袭;其完全抄袭者,决不成为真文学。愚惟深信此理,故以为古人已造古人之文学,今人当造今人之文学。至于今日之文学与今后之文学究竟当为何物,则全系于吾辈之眼光识力与笔力,而非一二人所能逆料也。惟愚纵观古今文学变迁之趋势,以为白话之文学种子已伏于唐人之小诗短词。及宋而语录体大盛,诗词亦多有用白话者(放翁之七律七绝多白话体。宋词用白话者更不可胜计。南宋学者往往用白话通信,又不但以白话作语录也)。元代之小说戏曲,则更不待论矣。此白话文学之趋势,虽为明代所截断,而实不曾截断。语录之体,明、清之宋学家多沿用之。词曲如《牡丹亭》、《桃花扇》,已不如元人杂剧之通俗矣。然昆曲卒至废绝,而今之俗剧(吾徽之"徽调"与今日"京调"、"高腔"皆是也)乃起而代之。今后之戏剧或将全废唱本而归于说白,亦未可知。此亦由文言趋于白话之一例也。小说则明、清之有名小说,皆白话也。近人之小说,其可以传后者,亦皆白话也(笔记短篇如《聊斋志异》之类不在此例)。故白话之文学,自宋以来,虽见屏于古文家,而终一线相承,至今不绝。

夫白话之文学,不足以取富贵,不足以邀声誉,不列于文学之"正宗",而卒不能废绝者,岂无故耶?岂不以此为吾国文学趋势,自然如此,故不可禁遏而日以昌大耶?愚以深信此理,故又以为今日之文学,当以白话文学为正宗。然此但是一个假设之前提,在文学史上,虽已有许多证据,如上所云,而今后之文学之果出于此与否,则犹有待于今后文学家之实地证明。若今后之文人不能为吾国造一可传世之白话文学，则吾辈今日之纷纷议论，皆属枉费精力，决无以服古文家之心也。

然则吾辈又何必攻古文家乎？曰，是亦有故。吾辈主张"历史的文学观念"，而古文家则反对此观念也。吾辈以为今人当造今人之文学，而古文家则以为今人作文必法马、班、韩、柳。其不法马、班、韩、柳者，皆非文学之"正宗"也。吾辈之攻古文家，正以其不明文学之趋势而强欲作一千年二千年以上之文。此说不破，则白话之文学无有列为文学正宗之一日，而世之文人将犹鄙薄之以为小道邪径而不肯以全力经营造作之。如是，则吾国将永无以全副精神实地试验白话文学之日。夫不以全副精神造文学而望文学之发生，此犹不耕而求获不食而求饱也，亦终不可得矣（施耐庵、曹雪芹诸人所以能有成者，正赖其有特别胆力，能以全力为之耳）。

吾辈既以"历史的"眼光论文，则亦不可不以历史的眼光论古文家。《记》曰："生乎今之世，反古之道，灾必及乎身。"（朱熹曰：反，复也。）此言复古者之谬，虽孔圣人亦不赞成也。古文家之罪正坐"生乎今之世，反古之道"。古文家盛称马、班，不知马、班之文已非古文。使马、班皆作《盘庚》《大诰》"清庙生民"之文，则马、班决不能千古矣。古文家又盛称韩、柳，不知韩、柳在当时皆为文学革命之人。彼以六朝骈俪之文为当废，故改而趋于较合文法，较近自然之文体。其时白话之文未兴，故韩、柳之文在当日皆为"新文学"。韩、柳皆未尝自称"古文"，古文乃后人称之之辞耳。此如七言歌行，本非"古体"，六朝人作之者数人而已。至唐而大盛，李、杜之歌行，皆可谓创作。后之妄人，乃谓之曰"五古"，"七古"，不知五言作于汉代，七言尤不得为古，其起与律诗同时（律诗起于六朝。谢灵运、江淹之诗，皆为骈偶之体矣，则虽谓律诗先于七古可也）。若《周颂》《商颂》则真"古诗"耳。故李、杜作"今诗"，而后人谓之"古诗"；韩、柳作"今文"，而后人谓之"古文"。不知韩、柳但择当时文体中之最近于文言之自然者而作之耳。故韩、柳之为韩、柳，未可厚非也。

及白话之文体既兴，语录用于讲坛，而小说传于穷巷。当此之时,"今文"之趋势已成,而明七子之徒乃必欲反之于汉、魏以上,则罪不容辞矣。归、方、刘、姚之志与七子同,特不敢远攀周、秦,但欲近规韩、柳、欧、曾而已,此其异也。吾故谓古文家亦未可一概抹煞。分别言之,则马、班自作汉人之文,韩、柳自作唐代之文。其作文之时,言文之分尚不成一问题,正如欧洲中古之学者,人人以拉丁文著书,而不知其所用为"死文字"也。宋代之文人,北宋如欧、苏皆常以白话入词,而作散文则必用文言;南宋如陆放翁常以白话作律诗,而其文集皆用文言,朱晦庵以白话著书写信,而作"规矩文字"则皆用文言,此皆过渡时代之不得已,如十六七世纪欧洲学者著书往往并用己国俚语与拉丁两种文字(狄卡儿之《方法论》用法文,其《精思录》则用拉丁文。倍根之《杂论》有英文、拉丁文两种。倍根自信其拉丁文书胜于其英文书,然今人罕有读其拉丁文《杂论》者矣),不得概以古文家冤之也。惟元以后之古文家,则居心在于复古,居心在于过抑通俗文学而以汉、魏、唐、宋代之。此种人乃可谓真正"古文家"!吾辈所攻击者亦仅限于此一种"生于今之世反古之道"之真正"古文家"耳!

民国六年五月

(原载1917年5月1日《新青年》第3卷第3号)

再寄陈独秀答钱玄同

独秀先生足下：

昨得《新青年》三卷一号，奉读大著《对德外交》，甚佩甚佩。又读《国语研究会会章》及《征求会员启》，知国中明达之士皆知文言之当废而白话之不可免，此真足令海外羁人喜极欲为发起诸公起舞者也。

通信栏中有钱玄同先生一书，读之尤喜。适之改良文学一论虽积思于数年，而文成于半日，故其中多可指摘之处。今得钱先生一一指出之，适受赐多矣。中如论用典一段，适所举五例，久知其不当。所举江君二典，尤为失检。钱先生之言是也。

钱先生所论文中称谓，文之骈散，文之文法诸条，适皆极表同情。其评《老残游记》，尤为中肯。适客中无书，所举诸书皆七年前在上海时所见。文成后思之，甚悔以《老残游记》与吴趼人、李伯元并列。今读钱先生之论，甚感激也。

适于钱先生所论亦偶有未敢苟同之处。今略记之，以就正于足下及钱先生：

（1）钱先生云："至于近世《聊斋志异》诸书直可谓全篇不通。"此言似乎太过。《聊斋志异》在吾国札记小说中，以文法论之，尚不得谓之"全篇不通"，但可讥其取材太滥，见识鄙陋耳。

（2）神怪不经之谈，在文学中自有一种位置。其功用在于启发读者之理想。如《西游记》一书，全属无中生有，读之使人忘倦。其妙处在于荒唐而有情思，诙谐而有庄意。其开卷八回记孙行者之历史，在世界神话小说中实为不可多得之作。全书皆以诙谐滑稽为宗旨。其写猪八戒，何其妙也！又如孙行者为某国王治病一节，尤谐谑可喜，似未可与《封神传》之类相提并论也。

（3）《七侠五义》在第二流小说中，尚可称佳作。其书亦似有深意。如宋仁宗在史上为明主，而此书乃记其贵为天子而不知其生身之母沦为乞丐。圣明天子固如是乎？其书写人物略有《水浒》之遗意。其前半之蒋平，后半之智化，皆能栩栩生动。似未可以"诲盗"一端抹杀其好处也。

（4）钱先生以《三国演义》与《说岳》并举，亦似未尽平允。《三国演义》在世界"历史小说"上为有数的名著。其书谬处在于过推蜀汉君臣而过抑曹孟德。然其书能使今之妇人女子皆痛恨曹孟德，亦可见其魔力之大。且三国一时代之史事最繁复，而此书能从容记之，使妇孺皆晓，亦是一种大才；岂作《说岳》及《薛仁贵》、《狄青》诸书者所能及哉？

（5）钱先生谓《水浒》、《红楼梦》、《儒林外史》、《官场现形记》、《孽海花》、《二十年目睹之怪现状》六书为小说之有价值者，此盖就内容立论耳。适以为论文学者固当注重内容，然亦不当忽略其文学的结构。结构不能离内容而存在。然内容得美好的结构乃益可贵。今即以吴趼人诸小说论之，其《恨海》、《九命奇冤》皆为全德的小说。以小说论，似不在《二十年目睹之怪现状》之下也。适以为《官场现形记》、《文明小史》、《老残游记》、《孽海花》、《二十年目睹之怪现状》诸书，皆为《儒林外史》之产儿。其体裁皆为不连属的种种实事勉强牵合而成。合之可至无穷之长，分之可成无数短篇写生小说。此类之书，以体裁论之，实不为全德。若我佛山人经意结构之作如《恨海》、《九命奇冤》，则与此类大不相同矣。《二十年目睹之怪现状》在上所举同类之书中，独为最上物。所以者何？此书以"我"为主人。全书中种种不相关属之材料，得此一个"我"，乃有所附着，有所统系。此其特长之处，非李伯元所及。《孽海花》一书，适以为但可居第二流，不当与钱先生所举他五书同列。此书写近年史事，何尝不佳？然布局太牵强，材料太多，但适于札记之体（如近人《春冰室野乘》之类），而不得为佳小说也。其中记彩云为某妓后身，生年恰当某妓死时，又颈有红丝为前身缢死之证云云，皆属迷信无稽之谈。

钱先生所谓"老新党头脑不甚清晰之见解"者是也。适以为以小说论,《孽海花》尚远不如《品花宝鉴》。《品花宝鉴》为乾嘉时京师之《儒林外史》。其历史的价值,甚可宝贵。浅人以其记男色之风,遂指为淫书;不知此书之历史的价值正在其不知男色为可鄙薄之事,正如《孽海花》、《官场现形记》诸书之不知嫖妓纳妾为可鄙薄之事耳。百年后吾国道德进化时,《新青年》第二百卷第一号中将有人痛骂今日各种社会写实小说为无耻海淫之书者矣(美国人骤读此种小说,定必骇怪,同此理也)。故鄙意以为吾国第一流小说,古惟《水浒》、《西游》、《儒林外史》、《红楼梦》四部,今人惟李伯元、吴趼人两家,其他皆第二流以下耳。质之足下及钱先生以为何如?

第二流正多佳作。如《镜花缘》一书,为吾国倡女权说者之作,寄意甚远。其写林之洋受缠足之苦一节,命意尤显。以钱先生未及此书,故一及之。

论戏剧一节,适他日更有《戏剧改良私议》一文详论之。今将应博士考试,不能及之矣。

胡适　民国六年五月十夜

(原载 1917 年 6 月 1 日《新青年》第 3 卷第 4 号)

答钱玄同书

玄同先生：

前奉读"二十世纪第十七年七月二日"的长书，至今尚未答复。此中原因，想蒙原谅。先生对于吾前书所作答语，大半不须我重行答复。仅有数事，略有鄙见，欲就质正：

（4）（数目字指三卷第六号中原书之各条）《三国演义》一书，极为先生所不喜。然先生于吾原书所云，似有误会处。吾谓此书"能使今之妇人女子皆痛恨曹孟德，亦可见其魔力之大"。吾并非谓此书于曹孟德、刘备诸人褒贬得当。吾但谓以小说的魔力论，此书实具大魔力耳。先生亦言："《说岳》既出，不甚有何等之影响。《三国演义》既出，于是关公、关帝、关夫子，闹个不休。"此可见《说岳》之劣而《三国演义》之优矣。平心而论，《三国演义》之褒刘而贬曹，不过是承习凿齿、朱熹的议论，替他推波助澜，并非独抒己见。况此书于曹孟德，亦非一味丑诋。如白门楼杀吕布一段，写曹操人品实高于刘备百倍。此外写曹操用人之明，御将之能，皆远过于刘备、诸葛亮。无奈中国人早中了朱熹一流人的毒，所以一味痛骂曹操。戏台上所演《三国演义》的戏，不是《逼宫》，便是《战宛城》，凡是曹操的好处，一概不编成戏。此则由于编戏者之不会读书，而《三国演义》之罪实不如是之甚也。先生又谓此书"写刘备成一庸懦无用的人，写诸葛亮成一阴险诈伪的人"。此则非关作者"文才笨拙"，乃其所处时代之影响也。彼所处之时代，固以庸懦无能为贤，以阴险诈伪为能，故其写刘备、诸葛亮，亦只如此。此如古人以"杀人不眨眼"、"喝酒三四十大碗"为英雄，今人如张春帆之徒以能"吊膀子"为风流。故《水浒传》之武松，自西人观之，必诋为无人道；而《九尾龟》之章秋谷，自吾与先生观之,必诋为淫人。此与吾前书所言《品花宝鉴》不知男色为恶事,同一道理。此理于读书甚有益,故不惮重言之。即如孔子时代,原不以男女相悦为非,故叔梁纥与征在"野合而生孔子"(见《史记》),时人不以此遂轻孔子。及孔子选诗,其三百篇中,大半皆情诗也。即如《关雎》一篇,明言男子恋一女子,至于"寤寐思服","辗转反侧",害起"单思病"来了。孔子不以为非,却说"《关雎》乐而不淫,哀而不伤"。又如"陟彼南山,言采其蕨。未见君子,忧心惙惙。亦既见止,亦既觏止,我心则说"。明言女子与男子期会于野。凡此诸诗,所以能保存者,正以春秋时代本不以男女私相恋爱为恶德耳。后之腐儒,不明时代之不同,风尚之互异,遂想出种种谬说来解《诗经》。诗之真价值遂历二千余年而不明,则皆诸腐儒之罪也。更举一例,白香山的《琵琶行》,本是写实之诗。后之腐儒不明风俗之变迁,以为朝廷命官岂可深夜登大夫之妇之舟而张筵奏乐。于是强为之语,以为此诗全是寓言。不知唐代人士之自由,固有非后世腐儒所能梦见者矣。先生以为然否?

(5)先生与独秀先生所论《金瓶梅》诸语,我殊不敢赞成。我以为今日中国人所谓男女情爱,尚全是兽性的肉欲。今日一面正宜力排《金瓶梅》一类之书,一面积极译著高尚的言情之作,五十年后,或稍有转移风气之希望。此种书即以文学的眼光观之,亦殊无价值。何则?文学之一要素,在于"美感"。请问先生读《金瓶梅》,作何美感?

又先生屡称苏曼殊所著小说。吾在上海时,特取而细读之,实不能知其好处。《绛纱记》所记,全是兽性的肉欲。其中又硬拉入几段绝无关系的材料,以凑篇幅,盖受今日几块钱一千字之恶俗之影响者也。《焚剑记》直是一篇胡说。其书尚不可比《聊斋志异》之百一,有何价值可言耶?

以上答先生见答之语竟。

先生论吾所作白话诗,以为"未能脱尽文言窠臼"。此等诤言,最不易得。吾于去年(五年)夏秋初作白话诗之时,实力屏文言,不杂一字。如《朋友》、《他》、《尝试篇》之类皆是。其后忽变易宗旨,

以为文言中有许多字尽可输入白话诗中。故今年所作诗词,往往不避文言。吾曾作"白话解",释白话之义,约有三端:

（一）白话的"白",是戏台上"说白"的白,是俗语"土白"的白。故白话即是俗话。

（二）白话的"白"是"清白"的白,是"明白"的白。白话但须要"明白如话",不妨夹几个文言的字眼。

（三）白话的"白",是"黑白"的白。白话便是干干净净没有堆砌涂饰的话,也不妨夹入几个明白易晓的文言字眼。

但是先生今年10月31日来书所言,也极有道理。先生说:"现在我们着手改革的初期,应该尽量用白话去做才是。倘使稍怀顾忌,对于'文'的一部分不能完全舍去,那么便不免存留旧污,于进行方面,很有阻碍。"我极以这话为然。所以在北京所做的白话诗,都不用文言了。

先生与刘半农先生都不赞成填词,却又都赞成填西皮二簧。古来作词者,仅有几个人能深知音律。其余的词人,都不能歌。其实词不必可歌。由诗变而为词,乃是中国韵文史上一大革命。五言七言之诗,不合语言之自然,故变而为词。词旧名长短句。其长处正在长短互用,稍近语言之自然耳。即如稼轩词:

　　落日楼头,断鸿声里,江南游子,把吴钩看了,阑干拍遍,无人会,登临意。

此决非五言七言之诗所能及也。故词与诗之别,并不在一可歌而一不可歌,乃在一近言语之自然而一不近言语之自然也。作词而不能歌之,不足为病。正如唐人绝句大半可歌,然今人不能歌亦不妨作绝句也。

词之重要,在于其为中国韵文添无数近于言语自然之诗体。此为治文学史者所最不可忽之点。不会填词者,必以为词之字字句句皆有定律,其束缚自由必甚。其实大不然。词之好处,在于调多体多,可以自由选择。工词者,相题而择调,并无不自由也。人或问既欲自由,又何必择调?吾答之曰,凡可传之词调,皆经名家制定,其音节之谐妙,字句之长短,皆有特长之处。吾辈就已成之美调,略施裁剪,便可得绝妙之音节,又何乐而不为乎?(今人作诗往往不讲音节。沈尹默先生言,作白话诗尤不可不讲音节,其言极是。)

然词亦有二短:(一)字句终嫌太拘束;(二)只可用以达一层或两层意思,至多不过能达三层意思。曲之作,所以救此两弊也。有衬字,则字句不嫌太拘。可成套数,则可以作长篇。故词之变为曲,犹诗之变为词,皆所以求近语言之自然也。

最自然者,终莫如长短无定之韵文。元人之小词,即是此类。今日作"诗"(广义言之),似宜注重此种长短无定之体。然亦不必排斥固有之诗词曲诸体;要各随所好,各相题而择体,可矣。

至于皮簧,则殊无谓。皮簧或十字为句,或七字为句,皆不近语言之自然。能手为之,或亦可展舒自如,不限于七字十字之句,如《空城计》之城楼一段是也。然不如直作长短句之更为自由矣。

以上所说,皆拉杂不成统系,尚望有以教正之。

民国六年十一月二十夜　胡适
(原载 1918 年 1 月 15 日《新青年》第 4 卷第 1 号,
原题《论小说及白话韵文》)

附录一　钱先生原书

二十世纪第十七年七月二日,钱玄同敬白

胡适之先生:玄同年来深慨于吾国文言之不合一,致令青年学子不能以三五年之岁月通顺其文理以适于应用,而彼选学妖孽与桐城谬种方欲以不通之典故与肉麻之句调戕贼吾青年,因之时兴改革文学之思;以未获同志,无从质证。去春读《科学》二卷一号,有大著《论句读及文字符号》一篇,钦佩无似。嗣又于《新青年》二卷中读先生论改良文学诸著,益为神往。顷闻独秀先生道及先生不日便将返国,秋后且有来京之说,是此后奉教之日正长。文学革命之盛业,得贤者首举义旗,而陈独秀、刘半农两先生同时响应,不才如玄同者,亦得出其一知半解,道听途说之议论以就正于有道,忻忭之情,莫可名状。日前由独秀先生见示五月十日先生致独秀先生之书,对于《新青年》三卷一号玄同之通信有所奖饰,有所规正。玄同当时之作此通信,不过偶然想到,瞎写几句。先生之奖饰,殊足令我惭恧。至于规正之语,今具答如左(下),愿先生再教之也!

(1)玄同谓《聊斋志异》、《燕山外史》、《淞隐漫录》诸书全篇不通者,乃专就其堆砌典故之点言之。先生谓"《聊斋志异》在吾国札记小说中,但可讥其取材太滥,见识鄙陋"。玄同则以为就此点观之,尚不能算一无足取。《燕山外史》一书,专用恶滥之笔,叙一件肉麻之事,文笔亦极下劣,最不足道。王韬《淞隐漫录》,全是套《聊斋志异》笔法,文笔更为恶劣,亦可不论。若《聊斋志异》,似尚不能尽斥为"见识鄙陋"。十几年前,有人说,《聊斋志异》一书,寓有排满之意,书中之"狐",系指"胡人";此说确否,虽未可知,然通观前后,似非绝无此意。又其对于当时龌龊社会,颇具愤慨之念,于肉食者流,鄙夷讪笑者甚至。故玄同以为就作意而言,此书尚有可取之处。惟专用典故堆砌成文专从字面上弄巧,则实欲令人作恶,故斥之为"全篇不通"耳(《阅微草堂笔记》,亦是《聊斋志异》一类。论文笔,实较《聊斋志异》为干净;论作者之思想,则纪昀便僻善柔,利欲熏心,下于蒲松龄远甚。然文笔可学而思想不能学,故学《阅微草堂笔记》之《子不语》,看了尚不甚难过;而学《聊斋志异》之《淞隐漫录》,则实欲令人肌肤起粟)。玄同之反对用典,与先生最有同情(先生谓"所主张八事之中,惟'不用典'一条,最受友朋攻击"。玄同则以为八事之中,以此及"务去烂调套语"二条为最有特见)。玄同以为苟有文才,必会说老实话,做白描体;如无文才,简直可以不做(或谓无文才者,虽不必做文学之文,而终不能不做应用之文;然应用之文,务取老妪都解,尤无可以用典之理)。若堆砌许多典故,等后人来注出处,借此以炫其饱学,这种摆臭架子的文人,真要叫人肉麻死了!

(2)先生谓"《西游记》一书,全属无中生有。其妙处,在于荒唐而有情思,诙谐而有庄意。其开卷八回记孙行者之历史,在世界神话小说中,实为不可多得之作"。又以此书与《水浒》、《儒林外史》、《红楼梦》三书并列为第一流小说,此意玄同极以为然。前次通信与《封神传》同列,乃玄同之疏于鉴别也。

(3)《七侠五义》一书,先生谓其"在第二流小说中,尚可称佳作"。玄同于此书,看得不熟,现在无从作答。惟似乎觉得比《施公案》、《绿牡丹》诸书为佳耳。

（4）《三国演义》一书,玄同实未知其佳处。谓其有文学上之价值乎？——则思想太迂谬。谓其为通俗之历史乎？——则如"诸葛亮气死周瑜"之类,全篇捏造。且作者写其书中所崇拜之人,往往费尽气力,仍无丝毫是处：如写刘备,成了一个庸懦无用的人；写诸葛亮,成了一个阴险诈伪的人；写鲁肃,简直成了一个没有脑筋的人。故谓其思想既迂谬,文才亦笨拙。至先生所谓"能使今之妇人女子皆痛恨曹孟德,亦可见其魔力之大"。玄同则以为此点正不足取。盖曹操固然是坏人,然刘备亦何尝是好人？论学,论才,论识,刘备远不及曹操；论居心之不良,刘备、曹操正是半斤八两。帝蜀寇魏之论,原极可笑；然习凿齿、朱熹借此以正东晋、南宋,正如十年前之革命党帝朱温而寇李存勖,褒美韩林儿、洪秀全之比,尚算别有苦心。至于元、明以后,尚持此等见解,甚且欲作小说以正人心,害得一班愚夫愚妇无端替刘备落了许多眼泪,大骂曹贼该千刀万剐,而戏台上做《捉放曹》、《华容道》、《黄鹤楼》……等戏,必定挤眉弄眼,装出许多丑态；这真正可发大笑了！玄同以为论历史上之价值,《说岳》尚在《三国演义》之上：以两书中之上等人物而论,岳飞固远非关羽所可及,无论一颇精细,一极粗暴也,即以生平功业而论,岳排异族,关杀同胞,亦岂可同年而语！然《说岳》既出,不甚有何等之影响；《三国演义》既出,于是"关公"、"关帝"、"关老爷"、"关夫子"闹个不休。明、清两代,社会上所景仰之古人,就是孔丘、关羽二位。这个孔丘,便是《儒林外史》上马二先生对蘧公孙说的那个孔丘；(他说道："就是夫子在而今,也要念文章,做举业,断不讲那言寡尤,行寡悔的话。何也？就日日讲究言寡尤,行寡悔,那个给你官做？")这个关羽,便是常常拿着大刀显圣的那个关羽；其心传正宗,便是康有为、张勋二人。而且不但愚夫愚妇信仰"关老爷",即文人学士亦崇拜"关夫子"。此等谬见,今后亟应扫荡无疑。玄同之不以《三国演义》为佳著者,此也。

（5）先生谓"《官场现形记》、《二十年目睹之怪现状》……诸书,其体裁皆为不连属的种种实事勉强牵合而成。……此种之书,以体裁论之,实不为全德"。此说极精。又谓"吾国第一流小说,古人惟《水浒》、《西游》、《儒林外史》、《红楼梦》四部,今人惟李伯元、吴趼人两家"。斯论尤确不可易。玄同前以《水浒》、《红楼梦》、《儒林外史》、《官场现形记》、《孽海花》、《二十年目睹之怪现状》六书为有价值之小说,此是偶然想到,不曾细细思量;得先生纠正,甚感。惟先生又谓"《二十年目睹之怪现状》在诸不全德的小说中独为最上品;因其书以'我'为主人,全书中种种不相关属之材料,得此一个'我'乃有所附著,有所统系,此其特长之处。"玄同以为若照此说,则《老残游记》中亦以一老残贯串种种不相关属之材料,此老残亦可与"我"同论也。然此说终是牵强。记得十年前见《新小说》中登载《二十年目睹之怪现状》,好像是到"我"之归娶而止,今书肆所售单行本,则以下又多了若干回,如"梁顶粪"等事,皆为前此所无,而文笔亦大不如前。此即由"不连属的种种实事勉强牵合而成",可多可少,"可至无穷之长"之故。此亦足为不全德的小说不能尽善之证。

又先生谓"以小说论,《孽海花》尚远不如《品花宝鉴》",此说玄同亦以为然。先生又谓"《品花宝鉴》之历史的价值,正在其不知男色为可鄙薄之事,正如《孽海花》、《官场现形记》诸书之不知嫖妓纳妾为可鄙薄之事"。此说尤有特见。推此论而言之,则知《金瓶梅》一书,断不可与一切专谈淫猥之书同日而语。此书为一种骄奢淫泆不知礼义廉耻之腐败社会写照。观其书中所叙之人,无论官绅男女,面子上是老爷太太小姐,而一开口,一动作,无一非极下作极无耻之语言之行事,正是今之积蓄不义钱财而专事"打扑克","逛窑子","讨小老婆"者之真相。语其作意,实与《红楼梦》相同(或谓《红楼梦》即脱胎此书,盖信)。徒以描写淫亵太甚,终不免有"淫书"之目。即我亦未敢直截痛快,径以此书与《红楼》、《水浒》等齐列。然仔细想来,其实喜描淫亵,为中国古人之一种通病。远之如《左传》,详述上烝,下报,旁淫,悖礼逆伦,极人世野蛮之奇观;而叙陈灵公淫乱之事,君臣相谑之言,尤为淫亵之尤。(今之主张读经者,欲令知识甫开之童子将此等文章朝夕讽诵,师长则细细讲解。礼教国之教育,原来如是!)近之如唐诗,宋词,说淫话处亦不为少。至于元、明之曲,则有直叙肉欲之事者矣(如《西厢》之《酬简》,《牡丹亭》之《惊梦》。即《水浒》、《红楼》中,又何尝无描写此类语言,特不如《金瓶梅》之甚耳)。故若抛弃一切世俗见解,专用文学的眼光去观察,则《金瓶梅》之位置,固亦在第一流也(《品花宝鉴》当在第二流)。惟往昔道德未进化,兽性肉欲犹极强烈之时,文学家不务撰述理想高尚之小说以高尚人类之道德,而益为之推波助澜,刻画描摹,形容尽致,使观之者什九不理会其作意,用"赋诗断章"之法专事研求此点,致社会道德未能增进(但可谓之未增进耳,若谓益不如前,亦非公允之论),而血气未定之少年尤受其毒。此则不能不谓为前世文学家理想之幼稚矣。然社会进化,是有一定的路线,固不可不前进,亦不能跳过许多级数,平地升天。故今日以为今之写实体小说不作淫亵语为是,而前之描摹淫亵为非;然后之视今,亦犹今之视昔。先生所谓"《新青年》第二百卷第一号中,将有人痛骂今日各种社会写实小说为无耻诲淫之书者",此说最是。故玄同以为但令吾侪今日则詆《金瓶梅》、《品花宝鉴》为淫书,二十一世纪时代之人则詆《碎簪记》、《双枅记》、《绛纱记》为淫书,便是在轨道上天天走不错的路。如是,则无论世界到了三十世纪,四十世纪,……一百世纪,而《金瓶梅》自是十六世纪中叶有价值之文学,《品花宝鉴》自是十九世纪初年有价值之文学,《碎簪记》、《双枅记》、《绛纱记》自是二十世纪初年有价值之文学。正如周秦诸子,希腊诸贤,释迦牟尼诸人,无论其立说如何如何不合科学,如何如何不合论理学,如何如何悖于进化真理,而其为纪元前四世纪至六世纪之哲人之价值,终不贬损丝毫也。

先生以《镜花缘》为第二流之佳作,鄙意亦以为然。惟作者太喜卖弄聪明,双声叠韵,屡屡讲述,几乎是"文字学讲义"矣!玄同以为小说而具讲学的性质,实非所宜(最下乘者,如《野叟曝言》,阅之,真欲令人喷饭),高明以为然否?

先生"自誓三年之内专作白话诗词,欲借此实地试验,以观白话之是否可为韵文之利器",此意甚盛。玄同对于用白话说理抒情,最赞成独秀先生之说,亦以为"其是非甚明,必不容反对者有讨论之余地,必以吾辈所主张者为绝对之是而不容他人之匡正"。此等论调,虽若过悍,然对于迂谬不化之选学妖孽与桐城谬种,实不能不以如此严厉面目加之:因此辈对于文学之见解,正与反对开学堂,反对剪辫子,说"洋鬼子脚直,跌倒爬不起"者其见解相同;知识如此幼稚,尚有何种商量文学之话可说乎!惟玄同对于先生之白话诗,窃以为犹未能脱尽文言窠臼。如《月》第一首后二句,是文非话;《月》第三首及《江上》一首,完全是文言,又先生近作之白话词(《采桑子》),鄙意亦嫌太文。且有韵之文,本有可歌与不可歌二种。寻常所作,自以不可歌者为多。既不可歌,则长短任意,仿古创新,均无不可。至于可歌之韵文,则所填之字,必须恰合音律,方为合格。词之为物,在宋世本是可歌者,故各有其调名。后世音律失传,于是文士按前人所作之字数,平仄,一一照填,而云"调寄某某"。此等填词,实与做不可歌之韵文无异;起古之知音者于九原而示之,恐必有不合音节之字之句;就询填词之本人以此调音节如何,亦必茫然无以为对。玄同之意,以为与其写了"调寄某某"而不知其调,则何如直做不可歌之韵文乎!若在今世必欲填可歌之韵文,窃谓旧调惟有皮簧,新调惟有风琴耳。刘半农先生谓"当改填皮簧之一节或数节,而标明'调寄西皮某板',或'调寄二簧某剧之某段'"(见《新青年》三卷三号《我之文学改良观》)。玄同以为此说最是。其填风琴之调者,当直云"调寄风琴某曲"。

上来所论,敬乞教正。玄同非敢于尊作故意吹求,因同抱文学革命之志,故不惮逐一商酌。冒昧之愆,尚希谅之!

附录二　钱先生答书

惠书敬悉。我个人的意见:以为《三国演义》所以具这样的大魔力者,并不在乎文笔之优,实缘社会心理迂谬所致。因为社会上有这种"忠孝节义"、"正统"、"闰统"的谬见,所以这种书才能迎合社会,乘机而入。我因为要祛除国人的迂谬心理,所以排斥《三国演义》,这正和先生的排斥《金瓶梅》同一个意思。至于前书论《金瓶梅》诸语,我亦自知大有流弊,所以后来又写了一封信给独秀先生,说,"从青年良好读物上面着想,实在可以说,中国小说没有一部好的,没有一部应该读的"(此信是七月杪间写的,亦见三卷六号),这就是我自己取消前说的证据。且我以为不但《金瓶梅》流弊甚大,就是《红楼》、《水浒》,亦非青年所宜读;吾见青年读了《红楼》、《水浒》,不知其一为实写腐败之家庭,一为实写凶暴之政府,而乃自命为宝玉、武松,因此专务狎邪以为情,专务"拆梢"以为勇者甚多。

我现在要再说几句话:中国今日以前的小说,都该退居到历史的地位;从今日以后,要讲有价值的小说,第一步是译,第二步是新做。先生以为然否?

论填词一节,先生最后之结论,也是归到"长短无定之韵文",是吾二人对于此事,持论全同,可以不必再辩。惟我之不赞成填词,正与先生之主张废律诗同意,无非因其束缚自由耳。先生谓"工词者相题而择调,并无不自由",然则工律诗者所作律诗,又何尝不自然?不过未"工"之时,做律诗勉强对对子,填词硬扣字数,硬填平仄,实在觉得劳苦而无谓耳。总而言之,今后当以"白话诗"为正体(此"白话"是广义的,凡近乎言语之自然者皆是。此"诗"亦是广义的,凡韵文皆是),其他古体之诗及词,曲,偶一为之,固无不可,然不可以为韵文正宗也。

填皮簧之说,我不过抄了半农先生的话,老实说,我于此事全然不懂;至于"先帝爷,白帝城,龙归海禁",这种句词,也实在觉得可笑。不过中国现在可歌之调,最普通者惟有皮簧(昆腔虽未尽灭,然工者极少。梆子,则更卑下矣!)故为是云云也。

钱玄同

(原载 1918 年 1 月 15 日《新青年》第 4 卷第 1 号)

建设的文学革命论

国语的文学——文学的国语

1 我的《文学改良刍议》发表以来,已有一年多了。这十几个月之中,这个问题居然引起了许多很有价值的讨论,居然受了许多很可使人乐观的响应。我想我们提倡文学革命的人,固然不能不从破坏一方面下手。但是我们仔细看来,现在的旧派文学实在不值得一驳。什么桐城派的古文哪,《文选》派的文学哪,江西派的诗哪,梦窗派的词哪,《聊斋志异》派的小说哪,——都没有破坏的价值。他们所以还能存在国中,正因为现在还没有一种真有价值,真有生气,真可算作文学的新文学起来代他们的位置。有了这种"真文学"和"活文学",那些"假文学"和"死文学",自然会消灭了。所以我望我们提倡文学革命的人,对于那些腐败文学,个个都该存一个"彼可取而代也"的心理,个个都该从建设一方面用力,要在三五十年内替中国创造出一派新中国的活文学。

我现在做这篇文章的宗旨,在于贡献我对于建设新文学的意见。我且先把我从前所主张破坏的八事引来做参考的资料:

一,不做"言之无物"的文字。

二,不做"无病呻吟"的文字。

三,不用典。

四,不用套语烂调。

五,不重对偶:——文须废骈,诗须废律。

六,不做不合文法的文字。

七,不摹仿古人。

八,不避俗话俗字。

这是我的"八不主义",是单从消极的,破坏的一方面着想的。

自从去年归国以后,我在各处演说文学革命,便把这"八不主义"都改作了肯定的口气,又总括作四条,如下:

一,要有话说,方才说话。这是"不做言之无物的文字"一条的变相。

二,有什么话,说什么话;话怎么说,就怎么说。这是(二)(三)(四)(五)(六)诸条的变相。

三,要说我自己的话,别说别人的话。这是"不摹仿古人"一条的变相。

四,是什么时代的人,说什么时代的话。这是"不避俗话俗字"的变相。

这是一半消极,一半积极的主张。一笔表过,且说正文。

2 我的《建设新文学论》的唯一宗旨只有十个大字:"国语的文学,文学的国语"。我们所提倡的文学革命,只是要替中国创造一种国语的文学。有了国语的文学,方才可有文学的国语。有了文学的国语,我们的国语才可算得真正国语。国语没有文学,便没有生命,便没有价值,便不能成立,便不能发达。这是我这一篇文字的大旨。

我曾仔细研究:中国这二千年何以没有真有价值真有生命的"文言的文学"? 我自己回答道:"这都因为这二千年的文人所做的文学都是死的,都是用已经死了的语言文字做的。死文字决不能产出活文学。所以中国这二千年只有些死文学,只有些没有价值的死文学。"

我们为什么爱读《木兰辞》和《孔雀东南飞》呢? 因为这两首诗是用白话做的。为什么爱读陶渊明的诗和李后主的词呢? 因为他们的诗词是用白话做的。为什么爱杜甫的《石壕吏》、《兵车行》诸诗呢? 因为他们都是用白话做的。为什么不爱韩愈的《南山》呢? 因为他用的是死字死话。……简单说来,自从《三百篇》到于今,中国的文学凡是有一些价值有一些儿生命的,都是白话的,或是近于白话的。其余的都是没有生气的古董,都是博物院中的陈列品!

再看近世的文学:何以《水浒传》、《西游记》、《儒林外史》、《红楼梦》可以称为"活文学"呢?因为他们都是用一种活文字做的。若是施耐庵、吴承恩、吴敬梓、曹雪芹都用了文言做书,他们的小说一定不会有这样生命,一定不会有这样价值。

读者不要误会;我并不曾说凡是用白话做的书都是有价值有生命的。我说的是:用死了的文言决不能做出有生命有价值的文学来。这一千多年的文学,凡是有真正文学价值的,没有一种不带有白话的性质,没有一种不靠这个"白话性质"的帮助。换言之:白话能产出有价值的文学,也能产出没有价值的文学;可以产出《儒林外史》,也可以产出《肉蒲团》。但是那已死的文言只能产出没有价值没有生命的文学,决不能产出有价值有生命的文学;只能做几篇《拟韩退之原道》或《拟陆士衡拟古》,决不能做出一部《儒林外史》。若有人不信这话,可先读明朝古文大家宋濂的《王冕传》,再读《儒林外史》第一回的《王冕传》,便可知道死文学和活文学的分别了。

为什么死文字不能产生活文学呢?这都由于文学的性质。一切语言文字的作用在于达意表情;达意达得妙,表情表得好,便是文学。那些用死文言的人,有了意思,却须把这意思翻成几千年前的典故;有了感情,却须把这感情译为几千年前的文言。明明是客子思家,他们须说"王粲登楼","仲宣作赋";明明是送别,他们却须说"《阳关》三叠","一曲《渭城》";明明是贺陈宝琛七十岁生日,他们却须说是贺伊尹周公传说。更可笑的:明明是乡下老太婆说话,他们却要叫他打起唐宋八家的古文腔儿;明明是极下流的妓女说话,他们却要他打起胡天游、洪亮吉的骈文调子!……请问这样做文章如何能达意表情呢?既不能达意,既不能表情,那里还有文学呢?即如那《儒林外史》里的王冕,是一个有感情,有血气,能生动,能谈笑的活人。这都因为做书的人能用活言语活文字来描写他的生活神情。那宋濂集子里的王冕,便成了一个没有生气,不能动人的死人。为什么呢?因为宋濂用了二千年前的死文字来写二千年后的活人;所以不能不把这个活人变作二千年前的木偶,才可合那古文家法。古文家法是合了,那王冕也真"作古"了!

因此我说,"死文言决不能产出活文学"。中国若想有活文学,必须用白话,必须用国语,必须做国语的文学。

3 上节所说,是从文学一方面着想,若要活文学,必须用国语。如今且说从国语一方面着想,国语的文学有何等重要。

有些人说:"若要用国语做文学,总须先有国语。如今没有标准的国语,如何能有国语的文学呢?"我说这话似乎有理,其实不然。国语不是单靠几位言语学的专门家就能造得成的;也不是单靠几本国语教科书和几部国语字典就能造成的。若要造国语,先须造国语的文学。有了国语的文学,自然有国语。这话初听了似乎不通。但是列位仔细想想便可明白了。天下的人谁肯从国语教科书和国语字典里面学习国语?所以国语教科书和国语字典,虽是很要紧,决不是造国语的利器。真正有功效有势力的国语教科书,便是国语的文学;便是国语的小说,诗文,戏本。国语的小说,诗文,戏本通行之日,便是中国国语成立之时。试问我们今日居然能拿起笔来做几篇白话文章,居然能写得出好几百个白话的字,可是从什么白话教科书上学来的吗?可不是从《水浒传》、《西游记》、《红楼梦》、《儒林外史》……等书学来的吗?这些白话文学的势力,比什么字典教科书都还大几百倍。字典说"这"字该读"鱼彦反",我们偏读他做"者个"的者字。字典说"么"字是"细小",我们偏把他用作"什么"、"那么"的么字。字典说"没"字是"沉也","尽也",我们偏用他做"无有"的无字解。字典说"的"字有许多意义,我们偏把他用来代文言的"之"字,"者"字,"所"字和"徐徐尔,纵纵尔"的"尔"字。……总而言之,我们今日所用的"标准白话",都是这几部白话的文学定下来的。我们今日要想重新规定一种"标准国语",还须先造无数国语的《水浒传》、《西游记》、《儒林外史》、《红楼梦》。

所以我以为我们提倡新文学的人,尽可不必问今日中国有无标准国语。我们尽可努力去做白话的文学。我们可尽量采用《水浒》、《西游记》、《儒林外史》、《红楼梦》的白话;有不合今日的用的,便不用他；有不够用的便用今日的白话来补助；有不得不用文言的，便用文言来补助。这样做去，决不愁语言文字不够用，也决不用愁没有标准白话。中国将来的新文学用的白话，就是将来中国的标准国语。造中国将来白话文学的人，就是制定标准国语的人。

我这种议论并不是"向壁虚造"的。我这几年来研究欧洲各国国语的历史，没有一种国语不是这样造成的。没有一种国语是教育部的老爷们造成的。没有一种是言语学专门家造成的。没有一种不是文学家造成的。我且举几条例为证：

一，意大利。五百年前，欧洲各国但有方言，没有"国语"。欧洲最早的国语是意大利文。那时欧洲各国的人多用拉丁文著书通信。到了十四世纪的初年意大利的大文学家但丁（Dante）极力主张用意大利话来代拉丁文。他说拉丁文是已死了的文字，不如他本国俗语的优美。所以他自己的杰作"喜剧"，全用脱斯堪尼（Tuscany）（意大利北部的一邦）的俗话。这部"喜剧"，风行一世，人都称他做"神圣喜剧"。那"神圣喜剧"的白话后来便成了意大利的标准国语。后来的文学家包卡嘉（Boccacio, 1313—1375）和洛伦查（Lorenzo de Medici）诸人也都用白话作文学。所以不到一百年，意大利的国语便完全成立了。

二，英国。英伦虽只是一个小岛国，却有无数方言。现在通行全世界的"英文"在五百年前还只是伦敦附近一带的方言，叫做"中部土话"。当十四世纪时，各处的方言都有些人用来做书。后来到了十四世纪的末年，出了两位大文学家，一个是赵叟（Chaucer, 1340—1400），一个是威克列夫（Wycliff 1320—1384）。赵叟做了许多诗歌，散文，都用这"中部土话"。威克列夫把耶教的《旧约》、《新约》也都译成"中部土话"。有了这两个人的文学，便把这"中部土话"变成英国的标准国语。后来到了十五世纪，印刷术输进英国，所印的书多用这"中部土话"，国语的标准更确定了。到十六十七两世纪，萧士比亚和"伊里沙白时代"的无数文学大家，都用国语创造文学。从此以后，这一部分的"中部土话"，不但成了英国的标准国语，几乎竟成了全地球的世界语了！

此外,法国、德国及其他各国的国语,大都是这样发生的,大都是靠着文学的力量才能变成标准的国语的。我也不去一一的细说了。

意大利国语成立的历史,最可供我们中国人的研究。为什么呢?因为欧洲西部北部的新国,如英吉利、法兰西、德意志,他们的方言和拉丁文相差太远了,所以他们渐渐的用国语著作文学,还不算希奇。只有意大利是当年罗马帝国的京畿近地,在拉丁文的故乡;各处的方言又和拉丁文最近。在意大利提倡用白话代拉丁文,真正和在中国提倡用白话代汉文,有同样的艰难。所以英、法、德各国语,一经文学发达以后,便不知不觉的成为国语了。在意大利却不然。当时反对的人很多,所以那时的新文学家,一方面努力创造国语的文学,一方面还要做文章鼓吹何以当废古文,何以不可不用白话。有了这种有意的主张(最有力的是但丁〔Dante〕和阿儿白狄〔Alberti〕两个人),又有了那些有价值的文学,才可造出意大利的"文学的国语"。

我常问我自己道:"自从施耐庵以来,很有了些极风行的白话文学,何以中国至今还不曾有一种标准的国语呢?"我想来想去,只有一个答案。这一千年来,中国固然有了一些有价值的白话文学,但是没有一个人出来明目张胆的主张用白话为中国的"文学的国语"。有时陆放翁高兴了,便做一首白话诗;有时柳耆卿高兴了,便做一首白话词;有时朱晦庵高兴了,便写几封白话信,做几条白话札记;有时施耐庵、吴敬梓高兴了,便做一两部白话的小说。这都是不知不觉的自然出产品,并非是有意的主张。因为没有"有意的主张",所以做白话的只管做白话,做古文的只管做古文,做八股的只管做八股。因为没有"有意的主张",所以白话文学从不曾和那些"死文学"争那"文学正宗"的位置。白话文学不成为文学正宗,故白话不曾成为标准国语。

我们今日提倡国语的文学,是有意的主张。要使国语成为"文学的国语"。有了文学的国语,方有标准的国语。

4 上文所说,"国语的文学,文学的国语",乃是我们的根本主张。如今且说要实行做到这个根本主张,应该怎样进行。

我以为创造新文学的进行次序,约有三步:(一)工具,(二)方法,(三)创造。前两步是预备,第三步才是实行创造新文学。

(一)工具　古人说得好:"工欲善其事,必先利其器",写字的要笔好,杀猪的要刀快。我们要创造新文学,也须先预备下创造新文学的"工具"。我们的工具就是白话。我们有志造国语文学的人,应该赶紧筹备这个万不可少的工具。预备的方法,约有两种:

(甲)多读模范的白话文学　例如《水浒传》、《西游记》、《儒林外史》、《红楼梦》;宋儒语录,白话信札;元人戏曲;明、清传奇的说白。唐、宋的白话诗词,也该选读。

(乙)用白话作各种文学　我们有志造新文学的人,都该发誓不用文言作文:无论通信,做诗,译书,做笔记,做报馆文章,编学堂讲义,替死人作墓志,替活人上条陈,……都该用白话来做。我们从小到如今,都是用文言作文,养成了一种文言的习惯,所以虽是活人,只会作死人的文字。若不下一些狠劲,若不用点苦工夫,决不能使用白话圆转如意。若单在《新青年》里面做白话文字,此外还依旧做文言的文字,那真是"一日暴之,十日寒之"的政策,决不能磨练成白话的文学家。

不但我们提倡白话文学的人应该如此做去,就是那些反对白话文学的人,我也奉劝他们用白话来做文字。为什么呢?因为他们若不能做白话文字,便不配反对白话文学。譬如那些不认得中国字的中国人,若主张废汉文,我一定骂他们不配开口。若是我的朋友钱玄同要主张废汉文,我决不敢说他不配开口了。那些不会做白话文字的人来反对白话文学,便和那些不懂汉文的人要废汉文,是一样的荒谬。所以我劝他们多做些白话文字,多做些白话诗歌,试试白话是否有文学的价值。如果试了几年,还觉得白话不如文言,那时再来攻击我们,也还不迟。

还有一层。有些人说,"做白话很不容易,不如做文言的省力"。这是因为中毒太深之过。受病深了,更宜赶紧医治。否则真不可救了。其实做白话并不难。我有一个侄儿,今年才十五岁,一向在徽州不曾出过门,今年他用白话写信来,居然写得极好。我们徽州话和官话差得很远,我的侄儿不过看了一些白话小说,便会做白话文字了。这可见做白话并不是难事,不过人性懒惰的居多数,舍不得抛"高文典册"的死文字罢了。

（二）方法　我以为中国近来文学所以这样腐败,大半虽由于没有适用的"工具",但是单有"工具",没有方法,也还不能造新文学。做木匠的人,单有锯凿钻刨,没有规矩师法,决不能造成木器。文学也是如此。若单靠白话便可造新文学,难道把郑孝胥、陈三立的诗翻成了白话,就可算得新文学了吗？难道那些用白话做的《新华春梦记》、《九尾龟》也可算作新文学吗？我以为现在国内新起的一班"文人",受病最深的所在,只在没有高明的文学方法。我且举小说一门为例。现在的小说（单指中国人自己著的）,看来看去,只有两派。一派最下流的,是那些学《聊斋志异》的札记小说。篇篇都是"某生,某处人,生有异禀,下笔千言,……一日于某地遇一女郎,……好事多磨,……遂为情死";或是"某地,某生,游某地,眷某妓,情好綦笃,遂订白头之约,……而大妇妒甚,不能相容,女抑郁以死,……生抚尸一恸几绝";……此类文字,只可抹桌子,固不值一驳。还有那第二派是那些学《儒林外史》或是学《官场现形记》的白话小说。上等的如《广陵潮》,下等的如《九尾龟》。这一派小说,只学了《儒林外史》的坏处,却不曾学得他的好处。《儒林外史》的坏处在于体裁结构太不紧严,全篇是杂凑起来的。例如娄府一群人,自成一段；杜府两公子自成一段；马二先生又成一段；虞博士又成一段；萧云仙、郭孝子又各自成一段。分出来,可成无数札记小说；接下去,可长至无穷无极。《官场现形记》便是这样。如今的章回小说,大都犯这个没有结构,没有布局的懒病。却不知道《儒林外史》所以能有文学价值者,全靠一副写人物的画工本领。我十年不曾读这书了,但是我闭了眼睛,还觉得书中的人物,如严贡生,如马二先生,如杜少卿,如权勿用,……个个都是活的人物。正如读《水浒》的人,过了二三十年,还不会忘记鲁智深、李逵、武松、石秀……一班人。请问列位读过《广陵潮》和《九尾龟》的人,过了两三个月,心目中除了一个"文武全才"的章秋谷之外,还记得几个活灵活现的书中人物？——所以我说,现在的

"新小说",全是不懂得文学方法的:既不知布局,又不知结构,又不知描写人物,只做成了许多又长又臭的文字;只配与报纸的第二张充篇幅,却不配在新文学上占一个位置。——小说在中国近年,比较的说来,要算文学中最发达的一门了。小说尚且如此,别种文学,如诗歌戏曲,更不用说了。

如今且说什么叫做"文学的方法"呢?这个问题不容易回答,况且又不是这篇文章的本题,我且约略说几句。

大凡文学的方法可分三类:

(1)集收材料的方法 中国的"文学",大病在于缺少材料。那些古文家,除了墓志,寿序,家传之外,几乎没有一毫材料。因此,他们不得不做那些极无聊的"汉高帝斩丁公论","汉文帝、唐太宗优劣论"。至于近人的诗词,更没有什么材料可说了。近人的小说材料,只有三种:一种是官场,一种是妓女,一种是不官而官,非妓而妓的中等社会(留学生女学生之可作小说材料者,亦附此类),除此之外,别无材料。最下流的,竟至登告白征求这种材料。做小说竟须登告白征求材料,便是宣告文学家破产的铁证。我以为将来的文学家收集材料的方法,约如下:

(甲)推广材料的区域 官场妓院与龌龊社会三个区域,决不够采用。即如今日的贫民社会,如工厂之男女工人,人力车夫,内地农家,各处大负贩及小店铺,一切痛苦情形,都不曾在文学上占一位置。并且今日新旧文明相接触,一切家庭惨变,婚姻苦痛,女子之位置,教育之不适宜……种种问题,都可供文学的材料。

(乙)注重实地的观察和个人的经验 现今文人的材料大都是关了门虚造出来的,或是间接又间接的得来的,因此我们读这种小说,总觉得浮泛敷衍,不痛不痒的,没有一毫精采。真正文学家的材料大概都有"实地的观察和个人自己的经验"做个根底。不能作实地的观察,便不能做文学家;全没有个人的经验,也不能做文学家。

(丙)要用周密的理想作观察经验的补助 实地的观察和个人的经验,固是极重要,但是也不能全靠这两件。例如施耐庵若单靠观察和经验,决不能做出一部《水浒传》。个人所经验的,所观察的,究竟有限。所以必须有活泼精细的理想（Imagination），把观察经验的材料，一一的体会出来，一一的整理如式，一一的组织完全：从已知的推想到未知的，从经验过的推想到不曾经验过的，从可观察的推想到不可观察的。这才是文学家的本领。

（2）结构的方法　有了材料，第二步须要讲究结构。结构是个总名词，内中所包甚广，简单说来，可分剪裁和布局两步：

（甲）剪裁　有了材料，先要剪裁。譬如做衣服，先要看那块料可做袍子，那块料可做背心。估计定了，方可下剪。文学家的材料也要如此办理。先须看这些材料该用做小诗呢？还是做长歌呢？该用做章回小说呢？还是做短篇小说呢？该用做小说呢？还是做戏本呢？筹画定了，方才可以剪下那些可用的材料，去掉那些不中用的材料；方才可以决定做什么体裁的文字。

（乙）布局　体裁定了，再可讲布局。有剪裁，方可决定"做什么"；有布局，方可决定"怎样做"。材料剪定了，须要筹算怎样做去始能把这材料用得最得当又最有效力。例如唐朝天宝时代的兵祸，百姓的痛苦，都是材料。这些材料，到了杜甫的手里，便成了诗料。如今且举他的《石壕吏》一篇，作布局的例。这首诗只写一个过路的客人一晚上在一个人家内偷听得的事情；只用一百二十个字，却不但把那一家祖孙三代的历史都写出来，并且把那时代兵祸之惨，壮丁死亡之多，差役之横行，小民之苦痛，都写得逼真活现，使人读了生无限的感慨。这是上品的布局工夫。又如古诗《上山采蘼芜，下山逢故夫》一篇，写一家夫妇的惨剧，却不从"某人娶妻甚贤，后别有所欢，遂出妻再娶"说起，只挑出那前妻山上下来遇着故夫的时候下笔，却也能把那一家的家庭情形写得充分满意。这也是上品的布局工夫。——近来的文人全不讲求布局：只顾凑足多少字可卖几块钱；全不问材料用的得当不得当，动人不动人。他们今日做上回的文章，还不知道下一回的材料在何处！这样的文人怎样造得出有价值的新文学呢！

（3）描写的方法　局已布定了，方才可讲描写的方法。描写的方法，千头万绪，大要不出四条：

（一）写人。
（二）写境。
（三）写事。
（四）写情。

写人要举动，口气，身分，才性，……都要有个性的区别：件件都是林黛玉，决不是薛宝钗；件件都是武松，决不是李逵。写境要一喧，一静，一石，一山，一云，一鸟，……也都要有个性的区别：《老残游记》的大明湖，决不是西湖，也决不是洞庭湖；《红楼梦》里的家庭，决不是《金瓶梅》里的家庭。写事要线索分明，头绪清楚，近情近理，亦正亦奇。写情要真，要精，要细腻婉转，要淋漓尽致。——有时须用境写人，用情写人，用事写人；有时须用人写境，用事写境，用情写境；……这里面的千变万化，一言难尽。

如今且回到本文。我上文说的：创造新文学的第一步是工具，第二步是方法。方法的大致，我刚才说了。如今且问，怎样预备方才可得着一些高明的文学方法？我仔细想来，只有一条法子：就是赶紧多多的翻译西洋的文学名著做我们的模范。我这个主张，有两层理由：

第一，中国文学的方法实在不完备，不够作我们的模范。即以体裁而论，散文只有短篇，没有布置周密，论理精严，首尾不懈的长篇；韵文只有抒情诗，绝少纪事诗，长篇诗更不曾有过；戏本更在幼稚时代，但略能纪事掉文，全不懂结构；小说好的，只不过三四部，这三四部之中，还有许多疵病；至于最精采的"短篇小说"，"独幕戏"，更没有了。若从材料一方面看来，中国文学更没有做模范的价值。才子佳人，封王挂帅的小说；风花雪月，涂脂抹粉的诗；不能说理，不能言情的"古文"；学这个，学那个的一切文学：这些文字，简直无一毫材料可说。至于布局一方面，除了几首实在好的诗之外，几乎没有一篇东西当得"布局"两个字！——所以我说，从文学方法一方面看去，中国的文学实在不够给我们作模范。

第二，西洋的文学方法，比我们的文学，实在完备得多，高明得多，不可不取例。即以散文而论，我们的古文家至多比得上英国的倍根（Bacon）和法国的孟太恩（Montaigne），至于像柏拉图（Plato）的

"主客体",赫胥黎(Huxley)等的科学文字,包士威尔(Boswell)和莫烈(Morley)等的长篇传记,弥儿(Mill)、弗林克令(Franklin)、吉朋(Gibbon)等的"自传",太恩(Taine)和白克儿(Buckle)等的史论;……都是中国从不曾梦见过的体裁。更以戏剧而论,二千五百年前的希腊戏曲,一切结构的工夫,描写的工夫,高出元曲何止十倍。近代的萧士比亚(Shakespeare)和莫逆尔(Molière)更不用说了,最近六十年来,欧洲的散文戏本,千变万化,远胜古代,体裁也更发达了,最重要的,如"问题戏",专研究社会的种种重要问题;"象征戏"(Symbolie Drama),专以美术的手段作的"意在言外"的戏本;"心理戏",专描写种种复杂的心境,作极精密的解剖;"讽刺戏",用嬉笑怒骂的文章,达愤世救世的苦心:——我写到这里,忽然想起今天梅兰芳正在唱新编的《天女散花》,上海的人还正在等着看新排的《多尔衮》呢!我也不往下数了。——更以小说而论,那材料之精确,体裁之完备,命意之高超,描写之工切,心理解剖之细密,社会问题讨论之透切,……真是美不胜收。至于近百年新创的"短篇小说",真如芥子里面藏着大千世界;真如百炼的精金,曲折委婉,无所不可;真可说是开千古未有的创局,掘百世不竭的宝藏。——以上所说,大旨只在约略表示西洋文学方法的完备,因为西洋文学真有许多可给我们作模范的好处,所以我说:我们如果真要研究文学的方法,不可不赶紧翻译西洋的文学名著做我们的模范。

现在中国所译的西洋文学书,大概都不得其法,所以收效甚少。我且拟几条翻译西洋文学名著的办法如下:

(1)只译名家著作,不译第二流以下的著作 我以为国内真懂得西洋文学的学者应该开一会议,公共选定若干种不可不译的第一流文学名著:约数如一百种长篇小说,五百篇短篇小说,三百种戏剧,五十家散文,为第一部"西洋文学丛书",期五年译完,再选第二部。译成之稿,由这几位学者审查,并一一为作长序及著者略传,然后付印;其第二流以下,如哈葛得之流,一概不选。诗歌一类,不易翻译,只可从缓。

(2)全用白话韵文之戏曲,也都译为白话散文 用古文译书,必失原文的好处。如林琴南的"其女珠,其母下之",早成笑柄,且不必论。前天看见一部侦探小说《圆室案》中,写一位侦探"勃然大怒,拂袖而起"。不知道这位侦探穿的是不是康桥大学的广袖制服!——这样译书,不如不译。又如林琴南把萧士比亚的戏曲,译成了记叙体的古文!这真是萧士比亚的大罪人,罪在《圆室案》译者之上!

(3) **创造** 上面所说工具与方法两项,都只是创造新文学的预备。工具用得纯熟自然了,方法也懂了,方才可以创造中国的新文学。至于创造新文学是怎样一回事,我可不配开口了。我以为现在的中国,还没有做到实行预备创造新文学的地步,尽可不必空谈创造的方法和创造的手段,我们现在且先去努力做那第一第二两步预备的工夫罢!

民国七年四月

(原载 1918 年 4 月 15 日《新青年》第 4 卷第 4 号)

论文学改革的进行程序

一　原书

适之先生：

今天得着先生的信，说不尽我心中的快乐。

先生所提倡的白话文字，我是很赞成。但是我的生性，有了半些儿见解，就要想"见诸于行事"。者［这］番对于白话文字，也怀着这个意思。以为此种文字，经着先生和独秀、玄同、半农许多先生竭力提倡，国中稍有世界观念的人，大约有一大半赞成了。那么，如今就要想实行改革的法子了。

讲起改革的程序，自然要从小学校里做起。要想从小学校做起，不可不先明白小学校里的现状。小学校里的现状，究竟是什么样呢？我前番曾经与友人谈及"现今小学校重视文学，看轻科学"的弊病。他回信来说："小学校里说不到科学，更说不到文学，现今各校所取的教材，是很合儿童心理的。"我听了他的话，有些不合意，所以再写给他一信，告诉他现今小学校里的现状。信中的话，大约说：

> 足下言：小学校教育，说不到科学，今所授者，生活上之常识耳，升学之预备耳。斯言是也。夫既已认为生活上之常识，则认真切实以授之者，理也。既已认为升学之预备，则择尤选精立其上进之基础者，亦理也。然而试一察乎今之实际则何如？教者之所教，儿童之所学，除国文算术以外，举皆不足以动其心（指高小言）。更精密考查之，则算术尚在轻视之列，其所哓哓焉经日喋喋于儿童之前者，仅一国文耳。而儿童之所疲精劳神竭力以赴之者，亦一国文耳。足下疑我言乎？则请就现今主持小学教育者而询之，其答辞之不若此者，什二三耳。夫以人生常识上

进基础之学科,而其现象若斯,足下对之,其感想若何?

足下又言:小学教育,说不到文学,今所授者,一皆以应用文为主。斯言是也。文学两字,是否成立,我学浅,不敢以语此(他信中说文学是术,不能与科学对举)。今所欲询者,如《史记》"渑池之会",《汉书》"昆阳之战",柳宗元之《黔之驴》,《永氏鼠》,苏东坡之《留侯论》,《贾谊论》,尤侗之《乞者说》,刘基之《卖柑者言》等篇,果属于应用文字?抑属于文学乎?如以为属于应用文也,则我无间然。如以为非也,则今之小学其取此以为教材者,十有七八也。

足下又言:以现今小学校之国文成绩而言,何足以当文学两字。斯言诚不虚。然我尝调查现今小学校之作文题矣。《华盛顿论》,《王安石论》,《爱菊说》,《爱竹说》,《郭子仪单骑赴会论》,《岳武穆奉诏班师论》,以及各种策论,及古奥之说明文等,竟数见不鲜。夫论儿童之成绩,固不足以当文学两字,论此种文题,亦足以当应用文乎?又观教者之所订正者,则"今日朝晨"必改为"今晨";"我能明白他的道理了",必改作"我知之矣"。夫文字者,言语思想之代表也。儿童既已据其思想,而以明白显畅之文字表之,又何必节之约之求合诸古以为贵耶?是故足下所言者,就理论上以推测之也。我之所举,就事实上以立论也。理论固足贵,奈事实上不如是乎?总之,现今我国之小学教育,表面上虽云普及实用,其内容仍不免带此科举时代意味,虽非养成一船咕哔咿唔之士,实不能立其科学知识之基础,以提倡有裨实用之学,此我所敢断言者。而推究其源,则皆由吾国文字艰深,及教师好古之病以育成之也。

以上所说的话,没有一句不是真的。不要说别个,就是我自己所教的,也是如此。那么,照着方才所说的"既知即行"这句话,岂不是"自相矛盾"么?却又不然。高等小学的毕业生,虽有一半要去谋生了,但是其他一半,是要升入中学的。现今中学里的国文先生,大半是那前清的老秀才,老翰林,吃过"十年窗下"的苦味,所以一言一动,多含着八九分酸气。就因为他自己日日浸在酸气里,所以他要求的，自然是要有酸气的学生，这也是"同声相应，同类相求"的老例。他所求的既然是要有酸气的，而我所造成的却是没有酸气的，那就不能合他的意思了，那就不能蒙他的赏识了。如此，岂不是我误了一般"殷殷向学"的学子么？

照这说法，那白话文字实行的障碍，就要算中等学校么？这又不然。中等学校的学生，有一半要升入中等学校以上的学校，中等以上的学校，他的"入学试验"，也是和中等学校的"入学试验"相同。那么，要想升学，就要准备着酸气；要准备酸气，不得不于招收学生时预先设法了。这也是一定的法则，所谓"斧头敲凿子，凿子敲木头"，无可设法的。

照此看来，论那改革的起点，在理论上，自然是要从小学里做起。但是从实际上着想，又要从国中最高级的学校里开始改革。先生以为这个话说得对么？

我国最高级的学校，就要算先生所担任讲授的北京大学了。所以我的意见，以为改革的起点，当在大学。大学里招考的时候，倘然说一律要做白话文字（或者先从理工两科改起，文科暂缓），那么，中等学校里自然要注重白话文字了。小学校里又因为中等学校有革新的动机，也就可以放胆进行了。那岂不是如"顺风行舟"，很便利的法子么？

有人说："从小学校里先改革，也可以行的。若说有中等学校来阻梗，便可采用那'全国一致'的举动，使那中等学校里招考的时候，除了会做白话文字的人外没有一个会发酸了，到那时，中等学校里的校长教员，也就无法可想了。"这种说话，粗看似乎很有理，但是我们从实际上着想，全国小学校能结合成功这种团体么？现今小学校里的教员校长，虽然有许多是新学界人物，但是前清的老八股先生也不少。就拿新人物而论，因为他从前所受的教育，是受老秀才，老翰林，陶冶成功的，对于旧文字，根深蒂固，牢不可拔，所以他的思想，也是和老八股先生一个样儿。现在要同那种先生去办改革文字这件事，那可办得到么？所以我说，要想实行新文学，必定要从大学做起。

但是我想要从大学做起，也是很难，因为大学里的先生，他所下的酸工夫,更加比中学校的先生高几倍。若是同他讲讲"韩、柳、欧、苏",是很高兴的。若是要同他讲改革文字,那就未免要挨他一番辱骂了。(中略)从此看来,这件事体要实行起来,岂不是也有许多阻力么?

先生对于实行改革的方法,曾经研究过么?对于我所说的话,也赞成么?请先生同独秀、玄同、半农诸位先生讨论讨论,并且告诉我一个研究结果。

《新青年》杂志中的论文,我以为以后当注重在研究实行改革的法子一方面,庶几能合着众人的心思,去研究这一件大事。

近日校中放春假,所以有许多闲时来同先生作长谈;以后若上了课,那就不大便利了。但是我预计,每一个月中间,必定有一回报告的。

先生前在《新青年》中所发表的《札记》及《归国杂感》这一类文字,最能感动他人。我想先生住在美国很长久,所见所闻,必定不止这一些,何不多发表些呢?

盛兆熊上　四月四日

二　答书

爱初先生:

来信论文学改革实行的程序,极中肯要。先生以为实行的次序应该从最高级的学校里开始改革。实际上看来,这话虽然有理,却也有许多困难。第一,我们现在没有那么大的权力可以把大学入学的国文试验都定为白话。第二,就是我们有这种权力,依我个人想来,也不该用这种专制的手段来实行文学改良。第三,学生学了国文,并不是单为预备大学的入学试验的。他的国文,须用来写家信,上条陈,看报,做报馆里的"征文"……等等。他出学校之后,若去谋事,无论入那一途,都用不着白话。现今大总统和国务总理的通电都是用骈体文做的;就是豆腐店里写一封拜年信,也必须用"桃符献瑞,梅萼呈祥,遥知福履绥和,定卜筹祺迪吉"……等等刻板文字。我们若教学生"一律做白话文字",他们毕业之后,不但不配当"府院"的秘书,还不配当豆腐店的掌柜呢!

所以我的私意,改革大学这件事,不是立刻就可做到的,也决不是几个人用强硬手段所能规定的。我的意思,以为进行的次序,在于极力提倡白话文学。要先造成一些有价值的国语文学,养成一种信仰新文学的国民心理,然后可望改革的普及(请参看我的《建设的文学革命论》)。

若必须从学校教育一方面着想,似乎还该从低级学校做起。进行的方法,在一律用国语编纂中小学校的教科书。现在所谓"国文"定为"古文",须在高等小学第三年以上始开始教授。"古文"的位置,与"第一种外国语"同等。教授"古文",也用国语讲解;一切"模范文"及"典文"的教授法,全用国语编纂。

编纂国语教科书,并不是把现有的教科书翻成国语就可完事的。第一件要事,在于选用教科的材料。现有的材料,如先生信中所举的《留侯论》,《贾谊论》,《昆阳之战》……之类,是决不可用的。我的意思,以为小学教材,应该多取小说中的材料。读一千篇古文,不如看一部《三国志演义》。这是我们自己身受的经验。只可惜现在好小说太少了,不够教材的选择。可见我上文所说先提倡白话文学,究竟是根本的进行方法。没有新文学,连教科书都不容易编纂!

现在新文学既不曾发达,国语教科书又不曾成立,救急的方法只有鼓励中小学校的学生看小说。小说之中,白话的固好,文言的也可勉强充数,总比读《古文辞类纂》更有功效了。

七年四月十日　胡适

(原载1918年5月15日《新青年》第4卷第5号)

答汪懋祖

芍潭学兄：

来书说，"两党讨论是非，各有其所持之理由。不务以真理争胜，而徒相目以妖，则是滔滔者妖满国中也"。又说本报"如村妪泼骂，似不容人以讨论者，其何以折服人心？"此种诤言，具见足下之爱本报，故肯进此忠告。从前我在美国时，也曾写信与独秀先生，提及此理。那时独秀先生答书说文学革命一事，是"天经地义"，不容更有异议。我如今想来，这话似乎太偏执了。我主张欢迎反对的言论，并非我不信文学革命是"天经地义"。我若不信这是"天经地义"，我也不来提倡了。但是人类的见解有个先后迟早的区别。我们深信这是"天经地义"了，旁人还不信这是"天经地义"。我们有我们的"天经地义"，他们有他们的"天经地义"。舆论家的手段，全在用明白的文学，充足的理由，诚恳的精神，要使那些反对我们的人不能不取消他们的"天经地义"，来信仰我们的"天经地义"。所以本报将来的政策，主张尽管趋于极端，议论定须平心静气。一切有理由的反对，本报一定欢迎，决不致"不容人以讨论"。

但是来书有几句话，我们不能不辩。来书云，"又如某君，既痛恶仪征某氏所为文矣，乃独剿袭其对于江淹《恨赋》，'孤臣危涕，孽子坠心'，及杜甫'红豆鹦鹉，碧梧凤凰'，一联之评语，以为己所发明。"这话未免有点冤枉某君了。某君并不曾说这两种评语是"己所发明"，他不过随意举两条例罢了。我平常也骂"香稻鹦鹉，碧梧凤凰"两句；但我实在不曾知道仪征某氏也有这种评语。

来书又说本报"雅俗参半，而北语吴音（如'像煞有介事'），格磔其间"。此是"过渡时代"不能免的现象。现在做文章，没有标准的国语,但有能达意的词句,都可选用。如"像煞有介事"的意思,除了吴语,别无他种说法。正如"袈裟","刹那","辟克匿克"等外国名词,没有别种说法,也不妨选用,何况本国的方言呢?

胡适白　七,七,一五

(原载 1918 年 7 月 15 日《新青年》第 5 卷第 1 号)

答朱经农

一 原书

适之足下：

《新青年》第四卷第四号已收到。《建设的文学革命论》所主张甚是；比之从前的"八不主义"及文规四条，更周密，更完备了。周作人君所译之《皇帝之公园》，弟极喜欢。何不寄一本到清宫里给满洲皇族读读？《老洛伯》诗平平而已。译诗本不容易。弟既不能自译，就不敢妄评他人译作，内容姑置不论罢。报中通信一门所论，大半是"中国今后之文字问题"。弟非文学专家，又于白话文章缺少实验，本不应插口乱说；只因这块"文字革命"的招牌底下，所卖的货色种类不一，所以我们作"顾客"的也当选择选择那样是可用的，那样是不可用的。今请分述于下：

现在讲文字革命的大约可分四种：（第一种）是"改良文言"，并不"废止文言"；（第二种）"废止文言"，而"改良白话"；（第三种）"保存白话"，而以罗马文拼音代汉字；（第四种）是把"文言"、"白话"一概废了，采用罗马文字作为国语（这是钟文鳌先生的主张）。

这第四种弟是极端反对，因为罗马文字并不比汉文简易，并不比汉文好。凡罗马文字达得出的意思，汉文都达得出来。"舍己之田以耘人之田"，似可不必。拉丁文是"死文字"，不用说了。请看法文一个"有"字便有六十种变化（比孙行者七十二变少不多了），"命令格"等等尚不在内。同一形容词，有的放在名词前面，有的又在后面，忽阴忽阳，一弄就错。一枝铅笔为什么要属阳类？一枝水笔为什么要属阴类？全无道理可说。西班牙文之繁复艰难，亦复类此。弟试了一试，真是"望洋兴叹"；上学期考试一过，就把法文教科书高高的放在书架顶上,不敢再问,连 Ph. D. 的梦想也随之消灭。意大利文我没有见过,不敢乱说;只是同为拉丁文支派,想必也差不多的。就是英文,我也算读了好几年,动起笔来仍是不大自然,并不是我一人如此。虽说各人天分有高低,恐怕真正写得好的也不甚多。试问今日如果把汉文废了,要通国的人民都把娘肚子里带来的声调腔口全然抛却,去学那 ABCD,可以做得到吗?即就欧洲而论,英、法、德、意、西、葡、丹、荷,各有方言,各有文字,彼此不能强同,至今无法统一。德国人尚不能采用法文,英国人尚不能采用俄语,何以中国人却要废了汉文,去学罗马文字呢?此外可讨论的地方尚多,想兄等皆极明白,不用我费话,且把这第四种放开一边,再来说第三种。

废去汉字,采用罗马拼法,一切白话皆以罗马字书之,也是做不到的。请教"诗","丝","思","私","司","师",这几个字,用罗马字写起来有何分别?如果另造新名代替同音之字,其弊亦与第四拼字主张相等,因为不自然,不易记,并且同音之字太多,造新名亦不容易。据我的意思,还是学日本人的办法,把拼音写在字旁边,以作读音准标,似乎容易些。

至于第一第二两种,应当相提并论。不讲文字革命则已;若讲文字革命,必于二者择一。二者不同之点,就是文言存废问题。有人说,文言是千百年前古人所作,而今已成为"死文字";白话是现在活人用品,所以写出活泼泼的生气满纸。文言既系"死"的,就应当废。弟以为文字的死活,不是如此分法。古人所作的文言,也有"长生不死"的;而用"白话做的书,未必皆有价值有生命",足下已经说过,不用我重加引申了。平心而论,曹雪芹的《红楼梦》,施耐庵的《水浒》,固是"活文学";左丘明的《春秋传》,司马迁的《史记》,未必就"死"了。我读《项羽本纪》中的樊哙,何尝不与《水浒》中的武松、鲁智深、李逵一样有精神呢?(其余写汉高祖,写荆轲、豫让、聂政等,亦皆活灵活现。)就是足下所译的《老洛伯》诗,"羊儿在栏,牛儿在家,静悄悄的黑夜",比起《诗经》里的"鸡栖于埘,日之夕矣,羊牛下来"等,其趣味也差不多。所以我说文言有死有活,不宜全行抹杀。我的意思,并不是反对以白话作文,不过"文学的国语",对于"文言"、"白话",

应该并采兼收而不偏废。其重要之点,即"文学的国语"并非"白话",亦非"文言",须吸收文字之精华,弃却白话的糟粕,另成一种"雅俗共赏"的"活文学"。(第一)是要把作者的意思完完全全的描写出来;(第二)要使读文字的人能把作者的意思容容易易透透彻彻的领会过去;(第三)是把当时的情景(述事),或正确的理由(论理),活灵活现实实在在的放在读者的面前(这三层或有些重复。信笔写去,不及修饰,望会其意,而弃其文)。有些地方用文言便当,就用文言;有些地方用白话痛快,就用白话。我见《新青年》所载陈独秀、钱玄同诸君的大作,也是半文半俗,"文言"、"白话",夹杂并用;而足下所引《木兰辞》、《兵车行》,陶渊明的诗,李后主的词,也是如此,并非完全白话。我所以大胆说一句:"主张专用文言而排斥白话,或主张专用白话而弃绝文言,都是一偏之见。"我知道足下听了很不高兴,但是我心里如此想,嘴里就不能不如此说。我不会说假话以取悦于老哥,尚望原谅原谅。

我现在有的地方非常顽固。看见有几位先生要把法文或其他罗马文字代汉文,心里万分难过,故又在足下面前多嘴。我知足下必说,"你自己法文不好,就反对法文,和那些不懂汉文的人要废汉文一样荒谬"。这句话是不合名学的。古人说,"君子不以人废言";又说"智者千虑,必有一失"。若说钱玄同的主张必然不错,就犯了 Argumentumad hominern 的语病;若说老朱的话一定不对,就犯了 Ignoratio elenchi 的语病了。我正在这里反对用外国语代汉文,自己忽然写了两个外国字进去,足下必然笑我。须知废止汉文,与引用外国术语是两件事体。英文里面可引用日本语"Kimono"(着物),因为"着物"非英、美所固有;汉文里头也未尝不可引用一二"名学术语",因为"国语"尚未完全造成,译语尚无一定标准,恐所译不达原意,故存其真耳。

今天我没有功夫多写信了。还有一句简单的话,就是"白话诗"应该立几条规则。我们学过 Rhteoric,都知道"诗"与"文"之别,用不着我详加说明。总之,足下的"白话诗"是很好的,念起来有音,有韵,也有神味,也有新意思,我决不敢妄加反对。不过《新青年》中所登他人的"白话诗",就有些看不下去了。须知足下未发明"白话诗"以前,曾学杜诗(在上海做"落日下山无"的时代),后来又得力于苏东坡、陆放翁诸人的诗集,并且宋词元曲,融会贯通,又读了许多西人的诗歌,现在自成一派;好像小叫天唱戏,随意变更旧调,总是不脱板眼。别人学他,每每弄得不堪入耳。所以我说,要想"白话诗"发达,规律是不可不有的。此不特汉文为然,西文何尝不是一样?如果诗无规律,不如把诗废了,专做"白话文"的为是。

要说的话很多,将来再谈罢。

朱经农白　六月五日寄于美国

二　答书

经农足下:

在美国的朋友久不和我打笔墨官司了。我疑心你们以为适之已得了不可救药的证候,尽可不用枉费医药了。不料今天居然接到你这封信,不但讨论的是"文学革命",并且用的白话文体。我的亲爱的经农,你真是"不我遐弃"的了!

来信反对第四种文字革命(把文言白话都废了,采用罗马字母的文字作为国语)的话,极有道理,我没有什么驳回的话。且让我的朋友钱玄同先生来回答罢。

第三种文字革命(保存白话,用拼音代汉字),是将来总该办到的。此时决不能做到。但此种主张,根本上尽可成立(赵元任君曾在前年《留美学生月报》上详细讨论,为近人说此事最精密的讨论)。即如来信所说诗,丝,思,司,私,师,等字,在白话里,都不成问题。为什么呢?因为白话里这些字差不多都成了复音字,如"蚕丝","思想","思量","司理","职司","自私","私下里","私通","师傅","老师",翻成拼音字,有何妨碍?又如"诗"字,虽是单音字,却因上下字的陪衬,也不致误听。例如说,"你近来做诗吗?""我写一首诗给你看",这几句话里的"做诗","一首诗",也不致听错的。平常人往往把语言中的字看作一个一个独立的东西。其实这是大错的。言语全是上下文的(Contextural),即如英文的 Rite, Right, Write 三个同音字,从来不会听错,也只是因为这个原故。

来书论第一二种文字革命(改良文言与改用白话)的话,你以为我"听了很不高兴",其实我并没有不高兴的理由。你这篇议论,宗旨已和我根本相同,但略有几个误解的论点,不能不辩个明白:

(第一)来书说,"古人所作的文言,也有长生不死的",你所说的"死",和我所说的"死",不是一件事。我也承认《左传》、《史记》在文学史上,有"长生不死"的位置。但这种文学是少数懂得文言的人的私有物,对于一般通俗社会便同"死"的一样。我说《左传》、《史记》是"死"的与人说希腊文拉丁文是"死"的是同一个意思。你说《左传》、《史记》是"长生不死"的,与希腊学者和拉丁学者说 Euripides 和 Virgil 的文学是"长生不死"的是同一个意思。《左传》、《史记》在"文言的文学"里,是活的;在"国语的文学"里,便是死的了。这个分别,你说对不对?

(第二)来书所主张的"文学的国语","并非白话,亦非文言,须吸收文言(原文作'文字',疑是笔误)之精华,弃却白话的糟粕,另成一种雅俗共赏的活文学"。这是很含糊的话。什么叫做"文言之精华"?什么叫做"白话的糟粕"?这两个名词含混得很,恐怕老兄自己也难下一个确当的界说。我自己的主张可用简单的话说明如下:

> 我所主张的"文学的国语",即是中国今日比较的最普通的白话。这种国语的语法文法,全用白话的语法文法。但随时随地不妨采用文言里两音以上的字。

这种规定,——白话的文法,白话的文字,加入文言中可变为白话的文字,——可不比"精华"、"糟粕"……等等字样明白得多了吗?至于来书说的"雅俗共赏"四个字,也是含糊的字。什么叫做"雅"?什么叫做"俗"?《水浒》说,"你这与奴才做奴才的奴才!"请问这是雅是俗?《列子》说,"设令发于余窍,子亦将承之。"这一句字字皆古,请问是雅是俗?若把雅俗两字作人类的阶级解,说"我们"是雅,"他们"小百姓是俗,那么说来,只有白话的文学是"雅俗共赏"的,文言的文学只可供"雅人"的赏玩,决不配给"他们"领会的。

来书末段论白话诗,未免有点偏见。老兄初次读我的"两个黄蝴蝶"的时候,也说"有些看不下去"。如今看惯了,故觉得我的白话诗"是很好的"。老兄若多读别人的白话诗,自然也会看出他们的好处。就如《新青年》四卷一号所登沈尹默先生的《霜风呼呼的吹着》一首,几百年来,那有这种好诗！老兄一笔抹煞,未免太不公了。

　　来书又说,"白话诗应该立几条规则"。这是我们极不赞成的。即以中国文言诗而论,除了"近体"诗之外,何尝有什么规则？即以"近体"诗而论,王维、孟浩然、李白、杜甫的律诗,又何尝处处依着规则去做？我们做白话诗的大宗旨,在于提倡"诗体的解放"。有什么材料,做什么诗；有什么话,说什么话；把从前一切束缚诗神的自由的枷锁镣铐,拢统推翻：这便是"诗体的解放"。因为如此,故我们极不赞成诗的规则。还有一层,凡文的规则和诗的规则,都是那些做"古文笔法"、"文章轨范"、"诗学入门"、"学诗初步"的人所定的。从没有一个文学家自己定下做诗做文的规则。我们做的白话诗,现在不过在尝试的时代,我们自己也还不知什么叫做白话诗的规则。且让后来做"白话诗入门"、"白话诗轨范"的人去规定白话诗的规则罢！

民国七年七月十四日　　胡适
（原载1918年8月15日《新青年》第5卷第2号
原题《新文学问题之讨论》）

答任叔永

一　原书

适之足下：

　　读《新青年》第四号中足下之《建设的文学革命论》，大为赞成。记去年曾向足下说过，改良文字非空言可以收效，必须有几种文学上的产品，与世人看看。果然有了真正价值，怕他们不望风景从么？但是创造的文学，一时做不来，自然以翻译西方文学上的产品为第一步。此层屡向此邦学文学诸人提及。无奈他们皆忙自己的功课，不肯去做。足下现在既发大愿，要就几年之内，译几百部文学书，那就越发好了。

　　读《新青年》中广告，知"易卜生号"专载 *A Doll's House* 一剧。此剧就意思言，固足以代表易卜生的"个人主义"，与针砭西方社会的恶习。就构造言，尚嫌其太紧凑了一点。足下若曾看过此剧，便知其各节紧连而下，把个主人翁 Nora 忙得要死，观者也屏气不息。

　　昨日经农把致足下的书与我看了再行发出。我看了过后，觉得也有几句话要向足下说说。足下说，"白话可做活文字，也可做死文字；文话只能做死文字，不能做活文字"。此层经农已举左丘明的《春秋传》，太史公的《史记》来辩难了。我想，要替文话觅辩护人，可借重的，尚不止左、史两位。即以诗论，足下说，"《木兰行》，《孔雀东南飞》，杜工部之《兵车行》，《石壕村[吏]》，以及陶渊明、白居易的诗是好诗，因为他们是用白话做的，或近于白话"。今姑勿论上举各篇各作者不必尽是白话。就有唐一代而言，足下要承认白香山是诗人，大约也不能不承认杜工部是诗人。要承认杜工部的《兵车行》、《石壕村[吏]》是好诗，大约也不能不承认《诸将》《怀古》、《闻官军收河南河北》……等是好诗。但此等诗不但是文话,而且是律体。可见用白话可做好诗,文话又何尝不可做好诗呢?不过要看其人生来有几分"诗心"没有罢了。再讲韩昌黎的《南山诗》,足下说他是死文字。比起《木兰行》、《石壕村[吏]》等来,《南山诗》自然是死的。但是我想南山这个题,原在形容景物,与他种述事言情的诗不同。《南山诗》共用五十二个"或若",把南山的形状刻画尽致。在文学上自算一种能品。要用白话去做,未见做得出。岂可因其不是白话,反轻看他呢?以上各种说法,并非与白话作仇敌,也非与文话作忠臣,不过据我一个人的鄙见,以为现在讲改良文学:第一,当在实质上用工夫;第二,只要有完全驱使文字的能力,能用工具而不为工具所用,就好了。白话不白话,倒是不关紧要的。

经农又说《新青年》上的白话诗,除了足下做的是"有声,有韵,有情"(记不清楚了,想是如此说的),他不敢妄加反对外,其余的便有些念不下去了。我想这个又是诗体问题,久已要向足下讲讲。现在趁此机会,略说几句,一并请足下指教。今人倡新体的,动以"自然"二字为护身符。殊不知"自然"也要有点研究。不然,我以为自然的,人家不以为自然,又将奈何?足下记得尊友威廉女士的新画"*Two Rhythms*",足下看了,也是"莫名其妙"。再差一点,对于此种新美术,素乏信仰的,就少不得要皱眉了。但是画画的人,岂不以其画为自然得很吗?所以我说"自然"二字也要加以研究,才有一个公共的理解。大凡有生之物,凡百活动,不能一往不返,必有一个循环张弛的作用。譬如人体血液之循环,呼吸之往复,动作寝息之相间,皆是这一个公理的现象。文中之有诗,诗中之有声有韵,音乐中之有调和(Harmony),也不过是此现象的结果罢了。因为吾人生理上既具有此种天性,一与相违,便觉得不自在。近来心理学家用机器试验古人的好诗好文,其字音的长短轻重,皆有一定的次序与限度。我想此种研究,于诗的 Meter(平仄?),句法的构造,都有关系。吾国诗体由三百篇的四言(James Lezze 说中国有二言诗,固附会得可笑。三言诗,汉《郊礼歌》等有之,但不足为重)变成汉、魏的五言;又由汉、魏的五言变成唐人的七言。大约系因古人言语短简急促,后人言语纡徐迟缓的原故（文体的变迁亦然）。但是诗到了七言，就句法构造上言，便有不能再长之势。再长，就非断不可了。且七言诗句，大概前四字可作一顿，后三字又自成一段。韩昌黎有时费全身的气力，于七言中别开生面。但只可于长诗中偶杂一二句。若句句是"点窜《尧典》《舜典》字，涂改《清庙》、《生民》诗"的句法（因韩诗已不记得，故引李诗为例），也就不能读了。七言既成了诗句的最长极限，所以宋、元的词曲起而代之。长短句搀杂互用，倒可免通体长句，或通体短句的不便处。但是他们的音调平仄，也越发讲究。我以为此种律例，现在看来，自然是可厌。但是创造新体的人，却不能不讲究。就是以后做诗的人，也不可不遵循一点。实在讲起来，古人留下来的诗体，竟可说是"自然"的代表。什么缘故？因为古人作诗的时候，也是想发挥其"自然"的动念，断没有先作一个形式来缚束自己的。现在存留下的，更是经了几千百年无数人的试验，以为可用。所以我要说，现在各种诗体，说他们不完备不新鲜则可，说他们不自然，却未必然。我再要说，若是现在讲改良文学的人，专以创造几种新体为无上的天职，我把此种人比各科学上的一种人专以发明各器具新方法为事，也只得恭敬他，再没多话说。若是要创造文学的产品，我倒有一句话奉劝：公等做新体诗，一面要诗意好，一面还要诗调好，一人的精神分作两用，恐怕有顾此失彼之虑。若用旧体旧调，便可把全副精神用在诗意一方面，岂不于创造一方面更有希望呢？这个主张，足下以为何如？

瞎三不着四的议论发了一阵，纸已写的不少了，还有钱玄同先生的废灭汉文大问题不曾讲到。若是用文话，断不会有如许喽嗦。这也是白话的一种坏处。

经农对于废灭汉文的问题，已经说"心中万分难受"了。我想钱先生要废汉文的意思，不是仅为汉文不好，是因汉文所载的东西不好，所以要把他拉杂摧烧了，廓而清之。我想这却不是根本的办法。吾国的历史，文字，思想，无论如何昏乱，总是这一种不长进的民族造成功了留下来的。此种昏乱种子，不但存在文字历史上，且存在现在及将来子孙的心脑中。所以我敢大胆宣言，若要中国好，除非把中国人种先行灭绝!可惜主张废汉文汉语的,虽然走于极端,尚是未达一间呢!

　　此层且按下不讲。尚有一个实际问题:《新青年》一面讲改良文学,一面讲废灭汉文,是否自相矛盾?既要废灭不用,又用力去改良不用的物件。我们四川有句俗话说,"你要没有事做,不如洗煤炭去罢"。

　　钱先生的废灭汉文一篇大文,原来有点 Sentimental。我讲到此处,也有点 Sentimental 起来。恕罪恕罪。

任鸿隽白　六月八日

二　答书

叔永足下:

　　经农的白话信来,使我大欢喜。今又得老兄的白话信,并且还对于我的文学革命论"大为赞成",我真喜欢的了不得。来书有许多话,我已在答经农的信里回答过了,我现在且把那信里不曾说过的话,提出来回答如下:

　　(一)来书说"用白话可做好诗,文话又何尝不可做好诗呢?"又举杜甫的《诸将》、《怀古》、《闻官军收河南河北》……等诗为证。《闻官军收河南河北》一首的确是好诗。这诗所以好,因为他能用白话文写出当时高兴得很,左顾右盼,颠头播脑,自言自语的神气。第三,四,七,八句虽用对仗,都恰合言语的自然。五六两句,"白首放歌须纵酒,青春作伴好还乡",便有点做作,不自然了。这可见律诗总不是好诗体,做不出完全好诗。《诸将》五首,在律诗中可算得是革命的诗体。因为这几首极老实本色,又能发挥一些议论,故与别的律诗不同。但律诗究竟不配发议论,故老杜这五首诗可算得完全失败。如"胡虏千秋尚入关",成何说话?"见愁汗马西戎逼,曾闪朱旗北斗闲",实在不通。"拟绝天骄拔汉旌",也不通。这都是七言所说不完的话,偏要把他挤成七个字,还要顾平仄对仗,故都成了不能达意又不合文法的坏句。《咏怀古迹》五首,也算不得好诗。"三峡楼台淹日月,五溪衣服共云山",实在不成话。"一去紫台连朔漠,独留青冢向黄昏",是律诗中极坏的句子。上句无意思,下句是凑的。"青冢向黄昏",难道不向白日吗?一笑。他如"羯胡事主终无赖","志决身歼军务劳",都不是七个字说得出的话,勉强并成七言,故文法上便不通了。——这都可证文言不易达意,律诗更做不出好诗。《儒林外史》上评"桃花何苦红如此?杨柳忽然青可怜"。说上句加上一个"问"字,便是一句好词;如今强对上一句,便无味了。这话评律诗真不错。即如杜诗"江天漠漠鸟双去",本是绝好写景诗,可惜他硬造一句"风雨时时龙一吟"作对,便讨厌了。——至于韩愈的《南山》诗,何尝是写景?不过是押韵罢了。老兄和我都不曾到过南山,又何从知道他"把南山的形状刻画尽致"呢?

（二）来书说,"现在讲改良文学,第一当在实质上用工夫;第二要有完全驱使文字的能力,能用工具而不为工具所用,就好了。白话不白话,倒是不关紧要的"。这话的第一层极是,不用辩了。第二层"能用工具而不为工具所用",固是不错。但是我们极力主张用白话作诗,也有几层道理。（第一）我们深信文言不是适用的工具（说详《建设的文学革命论》）。（第二）我们深信白话是很合用的工具。（第三）我们因为要"用工具而不为工具所用",故敢决然弃去那不适用的文话工具,专用那合用的白话工具。正如古人用刀刻竹作字,后来有了纸笔,便不用刀笔竹简了。若必斤斤争文言之不当废,那又是"为工具所用",作了工具的奴隶了。老兄以为何如?

（三）来书说,"自然也要有点研究",这话极是。但这个大前提却不能发生下文的断语。下文说,"古人留下来的诗体,竟可说是自然的代表。什么缘故?因为古人作诗的时候,也是想发挥其自然的动念,断没有先作一个形式来束缚自己的"。这种逻辑,有如下例:"古人留下来的缠足是风俗,竟可说是自然的代表。为什么呢?因为古人缠足的时候,也是想发挥他的自然的美感;决没有先作一种小脚形式来束缚自然的!"再引老兄的话:"现在存留下的,更是经了几千百年无数人的试验,以为可用。"这话可说诗体,也可说缠足,也可说八股,也可说君主专制政体!可不是吗?原书前文所说"近来心理学家用机器试验古人的好诗好文,其字音的长短轻重,皆有一定的次序与限度"。老兄的意思,以为这就可以作自然的证据吗?老兄何不请那些心理学家用机器试验几篇仁在堂的八股文章?我可保那几篇"文学的长短轻重,也皆有一定的次序与限度"。如若不然,我请你看三天好戏,你敢赌这东道吗?——北京最常见的喜事门对,是"诗歌杜甫其三句,风咏《周南》第一章"。这两句若拿去上那心理学的机器,也是"有一定的次序与限度的"。——总而言之,四言诗(《三百篇》实多长短句,不全是四言)变为五言,又变为七言,三变为长短句的词,四变为长短句加衬字的曲,都是由前一代的自然变为后一代的自然。我们现在作不限词牌,不限套数的长短句,也是承这自然的趋势。至于说我们的"自然"是没有研究的自然,那是蔽于成见,不细心体会的话。我的朋友沈尹默先生做一首《三弦》诗,做了两个月,才得做成,我们岂可说他没有研究?不过他不曾请北京大学心理学教授陈百年先生用机器试验罢了!

(四)老兄劝我们道:"公等做新体诗,一面要诗意好,一面还要诗调好,一人的精神分作两用,恐怕有顾此失彼之虑,若用旧体旧调,便可把全副精神用在诗意一方面,岂不于创造一方面更有希望呢?"这个主张,有一个根本的误会。因为我们现在有什么诗料,用什么诗体;有什么话,说什么话;并不一面顾诗意,一面顾诗调。那些用旧调旧诗体的人,有了料,须要截长补短,削成五言,或凑成七言;有了一句,须对上一句;有了腹联,须凑上颈联;有了上阕,须凑成下阕;有了这韵,须凑成那韵;……那才是顾此失彼呢。——岂但顾此失彼,竟是"削足适履"了!

还有论废灭汉文一段,我且让老兄和钱玄同先生去打 Sentimental 官司罢。好在老兄不久就要回国,我们再谈罢。

七年七月廿六日　胡适

(原载 1918 年 8 月 15 日《新青年》第 5 卷第 2 号)

跋朱我农来信

我农吾兄：

老兄这两次的来信都是极有价值的讨论，我读了非常佩服。我对于世界语和 Esperanto 两个问题，虽然不曾加入《新青年》里的讨论，但我心里是很赞成陶孟和先生的议论的。此次读了老兄的长函，我觉得增长了许多见识，没有什么附加的意见，也没有什么可以驳回的说话。我且把这信中最精采的几条议论摘出来，或者可以使读者格外注意。

（1）老兄说："无论那一种语言文字，只有因为文字不合语言，把文字改了的；断没有用文字去改语言的。"

（2）又说："文字是语言的代表，是语言的记号，不可泛泛的称作一种记号。"

（3）又说："文字是随着语言进化的。将来到了国家种族的思想界限渐渐消灭，五方杂处的时候，语言自然会渐渐统一的；语言既统一，文字也就统一了（这一段说得太容易了。其实语言文字的守旧性最难更改。请看瑞士国何尝不是五方杂处，但语言文字还是德、法、意三国语并立）。语言断不能随着私造的文字改变的，也不会随文字统一的。……所以凭着几个人的脑力私造了一种记号，叫做文字，要想世界上人把固有的语言抛了，去用这凭空造的记号做语言；这是万万做不到的。"

（4）又说："各民族的文字是随公众语言的进化渐渐变成的；不是不根本语言，由几个人私造的。"——常人说仓颉造中国字，又说 Cadmus 造希腊字。要知道仓颉造的是一种记号来代表中国当时的语言，Cadmus 造的是一种字母的记号来代表希腊古代民族已有的语言。故月字是仓颉造的记号,但月字读作 Yues,可不是他造的,乃是中国已有的语言。懂得此理,便知把中国现有的语言用字母拼音,是可以做得到的;废去中国话,改用别种语言,是做不到的。

(5)老兄又说:"语言文字是一个随时改变的东西,初起头无论如何简单,如何精良,到后来一经实用,就要变成繁复不规则的。……因为 Esperanto 是个没有完全发达的东西,所以觉得简单明了。但是等到人人用他做语言文字,……不久就要变成繁复不规则的了。……现在研究和提倡 Esperanto 的人,因为各自采用各自爱用的字,已经有了弄不清楚的情势,这就是将来 Esperanto 必定变为繁杂的铁证。"

以上五条,我非常赞成。老兄讨论这个问题的根本论点只是一个历史进化观念。语言文字的问题是不能脱离历史进化的观念可以讨论的。我觉得老兄这几段议论不单是讨论 Esperanto,竟可以推行到一切语言文字问题,故特别把他们提出来,请大家特别注意。

胡适　民国七年十月四日

(原载 1918 年 10 月 15 日《新青年》第 5 卷第 4 号"通信栏")

致蓝志先书

知非先生：

11月底，我因母丧回南，到此时才回北京。到京后，高一涵先生告诉我说贵报（《国民公报》）近来极力赞成我们的主张，他并且检出许多旧报来给我看。我看了先生的白话文章，心里非常喜欢，新文学的运动从此又添了一个有力的机关报了。

先生答傅孟真的信里，曾说过要就那意见不同之处与我商榷讨论。这是我所极欢迎的。先生因为不曾见我主张的全体，所以不肯轻易下笔。这更可见先生的慎重将事。本年的《新青年》，我这里还有一部全份，可以借观。如先生要看，可叫送报人来取。最好是请先生把所要与我讨论的几点作成论文，送给《新青年》登载。

先生曾说："这文学革命的事业，现在正是萌芽的时候，到处都是敌人。吾辈应当壁垒森严，武器精良，才可以打破一条血路，战倒这恶浊社会。"这几句话，我极赞成。我们何尝不想做到这"壁垒森严，武器精良"的地步。但是兴登堡的壁垒，克虏伯的武器，尚且有一败涂地之一日，何况我们呢？所以我很希望先生肯推诚指教，点出我们壁垒不森严，武器不精良之处，免得我们见了福煦大元帅便要打败仗了。

胡适敬上　一月二十四日

（原载1919年4月15日《新青年》第6卷第4号）

答蓝志先书

（节录论文字问题的部分）

先生对于拼音文字问题先提出三种普通的反对理由。

（一）先生说，"文化发达以后，文字不能全凭拼音，总须借重视觉的符号。不然，古来传承的许多文字就有一大半要抛弃了"。我以为先生的根本误解在于把拼音文字当作一种偏于听觉的文字。其实"拼音文字"是双方的，拼的音是听觉的，拼成的文字是视觉的。中国文字的大病就在他偏于视觉一方面，不能表示字音。我们希望——注意，我们现在不过希望——将来能有一种拼音的文字，把我们所用的国语拼成字母的语言，使全国的人只消学二三十个字母，便可读书看报。至于"古来传承的文字"尽管依旧保存，丝毫不变，正如西洋人保存埃及的象形字和巴比仑的楔形字一样。

（二）先生说，"传声文字也不是纯为拼音"。先生又举英、法的文字作例。我们须知英、法文字所以有无音的字母夹在里面，乃是英、法文的大短处；这种缺点是历史的遗传物偶然不曾淘汰干净，并不是传声文字必须有的。如英文的 know 和 no 同音，那首尾两个无音字母并不是故意装上去作视觉符号的，乃是因为古英文作 knowen 那 K 母和 W 母都有音的，更古的盎格鲁撒克逊文作 Cnawan，那两个字母也是有音的，后来新英文把这两个字母的音吞没的时候，文字已渐有固定的形式，所以竟不曾把他们除去。现在英、美两国的"改良拼法"的运动，就是要把这些无用的"遗形物"一律除去。这种的运动分会现在遍于各地，我的朋友中也有几位实行这种改良拼法的。如说 I know he has a knife 他们拼作"I no he haz a nife"这可见传声文字应该纯为拼音。又如德文便没有这种无音的字母了；西班牙、葡萄牙文字更没有了。那几种人造的"世界语",更不消说了。这更可证英、法文字有无音的字母,不过是偶然的现象,不是传声文字必不可少的。总之,我们要不用拼音文字,也就罢了,如用拼音文字,应该是纯粹的表音符号,不该于表音之外带着无音的表意符号;拼音文字同时又是视觉的符号,因为我们见了这字如何拼合,便知如何发音,又从发音知道如何解说。

(三) 先生说,"在方言复杂的国家,必定用一种标准的文字,——不论是文是语——才能彼此相通。这种标准的文字,自然须有能固定的字形,不能纯用听觉符号的文字"。先生这两句话,我有点不明白。标准文字,我赞成;标准文字须有固定的字形,我也赞成;但是"纯用听觉符号的文字",难道就没有"固定的字形"吗?即如上文所举的例,Know 字改为 no 字,便没有固定的字形了吗?

以上三条是泛论拼音文字。以下先生就中国情形立论,共分七条。

(甲) 先生说,中国文字有无数单语不能凭音识义。我以为文言中"单语"很多,白话中单语就少了。凡白话中所留存的单语,一定是可以独立不会混乱的,如"嫖"字"喝"字之类。

(乙) 先生又说"中国同音异义之字太多"。这话我已在答朱经农君的信里说过了。先生又说"两字相连,同音异义的依然还是不少"。这话恐怕未必然罢。先生试举几个"两字相连同音异义的字"。吴稚晖先生曾举"什么"和"石马","太阳"和"腿痒"。这是笑语。"太阳"是名词,"腿痒"是一句话,决不会混的。"什么"是疑问的口气,也不会和"石马"混乱。我曾说过,语言文字不是一个一个的独立分子,乃是无时无地不带着一个上下文的。无论怎样容易混乱的字,连着上下文便不混乱了。譬如一个姓程的南方人,有人问他贵姓,他说姓程是不够的;人家要问他是禾旁程,还是耳东陈。但是我们说话时,"开一张路程单"的程字,决不会混作"陈年大土膏"的陈字。即如有人问先生的贵姓,先生一定须说"蓝颜色"的蓝,或是"青出于蓝"的蓝。但是我们若说"一个大姑娘穿着蓝布衫子,戴着一朵红花",听的人一定不会误解了。语言文字全是上下文的。——这个道理若不明白,决不能讨论拼音文字的问题。即如英文里同音异义的字约有六十几个,这也不算少了。再加上同字异义的通用字七八千个,可不是等于七八千个同音异义的通用字吗?(如 turn 一个字可分作四十几种解说!)何以英文不觉得困难呢? 这都是因为语言文字全靠上下文的作用,所以不觉得困难了。

先生又说,"如果新造名词全用拼音拼成,那就有许多名词,除了创造者以外,没有他人可以懂得的了"。这一层自然是大困难。但是这种困难是各国文字所同有的。无论在那一国,新造的名词必须下详细的说明,方才可使人懂得;又须有许久的传播,方才可使他流传于世。即如英文"知识论"是 Epistemology,语源出于希腊文,平常的英国人有几个人能懂得? 有一天,一个美国大学的一年生去看一个四年级的朋友,他的朋友说这个学期最难弄的就是蒋生教授的 Epistemology 一科。那一年生摆出很聪明的样子,说道:"这不是学写信的工课吗?(Epistemology 的上半截有点像 Epistle〔信札〕,故他猜错了。)那有什么烦难呢?"

(丙)先生说中国方言的困难,我是很赞成的。先生说,"非等到教育普及以后,标准的音读成了公用的国语的时候,讲不到拼音文字能否应用的问题"。我们并不是要现在改拼音文字。我不过说"中国将来应该有拼音的文字,但是……必须先用白话文字来代文言的文字;然后把白话的文字变成拼音的文字"(《新青年》四卷三五七页)。又说,"保存白话,用拼音代汉字,是将来总该办到的,此时决不能做到。但此种主张根本上尽可成立"(五卷一六六页)。陈独秀先生也是如此主张(四卷三五六页)。钱玄同先生更不赞成用罗马字拼汉文(四卷三五二至三五三页)。我上文同先生讨论的话,不过是要辨明"这种主张根本上尽可成立"一句话。

(丁)先生又说中国俗话不发达,所以离着讲拼音文字正远咧。这话我也极赞成。我们现在的要务,正如先生所说,"全在改造适用的言语"。

(戊)(己)(庚)三条的大旨,我已在上文各条讨论过了,可以不再提出。但是先生屡次说中国文字"一字一音"、"一字一义"、"个个单字"等话,我颇不以为然。形式上中国的字一个一个的方块,其实很少一个一个的单字。即用上文(丁)条第一句话作一个例:"先生又说中国俗话不发达",这十一个字其实只是"先生"、"又"、"说"、"中国"、"俗话""、"不"、"发达"七个字。这一层也是讨论拼音文字的人所不可不注意的。

(原载1919年4月15日《新青年》第6卷第4号)

论句读符号

答"慕楼"书

论句读符号一层,本社同人也不知共同讨论了多少次。我从前在《科学》第二卷第一期作《论句读及文字符号》时,曾说:"吾国文凡疑问之语,皆有特别助字以别之。故凡何,安,乌,孰,岂,焉,乎,哉,欤,诸字,皆即吾国之疑问符号也。故问号可有可无也。"吾对于感叹符号,也颇有这个意思。但后来我的朋友钱玄同先生说,这两种符号(?!)都不可废。因为中国文字的疑问语往往不用上举诸字;并且这些字有各种用法,不是都拿来表疑问的意思。

我记不得钱先生所举的例了。中国京调戏里常有两个人问答。一个问道,"当真?"一个答道,"当真。"又问道,"果然?"又答道,"果然"。这四句写出来若不用疑问符号,便没有分别了。又如人说,"你吃过饭了?"答道,"我吃过饭了"。又如说,"你敢来?"答道,"我敢来"。都是这一类的例。又如《檀弓》上,曾子怒曰,"商,汝何无罪也!"这句虽用"何"字,却不是疑问语,乃是怒骂语,故当用感叹符号。又如《孟子》上陈仲子说,"恶用是鶃鶃者为哉!"这句用了"恶"字和"哉"字,但不是疑问语乃是厌恶语,故当用感叹号。又如我们说"做什么"三个字,若大声喝问,当用感叹号;若是平常问话,当用疑问号。钱先生曾举古书"也"、"耶"两字通用的例(俞樾说),若"也"字用作"耶"字时,有疑问号指出,便不致误会了(参看《新青年》第三卷诸号通信)。

总而言之,文字的第一个作用便是达意。种种符号都是帮助文字达意的。意越达得出越好,文字越明白越好,符号越完备越好。这是本社全用各种符号的主意。

近见《时事新报》(8月8日)登有绩溪黄觉僧君的《折衷的文学革新论》。黄君极赞成我们的文学革新论,但他却"不主张纯用白话"。他这一种主张,我另有答复,今不具论。他对于我们所用的句读符号,与慕楼君所主张略同。他说,"西文所用之 Comma(,), Semicolon(;), Colon(:), Period(.)等是可用者。若 Interrogation(?), Exclamation(!)等,则我国既有么,呢,等或乎,哉,等表示问词;乎,哉,等表感叹词之尾声,何必再加此赘疣乎?"黄君此言,我已答在上文,故附录其语于此。即如黄君所举诸字中,"乎"、"哉"两字可表感叹,又可表疑问,若不用符号,岂不容易混乱吗?

八月十四日　胡适

(原载1918年9月15日《新青年》第5卷第3号)

答黄觉僧君《折衷的文学革新论》

1 我的同乡黄觉僧君近有《折衷的文学革新论》登在上海《时事新报》上。今节抄一段于下：

> 吾邑胡适之先生前年自美归国，与《新青年》杂志社诸先生共张文学革命之帜，推倒众说，另辟新基，见识之卓，魄力之宏，殊足令人钦佩。愚亦素主张文学革新之说者。在胡先生等未提倡文学革命以前，即本斯旨编辑师范学校国文读本一部。虽所选材料，与胡先生等所主张者容有出入，而其根本主义，务在排除艰深的，晦涩的，骈俪的，贵族的，浮泛的文学，而建设一种浅近的，明了的，通俗的，平民的，写实的文学，则大概趋于一致。诚以生今之世，学古之文，其弊甚多：（一）不适于教育国民之用。（二）不适于说明科学。（三）不能使言文渐趋一致，沟通民间彼此之情意。（四）不适于传布新思想。
>
> 吾师胡子承先生尝论之曰，"文学为物，不过一种符号，……其所以求达於文之目的，固在讲道明理及通彼此之意，非蕲其文之能工也"。又曰，"吾国学子兀兀穷年，徒劳精疲神于为文，……罕能观书为文，以致各种学术与技能皆无从为学理之研究"。明乎此，彼倡反对文学革新之国粹论者，诚所谓无理取闹，直盲目的国粹说耳。
>
> 虽然，胡先生等所倡之说，亦不无偏激之处，足贻反对者以口实，愚今请以折衷之说进。
>
> （一）文以通俗为主，不避俗字俗语，但不主张纯用白话。

革新文学之目的何在？一言以蔽之，曰，在能通俗，使妇女听之，童子读之，都能了解耳。既以使人人能了解为主，则文之不易懂者代以俗字俗语而意已明（此本胡先生初主张"不避俗字俗语"之说，愚谓较今说为得中），又何取乎白话为？使新文学纯用白话，则各地方言不同，既不可以方言入文；若曰学习，则学"么"、"呢"……等字，恐较学"之"、"乎"……等字为难，更何贵乎更张乎？其次，文学改革固当以一般社会为前提。然文之中有所谓应用的美术的二种。即以欧人之文学言，亦复如是。是美术文之趋势如何，无讨论之必要。何者？研究美术文者，必文学程度已高，而欲考求各种文体真相之人，与一般社会无甚关系。愚意通俗的美术文（用于通俗教育者）与中国旧美术文可以并行，以间执反对者之口。旧美术文无废除之必要。（下略）

2

觉僧君鉴：

……足下论句读符号的一段，我已在别处回答了。如今单说"不主张纯用白话"一段。

这个问题，我已在《建设的文学革命论》中详细说过。我们主张用白话最重要的理由，只是"国语的文学，文学的国语"十个大字。足下若细读此篇，便知我们的目的不仅是"在能通俗，使妇女童子都能了解"。我们以为若要使中国有新文学，若要使中国文学能达今日的意思，能表今人的情感，能代表这个时代的文明程度和社会状态，非用白话不可。我们以为若要使中国有一种说得出，听得懂的国语，非把现在最通行的白话文用来作文学不可。我们以为先须有"国语的文学"，然后可有"文学的国语"；有了"文学的国语"，我们方才可以算是有一种国语了。现在各处师范学校和别种学校也有教授国语的，但教授的成绩可算得是完全失败。失败的原因，都只为没有国语的文学，故教授国语没有材料可用。没有文学的材料，故国语班上课时，先生说，"这是一头牛"，国语班的学生也跟着说，"这是一头牛"；先生说，"砍了你的脑袋儿！"那些学生也跟着说，"砍了你的脑袋儿！"这种国语教授法，就教了一百年，也不会有成效的。——

所以我们主张文学革新的第一个目的是要使中国有一种国语的文学;是要使中国人都能用白话做诗,作文,著书,演说。因为如此,所以要纯用白话。这是答足下"又何取乎白话"一段。

至于"方言不同"一层更不足为反对白话的根据。因为方言不同,所以更不能不提倡一种最通行的国语,以为将来"沟通民间彼此之情意"(用足下语)的预备。

足下又说"既不可以方言入文"。这也不足为病。方言未尝不可入文。如江苏人说"像煞有介事"五字,我所知各种方言中竟无一语可表出这个意思。这五个字将来便有入国语的价值,便有入文学的价值。并且将来国语文学兴起之后,尽可以有"方言的文学"。方言的文学越多,国语的文学越有取材的资料,越有浓富的内容和活泼的生命。如英国语言虽渐渐普及世界,但他那三岛之内至少有一百种方言。内中有几种重要的方言,如苏格兰文,爱尔兰文,威尔斯文,都有高尚的文学(《新青年》四卷四号之《老洛伯》便是苏格兰文学的一种)。国语的文学造成之后,有了标准,不但不怕方言的文学与他争长,并且还要倚靠各地方言供给他的新材料,新血脉。但是这个现在还不成问题,故不必多谈了。

足下又说:"美术文之趋势如何,无讨论之必要。何者?研究美术文者,必文学程度已高,而欲考求各种文体真相之人,与社会无甚关系。"这话我极反对。其实足下自己也该极力反对这种议论。因为足下上文说足下的"根本主义务在排除艰深的,晦涩的,贵族的,骈俪的文学,而建设一种浅近的,明了的,通俗的,平民的,写实的文学"。如果美术文的趋势只操纵于"文学程度已高,与社会无甚关系"的人,岂不还是一种"艰深的,……贵族的"文学吗?我们以为文学是社会的生活的表示,故那些"与社会无甚关系"的人,绝对的没有造作文学的资格。

外面有许多人误会我们的意思,以为我们既提倡白话文学,定然反对学者研究旧文学。于是有许多人便以为我们竟要把中国数千年的旧文学都抛弃了。细看足下此文,好像也有这个意思,故说"旧美术文无废除之必要"。这都由于大家把题目弄混了,故说不清楚。

现在中国人是否该用白话做文学,这是一个问题。中国现在学堂里是否该用国语作教科书,这又是一个问题。如果用了国语做教科书,古文的文学应该占一个什么地位,这又是一个问题。我们研究文学的人是否该研究中国的旧文学,这另是一个问题。我们对于这几个问题的主张,是:——

(一)现在的中国人应该用现在的中国话做文学,不该用已死了的文言做文学。

(二)现在的一切教科书,自国民学校到大学,都该用国语编成。

(三)国民学校全习国语,不用"古文"("古文"指说不出听不懂的死文字)。

(四)高等小学除国语读本之外,另加一两点钟的"古文"。

(五)中学堂"古文"与"国语"平等。但除"古文"一科外,别的教科书都用国语的。

(六)大学中,"古文的文学"成为专科,与欧、美大学的"拉丁文学"、"希腊文学"占同等的地位。

(七)古文文学的研究,是专门学者的事业。但须认定"古文文学"不过是中国文学的一个小部分,不是文学正宗,也不该阻碍国语文学的发展。

这几条都是极重要的问题,愿与国中有识之士仔细研究讨论之。

胡适　八月十四

(原载 1918 年 9 月 15 日《新青年》第 5 卷第 3 号)

请颁行新式标点符号
议案（修正案）

一　释名

本议案所谓"标点符号"，含有两层意义：一是"点"的符号，一是"标"的符号。"点"即是点断，凡用来点断文句，使人明白句中各部分在文法上的位置和交互的关系的，都属于"点的符号"，又可叫做"句读符号"。下条所举的句号，点号，冒号，分号四种属于此类。"标"即是标记。凡用来标记词句的性质种类的，都属于"标的符号"。如问号是表示疑问的性质的，引号是表示某部分是引语的，私名号是表示某名词是私名的，旧有"文字符号"、"句读符号"等名称，总不能包括这两项意义，故采用高元先生《论新标点之用法》一篇（《法政学报》第八期）所用"标点"两字，定名为"标点符号"。

二　标点符号的种类和用法

中国文字的标点符号很不完备。最古只有"离经辨志"的方法（见《学记》。郑玄注，离经句绝也）。大概把每句离开一二字写，如宋版《史记》的《索隐述赞》的写法。汉儒讲究章句，始用"句读"（何休《公羊传》序云，"援引他经，失其句读"。《周礼》注，"郑司农读'火'绝之"。读字徐邈音豆，见《经典释文》），又称"句投"（马融《长笛赋》），又称"句度"（皇甫湜《与李生书》）。大概语意已完的叫做句，语气未完而须停顿的叫做读。但是汉、唐人所用的符号已不可考见。只有《说文》有"乚"字，说是钩识用的，又有"、"字，说是绝止用的，不知是否当时的句读符号。唐末五代以后，有了刻版书，但是大概没有标点符号。到了宋朝，馆阁校书的始用旁加圈点的符号。宋岳珂《九经三传沿革例》说:"监蜀诸本皆无句读,惟建本始仿馆阁校书式从旁加圈点,开卷了然,于学者为便,然亦但句读经文而已。惟蜀中字本与兴国本并点注文,益为周尽。"《增韵》也说:"今秘省校书式,凡句绝则点于字之旁,读分则微点于字之中间。"这两条说宋代用句读符号最明白。现在所传的宋相台岳氏本《五经》,即是用这种符号的。佛经刻本也多用此法。后来的文人用浓圈密点来表示心里所赏识的句子,于是把从前文法的符号变成了赏鉴的符号,就连古代句读的分别都埋没了。现在有些报纸书籍,无论什么样的文章都是密圈圈到底,不但不讲文法的区别,连赏鉴的意思都没有了。这种圈点和没有圈点有什么分别?

如此看来,中国旧有的标点符号只有一个句号,一个读号,远不如西洋的完备。用符号的本意,千言万语,只是要文字的意思格外明白,格外正确。既然如此,自当采用最完备的法式。因此,本案所主张的标点符号大致是采用西洋最通行的符号,另外斟酌中国文字的需要,变通一两种,并加入一两种。这些符号可总名为"新式标点符号"。此外旧有的一圈一点的符号,虽然极不完备,究竟也很有用处。当此文法学知识不曾普及的时候,这种简单的符号似乎也不可废。因此,本案把这两种符号的用法也仔细分别出来,另叫做"旧式点句符号"。附在后幅,备学者参考采用。

新式标点符号

(一) 句号　。或．

凡成文而意思已完足的,都是句。每句之末,须用句号。

(例)子说。——《论语》。

白黑,商徵,膻焦,甘苦,彼之名也;爱憎,韵舍,好恶,嗜逆,我之分也。——《尹文子》。

(二) 点号　、或,

点号的用处最大,又最复杂,现在且举几种最重要的:

(甲)用来分开许多连用的同类词,或同类兼词(合几字不成句,也不成分句的,名为兼词)。

（例）分鲁公以大路，大旂，夏后氏之璜，封父之繁弱，殷氏六族。——《左传》，定四年。

君子之道，淡而不厌，简而文，温而理，知远之近，知风之自，知微之显。——《中庸》。

（乙）凡外动词的止词，因为太长了，或因为要人重读他，所以移在句首时，必须用点号分开。

（例）凡尔器用财贿，无置于许。——《左传》，隐十一。（"凡尔器用财贿"是"置"的止词。）

自鬻以成其君，乡党自好者不为。——《孟子》。（"自鬻以成其君"是"为"的止词。）

（丙）凡介词所管的司词，移在句首时，必须用点号分开。

（例）赵王所为，客辄以报臣。——《史记·信陵君传》。（"赵王所为"是"以"的司词。）

所恶于上，毋以使下。——《大学》。（"所恶于上"是"以"的司词。）

（丁）主词太长了，或太复杂了，或要人重读他，都该用点号使他和表词分开。

（例）人之所以异于禽兽者，几希。——《孟》。（主词太长）

子路，曾皙，冉有，公西华，侍坐。——《论》。（主词复杂）

鱼，我所欲也；熊掌，亦我所欲也。——《孟》。（主词重读）

（戊）用来分开夹注的词句。

（例）公子州吁，嬖人之子也，有宠而好兵。——《左》，隐三。

夫颛臾，昔者先王以为东蒙主，且在邦域之中矣，是社稷之臣也，何以伐为？——《论》。

（己）凡副词，副词的兼词，或副词的分句，应该读断时，须用点号分开。（有主词和表词，而语意未完的，名为分句。）

（例）初，郑武公娶于申，曰武姜。——《左》，隐元。（副词）

以德，则子事我者也。——《孟》。（副词的兼词）

民望之，若大旱之望云霓也。——《孟》。（副词的分句）

（庚）用来分开几个不很长的平列分句。

（例）君子之所以教者五：有如时雨化之者，有成德者，有达材者，有答问者，有私淑艾者；此五者，君子之所以教也。——《孟》。

以上七种，不过略举点号的重要用法。论点号最精细的莫如高元先生的《新标点之用法》，可以参看。

（三）分号　；

（甲）一句中若有几个很长的平列的兼词或分句，须用分号把他们分开。

（例）白黑，商徵，膻焦，甘苦，彼之名也；爱憎，韵舍，好恶，嗜逆，我之分也。——《尹文子》。

所恶于上，毋以使下；所恶于下，毋以事上；所恶于前，毋以先后；所恶于后，毋以从前；所恶于右，毋以交于左；所恶于左，毋以交于右：此之谓絜矩之道。——《大学》。

（乙）两个独立的句子，在文法上没有连络，在意思上是连络的，可用分号分开。

（例）他到这个时候还不曾来；我们先走罢。

放了他罢；他是一个无罪的好人。

这把刀子太钝了；拿那把锯子来。

以上各例，若用句号，便太分开了；若用点号，便太密切了。故分号最相宜。

（丙）几个互相倚靠的分句，若是太长了，也应该用分号分开。

（例）原著的书既散失了这许多；于今又没有发现古书的希望；于是有一班学者把古书所记各人的残章断句一一搜集成书。

这一长句里的三个分句，有"既"、"又"、"于是"等字连络起来，是互相倚靠的分句，本不当分开。但是因为他们都是很长的，故可以用分号分开。

（四）冒号　：

（甲）总结上文。

（例）如（三）条（甲）之第二例，"此之谓絜矩之道"一句是总结上文。

（乙）总起下文。

（1）其下文为列举的诸事。

（例）君子有三畏：畏天命，畏大人，畏圣人之言。——《论》。

（2）其下文为引语。

（例）《诗》云："如切如磋，如琢如磨"，其斯之谓欤？——《论》。

（五）问号　？

表示疑问。

（例）其斯之谓欤？——《论》。（问）

乡党自好者不为，而谓贤者为之乎？——《孟》。（反问）

其然，岂其然乎？——《论》。（疑）

（六）惊叹号　！

表示情感或愿望等。

（例）唉！竖子不足与谋！——《史记》。（叹恨）

野哉！由也！——《论》。（责怪）

来！吾道乎先路。——《离骚》。（愿望）

王庶几改之！予日望之！——《孟》。（愿望）

（七）引号　""　''

（甲）表示引用的话的起结。

（例）《诗》云："如切如磋，如琢如磨，"其斯之谓欤？

（乙）表示特别提出的词句。

（例）然则"可以为"未必为"能"也。虽不"能"，无害"可以为"。然则"能不能"之与"可不可"，其不同远矣。——《荀子·性恶》。

（八）破折号　——

（甲）表示忽转一个意思。

（例）坎坎伐檀兮，置之河之干兮，河水清且涟猗。——不稼不穑，胡取禾三百廛兮？（《诗·伐檀》）

（乙）表示夹注。　与（）同用法。

（例）夫颛臾，——昔者先王以为东蒙主，且在邦域之中矣，——是社稷之臣也，何以伐为？（《论》）

（丙）表示总结上文几小段。　与"："略同。

（例）上文（三）条（甲）的第二例末句也可加用"——"。

所恶于上,……毋以交于右：——此之谓絜矩之道。

如此,就更把总结上文的意思表出来了。

（九）删节号　……

表示删去或未完。

（例）如上条（丙）例。

（十）夹注号　（）〔〕

（例）宋儒不明校勘训诂之学（朱子稍知之而不甚精）,故流于空疏,流于臆说。

（十一）私名号　孔丘

凡人名,地名,朝代名,学派名,宗教名：一切私名都于名字的左边加一条直线。向来我们都用在右边,后来觉得不方便,故改到左边。横行便加在下边。私名号用在左边,有几层长处：(1)可留字的右边为注音字母之用,(2)排印时不致使右边的别种标点符号（如；？之类）发生困难。

（例）宋徽宗 宣和五年,波斯的大诗人倭马死了。

（十二）书名号　汉魏六朝百三家集

凡书名或篇名都于字的左边加一条曲线。横行便加在下边。

（例）吾于武成,取二三策而已矣。——孟。

（十三）附则

（甲）句,点,分,冒,问,惊叹六种符号,最好都放在字的下面。

（乙）每句之末,最好是空一格。

（丙）每段开端,必须低两格。

附录　旧式点句符号

（一）圈号　。

表示一句或一分句。

（例）子说。　（新式用句号。）

所恶于上、毋以使下。所恶于下、毋以事上。所恶于前、毋以先后。所恶于后、毋以从前。所恶于右。毋以交于左。所恶于左、毋以交于右。此之谓絜矩之道。（新式前五圈用分号，后一圈用冒号。）

乡党自好者不为、而谓贤者为之乎。（新式用问号。）

放了他罢。他是一个无罪的好人。（新式用分号。）

君子有三畏。畏天命、畏大人、畏圣人之言。（新式用冒号。）

君子之所以教者五。有如时雨化之者。有成德者。有达材者。有答问者。有私淑艾者。此五者、君子之所以教也。（新式第一圈及第六圈用冒号，第二至五圈用点号。）

王庶几改之。予日望之。（新式用惊叹号。）

野哉、由也。（新式用惊叹号。）

（二）点号　、

（1）凡新式用点号之处，都可用点。

（例）参看上文点号下所举各例。

（2）有时可代分号。

（例）他到这个时候还不曾来、我们先走罢。

这把刀子太钝了、拿那把锯子来。

（3）总起下文的冒号，如下文不很长，都可用点。

（例）君子有三畏、畏天命、畏大人、畏圣人之言。（此例可用圈，也可用点。如"君子有九思"，下举九事，太长了，故须用圈。）

《诗》云，"如切如磋、如琢如磨、"其斯之谓欤。（引语之前，无论引语长短，当该用点，不当用圈。）

（4）惊叹词若是很短的，可用点。

（例）唉、竖子不足与谋。

（附注）用旧式点句符号时，别种符号虽可勉强删去，但引号似乎总不可少。若能加上私名号，便更好了。

三　理由

我们以为文字没有标点符号,便发生种种困难;有了符号的帮助,可使文字的效力格外完全,格外广大。综计没有标点符号的大害处约有三种,小害处不可胜举。

(一)没有标点符号,平常人不能"断句",书报便都成无用,教育便不能普及。此害易见,不须例证。

(二)没有标点符号,意思有时不能明白表示,容易使人误解。

(例)归有光的《寒花葬志》有"孺人每令婢倚几旁饭即饭目眶冉冉动孺人又指予以为笑"二十四字,可作两种读法,便有两种不同的解说。

(1)孺人每令婢倚几旁饭,即饭。目眶冉冉动。

(2)孺人每令婢倚几旁饭;即饭,目眶冉冉动。

又如《荀子·正名篇》说:"异形离心交喻异物名实互纽"十二个字,杨倞注读成三个四字句,郝懿行读成两个六字句,意思便大不相同了。假使著书的人用了标点符号,便不须注解的人随意乱猜了。

(三)没有标点符号,决不能教授文法。因为一篇之中,有章节的分段;一章一节之中,有句的分断;一句之中,有分句(Clause),兼词(Phrase 严复译为"仿语"),小顿(Pause,高元译为"读")的区别;分句之中,又有主句和从句的分别:凡此种种区分,若没有标点符号,决不能明白表示;既不能明白表示这些区别,文法的教授必不能满意。

(例)《左传》,昭七年:

> 匹夫匹妇强死,其魂魄犹能凭依于人,以为淫厉;况良霄——我先君穆公之胄,子良之孙,子耳之子,敝邑之卿,从政三世矣(郑虽无腆,抑谚曰,"蕞尔国",而三世执其政柄,其用物也弘矣,其取精也多矣),其族又大,——所凭厚矣,而强死,能为鬼,不亦宜乎?

这一长句,若从文法结构上分析起来,非用许多符号不可。若没有符号,必致囫囵吞下去,文法上各部分互相照应的地方必不能看出来。

若全用一种圈子,岂不成了十几句了,那能表示造句的文法呢?

因为这些害处,所以这几年以来国内国外的中国学者很有些人提倡采用一种新式的标点符号。鼓吹最早的是《科学杂志》。《科学》虽是横行的,也曾讨论直行标点的用法。后来《新青年》、《太平洋》、《新潮》、《每周评论》、《北京法政学报》等直行的杂志也尽量采用新式的标点。国立北京大学所出版的《大学丛书》、《大学月刊》及《模范文选》、《学术文录》等书也多用标点。上海的《东方杂志》也有全用标点的文章。这几年的实地试验,引起了许多讨论,现在国内明白事理的人,对于符号的形式虽然还有几点异同的意见,但是对于标点符号的重要用处,大概都没有怀疑的了。

因此我们想请教育部把这几种标点符号颁行全国,使全国的学校都用符号帮助教授;使全国的报馆渐渐采用符号,以便读者;使全国的印刷所和书店早日造就出一班能排印符号的工人,渐渐的把一切书籍都用符号排印,以省读书人的脑力,以谋教育的普及。这是我们的希望。

马裕藻　周作人
提议人　朱希祖　刘　复
钱玄同　胡　适

八年十一月二十九日夜修正　胡适

(此议案曾作为教育部1920年2月训令第53号公布。参见阿英编选:《中国新文学大系·史料·索引》第240页,1936年2月上海良友图书印刷公司出版)

论短篇小说

这一篇乃是 3 月 15 日在北京大学国文研究所小说科讲演的材料。原稿由研究员傅斯年君记出,载于《北京大学日刊》。今就傅君所记,略为更易,作为此文。

一 什么叫做"短篇小说"?

中国今日的文人大概不懂"短篇小说"是什么东西。现在的报纸杂志里面,凡是笔记杂纂,不成长篇的小说,都可叫做"短篇小说"。所以现在那些"某生,某处人,幼负异才,……一日,游某园,遇一女郎,睨之,天人也,……"一派的烂调小说,居然都称为"短篇小说"!其实这是大错。西方的"短篇小说"(英文叫做 Short story),在文学上有一定的范围,有特别的性质,不是单靠篇幅不长便可称为"短篇小说"的。

我如今且下一个"短篇小说"的界说:

> 短篇小说是用最经济的文学手段,描写事实中最精采的一段,或一方面,而能使人充分满意的文章。

这条界说中,有两个条件最宜特别注意。今且把这两个条件分说如下:

(一)"事实中最精采的一段或一方面" 譬如把大树的树身锯断,懂植物学的人看了树身的"横截面",数了树的"年轮",便可知道这树的年纪。一人的生活,一国的历史,一个社会的变迁,都有一个"纵剖面"和无数"横截面"。纵面看去,须从头看到尾,才可看见全部。横面截开一段,若截在要紧的所在,便可把这个"横截面"代表这个人,或这一国,或这一个社会。这种可以代表全部的部分,便是我所谓"最精采"的部分。又譬如西洋照相术未发明之前，有一种"侧面剪影"（Silhouette），用纸剪下人的侧面，便可知道是某人（此种剪像曾风行一时。今虽有照相术，尚有人为之）。这种可以代表全形的一面，便是我所谓"最精采"的方面。若不是"最精采"的所在，决不能用一段代表全体，决不能用一面代表全形。

（二）"最经济的文学手段"　形容"经济"两个字，最好是借用宋玉的话："增之一分则太长，减之一分则太短；着粉则太白，施朱则太赤。"须要不可增减，不可涂饰，处处恰到好处，方可当"经济"二字。因此，凡可以拉长演作章回小说的短篇，不是真正"短篇小说"；凡叙事不能畅尽，写情不能饱满的短篇，也不是真正"短篇小说"。

能合我所下的界说的，便是理想上完全的"短篇小说"。世间所称"短篇小说"，虽未能处处都与这界说相合，但是那些可传世不朽的"短篇小说"，决没有不具上文所说两个条件的。

如今且举几个例。西历1870年，法兰西和普鲁士开战，后来法国大败，巴黎被攻破，出了极大的赔款，还割了两省地，才能讲和。这一次战争，在历史上，就叫做普法之战，是一件极大的事。若是历史家记载这事，必定要上溯两国开衅的远因，中记战争的详情，下寻战与和的影响：这样记去，可满几十本大册子。这种大事到了"短篇小说家"的手里，便用最经济的手腕去写这件大事的最精采的一段或一面。我且不举别人，单举 Daudet 和 Maupassant 两个人为例。Daudet 所做普法之战的小说，有许多种。我曾译出一种叫做《最后一课》（*La dernière classe* 初译名《割地》，登上海《大共和日报》，后改用今名，登《留美学生季报》第三年）。全篇用法国割给普国两省中一省的一个小学生的口气，写割地之后，普国政府下令，不许再教法文法语。所写的乃是一个小学教师教法文的"最后一课"。一切割地的惨状，都从这个小学生眼中看出，口中写出。还有一种，叫做《柏林之围》（*Le siège de Berlin*）（曾载《甲寅》第四号），写的是法皇拿破仑第三出兵攻普鲁士时，有一个曾在拿破仑第一麾下的老兵官，以为这一次法兵一定要大胜了，所以特地搬到巴黎，住在凯旋门边，准备着看法兵"凯旋"的大典。后来这老兵官病了，他的孙女儿天天假造法兵得胜的新闻去哄他。那时普国的兵已打破巴黎。普兵进城之日,他老人家听见军乐声,还以为是法兵打破了柏林奏凯班师呢!这是借一个法国极强时代的老兵来反照当日法国大败的大耻,两两相形,真可动人。

Maupassant 所做普法之战的小说也有多种。我曾译他的《二渔夫》(*Deuxamis*),写巴黎被围的情形,却都从两个酒鬼身上着想。还有许多篇,如"Mile. Fifi"之类(皆未译出),或写一个妓女被普国兵士掳去的情形,或写法国内地村乡里面的光棍,乘着国乱,设立"军政分府",作威作福的怪状,……都可使人因此推想那时法国兵败以后的种种状态。这都是我所说的"用最经济的手腕,描写事实中最精采的片段,而能使人充分满意"的短篇小说。

二　中国短篇小说的略史

"短篇小说"的定义既已说明了,如今且略述中国短篇小说的小史。

中国最早的短篇小说,自然要数先秦诸子的寓言了。《庄子》、《列子》、《韩非子》、《吕览》诸书所载的"寓言",往往有用心结构可当"短篇小说"之称的。今举二例。第一例见于《列子·汤问》篇:

> 太形、王屋二山,方七百里,高万仞,本在冀州之南,河阳之北。
>
> 北山愚公者,年且九十,面山而居,惩山北之塞出入之迂也,聚室而谋曰,"吾与汝毕力平险,指通豫南,达于汉阴,可乎?"杂然相许。
>
> 其妻献疑曰,"以君之力,曾不能损魁父之丘。如太形、王屋何?且焉置土石?"
>
> 杂曰,"投诸渤海之尾,隐土之北!"
>
> 遂率子孙荷担者三夫,叩石垦壤,箕畚运于渤海之尾。邻人京城氏之孀妻,有遗男,始龀,跳往助之。寒暑易节,始一返焉。
>
> 河曲智叟笑而止之曰,"甚矣,汝之不慧!以残年余力,曾不能毁山之一毛,其如土石何?"

> 北山愚公长息曰,"汝心之固,固不可彻,曾不若孀妻弱子!虽我之死,有子存焉。子又生孙,孙又生子,子又有子,子又有孙。子子孙孙,无穷匮也,而山不加增。何苦而不平?"
>
> 河曲智叟亡以应。
>
> "操蛇之神"闻之,惧其不已也,告之于帝。帝感其诚,命夸娥氏二子负二山,一厝朔东,一厝雍南。自此,冀之南,汉之阴,无陇断焉。

这篇大有小说风味。第一,因为他要说"至诚可动天地",却平空假造一段太形、王屋两山的历史。第二,这段历史之中,处处用人名,地名,用直接会话,写细事小物,即写天神也用"操蛇之神","夸娥氏二子"等私名,所以看来好像真有此事。这两层都是小说家的家数。现在的人一开口便是"某生"、"某甲",真是不曾懂得做小说的 ABC。

第二例见于《庄子·徐无鬼》篇:

> 庄子送葬,过惠子之墓,顾谓从者曰:
>
> 郢人垩漫其鼻端,若蝇翼,使匠石斲之。匠石运斤成风,听而斲之,尽垩而鼻不伤。郢人立不失容。
>
> 宋元君闻之,召匠石曰,"尝试为寡人为之!"
>
> 匠石曰,"臣则尝能斲之。虽然,臣之质死久矣!"
>
> 自夫子(谓惠子)之死也,吾无以为质矣! 吾无与言之矣!

这一篇写"知己之感",从古至今,无人能及。看他写"垩漫其鼻端,若蝇翼",写"匠石运斤成风",都好像真有此事,所以有文学的价值。看他寥寥七十个字,写尽无限感慨,是何等"经济的"手腕!

自汉到唐这几百年中,出了许多"杂记"体的书,却都不配称做"短篇小说"。最下流的如《神仙传》和《搜神记》之类,不用说了。最高的如《世说新语》,其中所记,有许多很有"短篇小说"的意味,却没有"短篇小说"的体裁。如下举的例:

> (1)桓公(温)北征,经金城,见前为瑯琊时种柳。皆已十围,慨然曰,"木犹如此,人何以堪!"攀枝执条,泫然流泪。
>
> (2)王子猷(徽之)居山阴,夜大雪,眠觉开室,命酌酒,四望皎然。因起彷徨,咏左思《招隐诗》,忽忆戴安道。时戴在剡,

即便夜乘小船就之。经宿方至,造门不前而返。人问其故。王曰,"吾本乘兴而来,兴尽而返,何必见戴!"

此等记载,都是拣取人生极精采的一小段,用来代表那人的性情品格,所以我说《世说》很有"短篇小说"的意味。只是《世说》所记都是事实,或是传闻的事实,虽有剪裁,却无结构,故不能称做"短篇小说"。

比较说来,这个时代的散文短篇小说还该数到陶潜的《桃花源记》。这篇文字,命意也好,布局也好,可以算得一篇用心结构的"短篇小说"。此外,便须到韵文中去找短篇小说了。韵文中《孔雀东南飞》一篇是很好的短篇小说,记事言情,事事都到。但是比较起来,还不如《木兰辞》更为"经济"。

《木兰辞》记木兰的战功,只用"将军百战死,壮士十年归"十个字;记木兰归家的那一天,却用了一百多字。十个字记十年的事,不为少。一百多字记一天的事,不为多。这便是文学的"经济"。但是比较起来,《木兰辞》还不如古诗《上山采蘼芜》更为神妙。那诗道:

> 上山采蘼芜,下山逢故夫。长跪问故夫:"新人复何如?""新人虽言好,未若故人姝。颜色类相似,手爪不相如。新人从门入,故人从阁去。新人工织缣,故人工织素。织缣日一匹,织素五丈余。将缣来比素,新人不如故。"

这首诗有许多妙处。第一,他用八十个字,写出那家夫妇三口的情形,使人可怜被逐的"故人",又使人痛恨那没有心肝,想靠着老婆发财的"故夫"。第二,他写那人弃妻娶妻的事,却不用从头说起:不用说"某某,某处人,娶妻某氏,甚贤;已而别有所爱,遂弃前妻而娶新欢。……"他只从这三个人的历史中挑出那日从山上采野菜回来遇着故夫的几分钟,是何等"经济的手腕!"是何等"精采的片断!"第三,他只用"上山采蘼芜,下山逢故夫"十个字,便可写出这妇人是一个弃妇,被弃之后,非常贫苦,只得挑野菜度日。这是何等神妙手段!懂得这首诗的好处,方才可谈"短篇小说"的好处。

到了唐朝,韵文散文中都有很好的短篇小说。韵文中,杜甫的《石壕吏》是绝妙的例。那诗道:

> 暮投石壕村,有吏夜捉人,老翁逾墙走,老妇出门看。吏呼一何怒!妇啼一何苦!听妇前致词:"三男邺城戍。一男附书至,二男新战死。存者且偷生,死者长已矣!室中更无人,惟有乳下孙,有孙母未去,出入无完裙。老妪力虽衰,请从吏夜归,急应河阳役,犹得备晨炊。"夜久语声绝,如闻泣幽咽。……天明登前途,独与老翁别!

这首诗写天宝之乱,只写一个过路投宿的客人夜里偷听得的事,不插一句议论,能使人觉得那时代征兵之制的大害,百姓的痛苦,丁壮死亡的多,差役捉人的横行:——都在眼前。捉人捉到生了孙儿的祖老太太,别的更可想而知了。

白居易的《新乐府》五十首中,尽有很好的短篇小说。最妙的是《新丰折臂翁》一首。看他写"是时翁年二十四,兵部牒中有名字,夜深不敢使人知,偷将大石捶折臂",使人不得不发生"苛政猛于虎"的思想。白居易的《琵琶行》也算得一篇很好的短篇小说。白居易的短处,只因为他有点迂腐气,所以处处要把做诗的"本意"来做结尾,即如《新丰折臂翁》篇末加上"君不见开元宰相宋开府"一段,便没有趣味了。又如《长恨歌》一篇,本用道士见杨贵妃,带来信物一件事作主体。白居易虽做了这诗,心中却不信道士见杨妃的神话;所以他不但说杨妃所在的仙山"在虚无缥缈中";还要先说杨妃死时"金钿委地无人收,翠翘金雀玉搔头",竟直说后来"天上"带来的"钿合金钗"是马嵬坡拾起的了!自己不信,所以说来便不能叫人深信。人说赵子昂画马,先要伏地作种种马相。做小说的人,也要如此,也要用全副精神替书中人物设身处地,体贴入微。做"短篇小说"的人,格外应该如此。为什么呢?因为"短篇小说"要把所挑出的"最精采的一段"作主体,才可有全神贯注的妙处。若带点迂气,处处把"本意"点破,便是把书中事实作一种假设的附属品,便没有趣味了。

唐朝的散文短篇小说很多,好的却实在不多。我看来看去,只有张说的《虬髯客传》可算得上品的"短篇小说"。《虬髯客传》的本旨只是要说"真人之兴,非英雄所冀"。他却平空造出虬髯客一段故事,插入李靖、红拂一段情史,写到正热闹处,忽然写"太原公子裼裘而来",遂使那位野心豪杰绝心于事国,另去海外开辟新国。这种立意布局,都是小说家的上等工夫。这是第一层长处。这篇是"历史小说"。凡做"历史小说",不可全用历史上的事实,却又不可违背历史上的事实。全用历史的事实,便成了"演义"体,如《三国演义》和《东周列国志》,没有真正"小说"的价值(《三国》所以稍有小说价值者,全靠其能于历史事实之外,加入许多小说的材料耳)。若违背了历史的事实,如《说岳传》使岳飞的儿子挂帅印打平金国,虽可使一班愚人快意,却又不成"历史的"小说了。最好是能于历史事实之外,造成一些"似历史又非历史"的事实,写到结果却又不违背历史的事实。如法国大仲马的《侠隐记》(商务出版。译者君朔,不知是何人。我以为近年译西洋小说当以君朔所译诸书为第一。君朔所用白话,全非抄袭旧小说的白话,乃是一种特创的白话,最能传达原书的神气。其价值高出林纾百倍。可惜世人不会赏识),写英国暴君查尔第一世为克林威尔所囚时,有几个侠士出了死力百计的把他救出来,每次都到将成功时忽又失败;写来极热闹动人,令人急煞,却终不能救免查尔第一世断头之刑,故不违背历史的事实。又如《水浒传》所记宋江等三十六人是正史所有的事实。《水浒传》所写宋江在浔阳江上吟反诗,写武松打虎杀嫂,写鲁智深大闹和尚寺……等事,处处热闹煞,却终不违背历史的事实(《荡寇志》便违背历史的事实了)。《虬髯客传》的长处正在他写了许多动人的人物事实,把"历史的"人物(如李靖、刘文静、唐太宗之类)和"非历史的"人物(如虬髯客、红拂是)穿插夹混,叫人看了竟像那时真有这些人物事实。但写到后来,虬髯客飘然去了,依旧是唐太宗得了天下,一毫不违背历史的事实。这是"历史小说"的方法,便是《虬髯客传》的第二层长处。此外还有一层好处。唐以前的小说,无论散文韵文,都只能叙事,不能用全副气力描写人物。《虬髯客传》写虬髯客极有神气,自不用说了。就是写红拂、李靖等"配角",也都有自性的神情风度。这种"写生"手段,便是这篇的第三层长处。有这三层长处,所以我敢断定这篇《虬髯客传》是唐代第一篇"短篇小说"。宋朝是"章回小说"发生的时代。如《宣和遗事》和《五代史平话》等书,都是后世"章回小说"的始祖。《宣和遗事》中记杨志卖刀杀人，晁盖等八人路劫生辰纲，宋江杀阎婆惜诸段，便是施耐庵《水浒传》的稿本。从《宣和遗事》变成《水浒传》，是中国文学史上一大进步。但宋朝是"杂记小说"极盛的时代，故《宣和遗事》等书，总脱不了"杂记体"的性质，都是上段不接下段，没有结构布局的。宋朝的"杂记小说"颇多好的，但都不配称做"短篇小说"。"短篇小说"是有结构局势的；是用全副精神气力贯注到一段最精采的事实上的。"杂记小说"是东记一段，西记一段，如一盘散沙，如一篇零用帐，全无局势结构的。这个区别，不可忘记。

明、清两朝的"短篇小说"，可分白话与文言两种。白话的"短篇小说"可用《今古奇观》作代表。《今古奇观》是明末的书，大概不全是一人的手笔（如《杜十娘》一篇，用文言极多，远不如《卖油郎》，似出两人手笔）。书中共有四十篇小说，大要可分两派：一是演述旧作的，一是自己创作的。如《吴保安弃家赎友》一篇，全是演唐人的《吴保安传》，不过添了一些琐屑节目罢了。但是这些加添的琐屑节目，便是文学的进步。《水浒》所以比《史记》更好，只在多了许多琐屑细节。《水浒》所以比《宣和遗事》更好，也只在多了许多琐屑细节。从唐人的吴保安，变成《今古奇观》的吴保安；从唐人的李汧公，变成《今古奇观》的李汧公；从汉人的伯牙子期，变成《今古奇观》的伯牙子期：——这都是文学由略而详，由粗枝大叶而琐屑细节的进步。此外那些明人自己创造的小说，如《卖油郎》，如《洞庭红》，如《乔太守》，如《念亲恩孝女藏儿》，都可称很好的"短篇小说"。依我看来，《今古奇观》的四十篇之中，布局以《乔太守》为最工，写生以《卖油郎》为最工。《乔太守》一篇，用一个李都管做全篇的线索，是有意安排的结构。《卖油郎》一篇写秦重、花魁娘子、九妈、四妈，各到好处。《今古奇观》中虽有很平常的小说（如《三孝廉》、《吴保安》、《羊角哀》诸篇），比起唐人的散文小说，已大有进步了。唐人的小说，最好的莫如《虬髯客传》。但《虬髯客传》写的是英雄豪杰，容易见长。《今古奇观》中大多数的小说，写的都是琐细的人情世故，不容易写得好。唐人的小说大都属于理想主义（如《虬髯客传》、《红线》、《聂隐娘》诸篇）。《今古奇观》中如《卖油郎》、《徐老仆》、《乔太守》、《孝女藏儿》，便近于写实主义了。至于由文言的唐人小说，变成白话的《今古奇观》，写物写情，都更能曲折详尽，那更是一大进步了。

只可惜白话的短篇小说，发达不久，便中止了。中止的原因，约有两层。第一，因为白话的"章回小说"发达了，做小说的人往往把许多短篇略加组织，合成长篇。如《儒林外史》和《品花宝鉴》名为长篇的"章回小说"，其实都是许多短篇凑拢来的。这种杂凑的长篇小说的结果，反阻碍了白话短篇小说的发达了。第二，是因为明末清初的文人，很做了一些中上的文言短篇小说。如《虞初新志》、《虞初续志》、《聊斋志异》等书里面，很有几篇可读的小说。比较看来，还该把《聊斋志异》来代表这两朝的文言小说。《聊斋》里面，如《续黄粱》、《胡四相公》、《青梅》、《促织》、《细柳》……诸篇，都可称为"短篇小说"。《聊斋》的小说，平心而论，实在高出唐人的小说。蒲松龄虽喜说鬼狐，但他写鬼狐却都是人情世故，于理想主义之中，却带几分写实的性质。这实在是他的长处。只可惜文言不是能写人情世故的利器。到了后来，那些学《聊斋》的小说，更不值得提起了。

三　结论

最近世界文学的趋势，都是由长趋短，由繁多趋简要。——"简"与"略"不同，故这句话与上文说"由略而详"的进步，并无冲突。——诗的一方面，所重的在于"写情短诗"（Lyrical Poetry 或译"抒情诗"），像 Homer，Milton，Dante 那些几十万字的长篇，几乎没有人做了；就有人做（十九世纪尚多此种），也很少人读了。戏剧一方面，萧士比亚的戏，有时竟长到五出二十幕（此所指乃 Hamlet 也），后来变到五出五幕；又渐渐变成三出三幕；如今最注重的是"独幕戏"了。小说一方面，自十九世纪中段以来，最通行的是"短篇小说"。长篇小说如 Tolstoy 的《战争与和平》，竟是绝无而仅有的了。所以我们简直可以说，"写情短诗"，"独幕剧"，"短篇小说"三项，代表世界文学最近的趋向。这种趋向的原因，不止一种。（一）世界的生活竞争一天忙似一天，时间越宝贵了，文学也不能不讲究"经济"；

若不经济,只配给那些吃了饭没事做的老爷太太们看,不配给那些在社会上做事的人看了。(二)文学自身的进步,与文学的"经济"有密切关系。斯宾塞说,论文章的方法,千言万语,只是"经济"一件事。文学越进步,自然越讲求"经济"的方法。有此两种原因,所以世界的文学都趋向这三种"最经济的"体裁。今日中国的文学,最不讲"经济"。那些古文家和那"《聊斋》滥调"的小说家,只会记"某时到某地,遇某人,作某事"的死账,毫不懂状物写情是全靠琐屑节目的。那些长篇小说家又只会做那无穷无极《九尾龟》一类的小说,连体裁布局都不知道,不要说文学的经济了。若要救这两种大错,不可不提倡那最经济的体裁,——不可不提倡真正的"短篇小说"。

民国七年

(本文系 1918 年 3 月 15 日胡适在北京大学的演讲稿,傅斯年记录,原载 1918 年 3 月 22 日至 27 日《北京大学日刊》。后经胡适改定,又载 1918 年 5 月 15 日《新青年》第 4 卷第 5 号)

文学进化观念与戏剧改良

去年我曾说过要做一篇《戏剧改良私议》,不料这一年匆匆过了,我这篇文章还不曾出世。于今《新青年》在这一期正式提出这个戏剧改良的问题,我以为我这一次恐怕赖不过去了。幸而有傅斯年君做了一篇一万多字的《戏剧改良各面观》,把我想要说的话都说了,而且说得非常明白痛快;于是我这篇《戏剧改良私议》竟可以公然不做了。本期里还有两篇附录:一是欧阳予倩君的《予之戏剧改良观》;一是张豂子君的《我的中国旧戏观》。此外还有傅君随后做的《再论戏剧改良》,评论张君替旧戏辩护的文章。后面又有宋春舫先生的《近世名戏百种目》,选出一百种西洋名戏,预备我们译作中国新戏的模范本。这一期有了这许多关于戏剧的文章,真成了一本"戏剧改良号"了!我看了这许多文章,颇有一点心痒手痒,也想加入这种有趣味的讨论,所以我划出戏剧改良问题的一部分做我的题目,就叫做"文学进化观念与戏剧改良"。

我去年初回国时看见一部张之纯的《中国文学史》,内中有一段说道:

> 是故昆曲之盛衰,实兴亡之所系。道咸以降,此调渐微。中兴之颂未终,海内之人心已去。识者以秦声之极盛,为妖孽之先征。其言虽激,未始无因。欲睹升平,当复昆曲。《乐记》一言,自胜于政书万卷也。(下卷一一八页)

这种议论,居然出现于"文学史"里面,居然作师范学校"新教科书"用,我那时初从外国回来,见了这种现状,真是莫名其妙。这种议论的病根全在没有历史观念,故把一代的兴亡与昆曲的盛衰看作有因果的关系,故说"欲睹升平,当复昆曲"。若是复昆曲遂可以致升平,只消一道总统命令,几处警察厅的威力,就可使中国戏园家家唱昆曲,——难道中国立刻便"升平"了吗?我举这一个例来表示现在谈文学的人大多没有历史进化的观念。因为没有历史进化的观念,故虽是"今人",却要做"古人"的死文字;虽是二十世纪的人,偏要说秦汉唐宋的话。即以戏剧一个问题而论,那班崇拜现行的西皮二簧戏,认为"中国文学美术的结晶"的人,固是不值一驳;就有些人明知现有的皮簧戏实在不好,终不肯主张根本改革,偏要主张恢复昆曲。现在北京一班不识字的昆曲大家天天鹦鹉也似的唱昆腔戏,一班无聊的名士帮着吹打,以为这就是改良戏剧了。这些人都只是不明文学废兴的道理,不知道昆曲的衰亡自有衰亡的原因;不知道昆曲不能自保于道咸之时,决不能中兴于既亡之后。所以我说,现在主张恢复昆曲的人与崇拜皮簧的人,同是缺乏文学进化的观念。

如今且说文学进化观念的意义。这个观念有四层意义,每一层含有一个重要的教训。

第一层总论文学的进化:文学乃是人类生活状态的一种记载,人类生活随时代变迁,故文学也随时代变迁,故一代有一代的文学。周秦有周秦的文学,汉魏有汉魏的文学,唐有唐的文学,宋有宋的文学,元有元的文学。《三百篇》的诗人做不出《元曲选》,《元曲选》的杂剧家也做不出《三百篇》。左邱明做不出《水浒传》,施耐庵也做不出《春秋左传》。这是文学进化观念的第一层教训,最容易明白,故不用详细引证了(古人如袁枚、焦循,多有能懂得此理的)。

文学进化观念的第二层意义是:每一类文学不是三年两载就可以发达完备的,须是从极低微的起原,慢慢的,渐渐的,进化到完全发达的地位。有时候,这种进化刚到半路上,遇着阻力,就停住不进步了;有时候,因为这一类文学受种种束缚,不能自由发展,故这一类文学的进化史,全是摆脱这种束缚力争自由的历史;有时候,这种文学上的羁绊居然完全毁除,于是这一类文学便可以自由发达;有时候,这种文学革命止能有局部的成功,不能完全扫除一切枷锁镣铐,后来习惯成了自然,便如缠足的女子,不但不想反抗,竟以为非如此不美了!这是说各类文学进化变迁的大势。西洋的戏剧便是自由发展的进化;中国的戏剧便是只有局部自由的结果。列位试读王国维先生的《宋元戏曲史》,试看中国戏剧从古代的"歌舞"(Ballad Dance,歌舞是一事,犹言歌的舞也),一变而为戏优;后来加入种种把戏,再变而为演故事兼滑稽的杂戏(王氏以唐、宋、辽、金之滑稽戏为一种独立之戏剧,与歌舞戏为二事。鄙意此似有误。王氏引各书所记诙谐各则,未必独立于歌舞戏之外。但因打诨之中时有谲谏之旨,故各书特别记此诙谐之一部分而略其不足记之他部分耳。元杂剧中亦多打诨语。今之京调戏亦可随时插入讥刺时政之打诨。若有人笔记之,后世读之者亦但见林步青、夏月珊之打诨而不见其他部分,或亦有疑为单独之滑稽戏者矣);后来由"叙事"体变成"代言"体,由遍数变为折数,由格律极严的大曲变为可以增减字句变换宫调的元曲,于是中国戏剧三变而为结构大致完成的元杂剧。但元杂剧不过是大体完具,其实还有许多缺点:(一)每本戏限于四折,(二)每折限于一宫调,(三)每折限一人唱。后来南戏把这些限制全部毁除,使一戏的长短无定,一折的宫调无定,唱者不限于一人。杂剧的限制太严,故除一二大家之外,多止能铺叙事实,不能有曲折详细的写生工夫;所写人物,往往毫无生气;所写生活与人情,往往缺乏细腻体会的工夫。后来的传奇,因为体裁更自由了,故于写生,写物,言情,各方面都大有进步。试举例为证。李渔的《蜃中楼》乃是合并《元曲选》里的《柳毅传书》同《张生煮海》两本戏做成的,但《蜃中楼》不但情节更有趣味,并且把戏中人物一一都写得有点生气,个个都有点个性的区别,如元剧中的钱塘君虽于布局有关,但没有着意描写;李渔于《蜃中楼》的《献寿》一折中,写钱塘君何等痛快,何等有意味!这便是一进步。又如元剧《渔樵记》写朱买臣事,为后来南戏《烂柯山》所本,但《烂柯山》中写人情世故,远胜《渔樵记》,试读《痴梦》一折,便知两本的分别。又如昆曲《长生殿》与元曲《梧桐雨》同记一事,但两本相比,《梧桐雨》叙事虽简洁,写情实远不如《长生殿》。以戏剧的体例看来,杂剧的文字经济实为后来所不及;但以文学上表情写生的工夫看来,杂剧实不及昆曲。如《长生殿》中《弹词》一折,虽脱胎于元人的《货郎旦》,但一经运用不同,便写出无限兴亡盛衰的感慨,成为一段很动人的文章。以上所举的三条例,——《蜃中楼》、《烂柯山》、《长生殿》——都可表示杂剧之变为南戏传奇,在体裁一方面虽然不如元代的谨严,但因为体裁更自由,故於写生表情一方面实在大有进步,可以算得是戏剧史的一种进化。即以传奇变为京调一事而论,据我个人看来,也可算得是一种进步。传奇的大病在于太偏重乐曲一方面;在当日极盛时代固未尝不可供私家歌童乐部的演唱;但这种戏只可供上流人士的赏玩,不能成通俗的文学。况且剧本折数无限,大多数都是太长了,不能全演,故不能不割出每本戏中最精采的几折,如《西厢记》的《拷红》,如《长生殿》的《闻铃》、《惊变》等,其余的几折,往往无人过问了。割裂之后,文人学士虽可赏玩,但普通一般社会更觉得无头无尾,不能懂得。传奇杂剧既不能通行,于是各地的"土戏"纷纷兴起:徽有徽调,汉有汉调,粤有粤戏,蜀有高腔,京有京调,秦有秦腔。统观各地俗剧,约有五种公共的趋向:(一)材料虽有取材于元明以来的"杂剧"(亦有新编者),而一律改为浅近的文字;(二)音乐更简单了,从前各种复杂的曲调渐渐被淘汰完了,只剩得几种简单的调子,(三)因上两层的关系,曲中字句比较的容易懂得多了;(四)每本戏的长短,比"杂剧"更无限制,更自由了;(五)其中虽多连台的长戏,但短戏的趋向极强,故其中往往有很有剪裁的短戏,如《三娘教子》、《四进士》之类。依此五种性质看来,我们很可以说,从昆曲变为近百年的"俗戏",可算得中国戏剧史上一大革命。大概百年来政治上的大乱,生计上的变化,私家乐部的销灭,也都与这种"俗剧"的兴起大有密切关系。后来"俗剧"中的京调受了几个有势力的人,如前清慈禧后等的提倡,于是成为中国戏界最通行的戏剧。但此种俗剧的运动,起原全在中下级社会,与文人学士无关,故戏中字句往往十分鄙陋,梆子腔中更多极不通的文字。俗剧的内容,因为他是中下级社会的流行品,故含有此种社会的种种恶劣性,很少如《四进士》一类有意义的戏。况且编戏做戏的人大都是没有学识的人,故俗剧中所保存的戏台恶习惯最多。这都是现行俗戏的大缺点。但这种俗戏在中国戏剧史上,实在有一种革新的趋向,有一种过渡的地位，这是不可埋没的。研究文学历史的人，须认清这种改革的趋向，更须认明这种趋向在现行的俗剧中不但并不曾完全达到目的，反被种种旧戏的恶习惯所束缚，到如今弄成一种既不通俗又无意义的恶劣戏剧。——以上所说中国戏剧进化小史的教训是：中国戏剧一千年来力求脱离乐曲一方面的种种束缚，但因守旧性太大，未能完全达到自由与自然的地位。中国戏剧的将来，全靠有人能知道文学进化的趋势，能用人力鼓吹，帮助中国戏剧早日脱离一切阻碍进化的恶习惯，使他渐渐自然，渐渐达到完全发达的地位。

文学进化的第三层意义是：一种文学的进化，每经过一个时代，往往带着前一个时代留下的许多无用的纪念品；这种纪念品在早先的幼稚时代本来是很有用的，后来渐渐的可以用不着他们了，但是因为人类守旧的惰性，故仍旧保存这些过去时代的纪念品。在社会学上，这种纪念品叫做"遗形物"(Vestiges or Rudiments)。如男子的乳房，形式虽存，作用已失；本可废去，总没废去；故叫做"遗形物"。即以戏剧而论，古代戏剧的中坚部分全是乐歌，打诨科白不过是一小部分；后来元人杂剧中，科白竟占极重要的部分；如《老生儿》、《陈州粜米》、《杀狗劝夫》等杂剧竟有长至几千字的说白，这些戏本可以废去曲词全用科白了，但曲词终不曾废去。明代已有"终曲无一曲"的传奇，如屠长卿的《昙花梦》(见汲古阁六十种曲)，可见此时可以完全废曲用白了；但后来不但不如此，并且白越减少，曲词越增多，明朝以后，除了李渔之外，竟连会做好白的人都没有了。所以在中国戏剧进化史上，乐曲一部分本可以渐渐废去，但也依旧存留，遂成一种"遗形物"。此外如脸谱，嗓子，台步，武把子……等等，都是这一类的"遗形物"，早就可以不用了，但相沿下来至今不改。西洋的戏剧在古代也曾经过许多幼稚的阶级，如"和歌"(Chorus)，面具，"过门"，"背躬"(Aside)，武场……等等。但这种"遗形物"，在西洋久已成了历史上的古迹，渐渐的都淘汰完了。这些东西淘汰干净，方才有纯粹戏剧出世。中国人的守旧性最大，保存的"遗形物"最多。皇帝虽没有了，总统出来时依旧地上铺着黄土，年年依旧祀天祭孔，这都是"遗形物"。再回到本题，现今新式舞台上有了布景，本可以免去种种开门，关门，跨门槛的做作了，但这些做作依旧存在；甚至于在一个布置完好的祖先堂里"上马加鞭"！又如武把子一项，本是古代角牴等戏的遗风，在完全成立的戏剧里本没有立足之地。一部《元曲选》里，一百本戏之中只有三四本用得着武场；而这三四本武场戏之中有《单鞭夺槊》和《气英布》两本都用一个观战的人口述战场上的情形，不用在戏台上打仗而战争的情状都能完全写出。这种虚写法便是编戏的一大进步。不料中国戏剧家发明这种虚写法之后六七百年，戏台上依旧是打斤斗，爬杠子，舞刀耍枪的卖弄武把子，这都是"遗形物"的怪现状。这种"遗形物"不扫除干净，中国戏剧永远没有完全革新的希望。不料现在的评剧家不懂得文学进化的道理；不知道这种过时的"遗形物"很可阻碍戏剧的进化；又不知道这些东西于戏剧的本身全不相关，不过是历史经过的一种遗迹；居然竟有人把这些"遗形物"，——脸谱，嗓子，台步，武把子，唱工，锣鼓，马鞭子，跑龙套等等——当作中国戏剧的精华！这真是缺乏文学进化观念的大害了。

文学进化观念的第四层意义是：一种文学有时进化到一个地位，便停住不进步了；直到他与别种文学相接触，有了比较，无形之中受了影响，或是有意的吸收人的长处，方才再继续有进步。此种例在世界文学史上，真是举不胜举。如英国戏剧在伊里沙白女王的时代本极发达，有蒋生（Ben Jonson）、萧士比亚等的名著；后来英国人崇拜萧士比亚太甚了，被他笼罩一切，故十九世纪的英国诗与小说虽有进步，于戏剧一方面实在没有出色的著作；直到最近三十年中，受了欧洲大陆上新剧的影响，方才有萧伯纳（Bernard Shaw）、高尔华胥（John Galsworthy）等人的名著。这便是一例。中国文学向来不曾与外国高级文学相接触，所接触的都没有什么文学的势力；然而我们细看中国文学所受外国的影响，也就不少了。六朝至唐的三四百年中间，西域（中亚细亚）各国的音乐，歌舞，戏剧，输入中国的极多：如龟兹乐，如"拨头"戏（《旧唐书·音乐志》云："拨头者，出西域胡人"），却是极明显的例（看《宋元戏曲史》第九页）。再看唐、宋以来的曲调，如《伊州》、《凉州》、《熙州》、《甘州》、《氐州》各种曲，名目显然，可证其为西域输入的曲调。此外中国词曲中还不知道有多少外国分子呢! 现在戏台上用的乐器,十分之六七是外国的乐器,最重要的是"胡琴",更不用说了。所以我们可以说,中国戏剧的变迁,实在带着无数外国文学美术的势力。只可惜这千余年来和中国戏台接触的文学美术都是一些很幼稚的文学美术,故中国戏剧所受外来的好处虽然一定不少,但所受的恶劣影响也一定很多。现在中国戏剧有西洋的戏剧可作直接比较参考的材料,若能有人虚心研究,取人之长,补我之短;扫除旧日的种种"遗形物",采用西洋最近百年来继续发达的新观念,新方法,新形式,如此方才可使中国戏剧有改良进步的希望。

我现在且不说这种"比较的文学研究"可以得到的种种高深的方法与观念,我且单举两种极浅近的益处:——

(一)悲剧的观念——中国文学最缺乏的是悲剧的观念。无论是小说,是戏剧,总是一个美满的团圆。现今戏园里唱完戏时总有一男一女出来一拜,叫做"团圆",这便是中国人的"团圆迷信"的绝妙代表。有一两个例外的文学家,要想打破这种团圆的迷信,如《石头记》的林黛玉不与贾宝玉团圆,如《桃花扇》的侯朝宗不与李香君团圆;但是这种结束法是中国文人所不许的,于是有《后石头记》、《红楼圆梦》等书,把林黛玉从棺材里掘起来好同贾宝玉团圆;于是有顾天石的《南桃花扇》使侯公子与李香君当场团圆! 又如朱买臣弃妇,本是一桩"覆水难收"的公案,元人作《渔樵记》,后人作《烂柯山》,偏要设法使朱买臣夫妇团圆。又如白居易的《琵琶行》写的本是"同是天涯沦落人,相逢何必曾相识"两句,元人作《青衫泪》,偏要叫那琵琶娼妇跳过船,跟白司马同去团圆! 又如岳飞被秦桧害死一件事,乃是千古的大悲剧,后人做《说岳传》偏要说岳雷挂帅打平金兀术,封王团圆! 这种"团圆的迷信"乃是中国人思想薄弱的铁证。做书的人明知世上的真事都是不如意的居大部分,他明知世上的事不是颠倒是非,便是生离死别,他却偏要使"天下有情人都成了眷属",偏要说善恶分明,报应昭彰。他闭着眼睛不肯看天下的悲剧惨剧,不肯老老实实写天工的颠倒惨酷,他只图说一个纸上的大快人心。这便是说谎的文学。更进一层说:团圆快乐的文字,读完了,至多不过能使人觉得一种满意的观念,决不能叫人有深沉的感动,决不能引人到彻底的觉悟,决不能使人起根本上的思量反省。例如《石头记》写林黛玉与贾宝玉一个死了,一个出家做和尚去了,这种不满意的结果方才可以使人伤心感叹,使人觉悟家庭专制的罪恶,使人对于人生问题和家族社会问题发生一种反省。若是这一对有情男女竟能成就"木石姻缘"团圆完聚,事事如意,那么曹雪芹又何必作这一部大书呢?这一部书还有什么"余味"可说呢?故这种"团圆"的小说戏剧,根本说来,只是脑筋单简,思力薄弱的文学,不耐人寻思,不能引人反省。西洋的文学自从希腊的厄斯奇勒(Aeschylus),沙浮克里(Sophocles),虞里彼底(Euripides)时代即有极深密的悲剧观念。悲剧的观念:第一,即是承认人类最浓挚最深沉的感情不在眉开眼笑之时,乃在悲哀不得意无可奈何的时节;第二,即是承认人类亲见别人遭遇悲惨可怜的境地时,都能发生一种至诚的同情,都能暂时把个人小我的悲欢哀乐一齐消纳在这种至诚高尚的同情之中;第三,即是承认世上的人事无时无地没有极悲极惨的伤心境地,不是天地不仁,"造化弄人"(此希腊悲剧中最普通的观念),便是社会不良使个人销磨志气,堕落人格,陷入罪恶不能自脱(此近世悲剧最普通的观念)。有这种悲剧的观念,故能发生各种思力深沉,意味深长,感人最烈,发人猛省的文学。这种观念乃是医治我们中国那种说谎作伪思想浅薄的文学的绝妙圣药。这便是比较的文学研究的一种大益处。

(二)文学的经济方法——我在《论短篇小说》一篇里,已说过"文学的经济"的道理了。本篇所说,专指戏剧文学立论。

戏剧在文学各类之中,最不可不讲经济。为什么呢?因为(1)演戏的时间有限;(2)做戏的人的精力与时间都有限;(3)看戏的人的时间有限;(4)看戏太长久了,使人生厌倦;(5)戏台上的设备,如布景之类,有种种困难,不但须要图省钱,还要图省事;(6)有许多事实情节是不能在戏台上一一演出来的,如千军万马的战争之类。有此种种原因,故编戏时须注意下列各项经济的方法:

（1）时间的经济　须要能于最简短的时间之内，把一篇事实完全演出。

（2）人力的经济　须要使做戏的人不致筋疲力竭；须要使看戏的人不致头昏眼花。

（3）设备的经济　须要使戏中的陈设布景不致超出戏园中设备的能力。

（4）事实的经济　须要使戏中的事实样样都可在戏台上演出来；须要把一切演不出的情节一概用间接法或补叙法演出来。

我们中国的戏剧最不讲究这些经济方法。如《长生殿》全本至少须有四五十点钟方可演完，《桃花扇》全本须用七八十点钟方可演完。有人说，这种戏从来不唱全本的；我请问，既不唱全本，又何必编全本的戏呢？那种连台十本，二十本，三十本的"新戏"，更不用说了。这是时间的不经济。中国戏界最怕"重头戏"，往往有几个人递代扮演一个脚色，如《双金钱豹》，如《双四杰村》之类。这是人力的不经济。中国新开的戏园试办布景，一出《四进士》要布十个景；一出《落马湖》要布二十五个景！（这是严格的说法。但现在的戏园里武场一大段不布景）这是设备的不经济。再看中国戏台上，跳过桌子便是跳墙；站在桌上便是登山；四个跑龙套便是一千人马；转两个湾便是行了几十里路；翻几个斤斗，做几件手势，便是一场大战。这种粗笨愚蠢，不真不实，自欺欺人的做作，看了真可使人作呕！既然戏台上不能演出这种事实，又何苦硬把这种情节放在戏里呢？西洋的戏剧最讲究经济的方法。即如本期张豂子君《我的中国旧戏观》中所说外国戏最讲究的"三种联合"，便是戏剧的经济方法。张君引这三种联合来比中国旧戏中身段台步各种规律，便大错了。三种联合原名 The Law of Three Unities，当译为"三一律"。"三一"即是：（1）一个地方，（2）一个时间，（3）一桩事实。我且举一出《三娘教子》做一个勉强借用的例。《三娘教子》这出戏自始至终，只在一个机房里面，只须布一幕的景，这便是"一个地方"；这出戏的时间只在放学回来的一段时间，这便是"一个时间"；这出戏的情节只限于机房教子一段事实，这便是"一桩事实"。这出戏只挑出这一小段时间,这一个小地方,演出这一小段故事;但是看戏的人因此便知道这一家的历史;便知道三娘是第三妾,他的丈夫从军不回,大娘、二娘都再嫁了,只剩三娘守节抚孤;这儿子本不是三娘生的;……这些情节都在这小学生放学回来的一个极短时间内,从三娘薛宝口中,一一补叙出来,正不用从十几年前叙起:这便是戏剧的经济。但是《三娘教子》的情节很简单,故虽偶合"三一律",还不算难。西洋的希腊戏剧遵守"三一律"最严;近世的"独幕戏"也严守这"三一律"。其余的"分幕剧"只遵守"一桩事实"的一条,于时间同地方两条便往往扩充范围,不能像希腊剧本那种严格的限制了(看《新青年》四卷六号以来的易卜生所做的《娜拉》与《国民之敌》两剧便知)。但西洋的新戏虽不能严格的遵守"三一律",却极注意剧本的经济方法:无五折以上的戏,无五幕以上的布景,无不能在台上演出的情节。张镠子君说,"外国演陆军剧,必须另筑大戏馆"。这是极外行的话。西洋戏剧从没有什么"陆军剧";古代虽偶有战斗的戏,也不过在戏台后面呐喊作战斗之声罢了;近代的戏剧连这种笨法都用不着,只隔开一幕,用几句补叙的话,便够了。《元曲选》中的《薛仁贵》一本,便是这种写法,比《单鞭夺槊》与《气英布》两本所用观战员详细报告的写法更经济了。元人的杂剧,限于四折,故不能不讲经济的方法,虽不能上比希腊的名剧,下比近世的新剧,也就可以比得上十六七世纪英国、法国戏剧的经济了(此单指体裁段落,并不包括戏中的思想与写生工夫)。南曲以后,编戏的人专注意词章音节一方面,把体裁的经济方法完全抛掉,遂有每本三四十出的笨戏,弄到后来,不能不割裂全本,变成无数没头没脑的小戏!现在大多数编戏的人,依旧是用"从头至尾"的笨法,不知什么叫做"剪裁",不知什么叫做"戏剧的经济"。补救这种笨伯的戏剧方法,别无他道,止有研究世界的戏剧文学,或者可以渐渐的养成一种文学经济的观念。这也是比较的文学研究的一种益处了。

以上所说两条,——悲剧的观念,文学的经济,——都不过是最浅近的例,用来证明研究西洋戏剧文学可以得到的益处。大凡一国的文化最忌的是"老性";"老性"是"暮气",一犯了这种死症,几乎无药可医;百死之中,止有一条生路:赶快用打针法,打一些新鲜的"少年血性"进去,或者还可望却老还童的功效。现在的中国文学已到了暮气攻心,奄奄断气的时候!赶紧灌下西方的"少年血性汤",还恐怕已经太迟了;不料这位病人家中的不肖子孙还要禁止医生,不许他下药,说道,"中国人何必吃外国药!"……哼!

民国七年九月

（原载1918年10月15日《新青年》第5卷第4号）

追答李濂镗君

李濂镗君的通信登在三卷二号,那期报寄到美国时,我已离开纽约,故不曾见着。今见张先生提起此信,我方才找出李君的原信,细读一遍。李君说 Metonymy 似典故,Antithesis 似对仗,似不甚确。Antithesis 固含有对峙之意,然与吾国的"对仗"略有不同。如《尹文子》说,"圣法之治以至此,非圣人之治也";人与法相对峙。又如《三国志》上"既生瑜,何生亮";瑜与亮相对峙。俗话说,"谋事在人,成事在天";谋与成,人与天,皆相对峙。此类之句法,在西文名为 Antithesis。此种句法,本是语言的自然表示,中西多有的,并不是平对仄,仄对平的对仗;也不是勉强拉拢的对仗;更不是全篇到底的骈文长律。

Metonymy 有广狭两义,译义均为"代文"。广义之"代文",包一切用此字代彼字之作用。如说"某人能写一笔好北魏",其实是说"北魏碑体的字"。又如说,"前日上书左右,不知执事将何以教之?""左右"与"执事"均是"代文"。又如说,"明日午刻洁樽候驾"。不说备酒肴,却用"洁樽";不说请你来,却说"候驾"。这都是"代文"的广义。Metonymy 的狭义与 Synecdoche 同意。此亦是"代文",但限于用一部分代全体或用全体代一部分。例如"过尽千帆皆不是",千帆代千只船,是一部分代全体。又如"老母春秋已高",春秋是两季之名,用来代年岁,也是一部分代全体。又如说"倩何人唤取红巾翠袖,揾英雄泪",明说"女子",却只说女子的"红巾翠袖",这也是用一部分代全体。又如"美人"二字,"人"是类名,却用来单指女子;又如朝日与落日,都是"斜阳",但我们偏说落日是斜阳:这都是用类名来代个体事物,即是用全体代一部分了。此类用法,都可名为 Metonymy 或 Synecdoche。这是用"套语",不是用典。

大多数"套语"之初起时,本是很合美学的原理的。文学的美感有一条极重要的规律曰:说得越具体越好,说得越抽象越不好。更进一层说:凡全称名辞都是抽象的;凡个体事物都是具体的。故说"美人",是抽象的,不能发生明了浓丽的想像。若说"红巾翠袖",便是具体的,便可引起一种具体的影像。又如说"少年",是抽象的;若说"衫青鬓绿",便是具体的,便可引起浓丽明了的影像了。这是大多数"套语"所以发生的原由。但是"套语"初起时,本全靠他们那种引起具体影像的能力。后来成了烂调的套语,便失了这种能力,与抽象的全称名词没有分别了。况且时代变迁:一时代的套语过了一二百年便不能适用。如宋人可用"红巾翠袖"代表美人,今世的女子若穿戴着红巾翠袖,便成笑柄了!又如古代少年可说"衫青鬓绿"。后来"绿"字所表的颜色渐渐由深绿变成浅绿,我们久已不说头发是"绿"的,我们的少年也不穿青衫,都穿起浅色的衫子来了!所以我所说文学改良的八事中有"不用套语"一条,正是为了这个道理。

西洋的"古典"文学中也有用典的。在英文名为 Allusions,分神话典,故事典,时事典各类,但用的很少;即在 Milton 与 Pope 之诗中尚不多见。十九世纪以后的诗,典故更是绝无而仅有的了。

以上答张君与李君所提出之两事。

李君原信有云:"文学家之用典用对仗,犹药品之用毒物,妇人之用脂粉。庸医用毒,诚能杀人;无盐涂脂,诚能益丑。然毒物用于良医,不立能愈奇疾奏肤功耶?脂粉施于西施,不更可艳如花美如神耶?"我以为良医决不靠毒物医病。药能医病时即非毒物,因此病非此药不能医也。用典则不然。用典的人只是懒于自己措词造语,故用典来含混过去。天下有不可代之毒物,无不可代之典,故不能相比也。至于美人,终以不施脂粉为贵。凡用脂粉者,皆本不美而强欲装美,适成为花脸之"花",与牛鬼蛇神之"神"耳!

民国七年十月

(原载 1918 年 10 月 15 日《新青年》第 5 卷第 5 号)

读沈尹默的旧诗词

尹默：

我读了你的旧式诗词，觉得我完全是一个门外汉，不配"赞一词"；至于拣选去留，那更不用说了。但是我是一个最爱说话的人，又是一个最爱说"外行话"的人。我以为有许多事，"内行"见惯了的，反不去寻思里面的意味；倒是"门外汉"伸头向里一望，有时还能找出一点意义。这是我于今敢来说外行话的理由。

我常说那些转弯子的感事诗与我们平常做的"打油诗"，有同样的性质。为什么呢？因为我们做"打油诗"往往使用个人的"事实典故"，如"黄加披肩鸟从比"之类，正如做寄托诗的人往往用许多历史的，或文学的，或神话的，或艳情的典故套语。这两种诗同有一种弱点：只有个中人能懂得，局外人便不能懂得。局外人若要懂得，还须请个人详加注释。因此，世间只有几首"打油诗"可读，也只有几首寄托诗可读。

所以我以为寄托诗须要真能"言近而旨远"。这五字被一般妄人用烂了便失了意味。我想"言近而旨远"是说：从文字表面上看来，写的是一件人人可懂的平常实事；若再进一步，却还可寻出一个寄托的深意。譬如山谷的"江水西头隔烟树，望不见江东路。思量只有梦来去，更不怕，江阑住"一首，写的是相思，寄托的是"做官思想"。又如稼轩的"宝钗分，桃叶渡"一首词，写的是闺情，寄托的是感时（如"点点飞红，都无人管"之类）感身世（如"试把灯花卜归期"之类）。"言近"则越"近"（浅近）越好。"旨远"则不妨深远。言近，须要不倚赖寄托的远旨也能独立存在，有文学的价值。

有许多寄托诗是"言远而旨近"的。怎么叫做"言远而旨近"呢？

本是极浅近的意思,却用了许多不求人解的僻典。若不知道他寄托的意思,便成全无意识七凑八凑的怪文字。这种诗不能独立存在,在当时或有不得已的理由,在后世或有历史上的价值,但在文学上却不能有什么价值。

以上所说是一个门外汉研究这种诗的标准观念。依此观念来看老兄的诗,则《珠馆出游见落花》(二首)、《春日感赋》(起二句稍弱)、《无题》、《久雨》,皆可存。《文儒咏》、《北史》、《儒林传》、《咏史》、《杂歌》诸诗,则仅可供读史者参考之资料了。

若从摹古一方面论之,则《补梅盦》(一,二)、《三月廿六日》、《杂感》(二,五,七,八)、《二月廿三日》、《咏史》、《珠馆》,皆极佳。

词中小令诸阕皆佳,长调稍差。老兄以为何如?适最爱"更寻高处倚危阑,闲看垂杨风里老"两句,这也是"红老之学"的表示了。"天气薄晴如中酒",以文法绳之,颇觉少一二字。

我生平不会做客观的艳诗艳词,不知何故。例如"推锦枕,垂翠袖,独自香销时候。帘不卷,有谁知?泪痕红满衣。"即使杀了我,我也做不出来。今夜仔细想来,大概由于我受"写实主义"的影响太深了,所以每读这种诗词,但觉其不实在,但觉其套语的形式(如"锦枕"、"翠袖"、"香销"、"卷帘"、"泪痕"之类),而不觉其所代表的情味。往往须力逼此心,始看得下去;否则读了与不曾读一样。既不喜这种诗,自然不会做了。若要去了套语,又不能有真知灼见的闺情知识可写,所以一生不曾做一首闺情的诗。

写到这里,忽然想起玄同来。他若见了此上一段,一定说我有意挖苦你老兄的套语词。其实不然。我近来颇想到中国文学套语的心理学。有许多套语(竟可说一切套语)的缘起,都是极正当的。凡文学最忌用抽象的字(虚的字),最宜用具体的字(实的字)。例如说"少年",不如说"衫青鬓绿";说"老年",不如说"白发","霜鬓";说"女子",不如说"红巾翠袖";说"春",不如说"姹紫嫣红","垂杨芳草";说"秋",不如说"西风红叶","落叶疏林"。……初用时,这种具体的字最能引起一种浓厚实在的意象;如说"垂杨芳草",便真有一个具体的春景;说"枫叶芦花",便真有一个具体的秋景。这是古文用这些字眼的理由,是极正当的,极合心理作用的。但是后来的人把这些字眼用得太烂熟了,便成了陈陈相因的套语。成了套语,便不能发生引起具体意象的作用了。

所以我说,"但觉其套语的形式,而不觉其所代表的情味"。所以我单说"不用套语",是不行的。须要从积极一方面着手,说明现在所谓"套语",本来不过是具体的字,有引起具体的影象的目的。须要使学者从根本上下手,学那用具体的字的手段。学者能用新的具体字,自然不要用那陈陈相因的套语了。例如古人说"河桥酒幔青",今人可说"火车气笛响";古人说"红巾翠袖",今人可说"□□□□";古人说"衫青鬓绿",今人可说"燕尾鼠须"了!——以上所说,似乎超出本题,既然动手写了,且送与老兄一看。

六月十夜

（原载 1919 年 6 月 29 日《每周评论》第 28 号,又载 1919 年 11 月 1 日《新青年》第 6 卷第 6 号）

谈新诗
八年来一件大事

1 民国六年(1917)一月一日,《新青年》第二卷第五号出版,里面有我的朋友高一涵的一篇文章,题目是《一九一七年预想之革命》。他预想从那一年起中国应该有两种革命:(一)于政治上应揭破贤人政治之真相,(二)于教育上应打消孔教为修身大本之宪条。高君的预言,不幸到今日还不曾实现。"贤人政治"的迷梦总算打破了一点,但是打破他的,并不是高君所希望的"立于万民之后,破除自由之阻力,鼓舞自动之机能"的民治国家,乃是一种更坏更腐败更黑暗的武人政治。至于孔教为修身大本的宪法,依现今的思想趋势看来,这个当然不能成立;但是安福部的参议院已通过这种议案了,今年双十节的前八日北京还要演出一出徐世昌亲自祀孔的好戏!

但是同一号的《新青年》里,还有一篇文章,叫做《文学改良刍议》,是新文学运动的第一次宣言书。《新青年》的第二卷第六号接着发表了陈独秀君的《文学革命论》。后来七年四月里又有一篇《建设的文学革命论》。这一种文学革命的运动,在我的朋友高君做那篇《1917年预想之革命》时虽然还没有响动,但是自从1917年1月以来,这种革命——多谢反对党送登广告的影响——居然可算是传播得很广很远了。文学革命的目的是要替中国创造一种"国语的文学"——活的文学。这两年来的成绩,国语的散文是已过了辩论的时期,到了多数人实行的时期了。只有国语的韵文——所谓"新诗"——还脱不了许多人的怀疑。但是现在做新诗的人也就不少了。报纸上所载的,自北京到广州,自上海到成都,多有新诗出现。

这种文学革命预算是辛亥大革命以来的一件大事。现在《星期评论》出这个双十节的纪念号,要我做一万字的文章。我想,与其枉费笔墨去谈这八年来的无谓政治,倒不如让我来谈谈这些比较有趣味的新诗罢。

2　我常说,文学革命的运动,不论古今中外,大概都是从"文的形式"一方面下手,大概都是先要求语言文字文体等方面的大解放。欧洲三百年前各国国语的文学起来代替拉丁文学时,是语言文字的大解放;十八十九世纪法国嚣俄、英国华次活(Wordsworth)等人所提倡的文学改革,是诗的语言文字的解放;近几十年来西洋诗界的革命,是语言文字和文体的解放。这一次中国文学的革命运动,也是先要求语言文字和文体的解放。新文学的语言是白话的,新文学的文体是自由的,是不拘格律的。初看起来,这都是"文的形式"一方面的问题,算不得重要。却不知道形式和内容有密切的关系。形式上的束缚,使精神不能自由发展,使良好的内容不能充分表现。若想有一种新内容和新精神,不能不先打破那些束缚精神的枷锁镣铐。因此,中国近年的新诗运动可算得是一种"诗体的大解放"。因为有了这一层诗体的解放,所以丰富的材料,精密的观察,高深的理想,复杂的感情,方才能跑到诗里去。五七言八句的律诗决不能容丰富的材料,二十八字的绝句决不能写精密的观察,长短一定的七言五言决不能委婉达出高深的理想与复杂的感情。

最明显的例就是周作人君的《小河》长诗(《新青年》六卷二号)。这首诗是新诗中的第一首杰作,但是那样细密的观察,那样曲折的理想,决不是那旧式的诗体词调所能达得出的。周君的诗太长了,不便引证,我且举我自己的一首诗作例:

　　　　应该

　他也许爱我,——也许还爱我,——
　但他总劝我莫再爱他。
　他常常怪我;
　这一天,他眼泪汪汪的望着我,
　说道:"你如何还想着我?

想着我,你又如何能对他?
你要是当真爱我,
你应该把爱我的心爱他,
你应该把待我的情待他。"
…………
他的话句句都不错,——
上帝帮我!
我"应该"这样做!

(《尝试集》二,五六)

这首诗的意思神情都是旧体诗所达不出的。别的不消说,单说"他也许爱我,——也许还爱我"这十个字的几层意思,可是旧体诗能表得出的吗?

再举康白情君的《窗外》:
窗外的闲月,
紧恋着窗内蜜也似的相思。
相思都恼了,
他还涎着脸儿在墙上相窥。
回头月也恼了,
一抽身儿就没了。
月倒没了,
相思倒觉着舍不得了。

(《新潮》一,四)

这个意思,若用旧诗体,一定不能说得如此细腻。

就是写景的诗,也须有解放了的诗体,方才可以有写实的描画。例如杜甫诗"江天漠漠鸟飞去",何尝不好? 但他为律诗所限,必须对上一句"风雨时时龙一吟",就坏了。简单的风景,如"高台芳树,飞燕蹴红英,舞困榆钱自落"之类,还可用旧诗体描写。稍微复杂细密一点,旧诗就不够用了。如傅斯年君的《深秋永定门晚景》中的一段:
……那树边,地边,天边,

>   如云,如水,如烟,
>   望不断,——一线。
>   忽地里扑喇喇一响,
>   一个野鸭飞去水塘,
>   仿佛像大车音浪,漫漫的工——东——当。
>   又有种说不出的声息,若续若不响。
>
>   　　　　　　　　　　　(《新潮》一,二)

这一段的第六行,若不用有标点符号的新体,决做不到这种完全写实的地步。又如俞平伯君的《春水船》中的一段:

>   ……对面来个纤人,
>   拉着个单桅的船徐徐移去。
>   双橹插在舷唇,
>   皱面开纹,
>   活活水流不住。
>   船头晒着破网。
>   渔人坐在板上,
>   把刀劈竹拍拍的响。
>   船口立个小孩,又憨又蠢,
>   不知为什么?
>   笑迷迷痴看那黄波浪。……
>
>   　　　　　　　　　　　(《新潮》一,四)

这种朴素真实的写景诗乃是诗体解放后最足使人乐观的一种现象。

　　以上举的几个例,都可以表示诗体解放后诗的内容之进步。我们若用历史进化的眼光来看中国诗的变迁,方可看出自《三百篇》到现在,诗的进化没有一回不是跟着诗体的进化来的。《三百篇》中虽然也有几篇组织很好的诗如"氓之蚩蚩"、"七月流火"之类;又有几篇很好的长短句,如"坎坎伐檀兮"、"园有桃"之类;但是《三百篇》究竟还不曾完全脱去"风谣体"(Ballad)的简单组织。直到南方的骚赋文学发生,方才有伟大的长篇韵文。这是一次解放。但是骚赋体用兮些等字煞尾,停顿太多又太长,太不自然了。故汉以后的五七言古诗删除没有意思的煞尾字,变成贯串篇章,便更自然了。若不经过这一变,决不能产生《焦仲卿妻》、《木兰辞》一类的诗。这是二次解放。五七言成为正宗诗体以后,最大的解放莫如从诗变为词。五七言诗是不合语言之自然的,因为我们说话决不能句句是五字或七字。诗变为词,只是从整齐句法变为比较自然的参差句法。唐、五代的小词虽然格调很严格,已比五七言诗自然的多了。如李后主的"剪不断,理还乱,是离愁。别有一般滋味在心头"。这已不是诗体所能做得到的了。试看晁补之的《蓦山溪》:

……愁来不醉,不醉奈愁何?
汝南周,东阳沈,
劝我如何醉?

这种曲折的神气,决不是五七言诗能写得出的。又如辛稼轩的《水龙吟》:

……落日楼头,断鸿声里,江南游子,
把吴钩看了,阑干拍遍,
无人会,登临意。

这种语气也决不是五七言的诗体能做得出的。这是三次解放。宋以后,词变为曲,曲又经过几多变化,根本上看来,只是逐渐删除词体里所剩下的许多束缚自由的限制,又加上词体所缺少的一些东西如衬字套数之类。但是词曲无论如何解放,终究有一个根本的大拘束;词曲的发生是和音乐合并的,后来虽有[不]可歌的词,不必歌的曲,但是始终不能脱离"调子"而独立,始终不能完全打破词调曲谱的限制。直到近来的新诗发生,不但打破五言七言的诗体,并且推翻词调曲谱的种种束缚;不拘格律,不拘平仄,不拘长短;有什么题目,做什么诗;诗该怎样做,就怎样做。这是第四次的诗体大解放。这种解放,初看去似乎很激烈,其实只是《三百篇》以来的自然趋势。自然趋势逐渐实现,不用有意的鼓吹去促进他,那便是自然进化。自然趋势有时被人类的习惯性守旧性所阻碍,到了该实现的时候均不实现,必须用有意的鼓吹去促进他的实现,那便是革命了。一切文物制度的变化,都是如此的。

3

上文我说新体诗是中国诗自然趋势所必至的,不过加上了一种有意的鼓吹,使他于短时期内猝然实现,故表面上有诗界革命的神气。这种议论很可以从现有的新体诗里寻出许多证据。我所知道的"新诗人",除了会稽周氏弟兄之外,大都是从旧式诗,词,曲里脱胎出来的。沈尹默君初作的新诗是从古乐府化出来的。例如他的《人力车夫》

日光淡淡,白云悠悠,
风吹薄冰,河水不流。
出门去,雇人力车。街上行人,往来很多;车马纷纷,不知干些什么。
人力车上人,个个穿棉衣,个个袖手坐,还觉风吹来,身上冷不过。
车夫单衣已破,他却汗珠儿颗颗往下堕。

(《新青年》四,一)

稍读古诗的人都能看出这首诗是得力于"孤儿行"一类的古乐府的。我自己的新诗,词调很多,这是不用讳饰的。例如前年做的《鸽子》:

云淡天高,好一片晚秋天气!
有一群鸽子,在空中游戏。
看他们三三两两,
　　回环来往,
　　夷犹如意,——
忽地里,翻身映日,白羽衬青天,十分鲜丽!

(《尝试集》二,二七)

就是今年做诗,也还有带着词调的。例如《送任叔永回四川》的第二段:

你还记得,我们暂别又相逢,正是赫贞春好?
记得江楼同远眺,云影渡江来,惊起江头鸥鸟?
记得江边石上,同坐看潮回,浪声遮断人笑?
记得那回同访友,日暗风横,林里陪他听松啸?

懂得词的人,一定可以看出这四长句用的是四种词调里的句法。这首诗的第三段便不同了:

> 这回久别再相逢,便又送你归去,未免太匆匆!
> 多亏得天意多留你两日,使我做得诗成相送。
> 万一这首诗赶得上远行人,
> 多替我说声"老任珍重珍重!"

这一段便是纯粹新体诗。此外新潮社的几个新诗人,——傅斯年、俞平伯、康白情——也都是从词曲里变化出来的,故他们初做的新诗都带着词或曲的意味音节。此外各报所载的新诗,也很多带着词调的。例太多了,我不能遍举,且引最近一期的《少年中国》(第二期)里周无君的《过印度洋》:

> 圆天盖着大海,黑水托着孤舟。
> 也看不见山,那天边只有云头。
> 也看不见树,那水上只有海鸥。
> 那里是非洲?那里是欧洲?
> 我美丽亲爱的故乡却在脑后!
> 怕回头,怕回头,
> 一阵大风,雪浪上船头,
> 飕飕,吹散一天云雾一天愁。

这首诗很可表示这一半词一半曲的过渡时代了。

4

我现在且谈新体诗的音节。

现在攻击新诗的人,多说新诗没有音节。不幸有一些做新诗的人也以为新诗可以不注意音节。这都是错的。攻击新诗的人,他们自己不懂得"音节"是什么,以为句脚有韵,句里有"平平仄仄"、"仄仄平平"的调子,就是有音节了。中国字的收声不是韵母(所谓阴声),便是鼻音(所谓阳声),除了广州入声之外,从没有用他种声母收声的。因此,中国的韵最宽。句尾用韵真是极容易的事,所以古人有"押韵便是"的挖苦话。押韵乃是音节上最不重要的一件事。至于句中的平仄,也不重要。古诗"相去日已远,衣带日已缓。浮云蔽白日,游子不顾返,"音节何等响亮？但是用平仄写出来便不能读了：

> 平仄仄仄仄,平仄仄仄仄。
> 平平仄仄仄,平仄仄仄仄。

又如陆放翁：

> 我生不逢柏梁建章之宫殿,安得峨冠侍游宴？

头上十一个字是"仄平仄平仄平仄平平仄",读起来何以觉得音节很好呢？这是因为一来这一句的自然语气是一气贯注下来的；二来呢,因为这十一个字里面,逢宫叠韵,梁章叠韵,不柏双声,建宫双声,故更觉得音节和谐了。

诗的音节全靠两个重要分子：一是语气的自然节奏,二是每句内部所用字的自然和谐。至于句末的韵脚,句中的平仄,都是不重要的事。语气自然,用字和谐,就是句末无韵也不要紧。例如上文引晁补之的词："愁来不醉,不醉奈愁何？汝南周,东阳沈,劝我如何醉？"这二十个字,语气又曲折,又贯串,故虽隔开五个"小顿"方才用韵,读的人毫不觉得。

新体诗中也有用旧体诗词的音节方法来做的。最有功效的例是沈尹默君的《三弦》：

> 中午时候,火一样的太阳,没法去遮拦,让他直晒长街上。静悄悄少人行路；只有悠悠风来,吹动路旁杨树。
>
> 谁家破大门里,半院子绿茸茸细草,都浮着闪闪的金光。旁边有一段低低的土墙,挡住了个弹三弦的人,却不能隔断那三弦鼓荡的声浪。
>
> 门外坐着一个穿破衣裳的老年人,双手抱着头,他不声不响。

> (《新青年》五,二)

这首诗从见解意境上和音节上看来,都可算是新诗中一首最完全的诗。看他第二段"旁边"以下一长句中,旁边是双声；有一是双声；段,低,低,的,土,挡,弹,的,断,荡,的,十一个都是双声。这十一个字都是"端透定"（D,T）的字,模写三弦的声响,又把"挡"、"弹"、

"断"、"荡"四个阳声的字和七个阴声的双声字(段,低,低,的,土,的,的)参错夹用,更显出三弦的抑扬顿挫。苏东坡把韩退之《听琴诗》改为送弹琵琶的词,开端是"呢呢儿女语,灯火夜微明,恩冤尔汝来去,弹指泪和声"。他头上连用五个极短促的阴声字,接着用一个阳声的"灯"字,下面"恩冤尔汝"之后,又用一个阳声的"弹"字,也是用同样的方法。

吾自己也常用双声叠韵的法子来帮助音节的和谐。例如《一颗星儿》一首

> 我喜欢你这颗顶大的星儿,
> 可惜我叫不出你的名字。
> 平日月明时,
> 月光遮尽了满天星,总不能遮住你。
> 今天风雨后,闷沉沉的天气,
> 我望遍天边,寻不见一点半点光明。
> 回转头来,
> 只有你在那杨柳高头依旧亮晶晶地。

(《尝试集》二,五八)

这首诗"气"字一韵以后,隔开三十三个字方才有韵,读的时候全靠"遍,天,边,见,点,半,点"一组叠韵字(遍,边,半,明,又是双声字),和"有,柳,头,旧",一组叠韵字夹在中间,故不觉得"气"、"地"两韵隔开那么远。

这种音节方法,是旧诗音节的精采(参看清代周春的《杜诗双声叠韵谱》),能够容纳在新诗里,固然也是好事。但是这是新旧过渡时代的一种有趣味的研究,并不是新诗音节的全部。新诗大多数的趋势,依我们看来,是朝着一个公共方向走的。那个方向便是"自然的音节"。

自然的音节是不容易解说明白的。我且分两层说:

第一,先说"节"——就是诗句里面的顿挫段落。旧体的五七言诗是两个字为一"节"的。随便举例如下:

> 风绽—雨肥—梅(两节半)

江间—波浪—兼天—涌（三节半）
　　王郎—酒酣—拔剑—斫地—歌—莫哀（五节半）
　　我生—不逢—柏梁—建章—之—宫殿（五节半）
　　又—不得—身在—荥阳—京索—间（四节外两个破节）
　　终—不似——朵—钗头—颤袅—向人—欹侧（六节半）

新体诗句子的长短，是无定的；就是句里的节奏，也是依着意义的自然区分与文法的自然区分来分析的。白话里的多音字比文言多得多，并且不止两个字的联合，故往往有三个字为一节，或四五个字为一节的。例如：

　　万——这首诗—赶得上—远行人。
　　门外—坐着——个—穿破衣裳的—老年人。
　　双手—抱着头—他—不声—不响。
　　旁边—有一段—低低的—土墙—挡住了个—弹三弦的人。
　　这一天—他—眼泪汪汪的—望着我—说道—你如何—还想着我？想着我—你又如何—能对他？

第二，再说"音"，——就是诗的声调。新诗的声调有两个要件：一是平仄要自然，二是用韵要自然。白话里的平仄，与诗韵里的平仄有许多大不相同的地方。同一个字，单独用来是仄声，若同别的字连用，成为别的字的一部分，就成了很轻的平声了。例如"的"字，"了"字，都是仄声字，在"扫雪的人"和"扫净了东边"里，便不成仄声了。我们简直可以说，白话诗里只有轻重高下，没有严格的平仄。例如周作人君的《两个扫雪的人》（《新青年》六，三）的两行：

　　祝福你扫雪的人！
　　我从清早起，在雪地里行走，不得不谢谢你。

"祝福你扫雪的人"上六个字都是仄声，但是读起来自然有个轻重高下。"不得不谢谢你"六个字又都是仄声，但是读起来也有个轻重高下。又如同一首诗里的"一面尽扫，一面尽下"八个字都是仄声，但读起来不但不拗口，并且有一种自然的音调。白话诗的声调不在平仄的调剂得宜，全靠这种自然的轻重高下。

至于用韵一层，新诗有三种自由：第一，用现代的韵，不拘古韵，更不拘平仄韵。第二,平仄可以互相押韵,这是词曲通用的例,不单是新诗如此。第三,有韵固然好,没有韵也不妨。新诗的声调既在骨子里,——在自然的轻重高下,在语气的自然区分,——故有无韵脚都不成问题。例如周作人君的《小河》虽然无韵,但是读起来自然有很好的声调,不觉得是一首无韵诗。我且举一段如下:

　　……小河的水是我的好朋友,
　　他曾经稳稳的流过我面前,
　　我对他点头,他对我微笑,
　　我愿他能够放出了石堰,
　　仍然稳稳的流着,
　　向我们微笑……

又如周君的《两个扫雪的人》中一段:

　　……一面尽扫,一面尽下:
　　扫净了东边,又下满了西边;
　　扫开了高地,又填平了洼地。

这是用内部词句的组织来帮助音节,故读时不觉得是无韵诗。

　　内部的组织,——层次,条理,排比,章法,句法,——乃是音节的最重要方法。我的朋友任叔永说,"自然二字也要点研究"。研究并不是叫我们去讲究那些"蜂腰"、"鹤膝"、"合掌"等等玩意儿,乃是要我们研究内部的词句应该如何组织安排,方才可以发生和谐的自然音节。我且举康白情君的《送客黄浦》一章(《草儿在前集》一,一二)作例:

　　送客黄浦,
　　我们都攀着缆,——风吹着我们的衣裳,——
　　站在没遮阑的船楼边上。
　　看看凉月丽空,
　　才显出淡妆的世界。
　　我想世界上只有光,
　　只有花,
　　只有爱!

我们都谈着,——
　　谈到日本二十年来的戏剧,
　　也谈到"日本的光,的花,的爱"的须磨子。
　　我们都相互的看着,
　　只是寿昌有所思,
　　他不曾看着我,
　　他不曾看着别的那一个。
　　这中间充满了别意,
　　但我们只是初次相见。

5 我这篇随便的诗谈做得太长了,我且略谈"新诗的方法"作一个总结的收场。

　　有许多人曾问我做新诗的方法,我说,做新诗的方法根本上就是做一切诗的方法;新诗除了"新[诗]体的解放"一项之外,别无他种特别的做法。

　　这话说得太拢统了。听的人自然又问,那么做一切诗的方法究竟是怎样呢?

　　我说,诗须要用具体的做法,不可用抽象的说法。凡是好诗,都是具体的;越偏向具体的,越有诗意诗味。凡是好诗,都能使我们脑子里发生一种——或许多种——明显逼人的影像。这便是诗的具体性。

　　李义山诗"历览前贤国与家,成由勤俭败由奢",这不成诗。为什么呢?因为他用的是几个抽象的名词,不能引起什么明了浓丽的影像。

　　"绿垂红折笋,风绽雨肥梅"是诗。"芹泥垂燕嘴,蕊粉上蜂须"是诗。"四更山吐月,残夜水明楼"是诗。为什么呢?因为他们都能引起鲜明扑人的影像。

　　"五月榴花照眼明"是何等具体的写法!
　　"鸡声茅店月,人迹板桥霜"是何等具体的写法!
　　"枯藤老树昏鸦,小桥流水人家,古道西风瘦马,夕阳西下,——

断肠人在天涯!"这首小曲里有十个影像连成一串,并作一片萧瑟的空气,这是何等具体的写法!

以上举的例都是眼睛里起的影像。还有引起听官里的明了感觉的。例如上文引的"呢呢儿女语,灯火夜微明,恩冤尔汝来去,弹指泪和声",是何等具体的写法!

还有能引起读者浑身的感觉的。例如姜白石词,"暝入西山,渐唤我一叶夷犹乘兴"。这里面"一叶夷犹"四个合口的双声字,读的时候使我们觉得身在小舟里,在镜平的湖水上荡来荡去。这是何等具体的写法!

再进一步说,凡是抽象的材料,格外应该用具体的写法。看《诗经》的《伐檀》:

> 坎坎伐檀兮,置之河之干兮,
> 河水清且涟猗,——
> 不稼不穑,胡取禾三百廛兮!
> 不狩不猎,胡瞻尔庭有悬貆兮!

社会不平等是一个抽象的题目,你看他却用如此具体的写法。

又如杜甫的《石壕吏》,写一天晚上一个远行客人在一个人家寄宿,偷听得一个捉差的公人同一个老太婆的谈话。寥寥一百二十个字,把那个时代的征兵制度,战祸,民生痛苦,种种抽象的材料,都一齐描写出来了。这是何等具体的写法!

再看白乐天的《新乐府》,那几篇好的——如《折臂翁》,《卖炭翁》,《上阳宫人》,——都是具体的写法。那几篇抽象的议论——如《七德舞》,《司天台》,《采诗官》,——便不成诗了。

旧诗如此,新诗也如此。

现在报上登的许多新体诗,很多不满人意的。我仔细研究起来,那些不满人意的诗犯的都是一个大毛病,——抽象的题目用抽象的写法。

那些我不认得的诗人做的诗,我不便乱批评。我且举一个朋友的诗做例。傅斯年君在《新潮》四号里做了一篇散文,叫做《一段疯话》,结尾两行说道:

> 我们最当敬重的是疯子,最当亲爱的是孩子。疯子是我们的老师,孩子是我们的朋友。我们带着孩子,跟着疯子走,走向光明去。

有一个人在北京《晨报》里投稿,说傅君最后的十六个字是诗不是文。后来《新潮》五号里傅君有一首《前倨后恭》的诗,——一首很长的诗。我看了说,这是文,不是诗。

何以前面的文是诗,后面的诗反是文呢?因为前面那十六个字是具体的写法,后面的长诗是抽象的题目用抽象的写法。我且抄那诗中的一段,就可明白了:

> 倨也不由他,恭也不由他!——
> 你还赧他。
> 向你倨,你也不削一块肉;向你恭,你也不长一块肉。
> 况且终竟他要向你变的,理他呢!

这种抽象的议论是不会成为好诗的。

再举一个例。《新青年》六卷四号里面沈尹默君的两首诗。一首是《赤裸裸》:

> 人到世间来,本来是赤裸裸,
> 本来没污浊,却被衣服重重的裹着,这是为什么?
> 难道清白的身不好见人吗?那污浊的,裹着衣服,就算免了耻辱吗?

他本想用具体的比喻来攻击那些作伪的礼教,不料结果还是一篇抽象的议论,故不成为好诗。还有一首《生机》:

> 刮了两日风,又下几阵雪。
> 山桃虽是开着,却冻坏了夹竹桃的叶。
> 地上的嫩红芽,更僵了发不出。
> 人人说天气这般冷,
> 草木的生机恐怕都被摧折;
> 谁知道那路旁的细柳条,
> 他们暗地里却一齐换了颜色!

这种乐观,是一个很抽象的题目,他却用最具体的写法,故是一首好诗。

我们徽州俗话说人自己称赞自己的是"戏台里喝采"。我这篇谈新诗里常引我自己的诗做例,也不知犯了多少次"戏台里喝采"的毛病。现在且再犯一次,举我的《老鸦》做一个"抽象的题目用具体的写法"的例罢:

　　我大清早起,
　　站在人家屋角上哑哑的啼。
　　人家讨嫌我,
　　说我不吉利:
　　我不能呢呢喃喃讨人家的欢喜!

民国八年十月

(原载1919年10月10日《星期评论》"双十节纪念专号",
又收入1920年新诗社编辑、出版的《新诗集》)

什么是文学
答钱玄同

我尝说:"语言文字都是人类达意表情的工具;达意达的好,表情表的妙,便是文学。"

但是怎样才是"好"与"妙"呢?这就很难说了。我曾用最浅近的话说明如下:"文学有三个要件:第一要明白清楚,第二要有力能动人,第三要美。"

因为文学不过是最能尽职的语言文字,因为文学的基本作用(职务)还是"达意表情",故第一个条件是要把情或意,明白清楚的表出达出,使人懂得,使人容易懂得,使人决不会误解。请看下例:

> 蕈坞芝房,一点中池,生来易惊。笑金钗卜就,先能断决;犀珠镇后,才得和平。楼响登难,房空怯最,三斗除非借酒倾。芳名早,唤狗儿吹笛,伴取歌声。
>
> 沈忧何事牵情?悄不觉人前太息轻。怕残灯枕外,帘旌蝙拂;幽期夜半,窗户鸡鸣。愁髓频寒,回肠易碎,长是心头苦暗并。天边月,纵团圞如镜,难照分明。

这首《沁园春》是从《曝书亭集》卷二十八,页八抄出来的。你是一位大学的国文教授,你可看得懂他"咏"的是什么东西吗?若是你还看不懂,那么,他就通不过这第一场"明白"("懂得性")的试验。他是一种玩意儿,连"语言文字"的基本作用都够不上,那配称为"文学"!

懂得还不够。还要人不能不懂得;懂得了,还要人不能不相信,不能不感动。我要他高兴,他不能不高兴;我要他哭,他不能不哭;我要他崇拜我,他不能不崇拜我;我要他爱我,他不能不爱我。这是"有力"。这个,我可以叫他做"逼人性"。

我又举一个例：

> 血府当归生地桃，
> 红花甘草壳赤芍，
> 柴胡芎桔牛膝等，
> 血化下行不作劳。

这是"血府逐瘀汤"的歌诀。这一类的文字，只有"记账"的价值，绝不能"动人"，绝没有"逼人"的力量，故也不能算文学。大多数的中国"旧文学"，如碑版文字，如平铺直叙的史传，都属于这一类。

> 我读齐镈文，书阙乏左证。独取祂字，古谊藉以正。亲殇称考妣，从女疑非敬。《说文》有祂字，乃训祀司命。此文两皇祂，配祖义相应。幸得三代物，可与淡长诤。……（李慈铭《齐子中姜镈歌》）

这一篇你（大学的国文教授）看了一定大略明白，但他决不能感动你，决不能使你有情感上的感动。

第三是"美"。我说，孤立的美，是没有的。美就是"懂得性"（明白）与"逼人性"（有力）二者加起来自然发生的结果。例如"五月榴花照眼明"一句，何以"美"呢？美在用的是"明"字。我们读这个"明"字不能不发生一树鲜明逼人的榴花的印象。这里面含有两个分子：(1)明白清楚，(2)明白之至，有逼人而来的"力"。

再看《老残游记》的一段：

> 那南面山上，一条白光，映着月色，分外好看。一层一层的山岭，却分辨不清；又有几片白云在里面，所以分不出是云是山。及至定睛看去，方才看出那是云那是山来。虽然云是白的，山也是白的，云有亮光，山也有亮光；只因为月在云上，云在月下，所以云的亮光从背后透过来。那山却不然的：山的亮光由月光照到山上，被那山上的雪反射过来，所以光是两样了。然只稍近的地方如此。那山望东去，越望越远，天也是白的，山也是白的，云也是白的，就分辨不出来。

这一段无论是何等顽固古文家都不能不承认是"美"。美在何处呢？也只是两个分子：第一是明白清楚；第二是明白清楚之至，故有逼人而来的影象。除了这两个分子之外,还有什么孤立的"美"吗?没有了。

你看我这个界说怎样?我不承认什么"纯文"与"杂文"。无论什么文(纯文与杂文韵文与非韵文)都可分作"文学的"与"非文学的"两项。

(本文收入《胡适文存》时未经发表。全函后收入《鲁迅研究资料》第 5 辑,1980 年天津人民出版社出版。从信后所署日期知本文写于 1920 年 10 月 14 日)

中学国文的教授

我是没有中学国文教授的经验的；虽然做过两年中学学生，但是那是十几年前的经验，现在已不适用了。况且当这个学制根本动摇的时代，我们全没有现成的标准可以依据，也没有过去的经验可以参考。我这个完全门外汉居然敢来高谈中学国文的教授，真是不自量力了！

但是门外汉有时也有一点用处。"内行"的教育家，因为专做这一项事业，眼光总注射在他的"本行"，跳不出习惯法的范围。他们筹画的改革，总不免被成见拘束住了，很不容易有根本的改革。门外旁观的人，因为思想比较自由些，也许有时还能供给一点新鲜的意见，意外的参考材料。古人说的"愚者一得"，大概也是这个道理。这就是我这回敢来演说《中学国文的教授》的理由了。

一　中学国文的目的是什么？

我们现在既没有过去的标准可以依据，应该自己先定一个理想的标准。究竟中学的国文应该做到什么地位？究竟我们期望中学毕业生的国文到什么程度？

民国元年的《中学校令施行细则》第三条说：

> 国文要旨在通解普通语言文字，能自由发表思想，并使略解高深文字，涵养文学之兴趣，兼以启发智德。

这一条因为也是理想的，并不曾实行，故现在看来还没有什么大错误。即如"通解普通语言文字"一句，在当初不过是欺人的门面话，实在当时中学的国文与"普通语言"是无有关系的；但是到了现在国语进行的时候，这六个字反更有意义了。又如"并使略解高深文字"

一句,当日很难定一个界说,现在把国语和古文分开,把古文来解"高深文字",这句话便更容易解说了。

元年定的理想标准,照这八年的成绩看来,可算得完全失败。失败的原因并不在理想太高,实在是因为方法大错了。标准定的是"通解普通语言文字",但是事实上中学校教授的并不是普通的语言文字,乃是少数文人用的文字,语言更用不着了！标准又定"能自由发表思想",但是事实上中学教员并不许学生自由发表思想,却硬要他们用千百年前的人的文字,学古人的声调文体,说古人的话,——只不要自由发表思想！事实上的方法和理想上的标准相差这样远,怪不得要失败了！

我承认元年定的标准不算过高,故斟酌现在情形,暂定一个中学国文的理想标准：

（1）人人能用国语（白话）自由发表思想,——作文,演说,谈话,——都能明白通畅,没有文法上的错误。

（2）人人能看平易的古文书籍,如《二十四史》、《资治通鉴》之类。

（3）人人能作文法通顺的古文。

（4）人人有懂得一点古文文学的机会。

这些要求不算苛求吗？

二 假定的中学国文课程

定了标准,方才可谈中学国文的课程。现行的部定课程是：

第一年：讲读,作文,习字。　　　　　　　　　　　共七

第二年：讲读,作文,习字,文字源流。　　　　　　共七

第三年：讲读,作文,习字,文法要略。　　　　　　共五

第四年：讲读,作文,文法要略,文学史。　　　　　共五

依我们看来,现在中学校各项功课平均每周男校三十四时,女校三十三时,未免太重了。我们主张国文每周至多不能过五时,四周总数应在二十时以下。现在假定每周五时,暂定课程表如下：

年一：国语文一,古文三,文法与作文一。　　　　　共五

年二：国语文一,古文三,文法与作文一。　　　　　共五
年三：演说一,古文三,文法与作文一。　　　　　　共五
年四：辩论一,古文三,文法与作文一。　　　　　　共五

这表里删去的学科是习字,文字源流,文学史,文法要略四项。写字决不是每周一小时的课堂习字能够教得好的,故可删去。现有的《文法要略》、《文字源流》,都是不通文法和不懂文字学的人编的,读了无益,反有害。(孙中山先生曾指出《文法要略》的大错,如谓鹄与猿为本名字,与诸葛亮、王猛同一类!)文学史更不能存在。不先懂得一点文学,就读文学史,记得许多李益、李颀、老杜、小杜的名字,却不知道他们的著作,有什么用处？

又这表上"国语文"只有两时。我的理由是：

（1）第三四年的演说和辩论都是国语与国语文的实习,故这两年可以不用国语文了。

（2）我假定学生在两级小学时已有了七年的国语,可以够用了。

三　国语文的教材与教授法

先说"国语文"的教材。共分三部：

（1）看小说　　看二十部以上,五十部以下的白话小说。例如《水浒》、《红楼梦》、《西游记》、《儒林外史》、《镜花缘》、《七侠五义》、《二十年目睹之怪现状》、《恨海》、《九命奇冤》、《文明小史》、《官场现形记》、《老残游记》、《侠隐记》、《续侠隐记》等等。此外有好的短篇白话小说,也可以选读。

（2）白话的戏剧　　此时还不多,将来一定会多的。

（3）长篇的议论文与学术文　　因为我假定学生在两级小学已有了七年的白话文,故中学只教长篇的议论文与学术文,如戴季陶的《我的日本观》,如胡汉民的《惯习之打破》,如章太炎的《说六书》之类。

教材一层,最须说明的大概是小说一项。一定有人说《红楼梦》、《水浒传》等书,有许多淫秽的地方,不宜用作课本。我的理由是：(1)这些书是禁不绝的。你们不许学生看,学生还是要偷看。与

其偷看,不如当官看,不如有教员指导他们看。举一个极端的例:《金瓶梅》的真本是犯禁的,很不容易得着;但是假的《金瓶梅》——石印的,删去最精采的部分,只留最淫秽的部分,——却仍旧在各地火车站公然出卖!列位热心名教的先生们可知道吗?我虽然不主张用《金瓶梅》作中学课本,但是我反对这种"塞住耳朵吃海蜇"的办法!(2)还有一个救弊的办法,就是西洋人所谓"洗净了的版本"(Expurgated edition),把那些淫秽的部分删节去,专作"学校用本"(即如柏拉图的"一夕话"(Symposium)有两译本,一是全本,一是节本)。商务印书馆新出一种《儒林外史》,比齐省堂本少四回,删去的四回是沈琼枝一段事迹,因为有琼花观求子一节,故删去了。这种办法不碍本书的价值,很可以照办。如《水浒》的潘金莲一段尽可删改一点,便可作中学堂用本了。

次说国语文的教授法。

(1) 小说与戏剧,先由教员指定分量,——自何处起,至何处止,——由学生自己阅看。讲堂上止有讨论,不用讲解。

(2) 指定分量之法,须用一件事的始末起结作一次的教材。如《水浒》劫"生辰纲"一件事作一次,闹江州又作一次;《儒林外史》严贡生兄弟作一次,杜少卿作一次,娄家弟兄又作一次;又《西游记》前八回作一次。

(3) 课堂上讨论,须跟着材料变换,不能一定。例如《镜花缘》上写林之洋在女儿国穿耳缠足一段,是问题小说,教员应该使学生明白作者"设身处地"的意思,借此引起他们研究社会问题的兴趣。又如《西游记》前八回是神话滑稽小说,教员应该使学生懂得作者为什么要写一个庄严的天宫盛会被一个猴子捣乱了。又如《儒林外史》写鲍文卿一段,教员应该使学生把严贡生一段比较着看,使他们知道什么叫做人类平等,什么叫做衣冠禽兽。

(4) 无论是小说,是戏剧,教员应该点出布局,描写的技术,文章的体裁,等等。

(5) 读戏剧时,可选精采的部分令学生分任戏里的人物,高声演读。若能在台上演做,那更好了。

（6）长篇的议论文与学术文，也由学生自己预备，上课时教员指导学生讨论。讨论应注重：

（甲）本文的解剖：分段，分小节。

（乙）本文的材料如何分配使用。

（丙）本文的论理：看好文章的思想条理，远胜于读一部法式的论理学。

四　演说与辩论

须认明这两项是国语与国语文的实用教法。凡能演说，能辩论的人，没有不会做国语文的。做文章的第一个条件只是思想有条理，有层次。演说辩论最能帮助学生养成有条理系统的思想能力。

（1）择题　演说题须避太抽象，太拢统的题目。如"宗教"，如"爱国"，如"社会改造"等题，最能养成夸大的心理，拢统的思想。从前小学堂国文题如"富国强兵策"等等，就是犯了这个毛病。中学生演说应该选"肥皂何以能去污垢？""松柏何以能冬青？""本村绅士某某人卖选举票的可耻"一类的具体题目。辩论题须选两方面都有理可说的题；如"鸦片宜严禁"只有一方面，是不可用的。

（2）方法　演说辩论的班次不宜人数太多，太多了一个人每年轮不着几回；也不宜太少，太少了演说的人没有趣味。每班可分作小组，每组不可过十六人。演说不宜太长，十分钟尽够了。演说的人须先一星期就选定题目，先作一个大纲，请教员看过，然后每段发挥，作成全篇演说。辩论须先分组，每组两人，或三人。选定主张或反对的方面后，每组自己去搜集材料，商量分配的方法，发言的先后。

辩论分两步。第一步是"立论"，每组的组员按预定的次序发言。第二步是"驳论"，每组反驳对手的理由。预备辩论时，每组须计算反对党大概要提出什么理由来，须先预备反驳的材料。这种预备有两大益处：(1)可以养成敏捷精细的思想能力，(2)可以养成智识上的互助精神。辩论演说时，教员与学生各备铅笔，记录可批评的论点与姿势,下次上课时,大家提出讨论。

五　古文的教材与教授法

先说中学古文的教材。

（1）第一学年　第一年专读近人的文章。例如梁任公、康长素、严几道、章行严、章太炎等人的散文,都可选读。此外还应该多看小说。林琴南早年译的小说,如《茶花女遗事》、《战血余腥记》、《撒克逊劫后英雄略》、《十字军英雄记》,朱树人的《穑者传》等书,都可以看。还有著作不多的学者,如蔡子民《答林琴南书》,吴稚晖《上下古今谈序》,又如我的朋友李守常、李剑农、高一涵做的古文,都可以选读。平心而论,章行严一派的古文,李守常、李剑农、高一涵等在内——最没有流弊,文法很精密,论理也好,最适宜于中学模范近古文之用。

（2）第二三四学年　后三年应该多读古人的古文。我主张分两种教材：

（甲）选本。不分种类,但依时代的先后,选两三百篇文理通畅,内容可取的文章。从《老子》、《论语》、《檀弓》、《左传》,一直到姚鼐、曾国藩,每一个时代文体上的重要变迁,都应该有代表。这就是最切实的中国文学史,此外中学堂用不着什么中国文学史了。

（乙）自修的古文书。最重要的还是学生自己看的书。一个中学堂的毕业生应该看过下列的几部书：

（a）史书:《资治通鉴》或《四史》(或《通鉴纪事本末》)。

（b）子书:《孟子》、《墨子》、《荀子》、《韩非子》、《淮南子》、《论衡》等等。

（c）文学书:《诗经》是不可不看的。此外可随学生性之所近,选习两三部专集,如陶潜、杜甫、王安石、陈同甫……之类。

我拟的中学国文课程中最容易引起反对的,大概就在古文教材的范围与分量。一定有人说:"从前中学国文只用四本薄薄的古文读本,还教不出什么成绩来。现在你定的功课竟比从前增多了十倍！这不是做梦吗？"我的回答是：

（第一）从前的中学国文所以没有成效，正因为中学堂用的书只有那几本薄薄的古文读本。我们试回头想想，我们自己做古文是怎样学的？是单靠八九十篇古文得来的呢？还是靠看小说看古文书得来的？我自己从来背不出一篇古文，但是因为我自小就爱看小说，看史书，看杂书，所以我还懂得一点古文的文法。古文的选本都是零碎的，没头没脑的，不成系统的，没有趣味的。因此，读古文选本是最没有趣味的事。因为没有趣味，所以没有成效。我可以武断现在中学毕业生能通中文的，都是自己看小说看杂志看书得来的，决不是靠课堂上几本古文选本得来的。我因此主张用"看书"来代替"讲读"。与其读王安石的《读孟尝君传》，不如看《史记》的《四公子列传》；与其读苏轼的《范增论》，不如看《史记》的《项羽本纪》；与其读林琴南的一部《古文读本》，不如看他译的一本《茶花女》。

（第二）请大家不要把中学生当小孩子看待。现在学制的大弊就是把学生求知识的能力看得太低了。现在各级学堂的课程，都是为下下的低能儿定的，所以没有成绩。现在要谈学制革命，第一步就该根本推翻这种为下下的低能儿定的课程学科！

（第三）我这个计划是假定两级小学都已采用国语做教科书了。国语代替文言以后，若不能于七年之内，使高小毕业生能做通顺的国语文，那便是国语教育的大失败。学生既通国语，又在中学第一年有了国语文法（见下），再来学古文，应该更容易好几倍；成绩应该加快好几倍。譬如已通一国文字的人，再学第二国文字时，成绩要快得多。这是我深信不疑的。所以我觉得我拟的中学古文课程并不是梦想，是可以用实地试验来决定的。

再说古文的教授法。上文说的用看书来代讲读，便是教授法的要点。每周三小时，每年至多不过四十周，合起来不过一百二十点钟，若全靠课堂上的讲读，一年能讲得几篇文章？所以我主张：学校但规定学科内容的范围与程度，教员自己分配每一课的分量，学生自己去预备本日指定的功课。学生须自己翻查字典，自己加句读，自己分章，分节。上课时，只有三件事可做：

（1）学生质问疑难，请教员帮助解释；教员可先问本班学生有能解释的没有；如没有人能解释，教员方可替他们解释。

（2）大家讨论所读的书的内容。教员提出论点，引起大家讨论；教员不当把一点钟的时间自己占据去，教员的职务在于指点出讨论的错误或不相干的讨论。

（3）教员可以随时加入一些参考材料。例如读章行严的文章时，教员应该讲民国三四年的政治形势，使学生知道他当时为什么主张调和，为什么主张联邦。

此外的方法，上文第三章已讲过，可以参用，不必重说了。

六　文法与作文

从前教作文的人大概都不懂文法，他们改文章全无标准，只靠机械的读下去，读得顺口便是，不顺口便不是，总讲不出为什么要这样做，为什么不可那样做。以后中学堂的国文教员应该有文法学的知识，不懂文法的，决不配做国文教员。所以我把文法与作文并归一个人教授。

先讲文法。

第一年，专讲国语的文法。要在一年之内，把白话文法的要旨都讲完。为什么先讲国语的文法呢？（1）因为学生有了七年的国语文，到中学一年的时候，应该把国语文的"所以然"总括起来讲解一遍，作一个国语教育的结束。（2）因为先有了国语的文法作底子，后来讲古文的文法便有了一种参考比较的材料，便更容易懂得了（我现在编一部《国语文法草案》，不久可以成书，此地不能细说国语文法的怎样编法了）。

第二三四年，讲古文的文法。

（1）用书　　现在还没有好文法书。最好的书自然还要算《马氏文通》。《文通》有一些错误矛盾的地方，不可盲从；《文通》又太繁了，不合中学堂教本之用。但是《文通》究竟是一部空前的奇书，古文文法学的宝库。教员应该把《文通》仔细研究一遍，懂得了，然后可以另编一部更有条理，更简明易晓的文法书。

（2）教授法　讲古文的文法，应该处处同国语的文法对照比较，指出同的地方和不同的地方，何以变了，变的理由何在，变的长处或短处在什么地方。让我举几个例：

（例一）白话说"我骗谁?"古文要说"吾谁欺?"白话说"你爱什么? 你能做什么?"古文要说"客何好，客何能?"这是不同的句法。比较的结果得一条通则："若外动词的止词是一个疑问代名词，这个疑问代名词在白话里须放在外动词之后，在古文里须在外动词之前主词之后。"

（例二）《论语》阳货欲见孔子一章，阳货在路上教训了孔子一顿，孔子答应道："诺，吾将仕矣。"同类的例如"原将降矣"，"赵将亡矣"。既用表示未来的"将"字，何以又用表示完了的"矣"字呢？再看白话说："大哥请回，兄弟去了"；"大哥多喝一杯，我要走了。"这是相同的句法，比较起来，可得一条通则："凡虚拟（Subjunctive）的将来，白话与古文都用过去的动词，古文用'矣'，白话用'了'。"分得更细一点，可得两式：

甲式	乙式
虽千万人吾往矣。	赵将亡矣。
我去了。	他要死了。

这种比较的教法功效最大。此外还可用批评法：由教员寻出古文中不合文法的例句，使学生指出错在何处，何以错了。我从前曾举林琴南"而方姚卒不之踣"一句，说"踣"是内动词，不该有"之"字作止词。这种不通的句子古文里极多。前天上海《晶报》上有人举《孟子》"天油然作云，沛然下雨，则苗勃然兴之矣"一句，以为"兴"是内动词，不可有"之"字作止词。这个例很可为林先生解嘲！这一类的例，使学生批评，可以增长文法的兴趣，可以免去文法的错误。

次讲作文。

（1）应该多做翻译，翻白话作古文，翻古文作白话文。翻译的用处最大：(一)练习文法的应用。例如讲动词的止词时，可令学生翻译"己所不欲，勿施于人"，"无所不能"，"他什么都不懂"……等句，使他们懂得止词的位置有种种不同的变法。(二)译长篇可使学生练习有材料的文字。做文最忌没有话说。翻译现成的长篇,先有材料作底子,再讲究怎样说法,便容易了。

（2）若是出题目做的文章,应注意几点:(一)最好是令学生自己出题目,(二)千万不可出空泛或抽象的题目,(三)题目的要件是:第一要能引起学生的兴味,第二要能引学生去搜集材料,第三要能使学生运用已有的经验学识。

（3）学生平日做的笔记,杂志文章,长篇通信,都可以代替课艺。教员应该极力鼓励学生写长信,作有系统的笔记,自由发表意见。这些著作往往比敷衍的课艺高无数倍；往往有许多学生平日不能做一百字的《汉武帝论》,却能做几千字的白话通信。这种事实应该使做教员的人起一点自责的觉悟！

（4）作文的时间不可多,至多二周一次。作文都该拿下堂去做。

（5）改文章时,应该根据文法。合文法的才是通,不合文法的便是不通。每改一句,须指出根据那一条文法通则。例如有学生做了"而方姚卒不之蹈",我圈去"之"字,须说明"之"字何以不通。又如学生做了"客好何?"我改为"客何好?"或"客好何物?"也须说明古文何以不可说"客好何"。

（6）千万不可整篇涂去,由教员重作。如有内容论理上的错误,可由教员批出,但不可代做。

七　结论

我这篇《中学国文的教授》,完全是理想的。一个人的理想自然是有限的,但我希望现在和将来的中学教育家肯给我一个试验的机会,使我这个理想的计划随时得用试验来证明那一部分可行,那一部分不可行,那一部分应该修正。没有试验的主观批评是不能使我心服的。

我演说之后,有许多人议论我的主张,他们都以为我对于中学生的期望太高了。有人说:"若照胡适之的计划,现在高等师范国文部的毕业生还得重进高等小学去读书呢!"这话固然是太过,但我深信我对于中学生的国文程度的希望,并不算太高。从国民学校到中学毕业是整整的十一年。十一年的国文教育,若不能做到我所期望的程度,那便是中国教育的大失败!

九年三月二十四日北京

(原载 1920 年 9 月 1 日《新青年》第 8 卷第 1 号)

《国语讲习所同学录》序

民国九年,教育部命令:从本年秋季始业起,国民学校的一二年级都改用国语。又令:"凡照旧制编辑之国民学校国文教科书,其供第一第二两学年用者,一律作废。第三学年用书,准用至民国十年为止。第四学年用书,准用至民国十一年为止。"这就是说:民国十一年以后,国民学校一律都要改用国语了。依这例推下去,到了民国十四年,高等小学的教科书也都已改成国语了。

这个命令是几十年来第一件大事。他的影响和结果,我们现在很难预先计算。但我们可以说:这一道命令把中国教育的革新至少提早了二十年。

现在有许多人很怪教育部太卤莽了,不应该这么早就行这样重要一桩大改革。这些人的意思并不是反对国语,不过他们总觉得教育部应该先定国语的标准和进行的手续,然后可以逐渐推行。例如最近某杂志说:

> 教育部应定个标准,颁布全国。怎样是文,怎样是语,那个是文体绝对不用的,那个是语体绝对不用的:把他区别出来。国语文法,国语话法,国语字典,国语词典,应该怎样编法?发音学是怎样讲?言语学是怎样讲?自己还没有指导人家,空空洞洞登个广告,叫人家把著作物送去审查,凭着极少数人的眼光来批评他,却没有怎样(当作什么)办法发表出来。种种手续没有定妥,就把学校的国文科改掉。这不是"坐在黄鹤楼上看翻船"的主义么?

这种批评,初看了很像有理,其实是错的。国语的标准决不是教育部定得出来的,也决不是少数研究国语的团体定得出来的,更不是在一个短时期内定得出来的。我们如果考察欧洲近世各国国语的历史,我们应该知道没有一种国语是先定了标准才发生的;没有一国不是先有了国语然后有所谓"标准"的。凡是国语的发生,必是先有了一种方言比较的通行最远,比较的产生了最多的活文学,可以采用作国语的中坚分子;这个中坚分子的方言,逐渐推行出去,随时吸收各地方言的特别贡献,同时便逐渐变换各地的土话:这便是国语的成立。有了国语,有了国语的文学,然后有些学者起来研究这种国语的文法,发音法等等;然后有字典,词典,文典,言语学等等出来:这才是国语标准的成立。(参观我的《建设的文学革命论》)

我们现在提倡的国语,也有一个中坚分子。这个中坚分子就是从东三省到四川、云南、贵州,从长城到长江流域,最通行的一种大同小异的普通话。这种普通话在这七八百年中已产生了一些有价值的文学,已成了通俗文学——从《水浒传》、《西游记》直到《老残游记》——的利器。他的势力,借着小说和戏曲的力量,加上官场和商人的需要,早已侵入那些在国语区域以外的许多地方了(我的国语大半是在上海学校里学的,一小半是白话小说教我的。还有一小部分是在上海戏园里听得来的)。现在把这种已很通行又已产生文学的普通话认为国语,推行出去,使他成为全国学校教科书的用语,使他成为全国报纸杂志的文字,使他成为现代和将来的文学用语:——这是建立国语的唯一方法。

推行国语就是定国语标准的第一步。古人说,"未有学养子而后嫁者也"。这话初看了,好像很滑稽,其实是很有理的。我们很可以说:"决没有先定了国语标准而后采用国语的。"嫁了自然会养儿子,有了国语,自然会有国语标准。若等到教育部定出了标准的时候方才敢说国语,方才敢做国语文字,不要说十年二十年,只怕等到二三百年后,还没有国语成立的希望哩!

现在那些唱高调的批评家见了一篇"文不文,白不白"的文章,就要皱眉;见了一篇"南不南,北不北"的文章,就要摇头。他们说:"没有标准,那有国语呢?"

我要忠告他们:"请你们不要担忧。你要想学官话,千万不要怕说蓝青官话。你不经过蓝青官话,如何能说纯青官话呢? 你要想用国语,千万不要怕南腔北调的国语,你不经过南腔北调的国语,如何能有中华民国的真正国语呢?"

我再进一步,忠告这些唱高调的批评家:"即使教育部今天就能定下一种标准的国语,我可以预料你还是先须经过你的蓝青国语,你还是先须经过你的南腔北调的国语,然后慢慢的学到你的标准国语。总而言之,先定国语,将来自然有国语标准。"

今年4月,教育部召集各省有志研究国语的人,在北京办了一个国语讲习所。我也在这里面讲演了十几次。现在国语讲习所的诸君将要毕业了,他们刻了一本《同学录》,要我做一篇序。我想诸君是第一次传播国语的先锋,这回回各省去,负的责任很大。我们对于诸君的临别赠言,没有别的,只是前面说的这一点意思。总括一句话:"推行国语便是定国语标准的唯一方法;等到定了标准再推行国语,是不可能的事。"

九,五,十七

(原载 1921 年 2 月《新教育》第 3 卷第 1 期)

胡适文存　卷二

诗三百篇言字解

《诗》中言字凡百余见。其作本义者，如"载笑载言"，"人之多言"，"无信人之言"之类，固可不论。此外如"言告师氏，言告言归"，"薄言采之"，"陟彼南山，言采其蕨"之类，毛《传》、郑《笺》皆云"言，我也"。宋儒集传则皆略而不言。今按以言作我，他无所闻，惟《尔雅·释诂》文"邛，吾，台，予，朕，身，甫，余，言，我也。"唐人疏《诗》，惟云"言，我，《释诂》文"。而郭景纯注《尔雅》，亦只称"言，我，见《诗》"。以《传》、《笺》证《尔雅》，以《尔雅》证《传》、《笺》，其间是非得失，殊未易言。然《尔雅》非可据之书也。其书殆出于汉儒之手，如《方言》、《急就》之流。盖说经之家，纂集博士解诂，取便检点，后人缀辑旧文，递相增益，遂傅会古《尔雅》，谓出于周、孔，成于子夏耳。今观《尔雅》一书，其释经者，居其泰半，其说或合于毛，或合于郑，或合于何休、孔安国。似《尔雅》实成于说经之家，而非说经之家引据《尔雅》也。鄙意以为《尔雅》既不足据，则研经者宜从经入手，以经解经，参考互证，可得其大旨。此西儒归纳论理之法也。今寻绎《诗》三百篇中言字，可得三说，如左（下）：

（一）言字是一种挈合词（严译），又名连字（马建忠所定名），其用与"而"字相似。按《诗》中言字，大抵皆位于二动词之间，如"受言藏之"，受与藏皆动词也。"陟彼南山，言采其蕨"，陟与采皆动词也。"还车言迈"，还与迈皆动词也。"焉得谖草言树之背"，得与树皆动词也。"驱马悠悠言至于漕"，驱至皆动词也。"静言思之"，静，安也，与思皆动词也。"愿言思伯"，愿，郑《笺》，念也，则亦动词也。据以上诸例，则言字是一种挈合之词，其用与而字相同，盖皆用以过递先后两动词者也。例如《论语》"咏而归"，《庄子》"怒而飞"，皆位二动词之间,与上引诸言字无异。今试以而字代言字,则"受而藏之","驾而出游","陟彼南山而采其蕨","焉得谖草而树之背",皆文从字顺,易如破竹矣。

若以言作我解,则何不用"言受藏之",而必云"受言藏之"乎?何不云"言陟南山","言驾出游",而必以言字倒置于动词之下乎?汉文通例,凡动词皆位于主名之后,如"王命南仲","胡然我念之",王与我皆主名,皆位于动词之前,是也。若以我字位于动词之下,则是受事之名,而非主名矣。如"父兮生我,母兮鞠我,拊我畜我,长我育我,顾我复我",此诸我字,皆位于动词之后者也。若移而置之于动词之前,则其意大异,失其本义矣。今试再举《彤弓》证之。"彤弓弨兮,受言藏之。我有嘉宾,中心贶之"。我有嘉宾之我,是主名,故在有字之前。若言字亦作我解,则亦当位于受字之前矣。且此二我字,同是主名,作诗者又何必用一言一我,故为区别哉?据此可知言与我,一为代名词,一为挈合词,本截然二物,不能强同也。

(二)言字又作乃字解。乃字与而字,似同而实异。乃字是一种状字(《马氏文通》),用以状动作之时。如"乃寝乃兴,乃占我梦",又如"乃生男子",此等乃字,其用与然后二字同意。《诗》中如"言告师氏,言告言归",皆乃字也。犹言乃告师氏,乃告而归耳。又如"昏姻之故,言就尔居","言旋言归,复我邦族",言字皆作乃字解。又如"薄言采之","薄言往愬","薄言还归","薄言追之"等句,尤为明显。凡薄言之薄,皆作甫字解。郑《笺》,甫也,始也,是矣。今以乃代言字,则乃始采之,乃甫往愬,乃甫还归,乃始追之,岂不甚明乎?又如《秦风》"言念君子",谓诗人见兵车之盛,乃思念君子。若作我解,则下文又有"胡然我念之",又作我矣。可见二字本不同义也。且以言作乃,层次井然。如作我,则兴味索然矣。又如《氓》之诗,"言既遂矣",谓乃既遂意矣意本甚明。郑氏强以言作我,乃以遂作久,强为牵合,殊可笑也。

(三)言字有时亦作代名之"之"字。凡之字作代名时,皆为受事(《马氏文通》)。如"经之营之,庶民攻之",是也。言字作之解,如《易》之《师卦》云,"田有禽,利执言,无咎"。利执言,利执之也。诗中殊不多见。如《终风》篇,"寤言不寐,愿言则嚏"。郑《笺》皆作我解,非也。上言字宜作而字解,下言字则作之字解,犹言寤而不寐,思之则嚏也。又如《巷伯》篇,"捷捷幡幡,谋欲谮言"。上文有"谋欲谮人"之句。以是推之,则此言字亦作之字解,用以代人字也。

以上三说,除第三说尚未能自信,其他二说,则自信为不易之论也。抑吾又不能已于言者,《三百篇》中,如式字,孔字,斯字,载字,其用法皆与寻常迥异。暇日当一探讨,为作新笺今诂。此为以新文法读吾国旧籍之起点。区区之私,以为吾国文典之不讲久矣,然吾国佳文,实无不循守一种无形之文法者。马眉叔以毕生精力著《文通》,引据经史,极博而精,以证中国未尝无文法。而马氏早世,其书虽行世,而读之者绝鲜。此千古绝作,遂无嗣音。其事滋可哀叹。然今日现存之语言,独吾国人不讲文典耳。以近日趋势言之,似吾国文法之学,决不能免。他日欲求教育之普及,非有有统系之文法,则事倍功半,自可断言。然此学非一人之力所能提倡,亦非一朝一夕之功所能收效。是在今日吾国青年之通晓欧西文法者,能以西方文法施诸吾国古籍,审思明辨,以成一成文之法,俾后之学子能以文法读书,以文法作文,则神州之古学庶有昌大之一日。若不此之图,而犹墨守旧法,斤斤于汉、宋之异同,师说之真伪,则吾生有涯,臣精且竭,但成破碎支离之腐儒,而上下二千年之文明将沉沦以尽矣。

(辛亥年稿)

(原载 1913 年 1 月《留美学生年报》第二年本,又载
1913 年 8 月《神州丛报》第 1 卷第 1 期)

尔汝篇
藏晖室读书笔记之一

尔汝两字，今人用之，已无分别可言；惟古人用此两字，果有分别乎，抑无分别乎？

余一夜已就寝矣，忽思及此两字之区别；因背诵《论语》中用此两字之句，细比较之，始知古人用此两字，果有分别。明日，更以《檀弓》证之，尤信。

今先举《檀弓》一则，以证吾言：

> 子夏丧其子而丧其明，曾子吊之；……曾子哭，子夏亦哭，曰："天乎！予之无罪也！"曾子怒曰："商！汝何无罪也？吾与汝事夫子于洙、泗之间，汝退而老于西河之上，使西河之民疑汝于夫子，尔罪一也；丧尔亲，使民未有闻焉，尔罪二也；丧尔子，丧尔明，尔罪三也：——而曰汝无罪欤？"

此一节之内，凡五用汝，六用尔。其用尔之处，尔字之下皆为名词。即此一节之内，其区别之点已有三：

（一）尔为偏次（英文之 Possessive Case），犹今言"你的"也，皆位于名词之前。

（例） 尔罪　尔亲　尔子　尔明

（二）汝为主次（英文之 Nominative Case），犹今言"你"也，位于句中动词之前。

（例）吾与汝事夫子于洙、泗之间。
汝退而老于西河之上。
而曰汝无罪欤？汝何无罪也？

（三）汝为宾次（英文之 Objective Case），今亦言"你"，位于动词之后为其止词。

（例）使西河之民疑汝于夫子。

若此两字，果无分别，则何以一节之中，忽用尔，忽用汝，如此乎？

此一节已足证古人用汝尔两字，非无分别。然此一节尚有未尽者，今更总括余研究所得之结果，拟为通则若干条如下：

第一，汝为单数对称代词

（例）汝弗能救与？（《论语》）（主次）

汝与回也孰愈？（《论语》）（主次）

居，吾语汝！（《论语》）（宾次）

汝何无罪也？（《檀弓》）（主次）

以上诸例，汝字皆指一人而言，故曰单数，今言"你"是也，用于主次宾次皆然。

第二，尔为众数对称代词

（例）子路、曾晳、冉有、公西华侍坐，子曰："以吾一日长乎尔，毋吾以也！居则曰，不吾知也。如或知尔，则何以哉？"（《论语》）（宾次）

孔子先反，门人后至。孔子问焉，曰："尔来何迟也？"（《檀弓》）（主次）

以上所举两例，尔字所代，不止一人，而为众数之人，犹今人言"你们"也，用于主次宾次。

第三，尔为偏次，位于名词之前，以示其所属。犹今人言"你的"与"你们的"也。

（例）丧尔子，丧尔明。（《檀弓》）

反哭于尔次。（《檀弓》）

毋，以与尔邻里乡党乎？（《论语》）

右（上）为单数之尔。（你的）

（又）颜渊、季路侍，子曰："盍各言尔志？"（《论语》）

右（上）为众数之尔。（你们的）

第四，尔为偏次，位于代词"所"字之前。

（例）非尔所及也。（《论语》）

> 举尔所知。尔所不知,人其舍诸?(《论语》)

以上所举例,尔字在所字之前。此种用法,于文法上最可玩味。盖所字为"关系代词"(英文之 Relative Pronoun)。凡有所字之读皆为"名词之读",其用与名词同等,故其前之代词,当用偏次也。此亦古人谨严之一证。

第五,尔汝两字,同为上称下及同辈至亲相称之词。然其间亦不无分别。用汝之时所称必为一人,而称一人不必即用汝,有时亦用尔。称一人而用尔,盖有二意:一以略示敬意,一以略示疏远之情。——皆不如汝之亲切也。

> (例)阳货谓孔子曰:"来!予与尔言!"(《论语》)
> 赐也,尔爱其羊,我爱其礼。(《论语》)
> 求,尔何如?赤,尔何如?点,尔何如?(《论语》)
> 是以不与尔言。(《檀弓》)

凡以众数之对称代名用作单数之称,其始皆以示礼貌,或以示疏远。此在欧文,盖莫不皆然。其后乃并废单数之代名而不用,其众数之代名遂并用于单众两数。如英文之 Thou 当吾国古代之汝,其 you 则当吾国古代之尔。今英文中已绝少用 Thou 者矣。德文法文,今尚存此区别。其在吾国则《论语》、《檀弓》两书作时,尔汝两字之区别,尚严谨如上所云(两书之作,皆在孔子死后);至战国时,则尔汝同为亲狎之称,或轻贱之称。《孟子》全书中不用汝字,亦少用尔字。孟子对于弟子亦皆称"子",不复如孔子之称尔汝矣(《论语》中弟子称孔子为子)。孟子曰:"人能充无受尔汝之实,无所往而不为义也。"此可见其时人之以尔汝为相轻贱之称,而皆避而不用矣。此亦可以考见时代风尚之变迁也。

以上所述诸通则,若以否定语意表示之,则更为明显。其式如下:

第一,凡用"汝"之时,汝字所指,定是一人,决非众数。

第二,称一人虽可用"尔",而一人以上,决不用"汝"。

第三,凡"尔"作"你的"或"你们的"解时,决不可用"汝"代之。

《尚书·大禹谟》曰:"天之历数在汝躬。"《论语·尧曰》篇引此语,乃作"在尔躬"。此可见《尚书》之不可靠,又可见此则之严也。

(原载1917年3月《留美学生季报》春季第1号,又载1918年2月5日至6日《北京大学日刊》)

吾我篇
藏晖室读书笔记之二

吾既论古人用尔汝二字之区别,每思继论吾我二字之用法。后以事多,匆匆未果。一夜,读章太炎先生《检论》中之"正名杂义",见其引《庄子》"今者吾丧我"一语,而谓之为同训互举,心窃疑之;因检《论语》中用吾我两字之句凡百十余条;旁及他书,得数百条;参伍比较,乃知古人用此两字分别甚严。而太炎先生所谓同训互举者,非也。吾国文字最不忌叠用一字,有时反以叠字为工;故同训互举之例极少。"吾丧我"之非同训互举,可以下举诸例比较得之。

(例)今者吾丧我。(《庄子》)

太宰知我乎?吾少也贱,故多能鄙事。(《论语》)

夫召我者,而岂徒哉?如有用我者,吾其为东周乎?(《论语》)

善为我辞焉!如有复我者,则吾必在汶上矣。(《论语》)

伐我,吾求救于蔡而伐之。(《左传》庄十年)

观此诸例,可知吾我二字之有文法的区别,而非同训互举之例也。

马建忠曰:

吾字,案古籍中,用于主次偏次者其常;至外动后之宾次,惟弗辞(否定辞)之句,则间用焉,以其先乎动词也。若介词后宾次,用者仅矣。

(例)吾甚惭于孟子!(主次)

何以利吾国?(偏次)

楚弱于晋,晋不吾疾也。(弗辞外动之宾次)

夫子尝与吾言于楚。(《左传》成十六年)(介字后之宾次)

同一句法,《孟子》则用我字:"昔者,夫子尝与我言于宋。")又曰:

> 我予二字,凡次皆用焉。
> (例)我对曰:无违! 予既烹而食之矣。(主次)
> 于我心有戚戚焉! 于予心犹以为速。(偏次)
> 愿夫子明以教我! 尔何曾比予于是?(外动后之宾次)
> 尹公之他学射于我。天生德于予。(介字后之宾次)

藏晖曰:马氏之言近是矣,而考之未精也。马氏取材于《论语》、《孟子》、《左传》,而不知孔子、孟子相去二百余岁之间,此两字之用法已有宽严之别,已经几许变化矣。今以予所研究古人用此二字之法之结果,作为通则曰:

第一,吾字用于主次。

> (例)吾从周。吾语汝!(单数)
> 吾二人者,皆不欲也。(众数)

第二,吾字用于偏次,犹今言"我的"或"我们的"也,位于名词之前,以示其所属。单数为常,复数为变。

> (例)吾日三省吾身。(上吾主次,下吾偏次。)
> 吾道一以贯之。昔者吾友。

以上为单数(我的),其常也。

> 犹吾大夫崔子也。

以上为众数(我们的),非常例也。(参看下文第七条)

第三,吾字用于偏次,位于代词"所"字之前。(参看上篇论所字一节)

> (例)如不可求,从吾所好。(《论语》)
> 异乎吾所闻。(《论语》)

(附考)按马氏《文通》以所字之前之名词或代名词为主次。此由所字为其后动词之止词,故谓其前之名词与代名词为主次耳。予前此亦从此说,今始知其误也。盖所字为"关系代词",凡所字之皆为"名词之读",其用与名词同,故其前代名本当为主次者皆成偏次。前篇所论尔字及本篇所论吾字,皆其明例。若以"人称代名"(英文所谓第三身是也)证之,则更明显矣。凡所字之前之"人称代名"不用主次之"彼",亦不用宾次之"之",而用偏次之"其"。例如:"视其所以","日知其所无"。其者,今之"他的"也。此可见所字之前之吾尔两字,亦必为偏次也。

第四,吾字不可用于宾次。其用于宾次者,非由错写,必系后人之变法,而非古文之用法矣。

(例外)居则曰:不吾知也。毋吾以也!虽不吾以。(《论语》)

此三吾字疑皆当作我,盖传写之误也。《诗经》有"不我以","不我与","不我以归","不我活兮","不我信兮"诸句;《论语·宪问》篇亦有"莫我知也夫"之语。——此可见虽在弗辞之宾次,古人亦不用"吾"而当用"我"也(参观上文所引马氏语)。马氏所引《左传》"昔者夫子尝与吾言于楚"一例,可依《孟子》"昔者夫子尝与我言于宋"之例正之。

第五,我字用于宾次,为外动词之止词。

(例)夫召我者,而岂徒哉?如有用我者,吾其为东周乎?

如有复我者,则吾必在汶上矣。

以上为单数之我。

伐我,吾求救于蔡而伐之。(《左传》庄十年)

夫何使我(指百姓)至于此极也?(《孟子》)

以上为众数之我。(我们)

第六,我字用于宾次,为介词之司词。

(例)孟孙问孝于我。(《论语》)

善为我辞焉。(《论语》)

第七,我字用于偏次之时,其所指者,复数为常,单数为变。

(例一)复数偏次之我。(我们的)

我师败绩。葬我君庄公。(《左传》)

(例二)单数偏次之我。(我的)

反而求之,不得吾心。夫子言之,于我心有戚戚焉!(《孟子》)

单数偏次本当用吾。此处一节之中,上用"吾心",下用"我心"。若下我字不误,则必系故用我字以示注重此字之意。

第八,我字有时亦用于主次,以示故为区别或故为郑重之辞。

(例)人皆有兄弟,我独无!

尔爱其羊,我爱其礼。

我则异于是。我则不暇。

以上诸例,皆以我字自别于他人。以其着意言之,故用高音之我以代平音之吾。

此外《论语》中有两处用我字,不可以此例解之,疑系涉上下文而误者也。

(例一)孟孙问孝于我,我(似当作吾)对曰:无违!

(例二)吾有知乎哉?无知也。有鄙夫问于我,空空如也。我(疑当作吾)叩其两端而竭焉。

以上所说通则八条,当作《论语》时,其区别犹甚严,其后渐可通融。至孟子、庄子之时,此诸例已失其不可侵犯之效能。然有一条,终未破坏,则吾字不当用于宾次是也。故庄子犹有"吾丧我"之言。秦汉以下,则并此区别而亦亡之矣。无成文文法之害,可胜叹哉!

(原载 1917 年 3 月《留美学生季报》春季第 1 号,又载 1918 年 2 月 19 日至 21 日《北京大学日刊》)

诸子不出于王官论

今之治诸子学者,自章太炎先生以下,皆主九流出于王官之说。此说关于诸子学说之根据,不可以不辨也。此说始见《汉书·艺文志》,盖本于刘歆《七略》,其说曰:

儒家者流,盖出于司徒之官。……

道家者流,盖出于史官。……

阴阳家者流,盖出于羲和之官。……

法家者流,盖出于理官。……

名家者流,盖出于礼官。……

墨家者流,盖出于清庙之守。……

纵横家者流,盖出于行人之官。……

杂家者流,盖出于议官。……

农家者流,盖出于农稷之官。……

小说家者流,盖出于稗官。……(本十家。原文有"其可观者九家而已"之语。故但言九流。)

此所说诸家所自出,皆属汉儒附会揣测之辞,其言全无凭据,而后之学者乃奉为师法,以为九流果皆出于王官。甚矣,先入之言之足以蔽人聪明也!夫言诸家之学说,间有近于王官之所守,如阴阳家之近于占候之官,此犹可说也。即谓古者学在官府,非吏无所得师,亦犹可说也。至谓王官为诸子所自出,甚至以墨家为出于清庙之守,以法家为出于理官,则不独言之无所依据,亦大悖于学术思想兴衰之迹矣。今试论此说之谬。分四端言之。

第一,刘歆以前之论周末诸子学派者,皆无此说也。

(甲)《庄子·天下篇》。

(乙)《荀子·非十二子篇》。
(丙)司马谈《论六家要指》。
(丁)《淮南子·要略》。

古之论诸子学说者,莫备于此四书。而此四书皆无出于王官之说。《淮南要略》(自"文王之时,纣为天下"以下)专论诸家学说所自出,以为诸子之学皆起于救世之弊,应时而兴。故有殷、周之争,而太公之阴谋生;有周公之遗风,而儒者之学兴;有儒学之敝,礼文之烦扰,而后墨者之教起;有齐国之地势,桓公之霸业,而后管子之书作;有战国之兵祸,而后纵横修短之术出;有韩国之法令"新故相反,前后相缪",而后申子刑名之书生;有秦孝公之图治,而后商鞅之法兴焉。此所论列,虽间有考之未精,然其大旨以为学术之兴皆本于世变之所急,其说最近理。即此一说,已足推破九流出于王官之陋说矣。

第二,九流无出于王官之理也。《周官》司徒掌邦教,儒家以六经设教。而论者遂谓儒家为出于司徒之官。不知儒家之六籍,多非司徒之官之所能梦见。此所施教,固非彼所谓教也。此其说已不能成立。其最谬者,莫如以墨家为出于清庙之守。夫以"墨"名家,其为创说,更何待言?墨者之学,仪态万方,岂清庙小官所能产生?《七略》之言曰:

> 茅屋采椽,是以贵俭。养三老五更,是以兼爱。选士大射,是以上贤。宗祀严父,是以右鬼。顺四时而行,是以非命。以孝视天下,是以上同。

此其所言,无一语不谬。墨家贵俭,与茅屋采椽何关?茹毛饮血,穴居野处,不更俭耶?何不谓墨家为出于洪荒之世乎?养三老五更,尤不足以尽兼爱。墨家兼爱,本之其所谓"天志"。其意欲兼而爱人,兼而利人,与陋儒之养老异矣。选士大射,岂属清庙之守?其说已为离本。至谓"宗祀严父,是以右鬼,以孝视天下,是以上同",则更荒谬矣。墨家爱无差等,何得宗祀严父?其上同之说,谓一同天下之义,与儒家之以孝治天下,全无关系也。墨家非命之说要在使人知祸福由于自召,丰歉有待耕耘,正攻儒家"死生有命贵富在天"之说。若"顺四时而行",适成有命之说,更何"非命"之可言!

凡此诸端,皆足征墨家之不出于王官。举此一家,可例其他。如云纵横之术出于行人之官。不知行人自是行人,纵横自是纵横。一是官守,一为政术,二者岂相为渊源耶?《周礼》尝有掌皮之官矣。岂可谓今日制革之术为出于此耶?

第三,《艺文志》所分九流,乃汉儒陋说,未得诸家派别之实也。古无九流之目。《艺文志》强为之分别,其说多支离无据。如晏子岂可在儒家?管子岂可在道家?管子既在道家,韩非又安可属法家?至于《伊尹》、《太公》、《孔甲》、《盘盂》种种伪书,皆一律收录。其为昏谬,更不待言。其最谬者,莫如论名家。古无名家之名也。凡一家之学,无不有其为学之方术。此方术即是其"逻辑"。是以老子有无名之说,孔子有《正名》之论,墨子有三表之法,"别墨"有墨辩之书(即今《墨子》书中之《经·上下》,《经说·上下》,《大取》《小取》诸篇),荀子有《正名》之篇,公孙龙有名实之论,尹文子有刑名之论,庄周有《齐物》之篇:皆其"名学"也。古无有无"名学"之家,故"名家"不成为一家之言。惠施、公孙龙,皆墨者也。观《列子·仲尼》篇所称公孙龙之说七事,《庄子·天下》篇所称二十一事,及今所传《公孙龙子》书中《坚白》、《通变》、《名实》诸篇,无一不尝见于《墨辩》(晋人如张湛、鲁胜之徒颇知此理。至于惠施主兼爱万物,公孙龙主偃兵,尤易见),皆其证也。其后学术散失,汉儒固陋,但知掇拾诸家之伦理政治学说,而不明诸家为学之方术,于是凡"苛察缴绕"(司马谈语)之言,概谓之"名家"。名家之目立,而先秦学术之方法沦亡矣。刘歆、班固承其谬说,列名家为九流之一,而不知其非也。先秦显学,本只有儒、墨、道三家。后世所称法家如韩非"管子"(管仲本无书。今所传《管子》,乃伪书耳),皆自属道家。任法,任术,任势,以为治,皆"道"也。其他如《吕览》之类,皆杂糅不成一家之言。知汉人所立"九流"之名之无征,则其九流出于王官之说不攻而自破矣。

第四,章太炎先生之说,亦不能成立。近人说诸子出于王官者,惟太炎先生为最详(其说见《诸子学略说》。此篇今不列于《章氏丛书》)。然其言亦颇破碎不完。如引《艺文志》之说而以为"此诸子出于王官之证"。此如惠施所云以弹说弹(见《说苑》),不成论证也。

其称老聃为柱下史,为征藏史,以为道家固出于史官;然则孔丘尝为乘田矣,尝为委吏矣,岂可遂谓孔氏之学固出于此耶?又云,"墨家先有史佚,为成王师。其后墨翟亦受学于史角"。史佚之书,今无所考,其名但见《艺文志》。其书之在墨家,亦犹晏子之在儒家与伊尹太公之在道家耳。若以墨翟之学于史角,为诸子出于王官之证,则孔子所师事者尤众矣。况史佚、史角既非清庙之官,则《艺文志》墨家出于清庙之说亦不能成立。又云,"其他虽无征验而大抵出于王官"。然则太炎先生亦知其为无征验矣。

太炎先生又曰,"古之学者多出王官。世卿用事之时,百姓当家则务农商畜牧,无所谓学问也。其欲学者,不得不给事官府,为之胥徒,或乃供洒扫为仆役焉。故《曲礼》云,官学事师。学字本或作御。所谓宦者,谓为其宦寺也(适按此说似未必然。郑注云,宦,仕也。《正义》引《左传》宣二年服虔注云,宦,学也。谓学仕官之事。其说似近是)。所谓御者,谓为其仆御也(适按,原作学,本可通。《正义》谓学习六艺是也。即作御,亦是六艺之一。古者车战之世,射御并重。孔子亦有吾执御矣之言。未必是仆役之贱职也)。……《说文》云,仕,学也。仕何以得训为学?所谓官于大夫,犹今之学习行走耳。是故非仕无学,非学无仕"(《诸子学略说》)。又曰,"不仕则无所受书"(《订孔·上》)。适按此言古代书册司于官府,故教育之权柄于王官;非仕无所受书,非吏无所得师。此或实有其事,亦未可知。然此另是一问题。古者学在王官,是一事。诸子之学是否出于王官,又是一事。吾意以为即令此说而[可]信,亦不足证诸子出于王官。盖古代之王官,定无学术可言。《周礼》伪书本不足据(无论如何,《周礼》决非周公时之制度)。即以《周礼》所言"十有二教"及"乡三物"观之,皆不足以言学术。徒以古代为学皆以求仕,故智能之士或多萃于官府。此如欧洲中世教会柄世政,才秀之士多为祭司神甫,而书籍亦多聚于寺院。以故,其时求学者,皆以祭司为师。故谓教会为握欧洲中古教育之柄可也。然岂可遂谓近世之学术皆出于教会耶?吾意我国古代,或亦如此。当周室盛时,教育之权或尽操于王官。然其所谓教,必不外乎祀典卜筮之文,礼乐射御之末。其所谓"师儒",亦如近世"训导"、"教授"之类耳。其视诸子之学术，正如天地之悬绝。诸子之学，不但决不能出于王官，果使能与王官并世，亦定不为所容而必为所焚烧坑杀耳。此如欧洲教会尝操中古教育之权，及文艺复兴之后，私家学术隆起，而教会以其不利于己，乃出其全力以抑阻之。哲人如卜鲁诺(Bruno)，乃遭焚杀之惨。其时科学哲学之书多遭焚毁。笛卡儿至自毁其已著未刊之"天地论"。使教会当时竟得行其志，则欧洲今世之学术文化尚有兴起之望耶？是故教会之失败，欧洲学术之大幸也；王官之废绝，保氏之失守，先秦学术之大幸也。而世之学者乃更拘守刘歆之谬说，谓诸子之学皆出于王官，亦大昧于学术隆替之迹已。

太炎先生《国故论衡》之论诸子学，其精辟远过其《诸子学略说》矣，然终不废九流出于王官之说(其说又散见他书，如《孝经用夏法说》，《订孔》上诸篇)。其言曰，"是故九流皆出王官。及其发舒，王官所不能与。官人守要，而九流究宣其义，是以滋长"(《原学》)。此亦无征验之言。其言"官人守要而九流究宣其义"，大足贻误后学。夫义之未宣，更何要之能守？学术之兴，由简而繁，由易而赜，其简其易，皆属草创不完之际，非谓其要义已尽具于是也。吾意以为诸子自老聃、孔丘至于韩非，皆忧世之乱而思有以拯济之，故其学皆应时而生，与王官无涉。诸家既群起，乃交相为影响，虽明相攻击，而冥冥之中已受所攻击者之薰化。是故孔子攻"报怨以德"之言，而其言无为之治则老聃之影响也。墨子非儒，而其言曰，"义者，正也。必从上之正下，无从下之正上"。则同于"政者正也"之说矣。又言必称尧、舜古圣王，则亦儒家之流毒也。孟子非墨家功利之说，而其言政无一非功利之事。又非兼爱，而盛称禹、稷之行，与不忍人之政，则亦庄生所谓"名实未亏而喜怒为用"者耳。荀子非墨，而其论正名，实大受墨者之影响。诸如此类，不可悉数。其间交互影响之迹，宛然可寻，而皆与王官无涉也。故诸子之学皆春秋、战国之时势世变所产生。其一家之兴，无非应时而起。及时变事异，则向之应世之学，翻成无用之文，于是后起之哲人乃张新帜而起。新者已兴而旧者未踣，其是非攻难之力往往亦能使旧者更新。儒家之有孟、荀，墨家之有"别墨"（别墨之名，始见《庄子·天下》篇），其造诣远过孔、墨之旧矣。有时一家之言，蔽于一曲，坐使妙理晦塞，而其间接之影响，乃更成新学之新基。如庄周之言天地万物进化之理，本为绝世妙论，惜其"蔽于天而不知人"（荀卿之语），遂沦为任天安命达观之说（此说流毒中国最深。《庄子》书中如《大宗师》诸篇，皆极有弊）。然荀卿、韩非受其进化论，而救之以人治胜天之说，遂变出世主义而为救时主义，变乘化待尽之说而为戡天之论，变"法先王"之儒家而为"法后王"之儒家、法家。学术之发生兴替，其道固非一端也。明于先秦诸子兴废沿革之迹，乃可以寻知诸家学说意旨所在。知其命意所指，然后可与论其得失之理也。若谓九流皆出于王官，则成周小吏之圣知，定远过于孔丘、墨翟，此与谓素王作《春秋》为汉朝立法者，其信古之陋何以异耶？

民国六年四月草于赫贞江上寓楼

（原载1917年10月15日《太平洋》第1卷第7号，收入1919年2月商务印书馆出版的《中国哲学史大纲》卷上，作为附录）

《墨子·小取》篇新诂

序 例

（1）这是我的《墨辩新诂》的最后一篇。全书共分四篇，第一篇释《经·上》、《经说上》，第二篇释《经·下》、《经说·下》，第三篇释《大取篇》，第四篇就是这一篇。这一篇先写定了，现在先发表出来，请当代治墨学的学者大家指正。

（2）本书原稿是两年前在美国做的。今年大加删改，但因为时间不够，故不能把全篇都改成白话。

（3）全篇共分九节，现在逐节分写。本文逐字隔开，注解用五号字，注之注用六号字。

（4）每节的训诂解释，皆是先举前人的话，次评其是非得失，然后加上我自己的解说。

中华民国八年三月　著者

小取篇

　　夫辩者，将以明是非之分，审治乱之纪，明同异之处，察名实之理，处利害，决嫌疑：焉摹略万物之然，论求群言之比；以名举实，以辞抒意，以说出故；以类取，以类予：有诸己，不非诸人；无诸己，不求诸人。

此第一节，总论辩。

此一节当作一长句读。孙诒让以焉字属下读，是也。焉作乃字解，说详王念孙《读书杂志》七之一，页一，及余编上，页十三。

辩即今人所谓推论，乃是分别是非真伪之方法。《经·上》云，"辩，争彼也。辩胜，当也。"《经说·上》云，"辩，或谓之牛，或谓之非牛,是争彘也。是不俱当。不俱当,必或不当。不当若犬。"《经说·下》云,"辩也者,或谓之是,或谓之非,当者胜也。"(参看我的《墨家哲学》,页四十七;或《中国哲学史大纲》上卷第八篇第三章。)

此节先言辩之用有六:明是非,审治乱,明同异,察名实,处利害,决嫌疑,是也。欲应此六用,乃"摹略万物之然,论求群言之比"。

《说文》,"摹,规也。"《汉书·扬雄传》音义引《字林》,"摹,广求也。"又《太玄·玄图》篇注,"摹者,索而得之。"又《太玄·法篇》注,"摹,索取也。"《广雅·释诂》"略,求也。"又《方言》二,"略,求也。就室曰镥,于道曰略"。据以上诸书,是摹略有探讨搜求之义。王念孙以为"无虑"之转,非也。

俞樾曰,"然字无义,疑当作状。状误为肰,因误为然。"俞说非也,然字不误。《经·下》云,"物之所以然,与所以知之,与所以使人知之,不必同,说在病。"说曰,"物或伤之,然也。见之,智也。告之,使智也。"此然字之义。然即如此。

"摹略万物之然,论求群言之比",二分句是推论之大法。谓搜讨万物之现象,而以言辞表示之,以便比较参观而求知其间交互之关系。例如"牛有角,马无角",皆所谓群言之比也。

"以名举实,以辞抒意,以说出故",三分句论推论之手续。

《经说上》云,"所以谓,名也;所谓,实也。"一切事物皆是实,实之称谓为名。《公孙龙子》,"夫名,实谓也,"是也。《经·上》云,"举,拟实也。"孙云,"说文,拟,度也。谓量度其实而言之。"《经说》说举字云,"举,告以文名举彼实也。"文名即是文字,古曰名,今曰字。名之为用,所以拟度一物之物德,被以文字,使可举以相告。若无名则必须指此物而后知为此,指彼物而后知为彼,不惟不胜其烦,其用亦易穷矣。

辞即今人所谓"判断"(Judgement)。辭从阄辛,有决狱理辜之义,正合判断本义。判断之表示为"命辞"(Proposition),或称"命题",或称"词"。作"词"者甚不当,段玉裁曰,"积词而成辞",是也。凡名皆词也。英文谓之 Terms。合异实之名以表一意乃谓之辞,故曰:"以辞抒意。"《荀子·正名》篇曰,"辞也者,兼异实之名以论一意也。"

说即今人所谓"前提"(Premise)。《经·上》云,"说,所以明也。"故即《经·上》"故所得而后成也"之故,今人谓之"原因",谓之"理由"。如《经·下》云,"狂举不可以知异,说在不可",其说即所用以明所立辞之故也。

"以类取,以类予",二分句综上二分句而言。以名举实而成辞,合辞而成辩说,其综合之根据,要不外乎辨别同异有无,以类相从;要不外乎"以类取,以类予"而已。《大取》云,"夫辞,以类行者也。立辞而不明于其类,则必困矣。"有所选择之谓取,有所是可之谓予。取即是举例,予即是判断。于物之中举牛马,是以类取也。曰,"牛马皆四足兽也",是以类予也。

《经说·上》曰,"有以同,类同也。"既以甲乙为同类矣,则甲所有不以非诸乙,乙所无亦不以求诸甲。故曰,"有诸己,不非诸人;无诸己,不求诸人。"

以上释第一节竟。

> 或也者,不尽也。假也者,今不然也。效也者,为之法也。所效者,所以为之法也。故中效,则是也。不中效,则非也。此效也。辟也者,举也物而以明之也。侔也者,比辞而俱行也。援也者,曰,"子然,我奚独不可以然也。"推也者,以其所不取之同于其所取者,予之也。是犹谓"也者同也",吾岂谓"也者异也"。

此第二节,论辩之七法。今分释之。

(1) "或也者,不尽也。"《经·上》云,"尽,莫不然也。"《经说》曰,"尽,俱止。"所立辞为众所共认,则无复辩论之必要。"或"即古域字,域于一方,故为不尽。立辞而不能使人"莫不然",则辩说生矣。《易·文言》,"或之者,疑之也。"疑则有辩争之必要。故《经说·下》云,"辩也者,或谓之是,或谓之非,当者胜也。"

吾昔以"或"为有待的论断,例如"此或为牛或为非牛,今此是犬,故非牛也。"今细审之,似未必作如此解,故但以为辩说之所由起,而不认为辩之一法。

（2）"假也者，今不然也。"假即假设。毕沅云，"假设是，尚未行"，是也。《经·下》云，"假必悖，说在不然。"《经说》曰，"假，必非也，而后假。"据此则本文所谓"假"，似非今所谓 Hypothesis，乃是依据一虚拟之条件而想像其结果之论断(Argument by supposition)。例如宋人词"使李将军遇高皇帝，万户侯何足道哉？"此项虚设之条件乃是无中生有之妄想，故云"假必悖，说在不然"。

（3）"效也者，为之法也。所效者，所以为之法也。故中效，则是也。不中效，则非也。此效也。"欲明此段，须知效，法，故，三字皆墨家名学之术语。说文，"法，象也。"《荀子·不苟》篇注，"法，效也。"效字有象法之义。《经·上》云，"法，所若而然也。"《经说》曰，"意，规，员，三也，俱可以为法。"凡仿效此物而能成类此之物，则所效者为"法"，而仿效所成之物为"效"，《墨辩》谓之"佴"。《经·上》云，"佴，民若法也"；佴即今所谓副本。譬之为圆，或以意象中之圆，或以作圆之规，或以已成之圆，皆可为为圆之法。法定，则效此法者皆成圆形。

"故中效"之故字，不可作"是故"解。此即上文"以说出故"之故字。故即是成事之原因，立论之理由。《经·上》云，"故，所得而后成也。""有之必然，无之必不然"，故曰"所得而后成。"欲知所出之故是否为真故，是否为"有之必然，无之必不然"之故，莫如用此"故"作"法"，观其是否"中效"。"中效"者，谓效之而亦然也。能证明其为"所若而然"之法，然后知其即是"所得而后成"之故。故曰，"故中效则是也，不中效则非也。"

此所谓"效"，即今人所谓演绎的论证。演绎之根本学理曰，"凡一类所同具者，亦必为此类中各个体所皆具。"《经·下》云，"一法者之相与也，尽类，若方之相合也。"《经说》曰，"一方尽类，俱有法而异，或木或石，不害其方之相合也。尽类犹方也，物俱然。"此言同法者必尽相类。此即演绎论理之根据。以同法者必同类，故"效"之为用，但观所为之"法"是否能生同类之结果，即知其是否为正确之故。例如云：

    此是圆形。何以故？

以其"一中同长"故。(用《经·上》语)

但观凡"一中同长"者是否皆圆形,即知"故"之是非。又如云:

　　此是圆形。何以故?

以其为"规写交"而成故。(用《经说·上》语)

但观"规写交"是否能成圆形,即知"故"之是非。此之谓效。

试以印度因明学之"三支"比之。如云:

(1) 声是无常。……………………………………(宗)

(2) 声是所作性故。………………………………(因)

(3) 凡所作者,皆是无常,…………(喻体)⎫……(喻)
　　例如瓶。……………………(喻依)⎭

此所谓"因",即墨家所谓"故"。因明学最重因,故"因明"为明因之学。其喻体喻依两步即是观"因"是否含有"遍是宗法"之性而已;即是观"故"是否中效而已。"喻体"即是说依"因"做去定可生与"宗"同类之效果。"喻依"即是举出一个与宗同类之事物作例。

希腊之"三段"法与此亦相类。其式曰:

(1) 凡所作者皆是无常。…………………………(大前提)

(2) 声是所作。……………………………………(小前提)

(3) 故声是无常。…………………………………(结语)

希腊"三段"法之"小前提"即是本文所说之"故"。惟此处先举大前提,次举小前提,最后始举结语,故其间层次不易见耳。试以"三段"法与印度古代之"五分作法"比较观之,则可知"三段法"之小前提与"三支"之因及墨家之故,正同一作用耳。五分作法之式如下:

(1) 此山有火。……………………………………(宗)

(2) 因有烟故。……………………………………(因)

(3) 有烟之所有火,如灶等处。……………………(喻)

(4) 此山有烟。……………………………………(合)

(5) 故此山有火。…………………………………(结)

三段法只是五分法之末三分,其实与三支相同也。

近人如章太炎以为墨家之论证亦具三支(《国故论衡》下,《原名篇》)。其说以《经说·上》之"大故"、"小故"为大小前提。吾尝辩其非矣(《墨辩新诂·上》,一;又《中国哲学史大纲》上卷,篇八,章三)。其实墨家论辩之有无三支,本不成问题。盖墨家之名学本非法式的论理也。若夫三支之基本学理则固《墨辩》所具备矣。

(4)"辟也者,举也物而以明之也。"王念孙云,"也与他同。举他物以明此物,谓之譬。……《墨子》书通以也为他,说见《备城门》篇。"王说是也。毕沅删去第二也字,非也。《说文》"譬,谕也。"今引《说苑》一则如下:

> 梁王谓惠子曰,"愿先生言事则直言耳,无譬也。"
>
> 惠子曰,"今有人于此而不知弹者,曰,弹之状何若?应之曰,弹之状如弹,则谕乎?"
>
> 王曰,"未谕也。"
>
> "于是更应曰,弹之状如弓,而以竹为弦,则知乎?"
>
> 王曰,"可知矣。"
>
> 惠子曰,"夫说者固以其所知谕其所不知而使人知之。今王曰无譬,则不可矣。"

此节释譬与本文互相发明。

(5)"侔也者,比辞而俱行也。"侔与辟都是"以其所知谕其所不知而使人知之"之法。然亦有区别。辟是以此物说明彼物,侔是以此辞比较彼辞。例如公孙龙谓孔穿曰:

> 龙闻楚王……丧其弓,左右请求之,王曰,"止。楚王遗弓,楚人得之,又何求乎?"仲尼闻之曰,"……亦曰人亡之人得之而已,何必楚?"若此,仲尼异"楚人"于所谓"人"。夫是仲尼异"楚人"于所谓"人",而非龙异"白马"于所谓"马",悖!(《公孙龙子》一)

此即是比辞而俱行。

(6)"援也者,曰,子然,我奚独不可以然也?"《说文》"援,引也。"现今人说"援例",正是此意。此即名学书所谓"类推"(Analogy)。援之法乃由此一事推知彼一事,由此一物推知彼一物。例如《墨辩》云,"辩,争彼也",吾校云,彼当为佊之误,《广韵》引《论语》

"子西彼哉,"今本《论语》作"彼哉",可见彼字易误为彼。吾此校之根据乃是一种援例的论证;吾意若曰,《论语》之彼字可误为彼,则又安知《墨辩》之彼字非彼字之误耶?

辟,侔,援三者同是由个体事物推到个体事物。然其间有根本区别。辟与侔仅用已知之事物说明他事物。此他事物在听者虽为未知,而在设譬之人则为已知。故此两法实不能发明新知识,但可以使人了解我所已知之事物耳。援之法则由已知之事物推知未知之事物,苟用之得其道,其效乃等于归纳法。

(7)"推也者,以其所不取之同于其所取者,予之也。是犹谓'也者同也',吾岂谓'也者异也'。"第三第五"也"字皆当作他,说见上文第四段下。

此所谓"推",即今名学书所谓归纳法。归纳之通则曰,"已观察若干个体事物,知其如此,遂以为凡与所已观察之诸例同类者,亦必如此。"其所已观察之诸例即是"其所取者"。其所未观察之同类事物即是"其所未取者"。取即是举例,予即是判断。今谓"其所未取"之事物乃与"其所已取者"相同,由此便下一判断,说"凡类此者皆如此"。此即是"推"。

例如本篇前有"举也物而以明之也"之文,"也物"之也字与他字同。因此推知"也者同也"及"也者异也"之上二也字亦与他字同。如此推论犹是"援"之法,以其由个体推知个体也。然王念孙云,"《墨子》书通以也为他。"云"通以也为他",则是由个体推知通则矣。如此推论始名为"推",始名为归纳。

又如钱大昕说"古无轻唇音",因举"匍匐亦作扶服,又作扶伏","扶古读酺,转为蟠","伏羲古亦作庖牺","古音负如背","古读佛如弼"……等例为证。其所举例不过数十条,而可下"古无轻唇音"之全称判断者,则以其所未取之诸轻唇音为同于其所已取之"扶服"、"负"、"佛"……诸例,古亦皆读为重唇音耳(看《墨家哲学》页五十七至六十)。此项论证,皆合"推"之法。

"是犹谓'他者同也',吾岂谓'他者异也',"两句旧说皆不得其解。"他者同也",是说其所未取之其他诸例与其所已取之诸例相同。吾若无正确之例外,则必不能说其他诸例不与此诸例相同也。吾若不能证明古有轻唇音,则不能说钱大昕所举数十例之外其他诸轻唇音字古不读重唇音也。

以上释第二节竟。

  夫物有以同而不率遂同。辞之侔也,有所至而正。其然也,有所以然也;其然也同,其所以然不必同。其取之也,有所以取之;其取之也同,其所以取之不必同。是故辟,侔,援,推之辞,行而异,转而危,远而失,流而离本,则不可不审也,不可常用也。故言多方,殊类异故,则不可偏观也。

此第三节,论辟,侔,援,推诸法之谬误。

"其然也同"一句,旧脱"其然也"三字;"有所以取之"一句,旧脱"所"字。今并依王引之校增。

辟,侔,援,推各法皆以个体事物为起点,用之不慎,最易陷入谬误。盖此诸法,一言以蔽之,曰,辨事物同异之点而以之推论而已。若辨同异不精,则其论断必不能正确。此节所论诸谬,大率皆本于此。分别言之,则此节所述谬误凡有四端:

(1) "夫物有以同而不率遂同。"孙读"夫物有以同而不"为句,又以"率遂"二字为同义,皆非也。此十字当作一句读。率,皆也。言物或有相似之点,而不必皆遂相同也。

此论观察不精之谬。如牛有尾,马亦有尾;舜重瞳,项羽亦重瞳;人能言,鹦鹉亦能言。然岂可遽谓牛与马同,舜与项羽同,人与鹦鹉同耶?《经说·上》曰,"有以同,类同也。"但可谓之偶有相类之点而已,其相类之点或多或少,或为大同,或为小同(惠施曰,"大同而与小同异。")然不能遂以为尽同也。例如云,"日之状如铜槃",又"日之光如烛",皆是。

(2) "辞之侔也,有所至而正。"孙读正为止,亦可通;然此字不必改也。此言两辞相侔,其正也有一定之限度;过此限度则不得为正矣。如范缜云,"神之于形,犹利之于刀。未闻刀没而利存,岂容形亡而神在哉?"此亦侔也。然"神之于形",与"利之于刀",究竟可以相侔至如何限度？故沈约驳之曰，"若谓此喻尽耶，则有所不尽；若谓此喻不尽耶，则未可以相喻也。"

（3）"其然也，有所以然也。其然也同，其所以然不必同。"此在名学，谓之"果同因异"（Plurality of Causes）。如人之死，或由自缢，或由服毒，或由肺病，或由杀头。又如热度，或由擦摩，或由火燃，或由电力。此诸因虽或根本相同，而自其显著者观之，则皆为果同而因异。至于社会之善恶，政治之良否，国家之存亡，其因尤繁复；而其显著之结果则或呈相似之点。若必谓中国之革命同于墨西哥之革命，俄国之革命同于美国之独立，则悖矣。以其然也同而其所以然则不必同也。

（4）"其取之也，有所以取之。其取之也同，其所以取之不必同。"有所选择之谓取。取即今言举例也。尝见洪宪元年为帝政事通告各地一文，中言共和之政仅可行诸小国寡民，而不适于地大物博之国，因历举瑞士、法兰西及中美、南美诸小国为例，及至美国，则以"北美新邦独为例外"八个字轻轻放过。此正足为此条之例。盖吾人推论，往往易为私意成见所蔽。以故，每见肯定之例，则喜而举之；及见否定之例，则或阳为不见，或指为不关紧要之例外而忽之。故曰"其取之也同，其所以取之不必同。"

欲救正此弊，莫如举否定之例以反诘之。墨家论辩最重此点，故墨辩诸篇于此意不惮反复言之。《经说·上》云，"以人之有黑者，有不黑者也，止黑人；与以人之有爱于人，有不爱于人，止爱〔于〕人：是孰宜止？彼举然者，以为此其然也，则举不然者而问之。"不然者即是否定之例。又《经说·下》云，"彼以此其然也，说'是其然也'。我以此其不然也，疑'是其然也'"。此亦上文"举不然者"之意。

此所述四谬，第一条指辟，第二指侔，第三指援，第四指推。故综合言之曰，"是故辟，侔，援，推之辞，行而异，转而危，远而失，流而离本，则不可不审也，不可常用也。"物有以同而不全同，故稍不审慎，则"行而异"矣。辞之侔也有一定限度，过此则"转而危"矣。物有同果而异因者，若拘于其果之同而不察其因之异，则"远而失"矣。凡举例必根据于同一原理,若以私意成见为去取,则"流而离本"矣,"本"谓根据之理由也。此四谬不可不审也。因又综结之曰,"故言多方,殊类,异故,则不可偏观也。"偏,孙云,与遍通。"多方"谓其法不一贯,《经说·上》所谓"巧转"也;"殊类"谓辨同异不精,不能完全以"类"为予取;"异故"谓所根据之理由不一致,所谓"离本"也。有此诸蔽,则其所立辞惝忽迷离不易指定,故云"不可遍观也。"

以上释第三节竟。

> 夫物或乃是而然,或是而不然,或一周而一不周,或一是而一非也。

此第四节,论立辞之难,总起下文。

旧本"一是而一"之下有"不是也,不可常用也。故言多方,殊类,异故,则不可偏观也。"二十二字。王引之云,"'不可常用也',以下十九字因上文而衍。'不是也',三字则后人所增。下文云,'此乃一是而一非者也',与此相应,可据以删正。"今依王说,删此二十二字。

适按下文第七节,疑"或是而不然"下,本有"或不是而然"五字。说详下。

《大取》篇"一曰乃是而然,二曰乃是而不然,三曰迁,四曰强。"与此节略相似。

以上释第四节竟。

> 白马,马也。乘白马,乘马也。骊马,马也。乘骊马,乘马也。获,人也。爱获,爱人也。臧,人也。爱臧,爱人也。此乃是而然者也。

此第五节,释"物或是而然"。

以下诸节多论文字上所生之谬误。吾国文言,无单数与复数之区别,又无全与分(《墨辩》所阐"体与兼")之区别。故有种种名学的谬误即由此而生。今分别言之。

《经·下》云,"推类之难,说在名之大小。"《经说》曰,"谓四足兽,与牛马,与物,尽与大小也。此然是必然,则俱为麋。"此一段极重要,今先以图表示之。(看第一图)

此言名之大小不等,如《经·上》、《经说·上》所谓"达,类,私"之别,如《荀子·正名》篇所谓"大共名"、"大别名"之别。推论者若不能审辨"名之大小",径云"此然是必然",则必皆陷于谬误矣。《大取篇》云,"立辞而不明于其类,则必困矣",与此同意。此节及下节所论诸谬误皆由于"名之大小"辨之有未精耳。

此节为正格,先标举之,以与下诸节所论相比较。本文云,"白马,马也。乘白马,乘马也。"又云,"获,人也。爱获,爱人也。"以图示之。(看第二图)

更以三段式写之:

(1) 凡白马,皆马也。
所乘,白马也。
故所乘,马也。

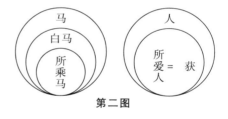

(2) 获,人也。
所爱,获也。
故所爱,人也。

此为三段法之"第一格",最易了解。亚里士多德论演绎以此为"正格"。谓之"是而然"者,前提与结语皆为肯定辞也。此节须与第六节参看。

以上释第五节竟。

> 获之亲,人也;获事其亲,非事人也。其弟,美人也;爱弟,非爱美人也。车,木也;乘车,非乘木也。船,木也;入船,非入木也。盗人,人也;多盗,非多人也;无盗,非无人也。奚以明之?"恶多盗,非恶多人也;欲无盗,非欲无人也。"世相与共是之。若若是,则虽"盗人,人也;爱盗,非爱人也;不爱盗,非不爱人

也；杀盗人，非杀人也"，无难矣。此与彼同类。世有彼而不自非也。墨者有此而非之。无也故焉。所谓内胶外闭与？心毋空乎内，胶而不解也。此乃是而不然者也。

此第六节，释"乃是而不然"。

第一亲字旧作视，今依王引之校正。"入船非入木"，入字旧作人，今依苏时学校正。"无难"下旧有"盗无难"三字，今依孙诒让校衍。

"无也故焉"，旧本作"无故也焉"，今依王引之校正。王曰，"也故即他故"，是也。

"所谓内胶外闭与？心毋空乎内，胶而不解也。"孙读闭字乎字句绝，又读空为孔。适按孙说非也。不如读与字（平声）句绝，"心毋空乎内"为一分句。毋通无。下节与此同。

末然字旧作杀，今依毕沅校正。

此节须与上节参看。上节云："获，人也。爱获，爱人也。"今云："获之亲，人也。获事其亲，非事人也。"此两例在形式上初无差别，然一为"是而然"而一为"是而不然"者，则以立辞时注意之点不同，故辞式同而意别也。前例所注意者在于获之为"人"；后例所注意者不在获之亲之为"人"，而在其为"获之亲"。以获为人而爱之，故爱获可谓为爱人，言爱人类之一体也。获之事其亲，非以其为人类之一而事之，乃以其为其亲而事之耳，故不得谓为"事人"也。

此节之理与公孙龙"白马非马"说之理相同。上节云：

> 白马，马也。乘白马，乘马也。

所以者何？下文云，"乘马不待周乘马然后为乘马也，有乘于马因为乘马矣。"此因立辞之时所注意者在白马之为"马"而不在其为何色之马也。今更云：

> 求"白马"于厩中。无有白马而有骊色之马。然不可以应"有白马"也，但可以应"有马"耳。（《公孙龙子》）

此处所注意者不在"马"而在"白马"，故曰"白马，非马也。""马"者所以命形，"白"者所以名色。马之形为众马之所同具，而白色则白马之所独有。自其共相言之，则"白马，马也。"自其自相言之，则"白

马,非马也。"盗人之例尤明显:(看第三图)

第三图

盗人,人也。

多盗,非多人也;恶多盗,非恶多人也。

无盗,非无人也;欲无盗,非欲无人也。

爱盗,非爱人也。

杀盗人,非杀人也。

《经·下》云:

狗,犬也。"而杀狗,非杀犬也"可。

"杀狗,非杀犬也",与"杀盗人,非杀人也",同一理由。《尔雅》云,狗为犬之未成豪者,是狗乃犬之一种耳。

此种论式,若以"盗人,人也",及"狗,犬也",为前提,则结语作否定辞不与前提相应,故最易起争论。《荀子·正名》篇云,"杀盗非杀人也,此惑于用名以乱名者也",正是驳墨家之说。墨者中亦有明此理者,故公孙龙倡"白马非马"及"狗非犬"之论。知"狗非犬"则知杀狗之非杀犬矣。

此种命辞其致误解之因在于所用"非"字。"非"字作"不是"解,则"白马不是马"为诡辞。"非"字其实当用"异于"二字。如公孙龙云:

仲尼异"楚人"于所谓"人"。夫是仲尼异"楚人"于所谓"人",而非龙异"白马"于所谓"马",悖。

今用"异于"二字代"非"字,如下式:

"白马"异于"马",故"有白马"异于"有马"。

"盗人"异于"人",故"杀盗"异于"杀人"。

"狗"异于"犬",故"杀狗"异于"杀犬"。

如此措辞,则一切无谓之争皆可息矣。

墨者初以肯定的统举辞为前提,而所得结语乃为否定的,故曰,"是而不然"也。

本节及下文两称"墨者",可见此篇必非墨子自著之书。参看《中国哲学史大纲》上卷页184—190。

以上释第六节竟。

且夫读书,非好书也。且"斗鸡",非"鸡"也;好"斗鸡",好"鸡"

也。"且入井",非"入井"也;止"且入井",止"入井"也。"且出门",非"出门"也;止"且出门",止"出门"也。若若是,且"夭非夭也,寿夭也;有命,非命也;非执有命,非命也",无难矣。此与彼同类。世有彼而不自非也。墨者有此而罪非之。无也故焉。所谓内胶外闭与?心毋空乎内,胶而不解也。此乃是而然者也。

此第七节,释"或不是而然"(说详下)。

孙诒让曰,"且夫读书,非好书也,疑当作'夫且读书,非读书也;好读书,好书也。'"适按孙说未确。此当读:

且夫"读书",非〔书也;好"读书"〕好"书"也。

且"斗鸡",非"鸡"也;好"斗鸡",好"鸡"也。

此两且字与下文且字不同。此一节论中国文字之不精密,往往互相抵牾,易致误会。如"读书"非"书"也,而"好书"即为"好读书";"斗鸡"非"鸡"也,而"好鸡"即为"好斗鸡"。此如今人言"善书"即为"善于写字",而"寄书"不为"寄写字","著书"又不为"著写字"也。吾人习焉不察,不以为异;使外国人初学中国文字者观之,则必觉其不谨严而易于致误矣。

又如:

"且入井",非"入井"也;止"且入井",止"入井"也。

"且出门",非"出门"也;止"且出门",止"出门"也。

此四且字与上且字有别。《经·上》云,"且,且言然也。"(疑当作"且,言且然也。")《经说》云,"且,自前曰且,自后曰已。方然亦且。"孙引《吕氏春秋》高注云,"且,将也。"此言动词之时差。如云"入井",乃是泛指,无有时间可言。若云"且入井",则是将入而未入,目前言之,故曰"且"。然止人将入井,不云"止且入井",而省言"止入井",则是"入井"与"将入井"无别矣。"且出门"一例同此。

其下又云,"且夭非夭也,寿夭也。"此八字无义。适疑此乃后人所妄为增益,遂不可读。原文疑无"非夭也"及"夭也"五字。此当连下文作如下读法:

且"夭寿有命",非"命"也;非"执有命",非"命"也。

此言"夭寿有命"乃是"执有命"者之言而非即"命"也。然墨家有

"非命"之论,"非命"即是"非执有命"矣。《公孟》篇有云:

> 公孟子曰,"贫富寿夭,齰然在天,不可损益。"又曰,"君子必学。"子墨子曰,"教人学而执有命,是犹命人葆而去其冠也。"

上言"寿夭在天",下言"执有命",可以参证。

"罪非之",毕沅、王引之及顾广圻皆衍罪字,孙诒让云,"罪疑当作众,似非衍文。"适按罪字不改亦可通。

"无也故焉",旧作"无故焉也",王、顾并据道藏本校正。

"此乃是而然者也",旧本如此。王念孙云:

> 上文"白马,马也"以下,但言是,不言非,故曰"此乃是而然者也"。"获之亲"以下,言是又言非,故曰"此乃是而不然者也"。"且夫读书,非好书也"以下,亦是非并言,而以此三句(谓"所谓内胶外闭与"三句)承之,则亦当云,"此乃是而不然者也"。写者脱去不字耳。

适按王校未精也。第六节由肯定之前提而得否定之结语,王氏所谓"言是又言非"者,是也。此节则先为否定之辞而后作肯定之结语,先非而后是。故当云"此乃不是而然者也"。所脱不字当在是字之上。

据此,则第四节当误脱"或不是而然"一句。

以上释第七节竟。

> 爱人待周爱人而后为爱人,不爱人不待周不爱人。不失周爱,因为不爱人矣。乘马不待周乘马然后为乘马也。有乘于马,因为乘马矣。逮至不乘马,待周不乘马,而后为不乘马。此一周而一不周者也。

此第八节,释"一周而一不周"。

此节分两段,一论爱人,一论乘马。第一段旧本作:

> 爱人待周爱人而后为爱人不爱人不待周不爱人不失周爱因为不爱人矣

俞樾云,"周犹遍也。失字衍文。此言不爱人者,不待遍不爱人而后谓之不爱人也。有不遍爱,因为不爱人矣。今衍失字,义不可通,乃浅人不达文义而加之。"孙从其说,删失字。

适按俞氏盖拘于墨家兼爱之旨,故曲为之说。其实墨家所主兼爱并不必"周爱人"。《经·下》云,"无穷不害兼"。《经说》云,"人之可尽不可尽未可知,而必人之可尽爱也,悖。"此一证也。上文云,"获,人也,爱获,爱人也;臧,人也,爱臧,爱人也。"此则虽仅爱一人,亦可谓之爱人矣,此二证也。《大取篇》云,"爱众也,与爱寡也,相若。兼爱之,有相若。"(从王引之校)此三证也。合观诸证,更以下段论乘马校之,疑此文已经后人增删,今不可考其本来面目矣。其大旨约略如下:

爱人不待周爱人而后为爱人。不爱人待周不爱人。不周不爱,因为爱人矣。

第二段"不待周乘马"句,旧脱不字;"而后为不乘马"句,旧脱为字。今皆依王引之校增。又原文重出"而后不乘马"五字,今依王校删。

此一节所谓"一周而一不周",即名学所谓"尽物与不尽物",亦称"周延与不周延"(Distributed or Undistributed)。凡辞之一端,或主词,或表词,综括所指之全部者,曰周延,此谓之"周";其不能包举所指之全部者,谓之不周延,此谓之"不周"。名学之律曰:

凡统举命辞之主词必周延。

凡偏及命辞之主词必不周延。

凡肯定命辞之表词必不周延。

第四图

凡否定命辞之表词必周延。

如言"乘马",则所乘马为马类之一部分,其式为"所乘者,马也"。此为统举的肯定命辞,其主词周延而表词"马"不周延,如第四图。换位则为"马有为所乘者",是为偏及的肯定命辞,其主词"马"亦不周延,如第五图。故曰"乘马不待周乘马然后为乘马。有乘于马,因为乘马矣"。若言"不乘马",其式为"凡所乘者,皆非马也"。是为统举的否定命辞,其主词与表词皆周延,如第六

第五图

图。故曰"不乘马待周不乘马而后为不乘马"也。

爱人与不爱人之例亦如此。俞、孙之说,其误皆由以爱人一段为"周"而乘马一段为"不周",不知爱人与乘马皆"不周",而不爱人与不乘马皆为"周"也。若如俞、孙之说,则墨者自破其论式,有是理乎?

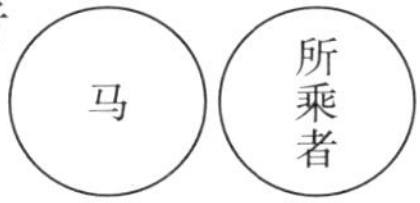

以上释第八节竟。

第六图：马　所乘者

　　居于国则为居国,有一宅于国而不为有国。桃之实,桃也;棘之实,非棘也。问"人之病",问"人"也;恶"人之病",非恶"人"也。人之鬼,非人也,兄之鬼,兄也;祭人之鬼,非"祭人"也,祭兄之鬼,乃"祭兄"也。之马之目盼,则谓"之马盼",之马之目大,而不谓"之马大";之牛之毛黄,则谓"之牛黄",之牛之毛众,而不谓"之牛众"。一马,马也;二马,马也。"马四足"者,一马而四足也,非两马而四足也。一马,马也;〔二马,马也。〕"马或白"者,二马而或白也,非一马而或白。此乃一是而一非者也。

此第九节,释"或一是而一非"。今分六小段。

（1）"居于国则为居国,有一宅于国而不为有国。"此语言之小疵,亦根于"名之大小"者也。"居国"是居于国之一部分;而有国之一部分不得为"有国"也。

（2）"桃之实,桃也;棘之实,非棘也。"此亦语言之小疵。孙云,"棘之实,枣也;故云非棘。《诗·魏风》毛《传》云,棘,枣也。"

（3）"问人之病,问人也;恶人之病,非恶人也。"此与第七节第一二例略相似。

（4）"人之鬼,非人也,兄之鬼,兄也;祭人之鬼,非祭人也,祭兄之鬼,乃祭兄也。"此与上三段皆论"习惯语"（Idiom）之不合文法通则者。

（5）"之马之目盼,则谓之马盼,之马之目大,而不谓之马大;之牛之毛黄,则谓之牛黄,之牛之毛众,而不谓之牛众。"顾广圻校云,"《淮南·说山训》作眇,此作盼,误也。"按《说山训》曰,"小马大目,不可谓大马;大（疑衍）马之目眇,所（疑当作斯）谓之眇马。物固有似然而似不然者。""之牛"、"之马"之之字,王引之曰,"之犹于也。"苏云"之马,犹言是马也。"孙从苏说,是也。

此段论物德与定名之关系。凡名一物,当举此物最重要之特点。《经说·下》云:

> 以"牛有齿,马有尾"说牛之非马也,不可。是俱有,不偏有偏无有。曰牛之与马不类,用"牛有角,马无角",是类不同也。

此言可与本段互相参证。马目眇则谓"之马眇",牛毛黄则谓"之牛黄"。此皆重要之性质也。牛之目大,马之毛众,皆"不偏有,偏无有",非重要之表德,故不以命名也。

(6)"一马,马也;二马,马也。马四足者,一马而四足也,非两马而四足也。一马,马也;〔二马,马也。〕马或白者,二马而或白也,非一马而或白。"

王引之云,下"一马,马也",四字盖是衍文。适按此下当脱"二马,马也"四字,写者笔误耳。

此段论吾国文字无单数复数之病。如"马四足"之马为单数,而"马或白"之马为复数,乃无以分别之。若在文法细密之国,则无此弊矣。此弊乃近人所谓"笼统主义"之一证。文言尤甚,白话则少此弊。如此两例,白话当云"一匹马有四只脚"及"有些马是白的"。如此则无语病矣。又如"白马,马也"一例,在文法谨严之文字如法文,则当云"白马是一些马"。如此则不致有一切无谓之纷争矣。

以上释第九节竟。

以上释《小取》篇竟。此稿初次写定于民国六年二月十七夜。自是以来,凡重写三次。此次写定之稿,有几处重要之点与旧作大不相同。最要者如"名实"二字,如"或","假","效"三项,皆与吾在《墨家哲学》及《中国哲学史大纲》中所言大异。甚望读者比较其得失而是正之。

参看:

王念孙　《读书杂志》七之四。

俞　樾　《诸子平议》(《墨子》)。

孙诒让　《墨子间诂》卷十及十一。
章炳麟　《国故论衡》(《原名》篇)。
胡　适　《中国哲学史大纲》卷上,页 184—227。

（原载 1919 年 3 月《北大月刊》第 3 期）

实验主义

一 引论

现今欧美很有势力的一派哲学,英文叫做 Pragmatism,日本人译为"实际主义"。这个名称本来也还可用。但这一派哲学里面,还有许多大同小异的区别,"实际主义"一个名目不能包括一切支派。英文原名 Pragmatism 本来是皮耳士(C. S. Peirce)提出的。后来詹姆士(William James)把这个主义应用到宗教经验上去,皮耳士觉得这种用法不很妥当,所以他想把他原来的主义改称为 Pragmaticism 以别于詹姆士的 Pragmatism。英国失勒(F. C. Schiller)一派,把这个主义的范围更扩充了,本来不过是一种辩论的方法,竟变成一种真理论和实在论了(看詹姆士的 *Meaning of Truth*,页五十一),所以失勒提议改用"人本主义"(Humanism)的名称。美国杜威(John Dewey)一派,仍旧回到皮耳士所用的原意,注重方法论一方面;他又嫌詹姆士和失勒一般人太偏重个体事物和"意志"(Will)的方面,所以他也不愿用 Pragmatism 的名称,他这一派自称为"工具主义"(Instrumentalism),又可译为"应用主义"或"器用主义"。

因为这一派里面有这许多区别,所以不能不用一个涵义最广的总名称。"实际主义"四个字可让给詹姆士独占。我们另用"实验主义"的名目来做这一派哲学的总名。就这两个名词的本义看来,"实际主义"(Pragmatism)注重实际的效果;"实验主义"(Experimentalism)虽然也注重实际的效果,但他更能点出这种哲学所最注意的是实验的方法。实验的方法就是科学家在试验室里用的方法。这一派哲学的始祖皮耳士常说他的新哲学不是别的,就是"科学试验室的态度"(The laboratory attitude of mind)。这种态度是这种哲学的各派所公认的,所以我们可用来做一个"类名"。

以上论实验主义的名目,也可表现实验主义和科学的关系。这种新哲学完全是近代科学发达的结果。十九世纪乃是科学史上最光荣的时代,不但科学的范围更扩大了,器械更完备了,方法更精密了;最重要的是科学的基本观念都经过了一番自觉的评判,受了一番根本的大变迁。这些科学基本观念之中,有两个重要的变迁,都同实验主义有绝大的关系。第一,是科学家对于科学律例的态度的变迁。从前崇拜科学的人,大概有一种迷信,以为科学的律例都是一定不变的天经地义。他们以为天地万物都有永久不变的"天理",这些天理发现之后,便成了科学的律例。但是这种"天经地义"的态度,近几十年来渐渐的更变了。科学家渐渐的觉得这种天经地义的迷信态度很可以阻碍科学的进步;况且他们研究科学的历史,知道科学上许多发明都是连用"假设"的效果;因此他们渐渐的觉悟,知道现在所有的科学律例不过是一些最适用的假设,不过是现在公认为解释自然现象最方便的假设。譬如行星的运行,古人天天看见日出于东,落于西,并不觉得什么可怪。后来有人问日落之后到什么地方去了呢?有人说日并不落下,日挂在天上,跟着天旋转,转到西方又转向北方,离开远了,我们看不见他,便说日落了,其实不曾落(看王充《论衡·说日》篇)。这是第一种假设的解释。后来有人说地不是平坦的,日月都从地下绕出;更进一步,说地是宇宙的中心,日月星辰都绕地行动;再进一步,说日月绕地成圆圈的轨道,一切星辰也依着圆圈运行。这是第二种假设的解释,在当时都推为科学的律例。后来天文学格外进步了,于是有歌白尼出来说日球是中心,地球和别种行星都绕日而行,并不是日月星辰绕地而行。这是第三个假设的解释。后来的科学家,如恺柏勒(Keppler),如牛敦(Newton),把歌白尼的假设说得格外周密。自此以后,人都觉得这种假设把行星的运行说的最圆满,没有别种假设比得上他,因此他便成了科学的律例了。即此一条律例看来,便可见这种律例原不过是人造的假设用来解释事物现象的,解释的满意,就是真的;解释的不满人意,便不是真的,便该寻别种假设来代他了。不但物理学化学的律例是这样的。就是平常人最信仰,最推崇为永永不磨的数学定理,也不过是一些最适用的假设。我们学过平常的几何学的,都知道一个三角形内的三只角之和等于两只直角;又知道一条直线外的一点上只可作一条线与那条直线平行。这不是几何学上的天经地义吗？但是近来有两派新几何学出现,一派是罗贝邱司基(Lobatschwsky)的几何,说三角形内的三只角加起来小于两直角,又说在一点上可作无数线和一条直线平行;还有一派是利曼(Riemann)的几何,说三角形内的三角之和大于两直角,又说一点上所作的线没有一条和点外的直线平行。这两派新几何学(我现在不能细说),都不是疯子说疯话,都有可成立的理由。于是平常人和古代哲学家所同声尊为天经地义的几何学定理,也不能不看作一些人造的最方便的假设了(看 Poincaré, Science and Hypothesis' Chapters Ⅲ, Ⅴ, and Ⅸ)。

这一段说从前认作天经地义的科学律例如今都变成了人造的最方便最适用的假设。这种态度的变迁涵有三种意义:(一)科学律例是人造的,(二)是假定的,——是全靠他解释事实能不能满意,方才可定他是不是适用的,(三)并不是永永不变的天理,——天地间也许有这种永永不变的天理,但我们不能说我们所拟的律例就是天理;我们所假设的律例不过是记载我们所知道的一切自然变化的"速记法"。这种对于科学律例的新态度,是实验主义的一个最重要的根本学理。实验主义绝不承认我们所谓"真理"就是永永不变的天理;他只承认一切"真理"都是应用的假设;假设的真不真,全靠他能不能发生他所应该发生的效果。这就是"科学试验室的态度"。

此外,十九世纪还有第二种大变迁,也是和实验主义有极重要的关系的。这就是达尔文的进化论。达尔文的最重要的书名为《物种的由来》。从古以来,讲进化的人本不少,但总不曾明白主张"物种"是变迁进化的结果。哲学家大概把一切"物种"(Species)认作最初同时发生的,发生以来,永永不变,古今如一。中国古代的荀子说,"古今一度也,类不悖,虽久同理。"杨倞注说,"类,种类,谓若牛马也。言种类不乖悖,虽久而理同。今之牛马与古不殊,何至于人而独异哉？"(看我的《中国哲学史大纲》页三百十一至三百十三)这是说物的种类是一成不变的。古代的西洋学者如亚里士多德一辈人也是主张物种不变的。这种物类不变的观念,在哲学史上很有大影响。荀子主张物类不悖,虽久同理,故他说那些主张"古今异情,其所以治乱者异道"的人都是"妄人"。西洋古代哲学因为主张物类不变,故也把真理看作一成不变:个体的人物尽管有生老死灭的变化,但"人"、"牛"、"马"等等种类是不变化的;个体的事实尽管变来变去,但那些全称的普遍的"真理"是永久不变的。到了达尔文方才敢大胆宣言物的种类也不是一成不变的,都有一个"由来",都经过了许多变化,方才到今日的种类;到了今日,仍旧可使种类变迁,如种树的可以接树,养鸡的可以接鸡,都可得到特别的种类。不但种类变化,真理也变化。种类的变化是适应环境的结果,真理不过是对付环境的一种工具;环境变了,真理也随时改变。宣统年间的忠君观念已不是雍正、乾隆年间的忠君观念了;民国成立以来,这个观念竟完全丢了,用不着了。知道天下没有永久不变的真理,没有绝对的真理,方才可以起一种知识上的责任心:我们人类所要的知识,并不是那绝对存立的"道"哪,"理"哪,乃是这个时间,这个境地,这个我的这个真理。那绝对的真理是悬空的,是抽象的,是笼统的,是没有凭据的,是不能证实的。因此古来的哲学家可以随便乱说:这个人说是"道",那个人说是"理",第三人说是"气",第四人说是"无",第五人说是"上帝",第六人说是"太极",第七人说是"无极"。你和我都不能断定那一个说的是,那一个说的不是,只好由他们乱说罢了。我们现在且莫问那绝对究竟的真理,只须问我们在这个时候,遇着这个境地,应该怎样对付他:这种对付这个境地的方法,便是"这个真理"。这一类"这个真理"是实在的,是具体的,是特别的,是有凭据的,是可以证实的。因为这个真理是对付这个境地的方法,所以他若不能对付,便不是真理;他能对付,便是真理:所以说他是可以证实的。

这种进化的观念,自从达尔文以来,各种学问都受了他的影响。但是哲学是最守旧的东西,这六十年来,哲学家所用的"进化"观念仍旧是海智尔(Hegel)的进化观念,不是达尔文的《物种由来》的进化观念(这话说来很长,将来再说罢)。到了实验主义一派的哲家,方才把达尔文一派的进化观念拿到哲学上来应用;拿来批评哲学上的问题,拿来讨论真理,拿来研究道德。进化观念在哲学上应用的结果,便发生了一种"历史的态度"(The genetic method)。怎么叫做"历史的态度"呢？这就是要研究事务如何发生,怎样来的,怎样变到现在的样子:这就是"历史的态度"。譬如研究"真理",就该问,这个意思何以受人恭维,尊为"真理"？又如研究哲学上的问题,就该问,为什么哲学史上发生这个问题呢？又如研究道德习惯,就该问,这种道德观念(例如"爱国"心)何以应该尊崇呢？这种风俗(例如"纳妾")何以能成为公认的风俗呢？这种历史的态度便是实验主义的一个重要的元素。

以上泛论实验主义的两个根本观念:第一是科学试验室的态度,第二是历史的态度。这两个基本观念都是十九世纪科学的影响。所以我们可以说:实验主义不过是科学方法在哲学上的应用。

二 皮耳士——实验主义的发起人

詹姆士说"实验主义"不过是思想的几个老法子换上了一个新名目。这话固然不错,因为古代的哲学家如中国的墨翟、韩非(看我的《中国哲学史大纲》页一五三至一六五,又一九七,又三七九至三八四),如希腊的勃洛太哥拉(Protagoras),都可说是实验主义的远祖。但是近世的实验主义乃是近世科学的自然产儿,根据格外坚牢,方法格外精密,并不是古代实验主义的嫡派子孙,故我们尽可老老实实的从近世实验主义的始祖皮耳士(G. S. Peirce)说起。

皮耳士生于西历 1839 年,死于 1914 年。他的父亲 Benjamin Peirce 是美国一个最大的数学家,所以他小时就受了科学的教育。他常说他是在科学试验室里长大的。后来他也成了一个大数学家,名学家,物理学家。他的物理学上的贡献是欧美学者所公认的。一千八百六十几年,皮耳士在美国康桥发起了一个哲学会,会员虽不过十一二人,却很有几个重要人物,内中有一个便是那后来赫赫有名的詹姆士。皮耳士在这会里曾发表他的实验主义。詹姆士很受了他的影响。到了 1877 年 11 月,皮耳士方才把他的实验哲学做了一篇长文,登在美国《科学通俗月刊》上。这篇文章共分六章,登了几个月才登完。当时竟没有人赏识他。直到二十年后,詹姆士在加省大学演讲,方才极力表章皮耳士的实验主义。那时候,时机已经成熟了,实验主义就此一日千里的传遍全世界了。

皮耳士这篇文章总题目是《科学逻辑的举例》。这个名称很可注意,因为这就可见实验主义同科学方法的关系。这篇文章的第二章题目是"如何能使我们的意思明白"。这个题目也很可注意,因为这一章是实验主义发源之地,看这题目便知道实验主义的宗旨不过是要寻一个方法来把我们所有的观念的意义弄的明白清楚。他是一个科学家,所以他的方法只是一个"科学实验室的态度"。他说:"你对一个科学实验家无论讲什么,他总以为你的意思是说某种实验法若实行时定有某种效果。若不如此,你所说的话他就不懂得了。"他平生只遵守这种态度,所以说:"一个观念的意义完全在于那观念在人生行为上所发生的效果。凡试验不出什么效果来的东西,必定不能影响人生的行为。所以我们如果能完全求出承认某种观念时有那么些效果,不承认他时又有那么些效果,如此我们就有这个观念的完全意义了。除掉这些效果之外,更无别种意义。这就是我所主张的实验主义。"(*Journal of Philos.* , *Psy.* , *and Sc. Meth.* , XIII. No. 26, p. 710 引)

他这一段话的意思是说,一切有意义的思想都会发生实际上的效果。这种效果便是那思想的意义。若要问那思想有无意义或有什么意义,只消求出那思想能发生何种实际的效果;只消问若承认他时有什么效果,若不认他时又有什么效果。若不论认他或不认他,都不发生什么影响,都没有实际上的分别,那就可说这个思想全无意义,不过是胡说的废话。

我且举一个例。昨天下午北京大学哲学教授会审查学生送来的哲学研究会讲演题目。内中有一个题目是:"人类未曾运思以前,一切哲理有无物观的存在?"这种问题,依实验主义看起来,简直是废话。为什么呢?因为无论我们承认未有思想以前已有哲理或没有哲理,于人生实际上有何分别?假定人类未曾运思之时"哲理"早已存在,这种假定又如何证明呢? 这种哲理于人生行为有什么关系? 更假定那时候没有哲理,这哲理的没有,又如何证明呢? 又于人生有什么影响呢? 若是没有什么影响,可不是不成问题的争论吗?

皮耳士又说:"凡一个命辞的意义在于将来(命辞或称命题 Proposition)。何以故呢? 因为一个命辞的意义还只是一个命辞,还只是把原有的命辞翻译成一种法式使他可以在人生行为上应用。"他又说,"一个命辞的意义即是那命辞所指出一切实验的现象的通则"(同上书 p.711 引)。这话怎么讲呢? 我且举两条例。譬如说,"砒霜是有毒的"。这个命辞的意义还只是一个命辞,例如"砒霜是吃不得的",或是"吃了砒霜是要死的",或是"你千万不要吃砒霜"。这三个命辞都只是"砒霜有毒"一个命辞所涵的实验的现象。后三个命辞即是前一个命辞翻译出来的应用公式,即是这个命辞的真正意义。又如说,"闷空气是有害卫生的",和"这屋里都是闷空气"。这两个命辞的意义就是叫你"赶快打开窗子换换新鲜空气!"

皮耳士的学说不但是说一切观念的意义在于那观念所能发生的效果;他还要进一步说,一切观念的意义,即是那观念所指示我们应该养成的习惯。"闷空气有害卫生"一个观念的意义在于他能使我们养成常常开窗换新鲜空气的习惯。"运动有益身体"一个观念的意义在于他能使我们养成时常作健身运动的习惯。科学的目的只是要给我们许多有道理的行为方法,使我们从信仰这种方法生出有道理的习惯。这是科学家的知行合一说。这是皮耳士的实验主义。(参看 *Journal of Philos. Psy, and Sc. Meth.* XIII, 21, pp. 709-720)

三 詹姆士的心理学

维廉·詹姆士(William James)生于 1842 年,死于 1910 年。他的父亲 Henry James 是一个 Swedenborg 派的宗教家,有一些宗教的著作(Swedenborg 瑞典人 1688—1772,是一个神秘的宗教家,自创一派,流传到今。他说人有一种精神的官能,往往闭塞了;若开通时,便可与精神界直接往来。他自己就是真能做到这步田地)。他的兄弟也叫 Henry James(1843—1916),是近世一个最大的文豪,所做的小说在英美两国的文学中占一个极重要的位置。我们的哲学家詹姆士初学医学,在哈佛大学得医学博士的学位之后,就在那里教授解剖学和生理学,后来才改为心理学和哲学的教授。1890年他的《大心理学》出版,自此以后他就成了一个哲学界的重要人物。他的著作很多,我且举几种最重要的:

《大心理学》(*The Principles of Psychology*, 1890)

《小心理学》(*Psychology*, 1892)

《信仰的意志》及其他论文(*The Will to Believe*, 1897)

《宗教经验的种种》(*The Varieties of Religious Experience*, 1902)

《实验主义》(*Pragmatism*, 1907)

《真理的意义》(*The Meaning of Truth*, 1909)

詹姆士在哲学史上的最大贡献就是他的"新心理学"。他的新心理学乃是心理学史上一大革命,因为以前只有"构造的心理学"(Structural Psychology),到了他以后方才有"机能的心理学"(Functional Psychology),又名"动作的心理学"(Behavioristic Psychology)。这种新心理学又是哲学史上一大革命,因为一百五十年来的哲学都受了休谟(David Hume)的心理解剖的影响,把心的内容都看作许多碎细的元素,名为"印象"(Impressions)与"意象"(Ideas)。休谟走到极端,不但把一切外物都认作一群一群的感觉,并且连这个感觉的"我"也不过是一大堆印象和意象。还有物界一切因果的关系,也并没有实在,不过都是人心联想习惯的结果。后来出了一个大哲学家康得(Kant),觉得休谟的知识论不能使人满意,于是他创出他的新哲学。我现在不能细述康得的哲学,只可略说一个重要的方面。康得承认休谟的心理分析是不错的,承认心的内容是一些零碎的感情;但是康得进一步说这些细碎的分子之外,还有两个综合的官能,一个是直觉,一个是明觉;直觉有两个法门,一是空间,一是时间;明觉有十二种法门,什么多数哪,独一哪,有哪,无哪,因果哪,我也不去细说了。每起一种知觉时,先经过直觉关,到了关上,那感觉的"与料"便化成空间时间;然后明觉过来,自然会把那"与料"归到那十二法门中的相当法门上去,于是才知道他是一还是多,是有还是非有,是因还是果。康得的哲学因为要填补休谟的缺陷,故于感觉的资料之外请出一个整理组合的理性来。康得以来的哲学虽然经过许多变迁,总不曾跳出这个中心观念:一方面是感觉的资料,一方面是有组合作用的心。后来的人说来说去,越说越微妙了,但总说不出为什么这两部分都不可少,又说不出这两个相反对的部分怎样能够同力合作发生有统系组织。

詹姆士的心理学以为休谟一派的联想论把一切思想都看作习惯的联想,固是不对的,但是理性派的哲学家建立一个独立实在的心灵,也没有实验的根据。他说科学的心理学应该用生理的现象来解释心理的现象;应该承认脑部为一切心理作用的总机关,更应该寻出心理作用的生理的前因和生理的后果。他说,"没有一种心理的变迁同时不发生身体上的变迁的。"这种生理的心理学,固然不是詹姆士创始的,但他更进一步把生物学的道理应用到生理的心理学上。从前斯宾塞(Spencer)曾定下一条通则,说"心理的生活和生理的生活有同样的主要性质,两种生活都是要使内部的关系和外部的关系互相适应"。詹姆士承认这个通则在心理学上很有用处,所以他的心理学的基本观念是:凡认定未来的目标而选择方法和工具以求做到这个目标,这种行动就是有心的作用的表示。心的作用就是认定目的而设法达到所定目的的作用。这种观点可以补救从前休谟和康得的缺点。为什么呢?因为休谟一派人把心的内容看作细碎的分子,其实那一点一块的分子并不是经验的真相;个人的经验是连贯不断的一个大整块,不过随时起心的作用时自然不能不有所选择,不能不在这连绵不断的经验上挑出一部分来应用,所以表面上看去很像是一支一节的片段,其实还是整块的,不间断的。还有康得一派人于感觉之外请出一个综合整理的心,又把这个心分成许多法门,这也是有弊的说法;因为神经系统之外更没什么"心官",况且这个神经系统也不是照相镜一般的物事;若如康得所说,那心官分做许多法门,外物进来,自然会显出种种关系,那么心官岂不是同照相镜一样,应该有什么东西便自然照成什么东西,——那么,何以还有知识思想上的错误呢?詹姆士用生理来讲心理,认定我们的神经系统不过是一种应付外物的机能,并不是天生成完全无错误的,是最容易错误的,不过是有随机应变的可能性,"上一回当,学一回乖",一切错误算不得是他的缺点,只可算是必须经过的阶级。心的作用并不仅是照相镜一般的把外物照在里面就算了;心的作用乃是从已有的知识里面挑出一部分来做现在应用的资料。一切心的作用(知识思想等)都起于个人的兴趣和意志;兴趣和意志定下选择的目标,有了目标方才从已有的经验里面挑出达到这目标的方法器具和资料。康得所说的"纯粹理性"乃是绝对没有的东西。没有一种心的作用不带着意志和兴趣的;没有一种心的作用不是选择去取的。

这是詹姆士的新心理学的重要观念。从前经验派和理性派的种种争论都可用这种心理学来解决调和。因为心的作用是选择去取的,所以现在的感觉资料便是引起兴趣意志的刺激物,过去的感觉资料(经验)便是供我们选择方法工具的材料;从前所谓组合整理的心官便是这选择去取的作用。世间没有纯粹的理性,也没有纯粹的知识思想。理性是离不了意志和兴趣的;知识思想是应用的,是用来满足人的意志兴趣的。古人所说的纯粹理性和纯粹思想都是把理性和思想看作自为首尾自为起结的物事,和实用毫无关系,所以没有真假可说,没有是非可说,因为这都是无从证明的。现在说知识思想是应用的,看他是否能应用就可以证实他的是非和真假了。所以我们可说,詹姆士的心理学乃是实验主义的心理学上的基础。

四　詹姆士论实验主义

本章的题目是《詹姆士论实验主义》。这个标题的意思是说,本章所说虽是用他的《实验主义》一部书做根据,却不全是他一个人的学说,乃是他综合皮耳士、失勒、杜威、倭斯袜(Ostwald)、马赫(Mach)等人的学说,做成一种实验主义的总论。他这个人是富有宗教性的,有时不免有点偏见,所以我又引了旁人(以杜威为最多)批评他的话来纠正他的议论。

詹姆士讲实验主义有三种意义。第一,实验主义是一种方法论;第二,是一种真理论(Theory of Truth);第三,是一种实在论(Theory of Reality）。

（1）方法论。詹姆士总论实验主义的方法是"要把注意之点从最先的物事移到最后的物事；从通则移到事实，从范畴（Categories）移到效果"。（Pragmatism, pp. 54-55）这些通则哪，定理哪，范畴哪，都是"最先的物事"。亚里士多德所说在"天然顺序中比较容易知道的"，就是这些东西。古来的学派大抵都是注重这些抽象的东西的。詹姆士说："我们大家都知道人类向来喜欢玩种种不正当的魔术。魔术上最重要的东西就是名字。你如果知道某种妖魔鬼怪的名字，或是可以镇服他们的符咒，你就可以管住他们了。所以初民的心里觉得宇宙竟是一种不可解的谜；若要解这个哑谜，总须请教那些开通心窍神通广大的名字。宇宙的道理即在名字里面；有了名字便有了宇宙了（参看中国儒家所论正名的重要，如孔丘、董仲舒所说）。'上帝'，'物质'，'理'，'太极'，'力'，都是万能的名字。你认得他们，就算完事了。玄学的研究，到了认得这些神通广大的名字可算到了极处了。"（p. 52）他这段说话挖苦那班理性派的哲学家，可算得利害了。他的意思只是要表示实验主义根本上和从前的哲学不同。实验主义要把种种全称名字一个一个的"现兑"做人生经验，再看这些名字究竟有无意义。所以说"要把注意之点从最先的物事移到最后的物事；从通则移到事实，从范畴移到效果"。

这便是实验主义的根本方法。这个方法有三种应用。（甲）用来规定事物（Objects）的意义，（乙）用来规定观念（Ideas）的意义，（丙）用来规定一切信仰（定理圣教量之类）的意义。

（甲）事物的意义。詹姆士引德国化学大家倭斯袜（Ostwald）的话"一切实物都能影响人生行为；那种影响便是那些事物的意义。"他自己也说，"若要使我们心中所起事物的感想明白清楚，只须问这个物事能生何种实际的影响，——只须问他发生什么感觉，我们对他起何种反动"。（pp. 46-47）譬如上文所说的"闷空气"，他的意义在于他对于呼吸的关系和我们开窗换空气的反动。

（乙）观念的意义。他说，我们如要规定一个观念的意义，只须使这观念在我们经验以内发生作用。把这个观念当作一种工具用，看他在自然界能发生什么变化,什么影响。一个观念(意思)就像一张支票,上面写明可支若干效果;如果这个自然银行见了这张支票即刻如数现兑,那支票便是真的,——那观念便是真的。

(丙)信仰的意义。信仰包括事物与观念两种,不过信仰所包事物观念的意义是平常公认为已经确定了的。若要决定这种观念或学说的意义,只须问,"如果这种学说是真的,那种学说是假的,于人生实际上可有什么分别吗?如果无论那一种是真是假都没有实际上的区别,那就可证明这两种表面不同的学说其实是一样的,一切争执都是废话"。(p. 45)譬如我上文所引"人类未曾运思以前,一切哲理有无物观的存在?"一个问题,两方面都可信,都不发生实际上的区别,所以就不成问题了。

以上说方法论的实验主义。

(2)真理论。什么是"真理?"(Truth)这个问题在西洋哲学史上是一个顶重要的问题。那些旧派的哲学家说真理就是同"实在"相符合的意象。这个意象和"实在"相符合,便是真的;那个意象和"实在"不相符合,便是假的。这话很宽泛,我们须要问,什么叫做"和实在相符合?"旧派的哲学家说"真的意象就是实在的摹本(Copy)"。詹姆士问道,"譬如墙上的钟,我们闭了眼睛可以想像钟的模样,那还可说是一种摹本。但是我们心里起的钟的用处的观念,也是摹本吗?摹的是什么呢?又如我们说钟的发条有弹性,这个观念摹的又是什么呢?这就可见一切不能有摹本的意象,那'和实在相符合'一句话又怎么解说呢?"(Pragmatism p. 199)

詹姆士和旁的实验哲学家都攻击这种真理论,以为这学说是一种静止的,惰性的真理论。旧派的意思好像是只要把实在直抄下来说完了事;只要得到了实在的摹本,就够了,思想的功用就算圆满了。好像我们中国在前清时代奏折上批了"知道了,钦此"五个大字,就完了。这些实验哲学家是不甘心的。他们要问,"假定这个观念是真的,这可于人生实际上有什么影响吗?这个真理可以实现吗?这个道理是真是假,可影响那几部分的经验吗?总而言之,这个真理现兑成人生经验,值得多少呢?"

詹姆士因此下一个界说道，"凡真理都是我们能消化受用的；能考验的，能用旁证证明的，能稽核查实的。凡假的观念都是不能如此的"（p. 201）。他说，"真理的证实在能有一种满意摆渡的作用"（p. 202）。怎么叫作摆渡的作用呢？他说，"如果一个观念能把我们一部分的经验引渡到别一部分的经验，连贯的满意，办理的妥贴，把复杂的变简单了，把烦难的变容易了，——如果这个观念能做到这步田地，他便'真'到这步田地，便含有那么多的真理"（p. 58）。譬如我走到一个大森林里，迷了路，饿了几日走不出来，忽然看见地上有几个牛蹄的印子，我心里便想：若跟着牛蹄印子走，一定可寻到有人烟的地方。这个意思在这个时候非常有用，我依了做去，果然出险了。这个意思便是真的，因为他能把我从一部分的经验引渡到别部分的经验，因此便自己证实了。

据这种见解看来，上文所说"和实在相符合"一句话便有了一种新意义。真理"和实在相符合"并不是静止的符合，乃是作用的符合：从此岸渡到彼岸，把困难化为容易，这就是"和实在相符合"了。符合不是临摹实在，乃是应付实在，乃是适应实在。

这种"摆渡"的作用，又叫做"做媒"的本事。詹姆士常说一个新的观念就是一个媒婆，他的用处就在能把本来未有的旧思想和新发现的事实拉拢来做夫妻，使他们不要吵闹，使他们和睦过日子。譬如我们从前糊糊涂涂的过太平日子，以为物体从空中掉下来是很自然的事，不算希奇。不料后来人类知识进步了，知道我们这个地球是悬空吊在空中，于是便发生疑问：这个地球何以能够不掉下去呢？地球既是圆的，圆球那一面的人物屋宇何以不掉到太空中去呢？这个时候，旧思想和新事实不能相容，正如人家儿女长大了，男的吵着要娶媳妇了，女的吵着要嫁人了。正在吵闹的时候，来了一个媒婆，叫做"吸力说"，他从男家到女家，又从女家到男家，不知怎样一说，女家男家，都答应了，于是遂成了夫妇，重新过太平的日子。所以詹姆士说，观念成为真理全靠他有这做媒的本事。一切科学的定理，一切真理，新的旧的，都是会做媒的，或是现任的媒婆，或是已经退职的媒婆。纯粹物观的真理，不曾替人做过媒，不曾帮人摆过渡，这种真理是从来没有的。

这种真理论叫做"历史的真理论"(Genetic Theory of Truth)。为什么叫做"历史的"呢？因为这种真理论的注重点在于真理如何发生，如何得来，如何成为公认的真理。真理并不是天上掉下来的，也不是人胎里带来的。真理原来是人造的，是为了人造的，是人造出来供人用的，是因为他们大有用处所以才给他们"真理"的美名的。我们所谓真理，原不过是人的一种工具，真理和我手里这张纸，这条粉笔，这块黑板，这把茶壶，是一样的东西：都是我们的工具。因为从前这种观念曾经发生功效，故从前的人叫他做"真理"；因为他的用处至今还在，所以我们还叫他做"真理"。万一明天发生他种事实，从前的观念不适用了，他就不是"真理"了，我们就该去找别的真理来代他了。譬如"三纲五伦"的话，古人认为真理，因为这种话在古时宗法的社会很有点用处。但是现在时势变了，国体变了，"三纲"便少了君臣一纲，"五伦"便少了君臣一伦。还有"父为子纲"、"夫为妻纲"两条，也不能成立。古时的"天经地义"现在变成废语了。有许多守旧的人觉得这是很可痛惜的。其实这有什么可惜？衣服破了，该换新的；这支粉笔写完了，该换一支；这个道理不适用了，该换一个。这是平常的道理，有什么可惜？"天圆地方"说不适用了，我们换上一个"地圆说"，有谁替"天圆地方"说开追悼会吗？

真理所以成为公认的真理，正因为他替我们摆过渡，做过媒。摆渡的船破了，再造一个。帆船太慢了，换上一只汽船。这个媒婆不行，打他一顿媒拳，赶他出去，另外请一位靠得住的朋友做大媒。

这便是实验主义的真理论。

但是人各有所蔽，就是哲学家也不能免。詹姆士是一个宗教家的儿子，受了宗教的训练，所以对于宗教的问题，总不免有点偏见，不能老老实实的用实验主义的标准来批评那些宗教的观念是否真的。譬如他说，"依实验主义的道理看来，如果'上帝'那个假设有满意的功用（此所谓'满意'乃广义的），那假设便是真的"（p.299）。又说，"上帝的观念，……在实际上至少有一点胜过旁的观念的地方：这个观念许给我们一种理想的宇宙，永久保存，不致毁灭。……世界有个上帝在里面作主,我们便觉得一切悲剧都不过是暂时的,都不过是局部的,一切灾难毁坏都不是绝对没有翻身的"(p.106)。最妙的是他的"信仰的心愿"论(The Will to Believe)。这篇议论太长了,不能引在这里,但是那篇议论中最重要又最有趣味的一个意思,他曾在别处常常提起,我且引来给大家看看。"我自己硬不信我们的人世经验就是宇宙里最高的经验了。我宁可相信我们人类对于全宇宙的关系就和我们的猫儿狗儿对于人世生活的关系一般。猫儿狗儿常在我们的客厅上书房里玩,他们也加入我们的生活,但他们全不懂得我们的生活的意义。我们的人世生活好比一个圆圈,他们就住在这个圆圈的正切线(Tangent)上,全不知道这个圆圈起于何处终于何处。我们也是如此。我们也住在这个全宇宙圆圈的正切线上。但是猫儿狗儿每日的生活可以证明他们有许多理想和我们相同,所以我们照宗教经验的证据看来,也很可相信比人类更高的神力是实有的,并且这些神力也朝着人类理想中的方向努力拯救这个世界。"(p.300)

这就是他的宗教的成见。他以为这个上帝的观念,——这个有意志,和我们人类的最高理想同一方向进行的上帝观念,——能使我们人类安心满意,能使我们发生乐观,这就可以算他是真的了!这种理论,仔细看来,是很有害的。他在这种地方未免把他的实验主义的方法用错了。为什么呢?因为我们上文说过实验主义的方法须分作三层使用。第一,是用来定事物的意义。第二,定观念的意义。第三,定信仰的意义。须是事物和观念的意义已经明白确定了,方才可以用第三步方法。如今假定一个有意志的上帝,这个假设还只是一个观念,他的意义还不曾明白确定,所以不能用第三步方法,只可先用第二步方法,把这个观念当作一种工具,当作一张支票,看他在这自然大银行里是否有兑现的效力。这个"有意志的神力"的观念是一个宇宙论的假设,这张支票上写的是宇宙论的现款,不是宗教经验上的现款。我们拿了支票,该应先看他是否能解决宇宙论的问题:一切宇宙间的现状,如生存竞争的残忍,如罪恶痛苦的存在,都可以用这个假设来解决吗?如不能解决,这张支票便不能兑现。这个观念的意义便不曾确定。一个观念不曾经过第二步的经验,便不配算作信仰,便不配问他的真假在实际上发生什么区别。为什么呢?因为一张假支票在本银行里虽然支不出钱来,也许在不相干的小钱店里押一笔钱。那小钱店不曾把支票上的图章表记认明白,只顾贪一点小利,就胡乱押一笔钱出去。这不叫做"兑现",这叫"外快",这是骗来的钱。詹姆士不先把上帝这个观念的意义弄明白,却先用到宗教经验上去,回头又把宗教经验上所得的"外快"利益来冒充这个观念本身的价值。这就是他不忠于实验主义的所在了。(参看 Dewey Essays in Experimenta Logic, pp. 312—325)

（3）实在论　我们所谓"实在"（Reality）含有三大部分:(A)感觉,(B)感觉与感觉之间及意象与意象之间的种种关系,(C)旧有的真理。从前的旧派哲学都说实在是永远不变的。詹姆士一派人说实在是常常变的,是常常加添的,常常由我们自己改造的。上文所说实在的三部分之中,我们且先说感觉。感觉之来,就同大水汹涌,是不由我们自主的。但是我们各有特别的兴趣,兴趣不同,所留意的感觉也不同。因为我们所注意的部分不同,所以各人心目中的实在也就不同。一个诗人和一个植物学者同走出门游玩,那诗人眼里只见得日朗风轻,花明鸟媚;那植物学者只见得道旁长的是什么草,篱上开的是什么花,河边栽的是什么树。这两个人的宇宙是大不相同的。

再说感觉的关系和意象的关系。一样的满天星斗,在诗人的眼里和在天文学者的眼里,便有种种不同的关系。一样的两件事,你只见得时间的先后,我却见得因果的关系。一样的一篇演说,你觉得这人声调高低得宜,我觉得这人论理完密。一百个大钱,你可以摆成两座五十的,也可以摆成四座二十五的,也可以摆成十座十个的。

那旧有的真理更不用说了。总而言之,实在是我们自己改造过的实在。这个实在里面含有无数人造的分子。实在是一个很服从的女孩子,他百依百顺的由我们替他涂抹起来,装扮起来。"实在好比一块大理石到了我们手里,由我们雕成什么像。"宇宙是经过我们自己创造的工夫的。"无论知识的生活或行为的生活,我们都是创造的。实在的名的一部分,和实的一部分,都有我们增加的分子。"

这种实在论和理性派的见解大不相同。"理性主义以为实在是现成的,永远完全的;实验主义以为实在还正在制造之中,将来造到什么样子便是什么样子。"(p.257)实验主义(人本主义)的宇宙是一篇未完的草稿,正在修改之中,将来改成怎样便怎样,但是永永没有完篇的时期。理性主义的宇宙是绝对平安无事的,实验主义的宇宙是还在冒险进行的。

这种实在论和实验主义的人生哲学和宗教观念都有关系。总而言之,这种创造的实在论发生一种创造的人生观。这种人生观詹姆士称为"改良主义"(Meliorism)。这种人生观也不是悲观的厌世主义,也不是乐观的乐天主义,乃是一种创造的"淑世主义"。世界的拯拔不是不可能的,也不是我们笼着手,抬起头来就可以望得到的。世界的拯救是可以做得到的,但是须要我们各人尽力做去。我们尽一分的力,世界的拯拔就赶早一分。世界是一点一滴一分一毫的长成的,但是这一点一滴一分一毫全靠着你和我和他的努力贡献。

他说,

假如那造化的上帝对你说:"我要造一个世界,保不定可以救拔的。这个世界要想做到完全无缺的地位,须靠各个分子各尽他的能力。我给你一个机会,请你加入这个世界。你知道我不担保这世界平安无事的。这个世界是一种真正冒险事业,危险很多,但是也许有最后的胜利。这是真正的社会互助的工作。你愿意跟来吗?你对你自己,和那些旁的工人,有那么多的信心来冒这个险吗?"假如上帝这样问你,这样邀请你,你当真怕这世界不安稳竟不敢去吗?你当真宁愿躲在睡梦里不肯出头吗?

这就是淑世主义的挑战书。詹姆士自己是要我们大着胆子接受这个哀的米敦书的。他很嘲笑那些退缩的懦夫,那些静坐派的懦夫。他说,"我晓得有些人是不愿意去的。他们觉得在那个世界里须要用奋斗去换平安,这是很没有道理的事。……他们不敢相信机会。他们想寻一个世界,要可以歇肩,可以抱住爸爸的头颈,就此被吸到那无穷无极的生命里面,好像一滴水滴在大海里。这种平安清福,不过只是免去了人世经验的种种烦恼。佛家的涅槃其实只不过免去了尘世的无穷冒险。那些印度人,那些佛教徒,其实只是一班懦夫,他们怕经验,怕生活。……他们听见了多元的淑世主义,牙齿都打战了,胸口的心也骇得冰冷了。"(pp. 291—293)詹姆士自己说,"我吗?我是愿意承认这个世界是真正危险的,是须要冒险的;我决不退缩,我决不说'我不干了!'"(p. 296)

这便是他的宗教。这便是他的实在论所发生的效果。

五 杜威哲学的根本观念

杜威(生于1859)是现在实验主义的领袖。他的著作很多,最重要的是 The School and Society, 1899; Studies in Logical Theory, 1903; Influence of Darwin on Philosophy, and Other Essays, 1910; How We Think, 1910; Ethics (With Tufts), 1909; Essays in Experimental Logic, 1916; Democracy and Education, 1916; Creative Intelligence (With others) 1917。他做的书都不很容易读,不像詹姆士的书有通俗的能力。但是在思想界里面,杜威的影响实在比詹姆士还大。有许多反对詹姆士的实验主义的哲学家,对于杜威都不能不表敬意。他的教育学说影响更大,所以有人称他做"教师的教师"(The Teacher of Teachers)。

杜威在哲学史上是一个大革命家。为什么呢?因为他把欧洲近世哲学从休谟(Hume)和康德(Kant)以来的哲学根本问题一齐抹煞,一齐认为没有讨论的价值。一切理性派与经验派的争论,一切唯心论和唯物论的争论,一切从康德以来的知识论,在杜威的眼里,都是不成问题的争论,都可"以不了了之"。杜威说,"智识上的进步有两条道路。有的时候,旧的观念范围扩大了,研究得更精密了,更细腻了,智识因此就增加了。有的时候,人心觉得有些老问题实在不值得讨论了,从前火一般热的意思现在变冷了,从前很关切的现在觉得不关紧要了。在这种时候,智识的进步不在于增添,在于减少;不在分量的增加,在于性质的变换。那些老问题未必就解决了,但是他们可以不用解决了。"(Creative Intelligence, p. 3)这就是我们中国人所讲的"以不了了之"。

杜威说近代哲学的根本大错误就是不曾懂得"经验"(Experience)究竟是个什么东西。一切理性派和经验派的争论,唯心唯实的争论，都只是由于不曾懂得什么叫做经验。他说旧派哲学对于"经验"的见解有五种错误：

（1）旧派人说经验完全是知识。其实依现在的眼光看来，经验确是一个活人对于自然的环境和社会的环境所起的一切交涉。

（2）旧说以为经验是心境的，里面全是"主观性"。其实经验只是一个物观的世界，走进人类的行为遭遇里面，受了人类的反动发生种种变迁。

（3）旧说于现状之外只是承认一个过去，以为经验的元素只是记着经过了的事。其实活的经验是试验的，是要变换现有的物事；他的特性在于一种"投影"的作用，伸向那不知道的前途；他的主要性质在于连络未来。

（4）旧式的经验是专向个体的分子的。一切连络的关系都当作从经验外面侵入的，究竟可靠不可靠还不可知。但是我们若把经验当作应付环境和约束环境的事，那么经验里面便含有无数连络，无数贯串的关系。

（5）旧派的人把经验和思想看作绝相反的东西。他们以为一切推理的作用都是跳出经验以外的事。但是我们所谓经验里面含有无数推论。没有一种有意识的经验没有推论的作用。（pp. 7-8）

这五种区别，很是重要，因为这就是杜威的哲学革命的根本理由。既不承认经验就是知识，那么三百多年以来把哲学几乎完全变成认识论，便是大错了；那么哲学的性质，范围，方法，都要改变过了。既不承认经验是主观的，反过来既承认经验是人应付环境的事业，那么一切唯心唯实的争论都不成问题了。既不承认经验完全是细碎不连络的分子（如印象，意象，感情之类），反过来既承认连络贯串是经验本分内的事。那么一切经验派和理性派的纷争，连带休谟的怀疑哲学和康德那些支离繁碎的心法范畴，都可以丢在脑背后了。

最要紧的是第三第五两种区别。杜威把经验看作对付未来，预料未来，连络未来的事，又把经验和思想看作一件事。这是极重要的观念。照这种说法，经验是向前的，不是回想的；是推理的，不是完全堆积；是主动的，不是静止的，也不是被动的；是创造的思想活动，不是细碎的记忆账簿。

杜威受了近世生物进化论的影响最大,所以他的哲学完全带着生物进化学说的意义。他说,"经验就是生活;生活不是在虚空里面的,乃是在一个环境里面的,乃是由于这个环境的"(p.8)。"我们人手里的大问题:是怎样对付外面的变迁才可使这些变迁朝着能于我们将来的活动有益的一个方向走。外境的势力虽然也有帮助我们的地方,但是人的生活决不是笼着手太太平平的坐享环境的供养。人不能不奋斗;不能不利用环境直接供给我们的助力,把来间接造成别种变迁。生活的进行全在能管理环境。生活的活动必须把周围的变迁一一变换过;必须使有害的势力变成无害的势力;必须使无害的势力变成帮助我们的势力。"(p.9)

这就是杜威所说的"经验"。经验不是一本老账簿;经验乃是一个有孕的妇人;经验乃是现在的里面怀着将来的活动。简单一句话,"经验不光是知识,经验乃我对付物,物对付我的法子"(p.37)。知识自然是重要的,因为知识乃是应付将来的工具。因为知识是重要的,所以古人竟把经验完全看作知识的事,还有更荒谬的人竟把知识当作看戏一样,把知识的心当作一个看戏的人对着戏台上穿红的进去穿绿的出来,毫没有关系,完全处于旁观的地位。这就错了。要知道知识所以重要,正因为他是一种应用的工具,是用来推测将来的经验的。人类的经验全是一种"应付的行为"(Responsive behavior)。凡是有意识的应付的行为都有一种特别性质与旁的应付不同;这种特性就是先见和推测的作用。这种先见之明引起选择去取的动作,这便是知识的意义。这种动作的成绩便可拿来评定那种先见的高下。

如此看来,可见思想的重要。杜威常引弥儿的话道,"推论乃是人生一大事。……只有这件事是人的心思无时无刻不做的"。他常说思想能使经验脱离无意识的性欲行为;能使人用已知的事物推测未知的事物;能使人利用现在预料将来;能使人悬想新鲜的目的,繁复丰富的效果;能使经验永远增加意义,扩张范围,开辟新天地。所以杜威一系的人把思想尊为"创造的智慧"(Creative Intelligence)。思想是人类应付环境的唯一工具,是人类创造未来新天地的工具,所以当得起"创造的智慧"这个尊号。

杜威说,"知识乃是一件人的事业,人人都该做的,并不是几个上流人或几个专门哲学家科学家所能独享的美术赏鉴力"(p.64)。从前哲学的大病就是把知识思想当作了一种上等人的美术赏鉴力,与人生行为毫无关系;所以从前的哲学钻来钻去总跳不出"本体"、"现象"、"主观"、"外物"等等不成问题的争论。现在我们受了生物学的教训,就该老实承认经验就是生活,生活就是人与环境的交互行为,就是思想的作用指挥一切能力,利用环境,征服他,约束他,支配他,使生活的内容外域永远增加,使生活的能力格外自由,使生活的意味格外浓厚。因此,我们就该承认哲学的范围,方法,性质,都该有一场根本的大改革。这种改革,杜威不叫做哲学革命,他说这是"哲学的光复"(A Recovery of Philosophy)。他说,"哲学如果不弄那些'哲学家的问题'了,如果变成对付'人的问题'的哲学方法了,那时候便是哲学光复的日子到了"(p.65)。

以上所说是杜威的哲学的根本观念。这些根本观念,总刮起来,是(1)经验就是生活,生活就是对付人类周围的环境;(2)在这种应付环境的行为之中,思想的作用最为重要;一切有意识的行为都含有思想的作用;思想乃是应付环境的工具;(3)真正的哲学必须抛弃从前种种玩意儿的"哲学家的问题",必须变成解决"人的问题"的方法。

这个"解决人的问题的哲学方法"又是什么呢?这个不消说得,自然是怎样使人能有那种"创造的智慧",自然是怎样使人能根据现有的需要,悬想一个新鲜的将来,还要能创造方法工具,好使那个悬想的将来真能实现。

六　杜威的思想

杜威先生的哲学的基本观念是:"经验即是生活,生活即是应付环境",但是应付环境有高下的程度不同。许多蛆在粪窖里滚去滚来,滚上滚下;滚到墙壁,也会转湾子。这也是对付环境。一个蜜蜂飞进屋里打几个回旋,嗡的一声直飞向玻璃窗上,头碰玻璃,跌倒在地；他挣扎起来，还向玻璃窗上飞；这一回小心了，不致碰破头；他飞到玻璃上，爬来爬去，想寻一条出路：他的"指南针"只是光线，他不懂这光明的玻璃何以不同那光明的空气一样，何以飞不出去！这也是应付环境。一个人出去探险，走进一个无边无际的大树林里，迷了路，走不出来了。他爬上树顶，用千里镜四面观望，也看不出一条出路。他坐下来仔细一想，忽听得远远的有流水的声音；他忽然想起水流必定出山，人跟着水走，必定可以走出去。主意已定，他先寻到水边，跟着水走，果然走出了危险。这也是应付环境。以上三种应付环境，所以高下不同，正为智识的程度不同。蛆的应付环境，完全是无意识的作用；蜜蜂能用光线的指导去寻出路，已可算是有意识的作用了，但他不懂得光线有时未必就是出路的记号，所以他碰着玻璃就受窘了；人是有智识能思想的动物，所以他迷路时，不慌不忙的爬上树顶，取出千里镜，或是寻着溪流，跟着水路出去。人的生活所以尊贵，正为人有这种高等的应付环境的思想能力。故杜威的哲学基本观念是："知识思想是人生应付环境的工具。"知识思想是一种人生日用必不可少的工具，并不是哲学家的玩意儿的奢侈品。

总括一句话，杜威哲学的最大目的，只是怎样能使人类养成那种"创造的智慧"（Creative Intelligence），使人应付种种环境充分满意。换句话说，杜威的哲学的最大目的是怎样能使人有创造的思想力。

因为思想在杜威的哲学系统里占如此重要的地位，所以我现在介绍杜威的思想论。

思想究竟是什么呢？第一，戏台上说的"思想起来，好不伤惨人也"，那个"思想"是回想，是追想，不是杜威所说的"思想"。第二，平常人说的"你不要胡思乱想"，那种"思想"是"妄想"，也不是杜威所说的"思想"。杜威说的思想是用已知的事物作根据，由此推测出别种事物或真理的作用。这种作用，在论理学书上叫做"推论的作用"（Inference）。推论的作用只是从已知的物事推到未知的物事，有前者作根据，使人对于后者发生信用。这种作用，是有根据有条理的思想作用。这才是杜威所指的"思想"。这种思想有两大特性：（一）须先有一种疑惑困难的情境做起点。（二）须有寻思搜索的作用，要寻出新事物或新知识来解决这种疑惑困难。譬如上文所举那个在树林中迷了路的人,他在树林里东行西走,迷了方向寻不出路子:这便是一种疑惑困难的情境。这是第一个条件。那迷路的人爬上树顶远望,或取出千里镜四望,或寻到流水,跟水出山:这都是寻思搜索的作用。这是第二个条件。这两个条件都很重要。人都知"寻思搜索"是很重要的,但是很少人知道疑难的境地也是一个不可少的条件。因为我们平常的动作,如吃饭呼吸之类,多是不用思想的动作;有时偶有思想,也不过是东鳞西爪的胡思乱想。直到疑难发生时,方才发生思想推考的作用。有了疑难的问题,便定了思想的目的;这个目的便是如何解决这个困难。有了这个目的,此时的寻思搜索便都向着这个目的上去,便不是无目的的胡思乱想了。所以杜威说:"疑难的问题,定思想的目的;思想的目的,定思想的进行。"

杜威论思想,分作五步说:(一)疑难的境地;(二)指定疑难之点究竟在什么地方;(三)假定种种解决疑难的方法;(四)把每种假定所涵的结果,一一想出来,看那一个假定能够解决这个困难;(五)证实这种解决使人信用;或证明这种解决的谬误,使人不信用。

(一)思想的起点是一种疑难的境地。——上文说过,杜威一派的学者认定思想为人类应付环境的工具。人类的生活若是处处没有障碍,时时方便如意,那就用不着思想了。但是人生的环境,常有更换,常有不测的变迁。到了新奇的局面,遇着不曾经惯的物事,从前那种习惯的生活方法都不中用了。譬如看中国白话小说的人,看到正高兴的时候,忽然碰着一段极难懂的话,自然发生一种疑难。又譬如上文那个迷了路的人,走来走去,走不出去:平时的走路本事,都不中用了。到了这种境地,我们便寻思:"这句书怎么解呢?""这个大树林的出路怎么寻得出呢?""这件事怎么办呢?""这便如何是好呢?"这些疑问,便是思想的起点。一切有用的思想,都起于一个疑问符号。一切科学的发明,都起于实际上或思想界里的疑惑困难。宋朝的程颐说,"学原于思"。这话固然不错,但是悬空讲"思",是没有用的。他应该说:"学原于思,思起于疑。"疑难是思想的第一步。

(二)指定疑难之点究竟在何处。——有些疑难是很容易指定的,例如上文那个人迷了路,他的问题是怎样寻一条出险的路子,这是很容易指定的。但是有许多疑难,我们虽然觉得是疑难,但一时不容易指定究竟那一点是疑难的真问题。我且举一个例。《墨子·小取》篇有一句话:"辟(譬)也者,举也物而以明之也。"初读的时候,我们觉得"举也物"三个字不可解,是一种疑难。毕沅注《墨子》径说这个"也"字是衍文,删了便是了。王念孙读到这里,觉得毕沅看错疑难的所在了。因为这句话里的真疑难不在一个"也"字的多少,乃在研究这个地方既然跑出一个"也"字来,究竟这个字可以有解说没有解说。如果先断定这个"也"字是衍文,那就近于武断,不是科学的思想了。这一步的工夫,平常人往往忽略过去,以为可以不必特别提出(看《新潮》杂志第一卷第四号汪敬熙君的《什么是思想》)。杜威以为这一步是很重要的。这一步就同医生的"脉案",西医的"诊断"一般重要。你请一个医生来看病,你先告诉他,说你有点头痛,发热,肚痛,……你昨天吃了两只螃蟹,又喝了一杯冰忌令,大概是伤了食。这是你胡乱猜想的话,不大靠得住。那位医生如果是一位好医生,他一定不睬你说的什么。他先看你的舌苔,把你的脉,看你的气色,问你肚子那一块作痛,大便如何,看你的热度如何,……然后下一个"诊断",断定你的病究竟在什么地方。若不如此,他便是犯了武断不细心的大毛病了。

(三)提出种种假定的解决方法。——既经认定疑难在什么地方了,稍有经验的人,自然会从所有的经验,知识,学问里面,提出种种的解决方法。例如上文那个迷路的人,要有一条出路,他的经验告诉他爬上树顶去望望看,这是第一个解决法。这个法子不行,他又取出千里镜来,四面远望,这是第二个解决法。这个法子又不行,他的经验告诉他远远的花郎花郎的声音是流水的声音;他的学问又告诉他说,水流必有出路,人跟着水行必定可以寻一条出路。这是第三个解决法。这都是假定的解决。又如上文所说《墨子》"辟也者,举也物而以明之也"一句。毕沅说"也物"的也字是衍文,这是第一个解决。王念孙说,"也"字当作"他"字解;"举也物"即是"举他物":这是第二个解决。——这些假定的解决,是思想的最要紧的一部分,可以算是思想的骨干。我们说某人能思想，其实只是说某人能随时提出种种假定的意思来解决所遇着的困难。但是我们不可忘记，这些假设的解决，都是从经验学问上生出来的。没有经验学问，决没有这些假定的解决。有了学问，若不能随时发生解决疑难的假设，那便成了吃饭的书橱，有学问等于无学问。经验学问所以可贵，正为他们可以供给这些假设的解决的材料。

（四）决定那一种假设是适用的解决。——有时候，一个疑难的问题能引起好几个假设的解决法。即如上文迷路的例，有三种假设；一句《墨子》有两种解法。思想的人，遇着几种解决法发生时，应该把每种假设所涵的意义，一一的演出来：如果用这一种假设，应该有什么结果？这种结果是否能解决所遇的疑难？如果某种假设，比较起来最能解决困难，我们便可采用这种解决。例如《墨子》的"举也物"一句，毕沅的假设是删去"也"字，如果用这个假设，有两层结果：第一，删去这个字，成了"举物而以明之也"，虽可以勉强讲得通，但是牵强得很；第二，校勘学的方法，最忌"无故衍字"，凡衍一字必须问当初写书的人，何以多写了一个字；我们虽可以说抄《墨子》的人因上下文都有"也"字，所以无心中多写了一个"也"字，但是这个"也"字是一个煞尾的字，何以在句中多出这个字来？如此看来，毕沅的假设虽可勉强解说，但是总不能充分满意。再看王念孙的解说，把"也"字当作"他"字，这也有两层结果：第一，"举他物而以明之也"，举他物来说明此物，正是"譬"字的意义；第二，他字本作它，古写像也字，故容易互混；既可互混，古书中当不止这一处；再看《墨子》书中，如《备城门》篇，如《小取》篇的"无也故焉"，"也者同也"，都是他字写作也字。如此看来，这个假定解决的涵义果然能解决本文的疑难，所以应该采用这个假设。

（五）证明。——第四步所采用的解决法，还只是假定的，究竟是否真实可靠，还不能十分确定，必须有实地的证明，方才可以使人信仰；若不能证实，便不能使人信用，至多不过是一个假定罢了。已证实的假设，能使人信用，便成了"真理"。例如上文所举《墨子》书中"举也物"一句，王念孙能寻出"无也故焉"和许多同类的例，来证明《墨子》书中"他"字常写作"也"字，这个假设的解决便成了可信的真理了。又如那个迷路的人，跟着水流，果然出了险，他那个假设便成了真正适用的解决法了。这种证明比较是很容易的。有时候，一种假设的意思，不容易证明，因为这种假设的证明所需要的情形平常不容易遇着，必须特地造出这种情形，方才可以试验那种假设的是非。凡科学上的证明，大概都是这一种，我们叫做"实验"。譬如科学家葛理赖（Galileo）观察抽气筒能使水升高至三十四英尺，但是不能再上去了。他心想这个大概是因为空气有重量，有压力，所以水不能上去了。这是一个假设，不曾证实。他的弟子佗里杰利（Torricelli）心想如果水的升至三十四英尺是空气压力所致，那么，水银比水重十三又十分之六倍，只能升高到三十英寸。他试验起来，果然不错。那时葛理赖已死了。后来又有一位哲学家柏斯嘉（Pascal）心想如果佗里杰利的气压说不错，那么，山顶上的空气比山脚下的空气稀得多，拿了水银管子上山，水银应该下降。所以他叫他的亲戚拿了一管水银走上劈得东山，水银果然逐渐低下，到山顶时水银比平地要低三寸。于是从前的假设，真成了科学的真理了。思想的结果，到了这个地步，不但可以解决面前的疑难，简直是发明真理，供以后的人大家受用，功用更大了。

以上说杜威分析思想的五步。这种说法，有几点很可特别注意。（一）思想的起点是实际上的困难，因为要解决这种困难，所以要思想；思想的结果，疑难解决了，实际上的活动照常进行；有了这一番思想作用，经验更丰富一些，以后应付疑难境地的本领就更增长一些。思想起于应用，终于应用；思想是运用从前的经验，来帮助现在的生活，更预备将来的生活。（二）思想的作用，不单是演绎法，也不单是归纳法；不单是从普通的定理里面演出个体的断案，也不单是从个体的事物里面抽出一个普遍的通则。看这五步，从第一步到第三步，是偏向归纳法的，是先考察眼前的特别事实和情形，然后发生一些假定的通则；但是从第三步到第五步，是偏向演绎法的，是先有了通则，再把这些通则所涵的意义一一演出来，有了某种前提，必然要有某种结果，更用直接或间接的方法，证明某种前提是否真能发生某种效果。懂得这个道理，便知道两千年来西洋的"法式的论理学"（Formal Logic）单教人牢记 AEIO 等等法式和求同求异等细则，都不是训练思想力的正当方法。思想的真正训练，是要使人有真切的经验来作假设的来源；使人有批评判断种种假设的能力；使人能造出方法来证明假设的是非真假。

杜威一系的哲学家论思想的作用，最注意"假设"。试看上文所说的五步之中，最重要的就是第三步。第一步和第二步的工夫只是要引起这第三步的种种假设；以下第四第五两步只是把第三步的假设演绎出来，加上评判，加上证验，以定那种假设是否适用的解决法。这第三步的假设是承上起下的关键，是归纳法和演绎法的关头。我们研究这第三步，应该知道这一步在临时思想的时候是不可强求的；是自然涌上来，如潮水一样，压制不住的；他若不来时，随你怎样搔头抓耳，挖尽心血，都不中用。假使你在大树林里迷了路，你脑子里熟读的一部《穆勒名学》或《陈文名学讲义》，都无济于事，都不能供给你"寻着流水，跟着水走出去"的一个假设的解决。所以思想训练的着手工夫在于使人有许多活的学问知识。活的学问知识的最大来源在于人生有意识的活动。使活动事业得来的经验，是真实可靠的学问知识。这种有意识的活动，不但能增加我们假设意思的来源，还可训练我们时时刻刻拿当前的问题来限制假设的范围，不至于上天下地的胡思乱想。还有一层，人生实际的事业，处处是实用的，处处用效果来证实理论，可以养成我们用效果来评判假设的能力，可以养成我们的实验的态度。养成了实验的习惯，每起一个假设，自然会推想到他所涵的效果，自然会来用这种推想出来的效果来评判原有的假设的价值。这才是思想训练的效果，这才是思想能力的养成。

参考书 Dewey：*How We Think*, Chapters Ⅰ，Ⅱ，Ⅲ，Ⅵ，Ⅶ，Ⅻ. 又 *Democracy and Education*, Chapter XXV.

七　杜威的教育哲学[①]

杜威先生常说,"哲学就是广义的教育学说。"这就是说哲学便是教育哲学。

这句话初听了很可怪。其实我们如果仔细一想,便知道这句话是不错的。我们试问古往今来的哲学家那一个不是教育家？那一个没有一种教育学说？那一种教育学说不是根据于哲学的？

我且举几个例。我们小时读《三字经》开端就是"人之初,性本善,性相近,习相远；苟不教,性乃迁。"这几句说的是孔子的教育哲学。《三字经》是宋朝人做的,所代表的又是程子朱子一派的教育哲学。再翻开朱注的《论语》,第一章"学而时习之"的底下注语道："学之为言效也。人性皆善而觉有先后。后觉者必效先觉之所为,乃可以明善而复其初也。"请看他们把学字解作仿效,把教育的目的看作"明善而复其初"：这不是极重要的教育学说吗？我们如研究哲学史,便知道这几句注语里面,不但是解释孔子的话,并且含有禅家明心见性的影响。这不是很明白的例吗？

再翻开各家的哲学书,从老子直到蔡元培,从老子的"常使民无知无欲",直到蔡元培的"以美育代宗教",那一家的哲学不是教育学说呢？

懂得这个道理,然后可以知道杜威先生的哲学和他的教育学说的关系。

杜威的教育学说,大旨都在郑宗海先生所译的《杜威教育主义》(《新教育》第二期)里面。现在且先把那篇文章的精华提出来写在下面(译笔略与郑先生不同)：

（一）什么是教育？

教育的进行在于个人参与人类之社会的观念。……真教育只有

[①] 编者注：此节曾载 1919 年 5 月《新教育》第 1 卷第 3 期。文前有一段胡适的说明："这一篇本是蒋梦麟先生要做的。因为他陪杜威先生到杭州去了,我看他忙得很苦,所以自己效劳,做了这一篇。但是我不是专门学教育的人,做的教育学文章,定然不能有蒋先生那样透彻。我希望诸位读者把这篇文章看作一篇暂时代劳的文章。胡适"

一种：只有儿童被种种社会环境的需要所挑起的才能的活动：这才是真教育。

（二）什么是学校？

学校本来是一种社会的组织。教育既是由社会生活上进行，学校不过是一种团体生活，凡是能使儿童将来得享受人类的遗产和运用他自己的能力为群众谋福利的种种势力，都集合在里面。简单说来，教育即是生活，并不是将来生活的预备。

（三）什么是教材？

学校科目交互关系的中心点不在理科，不在文学，不在历史，不在地理，乃在儿童自己的社会生活。

总而言之，我深信我们应该把教育看作经验的继续再造；教育的目的与教育的进行是一件事，不是两件事。

（四）方法的性质。

方法的问题即是儿童的能力和兴趣发展的次序的问题。

（1）儿童天性的发展，主动的方面先于被动的方面；……动作先于有意识的感觉。意识（智识的和推理的作用）乃是动作的结果，并且是因为要主持动作才发生的。平常所谓"理性"，不过是有条理有效果的动作之一种法子，并不是在动作行为之外可以发达得出来的。

（2）影像（Images）乃是教授的大利器。儿童对于学科所得到的不过是他自己对于这一科所构成的影像。……现在我们用在预备工课和教授工课上的许多时间和精力，正可用来训练儿童构成影像的能力，要使儿童对于所接触的种种物事都能随时发生清楚明了又时时长进的影像。

（3）儿童的兴趣即是才力发生的记号。……某种兴趣的发生，即是表示这个儿童将要进到某步程度。……凡兴趣都是能力的记号，最要紧的是寻出这种能力是什么。

（4）感情乃是动作的自然反应。若偏向激动感情，不问有无相当的动作，必致于养成不健全和乖僻的心境。

（五）社会进化与学校。

教育乃是社会进化和改良的根本方法。……教育根据于社会观念,支配个人的活动,这便是社会革新的唯一可靠的方法。

这种教育见解,对于个人主义和社会主义的理想都有适当的容纳。一方面是个人的,因为这种主张承认一种品行的养成是正当生活的真基础。一方面是社会的,因为这种学说承认这种良好的品行不是单有个人的训戒教导便能造成的;乃是倚靠一种社会生活的影响才能养成的。

以上所记,可说是杜威教育学说的要旨。再总括起来,便只有两句话:

(1)"教育即是生活。"

(2)"教育即是继续不断的重新组织经验,要使经验的意义格外增加,要使个人主持指挥后来经验的能力格外增加。"
(Democracy and Education, pp. 89 – 90.)

我所要说的杜威教育哲学,不过是说明这两句话的哲学根据。我且先解释这两句话的意义。

这两句话其实即是一句话。(1)即是(2),所以我且解说第二句话。"教育即是继续不断的重新组织经验。"怎么讲呢?经验即是生活。生活即是应付人生四围的境地;即是改变所接触的事物,使有害的变为无害的,使无害的变为有益的。这种活动是人生不能免的。从婴孩到长大,从长成到老死,都免不了这种活动。这种活动各有教育的作用,因为每一种活动即是增添一点经验,即是"学"了一种学问。每次所得的经验,和已有的经验合拢起来,起一种重新组织;这种重新组织过的经验,又留作以后经验的参考资料和应用工具。如此递进,永永不已。所以说,"教育是继续不断的重新组织经验"。怎么说"使经验的意义格外增加"呢? 意义的增加就是格外能看出我们所作活动的连贯关系。杜威常举一个例:有一个小孩子伸手去抓一团火光,把手烫了。从此以后,他就知道眼里所见的某种视觉是和手的某种触觉有关系的;更进一步,他就知道某种光是和某种热有关系的。高等的化学家在试验室里作种种活动,寻出火光的种种性质,其实同那小孩子的经验是一样的道理。总而言之,只是寻出事物的关系。懂得种种关系,便能预先安排某种原因发生某种效果。这便是增加经验意义。怎么说"使个人主持后来经验的能力格外增加"呢？懂得经验的意义，能安排某种原因发生某种结果，这便是说我们可以推知未来，可以预先筹备怎样得到良好的结果，怎样免去不良好的结果。这就是加添我们主持后来经验的能力了。

杜威这种教育学说和别人根本不同之处就在于把"目的"和"进行"看作一件事。这句话表面上似乎不通，其实不错。杜威说："活动的经验是占时间的，他的后一步补足他的前一步；前面不曾觉得的关系，也可明白了。后面的结果，表出前面的意义。这种经验的全体又养成趋向有这种意义的事物的习惯。每一种这样继续不断的经验是有教育作用的。一切教育只在于有这种经验。"（同上书页九一——九二）

这种教育学说的哲学根据，就是杜威的实验主义。实验主义的大旨，我已在前面说过了。如今单提出杜威哲学中和教育学说最有密切关系的知识论和道德论，略说一点。

（一）知识论（Democracy and Education, Chap. 25）

杜威说古代以来的知识论的最大病根，在于经验派和理性派的区别太严了。古代的社会阶级很严，有劳心的和劳力的，治人的和被治的，出令的和受令的，贵族和小百姓种种区别。所以论知识也有经验和理性，个体与共相，心与物，心与身，智力与感情种种区别。这许多区别，在现在的民主社会里都不能成立，都不应该存在。从学理一方面看来，更不能成立。杜威提出三条理由如下：

（1）现代生理学和心理学互相印证，证明一切心的作用都和神经系统有密切关系。神经系统使一切身体的作用同力合作。外面环境来的激刺和里面发出的应付作用，都受脑部的节制支配。神经作用，又不但主持应付环境的作用，并且有一种特性，使第一次应付能限定下一次的官能激刺作何样子。试看一个雕匠雕刻木头，或是画师画他的油画，便可见神经作用时时刻刻重新组织已有的活动，作为后来活动的预备，使前后的活动成为一贯的连续。处处是"行"，处处是"知"；知即从行来，即在行里；行即从知来，又即是知。懂得此理，方才可以懂得杜威所说"教育即是生活"的道理。

（2）生物学发达以来，生物进化的观念使人知道从极简单的生物进到人类，都有一贯的程序。最低等的有机体，但有应付环境的活动，却没有心官可说。后来活动更复杂了，智力的作用渐渐不可少，渐渐更重要。有了智力作用，方才可以预料将来，可以安排布置。这种生物进化论出世以后，方才有人觉悟从前的人把智力看作一个物外事外的"旁观者"，把知识看作无求于外，完全独立存在的，这都是错了。生物进化论的教训是说：每个生物是世界的一分子，和世界同受苦，同享福；他所以能居然存在，全靠他能把自己作为环境的一部分，预料未来的结果，使自己的活动适宜于这种变迁的环境。如此看来，人既是世界活动里面的一个参战者，可见知识乃是一种参战活动，知识的价值全靠知识的效能。知识决不是一种冷眼旁观的废物。懂得这个道理，方才可以懂得杜威说的"真教育只是儿童被种种社会环境的需要所挑起的才能的活动"。

（3）近代科学家的方法进步，实验的方法一面教人怎样求知识，一面教人怎样证明所得的知识是否真知识。这种实验的方法和新起的知识论也极有关系。这种方法有两种意义。（一）实验的方法说：除非我们的动作真能发生所期望的变化，决不能说是有了知识，但可说是有了某种假设，某种猜想罢了。真知识是可以试验出效果来的。（二）实验的方法又说：思想是有用的；但思想所以有用，正为思想能正确的观察现在状况，用来作根据，推知未来的效果，以为应付未来的工具。

实验方法的这两层意义都很重要。第一，凡试验不出什么效果来的观念，不能算是真知识。因此，教育的方法和教材都该受这个标准的批评，经得住这种批评的，方才可以存在。第二，思想的作用不是死的，是活的；是要能根据过去的经验对付现在，根据过去与现在对付未来。因此，学校的生活须要能养成这种活动的思想力，养成杜威所常说的"创造的智慧"。

（二）道德论（Democracy and Education, Chap. 26）

杜威论人生的行为道德，也极力反对从前哲学家所固执的种种无谓的区别。

（1）主内和主外的区别。主内的偏重行为的动机,偏重人的品性。主外的偏重行为的效果,偏重人的动作。其实这都是一偏之见。动机也不是完全在内的,因为动机都是针对一种外面的境地起来的。品性也不是完全在内的,因为品性往往都是行为的结果;行为成了习惯,便是品行。主外的也不对。行为的结果也不是完全在外的,因为有意识的行为都有一种目的,目的就是先已见到的效果。若没有存心,行为的善恶都不成道德的问题。譬如我无心中掉了十块钱,有人拾去,救了他一命。结果虽好,算不得是道德。至于行为动作有外有内,更显而易见了。杜威论道德,不认古人所定的这些区别。他说,平常的行为,本没有道德和不道德的区别。遇着疑难的境地,可以这样做,也可以那样做;但是这样做便有这等效果,那样做又有那种结果;究竟还是这样做呢？还该那样做呢？到了这个选择去取的时候,方才有一个道德的境地,方才有道德和不道德的问题。这种行为,自始至终,只是一件贯串的活动。没有什么内外的区别。最初估量决择的时候,虽是有些迟疑。究竟疑虑也是活动,决定之后,去彼取此,决心做去,那更是很明显的活动了。这种行为,和平常的行为并无根本的区别。这里面主持的思想,即是平常猜谜演算术的思想,并没有一个特别的良知。这里面所用的参考资料和应用工具,也即是经验和观念之类,并无特别神秘的性质。总而言之,杜威论道德根本上不承认主内和主外的分别,知也是外,行也是内;动机也是活动,疑虑也是活动,做出来的结果也是活动。若把行为的一部分认作"内",一部分认作"外",那就是把一件整个的活动分作两截,那就是养成知行不一致的习惯,必致于向活动之外另寻道德的教育。活动之外的道德教育,如我们中国的读经修身之类,决不能有良好的效果的。

（2）责任心和兴趣的分别。西洋论道德的,还有一个很严的区别,就是责任心和兴趣的区别。偏重责任心的人说,你"该"如此做。不管你是否愿意,你总得如此做。中国的董仲舒和德国的康得都是这一类。还有一班人偏重兴趣一方面,说,我高兴这样做,我爱这样做。孔子说的"知之者不如好之者,好之者不如乐之者",便是这个意思。有许多哲学家把"兴趣"看错了,以为兴趣即是自私自利的表示,若跟着"兴趣"做去,必致于偏向自私自利的行为。这派哲学家因此便把兴趣和责任心看作两件绝对相反的东西。所以学校中的道德教育只是要学生脑子里记得许多"应该"做的事,或是用种种外面的奖赏刑罚之类,去监督学生的行为。这种方法,杜威极不赞成。杜威以为责任和兴趣并不是反对的。兴趣并不是自私自利,不过是把我自己和所做的事看作一件事;换句话说,兴趣即是把所做的事认做我自己的活动的一部分。譬如一个医生,当鼠疫盛行的时候,他不顾传染的危险,亲自天天到疫区去医病救人。我们一定说他很有责任心。其实他只不过觉得这种事业是他自己的活动的一部分,所以冒险做去。他若没有这种兴趣,若不能在这种冒险救人的事业里面寻出兴趣,那就随书上怎样把责任心说得天花乱坠,他决不肯去做。如此看来,真正责任心只是一种兴趣。杜威说,"责任"(Duty)古义本是"职务"(Office),只是"执事者各司其事"。兴趣即是把所要做的事认作自己的事。仔细看来,兴趣不但和责任心没有冲突,并且可以补助责任心。没有兴趣的责任,如囚犯作苦工,决不能真有责任心。况且责任是死的,兴趣是活的,兴趣的发生,即是新能力发生的表示,即是新活动的起点。即如上文所说的医生,他初行医的时候,他的责任只在替人医病,并不曾想到鼠疫的事。后来鼠疫发生了,他若是觉得他的兴趣只在平常的医病,他决不会去冒险做疫区救济的事。他所以肯冒传染的危险,正为他此时发生一种新兴趣,把疫区的治疗认作他的事业的一部分,故疫区的危险都不怕了。学校中的德育也是如此。学生对于所做的工课毫无兴趣,怪不得要出去打牌吃酒去了。若是学校的生活能使学生天天发生新兴趣,他自然不想做不道德的事了。这才是真正的道德教育。社会上的道德教育,也是如此。商店的伙计,工厂的工人,一天做十五六点钟的苦工,做的头昏脑闷,毫无兴趣,他们自然要想出去干点不正当的娱乐。圣人的教训,宗教的戒律,到此全归无用。所以现在西洋的新实业家,一方面减少工作的时间,增加工作的报酬,一方面在工厂里或公司里设立种种正当的游戏,使做工的人都觉得所做的事是有趣味的事。有了这种兴趣,不但做事更肯尽职,并且不要去寻那不正当的娱乐了。所以真正的道德教育在于使人对于正当的生活发生兴趣,在于养成对于所做的事发生兴趣的习惯。

结　论

杜威的教育哲学,全在他的《平民主义与教育》(Democracy and Education)一部书里。看他这部书的名字,便可知道他的教育学说是平民主义的教育。古代的社会有贵贱,上下,劳心与劳力,治人与被治种种阶级。古代的知识论和道德论都受有这种阶级制度的影响,所以论知识便有心与身,灵魂与肉体,心与物,经验与理性等等分别;论道德便有内与外,动机与结果,义与利,责任与兴趣等等分别。教育学说也受了这种影响,把知与行,道德与智慧,学校内的工课与学校外的生活等等,都看作两截不相联贯的事。现代的世界是平民政治的世界,阶级制度根本不能成立。平民政治的两大条件是:(一)一个社会的利益须由这个社会的分子共同享受;(二)个人与个人,团体与团体之间,须有圆满的自由的交互影响。根据这两大条件,杜威主张平民主义的教育须有两大条件:(甲)须养成智能的个性(Intellectual individuality),(乙)须养成共同活动的观念和习惯(Co-operation in activity)。"智能的个性"就是独立思想,独立观察,独立判断的能力。平民主义的教育的第一个条件,就是要使少年人能自己用他的思想力,把经验得来的意思和观念一个个的实地证验,对于一切制度习俗都能存一个疑问的态度,不要把耳朵当眼睛,不要把人家的思想糊里糊涂认作自己的思想。"共同活动"就是对于社会事业和群众关系的兴趣。平民主义的社会是一种股份公司,所以平民主义的教育的第二个条件就是要使人人都有一种同力合作的天性,对于社会的生活和社会的主持都有浓挚的兴趣。

要做到这两大条件,向来的"文字教育","记诵教育","书房教育",决不够用。几十年来的教育改良,只注意数量的增加(教育普及),却不曾注意根本上的方法改革。杜威的教育哲学的大贡献,只是要把阶级社会遗传下来的教育理论和教育制度一齐改革,要使教育出的人才真能应平民主义的社会之用。我这一篇所说杜威的新教育理论,千言万语,只是要打破从前的阶级教育,归到平民主义的教育的两大条件。对于实行的教育制度上,杜威的两大主张是:(1)学校自身须是一种社会的生活,须有社会生活所应有的种种条件。(2)学校里的学业须要和学校外的生活连贯一气。总而言之,平民主义的教育的根本观念是:

教育即是生活;

教育即是继续不断的重新组织经验,要使经验的意义格外增加,要使个人主宰后来经验的能力格外增加。

民国八年春间演稿,七月一日改定稿

(原载 1919 年 4 月 15 日《新青年》第 6 卷第 4 号又收入 1919 年
北京大学学术讲演会编印的学术讲演录《实验主义》)

问题与主义

一　多研究些问题，少谈些"主义"！

本报（《每周评论》）第二十八号里，我曾说过：

> 现在舆论界大危险，就是偏向纸上的学说，不去实地考察中国今日的社会需要究竟是什么东西。那些提倡尊孔祀天的人，固然是不懂得现时社会的需要。那些迷信军国民主义或无政府主义的人，就可算是懂得现时社会的需要么？
>
> 要知道舆论家的第一天职，就是细心考察社会的实在情形。一切学理，一切'主义'，都是这种考察的工具。有了学理作参考材料，便可使我们容易懂得所考察的情形，容易明白某种情形有什么意义，应该用什么救济的方法。

我这种议论，有许多人一定不愿意听。但是前几天北京《公言报》、《新民国报》、《新民报》（皆安福部的报），和日本文的《新支那报》，都极力恭维安福部首领王揖唐主张民生主义的演说，并且恭维安福部设立"民生主义的研究会"的办法。有许多人自然嘲笑这种假充时髦的行为。但是我看了这种消息，发生一种感想。这种感想是："安福部也来高谈民生主义了，这不够给我们这班新舆论家一个教训吗？"什么教训呢？这可分三层说：

第一，空谈好听的"主义"，是极容易的事，是阿猫阿狗都能做的事，是鹦鹉和留声机器都能做的事。

第二，空谈外来进口的"主义"，是没有什么用处的。一切主义都是某时某地的有心人，对于那时那地的社会需要的救济方法。我们不去实地研究我们现在的社会需要，单会高谈某某主义，好比医生单记得许多汤头歌诀，不去研究病人的症候，如何能有用呢？

第三，偏向纸上的"主义"，是很危险的。这种口头禅很容易被无耻政客利用来做种种害人的事。欧洲政客和资本家利用国家主义的流毒，都是人所共知的。现在中国的政客，又要利用某种某种主义来欺人了。罗兰夫人说，"自由自由，天下多少罪恶，都是借你的名做出的！"一切好听的主义，都有这种危险。

这三条合起来看，可以看出"主义"的性质。凡"主义"都是应时势而起的。某种社会，到了某时代，受了某种的影响，呈现某种不满意的现状。于是有一些有心人，观察这种现象，想出某种救济的法子。这是"主义"的原起。主义初起时，大都是一种救时的具体主张。后来这种主张传播出去，传播的人要图简便，便用一两个字来代表这种具体的主张，所以叫他做"某某主义"。主张成了主义，便由具体的计划，变成一个抽象的名词。"主义"的弱点和危险就在这里。因为世间没有一个抽象名词能把某人某派的具体主张都包括在里面。比如"社会主义"一个名词，马克思的社会主义，和王揖唐的社会主义不同；你的社会主义，和我的社会主义不同：决不是这一个抽象名词所能包括。你谈你的社会主义，我谈我的社会主义，王揖唐又谈他的社会主义，同用一个名词，中间也许隔开七八个世纪，也许隔开两三万里路，然而你和我和王揖唐都可自称社会主义家，都可用这一个抽象名词来骗人。这不是"主义"的大缺点和大危险吗？

我再举现在人人嘴里挂着的"过激主义"做一个例：现在中国有几个人知道这一个名词做何意义？但是大家都痛恨痛骂"过激主义"，内务部下令严防"过激主义"，曹锟也行文严禁"过激主义"，卢永祥也出示查禁"过激主义"。前两个月，北京有几个老官僚在酒席上叹气，说，"不好了，过激派到了中国了。"前两天有一个小官僚，看见我写的一把扇子，大诧异道，"这不是过激党胡适吗？"哈哈，这就是"主义"的用处！

我因为深觉得高谈主义的危险，所以我现在奉劝新舆论界的同志道："请你们多提出一些问题，少谈一些纸上的主义。"

更进一步说："请你们多多研究这个问题如何解决，那个问题如何解决，不要高谈这种主义如何新奇，那种主义如何奥妙。"

现在中国应该赶紧解决的问题,真多得很。从人力车夫的生计问题,到大总统的权限问题;从卖淫问题到卖官卖国问题;从解散安福部问题到加入国际联盟问题;从女子解放问题到男子解放问题;……那一个不是火烧眉毛紧急问题?

我们不去研究人力车夫的生计,却去高谈社会主义;不去研究女子如何解放,家庭制度如何救正,却去高谈公妻主义和自由恋爱;不去研究安福部如何解散,不去研究南北问题如何解决,却去高谈无政府主义;我们还要得意扬扬夸口道,我们所谈的是根本"解决"。老实说罢,这是自欺欺人的梦话,这是中国思想界破产的铁证,这是中国社会改良的死刑宣告!

为什么谈主义的人那么多,为什么研究问题的人那么少呢?这都由于一个懒字。懒的定义是避难就易。研究问题是极困难的事,高谈主义是极容易的事。比如研究安福部如何解散,研究南北和议如何解决,这都是要费工夫,挖心血,收集材料,征求意见,考察情形,还要冒险吃苦,方才可以得一种解决的意见。又没有成例可援,又没有黄梨洲、柏拉图的话可引,又没有《大英百科全书》可查,全凭研究考察的工夫:这岂不是难事吗?高谈"无政府主义"便不同了。买一两本实社《自由录》,看一两本西文无政府主义的小册子,再翻一翻《大英百科全书》,便可以高谈无忌了:这岂不是极容易的事吗?

高谈主义,不研究问题的人,只是畏难求易,只是懒。

凡是有价值的思想,都是从这个那个具体的问题下手的。先研究了问题的种种方面的种种的事实,看看究竟病在何处,这是思想的第一步工夫。然后根据于一生经验学问,提出种种解决的方法,提出种种医病的丹方,这是思想的第二步工夫。然后用一生的经验学问,加上想像的能力,推想每一种假定的解决法,该有什么样的效果,推想这种效果是否真能解决眼前这个困难问题。推想的结果,拣定一种假定的解决,认为我的主张,这是思想的第三步工夫。凡是有价值的主张,都是先经过这三步工夫来的。不如此,不算舆论家,只可算是抄书手。

读者不要误会我的意思。我并不是劝人不研究一切学说和一切

"主义"。学理是我们研究问题的一种工具。没有学理做工具,就如同王阳明对着竹子痴坐,妄想"格物",那是做不到的事。种种学说和主义,我们都应该研究。有了许多学理做材料,见了具体的问题,方才能寻出一个解决的方法。但是我希望中国的舆论家,把一切"主义"摆在脑背后,做参考资料,不要挂在嘴上做招牌,不要叫一知半解的人拾了这些半生不熟的主义去做口头禅。

"主义"的大危险,就是能使人心满意足,自以为寻着包医百病的"根本解决",从此用不着费心力去研究这个那个具体问题的解决法了。

民国八年七月

（原载 1919 年 7 月 20 日《每周评论》第 31 号）

二　附录　蓝志先先生《问题与主义》

> 本报三十一期,有我的《多研究些问题,少谈些主义》一篇文章。我的朋友知非先生,把他转载《国民公报》上,又在那报上发表了《问题与主义》一篇文章。知非先生的议论,很有许多地方可以补正我的原作。他那篇文章约有七千字,本报篇幅有限,不能全载,故略加删节,转录于此。所删去几段,如论人类的神秘性之类,大概都是不很紧要的材料,请作者原谅。
>
> （适）

近日《每周评论》上,有一篇胡君适之的文章,劝人少讲主义,多研究问题,说得非常痛辟。吾们舆论界,从这篇文章里,得的益处一定不少。但是中国今日的思想界,混沌已极,是个"扶得东来西又倒"的东西。胡君这篇议论,恐怕会得一个意想外的结果。况且他的议论里头,太注重了实际的问题,把主义学理那一面的效果抹杀了一大半,也有些因噎废食的毛病。现在记者且把自己的意见,分几层写出来,就正胡君,并质之一般舆论界。

现在请先一论问题的性质。

一,凡是构成一个问题,必定是社会生活上遇着了一种困难。这困难是从三种情形来的:(一)旧存的制度,和新有的理想冲突;(二)

新变化的生活（外来的或自发的原因），和旧事物的冲突；（三）社会中有扰乱迫害的事实发生。因有这三种情形问题的性质，便有理想和现实的区别。其解决的方法，也就不能一律并论了。

二，问题本因实际利害而起。但是在这不等质的社会，各部分的利害，常不一致。甲部分的问题，未必不是乙部分的问题，甚或互相冲突，各自构成相反的问题。故问题的范围常不相同，有世界的问题，有一民族的问题，有一地方的或一阶级的问题。问题愈广，理想的分子亦愈多；问题愈狭，现实的色彩亦愈甚：决不可以一概而论的。

三，问题之发生，固起于困难；但构成一种问题，非必由于客观的事实，而全赖主观的反省。有主观的反省，虽小事亦可成为问题；无主观的反省，即遇着极不合理的，或是极困难的事实，也未必能成为问题。譬如专制君主的毒害，在中国行了几千年，并没有人觉他不合理，拿来成一问题。及至最近数十年，西方的思想输入，人民有了比较，起了反省，即便成了极大的问题，产生出辛亥革命的大事件。又如东方的家族制度，奴隶劳动，在今日思想已经进步的时候，尚不能成为问题，若移到西方去，立刻便成了一种不可终日的问题了。可见构成问题的要素，全在这主观的反省。

问题的性质既是这样的复杂，那解决的方法当然不能简单一样。遇着局部的现实的经过反省，成了问题的时候，自然用不着主义学说来鼓吹，只要求具体的解决方法，便有结果。若是一种广泛的含有无数理想的分子的——即为尚未试验实行的方法，——问题，并且一般人民，对于他全无反省，尚不能成为问题的时候，恐怕具体的方法，也不过等于空谈，决没有什么效果可言么！况且解决一种问题，全靠与这问题有关系的人自动的起来解决，方有效果可言。若是有关系的人无丝毫感觉这问题重要，即使人起来代劳，其效果不是零便是恶，是可断定的。故所以吾们要提出一种具体的方法来解决问题，必定先要鼓吹这问题的意义，以及理论上根据，引起了一般人的反省，使成了问题，才能采纳吾们的方法。否则问题尚不成，有什么方法可言呢？

通常提到问题两个字，一定把他当作具体的性质看；其实不尽然。哲学科学上的且不提,即如与吾们实际生活有关系的问题,抽象性质的也很多。……从他根本的方面着眼,即成了抽象性的问题,从他实行的方面着眼,便成了具体性的问题。……

像吾上文第一项所举的旧制度和新理想的冲突问题:这种问题,大概通常称为革命的问题(广义的)。初起的时候,一定是在那是非善恶的方面争,即标示的改革方法,也决不是什么具体方法,一定是一种趋向的标准(这种标示,与其说是方法,毋宁说是目标)。譬如法国大革命时候所标示的自由,平等,和中国辛亥革命所标示排满,算是具体的方法呢,还是理想的目标呢? 这可以不言而知的。故凡是革命的问题,一定从许多要求中,抽出几点共通性,加上理想的色彩,成一种抽象性的问题,才能发生效力。若是胪列许多具体方法,即就变成一种条陈,连问题都不成,如何能做一般的进行方针呢? 于此可见问题不限于具体性,而抽象性的问题,更重要的了。

像吾上文第二项所举的例,凡是一阶级一地方的实际利害,自然是具体问题居多。但是涉于事物制度起源的问题,那就变成抽象了。譬如选举权及自治权的问题,在起初的时候,决不是他内容如何的问题,一定是正当不正当及权利义务的理论问题。何况自一阶级以及他阶级,一地方以及他地方? 若不是抽出共通点来作进行的标准,那人力车夫的利害问题,如何能算小学教员的问题;小学教员的问题,又如何能算是女工的问题? 其中能一致的地方,自然是抽象的结果了。"去其特别点而取其共通点。"若如民族的世界的问题,因他范围之广,那抽象性是自然越发增大的了。故问题的范围愈大,那抽象性亦愈增加。于此更可见抽象性问题的重要了。

像吾上文所举第三项的例,人类主观的反省,固多起于实际苦痛的压迫。但是人有一种习惯性,他的性质异常固定,可以使人麻木不仁。任你如何活动的物事,一成习惯,便如生铁铸成,决不能动他秋毫。古今无量数的人,为苦痛压迫的牺牲,因为这习惯的桎梏,宛转就死,尚不知其所以然,并没有人把他提出来做个问题。必定等到有少数天才有识的人,把他提作问题,加以种种理论上的鼓吹,然后才成一个共通的问题。故抽象问题,常在具体问题之先,到了第二步才变成具体的性质的。

从这三点看起来,问题不限于具体,抽象性的更为重要;而当问题初起之时,一定先为抽象性,后才变成具体性的。照此讲法,主义学说,如何可以说是不重要,而一笔抹杀呢?吾且再把主义学说的性质论一论。

主义是什么呢?胡君说,从一种救时的具体主张,因为传播的缘故,才变成一种抽象的主义(简略胡君原语)。这话果然不错。但是有许多主义,他的重要部分,并不在从具体主张变成抽象名词,却在那未来的理想。世间有许多极有力量的主义,在他发生的时候,即为一种理想,并不是什么具体方法,信仰这主义的,也只是信仰他的理想,并不考究他的实行方法。即如从具体方法变成主义的,也决不是单依着抽象方法便能构成,尚须经过理想的洗练泡制,改造成的。故理想乃主义的最要部分。一种主张能成主义与否,也全靠这点。

主义是多数人共同行动的标准,或是对于某种问题的进行趋向或是态度。一种主张能成为标准趋向态度,与具体的方法却成反比例(因为愈具体,各部分利害愈不一致),全看他所含抱的理想的强弱。设个比方:主义好像航海的罗盘针,或是灯台上的照海灯。航海的人,照着他进行罢了。至于航海的方法,以及器具,却是另一件事,与他无必然的关系。故主义是一件事,实行的方法又是一件事,其间虽有联属的关系,却不是必然不可分离的。一个主义,可以有种种的实行方法,甚至可以互相冲突,绝不相容。各种的实行方法,也都是按着各部分人的利害必要,各各不同。因为方法与主义,不过是目标与路径的关系;向着这目标走,果然是一定不变;至于从那一条路走,路中所遇事物何如,行路中间所起的事变何如,与这目标并无必然的关系。换一句话讲,主义并不一定含着实行的方法,那实行的方法,也并不是一定要从主义中推演出来的。故所以同一主义,在甲地成了某种现象,在乙地又成一种现象。乃同在一地,信奉同一主义的人,因实行方法的不同,变成种种极不相容的党派。这种例证,古今不知多少,亦不用再举的了。

胡君说,主义的弱点和危险,都在这抽象一点上:这话也不尽然。

吾上文已经说过,范围愈广,他的抽象性亦愈大。因为抽象性大,涵盖力可以增大。涵盖力大,归依的人数自然愈增多。

自来宗教上,道德上,政治上,主义能鼓动一世,发生极大效力,都因为他能涵盖一切,做各部分人的共同趋向的缘故。若愈近具体,则必切合一部分的利害。他的发动的力量,顶大也只限于一部分的人,如何能鼓动各部分的人呢?故往往有一种主义,在主义进行的时候,效力非常之大,各部分的团结也非常坚强;一到具体问题的时候,主张纷歧,立刻成一种扰攘的现象。像那法国大革命,中国辛亥的革命,以及今日的俄、德革命,都是极好的一个例。他们当初所以能成功,都因为共同奉着一个抽象主义。若是起初就拿具体的方法来进行,恐怕在革命前,便已互相冲突纷乱扰攘,早为旧势力所扑灭,还能等到革命后来纷扰么?

胡君说主义有危险。依吾的意见,主义的自身并没有什么危险。所谓危险,都在贯彻主义的实行方法。何以故呢?因为凡是主义,必定含着一种未来的理想。在尚未实现的时候,如何能判定他危险不危险呢?若指他试验中间所发生的种种恶现象而言,则凡属试验的事物,必须经过种种错误,才能成功,——所谓错误,也只方法上的错误,——不独主义为然。况且主义不过是一种标准趋向态度,并非实行方法。在同一主义之下,可以有种种不同或是相反的方法。危险不危险,全看选择的精确不精确。择术不精,才有危险。如何能怪及主义呢?譬如罗盘针虽是航海的趋向标准;但同一方向的海路,本不只一条,海中间所有的危险,也不只一途;你自测量不精,走错了路,如何能怪及罗盘针指示的方向不对呢?故说主义危险,实是因果倒置。……

照吾以上说法,问题与主义,并不是相反而不能并立的东西。现在且把问题主义方法三种相连的关系,归结到下列五点。

(一)一种问题的实行方法,本有种种条款,有重要的,有不重要的,有联属的,有矛盾的。若无一贯的精神把他整齐贯串,如何能实行有效呢?这种一贯的精神,就是主义。故说主义是方法的标准趋向和态度。

（二）问题愈大，性质愈复杂。一个问题，往往含有无数相反的可能性。其中自有最重要而为问题的中心一点。这最重要而为中心一点，在问题自身，原为解决方法的标准，抽象出来，推行到他部分或是他种问题去，即是主义。

（三）问题的抽象性，涵盖性，很有与主义相类的地方。往往同一事件，从受动这方面去看，是个问题，从能动这方面去看，就是主义。换一句话讲，问题有一贯的中心，是问题之中有主义；主义常待研究解决，是主义之中有问题：二者自不能截然区别的。

（四）社会的环境不同，主义和问题的关系，也就不能一样。在文化运动进步不息的社会，主义常由问题而产生。因为在这种社会，一切事物，都属能动性，常跟时代前进。偶有那不进的事物，立刻便引起一般人的注意，成为问题。有问题，便发生各种运动。从这运动中，便产生了若干主义，拿来做解决方法的实行标准。若是在那文化不进步的社会，一切事物，都成了固定性的习惯，则新问题的发生，须待主义的鼓吹成功，才能引人注意。因为这种社会，问题的发生，极不容易。非有一种强有力的主义鼓吹成熟，征服了旧习惯，则无论何种事物，都有一个天经地义的因袭势力支配在那里。有敢挟丝毫疑义的人，便是大逆不道。如何能拿来当一个问题，去讲求解决方法呢？故在不进步的社会，问题是全靠主义制造成的。

（五）不论何种社会，凡是进到何种程度，文化必定渐渐化为固定性，发生停滞的现象。故必常常有少数天才有识的人，起来鼓吹新理想，促进社会的文化；这种新理想，在一般人渐渐首肯之时，即成为主义。由此主义，发生种种问题，试验又试验，常悬为未来的进行方针。而在旧习惯所支配的社会，自身不能发生新理想，则往往由他国输入富于新理想的主义，开拓出一个改革的基础来。

以上五点，即是吾上文所说的结论。胡君对于主义，于吾上文所说外，尚抱有几点疑点。现请就这几点上讨论。

（一）空谈主义是很容易的事，解决问题是很难的事。难易本来是比较的话，没有绝对的标准。……譬如主义，读一二小册子，便可乱谈，看起来似乎很易。但是要把一种主义的内容和意义，明白得十分透彻,鼓吹到社会上去,使社会的若干部分,成为信徒,发生主义的运动,这事恐怕就很难。又如解决实际问题,往往费尽力量,不得一个圆满的结果,看起来似乎很难。但若不问结果,只要糊里糊涂了结,那了结的方法,正容易呢!可见主义的易,不易在主义本身,而在随便乱谈;问题的难,不难在解决方法,而难在解决后的好结果,再进一步言:解决的结果何以有好坏,好结果何以很难,这不可不有一判别的标准。这个标准,就是一种主义。……胡君不说应当从主义上做工夫,却教吾们去想实际解决的方法,那自然是难极的了。

（二）胡君说空谈外来进口的主义,是没有什么用处的。胡君的意思,以为一切主义,都不过是某时某地一种具体的方法转变来的,和吾们实际的需要未必能符;各有各的需要,各有各的方法;故说外来的主义是无用的。这话果然也很有道理。但是在今日世界,文化交通的时代,各社会的需要,渐渐日即日近,一地有效的主义,在他地也未必无效。吾们只能问主义之有效与否,不必问他是外来的或是自生的。况且所谓实际需要,也得有个解说。在因袭势力支配的旧社会,他的需要和那文化进步的社会,都是大不相同的。……中国今日所有的新需要,新问题,那一件不是外来的思想主义所产出来的么?如果胡君的话是专指不合现时用的那些极端主义而言,命题果然正确的多;但是亦有未尽然的地方。因为一切主义,都含有几种理想,其中有现时可适用的,有现时不可适用的;甲地可适用的,乙地不可适用的;极端的如是,温和的亦复如是,这是选择应用上的问题,和输入外来的主义无关。即如过激主义和无政府主义等等,其中不适合的地方,果然很多,有益处的地方也并非绝无。取长去短,以补他种主义之不足,亦未尝无效力可言。要在能否运行。研究他亦正不妨。若是概括以空谈外来主义为无用,未免有几分独断。

（三）胡君说偏向纸上的主义,有为无耻政客用来做害人的危险。胡君这种忧虑,是大可不必有的。因为主义进于鼓吹,已不限于纸上的了。人家受他的鼓吹,信奉他的主义,必定要问这种主义的内容和他的影响结果。无耻政客,决不能用来欺人的。……王揖唐讲社会主义,依然还是一个王揖唐主义,绝没有人去上他当的。至于假借名目,用来作陷害人的器具,那真是欲加之罪,何患无词? 在没有这些主义的时候,他们何尝少害了人呢? 横竖吾们是他们眼中钉,有主义也罢,无主义也罢,总有一天拔去了他们才痛快。倒是吾们现时在研究商酌之中,不能自己确立一种最信奉的主义,标明旗帜,和他们短兵相接,是一件最抱憾的事罢。

吾现在再简单总括几句话:吾们因为要解决从人力车夫的生计,到大总统的权限;从卖淫到卖官卖国;从解散安福部到加入国际联盟;从女子解放到男子解放等等问题:所以要研究种种主义。主义的研究和鼓吹,是解决问题的最重要最切实的第一步。……

(原载 1919 年 8 月 3 日《每周评论》第 33 号)

三　附录　李大钊先生《再论问题与主义》

适之先生:

我出京的时候,读了先生在本报三十一号发表的那篇论文,题目是《多研究些问题,少谈些主义》,就发生了一些感想。其中有的或可与先生的主张互相发明,有的是我们对社会的告白。现在把他一一写出,请先生指正。

(一)"主义"与"问题"　我觉得"问题"与"主义"有不能十分分离的关系。因为一个社会[问题]的解决,必须靠着社会上多数人共同的运动。那么我们要想解决一个问题,应该设法,使他成了社会上多数人共同的问题。要想使一个社会问题,成了社会上多数人的共同的问题,应该使这社会上可以共同解决这个那个社会问题的多数人,先有一个共同趋向的理想主义,作他们实验自己生活上满意不满意的尺度(即是一种工具)。有那共同感觉生活上不满意的事实,才能一个一个的成了社会问题,才有解决的希望。不然,你尽管研究你的社会问题,社会上多数人却一点不生关系。那个社会问题,是仍然永没有解决的希望;那个社会问题的研究,也仍然是不能影响于实际。所以我们的社会运动,一方面固然要研究实际的问题,一方面也要宣传理想的主义。这是交相为用的,这是并行不悖的。不过谈主义的人,高谈虽没有什么不可,也须求一个实验。这个实验,无论失败与成功,在人类的精神里,终能留下个很大的痕影,永久不能消灭。从前信奉英国的 Owen 的主义的人,和信奉法国 Fourier 的主义的人,在美洲新大陆上都组织过一种新村落新团体。最近日本武者小路氏等在那日向地方,也组织了一个"新村"。这都是世人指为空想家的实验;都是他们的实际运动中最有兴味的事实;都是他们同志中有志者或继承者,集合起来,组织一个团体,在那里实现他们所理想的社会组织,作一个关于理想社会的标本,使一般人由此知道这新社会的生活,可以希望,以求实现世界的改造的计划。Owen 派与 Fourier 派在美洲的运动,虽然因为离开了多数人民,去传播他们的理想,就像在那没有深厚土壤的地方撒布种子的一样,归于失败了。而 Noeyes 作《美国社会主义史》,却批评他们,说:Owen 主义的新村落,Fourier 主义的新团体,差不多生下来就死掉了。现在人都把他们忘了。可是社会主义的精神,永远存留在国民生命之中。如今在那几百万不曾参加他们的实验生活,又不是 Owen 主义者,又不是 Fourier 主义者,只是没有理论的社会主义者,只信社会有科学的及道德的改造的可能的人人中,还有方在待晓的一个希望犹尚俨存。这日向的"新村",有许多点像那在美洲新大陆上已成旧梦的新村。而日本的学者及社会,却很注意。河上肇博士说,他们的企画中,所含的社会改造的精神,也可以作方在待晓的一个希望,永存在人人心中。最近本社仲密先生,自日本来信,也说"此次东行,在日向颇觉愉快"。可见就是这种高谈的理想,只要能寻一个地方去实验,不把他作了纸上的空谈,也能发生些工具的效用,也会在人类社会中有相当的价值。不论高揭什么主义,只要你肯竭力向实际运动的方面努力去做,都是对的,都是有效果的。这一点我的意见稍与先生不同。但也承认我们最近发表的言论,偏于纸上空谈的多,涉及实际问题的少。以后誓向实际的方面去作。这是读先生那篇论文后发生的觉悟。

大凡一个主义,都有理想与实际两方面。例如民主主义的理想,不论在那一国,大致都很相同。把这个理想适用到实际的政治上去,那就因时,因所,因事的性质情形,有些不同。社会主义,亦复如是。他那互助友谊的精神,不论是科学派,空想派,都拿他来作基础。把这个精神适用到实际的方法上去,又都不同。我们只要把这个那个的主义,拿来作工具,用以为实际的运动,他会因时,因所,因事的性质情形,生一种适用环境的变化。在清朝时,我们可用民主主义作工具去推翻爱新觉罗家的皇统。在今日,我们也可以用他作工具去推翻那军阀的势力。在别的资本主义盛行的国家,他们可以用社会主义作工具去打倒资本阶级。在我们这不事生产的官僚强盗横行的国家,我们也可以用他作工具去驱除这一般不劳而生的官僚强盗。一个社会主义者,为使他的主义在世界上发生一些影响,必须要研究怎样可以把他的理想尽量应用于环绕着他的实境。所以现在的社会主义,包含着许多把他的精神变作实际的形势使合于现在需要的企图。这可以证明主义的本性,原有适用实际的可能性。不过被专事空谈的人用了,就变成空的罢了。那么先生所说主义的危险,只怕不是主义的本身带来的,是空谈他的人给他的。

（二）假冒牌号的危险　一个学者一旦成名,他的著作恒至不为人读,而其学说,却如通货一样,因为不断的流通传播,渐渐磨灭,乃至发行人的形像印章,都难分清。亚丹·斯密史留下了一部书,人人都称赞他,却没有人读他。马查士留下了一部书,没有一个人读他,大家却都来滥用他。英人邦纳氏(Bonar)早已发过这种感慨。况在今日群众运动的时代,这个主义,那个主义,多半是群众运动的隐语旗帜,多半带着些招牌的性质。既然带着招牌的性质,就难免假冒招牌的危险。王麻子的刀剪,得了群众的赞许,就有旺麻子等来混用他的招牌;王正大的茶叶,得了群众的照顾,就有汪正大等来混用他的招牌。今日社会主义的名词,很在社会上流行,就有安福部的社会主义跟着发现。这种假冒招牌的现象,讨厌诚然讨厌,危险诚然危险,淆乱真实也诚然淆乱真实。可是这种现象,正如中山先生所云:新开荒的时候,有些杂草毒草,夹杂在善良的谷物花草里长出,也是当然应有的现象。王麻子不能因为旺麻子等也来卖刀剪,就闭了他的剪铺。王正大不能因为汪正大等也来贩茶叶,就歇了他的茶庄。开荒的人,不能因为长了杂草毒草,就并善良的谷物花草一齐都收拾了。我们又何能因为安福派也来讲社会主义,就停止了我们正义的宣传。

因为有假冒牌号的人,我们越发应该一面宣传我们的正义,一面就种种问题研究实用的方法,好去本着主义作实际的运动。免得阿猫,阿狗,鹦鹉,留声机来混我们,骗大家。

（三）所谓过激主义　《新青年》和《每周评论》的同人,谈俄国布尔札维克主义的议论很少,仲甫先生和先生等的思想运动,文学运动,据日本《日日新闻》的批评,且说是支那民主主义的正统思想。一方要与旧式的顽迷思想奋战,一方要防遏俄国布尔札维克主义的潮流。我可以自白:我是喜欢谈谈布尔札维克主义的。当那举世若狂,庆祝协约国战胜的时候,我就作了一篇《Bolshevism 的胜利》的论文,登在《新青年》上。当时听说孟和先生因为对于布尔札维克主义不满意,对于我的对于布尔札维克的态度,也很不满意（孟和先生游欧归来,思想有无变动,此时不敢断定）。或者因为我这篇论文,给《新青年》的同人,惹出了麻烦,仲甫先生今犹幽闭狱中,而先生又横被过激党的诬名,这真是我的罪过了。不过我总觉得布尔札维克主义的流行,实在是世界文化上一大变动。我们应该研究他,介绍他,把他的实象昭布在人类社会;不可一味听信人家为他们造的谣言,就拿凶暴残忍的话抹煞他们的一切。所以一听人说他们实行"妇女国有",就按情理断定是人家给他们造的谣言。后来看见美国"New Republic"登出此事的原委,知道这话果然是种谣言,原是布尔札维克政府给俄国某城的无政府党的人造的。以后展转传讹,人又给他们加上了。最近有了慰慈先生在本报发表的俄国的新宪法,土地法,婚姻法等几篇论文,很可以供我们研究俄事的参考,更可以证明妇女国有的话,全然无根了。后来又听人说,他们把克鲁泡脱金氏枪毙了,又疑这话也是谣言。据近来欧美各报的消息,克氏在莫斯科附近安然无恙。在我们这盲目的社会,他们那里知道 Bolshevism 是什么东西,这个名词怎么解释？不过因为迷信资本主义,军国主义的日本人,把他译作"过激主义",他们看"过激"这两个字,很带着些危险,所以顺手拿来乱给人戴。看见先生们文学改革论激烈一点,他们就说先生是过激党。看见章太炎、孙伯兰政治论激烈一点,他们又说这两位先生是过激党。这个口吻,是根据我们四千年先圣先贤道统的薪传。那"杨子为我,是无君也;墨子兼爱,是无父也;无父无君,是禽兽也"的逻辑,就是他们唯一的经典。现在就没有"过激党"这个新名词,他们也不难把那旧武器拿出来攻击我们。什么"邪说异端"哪,"洪水猛兽"哪,也都可以给我们随便戴上。若说这是谈主义的不是,我们就谈贞操问题,他们又来说我们主张处女应该与人私通。我们译了一篇社会问题的小说,他们又来说我们提倡私生子可以杀他父母。在这种浅薄无知的社会里,发言论事,简直的是万难,东也不是,西也不是。我们惟有一面认定我们的主义,用他作材料,作工具,以为实际的运动。一面宣传我们的主义,使社会上多数人都能用他作材料,作工具,以解决具体的社会问题,那些猫,狗,鹦鹉,留声机,尽管他们在旁边乱响;过激主义哪,洪水猛兽哪,邪说异端哪,尽管他们乱给我们头衔。那有闲工夫去理他!

（四）根本解决　"根本解决"这个话,很容易使人闲却了现在,不去努力,这实在是一个危险。但这也不可一概而论。若在有组织,有生机的社会,一切机能,都很敏活;只要你有一个工具,就有你使用他的机会,马上就可以用这工具作起工来。若在没有组织、没有生机的社会,一切机能,都已闭止,任你有什么工具,都没有你使用作工的机会。这个时候,恐怕必须有一个根本解决,才有把一个一个的具体问题都解决了的希望。就以俄国而论,罗曼诺夫家没有颠覆,经济组织没有改造以前,一切问题,丝毫不能解决。今则全都解决了。依马克思的唯物史观,社会上法律政治伦理等精神的构造,都是表面的构造。他的下面,有经济的构造,作他们一切的基础。经济组织一有变动,他们都跟着变动。换一句话说,就是经济问题的解决,是根本解决。经济问题一旦解决,什么政治问题,法律问题,家族制度问题,女子解放问题,工人解放问题,都可以解决。可是专取这唯物史观（又称历史的唯物主义）的第一说,只信这经济的变动是必然的,是不能免的,而于他的第二说——就是阶级竞争说,——了不注意,丝毫不去用这个学理作工具,为工人联合的实际运动,那经济的革命,恐怕永远不能实现;就能实现,也不知迟了多少时期。有许多马克思派社会主义者,很吃了这个观念的亏。天下［天］只是在群众里传布那集产制必然的降临的福音,结果除去等着集产制必然的成熟以外,一点的预备也没有作。这实在是现在各国社会党遭了很大危机的主要原因。我们应该承认:遇着时机,因着情形,或须取一个根本解决的方法;而在根本解决以前还须有相当的准备活动才是。

以上拉杂写来,有的和先生的意见完全相同,有的稍相差异,已经占了很多的篇幅了。如有未当,请赐指教。以后再谈罢。

李大钊寄自昌黎五峰

（原载1919年8月17日《每周评论》第35号）

四 三论问题与主义

我那篇《多研究些问题,少谈些主义》,承蓝知非、李守常两先生,做长篇的文章,同我讨论,把我的一点意思,发挥的更透彻明了,还有许多匡正的地方,我很感激他们两位。

蓝君和李君的意思,有很相同的一点:他们都说主义是一个"共同趋向的理想"（李君的话）,是"多数人共同行动的标准,或是对于某种问题的进行趋向或态度"（蓝君的话）。这种界说,和我原文所说的话,并没有冲突。我说,"主义初起时,大都是一种救时的具体主张。后来这种主张,传播出去,传播的人,要图简便,便用一两个字来代表这种具体的主张,所以叫他做某某主义。主张成了主义,便由具体的计划,变成一个抽象的名词"。我所说的是主义的历史,他们所说的是主义的现在的作用。试看一切主义的历史,从老子的无为主义,到现在的布尔札维克主义,那一个主义起初不是一种"救时的具体主张?"

蓝、李两君的误会,由于他们错解我所用的"具体"两个字。凡是可以指为这个或那个的,凡是关于个体的及特别的事物的,都是具体的。譬如俄国新宪法,主张把私人所有的土地,森林,矿产,水力,银行,收归国有;把制造和运输等事,归工人自己管理;无论何人,必须工作;一切遗产制度,完全废止;一切秘密的国际条约,完全无效:……这都是个体的政策,这都是这个那个政治或社会问题的解决法。——这都是"具体的主张"。现在世界各国,有一班"把耳朵当眼睛"的妄人,耳朵里听见一个"布尔札维克主义"的名词,或只是记得一个"过激主义"的名词,全不懂得这一个抽象名词所代表的是什么具体的主张,便大起恐慌,便出告示捉拿"过激党",便硬把"过激党"三个字套在某人某人的头上。这种妄人,脑筋里的主义,便是我所攻击的"抽象名词"的主义。我所说的"主义的危险",便是指这种危险。

蓝君的第二个大误会,是把我所用的"抽象"两个字解错了。我所攻击的"抽象的主义",乃是指那些空空荡荡,没有具体的内容的全称名词。如现在官场所用的"过激主义",便是一例;如现在许多盲目文人心里的"文学革命"大恐慌,便是二例。蓝君误会我的意思,把"抽象"两个字,解作"理想",这便是大错了。理想不是抽象的,是想像的。譬如一个科学家,遇着一个困难的问题,他脑子里推想出几种解决方法,又把每种假设的解决所涵的结果,一一想像出来,这都是理想的。但这些理想的内容,都是一个个具体的想像,并不是抽象的。我那篇原文自始至终,不但不曾反对理想,并且极力恭维理想。我说:

> 凡是有价值的思想,都是从这个那个具体的问题下手的。先研究了问题的种种方面的种种事实,看看究竟病在何处,这是思想的第一步工夫。然后根据于一生的经验学问,提出种种解决的方法,提出种种医病的丹方,这是思想的第二步工夫。然后用一生的经验学问,加上想像的能力,推想每一种假定的解决法,该有什么样的效果,推想这种效果,是否真能解决眼前这个困难问题。推想的结果,拣定一种假定的解决,认为我的主张,这是思想的第三步工夫。凡是有价值的主张,都是先经过这三步工夫来的。不如此,算不得舆论家,只可算是抄书手。

这不是极力恭维理想的作用吗?

但是我所说的理想的作用,乃是这一种根据于具体事实和学问的创造的想像力,并不是那些抄袭现成的抽象的口头禅的主义。我所攻击的,也是这种不根据事实的,不从研究问题下手的抄袭成文的主义。

蓝、李两君所辩护的主义,其实乃是些抽象名词所代表的种种具体的主张(这个分别,请两君及一切读者,不要忘记了)。如此所说的主义,我并不曾轻视。我屡次说过,"一切学理,一切主义,都只是我们研究问题的工具"。我又屡次说过,"有了学理做参考的材料,便可使我们容易懂得所考察的情形,看什么意义,应该用什么救济方法"。我这种议论,和李君所说的"应该使社会上多数人,先有一个共同趋向的理想主义,作他们实验自己生活上满意不满意的态度",并没有什么冲突的地方。和蓝君所说的"我们要提出一种具体的方法来解决问题,必定先要鼓吹这问题的意义,以及理论上的根据,引起一般人的反省",也没有什么冲突的地方。因为蓝、李两君这两段话,所含的意思,都是要用主义学理作解决问题的工具和参考材料,所以同我的意见相合。如果蓝、李两君认定主义学理的用处,不过是能供给"这问题"的意义,以及理论上的根据,——如果两君认定这观点,我决没有话可以驳回了。

但是蓝君把"抽象"和理想混作一事,故把我所反对的和我所恭维的,也混作一事。如他说"问题愈广,理想的分子亦愈多;问题愈狭,现实的色彩亦愈甚"。这是我所承认的。但是此处所谓"理想的分子",乃是上文我所说的"推想","假设","想像"几步工夫,并不是说问题的本身是"抽象的"。凡是能成问题的问题,都是具体的,都只是这个问题或那个问题。决没有空空荡荡,不能指定这个那个的问题,而可以成为问题的。

蓝君说,"问题的范围愈大,那抽象性亦愈增加"。这里他把"抽象性"三字,代替上文的"理想的分子"五字,便容易使人误解了。试看他所举的例,如法国大革命所标的自由平等,如中国辛亥革命所标示的排满,都不是问题本身,都是具体问题的解决。为什么要排满呢?因为满清末年的种种具体的腐败情形,种种具体的民生痛苦,和政治黑暗,刺激一般有思想的志士,成了具体的问题,所以他们提出排满的目标,作为解决当时的问题的计划。这问题是具体的,这解决也是具体的。法国革命以前的情形,社会不平等,人民不自由,痛苦的刺激,引起一般学者的研究。一般学者的答案说:人类本生来自由平等的,一切不平等不自由,都只是不自然的政治社会的结果。故法国大革命所标示的自由平等,乃是对于法国当日情形的具体解决。法国大革命所要解决的问题,都是具体的。大革命所提出的自由平等,在我们眼里,自然很抽象了,在当日都是具体的主张,因为这些抽象名词,在当日所代表的政策,如废王室,废贵族制度,行民主政体,人人互称"同胞",……那一件不是具体的主张?

所以我要说:蓝君说的"问题的范围愈大,那抽象性亦愈增加",是错了。他应该说,"问题的范围愈大,我们研究这种问题时所需要的思想作用格外繁难,格外复杂,思想的方法,应该格外小心,格外精密"。更进一步:他应该说,"问题的范围愈大,里面的具体小问题愈多。我们研究时,决不可单靠几个好听的抽象名词,就可敷衍过去;我们应该把那太大的范围缩小下来,把那复杂的分子分析出来,使他们都成一个一个的具体的简单问题,如此然后可以做研究的工夫"。

我且举几个例:譬如手指割破了,牙齿虫蛀了,这都是很简单的病,可以随手解决。假如你生了肠热症(Typhoid),病状一时不容易明了,因为里面的分子太复杂了。你的医生,必须用种种精密的试验方法,每时记载你的热度,每日画成曲线表,表示热度的升降,诊察你的脉,看你的舌苔,化验你的大小便,取出你的血来,化验血里的微菌;……如此方才可以断定你的病是否肠热症。断定之后,方才可以用疗治的方法。一切大问题,一切复杂的问题,并不是"抽象性增加";乃是里面所含的具体分子太多了,所以研究的时候,所需要的思想作用,也更复杂繁难了。补救这种繁难,没有别法子,只有用"分析",把具体的大问题,分作许多更具体的小问题。

分析之后,然后把各分子的现象,综合起来,看他们有什么共同的意义。譬如医生把病人的脉,血,小便,热度等现象综合起来,寻出肠热症的意义,这便是"综合"。但是这种综合的结果,仍旧是一个具体的问题(肠热病),仍旧要用一种具体的解决法(肠热病的疗法)。并不是如蓝君所说"从许多要求中,抽出几种共同性,加上理想的色彩,成一种抽象性的问题"。

以上所说,泛论"问题与主义",大旨只有几句话:"凡是能成问题的问题,无论范围大小,都是具体的,决不是抽象的;凡是一种主义的起初,都是一些具体的主张,决不是空空荡荡,没有具体的内容的。问题本身,并没有什么抽象性;但是研究问题的时候,往往必须经过一番理想的作用;这一层理想的作用,不可错认作问题本身的抽象性。主义本来都是具体问题的具体解决法。但是一种问题的解决法,在大同小异的别国别时代,往往可以借来作参考材料。所以我们可以说主义的原起,虽是个体的,主义的应用,有时带着几分普遍性。但不可因为这或有或无的几分普遍性,就说主义本来只是一种抽象的理想。"

蓝君和我有一个根本不同的地方。我认定主义起初都是一些具体的主张。蓝君便不然。他说:

> 一种主张,能成为标准趋向态度,与具体的方法恰成反比例。因为愈具体,各部分的利害愈不一致。……故主义是一件事,实行的方法又是一件事。……主义并不一定含着实行的方法,那实行的方法也并不是一定要从主义中推演出来的。……故往往有一种主义,在主义进行的时候,效力非常之大,各部分的团结也非常坚强。一到具体问题的时候,主张纷歧,立刻成一纷扰的现象。

蓝君这几段话,简直是自己证明主义决不可和具体的方法分开。因为有些人,用了几个抽象名词,来号召大众;因为他们的"主义"里面,不幸不曾含有"实行的方法"和"具体的主张";所以当鼓吹的时候,未尝不能轰轰烈烈的哄动了无数信徒,一到了实行解决具体问题的时候,便闹糟了,便闹出"主张纷歧,立刻扰乱"的笑柄来了。所以后来扰乱的原因,正为当初所"鼓吹"的,只不过是几个糊涂的抽象名词,里面并不曾含有具体的主张。最大最明的例,就是这一次威尔逊先生在巴黎和会的大失败。威总统提出了许多好听的抽象名词,——人道,民族自决,永久和平,公道正谊等等,——受了全世界人的崇拜,他的信徒,比释迦、耶稣在日多了无数倍,总算"效力非常之大"了。但他一到了巴黎,遇着了克里蒙梭、鲁意乔治、牧野、奥兰多等一班大奸雄,他们袖子里抽出无数现成的具体的方法,贴上"人道","民族自决","永久和平"的签条,——于是威总统大失败了,连口都开不得。这就可证明主义决不可不含具体的主张。没有具体主张的"主义",必致闹到扰乱失败的地位。所以我说蓝君的"主义是一件事,实行的方法又是一件事",只是人类一桩大毛病,只是世界一个大祸根,并不是主义应该如此的。

请问我们为什么要提倡一个主义呢?难道单是为了"号召党徒"吗?还是要想收一点实际的效果,做一点实际的改良呢?如果是为了实际的改革,那就应该使主义和实行的方法,合为一件事,决不可分为两件不相关的事。我常说中国人(其实不单是中国人)有一个大毛病,这病有两种病征:一方面是"目的热",一方面是"方法盲"。蓝君所说的"主义并不一定含着实行的方法",便是犯了这两种病。只管提出"涵盖力大"的主义,便是目的热;不管实行的方法如何,便是方法盲。

李君的话,也带着这个毛病。他说:

> 大凡一个主义,都有理想与实用两方面。例如民主主义的理想,不论在那一国,大致都很相同。把这个理想适用到实际的政治上去,那就因时,因地,因事的性质情形,有些不同。……我们只要把这个那个主义拿来做工具,用以为实际的运动,他会因时因地因事的性质情形,生一种适用环境的变化。

这是一种不负责任的主义论。前次杜威先生在教育部讲演,也曾说民治主义在法国便偏重平等;在英国便偏重自由,不认平等;在美国并重自由与平等,但美国所谓自由,又不是英国的消极自由,所谓平等,也不是法国的天然平等。但是我们要知道这并不是民治主义的自然适应环境,这都是因为英国、法国、美国的先哲,当初都能针对当日本国的时势需要,提出具体的主张,故三国的民治各有特别的性质(试看法国革命的第一二次宪法,和英国边沁等人的驳议,便可见两国本来主张不同)。这一个例,应该给我们一个很明显的教训:我们应该先从研究中国社会上政治上种种具体问题下手;有什么病,下什么药;诊察的时候,可以参用西洋先进国的历史和学说,用作一种"临症须知";开药方的时候,可以参考西洋先进国的历史和学说,用作一种"验方新编"。不然，我们只记得几首汤头歌诀，便要开方下药，妄想所用的药进了病人肚里，自然"会"起一种适应环境的变化，那就要犯一种"庸医杀人"的大罪了。

　　蓝君对于主义的抽象性极力推崇，他认为最合于人类的一种神秘性；又说："抽象性大，涵盖力可以增大。涵盖力大，归依的人数愈增多。"这种议论，自然有一部分真理。但是我们同时也该承认人类的这种"神秘性"，实在是人类的一点大缺陷。蓝君所谓"神秘性"，老实说来，只是人类的愚昧性。因为愚昧不明，故容易被人用几个抽象名词骗去赴汤蹈火，牵去为牛为马，为鱼为肉。历史上许多奸雄政客，懂得人类有这一种劣根性，故往往用一些好听的抽象名词，来哄骗大多数的人民，去替他们争权夺利，去做他们的牺牲。不要说别的，试看一个"忠"字，一个"节"字，害死了多少中国人？试看现今世界上多少黑暗无人道的制度，那一件不是全靠几个抽象名词，在那里替他做护法门神的？人类受这种劣根性的遗毒，也尽够了。我们做学者事业的，做舆论家的生活的，正应该可怜人类的弱点，打破他们对于抽象名词的迷信，使他们以后不容易受这种抽象的名词的欺骗。所以我对于蓝君的推崇抽象性和人类的"神秘性"，实在很不满意。蓝君是很有学者态度的人，他将来也许承认我这种不满意是不错的。

　　但是我们对于人类迷信抽象名词的弱点，该用什么方法去补救他呢？我的答案是：多研究些具体的问题，少谈些抽象的主义。一切主义，一切学理，都该研究，但是只可认作一些假设的见解，不可认作天经地义的信条；只可认作参考印证的材料，不可奉为金科玉律的宗教；只可用作启发心思的工具，切不可用作蒙蔽聪明，停止思想的绝对真理。如此方才可以渐渐养成人类的创造的思想力，方才可以渐渐使人类有解决具体问题的能力，方才可以渐渐解放人类对于抽象名词的迷信。

民国八年七月

（原载 1919 年 8 月 24 日《每周评论》第 36 号）

五 四论问题与主义

论输入学理的方法

上一期里,我已做了五千多字的《三论问题与主义》一篇文章。后来我觉得还有几点小意思,不曾发挥明白,故再说几句。

我虽不赞成现在的人空谈抽象的主义,但是我对于输入学说和思潮的事业,是极赞成的。我曾说过:

> 我们应该先从研究中国社会上,政治上,种种具体问题下手;有什么病,下什么药;诊察的时候,可以参用西洋先进国的历史和学说,用作一种"临症须知",开药方的时候,可以参考西洋先进国的历史和学说,用作一种"验方新编"。

若要用这种参考的材料,我们自然不能不做一些输入的事业。但是输入学理,不是一件容易做到的事。做的不好,不但无益,反有大害。我对于输入学理的方法,颇有一点意见,写出来请大家研究是否可用。

(1)输入学说时应该注意那发生这种学说的时势情形　凡是有生命的学说,都是时代的产儿,都是当时的某种不满意的情形所发生的。这种时势情形,乃是那学说所以出世的一个重要原因。若不懂得这种原因,便不能明白某人为什么要提倡某种主义。当时不满意的时势情形便是病症,当时发生的各种学说便是各位医生拟的脉案和药方。每种主义初起时,无论理想如何高超,无论是何种高远的乌托邦(例如柏拉图的《共和国》),都只是一种对症下药的药方。这些药方,有些是后来试验过的,有些是从来不曾试验过的。那些试验过的(或是大试,或是小试)药方,遇着别时别国大同小异的症状,也许可以适用,至少可以供一种参考。那些没有试验过的药方,功用还不能决定,至多只可以在大同小异的地方与时代,做一种参考的材料。但是若要知道一种主义,在何国何时是适用的,在何国何时是不适用的,我们须先知道那种主义发生的时势情形和社会政治的状态是个什么样子,然后可以有比较,然后可以下判断。譬如药方,若要知道某方是否可适用于某病,总得先知道当初开这方时的病状,究竟是个什么样子。当初诊察时的情形,写的越详细完备,那个药方的参考作用便越大。单有一个药方,或仅仅加上一个病名,是没有什么大用的,是有时或致误事的。一切学理主义,也是如此。一种主义发生时的社会政治情形越记的明白详细,那种主义的意义越容易懂得完全,那种主义的参考作用也就越大。所以我说输入学说时,应该注意那发生这种学说的时势情形。

（2）输入学说时应该注意"论主"的生平事实和他所受的学术影响　"论主"两个字,是从佛书上借来的,论主就是主张某种学说的人。例如"马克斯主义"的论主,便是马克斯。学说是时代的产儿,但是学说又还代表某人某人的心思见解。一样的病状,张医生说是肺炎,李医生说是肺痨。为什么呢？因张先生和李先生的经验不同,学力不齐,所受的教育不同,故见解不同。诊察时的判断不同,故药方也不同了。一样的时代,老聃的主张和孔丘不同,为什么呢？因为老聃和孔丘的个人才性不同,家世不同,所受教育经验不同,故他们的见解也不同。见解不同,故解决的方法也不同了。即如马克斯一个人的事迹,就是一个明显的例。我们研究马克斯主义的人,知道马克斯的学说,不但和当时的实业界情形,政治现状,法国的社会主义运动等等,有密切关系,并且和他一生的家世（如他是一个叛犹太教的犹太人等事实）,所受的教育影响（如他少时研究历史法律,后来受海智儿一派的历史哲学影响等）,都有绝大的关系。还有马克斯以前一百年中的哲学思想,如十八世纪的进化论及唯物论等,都是马克斯主义的无形元素,我们也不能不研究。我们须要知道凡是一种主义,一种学说,里面有一部分是当日时势的产儿,一部分是论主个人的特别性情家世的自然表现,一部分是论主所受古代或同时的学说影响的结果。我们若不能仔细分别,必致把许多不相干的偶然的个人怪僻的分子,当作有永久价值的真理,那就上了古人的当了。我们对于论主的时势,固然应该注意,但是对于论主个人的事实与教育,也不可不注意。我们雇一个厨子,尚且要问他的家世经验,讨一个媳妇,尚且要打听他的性情家教;何况现在介绍关于人生社会的重要主张,岂可不仔细研究论主的一生性情事实吗？

（3）输入学说时应该注意每种学说所已经发生的效果　上面所说的两种条件，都只是要我们注意所以发生某种学说的因缘。懂得这两层因缘，便懂得论主何以要提倡这种学说。但是这样还算不得真懂得这种主义的价值和功用。凡是主义，都是想应用的，无论是老聃的无为，或是佛家的四大皆空，都是想世间人信仰奉行的。那些已经充分实行，或是局部实行的主义，他们的价值功用，都可在他们实行时所发生的效果上分别出来。那些不曾实行的主义，虽然表面上没有效果可说，其实也有了许多效果，也发生了许多影响，不过我们不容易看出来罢了。因为一种主张，到了成为主义的地步，自然在思想界，学术界，发生一种无形的影响，围范许多人的心思，变化许多人的言论行为，改换许多制度风俗的性质。这都是效果，并且是很重要的效果。即如老聃的学说未通行的时候，已能使孔丘不知不觉的承认"无为之治"的理想；墨家的学说虽然衰灭了，无形之中，已替民间的鬼神迷信，添了一种学理上的辩护，又把儒家提倡"乐教"的势力减了许多；又如法家的势力，虽然被儒家征服了，但以后的儒家，便不能不承认刑法的功用。这种效果，无论是好是坏的，都极重要，都是各种主义的意义之真实表现。我们观察这种效果，便可格外明白各种学说所涵的意义，便可格外明白各种学说的功用价值。即如马克斯主义的两个重要部分：一是唯物的历史观，一是阶级竞争说（他的"赢余价值说"，是经济学的专门问题，此处不易讨论）。唯物的历史观，指出物质文明与经济组织在人类进化社会史上的重要，在史学上开一个新纪元，替社会学开无数门径，替政治学说开许多生路：这都是这学说所涵意义的表现，不单是这学说本身在社会主义运动史上的关系了。这种唯物的历史观，能否证明社会主义的必然实现，现在已不成问题，因为现在社会主义的根据地，已不靠这种带着海智儿臭味的历史哲学了。但是这种历史观的附带影响——真意义——是不可埋没的。又如阶级竞争说指出有产阶级与无产阶级不能并立的理由，在社会主义运动史与工党发展史上固然极重要。但是这种学说，太偏向申明"阶级的自觉心"一方面，无形之中养成一种阶级的仇视心，不但使劳动者认定资本家为不能并立的仇敌，并且使许多资本家也觉劳动者真是一种敌人。这种仇视心的结果,使社会上本来应该互助而且可以互助的两种大势力,成为两座对垒的敌营,使许多建设的救济方法成为不可能,使历史上演出许多本不须有的惨剧。这种种效果固然是阶级竞争说本来的涵义,但是这些涵义实际表现的效果,都应该有公平的研究和评判,然后能把原来的主义的价值与功用一一的表示出来。

以上所说的三种方法,总括起来,可叫做"历史的态度"。凡对于每一种事物制度,总想寻出他的前因与后果,不把他当作一种来无踪去无影的孤立东西,这种态度就是历史的态度。我希望中国的学者,对于一切学理,一切主义,都能用这种历史的态度去研究他们。

我且把上文所说三条作一个表:

这样输入的主义,一个个都是活人对于活问题的解释与解决,一个个都有来历可考,都有效果可寻。我们可拿每种主义的前因来说明那主义性质,再拿那主义所发生的种种效果来评判他的价值与功用。不明前因,便不能知道那主义本来是作什么用的;不明后果,便不能知道那主义是究竟能不能作什么用的。

输入学说的人,若能如此存心,也许可以免去现在许多一知半解,半生不熟,生吞活剥的主义的弊害。

民国八年七月

(原载1919年《太平洋》第2卷第1期)

杜威先生与中国

杜威先生今天离开北京,起程归国了。杜威先生于民国八年五月一日——"五四"的前三天——到上海,在中国共住了两年零两月。中国的地方他到过并且讲演过的,有奉天、直隶、山西、山东、江苏、江西、湖北、湖南、浙江、福建、广东十一省。他在北京的五种长期讲演录已经过第十版了,其余各种小讲演录——如山西的,南京的,北京学术讲演会的,——几乎数也数不清楚了!我们可以说,自从中国与西洋文化接触以来,没有一个外国学者在中国思想界的影响有杜威先生这样大的。

我们还可以说,在最近的将来几十年中,也未必有别个西洋学者在中国的影响可以比杜威先生还大的。这句预言初听了似乎太武断了。但是我们可以举两个理由:

第一,杜威先生最注重的是教育的革新,他在中国的讲演也要算教育的讲演为最多。当这个教育破产的时代,他的学说自然没有实行的机会。但他的种子确已散布不少了。将来各地的"试验学校"渐渐的发生,杜威的教育学说有了试验的机会,那才是杜威哲学开花结子的时候呢!现在的杜威,还只是一个盛名;十年二十年后的杜威,变成了无数杜威式的试验学校,直接或间接影响全中国的教育,那种影响不应该比现在更大千百倍吗?

第二,杜威先生不曾给我们一些关于特别问题的特别主张,——如共产主义,无政府主义,自由恋爱之类,——他只给了我们一个哲学方法,使我们用这个方法去解决我们自己的特别问题。他的哲学方法总名叫做"实验主义";分开来可作两步说:

(1)历史的方法——"祖孙的方法" 他从来不把一个制度或

学说看作一个孤立的东西,总把他看作一个中段:一头是他所以发生的原因,一头是他自己发生的效果;上头有他的祖父,下面有他的子孙。捉住了这两头,他再也逃不出去了!这个方法的应用,一方面是很忠厚宽恕的,因为他处处指出一个制度或学说所以发生的原因,指出他的历史的背景,故能了解他在历史上占的地位与价值,故不致有过分的苛责。一方面,这个方法又是最严厉的,最带有革命性质的,因为他处处拿一个学说或制度所发生的结果来评判他本身的价值,故最公平,又最厉害。这种方法是一切带有评判(Critical)精神的运动的一个重要武器。

(2) 实验的方法 实验的方法至少注重三件事:(一)从具体的事实与境地下手;(二)一切学说理想,一切知识,都只是待证的假设,并非天经地义;(三)一切学说与理想都须用实行来试验过;实验是真理的唯一试金石。第一件,——注意具体的境地——使我们免去许多无谓的假问题,省去许多无意义的争论。第二件,——一切学理都看作假设——可以解放许多"古人的奴隶"。第三件,——实验——可以稍稍限制那上天下地的妄想冥思。实验主义只承认那一点一滴做到的进步,——步步有智慧的指导,步步有自动的实验——才是真进化。

特别主张的应用是有限的,方法的应用是无穷的。杜威先生虽去了,他的方法将来一定会得更多的信徒。国内敬爱杜威先生的人若都能注意于推行他所提倡的这两种方法,使历史的观念与实验的态度渐渐的变成思想界的风尚与习惯,那时候,这种哲学的影响之大,恐怕我们最大胆的想像力也还推测不完呢。

因为这两种理由,我敢断定:杜威先生虽去,他的影响仍旧永永存在,将来还要开更灿烂的花,结更丰盛的果。

杜威先生真爱中国,真爱中国人;他这两年之中,对我们中国人,他是我们的良师好友;对于国外,他还替我们做了两年的译人与辩护士。他在《新共和国》(*The New Republic*)和《亚细亚》(*Asia*)两个杂志上发表的几十篇文章,都是用最忠实的态度对于世界为我们作解释的。因为他的人格高尚,故世界的人对于他的评判几乎没有异议

〔除了朴兰德(Bland)一流的妄人〕！杜威这两年来对中国尽的这种义务,真应该受我们很诚恳的感谢。

我们对于杜威先生一家的归国,都感觉很深挚的别意。我们祝他们海上平安！

十,七,十一

（原载 1921 年 7 月 10 日《东方杂志》第 18 卷第 13 号,此处未具写作日期。又载 1921 年 7 月 13 日上海《民国日报·觉悟》副刊）

清代学者的治学方法

1 研究欧洲学术史的人知道科学方法不是专讲方法论的哲学家所发明的,是实验室里的科学家所发明的,不是亚里士多德(Aristotle),倍根(Bacon),弥儿(Mill)一般人提倡出来的,是格利赖(Galileo),牛敦(Newton),勃里斯来(Priestley)一般人实地试行出来的。即如世人所推为归纳论理的始祖的倍根,他不过曾提倡知识的实用和事实的重要,故略带着科学的精神。其实他所主张的方法,实行起来,全不能适用,决不能当"科学方法"的尊号。后来科学大发达,科学的方法已经成了一切实验室的公用品,故弥儿能把那时科学家所用的方法编理出来,称为归纳法的五种细则。但是弥儿的区分,依科学家的眼光看来,仍旧不是科学用来发明真理解释自然的方法的全部。弥儿和倍根都把演绎法看得太轻了,以为只有归纳法是科学方法。近来的科学家和哲学家渐渐的懂得假设和证验都是科学方法所不可少的主要分子,渐渐的明白科学方法不单是归纳法,是演绎和归纳互相为用的,忽而归纳,忽而演绎,忽而又归纳;时而由个体事物到全称的通则,时而由全称的假设到个体的事实,都是不可少的。我们试看古今来多少科学的大发明,便可明白这个道理。更浅一点,我们走进化学实验室里去做完一小盒材料的定性分析,也就可以明白科学的方法不单是归纳一项了。

欧洲科学发达了二三百年,直到于今方才有比较的圆满的科学方法论。这都是因为高谈方法的哲学家和发明方法的科学家向来不很接近,所以高谈方法的人至多不过能得到一点科学的精神和科学的趋势;所以创造科学方法和实用科学方法的人,也只顾他自己研究试验的应用,不能用哲学综合的眼光把科学方法的各方面详细表示出来，使人了解。哲学家没有科学的经验，决不能讲圆满的科学方法论。科学家没有哲学的兴趣，也决不能讲圆满的科学方法论。

不但欧洲学术史可以证明我这两句话，中国的学术史也可以引来作证。

2　当印度系的哲学盛行之后，中国系的哲学复兴之初，第一个重要问题就是方法论，就是一种逻辑。那个时候，程子到朱子的时候，禅宗盛行，一个"禅"字几乎可以代表佛学。佛学中最讲究逻辑的几个宗派，如三论宗和法相宗都很不容易研究，经不起少许政府的摧残，就很衰微了。只有那"明心见性，不立文字"的禅宗，仍旧风行一世。但是禅宗的方法完全是主观的顿悟，决不是多数人"自悟悟他"的方法。宋儒最初有几个人曾采用道士派关起门来虚造宇宙论的方法，如周濂溪、邵康节一班人。但是他们只造出几种道士气的宇宙观，并不曾留下什么方法论。直到后来宋儒把《礼记》里面一篇一千七百五十个字的《大学》提出来，方才算是寻得了中国近世哲学的方法论。自此以后，直到明代和清代，这篇一千七百五十个字的小书仍旧是各家哲学争论的焦点。程、朱、陆、王之争，不用说了。直到二十多年前康有为的《长兴学记》里还争论"格物"两个字究竟怎样解说呢！

《大学》的方法论，最重要的是"致知在格物"五个字。程子、朱子一派的解说是：

> 所谓"致知在格物"者，言欲致吾之知，在即物而穷其理也。盖人心之灵莫不有知，而天下之物莫不有理。惟于理有未穷，故其知有不尽也。是以《大学》始教，必使学者即凡天下之物，莫不因其已知之理而益穷之，以求至乎其极。至于用力之久，而一旦豁然贯通焉，则众物之表里精粗无不到，而吾心之全体大用无不明矣。（朱子补《大学》第五章）

这一种"格物"说便是程、朱一派的方法论。这里面有几点很可注意。(1)他们把"格"字作"至"字解，朱子用的"即"字，也是"到"的意思。"即物而穷其理"是自己去到事物上寻出物的道理来。这便是归纳的精神。(2)"即凡天下之物,莫不因其已知之理而益穷之,以求至乎其极",这是很伟大的希望。科学的目的,也不过如此。小程子也说,"语其大至天地之高厚,语其小至一物之所以然,学者皆当理会。"倘宋代的学者真能抱着这个目的做去,也许做出一些科学的成绩。

但是这种方法何以没有科学的成绩呢？这也有种种原因。(1)科学的工具器械不够用。(2)没有科学应用的需要。科学虽不专为实用,但实用是科学发展的一个绝大原因。小程子临死时说,"道著用,便不是。"这种绝对非功用说,如何能使科学有发达的动机？(3)他们既不讲实用,又不能有纯粹的爱真理的态度。他们口说"致知",但他们所希望的,并不是这个物的理和那个物的理,乃是一种最后的绝对真理。小程子说,"今日格一件,明日格一件,积习既多,然后脱然有贯通处"。又说,"自一身之中,至万物之理,但理会得多,自然豁然有觉悟处"。朱子上文说的"至于用力之久,而一旦豁然贯通焉,则众物之表里精粗无不到,而吾心之全体大用无不明矣。"这都可证宋儒虽然说"今日格一事,明日格一事",但他们的目的并不在今日明日格的这一事。他们所希望的是那"一旦豁然贯通"的绝对的智慧。这是科学的反面。科学所求的知识正是这物那物的道理,并不妄想那最后的无上智慧。丢了具体的物理,去求那"一旦豁然贯通"的大彻大悟,决没有科学。

再论这方法本身也有一个大缺点。科学方法的两个重要部分,一是假设,一是实验。没有假设,便用不着实验。宋儒讲格物全不注重假设。如小程子说,"致知在格物,物来则知起。物各付物,不役其知,则意诚不动"。天下那有"不役其知"的格物？这是受了《乐记》和《淮南子》所说"人生而静,天之性也,感于物而动,性之欲也"那种知识论的毒。"不役其知"的格物,是完全被动的观察,没有假设的解释,也不用实验的证明。这种格物如何能有科学的发明？

但是我们平心而论,宋儒的格物说,究竟可算得是含有一点归纳的精神。"即凡天下之物,莫不因其已知之理而益穷之"一句话里,的确含有科学的基础。朱子一生有时颇能做一点实地的观察。我且举朱子《语录》里的两个例:——

（1）今登高山而望,群山皆为波浪之状,便是水泛如此。只不知因什么事凝了。

（2）尝见高山有螺蚌壳,或生石中。此石即旧日之土,螺蚌即水中之物。下者却变而为高,柔者却变而为刚。此事思之至深,有可验者。

这两条都可见朱子颇能实行格物。他这种观察,断案虽不正确,已很可使人佩服。西洋的地质学者,观察同类的现状,加上胆大的假设,作为有系统的研究,便成了历史的地质学。

3 起初小程子把"格物"的物字解作"语其大至天地之高厚,语其小至一物之所以然",又解作"自一身之中,至万物之理"。这个"物"的范围,简直是科学的范围。但是当科学器械不完备的时候,这样的科学野心,不但做不到,简直是妄想。所以小程子自己先把"物"的范围缩小了。他说"穷理亦多端,或读书讲明义理,或论古今人物,别其是非,或应接事物,处其当然:皆穷理也。"这是把"物"字缩到"穷经,应事,尚论古人"三项。后来朱子便依着小程子所定的范围。朱子是一个读书极博的人,他的一生精力大半都用在"读书穷理","读书求义"上。他曾费了大工夫把《四子书》、《四经》(《易》,《诗》,《书》,《春秋》)自汉至唐的注疏细细整理一番,删去那些太繁的和那些太讲不通的,又加上许多自己的见解,做成了几部简明贯串的集注。这几部书,八百年来,在中国发生了莫大的势力。他在《大学》、《中庸》两部书上用力更多。每一部书有《章句》,又有《或问》,《中庸》还有《辑略》。他教人看《大学》的法子,"须先读本文,念得,次将《章句》来解本文,又将《或问》来参《章句》,须逐一令记得,反复寻究,待他浃洽,既逐段晓得,将来统看温寻过,这方始是。"看这一条,可以想见朱子的格物方法在经学上的应用。

他这种方法是很繁琐的。在那禅学盛行的时代,这种方法自然很受一些人的攻击。陆子批评他道:"易简工夫终久大,支离事业竟浮沉。""支离事业"就是朱子一派的"传注"工夫。陆子自己说:"学苟知本,则《六经》皆我注脚。"又说,"《六经》注我,我注《六经》"。他所说的"本",就是自己的心。他说,"宇宙即是吾心,吾心即是宇宙"。他又说,"万物皆备于我。只要明理。然理不解自明,须是隆师亲友"。

朱子说,"人心之灵,莫不有知,而天下之物,莫不有理"。这是说"理"在物中,不在心内,故必须去寻求研究。陆子说,"此心此理,实不容有二"。心就是理,理本在心中,故说"理不解自明"。这种学说和程、朱一系所说"即物而穷其理"的方法,根本上立于反对的地位。

后来明代王阳明也攻击朱子的格物方法。阳明说:

> 众人只说格物要依晦翁,何曾把他的说去用。我着实曾用来。初年与钱友同论做圣贤要格天下之物,因指亭前竹子,令去格看。钱子早夜去穷格竹子的道理,竭其心思,至于三日,便致劳神成疾。当初说他是精力不足,某因自去穷格,早夜不得其理,到七日亦以劳思致疾。遂相与叹,圣贤是做不得的,无他大力量去格物了!

王阳明这样挖苦朱子的方法,虽然太刻薄一点,其实是很切实的批评。朱子一系的人何尝真做过"即凡天下之物,莫不因其已知之理而益穷之"的工夫?朱子自己说:"夫天下之物,莫不有理,而其精蕴则已具于圣贤之书,故必由是以求之。"从"天下之物"缩小到"圣贤之书",这一步可算跨得远了!

王阳明自己主张的方法大致和陆象山相同。阳明说:"心外无物。"又说:"物者,事也。凡意之所发,必有其事。意所在之事谓之物。"又说:"如吾心发一念孝亲,即孝亲便是物。"他把"格"字当作"正"字解,他说:"格者,正也,正其不正以归于正也。"他把"致知"解作"致吾心之良知",故要人"于其良知所知之善者,即其意之所在之物,而实为之,无有乎不尽;于其良知所知之恶者,即其意之所在之物,而实去之,无有乎不尽"。这就是格物。

陆、王一派把"物"的范围限于吾心意念所在的事物,初看去似乎比程、朱一派的"物"的范围缩小得多了。其实并不然。程、朱一派高谈"即凡天下之物",其实只有"圣贤之书"是他们的"物"。陆、王阳明承认"格天下之物"是做不到的事,故把范围收小,限定"意所在之事谓之物"。但是陆、王都主张"心外无物"的,故"意所在之事"一句话的范围可大到无穷,比程、朱的"圣贤之书"广大得多了。还有一层,陆、王一派极力提倡个人良知的自由,故陆子说,"《六经》为我注脚",王子说,"夫学贵得之心,求之于心而非也,虽其言之出于孔子,不敢以为是也"。这种独立自由的精神便是学问革新的动机。

但是独立的思想精神,也是不能单独存在的。陆、王一派的学说,解放思想的束缚是很有功的,但他们偏重主观的见解,不重物观的研究,所以不能得社会上一般人的信用。我们在三四百年后观察程、朱、陆、王的争论,从历史的线索上看起来,可得这样一个结论:"程、朱的格物论注重'即物而穷其理',是很有归纳的精神的。可惜他们存一种被动的态度,要想'不役其知',以求那豁然贯通的最后一步。那一方面,陆、王的学说主张真理即在心中,抬高个人的思想,用良知的标准来解脱'传注'的束缚。这种自动的精神很可以补救程、朱一派的被动的格物法。程、朱的归纳手续,经过陆、王一派的解放,是中国学术史的一大转机。解放后的思想,重新又采取程、朱的归纳精神,重新经过一番'朴学'的训练,于是有清代学者的科学方法出现,这又是中国学术史的一大转机。"

  中国旧有的学术,只有清代的"朴学"确有"科学"的精神。"朴学"一个名词包括甚广,大要可分四部分:

(1) 文字学(Philology)。包括字音的变迁,文字的假借通转等等。

(2) 训诂学。训诂学是用科学的方法,物观的证据,来解释古书文字的意义。

(3) 校勘学(Textual Criticism)。校勘学是用科学的方法来校正古书文字的错误。

(4) 考订学(Higher Criticism)。考订学是考定古书的真伪,古书的著者,及一切关于著者的问题的学问。

因为范围很广，故不容易寻一个总包各方面的类名。"朴学"又称为"汉学"，又称为"郑学"。这些名词都不十分满人意。比较起来，"汉学"两个字虽然不妥，但很可以代表那时代的历史背景。"汉学"是对于"宋学"而言的。因为当时的学者不满意于宋代以来的性理空谈，故抬出汉儒来，想压倒宋儒的招牌。因此，我们暂时沿用这两个字。

"汉学"这个名词很可表示这一派学者的公同趋向。这个公同趋向就是不满意于宋代以来的学者用主观的见解来做考古学问的方法。这种消极方面的动机，起于经学上所发生的问题，后来方才渐渐的扩充，变成上文所说的四种科学。现在且先看汉学家所攻击的几种方法：——

（1）随意改古书的文字。

（2）不懂古音，用后世的音来读古代的韵文，硬改古音为"叶音"。

（3）增字解经。例如解"致知"为"致良知"。

（4）望文生义。例如《论语》"君子耻其言而过其行"，本有错误，故"而"字讲不通，宋儒硬解为"耻者，不敢尽之意，过者，欲有余之辞"，却不知道"而"字是"之"字之误（皇侃本如此）。

这四项不过是略举几个最大的缺点。现在且举汉学家纠正这种主观的方法的几个例。唐明皇读《尚书·洪范》"无偏无颇，遵王之义"，觉得下文都协韵，何以这两句不协韵，于是下敕改"颇"为"陂"，使与义字协韵。顾炎武研究古音，以为唐明皇改错了，因为古音"义"字本读为我，故与颇字协韵。他举《易·象传》"鼎耳革，失其义也；覆公𫗧，信如何也"，又《礼记·表记》"仁者，右也；道者，左也；仁者，人也；道者，义也"，证明义字本读为我，故与左字，何字，颇字协韵。

又《易·小过》上六，"弗遇过之，飞鸟离之。"朱子说当作"弗过遇之"。顾炎武引《易·离》九三，"日昃之离，不鼓缶而歌，则大耋之嗟"，来证明"离"字古读如罗，与过字协韵，本来不错。

"望文生义"的例如《老子》"行于大道，唯施是畏"，王弼与河上公都把"施"字当作"施为"解。王念孙证明"施"字当读为"迤",作邪字解。他举的证据甚多:(1)《孟子·离娄》,"施从良人之所之",赵岐注,"施者,邪施而行",丁公著音迤。(2)《淮南·齐俗训》,"去非者,非批邪施也",高诱注,"施,微曲也"。(3)《淮南·要略》,"接径直施",高注,"施,邪也"。以上三证,证明施与迤通,《说文》说,"迤,衺行也。"(4)《史记·贾生传》,"庚子日施兮",《汉书》写作"日斜兮"。(5)《韩非子》的《解老》篇解《老子》这一章,也说,"所谓大道也者,端道也。所谓貌施也者,邪道也。"以上两证,证明施字作邪字解。这种考证法还不令人心服吗?

这几条随便举出的例,可以表示汉学家的方法。他们的方法的根本观念可以分开来说:——

(1)研究古书,并不是不许人有独立的见解,但是每立一种新见解,必须有物观的证据。

(2)汉学家的"证据"完全是"例证"。例证就是举例为证。看上文所举的三件事,便可明白"例证"的意思了。

(3)举例作证是归纳的方法。举的例不多,便是类推(Analogy)的证法。举的例多了,便是正当的归纳法(Induction)了。类推与归纳,不过是程度的区别,其实他们的性质是根本相同的。

(4)汉学家的归纳手续不是完全被动的,是很能用"假设"的。这是他们和朱子大不相同之处。他们所以能举例作证,正因为他们观察了一些个体的例之后,脑中先已有了一种假设的通则,然后用这通则所包涵的例来证同类的例。他们实际上是用个体的例来证个体的例,精神上实在是把这些个体的例所代表的通则,演绎出来。故他们的方法是归纳和演绎同时并用的科学方法。如上文所举的第一件事,顾炎武研究了许多例,得了"凡义字古音皆读为我"的通则。这是归纳。后来他遇着"无偏无颇,遵王之义",一个例,就用这个通则来解释他,说这个义字古音读为我,故能与颇字协韵。这是通则的应用,是演绎法。既是一条通则,应该总括一切"义"字,故必须举出这条"义读为我"的例,来证明这条"假设"的确是一条通则。印度因明学的三支,有了"喻体"(大前提),还要加上一个"喻依"(例),就是这个道理。

5 我现在且举几个最精密的长例来表示汉学家的科学方法。清代汉学的成绩,要算文字学的音韵一部分为最大,故我先举钱大昕考定古今音变迁的一条例。钱氏于古音学上有两大发明,一是"古无轻唇音",一是"古无舌头舌上之分"。前一条我已引在我的《中国哲学史大纲》里了。现在且举他的"古无舌头舌上之分"一条。舌上的音如北方人读"知"、"彻"、"澄"三组的字都是舌上音。舌头音为"端"、"透"、"定"三组的字(西文的DT两母的字)。钱氏发明现读舌上音的字古音都读舌头的音。他举的例如下:

(1)《说文》,"冲读若动"。《书》"惟予冲人",《释文》"直忠切"。古读直如特,冲子犹童子也。字母家不识古音,读冲为虫,不知古读虫亦如同也。《诗》"蕴隆虫虫",《释文》,"直忠反";徐,"徒冬反"。《尔雅》作爞爞,郭,"都冬反"。《韩诗》作烔,音徒冬反。是虫与同,音不异。

(2)古音中如得。《三仓》云,"中,得也"。《史记·封禅书》"康后与王不相中";《周勃传》"子胜之尚公主,不相中"。小司马皆训为得。

(3)古音陟如得。《周礼》"太卜掌三梦之法,……三曰咸陟"。注,"陟之言得也,读如王德翟人之德"。

(4)古音赵如掉。《诗》"其镈斯赵",《释文》,"徒了反"。《周礼·考工记》注引此作"其镈斯掉",大了反。《荀子》杨倞注,"赵读为掉"。

(5)古音直如特。《诗》"实惟我特",《释文》,"《韩诗》作直,云相当值也"。《檀弓》"行并植于晋国",注,"植或为特"。《王制》"天子犆礿",《释文》"犆音特"。

(6)古音竹如笃。《诗》"绿竹猗猗",《释文》"《韩诗》作薄,音徒沃反",与笃音相近,皆舌音也。笃竹并从竹得声。《论语》"君子笃于亲",《汗简》云,"古文作竺"。《书》"笃不忘",《释文》"本又作竺"。《释诂》,"竺,厚也",《释文》"本又作笃"。《汉书·西域传》,

"无雷国北与捐毒接",师古曰,"捐毒即身毒,天毒也"。《张骞传》,"吾贾人转市之身毒国",邓展曰,"毒音督",李奇曰,"一名天竺"。《后汉书·杜笃传》,"摧天督",注,"即天竺国"。然则竺,笃,毒,督,四字同音。

（7）古读猪如都。《檀弓》"洿其宫而猪焉",注,"猪,都也,南方谓都为猪"。《书》,"大野既猪",《史记》作既都。"荥波既猪",《周礼注》引作"荥播既都"。

（8）古读追如堆。《郊特牲》,"母追",《释文》"多雷反"。枚乘《七发》,"逾岸出追",李善注,"追古堆字"。

（9）古读俾如萆。《诗》"俾彼甫田",《韩诗》作萆。

（10）古读枨如棠。孔子弟子申枨,《史记》作申棠。……因枨有棠音,可悟古读"长"丁丈切,与党音相似,正是音和,非类隔。

（11）古读池如沱。《诗》"滮池北流",《说文》引作"滮沱"。《周礼》职方氏,"并州,其川虖池";《礼记》"晋人将有事于河,必先有事于恶池",即滮沱之异文。

（12）古读廛如坛。《周礼》廛人,注,"故书廛为坛,杜子春读坛为廛"。"载师以廛里任国中之地",注,"故书廛或为坛,司农读为廛"。

（13）古读秩如豑。《书》"平秩东作",《说文》引作豑,从豊,弟声。……凡从失之字,如跌,迭,瓞,蛈,佚,皆读舌音,则秩亦有迭音可信也。

（14）佸娣本双声字。《公羊·释文》"佸,大结反,娣,大计反",此古音也。《广韵》,佸有"徒结"、"直一"两切。

（15）古读陈如田。《说文》"田,陈也"。陈完奔齐,以国为氏,而《史记》谓之田氏,是古田陈同声。

钱氏所举的例,不止这十五个,我不能全抄了。看他每举一个例,必先证明那个例;然后从那些证明了的例上求出那"古无舌头舌上之分"的大通则。这里面有几层的归纳,和几层的演绎。他从《诗·释文》、《檀弓·注》、《王制·释文》各例上寻出"古读直如特"的一条通则,便是一层归纳。他用同样的方法去寻出"古读竹如笃","古读猪如都"等等通则，便是十几次的归纳。然后把这许多通则贯串综合起来，求出"古读舌上音皆为舌头音"的大通则，便是一层大归纳。经过这层大归纳之后，有了这个大通则，再看这个通则有没有例外。如字书读冲为虫，他便可应用这条大通则，说虫字古时也读如"同"。这是演绎。他怕演绎的证法还不能使人心服，故又去寻个体的例，如虫字的"直忠"和"都冬"两切，证明虫字古读如同。这又是归纳了。

这是汉学家研究音韵学的方法。三百年来的音韵学所以能成一种有系统有价值的科学，正因为那些研究音韵的人，自顾炎武直到章太炎都能用这种科学的方法，都能有这种科学的精神。

6 我再举一个训诂学的例。清代讲训诂的方法，到王念孙、王引之父子两人，方才完备。二王以后，俞樾、孙诒让一班人都跳不出他们两人的范围。王氏父子所著的《经传释词》，可算得清代训诂学家所著的最有统系的书，故我举的例也是从这部书里来的。古人注书最讲不通的，就是古书里所用的"虚字"。"虚字"在文法上的作用最大，最重要。古人没有文法学上的名词，一切统称为"虚字"（语词，语助词等等），已经是很大的缺点了。不料有一些学者竟把这些"虚字"当作"实字"用，如"言"字在《诗经》里常作"而"字或"乃"字解，都是虚字，被毛公、郑玄等解作代名词的"我"字，便更讲不通了。王氏的《经传释词》全用归纳的方法，举出无数的例，分类排比起来，看出相同的性质，然后下一个断案，定他们的文法作用。我要举的例是用在句中或句首的"焉"字。

"焉"字用在句尾，是很平常的用法。例如"殆有甚焉"，"必有事焉"，都作"于此"解，那是很容易的。但是"焉"字又常常用在一句的中间或一句的起首，他的功用等于"于是"，"乃"，"则"一类的状词，大概是表时间的关系，有时还带着一点因果的关系。王氏举的例如下：

（1）《礼记·月令》，"命舟牧覆舟，五覆五反，乃告舟备具于天子，天子焉（于是）始乘舟"。

（2）《晋语》，"尽逐群公子，乃立奚齐，焉（于是）始为令于国"。

（3）《墨子·鲁问》，"公输子自鲁南游楚，焉（于是）始为舟战之器"。

（4）《山海经·大荒西经》，"夏后开焉（于是）始得歌九招"。

（5）《祭法》，"坛墠有祷，焉（则）祭之；无祷乃止"。

（6）《三年问》，"故先王焉（乃）为之立中制节"。

（7）又，"焉使倍之，故再期也"。

（8）《大戴礼·王言》篇，"七教修，焉（乃）可以守；三至行，焉（乃）可以征"。

（9）《曾子·制言》篇，"有知，焉（乃）谓之友；无知，焉谓之主"。

（10）《齐语》，"乡有良人，焉（乃）以为军令"。

（11）《吴语》，"吾道路悠远，必无有二命，焉（乃）可以济事"。

（12）《老子》，"信不足，焉（于是）有不信"。

（13）《管子·幼官》篇，"胜无非义者，焉（乃）可以为大胜"。

（14）又《揆度》篇，"民财足则君赋敛焉（乃）不穷"。

（15）《墨子·亲士》篇，"焉（乃）可以长生保国"。

（16）又《兼爱》，"必知乱之所自起，焉（乃）能治之"。

（17）又《非攻》，"汤焉（乃）敢奉率其众以乡有夏之境"。

（18）《庄子·则阳》篇，"君为政，焉（乃）勿卤莽；治民，焉（乃）勿灭裂"。

（19）《荀子·议兵》篇，"若赴水火，入焉（则）焦没耳"。

（20）又，"凡人之动也，为赏庆为之，则见害伤焉（乃）止矣"。

（21）《离骚》，"驰椒邱且焉（于是）止息"。

（22）《九章》，"焉（于是）洋洋而为客"，"焉（于是）舒情而抽信兮"。

（23）《九辩》，"国有骥而不知乘兮，焉（乃）皇皇而更索"。

（24）《招魂》，"巫阳焉（乃）下招曰"。

（25）《远游》，"焉（乃）逝以徘徊"。

（26）僖十五年《左传》，"晋于是乎作爰田，晋于是乎作州兵"。

《晋语》作"焉作辕田,焉作州兵。"是"焉"与"于是"同义。

(27)《荀子·礼论》篇,"三者偏亡,焉无安人"。《史记·礼书》用此文,焉作则。《老子》,"故贵以身为天下,则可寄天下"。《淮南·道应训》引此,则作焉。是"焉"与"则"同义。

这种方法,先搜集许多同类的例,比较参看,寻出一个大通则来:完全是归纳的方法。但是以我自己的经验看起来,这种方法实行的时候,决不能等到把这些同类的例都收集齐了,然后下一个大断案。当我们寻得几条少数同类的例时,我们心里已起了一种假设的通则。有了这个假设的通则,若再遇着同类的例,便把已有的假设去解释他们,看他能否把所有同类的例都解释的满意。这就是演绎的方法了。演绎的结果,若能充分满意,那个假设的通则便成了一条已证实的定理。这样的办法,由几个(有时只须一两个)同类的例引起一个假设,再求一些同类的例去证明那个假设是否真能成立:这是科学家常用的方法。假设的用处就是能使归纳法实用时格外经济,格外省力。凡是科学上能有所发明的人,一定是富于假设的能力的人。宋儒的格物方法所以没有效果,都因为宋儒既想格物,又想"不役其知"。不役其知就是不用假设,完全用一种被动的态度。那样的用法,决不能有科学的发明。因为不能提出假设的人,严格说来,竟可说是不能使用归纳方法。为什么呢?因为归纳的方法并不是教人观察"凡天下之物",并不是教人观察乱七八糟的个体事物;归纳法的真义在于教人"举例",在于使人于乱七八糟的事物里面寻出一些"类似的事物"。当他"举例"时,心里必已有了一种假设。如钱大昕举冲,中,陕,直,赵,竺……等字时,他先已有了一种"类"的观念,先有了一种假设。不然,他为什么不举别的整千整万的字呢?又如王氏讲"焉"字的例,他若先没有一点假设,为什么单排出这些句中和句首的"焉"字呢?汉学家的长处就在他们有假设通则的能力。因为有假设的能力,又能处处求证据来证实假设的是非,所以汉学家的训诂学有科学的价值。道光年间有个方东澍做了一部《汉学商兑》,极力攻击汉学家,但他对于高邮王氏的《经义述闻》,也不能不佩服,不能不说"实足令郑朱俛首,自汉、唐以来未有其比"。这可见汉学家的方法精密，就是宋学的死党也不能不心服了。

7 我在上文已举了音韵学和训诂学的例，我现在再举清代校勘学作例。古书被后人抄写刻印，很难免去错抄错刻的弊病。譬如我做了一篇一百字的文章，写好之后，我自己校看一遍，没有错字。这个原稿可叫做"甲"。我的书记重抄一篇，送登《北京大学月刊》。因为"甲"是用草字写的，抄本"乙"误认了一个字，遂抄错了一个字。这篇"乙"稿拿去排印，商务印书馆的排工又排错了一字；这个印本，可叫做"丙"。这三个本子的"可靠性"有如下的比例：

"甲"本，100；"乙"本，99；"丙"本，97.02。

这一个本子，只经过三手，已比原本减少02.98的可靠性了。何况古代的著作，经过了一两千年的传抄翻印，那能保得住没有错误呢。校勘学的发生，只是要救正这种"日读误书"的危险。但是这种校勘的工夫，初看似乎很容易，其实真不容易。譬如上文说的"丙"本，只须寻着我的"甲"本，细细校对一遍，就可校正了。但是这种容易的校勘是不常有的。有些古书并没有原本可用来校对，所有的古本，无论怎样古，终究是抄本。有时一部书只有一个传本，并无第二本。校书的人既不可随意乱改古书，又不可穿凿附会，勉强解说（说详本篇第四章），自不能不用精密的方法，正确的证据，方才能使人心服。清代的校勘学所以能使人心服，正为他用的是科学的方法。

校勘学的方法可分两层说。第一是根据，第二是评判，根据是校勘时用来作比较参考的底本。根据大约有五种：（1）根据最古的本子。例如阮元的《论语注疏校勘记》引据的本子是：《汉石经残字》、《唐石经》、《宋石经》、皇侃《义疏》、《高丽本》（据陈鳣《论语古训》引的）、《十行本》（宋刻的，元明修补的）、《闽本》（明嘉靖时刊）、《北监本》（明万历时刊）、《毛本》（明崇祯时刊）共计九种古本。（2）根据古书里引用本书的文句。例如《群书治要》、《太平御览》等书引了许多古书，可以用作参考。又如阮元校勘《论语》"君子耻其言而过其行"一句，先说："皇本，高丽本，而作之；行下有也。"这是前一种的根据。阮元又说："按《潜夫论·交际篇》，孔子疾夫言之过其行者，亦作之字。"这是第二种根据。又如《荀子·天论》,"内外无别,男女淫乱,则父子相疑,上下乖离",这四项是平等的,不当夹一个"则"字。《韩诗外传》有这一段,没有"则"字;《群书治要》引的,也没有"则"字。故王念孙根据这两书,说"则"字是衍文。(3)根据本书通行的体例。最明显的例是《墨子·小取》篇,"辟也者,举也物而以明之也。"第二个"也"字,初看似乎无意思,故毕沅校《墨子》,便删了这个字。王念孙后来发现"《墨子》书通以也为他"一条通例,故说这个"也"字也是"他"字:"举他物以明此物谓之譬",这就明白了。他的儿子王引之又用这条通例来校《小取》篇"无也故焉"的"也"字也是"他"字;又"无故也焉"一句也应该改正为"无也故焉",那"也"字也是"他"字。后来我校《小取》篇,"是犹谓也者同也,吾岂谓也者异也"两句,也用这条通例来把第一和第三个"也"字都读作"他"字。(4)根据古注和古校本。古校本最重要的莫如陆德明的《经典释文》。古注自汉以来多极了,不能遍举。我且举两个应用的例。《易·系辞传》,"拟之而后言,议之而后动",议字实在讲不通。《释文》云,"陆姚、桓元、荀柔之作仪"。"仪"字作效法解,与"拟"字并列,便讲得通了。《系辞》又有"几者,动之微,吉之先见者也"。我不懂得此处何故单说"吉",不说"吉凶"。后来我读孔颖达《正义》说"诸本或有凶字者,其定本则无也",方才知道唐初的人还见过有"凶"字的本子,可据此校改。后来我读《汉书·楚元王传》,"穆生曰,《易》称知几其神乎;几者,动之微,吉凶之先见者也"。此又可证我的前说。(5)根据古韵。我引王念孙《读书杂志》一段作例:

> 《淮南子·原道训》,"是故无所私而无所公,靡滥振荡,与天地鸿洞;无所左而无所右,蟠委错纷,与万物始终"。案始终当作终始(上文云,"水流而不止,与万物终始")。公洞为韵。右始为韵(右古读若"以",说见《唐韵正》)。若作始终,则失其韵矣。
>
> 《俶真训》,"若夫真人则动溶于至虚而游于灭亡之野,骑蜚廉而从敦圄,驰于外方(外方据道藏本;各本作方外),休乎宇内,烛十日而使风雨,臣雷公,役夸父,妾宓妃,妻织女"。案"宇

内"当为"内宇"(内宇犹宇内也,若林中谓之中林,谷中谓之中谷矣)。内宇与外方相对为文。宇与野,圄,雨,父,女,为韵(野古读若"墅",说见《唐韵正》),若作"宇内"则失其韵矣。

《说林》篇,"无乡之社,易为黍肉;无国之稷,易为求福。"案"黍肉"当作"肉黍"。后人以肉与福韵相协,故改为"黍肉"。不知福字古读若逼,不与肉为韵也。社黍为韵(社古读若墅。《说文》,社从示,上声。《甘誓》,"不用命戮于社",与祖为韵。《郊特牲》,"而君亲誓社",与赋,旅,伍,为韵。《左传》闵二年,成季将生卜辞,"闲于两社",与辅为韵。《管子·揆度》篇,"杀其身以衅其社",与鼓,父,为韵),稷福为韵。若作黍肉,则失其韵矣。

以上五项是校勘学的根据。但是这几种根据都有容易致误的危险。先说古本。我们所有的"古本",已不知是经过了多少次口授手写的抄本了,其中难保没有错误。近人最崇拜宋版的书,其实宋版也有好坏,未必都可用作根据。次说古书转引本书的文句,也有两大危险。第一,引书的人未必字字依照原文,往往随意增减字句。第二,初引或不误,后来传抄翻印,难免没有错误。次说本书的通例,也许著书的人偶然变例。次说古注与古校本。古校本往往有许多种不同的,究竟应该从那一个校本。古注本也有被后人妄改了的。例如《老子》二十三章,"信不足焉,有不信焉"。这句本当作"信不足,焉有不信。"(看上文第六节)故王弼注云,"忠信不足于下,焉有不信也。"(此据《永乐大典》本)但今本王注改作"忠信不足于下焉,有不信焉",这便不成话了。最后说古韵的根据,有时也容易致误。我且引一条最可注意的例:

《易经·剥象传》:"君子得舆,民所载也;小人剥庐,终不可用也。"又《丰象传》,"丰其沛,不可大事也;折其右肱,终不可用也。"这两条的韵很不容易说明。顾炎武作《易音》,竟不懂"用"何以能与"载""事"为韵。杨宾实说,两"用"字皆"害"字之误。卢文弨赞成此说,说:"害在十四泰,载在十九代,事在七志,古韵皆得相通。古害字作舍,故易与'用'字相混。"

这一说，从表面看去，似乎很圆满了。后来王念孙驳他道："凡《易》言君子小人者，其事皆相反。君子得舆，小人剥庐，亦取相反之义，……非谓小人不能害君子也。右肱为人之所用，右肱折则终不可用，……折肱则害及肱矣，何言终不可害乎？今案'用'读为'以'。《苍颉》篇，'用，以也'。用与以声近而义同，故用可读为以。犹'集'与'就'声近而义同，故集可读为就；'戎'与'汝'声近而义同，故戎可读为汝也。……《剥象传》以灾，尤，载，用，为韵；《丰象传》以灾，志，事，用，为韵，……于古音并属'之'部。……若'害'字则从丰声，丰读若介，于古音属'祭'部，……（在诸经中，与害为韵者）凡发，拨，大，达，败，晰，逝，外，未，说，辖，迈，卫，烈，月，揭，竭，世，艾，岁，等字，皆属'祭'部。遍考群经《楚辞》，未有与'之'部之灾，尤，载，志，事，等字同用者。至于《老》、《庄》诸子，无不皆然。是害与灾，尤，载，志，事，五字，一属'祭'部，一属'之'部，两部绝不相通。"（《经义述闻》卷二）

因为这些根据都容易弄错，故校勘学不能全靠根据。校勘学的重要工夫在于"评判"。校勘两字都是法律的名词，都含有审判的意思；英文"Textual Criticism"译言"本子的评判"。我们顾名思义，可知校勘学决不单靠本子或他种的根据，可知校勘重在细心的判断。上文王念孙校一个"用"字，便是评判的工夫。段玉裁有《与诸同志书论校书之难》一篇，说这个道理最明白：

校书之难，非照本改字，不讹不漏之难也，定其是非之难。是非有二：曰底本之是非，曰立说之是非。必先定其底本之是非，而后可断其立说之是非。二者不分，轇轕如治丝而棼，如算之淆乱其法实，而瞀乱乃至不可理。

何谓底本？著书者之稿本是也。何谓立说？著书者所言之义理是也。

《周礼·轮人》："望而视其轮，欲其幎尔而下迤也。"自《唐石经》以下各本皆作"下迤"。唐贾氏作"不迤"。故《疏》曰："不迤者，谓辐上至毂，两两相当，正直不旁迤，故曰不迤也。"文理甚明。今各本疏文皆作"下迤"("下迤者,谓辐上至毂,两两相当,正直不旁迤,故曰下迤也"),其语绝无文理,则非贾文之底本矣。此由宋人以《疏》合经《注》者,改《疏》之"不"字合经之"下"字,所仍之经非贾氏之经本也。然则经本有二,"下"者是欤?"不"者是欤?

曰,"下"者是也。"望而视其轮",谓视其已成轮之牙。轮圜甚,牙皆向下迤邪,非谓辐与毂正直两两相当也。经下文,"县之以视其辐之直",自谓辐。"规之以视其圜"自谓圜。轮之圜在牙。上文"毂,辐,牙,为三材",此言轮,辐,毂。轮即牙也。然则《唐石经》及各本经作"下",是;贾氏本作"不",非也。而义理之是非得矣。倘有浅人校《疏》文"下迤"之误,改为"不迤",因以疏文之"不迤",改经文之"下迤",则贾疏之底本得矣,而于义理乃大乖也。(段氏共引五例今略。……)

故校经之法,必以贾还贾,以孔还孔,以陆还陆,以杜还杜,以郑还郑,各得其底本,而后判其义理之是非,而后经之底本可定,而后经之义理可以徐定。不先正《注》,《疏》,《释文》之底本,则多诬古人。不断其立说之是非,则多误今人。……(《经韵楼集》)

我们看了这种校勘学方法论,不能不佩服清代汉学家的科学精神。浅学的人只觉得汉学家斤斤的争辩一字两字的校勘,以为"支离破碎",毫无趣味。其实汉学家的工夫,无论如何琐碎,却有一点不琐碎的元素,就是那一点科学的精神。

凡成一种科学的学问,必有一个系统,决不是一些零碎堆砌的知识。音韵学自从顾炎武、江永、戴震、钱大昕、段玉裁、王念孙直到章炳麟、黄侃研究古音的分部,声音的通转,不但分析更细密了,并且系统条理也更清楚明白了。训诂学用文字假借,声类通转,文法条例三项作中心,也自成系统。校勘学的头绪纷繁,很不容易寻出一些通则来。但清代的校勘学却真有条理系统,做成一种科学。我们试看王念孙《读〈淮南子〉杂志》的《后序》,说他订正《淮南子》共九百余条,推求"致误之由",可得六十四条通则。这一篇一万二千字的空前长序(《读书杂志》九之二十二)真可算是校勘学的科学方法论。又如俞樾的《古书疑义举例》的五,六,七,三卷也提出许多校勘学的通则,也可算是校勘学的方法论。

8 我想上文举的例很可以使读者懂得清代学者的治学方法了。他们用的方法,总括起来,只是两点。(1)大胆的假设,(2)小心的求证。假设不大胆,不能有新发明。证据不充足,不能使人信仰。上文举的许多例,大概多偏重求证的一方面。我现在且引清学的宗师戴震论《尚书·尧典》"光被四表"的光字的历史作为最后的一条例,作为我这一篇方法论的总结束。

《尧典》"光被四表,格于上下"。蔡沈解"光"为"显",这是最普通的解法。但是孔安国《传》说,"光,充也"。光字作显解,何等近情近理。为什么古人偏要解作"充"字呢?岂不是舍近而求远吗?但是戴震说:

> 《孔传》,"光,充也。"陆德明《释文》无音切。孔冲远《正义》曰,"光,充,《释言》文"。据郭本《尔雅》,"桄,颎,充也"。注曰,"皆充盛也"。《释文》曰,"桄,孙作光,古黄反"。用是言之,光之为充,《尔雅》具其义。……虽《孔传》出魏、晋间人手,以仆观此字,据依《尔雅》,又密合古人属词之法,非魏、晋间人所能,必袭取师师相传旧解,见其奇古有据,遂不敢易尔。后人不用《尔雅》及古注,殆笑《尔雅》迂远,古注胶滞,如光之训充,兹类实繁。余独以谓病在后人不能遍观尽识,轻疑前古,不知而作也。

戴震是不信伪《孔传》的人,但他却要为"光,充也"一句很不近情理的话作辩护士。我们且看他的说法:

> 《尔雅》桄字,六经不见。《说文》,"桄,充也"。孙愐《唐韵》,"古旷反"。《乐记》,"钟声铿铿以立号,号以立横,横以立武"。郑康成注曰,"横,充也。谓气作充满也。"《释文》曰,"横,古旷反"。《孔子闲居》篇,"夫民之父母乎,必达于礼乐之原,以致五至而行三无,以横于天下"。郑注曰,"横,充也"。疏

家不知其义出《尔雅》。

《尧典》古本必有作"横被四表"者。横被，广被也。正如《记》所云，"横于天下"，"横于四海"，是也。横四表，格上下，对举。……横转写为桄，脱误为光。追原古初，当读"古旷反"，庶合充霈广远之义。

这真是大胆的假设。他见郭本《尔雅》的桄字在孙本作光，又见《说文》有"桄充也"的话，又见《唐韵》读桄为古旷反，而《礼记》的横字既训为充，又读古旷反，——他看了这些事实，忽然看出他们的关系来，遂大胆下一个假设，说《尧典》的光字就是桄字，也就是横字。但是《尚书》的各本明明都作"光"字。戴震于是更大胆的提出一个很近于武断的假设，说"《尧典》古本必有作横被四表者。"这话是乾隆乙亥(1755)年《与王内翰凤喈书》里说的。过了两年(1757)钱大昕和姚鼐各替他寻着一个证据：

(证一)《后汉书·冯异传》有"横被四表，昭假上下"。

(证二)班固《西都赋》有"横被六合"。

过了七年多(1762)，戴震的族弟受堂又替他寻着两个证据：

(证三)《汉书·王莽传》，"昔唐尧横被四表"。

(证四)王褒《圣主得贤臣颂》，"化溢四表，横被无穷"。

过了许多年，他的弟子洪榜又寻得一证：

(证五)《淮南·原道训》，"横四维而含阴阳"。高诱注，"横读桄车之桄"。是汉人横桄通用，甚明。

他的弟子段玉裁又寻得一证：

(证六)李善注《魏都赋》，引《东京赋》"惠风横被"。今本《东京赋》作"惠风广被"，后人妄改也。

这一个字的考据的故事，很可以表示清代学者做学问的真精神。假使这个光字的古本作横已无法证实了，难道戴震就不敢下那个假设了吗？我可以断定他仍是要提出这个假设的。如果一个假设是站在很充分的理由上面的，即使没有旁证，也不失为一个很好的假设。但他终究只是一个假设，不能成为真理。后来有了充分的旁证，这个假设便升上去变成一个真理了。

戴震自己论这个字的考据道：

> 述古之难，如此类者，遽数之不能终其物。六书废弃，经学荒谬，二千年以至今。……仆情僻识狭，以谓信古而愚，愈于不知而作。但宜推求，勿为株守。例以光之一字，疑古者在兹，信古者亦在兹。

"但宜推求，勿为株守"八个字是清学的真精神。

（附记）此篇第一至第六章是民国八年八月作的；第七章是九年春间作的；第八章是十年十一月作的。相隔日久，中间定有不贯串之处。将来有暇时，当细细修正。

十，十一，三

（原载1919年11月、1920年9月、1921年4月《北京大学月刊》第5、7、9期。原题《清代汉学家的科学方法》。收入《胡适文存》时作者作了修改）

井田辨（四篇）

一　寄廖仲恺先生的信

仲恺先生：

我好久不曾回答先生的信，请你恕罪。

《建设》好极了。近来的杂志真能做研究的文章的实在不多。这是新思潮运动的一大缺憾。《建设》里的几位先生都是很能做这种文章的。我读了《建设》的文章，使我自己惭愧。我本想做一篇文章寄上，只因为你们所要的文章，决不是美国人所说的热空气一类，必须是细心研究的结果，所以我至今还不曾能有所贡献。上回你提出"国语的文法"一个题目给我，我对于这个问题，颇曾研究一点，不久当做一篇文章寄上。但是我近来因代理大学教务长，终日在大学做些无聊的琐事，实在没有静心思想的工夫，请你许我略迟一点再做了寄上。

胡汉民先生的《中国哲学史之唯物的研究》是我很佩服的。我只有一点怀疑，要请他指教。胡先生的第一个假设，是承认古代真有井田制度。这是很可疑的事。我不能在这封短信里细说我怀疑的理由。简单说来，我的假设是：

（一）古代的封建制度决不是像《孟子》、《周官》、《王制》所说的那样简单。古代从部落进为无数小国，境内境上还有无数半开化的民族。王室不过是各国中一个最强的国家，故能做一个名义上，宗教上，政治上的领袖。无论如何，那几千年中，决不能有"豆腐干块"一般的封建制度。我们如欲研究中国的封建时代，应该参考欧洲中古的 Feudalism 及日本近世的封建制度，打破"切豆腐干"的封建观念，另外用科学的态度，加上历史的想像力，重新发现古代的所谓封建制度究竟是什么(日本学者如朝河贯一,对于日本的封建制度,极有科学的研究)。

(二)不但"豆腐干块"的封建制度是不可能的,豆腐干块的井田制度也是不可能的。井田的均产制乃是战国时代的乌托邦。战国以前从来没有人提及古代的井田制。孟子也只能说"诸侯恶其害己也,而皆去其籍"。这是"托古改制"的惯技。韩非所谓"无参验而必之"就是这一种。此外如《诗经》的"雨我公田","南东其亩","十亩之间",似乎都不是明白无疑的证据(《诗序》更不可信了)。我们既没有证据证明井田制的存在,不如从事理上推想当日的政治形势,推想在那种半部落半国家的时代是否能实行这种"豆腐干块"的井田制度。

(三)我疑心古代秦始皇以前并不曾有实际上的统一国家。夏、商、周大概都是较强的国家。兵力盛时,征服的小国也许派自己的子弟去做"诸侯"。其余的国至多不过承认名义上的"宗主权"。要想做到《王制》等书所说的整方块头的封建制度,是事势上不可的。故封建制度一个名词是最容易惹起误解的,是最能阻碍新历史的见解的,不如直用"割据制度"的名词。

(四)"封建制度"一个名词的大弊在于偏重"横剖"的一方面(如《王制》等书所说)。其实所谓"封建制度"的重要方面全在"纵剖"的方面,在社会各阶级上下互相臣属的一方面。不在豆腐干式方面,乃是宝塔式的方面。这种制度极盛时,下级的臣属服服帖帖的承认上级的特殊权利。试看《诗经·豳风·七月》,《小雅·信彼南山》、《甫田》等诗,便可看出一副奴隶行乐献寿图。那时代的臣属真能知足!他们自己"无衣无褐"却偏要尽力"为公子裘""为公子裳"!他们打猎回来,"言私其豵,献豜于公",便极满意了。他们的祷词是,"曾孙(田主)之稼,如茨如梁。曾孙之庾,如坻如京。乃求千斯仓,乃求万斯箱。黍稷稻粱,农夫之庆"。把这几篇同《伐檀》比较,便可看出两个绝不相同的时代。古代的相臣属制度是默认的。后来"封建制度"破坏,只是这个默认的上下相臣属的阶级捣乱了。古代并没有均产的井田制度,故有"无衣无褐"的贫民,有"载玄载黄"的公子裳,有"狐狸"的公子袭(《七月》),有"千斯仓,万斯箱"的曾孙,有拾"遗秉滞穗"的寡妇。因为古代本没有均产的时代,故后来的"封建制度"的破坏并不是井田制的破坏。

以上所说,并不是反对胡先生的唯物的研究。因为所谓"封建制度",不但是政治上的上下相臣属,也是经济上的上下相统属。上文所引《诗经》便是明例。此外如"我出我车,于彼牧矣。召彼仆夫,谓之载矣。王事多难,维其棘矣"。这虽是军事上的隶属,其实等于经济上的隶属。赋字从武从贝,可以为证。古代不但诸侯以国为私产,卿大夫也各有采地,各有"属大夫",各有"家臣"(武亿《群经义证》有一条考此颇详)。这都与欧洲中古时代的 Feudal System 根本相同。后来商人阶级起来,凭空添了许多无爵的小诸侯,许多无采邑的地主,——这是破坏封建系统的重要原因。加之兵祸不休,土地的兼并,国家的破灭,财产的更换,主奴的翻覆,——这也是个重要原因。如此说法,似乎已能使唯物的研究成立了,似乎不必从井田破坏一方面着想。

这不过是我一时想到的怀疑之点,要请胡先生教正。

胡先生这篇文章的全体是我很佩服的。论汉代哲学一段更多独到的议论。我从百忙中妄想评论胡先生专心研究的著作,一定很多不妥当的地方。不过拿起笔来便不肯停,只可由他去罢。很望诸位不要见笑。

八年十一月八夜

(原载 1920 年 2 月《建设》杂志第 2 卷第 1 号)

二 附录:廖仲恺先生答书

适之先生:

先生寄给我的信,对于《建设》杂志,太过恭维,真不敢当。先生能够早日把《国语的文法》做好寄来,不但使《建设》读者得受许多益处,并且使国语的文学有个规矩准绳,将来教育上也可得无限便利,这是我们同人所最恳切希望的。

先生在百忙中对于胡汉民先生的《中国哲学史之唯物的研究》

内关于井田的观察，还肯费那么样贵重的时间，下那么样有价值的批评，可见先生对一个问题不肯苟且的态度，不遗巨细的精神，真是佩服。但是我们对于井田制度的观察，和先生所见，有些不同。现在先述汉民先生答辩先生的批评，其次再把我对于这问题的私见和先生讨论。汉民先生的意见是：

（一）井田是不是全照孟子所说，这一点已经在《孟子与社会主义》那篇文章上（《建设》第一号）说"古代井田制度，除了《孟子》再没有可靠的书。孟子所说，是依据古制，或是参上他自己的理想，我们现在不必打这考据的官司"。但以理想推测，井田制虽不必尽照孟子所说那么整齐，却也断不至由孟子凭空杜撰。土旷人稀的时代，人民以一部落一地方共有田地，不是希奇古怪的事。

（二）日本服部宇之吉的《井田私考》也说，"《诗经》的'公田'是属于公家的田，叫人民来佃作的，不必是行助法的'公田'，好像汉代称天子所有的田做公田一般"。但加藤繁在《支那古田制之研究》驳他说，"《诗经》的'公田'和汉代的'公田'同不同，要慎重考究。如果孟子的时代属于公家的'私田'就叫作'公田'，那就什么人都不敢将'雨我公田'一句做助法存在的证据，孟子何至提出来在滕国国君前混说。他要是这样混说，那是三尺童子都会驳他的，滕文公和毕战怎好采纳呢？孟子一点不疑心说出来，滕国君臣也不觉奇怪，这里就很有意味了。而且那土地公有的古代，人民没有发生土地的所有权，人君也不曾拿私有财产的样子'所有'那些田地。天下的田地分配在人民。虽有公地采地的分别，他的租税有入公家卿大夫的不同，然而同是人民享有耕种的普通田地，此外并没有公家当做私有财产所有的田土。我们看《诗经》和《左传》都未曾发现这样田土的痕迹。至汉代认做公家私田的公田，大抵是土地公有制度断烂灭裂，人民各私有其田土，富豪更兼并广大的地面，乘着个势子才起的。所以古时指井田一区做公田的话，到此时代，一变为公家的私产的意味"。加藤繁这段话，好像没有什么武断。就如"秦王翦为大将请美田宅甚众"。又"请善田者五人"。这种举动，在战国末期才见。又如"萧何买民田自污"。"贡禹被召，卖田百亩以供车马"。这都是晚周所无的事。

（三）孟子以前确是没有什么人讲究井田制度。但是孟子以前的人谈政治的，都只爱说简单抽象的话，很少具体的说明一件政制的，不能因此就起疑心。

（四）《夏小正》有初服于公田的话。这本《夏小正》固然不能就认做夏时的著作，但最近由日本理学博士新城新藏氏研究，说《夏小正》所言天体现象，恰和周初西历纪元前一千年的观象相合。那么这本书或者编纂在西周初年。他所纪的天文农事可以认为周初的事情似乎也可于《诗经》之外作一旁证。

（五）井田法虽不可详考，总是土地私有权未发生的时代，共有共用土地的习惯之整顿方法。那时代土旷人稀，人的事业又不繁，各人有耕作便有生活，经济的基础，没有什么波澜。一旦崩坏，多数人的生活就操纵在豪强的手上。马克思说，"阶级竞争之所由起，因为土地共产制崩坏以后，经济的组织都建在阶级对立之上"。意大利的罗利亚（Loria）也说，"欧洲从前经济阶级发生，是在自由土地没落之后"。中国思想界之大变动，也是因为这个缘故。

我于中国古代井田制度，向来没有十分研究；于欧洲古代封建制度，也没有用过工夫。但我以为凡豫想有信史以前的各种制度，无论中国外国，都是一件极冒险的事。想免这个危险，第一要紧的是在本国地方上有这制度残留的痕迹，或有那时代政府的记录的直接证据；其次在外国同阶级时代中有类似制度的旁证；再次有证明反证之不符的反证。对于井田制度，我现在的知识所能及的是：

（一）井田制度，就假定他是事实，也因为相隔年代太远，变迁太多，万不会有他的痕迹留在今日；就是当时政府的记录，也不会存下数千年：这是我敢武断的。但是比较算是当时政府记录之一种的《春秋》，有"初税亩"（宣公十六年）一项记事。据《左传》说，"初税亩，非礼也。谷出不过藉，以丰财也。"《公羊传》说，"……何讥乎始履亩而税，古者什一而藉。……"《穀梁传》说，"……古者什一，藉而不税。……古者三百亩为里，名曰井田。井田者九百亩，公田居一。私田稼不善则非吏，公田稼不善则非民。……"证以《论语》所载"哀公问于有若曰,'年饥,用不足,如之何?'有若对曰,'盍彻乎?'曰,'二,吾犹不足,如之何其彻也?'对曰,'百姓足,君孰与不足?百姓不足,君孰与足?'"这可想见宣公税亩之后,年荒税重,百姓弃田不耕,有若所以劝哀公规复彻法的井田制;足民食即所以益税源,在经济,社会,财政政策上,都说得通。除此之外,要寻这'彻'字的解释,就极难了。此外还有《国语·鲁语》说,"季康子欲以田赋,使冉有访诸仲尼。仲尼不对,私于冉有曰,'求来,汝不闻乎? 先王制土,藉田以力,而砥其远近。……若子季孙欲其法也,则有周公之籍矣'"。也是这类。这样看来,《春秋》"初税亩"这项记事,可以证明鲁国到宣公时"初"坏井田。这个证据若确,那么井田制度,不能断他全是孟子的"托古改制"、"战国时代的乌托邦"了。

（二）井田制度,我假定他是上古民族由游牧移到田园,由公有移到私有,当中一个过渡制度。以社会进化的程序看来,在先生所谓"半部落半国家的时代",这种井田制度不只是可能的,而且是自然会发生的。试考究欧洲古代"均地制度"Agrarian system 的沿革,和经济农政学者对于土地公有私有问题互相聚讼的学说,便晓得中国古代的井田制度似乎不是可以理想否认的事。以我所知的 Sir Henry Summer Maine 所著 *Village Communities in The East and West* 1871 和 Emile de Laveleye 所著 *Primitive Property* 都是以他们考查所得各处土地原始的分配状态的结果,证明土地的均产制是原始时代各民族通有的制度。据 Laveleye 说,"在所有那些原始社会里的土地,是民族共同的产业,依期分给各家,所以各人能够因天然之赐,自食其力"。他所举的证据很多,其中有一段说,"自由和自由的效果使一族中每个家长平等享有公产不可分的份子,就是日耳曼乡村主要的权利"。*Primitive Property*; p. 116。又 M. Guizot 著《欧洲文明史讲义》、《法兰西文明史讲义》两本书,论日耳曼民族侵入罗马之后,以一种粗陋强健的生命注入罗马社会的结果,弄到日耳曼和罗马两个社会组织一齐破坏,"土地公有"和"产业独占"两种思想,混杂为一,铸成东罗马帝国后来给土耳其蹂躏的地方所有的制度。亨利佐治在《进步和贫穷》那书里《土地私有之历史的研究》一节内,引了 Guizot 这议论,接着便说,"当时成立很快传播很广的封建制度,就是这两种思想混一的结果。但是躲在封建制度底下,而且和封建制度并行的,还有以耕田人之共有权做基础的原始组织,带着从前的根子复活,而他的踪迹遗留到全欧。这种原始组织,拿耕地来均分,把非耕地作公用,像古代意大利和撒逊时代的英伦所有的,至今在俄国专制政治农奴制度的底下,在塞尔维亚所受回教压迫的底下,还能保存。在印度虽是扫除了好些,然而经过多少回的战争,几百年的专制,还没有完全绝灭"。后来有俄国莫斯科大学教授 Vinogradoff 所著 *Villainage in England* 很详细的研究英国封建时代之农奴制度和他的来历。其中有一段说英国在那时代所行的原野耕作制度,Open-field System 和附随的情形,就是指明更古时代实行均地,可以想见原始的均产主义。他的确信是,"诸侯领土没有设定的地方,没有成形的时候,这种制度是很流行的,印度和在部落时代的意大利可以作证,……所以这种制度或可适合于领主,然而却不是领主的布置"。Ashley 教授是不信那种 Mark Theory 在英国古代土地制度上有实证的。他在那本"历史的和经济的研究"讲中古均地制度那章里,批评 Vinogradoff 的书不精细之点和可疑的地方不少。但是关于原野耕作制度这说,他也不能不说,"我们或可推定英人在部落阶级的时代里,行过原野耕作法"。其他如 *Seebohm's Tribal System in Wales* 所考 Aberffraw 领地内土地分配情形,和 Wales 族均田受地方法,都是很有价值的考据。又据日本同文馆出版的"经济大辞书"内土地制度门类关于 Feldgemeinschaft 的说明如下,"共同耕作制度有二。于共有地上共同使用收益的本来之共同耕作制度,和拿共有地分期分割,而在期间内所分配的地上行个别的耕作,满期再行割换的割地制度。由农业史上说,本来之共同耕作制度先起,割地制度稍迟发达。……割地制度之成立,有和前者种种不同的原因。本来之共同耕作制度进步了,就生出个别的观念之发达,和比较的永续性。而其结果,就认一定的期间内,在耕作地上有专属的使用权,所以生出这割换的制度。又由收税的关系上,国王自掌全领土的所有权,只许人民于一定期间在地上使用收益;他所以这样的缘故,有因一国的王征服他国,行他压制的手段的,也有因要矫正一部落内土地分配不平均的弊端的。各国的惯习,虽不一样,然而和土地共有制度一齐的占多数。Mir 就是俄国里共同耕作制度之一种,采用割换制度,俄国人叫他做 Obschtschtina。南洋爪哇也有一种割地制度,耕地完全是村乡所有,村民只有使用权,村乡团体直接对于国王负纳税的义务。……"日本河田嗣郎所著的《土地经济论》,他的主旨是驳亨利佐治及土地公有一派的学说的,却是他论土地所有的沿革,也不能不认初民时代有团体共有土地那一个阶级。中国行井田制度的时候,所谓"溥天之下莫非王土",对于土地当然不会发生法律上私权的观念。人民是不能有地的,却无不能用地的。地之所出,一方养活人民,一方供给国用,好处就是这里。中国井田制度和外国均地制度,自然有很多不同之点,但是于不同的地方不同的民族中,要寻出绝对相同的制度,除凑巧之外,是万不会有的事。不过各个原始的民族里,有恁些相类似的例,那么井田制度在中国古代,如先生所谓"半部落半国家"之世,就不能说他是绝对不可能。至于豆腐干块不豆腐干块,到是不关紧要。Ashley 对于各学者所考究的古代均地制度,也像先生对于井田制度那么怀疑;然而他在批评 Seebohm 的《威尔斯之部落制度》末尾之附录上,有 I cannot help thinking that the Wales, suggest a certain stereotyping of the division of land at an early date 一段尾声。可见人少地多的原始时代,拿土地来整齐均分,在各民族中不是没有的。至于封建一层,夏、商的时代怎么样我不敢说,到周得国之后,在他绝对的领域内,画土分疆,封给同姓子弟和异姓功臣,也不是事势上万不能整齐。近世在新发现的土地上新兴的国家,如美国、澳洲之类,他们所分的行政区域,也差不多是整方块头的,几千年后的论史家,难道也去怀疑?

(三)《诗经》的"雨我公田,遂及我私",不能作无疑的证据的道理。先生未曾说得明白。《豳风·七月》、《信南山》的诗,我的解释和先生的也有点不同。"无衣无褐,何以卒岁?"我们以为是农人以劳力自勉以懒惰自警的话,所以有"田畯至喜",有"为此春酒,以介眉寿"。不是"自己无衣无褐,却偏要尽力为公子裘为公子裳"。充其量,这章诗所能证明的,也不过是当时情形,类似欧洲中古封建时代,人民对于君主有执役的义务,却不能证井田因此也不存在。《信南山》、《甫田》两章的"曾孙",先生解作"田主",但据《通说》,《诗经》的"曾孙",通是指成王。《周颂·维天之命》一章,有"惠我文王'曾孙'笃之"。又证以《噫嘻》一章,"噫嘻成王,既昭假尔,率时农夫,播厥百谷,骏发尔私,终三十里,亦服尔耕,十千维耦",似乎《通说》较有可信。《行苇》章的"曾孙"若是寻常的田主,就不应有敦弓了。或者先生所谓田主是王即国家的古代国有土地之主的意义,那便没有什么争论。至于国家有"千斯仓,万斯箱",农夫有"黍稷稻粱",寡妇有"遗秉滞穗",便是社会富裕的景象。后来封建制度的弊端渐露,豪强兼并盛行,那些平和景象就没有了,所以诗人就要作此感叹。这样说去,似乎较稳。

以上拉杂写出来的意见,请先生指教。以我的浅学,且个人书斋里,书籍很少,没有几本参考,拿这样大问题来讨论,很觉得力量不足,望先生不要见笑。

廖仲恺　十二月十九日

（原载 1920 年 2 月《建设》杂志第 2 卷第 1 号）

三　答廖仲恺、胡汉民先生的信

仲恺、汉民先生：

我初五晚到京后,仔细把两位先生的信再看了一遍。两位先生的研究态度使我也不敢不去做一点研究。不幸我研究的结果使我怀疑的态度更深一层。因此我再把我怀疑之点写出来,请两位先生教正。

先说汉民先生的意见。

他说："古代井田制度,除了《孟子》再没有可靠的书。孟子所说,是依据古制,或是参上他自己的理想,我们现在不必打这考据的官司。"

这是一个大争点。如果我们的讨论只限于孟轲个人的社会主义,那就不必打这考据的官司了。现在我们所争乃是古史,乃是古代是否有井田制度,这可不能不打一点考据的官司了。

汉民先生又说:"井田制虽不必尽照孟子所说那么整齐,却也断不至由孟子凭空杜撰。"

我以为古代既没有那样"整齐"的井田制,孟子却偏说得那样整齐,这便是凭空杜撰。

我们试看孟子说的话:

> 夏后氏五十而贡,殷人七十而助,周人百亩而彻。其实皆什一也。彻者,彻也。助者,藉也。龙子曰,"治地莫善于助,莫不善于贡。"贡者,校数岁之中以为常,乐岁粒米狼戾,多取之而不为虐,则寡取之。凶年粪其田而不足,则必取盈焉。为民父母使民盻盻然将终岁勤动不得以养其父母,又称贷而益之,使老稚转乎沟壑。恶在其为民父母也?夫世禄,滕固行之矣。《诗》云,"雨我公田,遂及我私"。惟助为有公田,由此观之,虽周亦助也。

这一段话,上天下地,实在没有头绪。既说"惟助为有公田",是贡与彻皆无公田可知。他又引《诗》来说"虽周亦助也"。这可见孟子实在不知道周代的制度是什么,不过从一句诗里推想到一种公田制。这种证据已很薄弱了。他不能知道周代的制度,却偏要高谈一千多年前的"助"制,这不是韩非所谓"非愚即诬"吗?

再细看本文,说贡说助之间,忽插入"夫世禄,滕固行之矣"一句。这是什么意思呢?再看下文孟子说:

> 夫仁政必自经界始。经界不正,井地不均,谷禄不平。是故暴君污吏必慢其经界。经界既正,分田制禄,可坐而定也。

照这两段比较看来,更可知孟子所谈的不过是把滕国贵族的"世禄"制度略加整顿,不过是一种"分田制禄"的经界计划,并不是什么土地公有的均产制度。他脑筋里并没有什么明了的均产制度,故说来说去,说得很糊涂不清。

再看下去,孟子说:

> 请野,九一而助。国中,什一使自赋。卿以下必有圭田,圭田五十亩,余夫二十五亩,死徙无出乡。乡田同井,出入相友,守望相助,疾病相扶持,则百姓亲睦。方里而井,井九百亩,其中为

公田,八家皆私百亩,同养公田。公事毕,然后敢治私事。所以别野人也。

这一段,我自从做小孩子到现在,总不曾明白懂得。现在我仔细看来,孟子的井田制并不是使百姓家家有田百亩。他所说的"公田"固是属于国家的田。但他的"私田",仍是卿大夫士的禄田,是贵族的私产,不是农民的公产。种田的农夫乃是佃民,不是田主。如若不然,那"卿以下必有圭田"一段,和上文"世禄""分田制禄"二段便不可懂了。

再看北宫锜问周室班爵禄一章,更可明白这个道理。孟子说:

> 天子之制地方千里,公侯皆方百里,伯七十里,子男五十里。……天子之卿受地视侯,大夫受地视伯,元士受地视子男。大国地方百里,君十卿禄,卿禄四大夫,大夫倍上士,上士倍中士,中士倍下士,下士与庶人在官者同禄,禄足以代其耕也。……耕者之所获,一夫百亩,百亩之粪,上农夫食九人,上次食八人,中食七人,中次食六人,下食五人。庶人在官者其禄以是为差。

照这样看来,孟子理想中耕田百亩的农夫,耕田的酬报,不过是仅够五人至九人的吃食,并不能"享有"这百亩之田。

孟子所主张的,依我看来,只是想把当时佃户所种田,画清疆界,从头分配一番,不管田主是谁,都"截长补短",重新做一遍经界的手续,使佃户都有平均的佃田,都觉得所佃的田比较是一种可靠的"恒产",不致随着田主转来转去。孟子的计划,是要使佃田只管换主而佃户不换,故可说是恒产。后来的人不仔细研究,便把孟子的井田制认为一种共产制,这便大错了。

汉民先生引加藤繁的话:"……那土地公有的古代,人民没有发生土地的所有权,人君也不曾拿私有财产的样子'所有'那些土地。……并没有公家当作私有财产'所有'的田土,我们看《诗经》和《左传》都未曾发现这样田地的痕迹。"这段话实在不确。《诗经》里明明说过"人有土田,女覆夺之"。这还是西周的诗哩。《左传》里这样的证据更多了:

> 成二年,卫人赏仲叔于奚以邑。

> 襄二十六年,郑伯赐子展八邑,子座六邑。
>
> 襄二十七年,公与免余邑六十,辞曰,唯卿备百邑,臣六十矣。
>
> 又宋左师请赏,公与之邑六十。
>
> 又二十八年,与晏子邶殿其鄙六十,与北郭佐邑六十。
>
> 又三十年,子产为政,伯石赂与之邑。

《论语》也说管仲夺伯氏骈邑三百。这种土地,人君可以随便赐人,人臣可以随便夺取,随便用来作贿赂,这还不可算是"当作私有财产'所有'的田土"吗?汉民先生说王翦请田,萧何买田等事,都是晚周所无,似乎也错了。

至于加藤繁说"孟子何至提出来在滕国君臣面前混说"一段,更不值一驳。即如三年之丧,滕国父兄明说"吾宗国鲁先君莫之行,吾先君亦莫之行",孟子偏敢混说"三年之丧……自天子达于庶人,三代共之!"

以上所说,只是要说明:

(1) 孟子自己实在不知道周代的田制究竟是个什么样子,故只能含糊混说。

(2) 孟子自己主张的井田制,是想像出来的,没有历史的根据。

(3) 无论《诗经》的"公田"应作何解,孟子的"私田"并不是农夫享有的公产,仍是贵族的禄田。

(4) 孟子的井田制度不过是一种"经界"的计划,并不是"根本解决的"共产制度。

此外汉民先生所举的(3)(4)(5)三条,都不是重要的证据,我且不讨论。但他的(5)条说"那时代土旷人稀,人的事业又不繁,各人有耕作便有生活,经济的基础没有什么波澜"。这种见解未免把古代的社会状况看得太简单了。东周以前,中国至少已有了二千多年的文化,中原那块小小的疆域,也不知经过了多少战争,也不知经过了多少豪强的兼并,怕没有这种"没有波澜"的社会状况罢。

现在再看仲恺先生的意见。

汉民先生注重的是《孟子》,仲恺先生注重的是《春秋》"初税亩"一句。"初税亩"三个字本来和井田毫无关系。若是孟子不曾说了那些含糊的井田论,这三个字决不会发生问题。公羊、穀梁的传,何休等的长篇井田论,都是孟子的余毒。这话说来很长,待我慢慢说。

依我看来,"初税亩"不过是鲁国第一次征收地租。古代赋而不税,赋是地力所出。平时的贡赋,同用兵时的"出车徒给繇役"都是赋。税是地租——纯粹的 Land tax。古代但赋地力,不征地租。后来大概因为国用不足,于赋之外另加收地租,这叫做税。孟子不赞成税(他曾希望"耕者助而不税"),但是他又主张"国中什一使自赋"。这可见税与赋的分别。宣公初行税亩,故《春秋》记载下来,其实和井田毫无关系。

《左传》说,"初税亩非礼也。谷出不过藉,以丰财也。"藉字训借,借民力耕田,公家分其所收故叫做藉。孟子以前,并无"公田藉而不税"的话。藉即是赋,或者平时的征收叫做藉,军兴时的临时徭役车徒叫做赋。自从孟子把助解作藉(这本不错),又把助强解作八家同助公田,从此以后,说经的人就没有能跳出这个圈子的。

《周礼》是伪书,固不可信。《王制》是汉朝的博士造的,自然曾受了孟子以后的井田论的影响。现在我要说《穀梁》、《公羊》都是拿孟子以后的井田论来解《春秋》"初税亩"三个字,故我们不能引《公羊》、《穀梁》来证孟子,也不可拿来证古代有井田制。《公羊传》是到汉景帝时公羊寿与胡母生方才写定的。穀梁赤不知何时人,或说是秦孝公时人,或说是"《左传》传世后百余年"的人。大概《谷梁传》也是汉初申公、江翁的时代才写定的。我对于"今文","古文"之争,向来不专主一家。我觉得"古文"固有许多不可信的,"今文"也有许多不可信的。我对于《春秋》,虽承认《公》、《穀》两传为孔门春秋派的正传,但是我觉得这两部书里一定有汉初的人加入的材料。总之,我们千万不要忘了这两部书都是汉世才写定的。大概那《春秋》三传里没有一部不夹着许多后人妄加的话,这是稍有史料研究的人都该承认的。

先看《公羊传》解这一句:

> 初者何？始也。税亩者何？履亩而税也。……何讥乎始履亩而税？古者什一而藉。古者曷为什一而藉？什一者,天下之中正也。多乎什一,大桀小桀。寡乎什一,大貉小貉。什一者,天下之中正也。什一行而颂声作矣。

这一段的"内证"显然不可遮掩。即使我们承认前几句是真的,那"古者曷为"以下的一大段决不是原文所有。大桀小桀四句全是抄袭孟子答白圭一章。孟子说貉的生活程度简单,政费甚轻,故可以二十而取一。中国的社会政治复杂了,政费甚大,故什一是最低的赋税。孟子这样说法,故大貉小貉等话不为唐突。《公羊传》先有孟子做根据,故不知不觉的劈空引用大貉小貉等话,便露出作伪的证据了！

伏生《尚书大传》的《多方》篇说,"古者十税一。多于十税一,谓之大桀小桀。少于十税一,谓之大貊小貊。王者十一而税,而颂声作矣"。这一段可与《公羊传》比较,更可添上一个作伪的来源。

古代学者见解之浅陋,莫如汉初的一班经师。——这是秦始皇的罪孽！——即如"什一行而颂声作矣"一句话,读了可使人作呕,偏有笨伯抄去引用！

再看《穀梁传》：

> 初者,始也。古者什一,藉而不税。初税亩,非正也。古者三百步为里,名曰井田。井田者九百亩,公田居一。私田稼不善则非吏,公田稼不善则非民。初税亩者,非公之去公田而履亩十取一也。以公之与民为已悉矣。古者公田为居,井灶葱韭尽取焉。

这一段是东西杂凑起来的。"以公之与民为已悉矣"一句竟不通。其中只有"去公田而履亩十取一"一句是重要的。但是这一句可作许多种说法。徐邈说,"除去公田之外,又税私田十之一",如此说则公田还在,井田之制还在,不过征税法变了！这话可信吗？孔广森说,"去公田而九家同井,每亩税取其什之一",如此说则公田虽废而井田制仍旧存在,况且税法从九之一变为十之一,更减轻了！（孟子明说"九一而助",后人被"什一"两个字误了,故想出种种法子极力说明井田是什一）这话可信吗？无论如何说法，"初税亩"三个字若照《穀梁传》的解说，便是鲁宣公时还有井田制。不但如此，若依哀十二年"用田赋"的各家注，则是鲁哀公时还有井田制存在！这话可信吗？

以上所说，只要说明：

（1）"初税亩"三个字于井田制毫无关系。

（2）《公羊》、《穀梁》两传中了《孟子》的毒，作茧自缚，惹出许多无谓的争论。

（3）《公羊》、《穀梁》决不是孟子以前的书。

（4）因为孟子的井田论实在太糊涂了，不容易懂得，故《公羊》、《穀梁》说来说去总说不清楚。

总结两句话：（1）孟子是很佩服《春秋》的人，若是《春秋》里有井田的根据，他又何必不用呢？他又何必去寻出那不痛不痒的两句《诗经》来证明周人的公田呢？（2）古人谈赋税，如"什一"、"藉"、"彻"等等，都只是税法，于井田不井田毫无关系。两千年的读书人不懂得这个浅近的道理，所以作茧自缚，再也缠不清楚。我们现在应该认清：税法是税法，田制是田制。

以上答仲恺先生的第一条，本可以完了，但是我谈高兴了，忍不住要添上几句我自己假设的议论。我以为井田论的沿革史很值得研究。从前学者的大病在于一口咬定井田是有的，学者的任务只是去寻出井田究竟是个什么样子。这是最可怜的事。"日读误书"是一可怜；"日读伪书"是更可怜；"日日研究伪的假设"是最可怜！古代学者拿《王制》、《周礼》来注《孟子》，又拿《孟子》来注《王制》、《周礼》，又拿《孟子》、《王制》、《周礼》来注《公羊》、《穀梁》，却不肯去研究《孟子》、《王制》、《周礼》、《公羊》、《穀梁》、《汉书·食货志》、何休《公羊解诂》等书的渊源线索，故以讹传讹，积讹成真了！正如《尔雅》本是汉儒的经说辑成的，而后人又引汉儒经说来注《尔雅》。故《尔雅》竟像真是作于周公成于孔子的古书了！

我对于井田论沿革史的假设，大概如下，不能详细说了。

（1）孟子的井田论很不清楚，很不完全。（说见上）

（2）《公羊传》只有"什一而藉"一句，也不清楚。（同上）

（3）《穀梁传》说的详细一点，俱全是后人"望文生义"的注语，决不是当时的纪载。（见上）

（4）汉文帝时一班博士奉诏作《王制》。《王制》里分田制禄之法全是用《孟子》作底稿来做的。证据具在，不用我来详述。但《王制》除了"制农田百亩……""古者公田藉而不税"等话之外，并无分明的"井田制"。

（5）汉文帝、景帝时，韩生"推《诗》之意而为内外传数万言"。现存的《韩诗外传》四，解"中田有庐，疆埸有瓜"二句说，"古者八家而井，田方里为一井，……其田九百亩，……八家为邻，家得百亩，余夫各得二十五亩，家为公田十亩，余二十亩为庐舍，各得二亩半。……"这是演述《穀梁传》的话，把公田算作八十亩，每家实耕田百十亩，是后世"什一，一在十之外"的起原。《穀梁传》本有"公田为居，井灶葱韭尽取焉"的话，韩生大概因此联想到"中田有庐，疆埸有瓜"两句，故想出"余二十亩为庐舍"的计算。这是分明清楚的一种井田论。

（6）汉代是一个造假书的时代，是一个托古改制的时代。西汉末年忽然跑出一部《周礼》来。《周礼》一书，我起初只承认他是战国末年的一部大乌托邦。现在我仔细看来，这书一定是《孟子》、《王制》以后的书，一定是用《孟子》、《王制》作底本来扩大的。《孟子》不曾见着这部书，作《王制》的博士们也不曾见着这部书，但是作《周礼》的人是熟读《尚书大传》、《孟子》、《王制》等书的。《周礼》里的井田制说得很详细，很繁复，很整齐，确是中国统一以后的人的大胆悬想。那时中国的疆域扩大不止秦以前的两倍，故《周礼》授田之制不止百亩：

大司徒。凡造都鄙，不易之地家百亩，一易之地家二百亩，再易之地家三百亩。

遂人。上地夫一廛，田百亩，莱五十亩，余夫亦如之；中地夫一廛，田百亩，莱百亩，余夫亦如之；下地夫一廛，田百亩，莱二百亩，余夫亦如之。

当时为什么有这种大乌托邦的计划出现呢？司马迁作《平准

书》,已说,"当此之时,网疏而民富,役财骄溢,或至兼并,豪党之徒以武断于乡曲",可见文、景时代的井田论已是有所为而发的了。武帝以后,贵族外戚更强横了。元帝、成帝以后,富贵的越富贵,贫困的越贫困。加之天灾水旱,几次"人相食"(元帝二年,成帝永始二年),故哀帝时师丹请限制豪富吏民的田产。师丹原议引井田的话,又说"君子为政,贵因循而重改作;然所以有改者,将以救急也。亦未可详,宜略为限"。可见当时有改革的必要,但是因为豪富的反对很大,故不得不用托古改制的方法,用"大帽子"来压服反对的人。这便是《周礼》等书的动机。试看当时师丹、孔光、何武等所覆奏的改革办法,还许贵族豪民私有田产奴婢,不过以三十顷——三千亩——为限,可谓和平的改革了。他们还要遭丁傅、董贤等的反对,竟不能实行。扬雄、刘歆、王莽等都是要想做一番大改革的人,不能不用尽心思先去埋下一个改革的根据。刘歆造假书的原因大概是为此。王莽得政之后,即下诏"更名天下田曰王田不得买卖,其男口不过八而田过一井者,分余田与九族乡党,犯令法以法"。这便是乌托邦的试行。但是周公、孔子终压不住那一班有田产的贵族豪强,王莽的乌托邦不久便崩坏了。汉民先生说,"可见当时所谓天下愁怨的,只是一班豪强反对"。这话真不错。

(7)《韩诗》、《周礼》出现以后,井田论的说法渐渐变精密。汉代的井田详说,约有下列各家:

一,《食货志》。这是参酌《韩诗外传》和《周礼》两书而成的。看他把《周礼》的两种不同的三等授田法(见上)并成一种,又采用《韩诗》"公田十亩,余二十亩为庐舍",可知这时候的井田论已经过一番参考研究了。

二,何休《公羊解诂》。这又是参考《周礼》、《孟子》、《王制》、《韩诗》、《食货志》做的。他不取《周礼》的三等授田法,一律每人百亩,但加了一个"三年一换主易居"的调剂法。

三,《春秋》井田记。《后汉书·刘宠传》注引此书,所引一段多与何休说相同。

我以为大概井田论是到汉代方才完备的。懂得以上所述种种井田论的沿革线索,方才可以明白井田的话是汉代的有心救世的学者,依据孟子的话,逐渐补添,逐渐成为"像煞有介事"的井田论。井田论的史料沿革弄明白了,一切无谓的争论都可以没有了。

我的井田论研究,现在可以结束。仲恺先生的(2)(3)两条,我可以不辩了。因为(2)条所引西洋和日本的学者的话,都只是关系"原始社会"的讨论。我是不承认那有了二千多年政治生活的有史民族还是在"原始社会"的。至于(3)条所论的《诗经》两章,虽然未必"能证井田因此也不存在",但是也未必能证明井田因此存在。至于《信南山》、《甫田》两篇的"曾孙",我决不信是指成王的。我对于汉儒说《诗》,几于没有一个字不怀疑。汉儒的酸腐脑筋,全没有文学的观念。《维天之命》的曾孙也未必即指成王,因为成王并不是文王的曾孙,即使这个曾孙是成王,也不能证明那两个曾孙也是成王。《噫嘻》一篇和那两篇诗的文体相差很远,也不知相隔多少时代,更不能互相引证了。

我这一篇大胆的狂论是三天里做成的,定多不妥的地方。但是我所以敢这样狂妄,并不是因为古人聪明不如我们,只因为古人蔽于旧说成见,不肯用自己的心思才力去研究,我们现在的历史眼光变了,学问的方法也变了,故可以大胆做一点独立的研究。这个问题,前人写了一屋子的书,我们这种百忙中人的大胆研究如何能保没有错误?但是我这种怀疑的挑战也许可以引起一些学者的继续研究。这就是我的诚恳希望了。

我前次的原信是匆匆写的,并不是细心研究的结果,居然能引起两位先生的细心讨论,又因此使我做一点考据,补正我前信的主张,这是我应该感谢两位先生的。

九年一月九夜二时

(原载 1920 年 2 月《建设》杂志第 2 卷第 1 号)

四　附跋

井田制度有无之研究,这个问题提出以后,除了上文抄存的三篇讨论之外,还有九年一月十四日胡汉民先生答我的一篇长信和廖仲恺先生的一段附记(均见《建设》二卷一号),又有九年一月二十六日我的一篇答书和一月三十一日朱执信先生的一篇答书（均见《建设》二卷一号）。后来还有四月间季融五先生（通）的一篇长文与汉民、执信两先生的答辩（均见《建设》二卷五号）。这几篇，我本想全抄下来，附在这里。后来我所以删去这几篇的理由，约有几层：

第一，这几篇占的篇幅太多了，不适于做附录。

第二，我在九年一月二十六日的答书里曾说："我觉得我第二信论井田说史料沿革一段，似乎是这问题的重要论点。我如果能有机会重做一篇《井田考》，我只要说一个意思：井田论是孟子凭空虚造出来的；孟子自己并未曾说得明白，后人一步一步的越说越周密，其实都是演述《孟子》的，不可用来证《孟子》。"但后来的讨论都避去这个中心论点，而讨论许多枝叶问题，故始终没有结果。现在把这些枝叶的讨论一齐删去，或者可以使这个中心论点格外明显一点。

在删去的胡汉民先生答书之中，他指出我的一个大错误。我在第二书里引北宫锜问周室班爵禄一章下，加上一句案语，说"若是每个农家能有田百亩，百里的大国尽量只有九万亩田，只够八百个农夫，余夫还不在内。其余的君卿士大夫所受地都在什么地方去寻呢？"这是我一时疏忽，把方百里看作百方里了。汉民先生指出方百里应该有九百万亩田，可以配给八万家。现在因为删去后来的讨论，故我把这几句错误的案语删去，另在这里声明一句，表示我的感谢。

我现在翻开这个问题的讨论，自然觉得一件最伤心的事，就是当初加入讨论的五个人之中，一位可爱敬的朱执信先生不幸已成为历史上的人物了！朱先生答我的信里，考证古代的尺度与田亩，都是很可佩服的议论。他这篇讨论现已收入他的遗集（《朱执信集》，页六二七至六三三），读者可以参看。

十，七，四

（"附跋"一节为作者收入《胡适文存》时所加）

论国故学
答毛子水

……张君的大病是不解"国故学"的性质，如他说的：

> 使国人之治之者尚众，肯推已知而求未知，为之补苴罅漏，张皇幽眇，使之日新月异，以应时势之需，则国故亦方生未艾也。

"补苴罅漏，张皇幽眇"，还可说得过去。"使之……应时势之需"，便是大错，便是完全不懂"国故学"的性质。"国故学"的性质不外乎要懂得国故，这是人类求知的天性所要求的。若说是"应时势之需"，便是古人"通经而致治平"的梦想了。

你驳他论"声韵学"一段，很是。自顾亭林以来至于今日，声韵学的成绩只是一部不曾完全的"古音变迁史"。请问知道"古无轻唇音"一条通例，于"将来之声音究竟如何"一个大问题有何帮助？难道我们就可以推知现在所剩的重唇音将来都会变成轻唇音吗？

但是你的主张，也有一点太偏了的地方。如说：

> 我们把国故整理起来，世界的学术界亦许得着一点益处，不过一定是没有多大的。……世界所有的学术，比国故更有用的有许多，比国故更要紧的亦有许多。

我以为我们做学问不当先存这个狭义的功利观念。做学问的人当看自己性之所近，拣选所要做的学问，拣定之后，当存一个"为真理而求真理"的态度。研究学术史的人更当用"为真理而求真理"的标准去批评各家的学术。学问是平等的。发明一个字的古义，与发现一颗恒星，都是一大功绩。

况且现在整理国故的必要实在很多。我们应该尽力指导"国故家"用科学的研究法去做国故的研究，不当先存一个"有用无用"的成见，致生出许多无谓的意见。你以为何如？

还有一层意思，你不曾发挥得尽致。清朝的"汉学家"所以能有国故学的大发明者，正因为他们用的方法无形之中都暗合科学的方法。钱大昕的古音之研究，王引之的《经传释词》，俞樾的《古书疑义举例》，都是科学方法的出产品。这还是"不自觉的"（Unconscious）科学方法，已能有这样的成绩了。我们若能用自觉的科学方法加上许多防弊的法子，用来研究国故，将来的成绩一定更大了。这种说法，似乎更动听一点，你以为何如？

我前夜把《汉学家的科学方法》一文做完寄出。这文的本意，是要把"汉学家"所用的"不自觉的"方法变为"自觉的"。方法"不自觉"，最容易有弊。如科学方法最浅最要的一部分就是"求否定的例"（Negative instances or exceptions）。顾亭林讲《易》音，把《革》传"炳，蔚，君"三字轻轻放过不题，《未济》传"极，正"二字，亦然。这便不是好汉。钱大昕把这两个例外也寻出"韵"来，方才使顾氏的通例无有否定的例。若我们有自觉的方法，处处存心防弊，岂不更圆满吗？

八年八月十六日

（原载 1919 年 10 月 30 日《新潮》第 2 卷第 1 号）

胡适文存 卷三

国语文法概论

第一篇　国语与国语文法

什么是国语？我们现在研究国语文法，应该先问：什么是国语？什么是国语的文法？

"国语"这两个字很容易误解。严格说来，现在所谓"国语"，还只是一种尽先补用的候补国语：并不是现任的国语。这句话的意思是说，这一种方言已有了做中国国语的资格，但此时还不曾完全成为正式的国语。

一切方言都是候补的国语，但必须先有两种资格，方才能够变成正式的国语。

第一，这一种方言，在各种方言之中，通行最广。

第二，这一种方言，在各种方言之中，产生的文学最多。

我们试看欧洲现在的许多国语，那一种不是先有了这两项资格的？当四百年前，欧洲各国的学者都用拉丁文著书通信，和中国人用古文著书通信一样。那时各国都有许多方言，还没有国语。最初成立的是意大利的国语。意大利的国语起先也只是突斯堪尼（Tuscany）的方言，因为通行最广，又有了但丁（Dante）、鲍卡曲（Boccacio）等人用这种方言做文学，故这种方言由候补的变成正式的国语。英国的国语当初也只是一种"中部方言"，后来渐渐通行，又有了乔叟（Chaucer）与卫克立夫（Wycliff）等人的文学，故也由候补的变成正式的国语。此外法国、德国及其他各国的国语，都是先有这两种资格，后来才变成国语的。

我们现在提倡的国语，也具有这两种资格。第一，这种语言是中国通行最广的一种方言，——从东三省到西南三省（四川、云南、贵州),从长城到长江,那一大片疆域内,虽有大同小异的区别,但大致都可算是这种方言通行的区域。东南一角虽有许多种方言,但没有一种通行这样远的。第二,这种从东三省到西南三省,从长城到长江的普通话,在这一千年之中,产生了许多有价值的文学的著作。自从唐以来,没有一代没有白话的著作。禅门的语录和宋明的哲学语录自不消说了。唐诗里已有许多白话诗;到了晚唐,白话诗更多了。寒山和拾得的诗几乎全是白话诗。五代的词里也有许多白话的词。李后主的好词多是白话的。宋诗中更多白话;邵雍与张九成虽全用白话,但做的不好;陆放翁与杨诚斋的白话诗便有文学价值了。宋词变为元曲,白话的部分更多。宋代的白话小说,如《宣和遗事》之类,还在幼稚时代。自元到明,白话的小说方才完全成立。《水浒传》、《西游记》、《三国志》代表白话小说的"成人时期"。自此以后,白话文学遂成了中国一种绝大的势力。这种文学有两层大功用:(一)使口语成为写定的文字;不然,白话决没有代替古文的可能;(二)这种白话文学书通行东南各省,凡口语的白话及不到的地方,文学的白话都可侵入,所以这种方言的领土遂更扩大了。

这两种资格,缺了一种都不行。没有文学的方言,无论通行如何远,决不能代替已有文学的古文:这是不用说的了。但是若单有一种文学,不能行到远地,那也是不行的。例如广东话也有绝妙的"粤讴",苏州话也有"苏白"的小说。但这两种方言通行的区域太小,故必不能成为国语。

我们现在提倡的国语是一种通行最广最远又曾有一千年的文学的方言。因为他有这两种资格,故大家久已公认他作中国国语的唯一候选人,故全国人此时都公认他为中国国语,推行出去,使他成为全国学校教科书的用语,使他成为全国报纸杂志的用语,使他成为现代和将来的文学用语。这是建立国语的唯一方法。

什么是国语文法?凡是一种语言,总有他的文法。天下没有一种没有文法的语言,不过内容的组织彼此有大同小异或小同大异的区别罢了。但是,有文法和有文法学不同。一种语言尽管有文法,却未必一定有文法学。世界文法学发达最早的,要算梵文和欧洲的古今语言。中国的文法学发生最迟。古书如公羊、穀梁两家的《春秋传》,颇有一点论文法的话,但究竟没有文法学出世。清朝王引之的《经传释词》,用归纳的方法来研究古书中"词"的用法,可称得一部文法书。但王氏究竟缺乏文法学的术语和条理,故《经传释词》只是文法学未成立以前的一种文法参考书,还不曾到文法学的地位。直到马建忠的《文通》出世(光绪二十四年,西历 1898),方才有中国文法学。马氏自己说:"上稽经史,旁及诸子百家,下至志书小说,凡措字遣辞,苟可以述吾心中之意以示今而传后者,博引相参,要皆有一成不变之例。"(《文通·前序》)又说:"斯书也,因西文已有之规矩,于经籍中求其所同所不同者,曲证繁引,以确知华文义例之所在。"(《后序》)到这个时代,术语也完备了,条理也有了,方法也更精密了,故马建忠能建立中国文法学。

中国文法学何以发生的这样迟呢?我想,有三个重要的原因。第一,中国的文法本来很容易,故人不觉得文法学的必要。聪明的人自能"神而明之",笨拙的人也只消用"书读千遍,其义自见"的笨法,也不想有文法学的捷径。第二,中国的教育本限于很少数的人,故无人注意大多数人的不便利,故没有研究文法学的需要。第三,中国语言文字孤立几千年,不曾有和他种高等语言文字相比较的机会。只有梵文与中文接触最早,但梵文文法太难,与中文文法相去太远,故不成为比较的材料。其余与中文接触的语言,没有一种不是受中国人的轻视的,故不能发生比较研究的效果。没有比较,故中国人从来不曾发生文法学的观念。

这三个原因之中,第三原因更为重要。欧洲自古至今,两千多年之中,随时总有几种平等的语言文字互相比较,文法的条例因有比较遂更容易明白。我们的语言文字向来没有比较参证的材料,故虽有王念孙、王引之父子那样高深的学问,那样精密的方法,终不能创造文法学。到了马建忠,便不同了。马建忠得力之处全在他懂得西洋的古今文字,用西洋的文法作比较参考的材料。他研究"旁行诸国语言之源流,若希腊,若拉丁之文词,而属比之,见其字别种而句司字,所以声其心而形其意者,皆有一定不易之律;而因以律夫吾经籍子史诸书,其大纲盖无不同。于是因所同以同夫所不同者。"(《后序》)看这一段,更可见比较参考的重要了。

但是马建忠的文法只是中国古文的文法。他举的例,到韩愈为止;韩愈到现在,又隔开一千多年了。《马氏文通》是一千年前的古文文法,不是现在的国语的文法。马建忠的大缺点在于缺乏历史进化的观念。他把文法的条例错认作"一成之律,历千古而无或少变"(《前序》)。其实从《论语》到韩愈,中国文法已经过很多的变迁了;从《论语》到现在,中国文法也不知经过了多少的大改革!那不曾大变的只有那用记诵模仿的方法勉强保存的古文文法。至于民间的语言,久已自由变化,自由改革,自由修正;到了现在,中国的文法——国语的文法与各地方言的文法——久已不是马建忠的"历千古而无或少变"的文法了。

国语是古文慢慢的演化出来的;国语的文法是古文的文法慢慢的改革修正出来的。中国的古文文法虽不很难,但他的里面还有许多很难说明的条例。我且举几个很浅的例罢:

（例一）知我者,其天乎?（《论语》）

（例二）莫我知也夫?（《论语》）

（例三）有闻之,有见之,谓之有。（《墨子·非命中》）

（例四）莫之闻,莫之见,谓之亡。（同上）

这两个"我"字都是"知"字的"止词";这四个"之"字都是"见"字"闻"字的"止词"。但（例二）与（例四）的"我"字与"之"字都必须翻到动词的前面。为什么呢?因为古文有一条通则:凡否定句里做止词的代名词必须在动词的前面。

这条通则很不容易懂,更不容易记忆,因为这通则规定三个条件:（一）否定句（故例一与例三不适用他）,（二）止词（只有外动词可有止词,故别种动词不适用他）,（三）代名词（故"不知命"、"不知人"、"莫知我艰"等句,虽合上二个条件,而不合第三条件,故仍不适用他）。当从前没有文法学的时候,这种烦难的文法实在很少人懂得。就是那些号称古文大家的,也说不出一个"所以然"来;不过因为古书上是"莫我知",古文家也学着说"莫我知";古书上是"不汝贷",古文家也学着说"不汝贷";古书上是"莫之闻,莫之见",古文家也决不敢改作"莫闻之,莫见之"。他们过惯了鹦鹉的生活,觉得不学鹦鹉反不成生活了!马建忠说的那"一成之律,历千古而无或少变",正是指那些鹦鹉文人这样保存下来的古文文法。但是一般寻常百姓却是不怕得罪古人的。他们觉得"莫我知","不汝贷","莫之闻,莫之见"一类的文法实在很烦难,很不方便,所以他们不知不觉的遂改作"没人知道我","不饶你","没人听过他,也没人见过他"。——这样一改,那种很不容易懂又不容易记的文法都变成很好讲又很好记的文法了。

这样修正改革的结果便成了我们现在的国语的文法。国语的文法不是我们造得出的,他是几千年演化的结果,他是中国"民族的常识"的表现与结晶。"结晶"一个名词最有意味。譬如雪花的结晶或松花蛋(即皮蛋)白上的松花结晶:你说他是有意做成的罢,他确是自然变成的,确是没有意识作用的;你说他完全无意识罢,他确又很有规则秩序,绝不是乱七八糟的:雪花的结晶绝不会移作松花的结晶。国语的演化全是这几千年"寻常百姓"自然改变的功劳,文人与文法学者全不曾过问。我们这班老祖宗并不曾有意的改造文法,只有文法不知不觉的改变了。但改变的地方,仔细研究起来,却又是很有理的,的确比那无数古文大家的理性还高明的多!因此,我们对于这种玄妙的变化,不能不脱帽致敬,不能不叫他一声"民族的常识的结晶"!

至于国语的演化是进步呢?还是退化呢?——这个问题,太大了,太有趣味了,决不是可以这样简单说明的。故下章专讨论这个问题。

第二篇　国语的进化

1　现在国语的运动总算传播得很快很远了。但是全国的人对于国语的价值,还不曾有明了正确的见解。最错误的见解就是误认白话为古文的退化。这种见解是最危险的阻力。为什么呢?因为我们既认某种制度文物为退化,决没有还肯采用那种制度文物的道理。如果白话真是古文的退化,我们就该仍旧用古文,不该用这退化的白话。所以这个问题——"白话是古文的进化呢?还是古文的退化呢?"——是国语运动的生死关头!这个问题不能解决,国语文与国语文学的价值便不能确定。这是我所以要做这篇文章的理由。

我且先引那些误认白话为文言的退化的人的议论。近来有一班留学生出了一种周刊,第一期便登出某君的一篇《评新旧文学之争》。这篇文章的根本主张,我不愿意讨论,因为这两年的杂志报纸上早已有许多人讨论过了。我只引他论白话退化的一段:

> 以吾国现今之文言与白话较,其优美之度,相差甚远。常谓吾国文字至今日虽未甚进化,亦未大退化。若白话则反是。盖数千年来,国内聪明才智之士虽未尝致力于他途,对于文字却尚孳孳研究,未尝或辍。至于白话,则语言一科不讲者久;其乡曲愚夫,闾巷妇稚,谰言俚语,粗鄙不堪入耳者,无论矣;即在士夫,其执笔为文亦尚雅洁可观,而听其出言则鄙俗可噱,不识者几不辨其为斯文中人。……以是入文,不惟将文学价值扫地以尽,且将为各国所非笑。

这一段说文言"虽未甚进化,亦未大退化",白话却大退化了。

我再引孙中山先生的《孙文学说》第一卷第三章的一段:

> 中国文言殊非一致。文字之源本出于言语,而言语每随时代以变迁,至于为文虽体制亦有古今之殊,要不能随言语而俱化。……始所歧者甚仅,而分道各驰,久且相距愈远。顾言语有变迁而无进化,而文字则虽仍古昔,其使用之技术实日见精研。所以中国言语为世界中之粗劣者,往往文字可达之意,言语不得而传。是则中国人非不善为文,而拙于用语者也。亦惟文字可传久远,故古人所作,模仿匪难;至于言语,非无杰出之士妙于修辞,而流风余韵无所寄托,随时代而俱湮,故学者无所继承。然则文字有进化而言语转见退步者,非无故矣。抑欧洲文字基于音韵,音韵即表言语;言语有变,文字即可随之。中华制字以象形会意为主,所以言语虽殊而文字不能与之俱变。要之,此不过为言语之不进步,而中国人民非有所阙于文字,历代能文之士其

所创作突过外人,则公论所归也。盖中国文字成为一种美术,能文者直美术专门名家,既有天才,复以其终身之精力赴之,其造诣自不易及。

孙先生直说"文字有进化,而语言转见退步"。他的理由大致也与某君相同。某君说文言因为有许多文人专心研究,故不曾退步;白话因为没有学者研究,故退步了。孙先生也说文言所以进步,全靠文学专家的终身研究。他又说,中国文字是象形会意的,没有字母的帮助,故可以传授古人的文章,但不能纪载那随时代变迁的言语;语言但有变迁,没有进化;文字虽没有变迁,但用法更"精研"了。

我对于孙先生的《孙文学说》曾有很欢迎的介绍(《每周评论》第三十一号),但是我对于这一段议论不能不下一点批评。因为孙先生说的话未免太拢统了,不像是细心研究的结果。即如他说"言语有变迁而无进化",试问他可曾研究言语的"变迁"是朝什么方向变的?这种"变迁"何以不能说是"进化"?试问我们该用什么标准来定那一种"变迁"为"进化的",那一种"变迁"为"无进化的"?若不曾细心研究古文变为白话的历史,若不知道古文和白话不同之点究竟在什么地方,若不先定一个"进化"、"退化"的标准,请问我们如何可说白话有变迁而无进化呢?如何可说"文字有进化而语言转见退步"呢?

某君用的标准是"优美"和"鄙俗"。文言是"优美"的,故不曾退化;白话是"鄙俗可噱"的,故退化了。但我请问,我们又拿什么标准来分别"优美"与"鄙俗"呢?某君说,"即在士夫,其执笔为文亦尚雅洁可观,而听其出言则鄙俗可噱,不识者几不辨其为斯文中人"。请问"斯文中人"的话又应该是怎样说法?难道我们都该把我字改作予字,他字改作其字,满口"雅洁可观"的之乎者也,方才可算作"优美"吗?"梦为远别啼难唤,书被催成墨未浓",固可算是美。"衣裳已施行看尽,针线犹存未忍开"又何尝不美?"别时言语在心头,那一句依他到底?"完全是白话,又何尝不美?《晋书》说王衍少时,山涛称赞他道,"何物老妪,生宁馨儿!"后来不通的文人把"宁馨"当作一个古典用,以为很"雅",很"美"。其实"宁馨"即是现在苏州、上海人的"那哼"。但是这班不通的文人一定说"那哼"就"鄙俗可噱"了！《王衍传》又说王衍的妻郭氏把钱围绕床下，衍早晨起来见钱，对婢女说，"举阿堵物去"。后来的不通的文人又把"阿堵物"用作一个古典，以为很"雅"，很"美"。其实"阿堵"即是苏州人说的"阿笃"，官话说的"那个"，"那些"。但是这班不通文人一定说"阿笃"、"那个"、"那些"都是"鄙俗可噱"了！

所以我说，"优美"还须要一个标准，"鄙俗"也须要一个标准。某君自己做的文言未必尽"优美"，我们做的白话未必尽"鄙俗可噱"。拿那没有标准的"优美"、"鄙俗"来定白话的进化退化，便是笼统，便是糊涂。

某君和孙先生都说古文因为有许多文人终身研究，故不曾退化。反过来说，白话因为文人都不注意，全靠那些"乡曲愚夫，闾巷妇稚"自由改变，所以渐渐退步，变成"粗鄙不堪入耳"的俗话了。这种见解是根本错误的。稍稍研究言语学的人都该知道：文学家的文学只可定一时的标准，决不能定百世的标准；若推崇一个时代的文学太过了，奉为永久的标准，那就一定要阻碍文字的进化；进化的生机被一个时代的标准阻碍住了，那种文字就渐渐干枯，变成死文字或半死的文字；文字枯死了，幸亏那些"乡曲愚夫，闾巷妇稚"的白话还不曾死，仍旧随时变迁：变迁便是活的表示，不变迁便是死的表示。稍稍研究言语学的人都该知道：一种文字枯死或麻木之后，一线生机全在那些"乡曲愚夫，闾巷妇稚"的白话；白话的变迁，因为不受那些"斯文中人"的干涉，故非常自由；但是自由之中，却有个条理次序可寻；表面上很像没有道理，其实仔细研究起来，都是有理由的变迁：都是改良，都是进化！

简单一句话，一个时代的大文学家至多只能把那个时代的现成语言，结晶成文学的著作；他们只能把那个时代的语言的进步，作一个小小的结束；他们是语言进步的产儿，并不是语言进步的原动力；有时他们的势力还能阻碍文字的自由发达。至于民间日用的白话，正因为文人学者不去干涉，故反能自由变迁，自由进化。

2 本篇的宗旨只是要证明上节末段所说的话,要证明白话的变迁并非退步,乃是进化。

立论之前,我们应该定一个标准:怎样变迁才算是进化?怎么变迁才算是退步?

这个问题太大,我们不能详细讨论,现在只能简单说个大概。

一切器物制度都是应用的。因为有某种需要,故发明某种器物,故创造某种制度。应用的能力增加,便是进步;应用的能力减少,便是退步。例如车船两物都是应付人类交通运输的需要的。路狭的地方有单轮的小车,路阔的地方有双轮的骡车;内河有小船,江海有大船。后来陆地交通有了人力车,马车,火车,汽车,电车,水路交通有了汽船,人类的交通运输更方便了,更稳当了,更快捷了。我们说小车骡车变为汽车火车电车是大进步,帆船划船变为汽船也是大进步,都只是因为应用的能力增加了。一切器物制度都是如此。

语言文字也是应用的。语言文字的用处极多,简单说来,(一)是表情达意,(二)是纪载人类生活的过去经验,(三)是教育的工具,(四)是人类共同生活的唯一媒介物。我们研究语言文字的退化进化,应该根据这几种用处,定一个标准:"表情达意的能力增加吗?纪载人类经验更正确明白吗?还可以做教育的利器吗?还可以作共同生活的媒介物吗?"这几种用处增加了,便是进步;减少了,便是退化。

现在先泛论中国文言的退化。

(1)文言达意表情的功用久已减少至很低的程度了。禅门的语录,宋、明理学家的语录,宋、元以来的小说,——这种白话文学的发生便是文言久已不能达意表情的铁证。

(2)至于纪载过去的经验,文言更不够用。文言的史书传记只能记一点极简略极不完备的大概。为什么只能记一点大概呢?因为文言自身本太简单了,太不完备了,决不能有详细写实的纪载,只好借"古文义法"做一个护短的托词。我们若要知道某个时代的社会生活的详细纪载,只好向《红楼梦》和《儒林外史》一类的书里寻去。

(3)至于教育一层,这二十年的教育经验更可以证明文言的绝对不够用了。二十年前,教育是极少数人的特殊权利,故文言的缺点还不大觉得。二十年来,教育变成了人人的权利,变成了人人的义务,故文言的不够用,渐渐成为全国教育界公认的常识。今年全国教育会的国语教科书的议案,便是这种公认的表示。

（4）至于作社会共同生活的媒介物,文言更不中用了。从前官府的告示,《圣谕广训》一类的训谕,为什么要用白话呢？不是因为文言不能使人懂得吗？现在的阔官僚到会场演说,摸出一篇文言的演说辞,哼了一遍,一个人都听不懂；明天登在报上,多数人看了还是不懂！再看我们的社会生活,——在学校听讲,教授,演说,命令仆役,叫车子,打电话,谈天,辩驳,——那一件是用文言的？我们还是"斯文中人",尚且不能用文言作共同生活的媒介,何况大多数的平民呢？

以上说语言文字的四种用处,文言竟没有一方面不是退化的。上文所说,同时又都可证明白话在这四方面没有一方面的应用能力不是比文言更大得多。

总刮一句话,文言的种种应用能力久已减少到很低的程度,故是退化的；白话的种种应用能力不但不曾减少,反增加发达了,故是进化的。

现在反对白话的人,到了不得已的时候,只好承认白话的用处；于是分出"应用文"与"美文"两种,以为"应用文"可用白话,但是"美文"还应该用文言。这种区别含有两层意义。第一,他承认白话的应用能力,但不承认白话可以作"美文"。白话不能作"美文",是我们不能承认的。但是这个问题和本文无关,姑且不谈。第二,他承认文言没有应用的能力,只可以拿来做无用的美文。即此一端,便是古文报丧的讣闻,便是古文死刑判决书的主文！

天下的器物制度决没有无用的进化,也决没有用处更大的退化！

3 上节说文言的退化和白话的进化,都是泛论的。现在我要说明白话的应用能力是怎样增加的,——就是要说明白话怎样进化。上文我曾说:"白话的变迁,因为不受文人的干涉,故非常自由；但是自由之中却有个条理次序可寻；表面上很像没有道理,其实仔细研究起来,都是有理由的变迁:都是改良,都是进化!"本节所说,只是要证明这一段话。

从古代的文言,变为近代的白话,这一大段历史有两个大方向可以看得出。(1)该变繁的都渐渐变繁了。(2)该变简的都变简了。

(一)该变繁的都变繁了。变繁的例很多,我只能举出几条重要的趋向。

第一,单音字变为复音字。中国文中同音的字太多了,故容易混乱。古代的字的尾音除了韵母之外,还有 p,k,t,m,n,ng,h,等等,故区别还不很难;后来只剩得韵母和 n,ng,h,几种尾音,便容易彼此互混了。后来"声母"到处都增加起来,如轻唇重唇的分开,如舌头舌上的分开等等,也只是不知不觉的要补救这种容易混乱的缺点。最重要的补救方法还是把单音字变为复音字。例如师,狮,诗,尸,司,私,思,丝,八个字,有许多地方的人读成一个音,没有分别;有些地方的人分作"尸"(师狮诗尸)"厶"(私司思丝)两个音,也还没有大分别。但是说话时,这几个字都变成了复音字:师傅,狮子,死尸,尸首,偏私,私通,职司,思想,蚕丝:故不觉得困难。所以我们可以说,单音字变成复音字,乃是中国语言的一大进化。这种变化的趋势起得很早,《左传》里的议论文已有许多复音字,如"散离我兄弟,挠乱我同盟,倾覆我国家,……倾覆我社稷,帅我蟊贼,以来荡摇我边疆"。汉代的文章用复音字更多。可见这种趋势在古文本身已有了起点,不过还不十分自由发达。白话因为有会话的需要,故复音字也最多。复音字的造成,约有几种方法:

(1)同义的字并成一字。例如规矩,法律,刑罚,名字,心思,头脑,师傅,……

(2)本字后加"子"、"儿"等语尾。例如儿子,妻子,女子,椅子,桌子;盆儿,瓶儿,……

这种语尾,如英文之-let,德文之-chen,-lein,最初都有变小和变亲热的意味。

(3)类名上加区别字。例如木匠,石匠;工人,军人;会馆,旅馆;学堂,浴堂;……

（4）重字。例如太太,奶奶,慢慢,快快,……

　　（5）其他方法,不能遍举。

这种变迁有极大的重要。现在的白话所以能应付我们会话讲演的需要,所以能做共同生活的媒介物,全靠单音字减少,复音字加多。现在注音字母所以能有用,也只是因为这个缘故。将来中国语言所以能有采用字母的希望,也只是因为这个缘故。

　　第二,字数增加。许多反对白话的人都说白话的字不够用。这话是大错的。其实白话的字数比文言多的多。我们试拿《红楼梦》用的字和一部《正续古文辞类纂》用的字相比较,便可知道文言里的字实在不够用。我们做大学教授的人,在饭馆里开一个菜单,都开不完全,却还要说白话字少！这岂不是大笑话吗？白话里已写定的字也就不少了,还有无数没有写定的字,将来都可用注音字母写出来。此外文言里的字,除了一些完全死了的字之外,都可尽量收入。复音的文言字,如法律,国民,方法,科学,教育,……等字,自不消说了。有许多单音字,如诗,饭,米,茶,水,火,……等字,都是文言白话共同可用的。将来做字典的人,把白话小说里用的字和各种商业工艺通用的专门术言,搜集起来,再加上文言里可以收用的字和新学术的术语,一定比文言常用的字要多好几十倍（文言里有许多字久已完全无用了,一部《说文》里可删的字也不知多少）。

　　以上举了两条由简变繁的例。变繁的例很多,如动词的变化,如形容词和状词的增加,……我们不能一一列举了。章太炎先生说：

　　　　有农牧之言,有士大夫之言。……而世欲更文籍以从鄙语,冀人人可以理解则文化易流,斯则左矣。今言"道"、"义",其旨固殊也。农牧之言"道"则曰"道理",其言"义"亦曰"道理"。今言"仁人""善人",其旨亦有辨也。农牧之言"仁人"则曰"好人",其言"善人"亦曰"好人"。更文籍而从之,当何以为别矣？夫里闾恒言,大体不具；以是教授,是使真意讹舛,安得理解也？（《章氏丛书·检论》五）

这话也不是细心研究的结果。文言里有许多字的意思最含混,最纷歧。章先生所举的"道"、"义"等字,便是最普通的例。试问文言中的"道"字有多少种意义？白话用"道"字的许多意义，每个各有分别：例如"道路"、"道理"、"法子"等等。"义"字也是如此。白话用"义气"、"意义"、"意思"等词来分别"义"字的许多意义。白话用"道理"来代"义"字时，必是"义不容辞"一类的句子，因为"义"字这样用法与"理"字本无分别，故白话也不加分别了。即此一端，可见白话对于文言应该分别的地方，都细细分别；对于文言不必分别的地方，便不分别了。白话用"好人"代"仁人"、"善人"，也只是因为平常人说"仁人君子"本来和"善人"没有分别。至于儒书里说的"仁人"，本不是平常人所常见的（如"惟仁人放流之"等例），如何能怪俗话里没有这个分别呢？总之，文言有含混的地方，应该细细分别的，白话都细细分别出来，比文言细密得多。章先生所举的几个例，不但不能证明白话的"大体不具"，反可以证明白话的变繁变简都是有理由的进化。

（二）该变简的都变简了。上文说白话比文言更繁密，更丰富，都是很显而易见的变迁。如复音字的便利，如字数的加多，都是不能否认的事实。现在我要说文言里有许多应该变简的地方，白话里都变简了。这种变迁，平常人都不大留意，故不觉得这都是进化的变迁。我且举几条最容易明白的例。

第一，文言里一切无用的区别都废除了。文言里有许多极无道理的区别。《说文》豕部说，豕生三月叫做"豯"，一岁叫做"豵"，二岁叫做"豝"，三岁叫做"豜"；又牝豕叫做"豝"，牡豕叫作"豭"。马部说，马二岁叫做"驹"，三岁叫做"駣"，八岁叫做"䭴"；又马高六尺为"骄"，七尺为"騋"，八尺为"龙"；牡马为"骘"，牝马为"骒"。羊部说，牡羊为"羝"，牝羊为"牂"；又夏羊牝曰"羭"，夏羊牡曰"羖"。牛部说，二岁牛为"犙"，三岁牛为"犙"，四岁牛为"牭"。这些区别都是没有用处的区别。当太古畜牧的时代，人同家畜很接近，故有这些繁琐的区别。后来的人，离开畜牧生活日远了，谁还能记得这些麻烦的区别？故后来这些字都死去了，只剩得一个"驹"字代一切小马，一个"羔"字代一切小羊，一个"犊"字代一切小牛。这还是不容易记的区别，所以白话里又把"驹"、"犊"等字废去了，直用一个"类名加区别字"的普通公式,如"小马","小牛","公猪,母猪","公牛,母牛"之类,那就更容易记了。三岁的牛直叫做"三岁的牛",六尺的马直叫做"六尺的马",也是变为"类名加区别字"的公式。从前要记无数烦难的特别名词,现在只须记得这一个公式就够用了。这不是一大进化吗?(这一类的例极多,不能遍举了)

第二,繁杂不整齐的文法变化多变为简易画一的变化了。我们可举代名词的变化为例。古代的代名词很有一些麻烦的变化。例如:

(1) 吾我之别。"如有复我者,则吾必在汶上矣。"又"如有用我者,吾其为东周乎?"又"今者吾丧我。"可见吾字常用在主格,我字常用在目的格(目的格一名受格,《文通》作宾次)。

(2) 尔汝之别。"……丧尔子,丧尔明,尔罪三也。而曰汝无罪欤?"可见名词之前的形容代词(领格,白话的"你的")应该用"尔"。

(3) 彼之其之别。上文的两种区别后来都是渐渐的失掉了。只有第三身的代名词,在文言里至今还不曾改变。"之"字必须用在目的格,决不可用在主格。"其"字必须用在领格。

这些区别,在文言里不但没有废除干净,并且添上了余,予,侬,卿,伊,渠,……等字,更麻烦了。但是白话把这些无谓的区别都废除了,变成一副很整齐的代名词:

第一身:我,我们,我的,我们的。

第二身:你,你们,你的,你们的。

第三身:他,他们,他的,他们的。

看这表,便可知白话的代名词把古代剩下的主格和目的格的区别一齐删去了;领格虽然分出来,但是加上"的"字语尾,把"形容词"的性质更表示出来,并且三身有同样的变化,也更容易记得了。不但国语如此,就是各地土话用的代名词虽然不同,文法的变化都大致相同。这样把繁杂不整齐的变化,变为简易画一的变化,确是白话的一大进化。

这样的例,举不胜举。古文"承接代词"有"者""所"两字,一个是主格,一个是目的格。现在都变成一个"的"字了:

(1) 古文。(主格)为此诗者,其知道乎?
　　(目的格)播州非人所居。
(2) 白话。(主格)做这诗的是谁?
　　(目的格)这里不是人住的。

又如古文的"询问代词"有谁,孰,何,奚,曷,胡,恶,焉,安,等字。这几个字的用法很复杂(看《马氏文通》二之五),很不整齐。白话的询问代词只有一个"谁"问人,一个"什么"问物;无论主格,目的格,领格,都可通用。这也是一条同类的例。

我举这几条例来证明文言里许多繁复不整齐的文法变化在白话里都变简易画一了。

第三,许多不必有的句法变格,都变成容易的正格了。中国句法的正格是:

(1) 鸡鸣。狗吠。
(格)主词—动词。
(2) 子见南子。
(格)主词—外动词—止词。

但是文言中有许多句子是用变格的。我且举几个重要的例:

(1) 否定句的止词(目的格)若是代名词,当放在动词之前。
(例)莫我知也夫! 不作"莫知我"。
吾不之知。不作"不知之"。
吾不汝贷。不作"不贷汝"。
(格)主词—否定词—止词—外动词。

白话觉得这种句法是很不方便的,并且没有理由,没有存在的必要。因此白话遇着这样的句子,都改作正格:

(例)没有人知道我。
我不认识他。我不赦你。

(2) 询问代词用作止词时,(目的格)都放在动词之前:
(例)吾谁欺? 客何好? 客何能?
问臧奚事?
(格)主词—止词—外动词。

这也是变格。白话也不承认这种变格有存在的必要,故也把他改过来,变成正格:

(例)我欺谁?你爱什么?你能做什么?

(格)主词—外动词—止词。

这样一变,就更容易记得了。

(3)承接代词"所"字是一个止词,(目的格)常放在动词之前:

(例)己所不欲,勿施于人。

天所立大单于。

(格)主词—止词—动词。

白话觉得这种倒装句法也没有保存的必要,所以也把他倒过来,变成正格:

(例)你自己不要的,也不要给人。

天立的大单于。

(格)主词—动词—止词。

这样一变,更方便了。

以上举出的三种变格的句法,在实用上自然很不方便,不容易懂得,又不容易记得。但是因为古文相传下来是这样倒装的,故那些"聪明才智"的文学专门名家都只能依样画葫芦,虽然莫名其妙,也只好依着古文大家的"义法"做去!这些"文学专门名家",因为全靠机械的熟读,不懂得文法的道理,故往往闹出大笑话来。但是他们决没有改革的胆子,也没有改革的能力,所以中国文字在他们的手里实在没有什么进步。中国语言的逐渐改良,逐渐进步,——如上文举出的许多例,——都是靠那些无量数的"乡曲愚夫,闾巷妇稚"的功劳!

最可怪的,那些没有学问的"乡曲愚夫,闾巷妇稚"虽然不知不觉的做这种大胆的改良事业,却并不是糊里糊涂的一味贪图方便,不顾文法上的需要。最可怪的,就是他们对于什么地方应该改变,什么地方不应该改变,都极有斟酌,极有分寸。就拿倒装句法来说。有一种变格的句法,他们丝毫不曾改变:

(例)杀人者。知命者。

(格)动词—止词—主词。

这种句法，把主词放在最末，表示"者"字是一个承接代词。白话也是这样倒装的：

（例）杀人的。算命的。打虎的。

这种句法，白话也曾想改变过来，变成正格：

（例）谁杀人，谁该死。谁不来，谁不是好汉。谁爱听，尽管来听。

但是这种变法，总不如旧式倒装法的方便，况且有许多地方仍旧是变不过来：

（例）杀人的是我。这句若变为"谁杀人，是我"，上半便成疑问句了。

（又）打虎的武松是他的叔叔。这句决不能变为"谁打虎武松是他的叔叔！"

因此白话虽然觉得这种变格很不方便，但是他又知道变为正格更多不便，倒不如不变了罢。

以上所说，都只是要证明白话的变迁，无论是变繁密了或是变简易了，都是很有理由的变迁。该变繁的，都变繁了；该变简的，都变简了；就是那些该变而不曾变的，也都有一个不能改变的理由。改变的动机是实用上的困难；改变的目的是要补救这种实用上的困难；改变的结果是应用能力的加多。这是中国国语的进化小史。

这一段国语进化小史的大教训：莫要看轻了那些无量数的"乡曲愚夫，闾巷妇稚"！他们能做那些文学专门名家所不能做又不敢做的革新事业！

第三篇　文法的研究法

我觉得现在国语文法学最应该注重的，是研究文法的方法。为什么我们应该这样注重方法呢？第一，因为现在虽有一点古文的文法学，但国语的文法学还在草创的时期，我们若想预备做国语文法学的研究，应该先从方法下手。建立国语文法学，不是一件容易做的事。方法不精密，决不能有成效。第二，一种科学的精神全在他的方法。方法是活的，是普遍的。我们学一种科学，若单学得一些书本里的知识，不能拿到怎样求得这些知识的方法，是没有用的，是死的。若懂得方法，就把这些书本里的知识都忘记了，也还不要紧，我们不但求得出这些知识来，我们还可以创造发明，添上许多新知识。文法学也是如此。不要说我们此时不能做一部很好的国语文法书，就是有了一部很好的文法书，若大家不讲究文法学的方法，这书终究是死的，国语文法学终究没有继续进步的希望。古人说，"鸳鸯绣取从君看，不把金针度与人"。这是很可鄙的态度。我们提倡学术的人应该先把"金针"送给大家，然后让他们看我们绣的鸳鸯，然后教他们大家来绣一些更好更巧妙的鸳鸯！

研究文法的方法，依我看来，有三种必不可少的方法：

（一）归纳的研究法，

（二）比较的研究法，

（三）历史的研究法。

这三种之中，归纳法是根本法，其余两种是辅助归纳法的。

1 归纳的研究法。

平常论理学书里说归纳法是"从个体的事实里求出普遍的法则来"的方法。但是这句话是很含糊的，并且是很有弊病的。因为没有下手的方法，故是含糊的。因为容易使人误解归纳的性质，故有弊病。宋朝的哲学家讲"格物"，要人"即物而穷其理"。初看去，这也是"从个体的事实里求出普遍的法则"的归纳法了。后来王阳明用这法子去格庭前的竹子，格了七天，格不出什么道理来，自己反病倒了。这件事很可使我们觉悟：单去观察个体事物，不靠别的帮助，便想从个体事物里抽出一条通则来，是很不容易做到的事，——也许竟是不可能的事。从前中国人用的"书读千遍，其义自见"的笨法，便是这一类的笨归纳。

现在市上出版的论理学书，讲归纳法最好的，还要算严又陵先生的《名学浅说》。这部书是严先生演述耶芳斯（Jevons）的《名学要旨》做成的。耶芳斯的书虽然出版的很早，但他讲归纳法实在比弥尔（J. S. Mill 穆勒·约翰）一系的名学家讲的好。耶芳斯的大意是说

归纳法其实只是演绎法的一种用法。分开来说,归纳法有几步的工夫:

第一步,观察一些同类的"例";

第二步,提出一个假设的通则来说明这些"例";

第三步,再观察一些新例,看他们是否和假设的通则相符合。若无例外,这通则便可成立;若有例外,须研究此项例外是否有可以解释的理由;若不能解释,这通则便不能成立。一个假设不能成立,便须另寻新假设,仍从第二步做起。这种讲法的要点在于第二步提出假设的通则。第三步即用这个假设做一个大前提,再用演绎的方法来证明或否证这个假设的大前提。

这种讲法,太抽象了,不容易懂得,我且举一条例来说明他。白话里常用的"了"字,平常用来表示过去的动词,如"昨天他来了两次,今天早晨他又来了一次",这是容易懂得的。但是"了"字又用在动词的现在式,如:

大哥请回,兄弟走了。

又用在动词的将来式,如:

你明天八点钟若不到此地,我就不等你了。

你再等半点钟,他就出来了。

这种"了"字自然不是表示过去时间的,他表示什么呢?这种用法究竟错不错呢?

我们可试用归纳法的第一步:先观察一些"例":

(例一)他若见我这般说,不睬我时,此事便休了。

(例二)他若说"我替你做",这便有一分光了。

(例三)他若不肯过来,此事便休了。

(例四)他若说"我来做",这光便有二分了。

(例五)第二日他若依前肯过我家做时,这光便有三分了。

我看了《水浒传》里这几条例,心里早已提出一个假设:"这种'了'字是用来表示虚拟的口气(subjunctive mood)的。"上文引的五个例,都是虚拟(假定)的因果句子;前半截的虚拟的"因",都有"若"字表出,故动词可不必变化;后半截虚拟的"果",都用过去式的动词表出,如"便休了","便有了",都是虚拟的口气。因为是虚拟的,故用过去式的动词表示未来的动作。

这个假设是第二步。有了这个假设的通则,我再做第三步,另举一些例:

(例六)我们若去求他,这就不是品行了。——(《儒林外史》)

(例七)若还是这样傻,便不给你娶了。——(《石头记》)

这两例与上五例相符合。我再举例:

(例八)你这中书早晚是要革的了。——(《儒》)

(例九)我轻身更好逃窜了。——(《儒》)

这都是虚拟的将来,故用"了"字。我再举例:

(例十)只怕你吃不得了。——(《水》)

(例十一)可怜我那里赶得上,只怕不能够了。——(《石》)

(例十二)押司来到这里,终不成不进去了?——(《水》)

这都是疑惑不定的口气,故都用虚拟式。我再举例:

(例十三)好汉息怒。且饶恕了,小人自有话说。——(《水》)

(例十四)不要忘了许我的十两银子。——(《水》)

(例十五)你可别多嘴了。——(《石》)

这些本是命令的口气,因为命令式太重了,太硬了,故改用虚拟的口气,便觉得婉转柔和了。试看下文的比较,便懂得这个虚拟式的重要。

(命令的口气)	(虚拟的口气)
放手!	放了手罢。
不要忘记!	不要忘了。
别多嘴!	你可别多嘴了。

我举这些例来证明第二步提出的假设:"这种'了'字是用来表示虚拟的口气的。"这个假设若是真的,那么,这一类的"了"字,应该都可用这个假设去解释。第三步举的例果然没有例外,故这条通则可以成立。

这种研究法叫做归纳的研究法。我在上文说过,归纳法是根本法。凡不懂得归纳法的,决不能研究文法。故我要再举一类的例,把这个方法的用法说的格外明白些。

马建忠作《文通》,用的方法很精密,我们看他自己说他研究文法的方法:

> 古经籍历数千年传诵至今,其字句浑然,初无成法之可指。乃同一字也,同一句也,有一书迭见者,有他书互见者。是宜博引旁证,互相比拟,因其当然,以进求其所同所异之所以然,而后著为典则,义类昭然。(《例言》)

他又说:

> 愚故罔揣固陋,取《四书》、《三传》、《史》、《汉》韩文,……兼及诸子《语》(《国语》)、《策》(《国策》),为之字栉句比,繁称博引,比例而同之,触类而长之。穷古今之简篇,字里行间,涣然冰释,皆有以得其会通。

这两段说归纳的研究法都很明白。我可引《文通》里的一条通则来做例:

(例一)寡人好货。寡人好色。寡人好勇。

(例二)客何好?客何事?客何能?

例一的三句,都是先"主词",次"表词",次"止词"(主词《文通》作起词。表词《文通》作语词)。例二的三句都是先"主词",次"止词","表词"最后。何以"寡人好货"的"货"字不可移作"寡人货好"?何以"客何好"不可改作"客好何"?

我们用归纳法的第一步,看了这例二的三个例,再举几个同类的例:

(例三)吾何修而可以比于先王观也?——(《孟》)

(例四)生揣我何念?——(《史》)

看了这些例,我们心里起一个假设:

(假设一)"凡'何'字用作止词,都该在动词之前。"

这是第二步。我们再举例:

(例五)夫何忧何惧?——(《论》)

(例六)客何为也?——(《史》)

这些例都可以证明这个假设可以成为通则。我们且叫他做"通则一"。这是第三步。

这个"何"字的问题是暂时说明了。但我们还要进一步,问:"何以'何'字用作止词便须在动词之前呢?"我们要解答这问题,先要看看那些与"何"字同类的字是否与"何"字有同样的用法。先看"谁"字:

(例七)寡人有子,未知其谁立焉。——(《左》)

(例八)朕非属赵君,当谁任哉?——(《史》)

(例九)吾谁欺?欺天乎?——(《论》)

从这些例上,可得一个通则:

(通则二)"凡'谁'字用作止词,也都在动词之前。"

次举"孰"字的例:

(例十)后之人,其欲闻仁义道德之说,孰从而听之?——(《韩》)

次举"奚"字:

(例十一)问臧奚事,则挟策读书;问谷奚事,则博塞以游。——(《庄》)

(例十二)子将奚先?——(《论》)

次举"胡"、"曷"等字:

(例十三)胡禁不止?——(《汉》)

(例十四)曷令不行?——(《汉》)

我们看这些例,可得许多小通则;可知何,谁,孰,奚,曷,胡,等字用作止词时,都在动词之前。但这些字都是"询问代名词",故我们又可得一个大通则:

"凡询问代词用作止词时,都该在动词之前。"

这条通则,我们可再举例来试证;若没有例外,便可成立了。

得了这条通则,我们就可以知道"客何好"的"何"字所以必须放在"好"字之前,是因为"何"字是一个询问代词用作止词。这就是《文通》的《例言》说的"博引旁证,互相比拟,因其当然,以进求其所同所异之所以然"。我们若把上文说的手续合为一表,便更明白了:

客何好？客何能？
吾何修？　　　　　（通则一）　凡何字作止词，应在动词前。
夫何忧何惧？

未知谁立。
当谁任哉？　（通则二）　凡谁字作止词，应在动词前。
吾谁欺？

孰从而听之？（通则三）孰字同。

问臧奚事，
问谷奚事。　（通则四）奚字同。

胡禁不止？（通则五）胡字同。

曷令不行？（通则六）曷字同。

总通则：凡询问代词用作止词时，都在动词之前。

这就是《文通·自序》说的"比例而同之，触类而长之，……皆有以得其会通"。这就是归纳的研究法。

2

比较的研究法。

比较的研究法可分作两步讲：

第一步：积聚些比较参考的材料，越多越好。在国语文法学上，这种材料大都是各种"参考文法"，约可分作四类：

（1）中国古文文法，——至少要研究一部《马氏文通》。

（2）中国各地方言的文法，——如中国东南各省的各种方言的文法。

（3）西洋古今语言的文法，——英文法，德文法，法文法，希腊、拉丁文法等。

（4）东方古今语言的文法，——如满、蒙文法，梵文法，日本文法等。

第二步：遇着困难的文法问题时，我们可寻思别种语言里有没有同类或大同小异的文法。若有这种类似的例，我们便可拿他们的通则来帮助解释我们不能解决的例句。

（1）若各例彼此完全相同，我们便可完全采用那些通则。

（2）若各例略有不同，我们也可用那些通则来做参考，比较出所以同和所以不同的地方，再自己定出新的通则来。

我且举上篇用的虚拟口气的"了"字作例。我们怎样得到那个假设呢？原来那是从比较参考得来的。我看了《水浒传》里的一些例，便想起古文里的"矣"字，似乎也有这种用法，——也有用在现在和未来的时间的。例如：

诺，吾将仕矣。——（《论》）

原将降矣。——（《左》）

如有复我者，则吾必在汶上矣。——（《论》）

如有不嗜杀人者，则天下之民皆引领而望之矣。——（《孟》）

我于是翻开《马氏文通》，要看他如何讲法。《文通》说：

> 矣字者，所以决事理已然之口气也。已然之口气，俗间所谓"了"字也。凡"矣"字之助句读也，皆可以"了"字解之。（九之三）

《文通》也用"了"字来比较"矣"字，我心里更想看他如何解释。他说：

> 言效之句，率以"矣"字助之（《孟》，如有不嗜杀人者，则天下之民皆引领而望之矣）。……"矣"字者，决已然之口气也。而"效"则惟验诸将来。"矣"字助之者，盖"效"之发现有待于后，而"效"之感应已露于先矣（言效之句，即我说的虚拟的效果句子）。

这一段话的末句说的很错误，但他指出"言效之句，率以'矣'字助之"一条通则，确能给我一个"暗示"。我再看他讲"吾将仕矣"一类的文法：

> "吾将仕矣"者，犹云，吾之出仕于将来，已可必于今日也。……其事则属将来，而其理势已可决其如是而必无他变矣。

他引的例有"今日必无晋矣"，"孺子可教矣"，"三年无改于父之道，可谓孝矣"，等句。他说这些"矣"字"要不外了字之口气"。他说：

> "了"者，尽而无余之辞。而其为口气也，有已了之了，则"矣"字之助静字（即形容词）而为绝句也，与助句读之述往事也。有必了之了，则"矣"字之助言效之句也。外此诸句之助"矣"字而不为前例所概者，亦即此已了必了之口气也。是则

"矣"字所助之句无不可以"了"字解之矣。

我看了这一段,自然有点失望。因为我想参考"矣"字的文法来说明"了"字的文法,不料马氏却只用了"了"字的文法来讲解"矣"字的文法。况且他只说"已了必了之口气",说的很含糊不明白。如孔子对阳货说"吾将仕矣",决没有"必了"的口气,决不是如马氏说的"吾之出仕于将来,已可必于今日"的意思。又如他说"言效之句"所以用"矣"字,是因为"效之发现有待于后而效之感应已露于先矣",这种说法,实无道理。什么叫做"效之感应"?

但我因《文通》说的"言效之句",遂得着一点"暗示"。我因此想起这种句子在英文里往往用过去式的动词来表示虚拟的口气。别国文字里也往往有这种办法。我因此得一个假设:"我们举出的那些'了'字的例,也许都是虚拟的口气罢?"

我得着这个"假设"以后的试证工夫,上章已说过了。我要请读者注意的,是:这个假设是从比较参考得来的。白话里虚拟口气的"了"字和古文里的"矣"字,并不完全相同(如"请你放了我罢"一类的句子,是古文里没有的);和别国文字里的虚拟口气,也不完全相同(如英文之虚拟口气,并不单靠过去式的动词来表示。别国文字也如此)。但不同之中,有相同的一点,就是虚拟的口气有区别的必要。马氏忽略了这个道理,以为一切"矣"字都可用"已了""必了"两种"了"字来解说,所以他说不明白。我们须要知道:那些明明是未了的动作,何以须用那表示已了的"矣"字或"了"字?我们须要知道:古文里"已矣乎","行矣,夫子!""休矣,先生!"一类的句子;和白话里"算了罢","请你放了我罢","不要忘了那十两银子",——决不能用"已了必了"四个字来解说;只有"虚拟的口气"一个通则可以包括在内。

这一类的例是要说明比较参考的重要的。若没有比较参考的材料,若处处全靠我们从事实里"挤"出一些通则来,那就真不容易了。我再举一类的例来说明没有参考材料的困难。六百多年前,元朝有个赵德,著了一部《四书笺义》,中有一段说:

吾我二字,学者多以为一义,殊不知就己而言则曰吾,因人而言则曰我。"吾有知乎哉?"就己而言也。"有鄙夫问于我",因人之问而言也。

清朝杨复吉的《梦阑琐笔》引了这段话又加按语道:

按此条分别甚明。"二三子以我为隐乎?"我,对二三子而言。"吾无隐乎尔",吾,就己而言也。"我善养吾浩然之气",我,对公孙丑而言,吾,就己而言也。

后来俞樾把这一段抄在《茶香室丛抄》(卷一)里,又加上一段按语道:

以是推之,"予惟往求朕攸济",予即我也,朕即吾也。"越予冲人,不卬自恤",予即我也,卬即吾也。其语似复而实非复。

我们看这三个人论"吾我"二字的话,便可想见没有参考文法的苦处。第一,赵德能分出一个"就己而言"的吾,和"因人而言"的我,总可算是读书细心的了。但这个区别实在不够用,试看《庄子》"今者吾丧我"一句,又怎样分别"就己""因人"呢?若有"主词""止词"等等文法术语,便没有这种困难了。第二,杨复吉加的按语说"此条分别甚明",不料他自己举出的四个例便有两个是大错的!"我善养吾浩然之气",这个"我"字与上文的几个"我"字,完全不同;这个"吾"字和上文的几个"吾"字,又完全不同!倘使当时有了"主格""受格""领格"等等术语,等等通则,可作参考比较的材料,这种笑话也可以没有了。第三,俞樾解释"予""朕""卬"三个字,恰都和赵德的通则相反!这种错误也是因为没有文法学的知识作参考,故虽有俞樾那样的大学者,也弄不清楚这个小小的区别。到了我们的时代,通西文的人多了,这种区别便毫不成困难问题了。我们现在说:

"吾""我"二字,在古代文字中,有三种文法上的区别:

(甲)主格用"吾"为常。

(例)吾有知乎哉?
　　　吾其为东周乎?
　　　吾丧我。

(乙)领格用"吾"。

(例)吾日三省吾身。

　　　　犹吾大夫崔子也。
　　　　吾道一以贯之。
（丙）受格（止词司词）用"我"。
　　（例一）夫召我者，而岂徒哉？如有用我者，吾其为东周乎？
　　　　如有复我者，则吾必在汶上矣。
以上为外动词的"止词"。
　　（例二）有鄙夫问于我。
　　　　孟孙问孝于我。
　　　　善为我辞焉。
以上为"介词"后的"司词"。
这些区别，现在中学堂的学生都懂得了，都不会缠不清楚了。

故有了参考比较的文法资料，一个中学堂的学生可以胜过许多旧日的大学问家；反过来说，若没有参考比较的文法资料，一个俞樾有时候反不如今日的一个中学生！

现在我们研究中国文法，自然不能不靠这些"参考文法"的帮助。我们也知道，天下没有两种文法是完全相同的；我们也知道，中国的语言自然总有一些与别种语言不相同的特点。但我们决不可因此遂看轻比较研究的重要。若因为中国语言文字有特点，就菲薄比较的研究，那就成了"因为怕跌倒就不敢出门"的笨伯了！近来有人说，研究中国文法须是"独立的而非模仿的"。他说：

　　何谓独立的而非模仿的？中国文字与世界各国之文字（除日本文颇有与中国文相近者外）有绝异者数点：其一，主形；其二，单节音，且各字有平上去入之分；其三，无语尾等诸变化；其四，字词（《说文》"词，意内言外也"）文位确定。是故如标语（即《马氏文通》论句读编卷系七（适按此似有误，疑当作"卷十，象一，系七"）所举之一部分），如足句之事，如说明语之不限于动字，如动字中"意动""致动"（如"饮马长城窟"之饮，谓之致动；"彼白而我白之"之第二白字，谓之意动）等之作成法，如词与语助字之用：皆国文所特有者也。如象字比较级之变化，如名字中固有名字普通名字等分类，如主语之绝对不可缺：皆西文所特有,于国文则非甚必要。今使不研究国文所特有,而第取西文所特有者,一一模仿之,则削趾适屦,扞格难通,一也;比喻不切,求易转难,二也;为无用之分析,徒劳记忆,三也;有许多无可说明者,势必任诸学者之自由解释,系统既异,归纳无从,四也;其勉强适合之部分,用法虽亦可通,而歧义必所不免,五也;举国中有裨实用之变化而牺牲之,致国文不能尽其用,六也。

是故如主张废灭国文则已;若不主张废灭者,必以治国文之道治国文,决不能专以治西文之道治国文(《学艺杂志》第二卷第三号,陈承泽《国文法草创》,页五至六)。

陈先生这段话是对那"模仿"的文法说的。但他所指的"模仿"的文法既包括《马氏文通》在内(原文页六至八,注六),况且世间决无"一一模仿"的笨文法,故我觉得陈先生实在是因为他自己并不曾懂得比较研究的价值,又误把"比较"与"模仿"看作一事,故发这种很近于守旧的议论。他说的"必以治国文之道治国文"一句话,和我所主张的比较的研究法,显然处于反对的地位。试问,什么叫做"以治国文之道治国文"呢?从前那种"书读千遍,其义自见"的笨法,真可算是几千年来我们公认的"治国文之道!"又何必谈什么"国文法"呢?到了谈什么"动字","象字","主语","说明语"等等文法学的术语,我们早已是"以治西文之道治国文"了,——难道这就是"废灭国文"吗?况且,若不从比较的研究下手,若单用"治国文之道治国文",我们又如何能知道什么为"国文所特有",什么为"西文所特有"呢?陈先生形容那"模仿"文法的流弊,说,"其勉强适合之部分,用法虽亦可通,而歧义必所不免"。我请问,难道我们因为有"歧义",遂连那"适合的部分"和"可通的用法"都不该用吗?何不大胆采用那"适合"的通则,再加上"歧义"的规定呢?① 陈先生又说,"有许多无可

---

① 编者注:《胡适文存》第二版此处后面有一胡适按语:"我做此文之后,方才认得陈先生,方才得读他的字典稿本的一部分。我深信他是很得力于比较的研究法的。当时即想删去此一段,但此版付印时,不及检点,忘了删去。今天接到上海来信,方才知道陈先生不幸已于8月8日死了。我因此感触,重检此文,删去一些过分的话,可惜为版本所限,不能全删,记此志哀。十,九,一"现从第十三版删去。

说明者,势必任诸学者之自由解释,系统既异,归纳无从"。这句话更奇怪了。"学者自由解释",便不是"模仿"了,岂不是陈先生所主张的"独立的"文法研究吗?何以这又是一弊呢?

中国语言文字的研究,这几千年来,真可以算是"独立"了。几千年"独立"的困难与流弊还不够使我们觉悟吗?我老实规劝那些高谈"独立"文法的人:中国文法学今日的第一需要是取消独立。但"独立"的反面不是"模仿",是"比较与参考"。比较研究法的大纲,让我重说一遍:

遇着困难的文法问题时,我们可寻思别种语言里有没有同类或大同小异的文法。

若有这种类似的例,我们便可拿他们的通则来帮助解释我们不能解决的例句。

若各例彼此完全相同,我们便可完全采用那些通则。

若各例略有不同(陈先生说的"歧义"),我们也可用那些通则来做参考,比较出所以同和所以不同的地方,再自己定出新的通则来。

3 历史的研究法。

比较的研究法是补助归纳法的,历史的研究法也是补助归纳法的。

我且先举一个例来说明归纳法不用历史法的危险。我的朋友刘复先生著的一部《中国文法通论》,也有一长段讲"文法的研究法"。他说:

> 研究文法,要用归纳法,不能用演绎法。

什么叫做"用归纳法而不用演绎法"呢?譬如人称代词(即《文通》的"指名代字")的第一身(即《文通》的"发语者")在口语中只有一个"我"字,在文言中却有我,吾,余,予,四个字。假设我们要证明这四个字的用法完全相同,我们先应该知道,代名词用在文中,共有主格,领格,受格,三种地位(即《文通》的主次,偏次,宾次);而领格之中又有附加"之"字与不附加"之"字两种;受格之中又有位置在语词(Verb)之后和位置在介词之后两种。于是我们搜罗了实例,来证明他：

A. 主格。
   1. 我非生而知之者。——(《论语》)
   2. 吾日三省吾身。——(同)
   3. 余虽为之执鞭。——(《史记》)
   4. 予将有远行。——(《孟子》)

B. 一，领格，不加"之"字的。
   1. 可以濯我缨。——(《孟子》)
   2. 非吾徒也。——(《论语》)
   3. 既无武守，而又欲易余罪。——(《左传》)
   4. 是予所欲也。——(《孟子》)

B. 二，领格，附加"之"字的。
   1. 我之怀矣，自贻伊戚。——(《左传》)
   2. 吾之病也。——(韩愈《原毁》)
   3. 是余之罪也夫！——(《史记》)
   4. 如助予之叹息。——(欧阳修《秋声赋》)

C. 一，受格，在语词后的。
   1. 明以教我。——(《孟子》)
   2. 嫂尝抚汝指吾而言曰。——(韩愈《祭十二郎文》)
   3. 女为惠公来求杀余。——(《左传》)
   4. 尔何曾比予于管仲！——(《孟子》)

C. 二，受格，在介词后的。
   1. 为我作君臣相悦之乐。——(《孟子》)
   2. 为吾谢苏君。——(《史记·张仪列传》)
   3. 与余通书。——(《史记》)
   4. 天生德于予。——(《论语》)

到这一步，我们才可以得一个总结，说我，吾，余，予，四个字，用法完全一样。这一种方法，就叫作归纳法。(《中国文法通论》，页一七)

这一大段，初看起来，很像是很严密的方法；细细分析起来，就露出毛病来了。第一个毛病是：这一段用的方法实在是演绎法，不是归纳法；是归纳法的第三步（看本书页六五九），不是归纳法的全部。刘先生已打定主意"要证明这四个字的用法完全相同"，故他只要寻些实例来证实这个大前提，他既不问"例外"的多少，也不想说明"例外"的原因，也不问举的例是应该认为"例外"呢，还是应该认为"例"。如 C 一（2）"嫂尝抚汝指吾而言曰"一句，这"吾"字自是很少见的，只可算是那不懂文法的韩退之误用的"例外"，不能用作"例"。此外如 A（1）在《论语》里确是"例外"，B 一（1）与 B 二（1）都是诗歌，也都是"例外"。若但举与大前提相符合的来作"例"，不比较"例"与"例外"的多少，又不去解释何以有"例外"，——这便是证明一种"成见"，不是试证一种"假设"了。所以我说他是演绎法，不是归纳法。

第二个毛病更大了。刘先生举的例，上起《论语》，下至韩愈、欧阳修，共占一千五百年的时间！他不问时代的区别，只求合于通则的"例"，这是绝大的错误。这一千五百年中间，中国文法也不知经过了多少大变迁。即如从孔子到孟子的二百年中间，文法的变迁已就很明显了。孔子称他的弟子为"尔，汝"，孟子便称"子"了；孔子时代用"斯"，孟子时代便不用了；阳货称孔子用"尔"，子夏、曾子相称亦用"尔，汝"，孟子要人"充无受尔汝之实"，可见那时"尔，汝"已变成轻贱的称呼了。即如"吾，我"二字，在《论语》、《檀弓》时代，区别的很严："吾"字用在主格，又用在领格，但决不用在受格；"我"字专用在受格，但有时要特别着重"吾"字，便用"我"字代主格的"吾"字，如"尔爱其羊，我爱其礼"，如"我非生而知之者"，"我则异于是"，都是可以解释的"例外"。到了秦、汉以后，疆域扩大了，语言的分子更复杂了，写定了的文言便不能跟着那随时转变的白话变化。白话渐渐把指名代词的"位次"（case）的区别除去了，但文字里仍旧有"吾，我"，"尔，汝"，等字。后人生在没有这种区别的时代，故不会用这种字，故把这些字随便乱用。故我们不可说：

吾我两字用法完全相同。

我们只可说：

> 吾我两字在《论语》、《檀弓》时代的用法是很有区别的;后来这种区别在语言里渐渐消灭,故在文字里也往往随便乱用,就没有区别了。

如此,方才可以懂得这两个字在文法上的真正位置。余予二字也应该如此研究。我们若不懂得这四个字的历史上的区别,便不能明白这四个字所以存在的缘故。古人不全是笨汉,何以第一身的指名代词用得着四个"用法完全相同"的字呢?

这种研究法叫做"历史的研究法"。

为什么要用历史的研究法呢?我且说一件故事:清朝康熙皇帝游江南时,有一天,他改了装,独自出门游玩。他走到一条巷口,看见一个小孩子眼望着墙上写的"此路不通"四个字。皇帝问他道:"你认得这几个字吗?"那孩子答道:"第二个是'子路'的路字,第三个是'不亦说乎'的不字,第四个是'天下之通丧'的通字。只有头一个字我不曾读过。"皇帝心里奇怪,便问他读过什么书。他说读过《论语》。皇帝心里更奇怪了:难道一部《论语》里没有一个"此"字吗?他回到行宫,翻开《论语》细看,果然没有一个"此"字。皇帝便把随驾的一班翰林叫来,问他们《论语》里共有几个"此"字。他们有的说七八十个,有的说三四十个,有的说二三十个!皇帝大笑。

这个故事很有意思。顾亭林《日知录》说:

> 《论语》之言"斯"者七十,而不言"此";《檀弓》之言"斯"者五十有二,而言"此"者一而已。《大学》成于曾氏之门人,而一卷之中言"此"者十九。语言轻重之间,世代之别,从可知矣。

其实何止这个"此"字?语言文字是时时变易的,时时演化的。当语言和文字不曾分离时,这种变迁演化的痕迹都记载在文字里,如《论语》、《檀弓》与《孟子》的区别,便是一例。后来语言和文字分开,语言仍旧继续不断的变化,但文字却渐渐固定了。故虽然有许多"陈迹"的文法与名词保存在文字里,但这种保存,完全是不自然的保存,是"莫名其妙"的保存。古人有而后人没有的文法区别,虽然勉强保存,究竟不能持久,不久就有人乱用了。我们研究文法,不但要懂得那乱用时代的文法,还应该懂得不乱用时代的文法。有时候,我们又可以看得相反的现象:有时古代没有分别的,后来倒有分别。这种现象也是应该研究的。故我们若不懂得古代"吾,我"有分别,便不懂得后来这两个字何以并用;若不懂得后来"吾,我"无分别,便不懂得白话单用一个"我"字的好处;但是若不懂得古代主格与领格同用"吾"字,便不懂得后来白话分出"我"与"我的"的有理。

因为我们要研究文法变迁演化的历史,故须用历史的方法来纠正归纳的方法。历史的研究法可分作两层说:

第一步:举例时,当注意每个例发生的时代:每个时代的例排在一处,不可把《论语》的例和欧阳修的例排在一处。

第二步:先求每一个时代的通则,然后把各时代的通则互相比较。

(a)若各时代的通则是相同的,我们便可合为一个普遍的通则。

(b)若各时代的通则彼此不同,我们便应该进一步,研究各时代变迁的历史,寻出沿革的痕迹和所以沿所以革的原因。

我们可举白话文学里一个重要的例。前年某省编了一部国语教科书,送到教育部请审查。教育部审查的结果,指出书里"这花红的可爱","鸟飞的很高"一类的句子,说"的"字都应该改作"得"字。这部书驳回去之后,有人对部里的人说,"这一类的句子里,《水浒传》皆作'得',《儒林外史》皆作'的',你们驳错了。"后来陈颂平先生把这事告诉我,我的好奇心引我去比较《水浒传》、《石头记》、《儒林外史》三部书的例,不料我竟因此寻出一条很重要的通则。

先看《水浒传》的例:(都在第一回及楔子)

(1)最是踢得好脚气球。

(2)高俅只得来淮西临淮州。

(3)这高俅,我家如何安得着他?

(4)小的胡乱踢得几脚。

(5)你既害病,如何来得?

(6)俺如何与他争得?

(7)免不得饥餐渴饮。

(8)母亲说他不得。

(9) 此殿开不得。

(10) 太公到来,喝那后生"不得无礼!"

(11) 极是做得好细巧玲珑。

(12) 母亲说得是。

(13) 史进十八般武艺,一一学得精熟,多得王进尽心指教,点拨得件件都有奥妙。

(14) 方才惊唬得苦。

(15) 惊得下官魂魄都没了。

(16) 惊得洪太尉目瞪口呆。(此句亚东本作"的",后见光绪丁亥同文本,果作"得"。可见举例时不可不注意版本。我作《尔汝篇》论领格当用"尔"。今本《虞书》有"天之历数在汝躬"一句,然《论语》引此句正作"尔躬"。可见《尚书》经过汉人之手,已不可靠了)

次举《石头记》的例:(都在卷二十二至卷二十五)

(17) 薛大妹妹今年十五岁,虽不是整生日,也算得将笄之年。

(18) 别人拿他取笑,都使得。

(19) 贾环只得依他。……宝玉只得坐了。

(20) 你但凡立得起来,到你大房里,……也弄个事儿管管。

(21) 告诉不得你。

(22) 等那件事成了,可也加倍还得起他。

(23) 婶娘身上生得单弱,事情又多,亏婶娘好大精神,竟料理的周周全全,要是差一点儿的,早累的不知怎样了。

(24) 只见一个十五六岁的丫头,生的倒也十分精细干净(比较上文(23)"生得单弱"一条,及下(25)条)。

(25) 只见这人生的长容脸面,长挑身材。

(26) 舅舅说的有理(比较上文(12)条)。

(27) 说的林黛玉扑嗤的一声笑了。

(28) 吓的这个调儿,还只管胡说!

(29) 树上桃花吹下一大斗来,落得满身满书满地都是花片。

(30)弄得你黑眉乌嘴的。

(31)林黛玉只当十分烫得利害。

(32)但问他疼得怎样。

再举《儒林外史》的例：(都在楔子一回)

(33)世人一见功名，便舍着性命去求他。自古及今，那一个是看得破的。

(34)只靠着我替人家做些针黹生活寻来的钱，如何供得你读书？

(35)不然，老爷如何得知你会画花？

(36)有什么做不得？

(37)彼此呼叫，还听得见。

(38)我眼见得不济事了。

(39)都不得有甚好收场。

(40)闹的王冕不得安稳。

(41)这个法却定的不好。

(42)一阵怪风刮的树木都飕飕的响。

(43)王冕同秦老吓的将衣袖蒙了脸。

(44)娘说的是。

(45)这也说得有理。(比较(44)条)

(46)照耀得满湖通红。

(47)尤其绿得可爱。

(48)乡间人见画得好，也有拿钱来买的。

以上从每部书里举出的十六个例，共四十八个例。《水浒传》最早(依我的考证，是明朝中叶的著作)，比《儒林外史》与《石头记》至少要早二百多年。《水浒传》的十六个例一概用"得"字。《石头记》与《儒林外史》杂用"得"、"的"两字。这种排列法是第一步下手工夫。

第二步，求出每一个时代的例的通则来做比较。

我们细看《水浒传》的十六个例，可以看出两种绝不相同的文法作用：

（甲）自（1）至（10）的"得"字都含有可能的意思。"踢得几脚"即是"能踢几脚"。"如何安得"，"如何来得"，"如何争得"，即是"如何能安"，如何能来"，"如何能争"。"免不得"即是"不能免"。"说他不得"即是"不能说他"。以上是表"能够"的意思。"开不得"即是"不可开"。"不得无礼"即是"不可无礼"。以上是表"可以"的意思。

（乙）自（11）至（16）的"得"字，是一种介词，用来引出一种状词或状词的分句的。这种状词或状词的分句都是形容前面动词或形容词的状态和程度的。这个"得"字的意义和"到"字相仿（得与到同声，一音之转），大概是"到"字脱胎出来的。"说得是"即是"说到是处"。"惊唬得苦"即是"惊唬到苦处"。"学得精熟"即是"学到精熟的地步"。"惊得洪太尉目瞪口呆"即是"惊到洪太尉目瞪口呆的地步。"这都是表示状态与程度的（凡介词之后都该有"司词"。但"得"字之后，名词可以省去，故很像无"司词"。其实是有的，看"到"字诸例便知）。

于是我们从《水浒》的例里求出两条通则：

（通则一）"得"字是一种表示可能性的助动词。他的下面或加止词，或加足词，或不加什么。

（通则二）"得"字又可用作一种介词，用在动词或形容词之后，引起一种表示状态或程度的状词或状语。

其次，我们看《石头记》的十六个例，可分出三组来：

（第一组）（17）至（22）六条的"得"字都是表示可能的助动词。如"也算得"等于"也可算"，"只得依他"等于"只能依他"，"立得起来"等于"能立起来"，"还得起他"等于"能够还他"。这一组没有一条"例外"。

（第二组）（23）至（28）六条，五次用"的"，一次用"得"，都是表示状态或程度的状语之前的"介词"。（23）条最可注意：

生得单弱，
料理的周周全全，
累的不知怎样了。

"生得"的"得"字明是误用的"例外"。下文(24)(25)两条都用"生的",更可证(23)条的"得"字是"例外"。

(第三组)(29)至(32)四条,都是与第二组完全相同的文法,但都用"得",不用"的",——是第二组的"例外"。

再看《儒林外史》的十六个例,也可分作三组:

(第一组)(33)至(39)七条的"得"字都是表示可能的助动词,与《石头记》的第一组例完全相同,也没有一个"例外"。

(第二组)(40)至(44)五条,用的"的"字,都是状语之前的介词,与《石头记》的第二组例也完全相同。

(第三组)(45)至(48)四条又是"例外"了。这些句子与第二组的句子文法上完全相同,如"说的是"与"说得有理"可有什么文法上的区别?

我们拿这两部时代相近的书,和那稍古的《水浒传》比较,得了两条通则:

(通则三)《水浒传》里表示可能的助动词"得"字,在《石头记》和《儒林外史》里,仍旧用"得"字。(参看"通则一")

(通则四)《水浒传》里用来引起状语的介词"得"字,(通则二)在《石头记》和《儒林外史》里,多数改用"的"字,但有时仍旧用"得"字。

综合起来,我们还可得一条更大的通则:

(通则五)《水浒传》的时代用一个"得"字表示两种完全不同的文法,本来很不方便。但那两种"得"字,声音上微有轻重的不同;那表示可能的"得"字读起来比那介词的"得"字要重一点,故后来那轻读的"得"字就渐渐的变成"的"字。但这个声音上的区别是很微细的,当时又没有文法学者指出这个区别的所以然,故做书的人一面分出一个"的"字,一面终不能把那历史相传下来的"得"字完全丢了,故同一个意义,同一种文法,同一段话里往往乱用"的"、"得"两字。但第一种"得"字——表示可能的助动词——很少例外。

如此,我们方才可算是真正懂得这两个字变迁沿革的历史。这种研究法叫做历史的研究法。这种研究的用处很大。即如我们举的"得"字与"的"字的例,我们可以因此得一条大教训,又可以因此得一条文法上的新规定。

什么大教训呢？凡语言文字的变迁，都有一个不得不变的理由。我们初见白话书里"得"、"的"两字乱用，闹不清楚，——差不多有现在"的"、"底"两字胡闹的样子！——我们一定觉得很糊涂，很没有道理。但我们若用"比例而同之，触类而长之"的方法，居然也可以寻出一个不得不变的道理来。这又是我在第一篇里说的"民族常识结晶"的一个证据了。

什么是文法上的新规定呢？语言文字的自然变化是无意的，是没有意识作用的，是"莫名其妙"的，故往往不能贯彻他的自然趋势，不能完全打破习惯的旧势力，不能完全建设他的新法式。即如"得"字的一种用法自然分出来，变成"的"字，但终不能完全丢弃那历史上遗传下来的"得"字。现在我们研究了这两个字的变迁沿革和他们所以变迁沿革的原因，知道了"的"、"得"两字所以乱用，完全是一种历史的"陈迹"，我们便可以依着这个自然趋势，规定将来的区别：

（1）凡"得"字用作表示可能的助动词时，一律用"得"字。

（2）凡动词或形容词之后的"得"字，用来引起一种状词或状语的，一律用"的"字。

有了这条新规定，以后这两个字便可以不致胡乱混用了（现在"的"、"底"两字所以闹不清楚，只是因为大家都不曾细心研究这个问题所以发生的原因）。

以上我说研究文法的三种方法完了。归纳法是基本方法；比较法是帮助归纳法的，是供给我们假设的材料的；历史法是纠正归纳法的，是用时代的变迁一面来限制归纳法，一面又推广归纳法的效用，使他组成历史的系统。

（原载1921年7月1日至8月1日《新青年》第9卷第3、4号）

《水浒传》考证

1 我的朋友汪原放用新式标点符号把《水浒传》重新点读一遍,由上海亚东图书馆排印出版。这是用新标点来翻印旧书的第一次。我可预料汪君这部书将来一定要成为新式标点符号的实用教本,他在教育上的效能一定比教育部颁行的新式标点符号原案还要大得多。汪君对于这书校读的细心,费的工夫之多,这都是我深知道并且深佩服的;我想这都是读者容易看得出的,不用我细说了。

这部书有一层大长处,就是把金圣叹的评和序都删去了。

金圣叹是十七世纪的一个大怪杰,他能在那个时代大胆宣言,说《水浒》与《史记》、《国策》有同等的文学价值,说施耐庵、董解元与庄周、屈原、司马迁、杜甫在文学史上占同等的位置,说:"天下之文章无有出《水浒》右者,天下之格物君子无有出施耐庵先生右者!"这是何等眼光!何等胆气!又如他的序里的一段:"夫古人之才,世不相沿,人不相及:庄周有庄周之才,屈平有屈平之才,降而至于施耐庵有施耐庵之才,董解元有董解元之才。"这种文学眼光,在古人中很不可多得。又如他对他的儿子说:"汝今年始十岁,便以此书(《水浒》)相授者,非过有所宠爱,或者教汝之道当如是也。……人生十岁,耳目渐吐,如日在东,光明发挥。如此书,吾即欲禁汝不见,亦岂可得?今知不可相禁,而反出其旧所批释脱然授之汝手。"这种见解,在今日还要吓倒许多老先生与少先生,何况三百年前呢?

但是金圣叹究竟是明末的人。那时代是"选家"最风行的时代;我们读吕用晦的文集,还可想见当时的时文大选家在文人界占的地位(参看《儒林外史》)。金圣叹用了当时"选家"评文的眼光来逐句批评《水浒》,遂把一部《水浒》凌迟碎砍,成了一部"十七世纪眉批夹注的白话文范！"例如圣叹最得意的批评是指出景阳冈一段连写十八次"哨棒"，紫石街一段连写十四次"帘子"，和三十八次"笑"。圣叹说这是"草蛇灰线法"！这种机械的文评正是八股选家的流毒，读了不但没有益处，并且养成一种八股式的文学观念，是很有害的。

这部新本《水浒》的好处就在把文法的结构与章法的分段来代替那八股选家的机械的批评。即如第五回瓦官寺一段：

> 智深走到面前那和尚吃了一惊

金圣叹批道："写突如其来，只用二笔，两边声势都有。"

> 跳起身来便道请师兄坐同吃一盏智深提着禅杖道你这两个如何把寺来废了那和尚便道师兄请坐听小僧

圣叹批道："其语未毕。"

> 智深睁着眼道你说你说

圣叹批道："四字气忿如见。"

> 说在先敝寺……

圣叹批道："说字与上'听小僧'本是接着成句，智深自气忿忿在一边夹着'你说你说'耳。章法奇绝，从古未有。"

现在用新标点符号写出来便成：

> 智深走到面前，那和尚吃了一惊，跳起身来便道："请师兄坐，同吃一盏。"智深提着禅杖道："你这两个如何把寺来废了！"那和尚便道："师兄请坐，听小僧——"智深睁着眼道："你说！你说！""——说：在先敝寺……"

这样点读，便成一片整段的文章，我们不用加什么恭维施耐庵的评语，读者自然懂得一切忿怒的声口和插入的气话；自然觉得这是很能摹神的叙事；并且觉得这是叙事应有的句法，并不是施耐庵有意要作"章法奇绝，从古未有"的文章。

金圣叹的《水浒》评，不但有八股选家气，还有理学先生气。

圣叹生在明朝末年，正当"清议"与"威权"争胜的时代，东南士气正盛，虽受了许多摧残，终不曾到降服的地步。圣叹后来为了主持清议以至于杀身，他自然是一个赞成清议派的人。故他序《水浒》第一回道：

> 一部大书七十回将写一百八人……而先写高俅者,盖不写高俅便写一百八人,则是乱自下生也。不写一百八人先写高俅,则是乱自上作也。……高俅来而王进去矣。王进者,何人也?不坠父业,善养母志,盖孝子也。……横求之四海,竖求之百年,而不一得之。不一得之而忽然有之,则当尊之,荣之,长跽事之,——必欲骂之,打之,至于杀之,因逼去之,是何为也?王进去而一百八人来矣。则是高俅来而一百八人来矣。
>
> 王进去后,更有史进。史者,史也。……记一百八人之事而亦居然谓之史也,何居?从来庶人之议皆史也。庶人则何敢议也?庶人不敢议也。庶人不敢议而又议,何也?天下有道,然后庶人不议也。今则庶人议矣。何用知天下无道?曰,王进去而高俅来矣。

这一段大概不能算是穿凿附会。《水浒传》的著者著书自然有点用意,正如楔子一回中说的,"且住!若真个太平无事,今日开书演义,又说着些什么?"他开篇先写一个人人厌恶不肯收留的高俅,从高俅写到王进,再写到史进,再写到一百八人,他著书的意思自然很明白。金圣叹说他要写"乱自上生",大概是很不错的。圣叹说,"从来庶人之议皆史也",这一句话很可代表明末清议的精神。黄梨洲的《明夷待访录》说:

> 东汉太学三万人,危言深论,不隐豪强,公卿避其贬议。宋诸生伏阙捶鼓,请起李纲。三代遗风惟此犹为相近。使当日之在朝廷者,以其所非是为非是,将见盗贼奸邪慑心于正气霜雪之下,君安而国可保也。

这种精神是十七世纪的一种特色,黄梨洲与金圣叹都是这种清议运动的代表,故都有这种议论。

但是金圣叹《水浒》评的大毛病也正在这个"史"字上。中国人心里的"史"总脱不了《春秋》笔法"寓褒贬,别善恶"的流毒。金圣叹把《春秋》的"微言大义"用到《水浒》上去,故有许多极迂腐的议论。他以为《水浒传》对于宋江,处处用《春秋》笔法责备他。如第二十一回,宋江杀了阎婆惜之后,逃难出门,临行时"拜辞了父亲,只见

宋太公洒泪不已,又分付道,你两个前程万里,休得烦恼"。这本是随便写父子离别,并无深意。金圣叹却说:

> 无人处却写太公洒泪,有人处便写宋江大哭;冷眼看破,冷笔写成。普天下读书人慎勿谓《水浒》无皮里阳秋也。

下文宋江弟兄"分付大小庄客,早晚殷勤伏侍太公,休教饮食有缺"。这也是无深意的叙述。圣叹偏要说:

> 人亦有言,"养儿防老"。写宋江分付庄客伏侍太公,亦皮里阳秋之笔也。

这种穿凿的议论实在是文学的障碍。《水浒传》写宋江,并没有责备的意思。看他在三十五回写宋江冒险回家奔丧,在四十一回写宋江再冒险回家搬取老父,何必又在这里用曲笔写宋江的不孝呢?

又如五十三回写宋江破高唐州后,"先传下将令,休得伤害百姓,一面出榜安民,秋毫无犯"。这是照例的刻板文章,有何深意?圣叹偏要说:

> 如此言,所谓仁义之师也。今强盗而忽用仁义之师,是强盗之权术也。强盗之权术而又书之者,所以深叹当时之官军反不能然也。彼三家村学究不知作史笔法,而遽因此等语过许强盗真有仁义,不亦怪哉?

这种无中生有的主观见解,真正冤枉煞古人!圣叹常骂三家村学究不懂得"作史笔法",却不知圣叹正为懂得作史笔法太多了,所以他的迂腐气比三家村学究的更可厌!

这部新本的《水浒》把圣叹的总评和夹评一齐删去,使读书的人直接去看《水浒传》,不必去看金圣叹脑子里悬想出来的《水浒》的"作史笔法";使读书的人自己去研究《水浒》的文学,不必去管十七世纪八股选家的什么"背面铺粉法"和什么"横云断山法"!

2 我既不赞成金圣叹的《水浒》评,我既主张让读书的人自己直接去研究《水浒传》的文字,我现在又拿什么话来做《水浒传》的新序呢?

我最恨中国史家说的什么"作史笔法",但我却有点"历史癖";

我又最恨人家咬文啮字的评文,但我却又有点"考据癖"!因为我不幸有点历史癖,故我无论研究什么东西,总喜欢研究他的历史。因为我又不幸有点考据癖,故我常常爱做一点半新不旧的考据。现在我有了这个机会替《水浒传》做一篇新序,我的两种老毛病——历史癖与考据癖——不知不觉的又发作了。

我想《水浒传》是一部奇书,在中国文学史占的地位比《左传》、《史记》还要重大的多;这部书很当得起一个阎若璩来替他做一番考证的工夫,很当得起一个王念孙来替他做一番训诂的工夫。我虽然够不上做这种大事业——只好让将来的学者去做——但我也想努一努力,替将来的"《水浒》专门家"开辟一个新方向,打开一条新道路。

简单一句话,我想替《水浒传》做一点历史的考据。

《水浒传》不是青天白日里从半空中掉下来的,《水浒传》乃是从南宋初年(西历十二世纪初年)到明朝中叶(十五世纪末年)这四百年的"梁山泊故事"的结晶——我先说这句武断的话丢在这里,以下的两万字便是这一句话的说明和引证。

我且先说元朝以前的《水浒》故事。

《宋史》二十二,徽宗宣和三年(西历1121)的本纪说:

> 淮南盗宋江等犯淮阳军,遣将讨捕,又犯京东、江北,入楚海州界。命知州张叔夜招降之。

又《宋史》三百五十一:

> 宋江寇京东,侯蒙上书言:"江以三十六人横行齐、魏,官军数万无敢抗者,其才必过人。今清溪盗起,不若赦江,使讨方腊以自赎。"

又《宋史》三百五十三:

> 宋江起河朔,转略十郡,官军莫敢撄其锋。声言将至〔海州〕,张叔夜使间者觇所向,贼径趋海濒,劫巨舟十余,载卤获。于是募死士,得千人,设伏近城,而出轻兵距海诱之战,先匿壮卒海旁,伺兵合,举火焚其舟。贼闻之,皆无斗志。伏兵乘之,擒其副贼。江乃降。

这三条史料可以证明宋江等三十六人都是历史的人物,是北宋末年的大盗。"以三十六人横行齐、魏,官军数万无敢抗者"——看这些话可见宋江等在当时的威名。这种威名传播远近,留传在民间,越传越神奇,遂成一种"梁山泊神话"。我们看宋末遗民龚圣与作《宋江三十六人赞》的自序说:

> 宋江事见于街谈巷语,不足采著。虽有高如、李嵩辈传写,士大夫亦不见黜,余年少时壮其人,欲存之画赞,以未见信书载事实,不敢轻为。及异时见《东都事略》载侍郎侯蒙传,有书一篇,陈制贼之计云:"宋江以三十六人横行河朔、京东,官军数万无敢抗者,其材必有过人。不若赦过招降,使讨方腊,以此自赎,或可平东南之乱。"余然后知江辈真有闻于时者。(周密《癸辛杂识续集》上)

我们看这段话,可见(1)南宋民间有一种"宋江故事"流行于"街谈巷语"之中,(2)宋元之际已有高如、李嵩一班文人"传写"这种故事,使"士大夫亦不见黜",(3)那种故事一定是一种"英雄传奇",故龚圣与"少年时壮其人,欲存之画赞"。

这种故事的发生与流传久远,决非无因。大概有几种原因:(1)宋江等确有可以流传民间的事迹与威名;(2)南宋偏安,中原失陷在异族手里,故当时人有想望英雄的心理;(3)南宋政治腐败,奸臣暴政使百姓怨恨,北方在异族统治之下受的痛苦更深,故南北民间都养成一种痛恨恶政治恶官吏的心理,由这种心理上生出崇拜草泽英雄的心理。

这种流传民间的"宋江故事"便是《水浒传》的远祖。我们看《宣和遗事》,便可看见一部缩影的"《水浒》故事"。《宣和遗事》记梁山泊好汉的事,共分六段:

(1)杨志、李进义(后来作卢俊义)、林冲、王雄(后来作杨雄)、花荣、柴进、张青、徐宁、李应、穆横、关胜、孙立等十二个押送"花石纲"的制使,结义为兄弟。后来杨志在颍州阻雪,缺少旅费,将一口宝刀出卖,遇着一个恶少,口角厮争。杨志杀了那人判决配卫州军城。路上被李进义、林冲等十一人救出去,同上太行山落草。

(2)北京留守梁师宝差县尉马安国押送十万贯的金珠珍宝上

京，为蔡太师上寿，路上被晁盖、吴加亮、刘唐、秦明、阮进、阮通、阮小七、燕青等八人用麻药醉倒，抢去生日礼物。

（3）"生辰纲"的案子，因酒桶上有"酒海花家"的字样，追究到晁盖等八人。幸得郓城县押司宋江报信与晁盖等，使他们连夜逃走。这八人连结了杨志等十二人，同上梁山泊落草为寇。

（4）晁盖感激宋江的恩义，使刘唐带金钗去酬谢他。宋江把金钗交给娼妓阎婆惜收了，不料被阎婆惜得知来历，那妇人本与吴伟往来，现在更不避宋江。宋江怒起，杀了他们，题反诗在壁上，出门跑了。

（5）官兵来捉宋江，宋江躲在九天玄女庙里。官兵退后，香案上一声响亮，忽有一本天书，上写着三十六人姓名。这三十六人，除上文已见二十人之外，有杜千、张岑、索超、董平都已先上梁山泊了；宋江又带了朱仝、雷横、李逵、戴宗、李海等人上山。那时晁盖已死，吴加亮与李进义为首领。宋江带了天书上山，吴加亮等遂共推宋江为首领。此外还有公孙胜、张顺、武松、呼延绰、鲁智深、史进、石秀等人，共成三十六员（宋江为帅，不在天书内）。

（6）宋江等既满三十六人之数，"朝廷无其奈何"，只得出榜招安。后有张叔夜"招诱宋江和那三十六人归顺宋朝，各受武功大夫诰敕，分注诸路巡检使去也。因此三路之寇悉得平定，后遣宋江收方腊，有功，封节度使"。

《宣和遗事》一书，近人因书里的"惇"字缺笔作"惇"字，故定为宋时的刻本。这种考据法用在那"俗文讹字弥望皆是"的民间刻本上去，自然不很适用，不能算是充分的证据。但书中记宋徽宗、钦宗二帝被虏后的事，记载的非常详细，显然是种族之痛最深时的产物。书中采用的材料大都是南宋人的笔记和小说，采的诗也没有刘后村以后的诗。故我们可以断定《宣和遗事》记的梁山泊三十六人的故事一定是南宋时代民间通行的小说。

周密（宋末人，元武宗时还在）的《癸辛杂识》载有龚圣与的三十六人赞。三十六人的姓名，大致与《宣和遗事》相同，只有吴加亮改作吴用，李进义改作卢俊义，阮进改为阮小二，李海改为李俊，王雄改为杨雄：这都与《水浒传》更接近了。此外周密记的,少了公孙胜、林冲、张岑、杜千四人,换上宋江、解珍、解宝、张横四人(《宣和遗事》有张横,又写作李横,但不在天书三十六人之数),也更与《水浒》接近了。

龚圣与的三十六人赞里全无事实,只在那些"绰号"的字面上做文章,故没有考据材料的价值。但他那篇自序却极有价值。序的上半——引见上文——可以证明宋元之际有李嵩、高如等人"传写"梁山泊故事,可见当时除《宣和遗事》之外一定还有许多更详细的水浒故事。序的下半很称赞宋江,说他"识性超卓,有过人者";又说:

> 盗跖与江,与之"盗"名而不辞,躬履"盗"迹而不讳者也。岂若世之乱臣贼子畏影而自走,所为近在一身而其祸未尝不流四海?

这明明是说"奸人政客不如强盗"了!再看他那些赞的口气,都有希望草泽英雄出来重扶宋室的意思。如九文龙史进赞:"龙数肖九,汝有九文;盍从东皇,驾五色云?"如小李广花荣赞:"中心慕汉,夺马而归;汝能慕广,何忧数奇?"这都是当时宋遗民的故国之思的表现。又看周密的跋语:

> 此皆群盗之靡耳,圣与既各为之赞,又从而序论之,何哉?太史公序游侠而进奸雄,不免后世之讥。然其首著胜、广于列传,且为项羽作本纪,其意亦深矣。识者当能辨之。

这是老实希望当时的草泽英雄出来推翻异族政府的话。这便是元朝"水浒故事"所以非常发达的原因。后来长江南北各处的群雄起兵,不上二十年,遂把人类有历史以来最强横的民族的帝国打破,遂恢复汉族的中国。这里面虽有许多原因,但我们读了龚圣与、周密的议论,可以知道水浒故事的发达与传播也许是汉族光复的一个重要原因哩。

3

元朝水浒故事非常发达,这是万无可疑的事。元曲里的许多水浒戏便是铁证。但我们细细研究元曲里的水浒戏,又可以断定元朝的水浒故事决不是现在的《水浒传》;又可以断定那时代决不能产生现在的《水浒传》。

元朝戏曲里演述梁山泊好汉的故事的,也不知有多少种。依我

们所知,至少有下列各种:

1 高文秀的   ●《黑旋风双献功》("录鬼簿"作"双献头")
2 又   《黑旋风乔教学》
3 又   《黑旋风借尸还魂》
4 又   《黑旋风斗鸡会》
5 又   《黑旋风诗酒丽春园》
6 又   《黑旋风穷风月》
7 又   《黑旋风大闹牡丹园》
8 又   《黑旋风敷演刘耍和》((4)至(8)五种,《涵虚子》皆无黑旋风三字,今据暖红室新刻的钟嗣成《录鬼簿》为准。)
9 杨显之的   《黑旋风乔断案》
10 康进之的   ●《梁山泊黑旋风负荆》
11 又   《黑旋风老收心》
12 红字李二的 《板踏儿黑旋风》(《涵虚子》无下三字)
13 又   《折担儿武松打虎》
14 又   《病杨雄》
15 李文蔚的   ●《同乐院燕青博鱼》(《录鬼簿》上三字作"报冤台",博字作"扑",今据《元曲选》。)
16 又   《燕青射雁》
17 李致远的   ●《都孔目风雨还牢末》
18 无名氏的   ●《争报恩三虎下山》
19 又   《张顺水里报怨》

以上关于梁山泊好汉的戏目十九种,是参考《元曲选》、《涵虚子》(《元曲选》卷首附录的)和《录鬼簿》(原书有序,年代为至顺元年,当西历1330年;又有题词,年代为至正庚子,当西历1360年)三部书辑成的。不幸这十九种中,只有那加●的五种现在还保存在臧晋叔的《元曲选》里(下文详说),其余十四种现在都不传了。

但我们从这些戏名里,也就可以推知许多事实出来:第一,元人戏剧里的李逵(黑旋风)一定不是《水浒传》里的李逵。细看这个李逵,他居然能"乔教学",能"乔断案",能"穷风月",能玩"诗酒丽春园"！这可见当时的李逵一定是一个很滑稽的脚色,略像萧士比亚戏剧里的弗斯大夫(Falstaff)——有时在战场上呕人,有时在脂粉队里使人笑死。至于"借尸还魂","敷演刘耍和","大闹牡丹园","老收心"等等事,更是《水浒传》的李逵所没有的了。第二,元曲里的燕青,也不是后来《水浒传》的燕青:"博鱼"和"射雁",都不是《水浒传》里的事实(《水浒》有燕青射鹊一事,或是受了"射雁"的暗示的)。第三,《水浒》只有病关索杨雄,并没"病杨雄"的话,可见元曲的杨雄也和《水浒》的杨雄不同。

现在我们再看那五本保存的梁山泊戏,更可看出元曲的梁山泊好汉和《水浒传》的梁山泊好汉大不相同的地方了。我们先叙这五本戏的内容:

(1)《黑旋风双献功》。宋江的朋友孙孔目带了妻子郭念儿,上泰安神州去烧香,因路上有强盗,故来问宋江借一个护臂的人。李逵自请要去,宋江就派他去。郭念儿和一个白衙内有奸,约好了在路上一家店里相会,各唱一句暗号,一同逃走了。孙孔目丢了妻子,到衙门里告状,不料反被监在牢里。李逵扮做庄家呆后生,买通牢子,进监送饭,用蒙汗药醉倒牢子,救出孙孔目;又扮做祇候,偷进衙门,杀了白衙内和郭念儿,带了两颗人头上山献功。

(2)《李逵负荆》。梁山泊附近一个杏花庄上,有一个卖酒的王林,他有一女名叫满堂娇。一日,有匪人宋刚和鲁智恩,假冒宋江和鲁智深的名字,到王林酒店里,抢去满堂娇。那日李逵酒醉了,也来王林家,问知此事,心头大怒,赶上梁山泊,和宋江、鲁智深大闹。后来他们三人立下军令状,下山到王林家,叫王林自己质对。王林才知道他女儿不是宋江们抢去的。李逵惭愧,负荆上山请罪,宋江令他下山把宋刚、鲁智恩捉来将功赎罪。

(3)《燕青博鱼》。梁山泊第十五个头领燕青因误了限期,被宋江杖责六十,气坏了两只眼睛,下山求医,遇着卷毛虎燕顺把两眼医好,两人结为弟兄。燕顺在家因为与哥哥燕和嫂嫂王腊梅不和,一气跑了。燕和夫妻有一天在同乐院游春,恰好燕青因无钱使用,在那里博鱼。燕和爱燕青气力大,认他做兄弟,带回家同住。王腊梅与杨衙内有奸,被燕青撞破。杨衙内倚仗权势,反诬害燕和、燕青持刀杀人,把他们收在监里。燕青劫牢走出,追兵赶来,幸遇燕顺搭救,捉了奸夫淫妇,同上梁山泊。

(4)《还牢末》。史进、刘唐在东平府做都头。宋江派李逵下山请他们入伙,李逵在路上打死了人,捉到官,幸亏李孔目救护,定为误伤人命,免了死罪。李逵感恩,送了一对匾金环给李孔目。不料李孔目的妾萧娥与赵令史有奸,拿了金环到官出首,说李孔目私通强盗,问成死罪。刘唐与李孔目有旧仇,故极力虐待他,甚至于收受萧娥的银子,把李孔目吊死。李孔目死而复苏,恰好李逵赶到,用宋江的书信招安了刘唐、史进,救了李孔目,杀了奸夫淫妇,一同上山。

(5)《争报恩》。关胜、徐宁、花荣三个人先后下山打探军情。济州通判赵士谦带了家眷上任,因道路难行,把家眷留在权家店,自己先上任。他的正妻李千娇是很贤德的,他的妾王腊梅与丁都管有奸。这一天,关胜因无盘缠在权家店卖狗肉,因口角打倒丁都管,李千娇出来看,见关胜英雄,认他做兄弟。关胜走后,徐宁晚间也到权家店,在赵通判的家眷住屋的稍房里偷睡,撞破丁都管和王腊梅的奸情,被他们认做贼,幸得李千娇见徐宁英雄,认他做兄弟,放他走了。又一天晚间,李千娇在花园里烧香,恰好花荣躲在园里,听见李千娇烧第三炷香"愿天下好男子休遭罗网之灾",花荣心里感动,向前相见。李千娇见他英雄,也认他做兄弟。不料此时丁都管和王腊梅走过门外,听见花荣说话,遂把赵通判喊来。赵通判推门进来,花荣拔刀逃出,砍伤他的臂膊。王腊梅咬定李千娇有奸,告到官衙,问成死罪。关胜、徐宁、花荣三人得信,赶下山来,劫了法场,救了李千娇,杀了奸夫淫妇,使赵通判夫妻和合。

我们研究这五本戏,可得两个大结论:

第一,元朝的梁山泊好汉戏都有一种很通行的"梁山泊故事"作共同的底本。我们可看这五本戏共同的梁山泊背景:

(1)《双献功》里的宋江说:"某姓宋,名江,字公明,绰号及时雨者是也。幼年曾为郓城县把笔司吏,因带酒杀了阎婆惜,被告到官,脊杖六十,迭配江州牢城。因打此梁山经过,有我八拜交的哥哥晁盖知某有难,领喽罗下山,将解人打死,救某上山,就让我坐第二把交椅。哥哥晁盖三打祝家庄身亡,众兄弟拜某为头领。某聚三十六大伙,七十二小伙,半垓来喽罗。寨名水浒,泊号梁山;纵横河港一千条,四下方圆八百里;东连大海,西接济阳,南通巨野、金乡,北靠青、齐、兖、郓。……"

（2）《李逵负荆》里的宋江自白有"杏黄旗上七个字:替天行道救生民"的话。其余略同上。又王林也说,"你山上头领都是替天行道的好汉。……老汉在这里多亏了头领哥哥照顾老汉"。

（3）《燕青博鱼》里,宋江自白与《双献功》大略相同,但有"人号顺天呼保义"的话,又叙杀阎婆惜事也更详细:有"因带酒杀了阎婆惜,一脚踢翻烛台,延烧了官房"一事。又说"晁盖三打祝家庄,中箭身亡"。

（4）《还牢末》里,宋江自叙有"我平日度量宽洪,但有不得已的好汉,见了我时,便助他些钱物,因此天下人都叫我做及时雨宋公明"的话。其余与《双献功》略同,但无"三十六大伙,七十二小伙"的话。

（5）《争报恩》里,宋江自叙词:"只因误杀阎婆惜,逃出郓州城,占下了八百里梁山泊,搭造起百十座水兵营。忠义堂高搠杏黄旗一面,上写着'替天行道宋公明'。聚义的三十六个英雄汉,那一个不应天上恶魔星？"这一段只说三十六人,又有"应天上恶魔星"的话,与《宣和遗事》说的天书相同。

看这五条,可知元曲里的梁山泊大致相同,大概同是根据于一种人人皆知的"梁山泊故事"。这时代的"梁山泊故事"有可以推知的几点:（1）宋江的历史,小节细目虽互有详略的不同,但大纲已渐渐固定,成为人人皆知的故事。（2）《宣和遗事》的三十六人,到元朝渐渐变成了"三十六大伙,七十二小伙",已加到百零八人了。（3）梁山泊的声势越传越张大,到元朝时便成了"纵横河港一千条,四下方圆八百里"的水浒了。（4）最重要的一点是元朝的梁山泊强盗渐渐变成了"仁义"的英雄。元初龚圣与自序作赞的意思,有"将使一归于正,义勇不相戾,此诗人忠厚之心也"的话,那不过是希望的话。他称赞宋江等,只能说他们"名号既不僭侈,名称俨然,犹循故辙;"这是说他们老老实实的做"盗贼",不敢称王称帝。龚圣与又说宋江等"与之盗名而不辞,躬履盗迹而不讳"。到了后来,梁山泊渐渐变成了"替天行道救生民"的忠义堂了!这一变非同小可。把"替天行道救生民"的招牌送给梁山泊,这是水浒故事的一大变化,既可表示元朝民间的心理,又暗中规定了后来《水浒传》的性质。

这是元曲里共同的梁山泊背景。

第二,元曲演梁山泊故事,虽有一个共同的背景,但这个共同之点只限于那粗枝大叶的梁山泊略史。此外,那些好汉的个人历史,性情,事业,当时还没有固定的本子,故当时的戏曲家可以自由想像,自由描写。上条写的是"同",这条写的是"异"。我们看他们的"异"处,方才懂得当时文学家的创造力。懂得当时文学家创造力的薄弱,方才可以了解《水浒传》著者的创造力的伟大无比。

我们可先看元曲家创造出来的李逵。李逵在《宣和遗事》里并没有什么描写,后来不知怎样竟成了元曲里最时髦的一个脚色!上文记的十九种元曲里,竟有十二种是用黑旋风做主人翁的,《还牢末》一名《李山儿生死报恩人》,也可算是李逵的戏。高文秀一个人编了八本李逵的戏,可谓"黑旋风专门家"了!大概李逵这个"脚色"大半是高文秀的想像力创造出来的,正如 Falstaff 是萧士比亚创造出来的。高文秀写李逵的形状道:

> 我这里见客人将礼数迎,把我这两只手插定。哥也,他见我这威凛凛的身似碑亭,他可惯听我这莽壮声?唬他一个痴挣,唬得他荆棘律的胆战心惊!

又说:

> 你这般茜红巾,腥衲袄,干红搭膊,腿绷护膝,八答麻鞋,恰便似那烟薰的子路,黑染的金刚。休道是白日里,夜晚间揣摸着你呵,也不是个好人。

又写他的性情道:

> 我从来个路见不平,爱与人当道撅坑。我喝一喝,骨都都海

> 波腾！撼一撼,赤力力山岳崩！但恼着我黑脸的爹爹,和他做场的歹斗,翻过来落可便吊盘的煎饼！

但高文秀的《双献功》里的李逵,实在太精细了,不像那卤莽粗豪的黑汉。看他一见孙孔目的妻子便知他不是"儿女夫妻";看他假扮庄家后生,送饭进监;看他偷下蒙汗药,麻倒牢子;看他假扮祗候,混进官衙:这岂是那卤莽粗疏的黑旋风吗？至于康进之的《李逵负荆》,写李逵醉时情状,竟是一个细腻风流的词人了！你听李逵唱:

> 饮兴难酬,醉魂依旧。寻村酒,恰问罢王留。王留道,兀那里人家有！可正是清明时候,却言风雨替花愁。和风渐起,暮雨初收。俺则见杨柳半藏沽酒市,桃花深映钓鱼舟。更和这碧粼粼春水波纹绉,有往来社燕,远近沙鸥。
>
> (人道我梁山泊无有景致,俺打那厮的嘴！)
>
> 俺这里雾锁着青山秀,烟罩定绿杨洲。(那桃树上一个黄莺儿将那桃花瓣儿嗒呵,嗒呵,嗒的下来,落在水中,——是好看也！我曾听的谁说来？我试想咱。……哦！想起来了也！俺学究哥哥道来。)他道是轻薄桃花逐水流。(俺绰起这桃花瓣儿来,我试看咱。好红红的桃花瓣儿！〔笑科〕你看我好黑指头也！)恰便是粉衬的这胭脂透！(可惜了你这瓣儿！俺放你趁那一般的瓣儿去！我与你赶,与你赶！贪赶桃花瓣儿。)早来到这草桥店垂杨的渡口。(不中,则怕误了俺哥哥的将令。我索回去也。……)待不吃呵,又被这酒旗儿将我来相邀逗。他,他,他舞东风在曲律杆头！

这一段,写的何尝不美？但这可是那杀人不眨眼的黑旋风的心理吗？

我们看高文秀与康进之的李逵,便可知道当时的戏曲家对于梁山泊好汉的性情人格的描写还没有到固定的时候,还在极自由的时代:你造你的李逵,他造他的李逵;你造一本李逵《乔教学》,他便造一本李逵《乔断案》;你形容李逵的精细机警,他描写李逵的细腻风流。这是人物描写一方面的互异处。

再看这些好汉的历史与事业。这十三本李逵戏的事实,上不依《宣和遗事》,下不合《水浒传》,上文已说过了。再看李文蔚写燕青是梁山泊第十五个头领,他占的地位很重要,《宣和遗事》说燕青是劫"生辰纲"的八人之一,他的位置自然应该不低。后来《水浒传》里把燕青派作卢俊义的家人,便完全不同了。燕青下山遇着燕顺弟兄,大概也是自由想像出来的事实。李文蔚写燕顺也比《水浒传》里的燕顺重要得多。最可怪的是《还牢末》里写的刘唐和史进两人。《水浒传》写史进最早,写他的为人也极可爱。《还牢末》写史进是东平府的一个都头,毫无可取的技能;写宋江招安史进乃在晁盖身死之后,也和《水浒》不同。刘唐在《宣和遗事》里是劫"生辰纲"的八人之一,与《水浒》相同。《还牢末》里的刘唐竟是一个挟私怨谋害好人的小人,还比不上《水浒传》的董超、薛霸!萧娥送了刘唐两绽银子,要他把李孔目吊死,刘唐答应了;萧娥走后,刘唐自言自语道:

> 要活的难,要死的可容易。那李孔目如今是我手里物事,搓的圆,捏的匾。拼得将他盆吊死了,一来,赚他几个银子使用;二来,也偿了我平生心愿。我且吃杯酒去,再来下手,不为迟哩。

这种写法,可见当时的戏曲家叙述梁山泊好汉的事迹,大可随意构造;并且可见这些文人对于梁山泊上人物都还没有一贯的,明白的见解。

以上我们研究元曲里的水浒戏,可得四条结论:

(1) 元朝是"水浒故事"发达的时代。这八九十年中,产生了无数"水浒故事"。

(2) 元朝的"水浒故事"的中心部分——宋江上山的历史,山寨的组织和性质——大致都相同。

(3) 除了那一部分之外,元朝的水浒故事还正在自由创造的时代:各位好汉的历史可以自由捏造,他们的性情品格的描写也极自由。

(4) 元朝文人对于梁山泊好汉的见解很浅薄平庸,他们描写人物的本领很薄弱。

从这四条上,我们又可得两条总结论:

(甲) 元朝只有一个雏形的水浒故事和一些草创的水浒人物,但没有《水浒传》。

（乙）元朝文学家的文学技术，程度很幼稚，决不能产生我们现有的《水浒传》。

（附注）我从前也看错了元人的文学在中国文学史上的位置。近年我研究元代的文学，才知道元人的文学程度实在很幼稚，才知道元代只是白话文学的草创时代，决不是白话文学的成人时代。即如关汉卿、马致远两位最大的元代文豪，他们的文学技术与文学意境都脱不了"幼稚"的批评。故我近来深信《水浒》、《西游》、《三国》都不是元代的产物。这是文学史上一大问题，此处不能细说，我将来别有专论。

4 以上是研究从南宋到元末的水浒故事。我们既然断定元朝还没有《水浒传》，也做不出《水浒传》，那么，《水浒传》究竟是什么时代的什么人做的呢？

《水浒传》究竟是谁做的？这个问题至今无人能够下一个确定的答案。明人郎瑛《七修类稿》说："《三国》、《宋江》二书乃杭人罗贯中所编。"但郎氏又说他曾见一本，上刻"钱塘施耐庵"作的。清人周亮工《书影》说："《水浒传》相传为洪武初越人罗贯中作，又传为元人施耐庵作。田叔禾《西湖游览志》又云，此书出宋人笔。近日金圣叹自七十回之后，断为罗贯中所续，极口诋罗，复伪为施序于前，此书遂为施有矣。"田叔禾即田汝成，是嘉靖五年的进士。他说《水浒传》是宋人做的，这话自然不值得一驳。郎瑛死于嘉靖末年，那时还无人断定《水浒》的作者是谁。周亮工生于万历四十年（1612），死于康熙十一年（1672），正与金圣叹同时。他说，《水浒》前七十回断为施耐庵的是从金圣叹起的；圣叹以前，或说施，或说罗，还没有人下一种断定。

圣叹删去七十回以后，断为罗贯中的，圣叹自说是根据"古本"。我们现在须先研究圣叹评本以前《水浒传》有些什么本子。

明人沈德符的《野获编》说："武定侯郭勋，在世宗朝，号好文多艺。今新安所刻《水浒传》善本，即其家所传，前有汪大函序，托名天都外臣者。"周亮工《书影》又说："故老传闻，罗氏《水浒传》一百回，各以妖异语冠其首,嘉靖时,郭武定重刻其书,削其致语,独存本传。"据此,嘉靖郭本是《水浒传》的第一次"善本",是有一百回的。

再看李贽的《忠义水浒传序》:

> 《水浒传》者,发愤之作也。……施、罗二公身在元,心在宋,虽生元日,实愤宋事。是故愤二帝之北狩,则称大破辽以泄其愤;愤南渡之苟安,则称灭方腊以泄其愤。敢问泄愤者谁乎?则前日啸聚水浒之强人也,欲不谓之忠义,不可也。是故施、罗二公传《水浒》,而复以忠义名其传焉。……宋公明者,身居水浒之中,心在朝廷之上,一意招安,专图报国,卒致于犯大难,成大功,服毒自缢,同死而不辞。……最后南征方腊,一百单八人者阵亡已过半矣。又智深坐化于六和,燕青涕泣而辞主,二童就计于混江。(《焚书》卷三)

李贽是嘉靖万历时代的人,与郭武定刻《水浒传》的时候相去很近,他这篇序说的《水浒传》一定是郭本《水浒》。我们看了这篇序,可以断定明代的《水浒传》是有一百回的;是有招安以后,"破辽","平方腊","宋江服毒自尽","鲁智深坐化"等事的;我们又可以知道明朝嘉靖、万历时代的人也不能断定《水浒传》是施耐庵做的,还是罗贯中做的。

到了金圣叹,他方才把前七十回定为施耐庵的《水浒》,又把七十回以后,招安平方腊等事,都定为罗贯中续做的《续水浒传》。圣叹批第七十回说:"后世乃复削去此节,盛夸招安,务令罪归朝廷而功归强盗,甚且至于衷然以忠义二字冠其端,抑何其好犯上作乱至于如是之甚也!"据此可见明代所传的《忠义水浒传》是没有卢俊义的一梦的。圣叹断定《水浒》只有七十回,而骂罗贯中为狗尾续貂。他说:"古本《水浒》如此,俗本妄肆改窜,真所谓愚而好自用也。"我们对于他这个断定,可有两种态度:(1)可信金圣叹确有一种古本;(2)不信他得有古本,并且疑心他自己假托古本,"妄肆窜改",称真本为俗本,自己的改本为古本。

第一种假设——认金圣叹真有古本作校改的底子——自然是很难证实的。我的朋友钱玄同先生说:"金圣叹实在喜欢乱改古书。

近人刘世珩校刊关、王原本《西厢》,我拿来和金批本一对,竟变成两部书。……以此例彼,则《水浒》经老金批校,实在有点难信了。"钱先生希望得着一部明板的《水浒》,拿来考证《水浒》的真相。据我个人看来,即使我们得着一部明板《水浒》,至多也不过是嘉靖朝郭武定的一百回本,就是金圣叹指为"俗本"的,究竟我们还无从断定金圣叹有无"真古本"。但第二种假设——金圣叹假托古本,窜改原本——更不能充分成立。金圣叹若要窜改《水浒》,尽可自由删改,并没有假托古本的必要。他武断《西厢》的后四折为续作,并没有假托古本,又何必假托一部古本的《水浒传》呢?大概文学的技术进步时,后人对于前人的文章往往有不能满意的地方。元人做戏曲是匆匆忙忙的做了应戏台上之用的,故元曲实在多有太潦草,太疏忽的地方,难怪明人往往大加修饰,大加窜改。况且元曲刻本在当时本来极不完备:最下的本子仅有曲文,无有科白,如日本西京帝国大学影印的《元曲三十种》;稍好的本子虽有科白,但不完全,如"付末上见外云云了","旦引徕上,外分付云云了",如董授经君影印的《十段锦》;最完好的本子如臧晋叔的《元曲选》,大概都是已经明朝人大加补足修饰的了。此项曲本,既非"圣贤经传",并且实有修改的必要,故我们可以断定现在所有的元曲,除了西京的三十种之外,没有一种不曾经明人修改的。《西厢》的改窜,并不起于金圣叹,到圣叹时《西厢》已不知修改了多少次了。周宪王、王世贞、徐渭都有改本,远在圣叹之前,这是我们知道的。比如李渔改《琵琶记》的《描容》一出,未必没有胜过原作的地方。我们现在看见刘刻的《西厢》原本与金评本不同,就疑心全是圣叹改了的,这未免太冤枉圣叹了。在明朝文人中,圣叹要算是最小心的人。他有武断的毛病,他又有错评的毛病。但他有一种长处,就是不敢抹杀原本。即以《西厢》而论,他不知道元人戏曲的见解远不如明末人的高超,故他武断后四出为后人续的。这是他的大错。但他终不因此就把后四出都删去了,这是他的谨慎处。他评《水浒传》也是如此。我在第一节已指出了他的武断和误解的毛病。但明朝人改小说戏曲向来没有假托古本的必要。况且圣叹引据古本不但用在百回本与七十回本之争,又用在无数字句小不同的地方。以圣叹的才气,改窜一两个字,改换一两句,何须假托什么古本?他改《左传》的句读,尚且不须依傍古人,何况《水浒传》呢?因此我们可以假定他确有一种七十回的《水浒》本子。

我对于"《水浒》是谁做的?"这个问题,颇曾虚心研究,虽不能说有了最满意的解决,但我却有点意见,比较的可算得这个问题的一个可用的答案。我的答案是:

(1)金圣叹没有假托古本的必要。他用的底本大概是一种七十回的本子。

(2)明朝有三种《水浒传》:第一种是一百回本,第二种是七十回本,第三种又是一百回本。

(3)第一种一百回本是原本,七十回本是改本。后来又有人用七十回本来删改百回本的原本,遂成一种新百回本。

(4)一百回本的原本是明初人做的,也许是罗贯中做的。罗贯中是元末明初的人,涵虚子记的元曲里有他的《龙虎风云会》杂剧。

(5)七十回本是明朝中叶的人重做的,也许是施耐庵做的。

(6)施耐庵不知是什么人,但决不是元朝人。也许是明朝文人的假名,并没有这个人。

这六条假设,我且一一解说于下:

(1)金圣叹没有假托古本的必要,上文已说过了,我们可以承认圣叹家藏的本子是一种七十回本。

(2)明朝有三种《水浒传》。第一种是《水浒》的原本,是一百回的。周亮工说:"故老传闻,罗氏《水浒传》一百回,各以妖异语冠其首",即是此本。第二种是七十回本,大概金圣叹的"贯华堂古本"即是此本。第三种是一百回本,是有招安以后"征四寇"等事的,亦名《忠义水浒传》。李贽的序可为证。周亮工又说,"嘉靖时,郭武定重刻其书,削其致语,独存本传",当即是此本(说见下条)。

(3)第一种百回本是《水浒传》的原本。我细细研究元朝到明初的人做的关于梁山泊好汉的故事与戏曲,敢断定明朝初年决不能产生现有七十回本的《水浒传》。自从《宣和遗事》到周宪王,这二百多年中,至少有三十种关于梁山泊的书,其中保存到于今的,约有十种。照这十种左右的书看来,那时代文学的见解,意境,技术,没有一样不是在草创的时期的,没有一样不是在幼稚的时期的。且不论元人做的关于水浒的戏曲。周宪王死在明开国后七十年,他做杂剧该在建文、永乐的时代,总算"晚"了。但他的《豹子和尚自还俗》与《黑旋风仗义疏财》两种杂剧,固然远胜于元曲里《还牢末》与《争报恩》等等水浒戏,但还是很缺乏超脱的意境和文学的技术(这两种,现在董授经君刻的《杂剧十段锦》内)。故我觉得周亮公说的"故老传闻,罗氏《水浒传》一百回,各以妖异语冠其首"的话,大概是可以相信的。周氏又说,"嘉靖时,郭武定重刻其书,削其致语,独存本传"。大概这种一百回本的《水浒传》原本一定是很幼稚的。

  但我们又可以知道《水浒传》的原本是有招安以后的事的。何以见得呢?因为这种见解和宋元至明初的梁山泊故事最相接近。我们可举几个例。《宣和遗事》说:"那三十六人归顺宋朝,各受武功大夫诰敕,分注诸路巡检使去也。因此三路之寇悉得平定。后遣宋江收方腊有功,封节度使。"元代宋遗民周密与龚圣与论宋江三十六人也都希望草泽英雄为国家出力。不但宋元人如此。明初周宪王的《黑旋风仗义疏财》杂剧(大概是改正元人的原本的),也说张叔夜出榜招安,宋江弟兄受了招安,做了巡检,随张叔夜征方腊,李逵生擒方腊。这戏中有一段很可注意:

  (李撇古)今日闻得朝廷出榜招安,正欲上山报知众位首领自首出来替国家出力,为官受禄,不想途次遇见。不知两位哥哥怎生主意?

  (李逵)俺山中快乐,风高放火,月黑杀人,论秤分金银,换套穿衣服;千自由,百自在,可不强似这小官受人的气!俺们怎肯受这招安也?

  (李撇古)你两个哥哥差见了。……你这三十六个好汉都是有本事有胆量的,平日以忠义为主。何不因这机会出来首官,与官里出些气力,南征北讨,得了功劳,做个大官,……不强似你在牛皮帐里每日杀人,又不安稳,那贼名儿几时脱得?

这虽是帝室贵族的话,但这种话与上文引的宋元人的水浒见解是很一致的。因此我们可以知道《水浒》的百回本原本一定有招安以后的事(看下文论《征四寇》一段)。

这是第一种百回本,可叫做原百回本。我们又知道明朝嘉靖以后最通行的《水浒传》是《忠义水浒传》,也是一种有招安以后事的百回本。这是无可疑的。据周亮工说,这个百回本是郭武定删改那每回"各以妖异语冠其首"的原本而成的。这话大概可信。沈德符《野获编》称郭本为"《水浒》善本",便是一证。这一种可叫做新百回本。

大概读者都可以承认这两种百回本是有的了。现在难解决的问题就是那七十回本的时代。

有人说,那七十回本是金圣叹假托的,其实并无此本。这一说,我已讨论过了,我以为金圣叹无假托古本的必要,他确有一种七十回本。

又有人说,近人沈子培曾见明刻的《水浒传》,和圣叹批本多不相同,可见现在的七十回本《水浒传》是圣叹窜改百回本而成的;若不是圣叹删改的,一定是明朝末年人删改的。依这一说,七十回本应该在新百回本之后。

这一说,我也不相信。我想《水浒传》被圣叹删改的小地方,大概不免。但我想圣叹在前七十回大概没有什么大窜改的地方。圣叹既然根据他的"古本"来删去了七十回以后的《水浒》,又根据"古本"来改正了许多地方(五十回以后更多),——他既然处处拿"古本"作根据,他必不会有了大窜改而不引"古本"。况且那时代通行的《水浒传》是新百回本的《忠义水浒传》,若圣叹大改了前七十回,岂不容易被人看出?况且周亮工与圣叹同时,也只说"近日金圣叹自七十回之后断为罗贯中所续,极口诋罗",且不说圣叹有大窜改之处。如此看来,可见圣叹对于新百回本的前七十回,除了他注明古本与俗本不同之处之外,大概没有什么大窜改的地方。

我且举一个证据。雁宕山樵的《水浒后传》是清初做的,那时圣叹评本还不曾很通行,故他依据的《水浒传》还是百回本的《忠义水浒传》。这书屡次提到"前传"的事,凡是七十回以前的事,没有一处不与圣叹评本相符。最明白的例如说燕青是天巧星,如说阮小七是天败星,位在第三十一,如说李俊在石碣天文上位次在二十六,如说史进位列天罡星数,都与圣叹本毫无差异(此书证据极多,我不能遍举了)。可见石碣天文以前的《忠义水浒传》与圣叹的七十回本没有大不同的地方。

我们虽不曾见《忠义水浒传》是什么样子的,但我们可以推知坊间现行的《续水浒传》——又名《征四寇》,不是《荡寇志》;《荡寇志》是道光年间人做的——一定与原百回本和新百回本都有很重要的关系。这部《征四寇》确是一部古书,很可考出原百回本和《忠义水浒传》后面小半部是个什么样子。(1)李贽《忠义水浒传·序》记的事实,如大破辽,灭方腊,宋江服毒,南征方腊时百八人阵亡过半,智深坐化于六和,燕青涕泣而辞主,二童就计于混江,都是《征四寇》里的事实。(2)《征四寇》里有李逵在寿张县坐衙断案一段事(第三回),当是根据元曲《黑旋风乔断案》的;又有李逵在刘太公庄上捉假宋江负荆请罪的事(第二回),是从元曲《李逵负荆》脱胎出来的;又有《燕青射雁》的事(第十七回),当是从元曲《燕青射雁》出来的;又有李逵在井里通到斗鸡村,遇着仙翁的事(二十五回),当是依据元曲《黑旋风斗鸡会》的。看这些事实,可见《征四寇》和元曲的《水浒》戏很接近。(3)最重要的是《征四寇》叙东京八十万禁军教头王庆遭高俅陷害,迭配淮西,后来造反称王的事(二十九至三十一回)。这个王庆明明是《水浒传》今本里的王进。王庆是"四寇"之一;四寇是辽、田虎、王庆、方腊;"四寇"之名来源很早,《宣和遗事》说宋江等平定"三路之寇",后来又收方腊,可见"四寇"之说起于《宣和遗事》。但李贽作序时,只说"大破辽"与"灭方腊"两事;清初人做的《水浒后传》屡说"征服大辽,剿除方腊",但无一次说到田虎、王庆的事。可见新百回本已无四寇,仅有二寇。我研究新百回本删去二寇的原因,忽然明白《征四寇》这部书乃是原百回本的下半部。《征四寇》现存四十九回,与圣叹说的三十回不合。我试删去征田虎及征王庆的二十回,恰存二十九回;第一回之前显然还有硬删去的一回;合起来恰是三十回。田虎一大段不知为什么删去,但我看王庆一段的删去明是因为王庆已变了王进,移在全书的第一回,故此一大段不能存在。这是

《征四寇》为原百回本的剩余的第一证据。(4)《征四寇》每回之前有一首荒谬不通的诗,周亮工说的"各以妖异语冠其首",大概即根本于此。这是第二证据。(5)《征四寇》的文学的技术和见解,确与元朝人的文学的技术和见解相像。更可断定这书是原百回本的一部分。若新百回本还是这样幼稚,决不能得晚明那班名士(如李贽、袁宏道等)那样钦佩。这是第三证据。

以上我主张(1)新百回本的前七十回与今本七十回没有什么大不同的地方;(2)新百回本的后三十回确与原百回本的后半部大不同,可见新百回本确已经过一回大改窜了。新百回本是嘉靖时代刻的,郎瑛著书也在嘉靖年间,他已见有施、罗两本。况且李贽在万历时作《水浒序》又混称"施、罗两公"。若七十回本出在明末,李贽决没有合称施、罗的必要。因此我想嘉靖时初刻的新百回本已是两种本子合起来的:一种是七十回本,一种是原百回本的后半。因为这新百回本(《忠义水浒传》)是两种本子合起来的,故嘉靖以后人混称施、罗两公,故金圣叹敢断定七十回以前为施本,七十回以后为罗本。

因此,我假定七十回本是嘉靖郭本以前的改本。大概明朝中叶时期,——当弘治、正德的时候,——文学的见解与技术都有进步,故不满意于那幼稚的《水浒》百回原本。况且那时又是个人主义的文学发达的时代。李梦阳、康海、王九思、祝允明、唐寅一班人都是不满意于政府的,都是不满意于当时社会的。故我推想七十回本是弘治、正德时代的出产品。这书大概略本那原百回本,重新改做一番,删去招安以后的事;一切人物的描写,事实的叙述,大概都有许多更改原本之处。如王庆改为王进,移在全书之首,又写他始终不肯落草,便是一例。若原百回本果是像《征四寇》那样幼稚,这七十回本简直不是改本,竟可称是创作了。

这个七十回本是明朝第二种《水浒传》。我们推想此书初出时必定不能使多数读者领会,当时人大概以为这七十回是一种不完全的本子,郭勋是一个贵族,又是一个奸臣,故更不喜欢这七十回本。因此,我猜想郭刻的百回的"《水浒》善本"大概是用这七十回本来修改原百回本的:七十回以前是依七十回本改的,七十回以后是嘉靖时人改的。这个新百回本是第三种《水浒》本子。

这第三种本子——新百回本——是合两种本子而成的,前七十回全采七十回本,后三十回大概也远胜原百回本的末五十回,所以能风行一世。但这两种本子的内容与技术是不同的,前七十回是有意重新改做的,后三十回是用原百回本的下半改了凑数的,故明眼的人都知道前七十回是一部,后三十回又是一部。不但上文说的李贽混称施、罗二公是一证据。还有清初的《水浒后传》的"读法"上说"前传之前七十回中,回目用大闹字者凡十"。现查《水浒传》的回目果有十次用"大闹"字,但都在四十五回以前。既在四十五回以前,何故说"前七十回"呢?这可见分两《水浒》为两部的,不止金圣叹一人了。

(4)如果百回本的原本是如周亮工说的那样幼稚,或是像《征四寇》那样幼稚,我们可以断定他是元末明初的著作。周亮工说罗贯中是洪武时代的人,大概罗贯中到明末初期还活着。前人既多说《水浒》是罗贯中做的,我们也不妨假定这百回本的原本是他做的。

(5)七十回本一定是明末中叶的人删改的,这一层我已在上文(3)条里说过了。嘉靖时郎瑛曾见有一本《水浒传》,是"钱塘施耐庵"做的。可惜郎瑛不曾说这一本是一百回,还是七十回。或者这一本七十回的即是郎瑛看见的施耐庵本。我想:若施本不是七十回本,何以圣叹不说百回本是施本而七十回本是罗本呢?

(6)我们虽然假定七十回本为施耐庵本,但究竟不知施耐庵是谁。据我的浅薄学问,元、明两朝没有可以考证施耐庵的材料。我可以断定的是:(一)施耐庵决不是宋、元两朝人。(二)他决不是明朝初年的人:因为这三个时代不会产出这七十回本的《水浒传》。(三)从文学进化的观点看起来,这部《水浒传》,这个施耐庵,应该产生在周宪王的杂剧与《金瓶梅》之间——但是何以明朝的人都把施耐庵看作宋、元的人呢?(田汝成、李贽、金圣叹、周亮工等人都如此)这个问题极有研究的价值。清初出了一部《后水浒传》,是接着百回本做下去的(此书叙宋江服毒之后,剩下的三十几个水浒英雄,出来帮助宋军抵御金兵,但无成功;混江龙李俊同一班弟兄,渡海至暹罗国,创下李氏王朝)。这书是一个明末遗民雁宕山樵陈忱做的(据沈登瀛《南浔备志》;参看《荡寇记》前镜水湖边老渔的跋语),但他托名"古宋遗民"。我因此推想那七十回本《水浒传》的著者删去了原百回本招安以后的事,把"忠义水浒传"变成了"纯粹草泽英雄的水浒传",一定有点深意,一定很触犯当时的忌讳,故不得不托名于别人。"施耐庵"大概是"乌有先生"、"亡是公"一流的人,是一个假托的名字。明朝文人受祸的最多。高启、杨基、张羽、徐贲、王行、孙蒉、王蒙都不得好死。弘治、正德之间,李梦阳四次下狱;康海、王敬夫、唐寅都废黜终身。我们看了这些事,便可明白《水浒传》著者所以必须用假名的缘故了。明朝一代的文学要算《水浒传》的理想最激烈,故这书的著者自己隐讳也最深。书中说的故事又是宋代的故事,又和许多宋、元的小说戏曲有关系,故当时的人或疑施耐庵为宋人,或疑为元人,却不知道宋、元时代决不能产生这样一部奇书。

我们既不能考出《水浒传》的著者究竟是谁,正不妨仍旧认"施耐庵"为七十回本《水浒传》的著者,——但我们须要记得,"施耐庵"是明朝中叶一个文学大家的假名!

总结上文的研究,我们可把南宋到明朝中叶的《水浒》材料作一个渊源表如下:

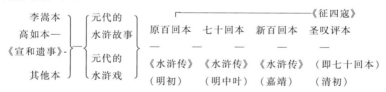

5 自从金圣叹把"施耐庵"的七十回本从《忠义水浒传》里重新分出来,到于今已近三百年了(圣叹自序在崇祯十四年)。这三百年中,七十回本居然成为《水浒传》的定本。平心而论,七十回本得享这点光荣,是很应该的。我们现在且替这七十回本做一个分析。

七十回本除"楔子"一回不计外,共分十大段:

第一段——第一至第十一回。这一大段只有杨志的历史("做到殿司制使官,因道君皇帝盖万岁山,差一般十个制使去太湖边搬运花石纲赴京交纳。不料洒家……失陷了花石纲,不能回京。")是根据于《宣和遗事》的,其余都是创造出来的。这一大段先写八十万禁军教头王进被高俅赶走了。王进即是《征四寇》里的王庆,不在百八人之数;施耐庵把他从下半部直接提到第一回来,又改名王进,可见他的著书用意。王进之后,接写一个可爱的少年史进,始终不肯落草,但终不能不上少华山去;又写鲁达为了仗义救人,犯下死罪,被逼做和尚,再被逼做强盗;又写林冲被高俅父子陷害,逼上梁山。林冲在《宣和遗事》里是押送"花石纲"的十二个制使之一;但在龚圣与的三十六人赞里却没有他的名字,元曲里也不提起他,大概元朝的水浒故事不见得把他当作重要人物。《水浒传》却极力描写林冲,风雪山神庙一段更是能感动人的好文章。林冲之后,接写杨志。杨志在困穷之中不肯落草,后来受官府冤屈,穷得出卖宝刀,以致犯罪受杖,迭配大名府(卖刀也是《宣和遗事》中有的,但在颖州,《水浒传》改在京城,是有意的)。这一段连写五个不肯做强盗的好汉,他的命意自然是要把英雄落草的罪名归到贪官污吏身上去。故这第一段可算是《水浒传》的"开宗明义"的部分。

第二段——第十二至第二十一回。这一大段写"生辰纲"的始末,是《水浒传》全局的一大关键。《宣和遗事》也记有五花营堤上劫取生辰纲的事,也说是宋江报信,使晁盖等逃走;也说到刘唐送礼谢宋江,以致宋江杀阎婆惜。《水浒传》用这个旧轮廓,加上无数琐细节目,写得格外有趣味。这一段从雷横捉刘唐起,写七星聚义,写智取生辰纲,写杨志、鲁智深落草,写宋江私放晁盖,写林冲火并梁山泊,写刘唐送礼酬谢宋江,写宋江怒杀阎婆惜,直写到宋江投奔柴进避难,与武松结拜做兄弟。《水浒》里的中心人物——须知卢俊义、呼延灼、关胜等人不是《水浒》的中心人物——都在这里了。

第三段——第二十二回到第三十一回。这一大段可说是武松的传。《涵虚子》与《录鬼簿》都记有红字李二的《武松打虎》一本戏曲。红字李二是教坊刘耍和的女婿,刘耍和已被高文秀编入曲里,而《录鬼簿》说高文秀早死,可见红字李二的武松戏一定远在《录鬼簿》

成书之前，——约在元朝的中叶。可见十四世纪初年已有一种武松打虎的故事。《水浒传》根据这种故事，加上新的创造的想像力，从打虎写到杀嫂，从杀嫂写到孟州道打蒋门神，从蒋门神写到鸳鸯楼、蜈蚣岭，便成了《水浒传》中最精采的一大部分。

第四段——第三十一回到第三十四回。这一小段是勉强插入的文章。《宣和遗事》有花荣和秦明等人，无法加入，故写清风山、清风寨、对影山等一段，把这一班人送上梁山泊去。

第五段——第三十五回到第四十一回。这一大段也是《水浒传》中很重要的文字，从宋江奔丧回家，迭配江州起，写江州遇戴宗、李逵，写浔阳江宋江题反诗，写梁山泊好汉大闹江州，直写到宋江入伙后又偷回家中，遇着官兵追赶，躲在玄女庙里，得受三卷天书。江州一大段完全是《水浒传》的著者创造出来的。《宣和遗事》没有宋江到江州配所的话，元曲也只说他迭配江州，路过梁山泊，被晁盖打救上山。《水浒传》造出江州一大段，不但写李逵的性情品格，并且把宋江的野心大志都写出来。若没有这一段，宋江便真成了一个"虚名"了。天书一事，《宣和遗事》里也有，但那里的天书除了三十六人的姓名，只有诗四句："破国因山木，兵刀用水工；一朝充将领，海内耸威风。"《水浒传》不写天书的内容，又把这四句诗改作京师的童谣："耗国因家木，刀兵点水工。纵横三十六，播乱在山东。"（见三十八回）这不但可见《宣和遗事》和《水浒》的关系，又可见后来文学的见解和手段的进化。

第六段——第四十二回到第四十五回。这一段写公孙胜下山取母亲，引起李逵下山取母，又引起戴宗下山寻公孙胜，路上引出杨雄、石秀一段。《水浒传》到了大闹江州以后，便没有什么很精采的地方。这一段中写石秀的一节比较是要算很好的了。

第七段——第四十六回到第四十九回。这一段写宋江三打祝家庄。在元曲里，三打祝家庄是晁盖的事。

第八段——第五十回到第五十三回。写雷横、朱仝、柴进三个人的事。

第九段——第五十四回到五十九回。这一大段和第四段相像，也是插进去做一个结束的。《宣和遗事》有呼延灼、徐宁等人,《水浒传》前半部又把许多好汉分散在二龙山、少华山、桃花山等处了,故有这一大段,先写呼延灼征讨梁山泊,次请出一个徐宁,次写呼延灼兵败后逃到青州,慕容知府请他收服桃花山、二龙山、白虎山;次写少华山与芒砀山;遂把这五山的好汉一齐送上梁山泊去。

第十段——第五十九回到七十回。这一大段是七十回本《水浒传》的最后部分,先写晁盖打曾头市中箭身亡,次写卢俊义一段,次写关胜,次写破大名府,次写曾头市报仇,次写东平府收董平,东昌府收张清,最后写石碣天书作结。《宣和遗事》里,卢俊义是梁山泊上最初的第二名头领,《水浒传》前面不曾写他,把他留在最后,无法可以描写,故只好把擒史文恭的大功劳让给他。后来结起帐来,一百零八人中还有董平和张清没有加入,这两人又都是《宣和遗事》里有名字的,故又加上东平、东昌两件事。算算还少一个,只好拉上一个兽医皇甫端!这真是《水浒传》的"强弩之末"了!

这是《水浒传》的大规模。我们拿历史的眼光来看这个大规模,可得两种感想。

第一,我们拿宋元时代那些幼稚的梁山泊故事,来比较这部《水浒传》,我们不能不佩服"施耐庵"的大匠精神与大匠本领;我们不能不承认这四百年中白话文学的进步很可惊异!元以前的,我们现在且不谈。当元人的杂剧盛行时,许多戏曲家从各方面搜集编曲的材料,于是有高文秀等人采用民间盛行的梁山泊故事,各人随自己的眼光才力,发挥水浒的一方面,或创造一种人物,如高文秀的黑旋风,如李文蔚的燕青之类;有时几个文人各自发挥一个好汉的一片面,如高文秀发挥李逵的一片面,杨显之、康进之、红字李二又各各发挥李逵的一片面。但这些都是一个故事的自然演化,又都是散漫的,片面的,没有计划的,没有组织的发展。后来这类的材料越积越多了,不能不有一种贯通综合的总编,于是元末明初有《水浒传》百回之作。但这个草创的《水浒传》原本,如上节所说,是很浅陋幼稚的。这种浅陋幼稚的证据,我们还可以在《征四寇》里寻出许多。然而这个《水浒传》原本居然把三百年来的水浒故事贯通起来,用宋元以来的梁山泊故事做一个大纲，把民间和戏台上的"三十六大伙，七十二小伙"的种种故事作一些子目，造成一部草创的大小说，总算是很难得的了。到了明朝中叶，"施耐庵"又用这个原百回本作底本，加上高超的新见解，加上四百年来逐渐成熟的文学技术，加上他自己的伟大创造力，把那草创的山寨推翻，把那些僵硬无生气的水浒人物一齐毁去；于是重兴水浒，再造梁山，画出十来个永不会磨灭的英雄人物，造成一部永不会磨灭的奇书。这部七十回的《水浒传》不但是集四百年水浒故事的大成，并且是中国白话文学完全成立的一个大纪元。这是我的第一个感想。

第二，施耐庵的《水浒传》是四百年文学进化的产儿，但《水浒传》的短处也就吃亏在这一点。倘使施耐庵当时能把那历史的梁山泊故事完全丢在脑背后，倘使他能忘了那"三十六大伙，七十二小伙"的故事，倘使他用全副精神来单写鲁智深、林冲、武松、宋江、李逵、石秀等七八个人，他这部书一定格外有精采，一定格外有价值。可惜他终不能完全冲破那历史遗传的水浒轮廓，可惜他总舍不得那一百零八人。但是一个人的文学技能是有限的，决不能在一部书里创造一百零八个活人物。因此，他不能不东凑一段，西补一块，勉强把一百零八人"挤"上梁山去！闹江州以前，施耐庵确能放手创造，看他写武松一个人便占了全书七分之一，所以能有精采。到了宋江上山以后，全书已去七分之四，还有那四百年传下的"三打祝家庄"的故事没有写（明以前的水浒故事，都把三打祝家庄放在宋江上山之前），还有那故事相传坐第二把交椅的卢俊义和关胜、呼延灼、徐宁、燕青等人没有写。于是施耐庵不能不潦草了，不能不杂凑了，不能不敷衍了。最明显的例是写卢俊义的一大段。这一段硬把一个坐在家里享福的卢俊义拉上山去，已是很笨拙了；又写他信李固而疑燕青，听信了一个算命先生的妖言便去烧香解灾，竟成了一个糊涂汉了，还算得什么豪杰？至于吴用设的诡计，使卢俊义自己在壁上写下反诗，更是浅陋可笑。还有燕青在宋元的水浒故事里本是一个很重要的人物，施耐庵在前六十回竟把他忘了，故不能不勉强把他捉来送给卢俊义做一个家人！此外如打大名府时，宋江忽然生背疽，于是又拉出一个安道全来；又如全书完了，又拉出一个皇甫端来，这种杂凑的写法，实在幼稚的很。推求这种缺点的原因，我们不能不承认施耐庵吃亏在于不敢抛弃那四百年遗传下来的水浒旧轮廓。这是很可惜的事。后来《金瓶梅》只写几个人，便能始终贯彻，没有一种敷衍杂凑的弊病了。

我这两种感想是从文学的技术上着想的。至于见解和理想一方面，我本不愿多说话，因为我主张让读者自己虚心去看《水浒传》，不必先怀着一些主观的成见。但我有一个根本观念，要想借《水浒传》作一个具体的例来说明，并想贡献给爱读《水浒传》的诸君，做我这篇长序的结论。

我承认金圣叹确是懂得《水浒》的第一大段，他评前十一回，都无大错。他在第一回批道：

> 为此书者之胸中，吾不知其有何等冤苦，而必设言一百八人，而又远托之于水涯。……今一百八人而有其人，殆不止于伯夷、太公居海避纣之志矣。

这个见解是不错的。但他在"读法"里又说：

> 大凡读书先要晓得作书之人是何等心胸。如《史记》须是太史公一肚皮宿怨发挥出来。……《水浒传》却不然。施耐庵本无一肚皮宿怨要发挥出来，只是饱暖无事，又值心闲，不免伸纸弄笔，寻个题目，写出自家许多锦心绣口。故其是非皆不谬于圣人。

这是很误人的见解。一面说他"不知其胸中有何等冤苦"，一面又说他"只是饱暖无事，又值心闲，不免伸纸弄笔"，这不是绝大的矛盾吗？一面说"不止于居海避纣之志"——老实说就是反抗政府——一面又说"其是非皆不谬于圣人"，这又不是绝大的矛盾吗？《水浒传》决不是"饱暖无事，又值心闲"的人做得出来的书。"饱暖无事，又值心闲"的人只能做诗钟，做八股，做死文章，——决不肯来做《水浒传》。圣叹最爱谈"作史笔法"，他却不幸没有历史的眼光，他不知道《水浒》的故事乃是四百年来老百姓与文人发挥一肚皮宿怨的地方。宋、元人借这故事发挥他们的宿怨，故把一座强盗山寨变成替天行道的机关。明初人借他发挥宿怨,故写宋江等平四寇立大功之后反被政府陷害谋死。明朝中叶的人——所谓施耐庵——借他发挥他的一肚皮宿怨,故削去招安以后的事,做成一部纯粹反抗政府的书。

这部七十回的《水浒传》处处"褒"强盗,处处"贬"官府。这是看《水浒》的人,人人都能得着的感想。圣叹何以独不能得着这个普遍的感想呢?这又是历史上的关系了。圣叹生在流贼遍天下的时代,眼见张献忠、李自成一班强盗流毒全国,故他觉得强盗是不能提倡的,是应该"口诛笔伐"的。圣叹是一个绝顶聪明的人,故能赏识《水浒传》。但文学家金圣叹究竟被《春秋》笔法家金圣叹误了。他赏识《水浒传》的文学,但他误解了《水浒传》的用意。他不知道七十回本删去招安以后事正是格外反抗政府,他看错了,以为七十回本既不赞成招安,便是深恶宋江等一班人。所以他处处深求《水浒传》的"皮里阳秋",处处把施耐庵恭维宋江之处都解作痛骂宋江。这是他的根本大错。

换句话说,金圣叹对于《水浒》的见解与做《荡寇志》的俞仲华对于《水浒》的见解是很相同的。俞仲华生当嘉庆、道光的时代,洪秀全虽未起来,盗贼已遍地皆是,故他认定"既是忠义便不做强盗,既做强盗必不算忠义"的宗旨,做成他的《结水浒传》,——即《荡寇志》——要使"天下后世深明盗贼忠义之辨,丝毫不容假借!"(看《荡寇志》诸序。俞仲华死于道光己酉,明年洪秀全起事)俞仲华的父兄都经过匪乱,故他有"孰知罗贯中之害至于此极耶"的话。他极佩服圣叹,尊为"圣叹先生",其实这都是因为遭际有相同处的缘故。

圣叹自序在崇祯十四年,正当流贼最猖獗的时候,故他的评本努力要证明《水浒传》"把宋江深恶痛绝,使人见之真有狗彘不食之恨"。但《水浒传》写的一班强盗确是可爱可敬,圣叹决不能使我们相信《水浒传》深恶痛绝鲁智深、武松、林冲一班人,故圣叹只能说"《水浒传》独恶宋江,亦是奸厥渠魁之意,其余便饶恕了"。好一个强辩的金圣叹!岂但"饶恕",检直是崇拜!

圣叹又亲见明末的流贼伪降官兵,后复叛去,遂不可收拾。所以他对于《宋史》侯蒙请赦宋江使讨方腊的事,大不满意,故极力驳他,说他"一语有八失"。所以他又极力表章那没有招安以后事的七十回本。其实这都是时代的影响。雁宕山樵当明亡之后,流贼已不成问题,当时的问题乃是国亡的原因和亡国遗民的惨痛等等问题,故雁宕山樵的《水浒后传》极力写宋南渡前后那班奸臣误国的罪状;写燕青冒险到金兵营里把青子黄柑献给道君皇帝;写王铁杖刺杀王黼、杨戬、梁师成三个奸臣;写燕青、李应等把高俅、蔡京、童贯等邀到营里,大开宴会,数说他们误国的罪恶,然后把他们杀了;写金兵掳掠平民,勒索赎金;写无耻奸民,装做金兵模样,帮助仇敌来敲吸同胞的脂髓。这更可见时代的影响了。

　　这种种不同的时代发生种种不同的文学见解,也发生种种不同的文学作物——这便是我要贡献给大家的一个根本的文学观念。《水浒传》上下七八百年的历史便是这个观念的具体的例证。不懂得南宋的时代,便不懂得宋江等三十六人的故事何以发生。不懂得宋元之际的时代,便不懂得水浒故事何以发达变化。不懂得元朝一代发生的那么多的水浒故事,便不懂得明初何以产生《水浒传》。不懂得元明之际的文学史,便不懂得明初的《水浒传》何以那样幼稚。不读《明史》的《功臣传》,便不懂得明初的《水浒传》何以于固有的招安的事之外又加上宋江等有功被谗遭害和李俊、燕青见机远遁等事。不读《明史》的《文苑传》,不懂得明朝中叶的文学进化的程度,便不懂得七十回本《水浒传》的价值。不懂得明末流贼的大乱,便不懂得金圣叹的《水浒》见解何以那样迂腐。不懂得明末清初的历史,便不懂得雁宕山樵的《水浒后传》。不懂得嘉庆、道光间的遍地匪乱,便不懂得俞仲华的《荡寇志》。——这叫做历史进化的文学观念。

九,七,二十七晨二时脱稿

参考书举要

《宣和遗事》　　（商务印书馆本）

《癸辛杂识续集》　周密　（在《稗海》中）

《元曲选》　臧晋叔　（商务影印本）

《录鬼簿》　钟继先

《杂剧十段锦》 （董康影印本）
《七修类稿》 郎瑛
《李氏焚书》 李贽
《茶香室丛钞》,《续钞》,《三钞》 俞樾
《小浮梅闲话》 俞樾
《征四寇》
《水浒后传》

（收入施耐庵著,汪原放标点《水浒》,
1920年8月亚东图书馆初版）

《水浒传》后考

去年7月里,我做了一篇《〈水浒传〉考证》,提出了几个假定的结论:

(1) 元朝只有一个雏形的水浒故事和一些草创的水浒人物,但没有《水浒传》。(亚东初版本页一〇——二八)

(2) 元朝文学家的文学技术还在幼稚的时代,决不能产生我们现在有的《水浒传》。(页二八——三四)

(3) 明朝初年有一部《水浒传》出现,这部书还是很幼稚的。我们叫他做"原百回本《水浒传》"。(页四二——四九)

(4) 明朝中叶——约当弘治、正德的时代(西历1500上下)——另有一种《水浒传》出现。这部书止有七十回(连楔子七十一回),是用那"原百回本"来重新改造过的,大致与我们现有的金圣叹本相同。这一本,我们叫他做"七十回本《水浒传》"。(页四五——五二)

(5) 到了明嘉靖朝,武定侯郭勋刻出一部定本《水浒传》来。这部书是有一百回的。前七十回全采"七十回本",后三十回是删改"原百回本"后半的四五十回而成的。"原百回本"的后半有征田虎征王庆两大部分,郭把这两部分都删去了。这个本子,我们叫他做"新百回本",或叫做"郭本"。(页四五——五一)

(6) 明朝最通行的《水浒传》,大概都是这个"新百回本"。后来李贽评点的《忠义水浒传》也是这个"郭本"。直到明末,金圣叹说他家贯华堂藏有七十回的古本《水浒传》,他用这个七十回本来校改"新百回本",定前七十回为施耐庵做的,七十回以下为罗贯中续的。有些人不信金圣叹有七十回的古本,但我觉得他没有假托古本的必要,故我假定他有一种七十回本作底本。他虽有小删改的地方,但这个七十回本的大体必与那新百回本《忠义水浒传》的前七十回相差不远,因为我假设那新百回本的前七十回是全采那明朝中叶的七十回本的。(页三五——五二)

(7)我不信金圣叹说七十回以后为罗贯中所续的话。我假定原百回本为明初的出产品,罗贯中既是明初的人,也许他即是这原百回本的著者。但施耐庵大概是一个文人的假名,也许即是那七十回本的著者的假名。(页五一——五四)

这是我十个月以前考证《水浒传》的几条假设的结论。我在这十个月之中先后收得许多关于《水浒》的新材料,有些可以纠正我的假设,有些可以证实我的结论。故我趁这部新式标点的《水浒》再版的机会,把这些新材料整理出个头绪来,作成这篇后考。

我去年做《考证》时,只曾见着几种七十回本的《水浒》,其余的版本我都不曾见着。现在我收到的《水浒》版本有下列的各种:

(1)李卓吾批点《忠义水浒传》百回本的第一回至第十回。此书为日本冈岛璞加训点之本,刻于享保十三年(西历1728),是用明刻本精刻的。此书仅刻成二十回,第十一回至第二十回刻于宝历九年,但更不易得。这十回是我的朋友青木正儿先生送我的。

(2)百回本《忠义水浒传》的日本译本。冈岛璞译,日本明治四十年东京共同出版株式会社印行,大正二年再版。明刻百回本《忠义水浒传》现已不可得,日本内阁文库藏有一部,此外我竟不知道有第二本了。冈岛译本可以使我们考见《忠义水浒传》的内容,故可宝贵。

(3)百十五回本《忠义水浒传》。此本与《三国演义》合刻,每页分上下两截,上截为《水浒》,下截为《三国》,合称《英雄谱》。坊间今改称《汉宋奇书》。我买得两种,一种首页有"省城福文堂藏板"字样,我疑心这是福建刻本。此书原本是大字本,有铃木豹轩先生的藏本可参考;但我买到的两种都是翻刻的小本,里面的《三国志》已改用毛宗岗评本了。但卷首有熊飞的序,自述合刻《英雄谱》的理由,中有"东望而三经略之魄尚震,西望而两开府之魂未招;飞鸟尚自知时,嫠妇犹勤国恤"的话,可见初刻时大概在明崇祯末年。

（4）百二十四回本《水浒传》。首页刻"光绪己卯新镌,大道堂藏板"。有乾隆丙午年古杭枕简侯的序。后附有雁宕山樵的《水浒后传》,首页有"姑苏原板"的篆文图章。大概这书是在江苏刻的。《后传》板本颇佳,但那百二十四回的《前传》板本很坏。

此外,还有两种版本,我自己虽不曾见着,幸蒙青木正儿先生替我抄得回目与序例的：

（5）百十回本的《忠义水浒传》（日本京都帝国大学铃木豹轩先生藏）。这也是一种"英雄谱"本,内容与百十五回本略同,合刻的《三国志》还是"李卓吾评本"。铃木先生藏的这一本上有原藏此书的中国商人的跋,有康熙十二年至十八年的年月,可见此书刻于明末或清初,大概即是百十五回本的底本。

（6）百二十回本《忠义水浒全书》（日本京都府立图书馆藏）。这是一种明刻本,有杨定见序,自称为"事卓吾先生"之人,大概这书刻于天启、崇祯年间。这书有"发凡"十一条,说明增加二十回的缘起。这书增加的二十回虽然也是记田虎、王庆两寇事的,但依回目看来,与上文(3)(4)(5)三种本子很有不同的地方。

我现在且把《水浒》各种本子综合的内容,分作六大部分,再把各本的有无详略分开注明：

第一部分,自张天师祈禳瘟疫,到梁山泊发现石碣天文——即今本《水浒传》七十一回的全部。

（1）百回本自第一回到七十一回,内容同,文字略有小差异,多一些骈句与韵语。七十一回无卢俊义的一梦。

（2）百二十回本自第一回到七十一回,与百回本同。也无卢俊义的梦。

（3）百十回本自第一回到六十一回,内容同,文字略有删节之处。回数虽有并省,事实并未删减。发现石碣后,也无卢俊义的梦。

（4）百十五回本自第一回至六十六回,内容同,文字与百十回本略同,回数比百十回本稍多,但事实相同。也无卢俊义的梦。

（5）百二十四回本自第一回至七十回，内容同，但文字删节太多了，有时竟不成文理。也无卢俊义的梦。

第二部分，自宋江、柴进等上东京看灯，到梁山泊全伙受招安——即今《征四寇》的第一回到十一回。

（1）百回本自第七十二回到八十二回，内容同。

（2）百二十回本自第七十二回到八十二回，内容同。

（3）百十回本自第六十二回到七十二回，内容同。

（4）百十五回本自第六十七回至七十七回，内容同。

（5）百二十四回本自第七十一回至八十一回，内容同。

第三部分，自宋江等奉诏征辽，到征辽凯旋时——即今《征四寇》的第十二回到十七回。

（1）百回本自第八十三回到九十回，比《征四寇》多两回，但事实略同。

（2）百二十回本自第八十三回到九十回，与百回本同，但第九十回改"双林渡燕青射雁"为"双林镇燕青遇故"。

（3）百十回本自第七十三回到八十回，——内缺第七十五回——内容与《征四寇》同。

（4）百十五回本自第七十八回到八十三回，内容同《征四寇》。

（5）百二十四回本自第八十二回到九十回，回目加多，文字更简，但事实无大差异。

第四部分，自宋江奉诏征田虎，到宋江平了田虎回京——即今《征四寇》第十八回到二十八回。

（1）百回本，无。

（2）百二十回本自第九十一回到一百回。回目与《征四寇》全不同。事实有些相同的，例如琼英匹配张清，花和尚解脱缘缠井，乔道清作法，都是《征四寇》里有的事。也有许多事实大不同，例如此书有陈瓘的事，但《征四寇》不曾提起他。

（3）百十回本自第八十一回到九十一回，全同《征四寇》。

（4）百十五回本自第八十四回到九十四回，全同《征四寇》。

（5）百二十四回本自第九十一回到一百零一回，同《征四寇》。

第五部分，自追叙"高俅恩报柳世雄"起，到宋江讨平王庆回京——即今《征四寇》的第二十九回到四十回。

（1）百回本，无。

（2）百二十回本自第百零一回到百十回，回目与《征四寇》全不同。事实与人物有同有异，写王庆一生与各本大不同。

（3）百十回本自第九十二回到百零一回，事实全同《征四寇》，但回目减少两回。

（4）百十五回本自第九十五回到百零六回，回目与事实全同《征四寇》。

（5）百二十四回本自第百零二回到百十四回，回目多一回，事实全同《征四寇》。

第六部分，自宋江请征方腊，到宋江、李逵、吴用、花荣死后宋徽宗梦游梁山泊——即《征四寇》的第四十一回到四十九回。

（1）百回本自第九十回的下半到一百回，与《征四寇》相同。

（2）百二十回本自第百十回的下半到百二十回，与《征四寇》相同。

（3）百十回本自第百零一回的下半到百十回，与《征四寇》相同。

（4）百十五回本自第百零六回的下半到百十五回，与《征四寇》相同。

（5）百二十四回本自第百十四回的下半到百二十四回，与《征四寇》相同。

这个内容的分析之中，最可注意的约有几点：

第一，今本七十一回的《水浒传》，各本都有，并且内容相同。这一层可以证实我的假设："新百回本的前七十回与今本七十回没有什么大不同的地方。"

第二，《忠义水浒传》（新百回本）第七十一回以后，果然没有田虎与王庆的两大部分。我在《考证》里（页四八）说新百回本已无四寇，仅有二寇，这个假设也有证明了。

第三，我在《考证》里（页四八）说："《征四寇》这部书乃是原百回本的下半部。《征四寇》现存四十九回，与圣叹说的三十回不合。我试删去征田虎及征王庆的二十回，恰存二十九回，第一回之前显然还有硬删去的一回，合起来恰是三十回。"这个推算现在得了无数证据，最重要的证据是百廿回本的发凡十一条中有一条说："郭武定本，即旧本，移置阎婆事甚善。其于寇中去王、田而加辽国，犹是小说家照应之法，不知大手笔者正不尔尔，如本内王进开章而不复收缴，此所以异诸小说而为小说之圣也欤！"这一条明说王、田两寇是删去的，辽国一部分是添入的。删王、田一层可以证实我的假设，添辽国一层可以纠正我的考证。原本是有王、田、方三寇（与宋江为四寇）而没有征辽一部分的。

第四，看上文引的百廿回本的发凡，可知新百回本有和原本《水浒传》不同的许多地方：（1）阎婆事曾经"移置"，（2）加入征辽一段，（3）删去田虎一段，（4）又删去王庆一段，（5）发凡又说，"古本有罗氏致语，相传灯花婆婆等事，既不可复见"。这又可印证周亮工《书影》说的"故老传闻，罗氏《水浒传》一百回，各以妖异语冠其首；嘉靖时郭武定重刻其书，削其致语，独存本传"的话是可信的。我去年误认《征四寇》每回前面的诗句即是周氏说的妖异语（页四八），那是错了（"致语"考见后）。罗氏原本的致语当刻百廿回本时已不可复见。但《书影》与百廿回本发凡说的话都可以帮助我的两个假设："原百回本是很幼稚的"，"原百回本与新百回本大不相同"。

第五，百廿回本的发凡又说："忠义者，事君处友之善物也。不忠不义，其人虽生，已朽；其言虽美，弗传。此一百八人者，忠义之聚于山林者也；此百廿回者，忠义之见于笔墨者也。失之于正史，求之于稗官；失之于衣冠，求之于草野。盖欲以动君子而使小人亦不得借以行其私。故李氏复加'忠义'二字，有以也夫！"这样看来，"忠义"二字是李贽加上去的了。但我们细看《忠义水浒传》的刻本与译本，再细看百廿回本的发凡，可以推知《忠义水浒传》是用郭武定本做底本的；虽另加"忠义"二字，虽加评点（评语甚短，又甚少），但这个本与郭本可算是一个本子。

第六，新百回本的内容我们现在既已知道了，我们从此就可以断定《征四寇》与其他各本的田虎、王庆两大段是原百回本留剩下来的。原百回本虽已不可见，但我们看这两大段便知《水浒传》的原本的见解与技术实在不高明。我且举例为证。百十五回本第九十五回写高俅要报答柳世雄的旧恩，唤提调官张斌曰：

> 此人是吾恩人，欲与一好差职，代我处置。

张斌禀曰：

> 只有一个，是十万禁军教头王庆，少四个月便出职。原日因六国差开使臣张来勒我朝廷枪手出试，斗敌胜负。做了六国赏罚文字，若胜便不来侵我国；若输与六国，那时每年纳六国岁币。这六国是九子国、都与国、龙驰国、菭泊国、野马国、新建国。却得王庆取了军令状，就金殿下与"六国强"比枪，被王庆刺死。止有四个月满，便升总管。太尉要报恩人，只要王庆肯让，便好。

这种鄙陋的见解，与今本《水浒》写八十万禁军教头王进一段相比，真有天地的悬隔了。我在《考证》里（页四八，又五五）说王进即是原本的王庆，我现在细看各本记王庆得罪高俅的一段，觉得我那个假设是不错的。即如今本《水浒》第一回写高俅被开封府尹逐出东京之后，来淮西临淮州投奔柳世权，后来大赦之后，柳世权写信把高俅荐给东京开生药铺的董将士。这个临淮州的柳世权即是原本的灵璧县的柳世雄。临淮旧治即在明朝的灵璧县；大概原本作灵璧县，"施耐庵"嫌他不古，故改为临淮州。"施耐庵"把王庆提前八十回，改为王进；又把灵璧县的柳世雄也提前八十回，改为临淮州的柳世权。王庆的事本无历史的根据，六国比武的话更鄙陋无据，故被全删了。田虎的事实也无历史的根据，故也被全删了。方腊是有历史的根据的，故方腊一大段仍保留不删。明朝的边患与宋朝略同，都在东北境上，故新百回本加入征辽一大段，以补那删去的王、田两寇。况且征辽班师时，鲁智深与宋江等同上五台山参拜智真长老，并不曾提及山西有乱事。原本说田虎之乱起于山西沁州，占据河北郡县，都在今山西境内，离五台山很近。故田虎一大段的地理与事实都和征辽一大段不能并立。这大概也是田虎所以删去的一个原因。

第七,但百廿回本的发凡里还有一段话最可注意。他说:

> 古本有罗氏"致语",相传灯花婆婆等事,既不可复见,乃后人有因四大寇之拘而酌损之者,有嫌一百廿回之繁而淘汰之者,皆失。

这几句话很重要,因为我们从此可以知道李贽评本以前已有一种百二十回本,是我们现在知道的百二十回本的祖宗。这种百二十回本大概是前九十回采用郭本,加入原本的王、田二寇,后十回仍用郭本,遂成百二十回了。大概前七十一回已经在改作时放大了,拉长了,故后来无论如何不能恢复百回之旧,郭本所以不能不删二寇,这也是一个原因;其余各本凡不删二寇的,无论如何删节,总不能不在百十回以外,也是为了这个缘故。

总结起来,我们可以说:

(1) 前七十一回,自从郭武定本(新百回本)出来之后,便不曾经过大改动了。文字上的小修正是有的。例如,郭本第一回之前有一篇很短的"引首",专写宋朝开基以至嘉祐三年,底下才是第一回"张天师祈禳瘟疫,洪太尉误走妖魔";今七十回本把"引首"并入第一回,合称"楔子"。照文字看来,这种归并与修改恐怕是郭本以后的事,也许是金圣叹做的,因为除了金圣叹本之外,没有别本是这样分合的。这是较大的修正。此外,郭本第七十一回发现石碣天文之后便是"梁山泊英雄排坐次",坐次排定后即是大聚义的宣誓,宣誓后接写重阳大宴,宋江表示希望朝廷招安之意,武松、李逵都不满意,宋江愤怒杀李逵,经诸将力劝始赦了他。此下便是山下捉得莱州解灯上京的人,宋江因此想上东京游玩。各本都有莱州解灯人一段(《征四寇》误删此段),但都没有卢俊义的梦。只有七十回本是有这个梦的。这是最重要的异点。

(2) 第二部分——自上东京看灯到招安——各本都有。这一大段之中,有黑旋风乔捉鬼,双献头,乔坐衙等事,都是元曲里很幼稚的故事,大概这些还是原百回本的遗留物。但这一大段里有"燕青月夜遇道君"一节,写的颇好。大概这一大段有潦草因袭的部分,也有用气力改作的部分。自从郭武定本出来之后,这一大段也就不曾有什么大改动了。

（3）第三部分——征辽至凯旋——是郭武定本加入的。这一大段之中,写征辽的几次战事实在平常的很。五台山见智真长老的一节,我疑心是原百回本征田虎的末段,因为田虎在山西作乱,故乱平后鲁智深与宋江乘便往游五台山。郭武定本既删田虎的一大段,故把五台参禅的一节留下,作为征辽班师时的事。这一部分自从郭本加入以后,也就无人敢删去了。

（4）第四部分与第五部分——田虎与王庆两寇——是原百回本有的,郭本始删去,至百二十回本又恢复回来；百十回本,百十五回本,百二十四回本也都恢复回来。这两部分的叙述实在没有文学的价值,但他们的徼幸存留下来也可使我们考见原百回的性质,可以给我们一种比较的材料。最可注意的一点是这两部分的文字有两种大不同的本子：一种是百二十回本,一种是百十回本,百十五回本,《征四寇》本,与百二十四回本。百二十回本是用原百回本的材料来重新做过的。何以知道是用原材料呢？因为这里面的事实如缘缠井一节,即是元曲《黑旋风斗鸡会》的故事,是一证；有许多人物——如琼英、邬梨、乔道清、龚端、段家——皆与各本相同,是二证。何以知是重新做过的呢？因为百二十回本写王庆的事实与各本都不同。各本的回目如下：

> 高俅恩报柳世雄,王庆被陷配淮西。
> 王庆遇龚十五郎,满村嫌黄达闹场。
> 王庆打死张太尉,夜走永州遇李杰。
> 快活林王庆使棒,段三娘招赘王庆。

百二十回本的回目如下：

> 谋坟地阴险产逆,踏春阳妖艳生奸。
> 王庆因奸吃官司,龚端被打师军犯。
> 张管营因妾弟丧身,范节级为表兄医脸。
> 段家庄重招新女婿,房山寨双并旧强人。

这里面第四回的回目虽不同,事实却相同；那前三回竟完全不同。大概百二十回本的编纂人也知道"高俅恩报柳世雄"一回的人物事实显然和王进一回的人物事实有重复的嫌疑,故他重造出一种王庆故事,把王庆写成一个坏强盗的样子。这是百二十回本重新做过的最大证据。此外还有一个证据:百回本的第九十回是"双林渡燕青射雁"(即《征四寇》的第十七回),百二十回本把这一件事分作两回,改九十回为"双林镇燕青遇故",后面接入田虎、王庆的二十回,至百十回方才是"燕青双林渡射雁"。这种穿凿的痕迹更明显了。

百十回本,百十五回本,百二十四回本,《征四寇》本,这四种本子的田虎、王庆两部分,好像是用原百回本的原文,虽不免有小改动,但改动的地方大概不多。

(5)第六部分——平方腊一段与卢俊义、宋江等被毒死一段——是郭武定本有的,后来各本也差不多全采郭本,不敢大改动。平方腊一段平常的很,大概是依据原百回本的。出征方腊之前的一段(百回本的第九十回)写宋江等破辽回京,李逵、燕青偷进城去游玩,在一家勾栏里听得一个人说书,说的是《三国志》关云长刮骨疗毒的故事。《三国志》的初次成书也是在明朝初年,这又可见《水浒》的改定必在《三国志》之后了。

平定方腊以后的一段,写鲁智深之死,写燕青之去,写宋江之死,写徽宗梦游梁山泊,都颇有文学意味,可算是《忠义水浒传》后三十回中最精采的部分。这一段写宋江之死一节最好:

> 宋江自饮御酒之后,觉得心腹疼痛,想被下药在酒里,急令人打听,……已知中了奸计,乃叹曰:"我自幼学儒,长而通吏,不幸失身于罪人,并不曾行半点欺心之事。今日天子听信奸佞,赐我药酒。我死不争,只有李逵见在润州,他若闻知朝廷行此意,必去哨聚山林,把我等一世忠义坏了。"连夜差人往润州唤取李逵刻日到楚州。……李逵直到楚州拜见,宋江曰:"……特请你来商议一件大事。"李逵曰:"什么大事?"宋江曰:"你且饮酒。"宋江请进后厅款待,李逵吃了半晌酒食。宋江曰:"贤弟,我听得朝廷差人送药酒来赐与我吃。如死,却是怎的好?"李逵

> 大叫"反了罢!"宋江曰:"军马都没了,兄弟等又各分散,如何反得成?"李逵曰:"我镇江有三千军马,哥哥楚州军马尽点起来,再上梁山泊,强在这里受气!"宋江曰:"兄弟,你休怪我。前日朝廷差天使赐药酒与我服了。我死后恐你造反,坏了我忠义之名,因此请你来相见一面,酒中已与你慢药服了。回至润州必死。你死之后,可来楚州南门外蓼儿洼,和你阴魂相聚。"言讫,泪如雨下。李逵亦垂泪曰:"生时服侍哥哥,死了也只是哥哥部下一个小鬼。"言毕,便觉身子有些沉重,洒泪拜别下船。回到润州,果然药发。李逵将死,吩咐从人:"将我灵柩去楚州南门外蓼儿洼与哥哥一处埋葬。"从人不负其言,扶柩而往,……葬于宋江墓侧。

这种见解明明是对于明初杀害功臣有感而发的。因为这是一种真的感慨,故那种幼稚的原本《水浒传》里也会有这样哀艳的文章。

大概《水浒》的末段是依据原百回本的旧本的,改动的地方很少。郭刻本的篇末有诗云:

> 由来义气包天地,只在人心方寸间。罡煞庙前秋日净,英魂常伴月光寒。

又诗云:

> 梁山寒日澹无辉,忠义堂深昼漏迟。孤冢有人荐苹藻,六陵无泪湿冠衣。……

但《征四寇》本,百十五回本,百二十四回本,都没有这两首诗,都另有两首诗,大概是原本有的。其一首云:

> 莫把行藏怨老天,韩彭当日亦堪怜。一心报国摧锋日,百战擒辽破腊年。

> 煞曜罡星今已矣,佞臣贼子尚依然!早知鸩毒埋黄壤,学取烟波泛钓船。

这里我圈出的五句,很可表现当日做书的人的感慨。最可注意的是这几种本子通篇没有批评,篇末却都有两条评语:

> 评:公明一腔忠义,宋家以鸩饮报之。昔人云,"高鸟尽,良弓藏;狡兔死,走狗烹"。千古名言!

又评:阅此须阅《南华·齐物》等篇,始浇胸中块垒。

第一条评明是点出"学取烟波泛钓船"的意思。《水浒》末段写燕青辞主而去,李俊远走海外,都只是这个意思。燕青一段很有可研究之点,我先引百十五回本(百二十四回本与《征四寇》本皆同)这一段:

> 燕青来见卢俊义曰:"小人蒙主人恩德,今日成名,就请主人回去,寻个僻静去处,以终天年。未知如何?"卢俊义曰:"我今日功成名显,正当衣锦还乡封妻荫子之时,却寻个没结果!"燕青笑曰:"小人此去,正有结果。恐主人此去无结果。岂不闻韩信立十大功劳,只落得未央宫前斩首?"卢俊义不听,燕青又曰:"今日不听,恐悔之晚矣。……"拜了四拜,收拾一担金银,竟不知投何处去。

燕青还有留别宋江的一封书,书中附诗一首:

> 情愿自将官诰纳,不求富贵不求荣。
> 身边自有君王赦,淡饭黄齑过此生。

那封书和那首诗都被郭本改了,改的诗是:

> 雁序分飞自可惊,纳还官诰不求荣。
> 身边自有君王赦,洒脱风尘过此生。

这样一改,虽然更"文"了,但结句远不如原文。那封信也是如此。大概原本虽然幼稚,有时颇有他的朴素的好处。我们拿百十五回本,《征四寇》本,百二十四回本的末段和郭本的末段比较之后,就不能不认那三种本子为原文而郭本的末段为改本了。

以上所说,大概可以使我们知道原百回本与新百回本的内容了,又可以知道明朝末年那许多百十回以上的《水浒》本子所以发生的原故了。但我假设的那个明朝中叶的七十回本究竟有没有,这个问题却不曾多得那些新材料的帮助。我们虽已能证实"郭本《水浒传》的前七十一回与金圣叹本大体相同",但我们还不能确定,(1)嘉靖朝的郭武定本以前,是否真有一个七十一回本,(2)郭本的前七十一回是否真用一种七十回本来修改原百回本的。

我疑心这个本子虽然未必像金圣叹本那样高明,但原百回本与郭本之间,很像曾有一个七十回本。

我的疑心,除了去年我说的理由之外,还有三个新的根据:

(1)明人胡应麟(万历四年举人)的《庄岳委谈》卷下有一段云:杨用修(1488—1559)《词品》云:"《瓮天脞语》载宋江潜至李师师家,题一词于壁云:

> 天南地北,问乾坤何处可容狂客?借得山东烟水寨,来买凤城春色。翠袖围香,鲛绡笼玉,一笑千金值!神仙体态,薄幸如何销得?
>
> 想芦叶滩头,蓼花汀畔,皓月空凝碧。六六雁行连八九,只待金鸡消息。义胆包天,忠肝盖地,四海无人识。闲愁万种,醉乡一夜头白!

小词盛于宋,而剧贼亦工如此。"案此即《水浒》词,杨谓《瓮天》,或有别据。第以江尝入洛,则太愦愦也。杨慎在《明史》里有"书无所不览"之称,又有"明世记诵之博,著作之富,推慎为第一"的荣誉。他引的这词,见于郭本《水浒传》的第七十二回。我们看他在《词品》里引《瓮天脞语》,好像他并不知道此词见于《水浒》。难道他不曾见着《水浒》吗?他是正德六年的状元,嘉靖三年谪戍到云南,以后他就没有离开云南、四川两省。郭本《水浒传》是嘉靖时刻的,刻时杨慎已谪戍了,故杨慎未见郭本是无可疑的。我疑心杨慎那时见的《水浒》是一种没有后三十回的七十回本,故此词不在内。他的时代与我去年猜的"弘治、正德之间",也很相符。这是我的一个根据。

(2)我还可以举一个内证。七十回本的第四回写鲁智深大闹五台山之后,智真长老送他上东京大相国寺去,临别时,智真长老说:

> 我夜来看了,赠汝四句偈言,你可终身受用……遇林而起,遇山而富,遇州而迁,遇江而止。

第三句,《忠义水浒传》作"遇州而兴",百十五回本与百二十四回本作"遇水而兴"。余三句各本皆同。这四句"终身受用"的偈言在那七十回本里自然不发生问题,因为鲁智深自从二龙山并上梁山见宋江之后,遂没有什么可记的事了。但郭本以后,鲁智深还有擒方腊的大功,这四句偈言遂不能"终身受用"了。所以后来五台山参禅一回又添出"逢夏而擒,遇腊而执,听潮而圆,见信而寂"四句,也是"终身受用"的!我因此疑心"遇林而起……遇江而止"四句是七十回本独有的,故不提到招安以后的事。后来嘉靖时郭刻本采用七十回本,也不曾删去。不然,这"终身受用"的偈言何以不提到七十一回以后的终身大事呢?我们看清初人做的《虎囊弹传奇》中《醉打山门》一出写智真长老的偈言便不用前四句而用后四句,可见从前也有人觉得前四句不够做鲁智深的终身偈语的。这也是我疑心嘉靖以前有一种七十回本的一个根据。

(3) 但是最大的根据仍旧是前七十回与后三十回的内容。前七十回的见解与技术都远胜于后三十回。田虎、王庆两部分的幼稚,我们可以不必谈了。就单论《忠义水浒传》的后三十回罢。这三十回之中,我在上文已说过,只有末段最好,此外只有燕青月夜遇道君一段也还可读,其余的部分实在都平常的很。那特别加入的征辽一部分,既无历史的根据,又无出色的写法,实在没有什么价值。那因袭的方腊一部分更平凡了。这两部分还比不上前七十回中第四十六回以下的庸劣部分,更不消说那闹江州以前的精采部分了。很可注意的是李逵乔坐衙,双献头,燕青射雁等等自元曲遗传下来的几桩故事,都是七插八凑的硬拉进去的零碎小节,都是很幼稚的作品。更可注意的是柴进簪花入禁院时看见皇帝亲笔写的四大寇姓名:宋江、田虎、王庆、方腊。前七十回里从无一字提起田虎、王庆、方腊三人的事,此时忽然出现。这一层最可以使我们推想前七十一回是一种单独结构的本子,与那特别注重招安以后宋江等立功受谗害的原百回本完全是两种独立的作品。因此,我疑心嘉靖以前曾有这个七十回本,这个本子是把原百回本前面的大半部完全拆毁了重做的,有一部分——王进的事——是取材于后半部王庆的事的。这部七十回本的《水浒传》在当时已能有代替那幼稚的原百回本的势力,故那有《灯花婆婆》一类的致语的原本很早就被打倒了。看百二十回本发凡,我们可以知道那有致语的古本早已"不可复见"。但嘉靖以前也许还有别种本子采用七十回的改本而保存原本后半部的,略如百十回本与百十五回本的样子。至嘉靖时,方才有那加辽国而删田虎、王庆的百回本出现。这个新百回本的前七十一回是全用这七十回本的,因为这七十回本改造的太好了,故后来的一切本子都不能不用他。又因原本的后半部还被保存着,而且后半部也有一点精采动人的地方,故这新百回本又把原本后半的一部分收入,删去王、田,加入辽国,凑成一百回。但我们要注意:辽国一段,至多不过八回(百十五回本只有六回),王、田二寇的两段却有二十回。何以减掉二十回,加入八回,郭本仍旧有一百回呢?这岂不明明指出那前七十一回是用原本的前五十几回来放大了重新做过的吗?因为原本的五十几回被这个无名的"施耐庵"拉长成七十一回了,郭刻本要守那百回的旧回数,故不能不删去田、王二寇;但删二十回又不是百回了,故不能不加入辽国的七八回。依我们的观察,前七十回的文章与后三十回的文章既不像一个人做的,我们就不能不假定那前七十一回原是嘉靖以前的一种单独作品,后来被郭刻本收入——或用他来改原本的前五十几回,这是我所以假定这个七十回本的最大理由。

我们现在可以修正我去年做的《水浒》渊源表(五四)如下:

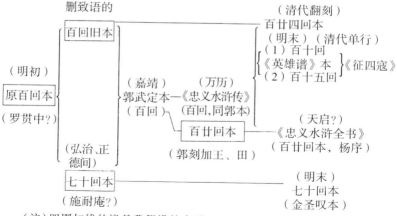

(注)四围加线的皆是我假设的本子。

以上是我的《水浒传后考》。这十个月以来发现的新材料居然证实了我的几个大胆的假设,这自然是我欢喜的。但我更欢喜的,是我假定的那些结论之中有几个误点现在有了新材料的帮助,居然都得着有价值的纠正。此外自然还不免有别的误点,我很希望国中与国外爱读《水浒》的人都肯随时指出我的错误,随时搜集关于《水浒》的新材料,帮助这个《水浒》问题的解决。我最感谢我的朋友青木正儿先生,他把我搜求《水浒》材料的事看作他自己的事一样;他对于《水浒》的热心,真使我十分感激。如果中国爱读《水浒》的人都能像青木先生那样热心,这个《水浒》问题不日就可以解决了!

青木先生又借给我第一卷第五期《艺文》杂志(明治四十三年四月),内有日本京都帝国大学狩野直喜先生的《〈水浒传〉与支那戏曲》一篇。狩野先生用的材料——从《宣和遗事》到元明的戏曲——差不多完全与我用的材料相同。他的结论是:"或者在大《水浒传》之前,恐怕还有许多小《水浒传》,渐渐积聚起来,后来成为像现在这种《水浒传》。……我们根据这种理由,一定要把现在的《水浒传》出现的时代移后。"这个结论也和我的《〈水浒传〉考证》的结论相同。这种不约而同的印证使我非常高兴。因为这种印证可以使我们格外觉悟:如果我们能打破遗传的成见,能放弃主观的我见,能处处尊重物观的证据,我们一定可以得到相同的结论。

我为了这部《水浒传》,做了四五万字的考证,我知道一定有人笑我太不爱惜精神与时间了。但我自己觉得,我在《水浒传》上面花费了这点精力与日力是很值得的。我曾说过:

> 做学问的人当看自己性之所近,拣选所要做的学问;拣定之后,当存一个"为真理而求真理"的态度。……学问是平等的。发明一个字的古义,与发现一颗恒星,都是一大功绩。(《新潮》一卷一号,页五六)

我这几篇小说考证里的结论也许都是错的,但我自信我这一点研究的态度是决不会错的。

十,六,一一作于北京钟鼓寺

附录:"致语"考

《考证》引周亮工《书影》云:"故老传闻,罗氏《水浒传》一百回,各以妖异语冠其首。嘉靖时,郭武定重刻其书,削其致语,独存本传。"这段中"致语"二字初版皆误作"叙语"。我怕读者因此误解这两个字,故除在再版里更正外,另做这篇《致语考》。

致语即是致辞,旧名"乐语",又名"念语"。《宋文鉴》第一百三十二卷全载"乐语",中有:

  宋祁　《教坊致语》一套,
  王珪　《教坊致语》一套,
  元绛　《集英殿秋宴教坊致语》一套,
  苏轼　《集英殿秋宴教坊致语》一套,

以上皆皇帝大宴时的"致语"。又有

  欧阳修　《会老堂致语》一篇,(《宋文鉴》)
  陆游　《徐稚山庆八十乐语》一篇,《致语》二篇,(皆见《渭南文集》四十二)

以上皆私家大宴时的"致语"。陆游还有《天申节致语》三篇,也是皇帝大宴时用的。此外宋人文集中还有一些致语。

《宋史·乐志》(一四二)记教坊队舞之制,共分两部:一为小儿队,一为女弟子队。每逢皇帝春秋圣节三大宴时,仪节分十九步:

第一,皇帝升坐,宰相进酒,庭中吹觱栗,以众乐和之。赐群臣酒,皆就坐。宰相饮,作《倾杯乐》;百官饮,作《三台》。

第二,皇帝再举酒,群臣立于席后,乐以歌起。

第三,皇帝举酒,如第二之制,以次进食。

第四,百戏皆作。

第五,皇帝举酒。

第六,乐工致辞,继以诗一章,谓之口号,皆述德美及中外蹈咏之情。初致辞,群臣皆起听,辞毕再拜。

第七,合奏大曲。

第八,皇帝举酒,殿上独弹琵琶。

第九,小儿队舞,亦致辞以述德美。

第十,杂剧罢,皇帝起更衣。

第十一,皇帝再坐,举酒,殿上独吹笙。

第十二,蹴鞠。

第十三,皇帝举酒,殿上独弹筝。

第十四,女弟子队舞,亦致辞如小儿队。

第十五,杂剧。

第十六,皇帝举酒。

第十七,奏《鼓吹曲》,或用《法曲》,或用《龟兹》。

第十八,皇帝举酒,食罢。

第十九,用角觝,宴毕。

这里面,第六、第九、第十四,都有"致语"一篇;此外,第七、第十、第十五,也都有稍短的引子。这些致语都是当时的词臣代作的。

这样看来,"致语"本是舞队奏舞以前的颂辞。皇帝大宴与私家会宴,凡用乐舞的,都有致语。后来大概不但乐舞有致语,就是说平话的也有一种致语。这种小说的致语大概是用四六句调或是韵文的。百二十回本的发凡说:

> 古本有罗氏致语,相传"灯花婆婆"等事,既不可复见。

"灯花婆婆"是什么东西呢?王国维先生的《戏曲考原》(《国粹学报》第五十期)有一段说:

> 钱曾《也是园书目》戏曲类中,除杂剧套数外,尚有宋人词话十余种。其目为《灯花婆婆》、《种瓜张老》、《紫罗盖头》、《女报冤》……凡十二种。其书虽不存,然云"词",则有曲;云"话",则有白。其题目或似套数,或似杂剧,要之必与董解元弦索《西厢》相似。

据此看来,《灯花婆婆》等到清朝初年还存在。王先生以为这种"词话"是有曲有白的。但《灯花婆婆》既是古本《水浒》的"致语",大概未必有"曲"。钱曾把这些作品归在"宋人词话","宋人"一层自然是错了的,"词话"的词字大概是平话一类的书词,未必是"曲"。故我以为这十二种词话大概多是说书的引子,与词曲无关。后来明朝的小说,如《今古奇观》,每篇正文之前往往用一件别的事作一个引子,大概这种散文的引子又是那《灯花婆婆》一类的致语的进化了。

十,六,一一

（收入施耐庵著,汪原放标点:《水浒传》,
亚东图书馆1921年再版）

《红楼梦》考证(改定稿)

1 《红楼梦》的考证是不容易做的,一来因为材料太少,二来因为向来研究这部书的人都走错了道路。他们怎样走错了道路呢?他们不去搜求那些可以考定《红楼梦》的著者,时代,版本,等等的材料,却去收罗许多不相干的零碎史事来附会《红楼梦》里的情节。他们并不曾做《红楼梦》的考证,其实只做了许多《红楼梦》的附会!这种附会的"红学"又可分作几派:

第一派说《红楼梦》"全为清世祖与董鄂妃而作,兼及当时的诸名王奇女"。他们说董鄂妃即是秦淮名妓董小宛,本是当时名士冒辟疆的妾,后来被清兵夺去,送到北京,得了清世祖的宠爱,封为贵妃。后来董妃夭死,清世祖哀痛的很,遂跑到五台山去做和尚去了。依这一派的话,冒辟疆与他的朋友们说的董小宛之死,都是假的;清史上说的清世祖在位十八年而死,也是假的。这一派说《红楼梦》里的贾宝玉即是清世祖,林黛玉即是董妃。"世祖临宇十八年,宝玉便十九岁出家;世祖自肇祖以来为第七代,宝玉便言'一子成佛,七祖升天',又恰中第七名举人;世祖谥'章',宝玉便谥'文妙',文章两字可暗射。""小宛名白,故黛玉名黛,粉白黛绿之意也。小宛是苏州人,黛玉也是苏州人,小宛在如皋,黛玉亦在扬州。小宛来自盐官,黛玉来自巡盐御史之署。小宛入宫,年已二十有七;黛玉入京,年只十三余,恰得小宛之半。……小宛游金山[寺]时,人以为江妃踏波而上,故黛玉号'潇湘妃子',实从'江妃'二字得来。"(以上引的话均见王梦阮先生的《〈红楼梦〉索隐》的《提要》)

这一派的代表是王梦阮先生的《〈红楼梦〉索隐》。这一派的根本错误已被孟莼荪先生的《董小宛考》(附在蔡子民先生的《〈石头记〉索隐》

之后,页一三一以下)用精密的方法一一证明了。孟先生在这篇《董小宛考》里证明董小宛生于明天启四年甲子,故清世祖生时,小宛已十五岁了;顺治元年,世祖方七岁,小宛已二十一岁了;顺治八年正月二日,小宛死,年二十八岁,而清世祖那时还是一个十四岁的小孩子。小宛比清世祖年长一倍,断无入宫邀宠之理。孟先生引据了许多书,按年分别,证据非常完备,方法也很细密。那种无稽的附会,如何当得起孟先生的摧破呢?例如《〈红楼梦〉索隐》说:

  渔洋山人题冒辟疆妾圆玉、女罗画三首之二末句云:"洛川淼淼神人隔,空费陈王八斗才"亦为小琬而作。圆玉者,琬也;玉旁加以宛转之义,故曰圆玉。女罗,罗敷女也。均有深意。神人之隔,又与死别不同矣。(《提要》页一二)

孟先生在《董小宛考》里引了清初的许多诗人的诗来证明冒辟疆的妾并不止小宛一人;女罗姓蔡,名含,很能画苍松墨凤;圆玉当是金晓珠,名玥,昆山人,能画人物。晓珠最爱画洛神(汪舟次有"晓珠手临洛神图卷跋",吴蘭次有"乞晓珠画洛神启"),故渔洋山人诗有"洛川淼淼神人隔"的话。我们若懂得孟先生与王梦阮先生两人用的方法的区别,便知道考证与附会的绝对不相同了。

  《〈红楼梦〉索隐》一书,有了《董小宛考》的辨正,我本可以不再批评他了。但这书中还有许多绝无道理的附会,孟先生都不及指摘出来。如他说:"曹雪芹为世家子,其成书当在乾嘉时代。书中明言南巡四次,是指高宗时事,在嘉庆时所作可知。……意者此书但经雪芹修改,当初创造另自有人。……揣其成书亦当在康熙中叶。……至乾隆朝,事多忌讳,档案类多修改。《红楼》一书,内廷索阅,将为禁本。雪芹先生势不得已,乃为一再修订,俾愈隐而愈不失其真。"(《提要》页五至六)但他在第十六回凤姐提起南巡接驾一段话的下面,又注道:"此作者自言也。圣祖二次南巡,即驻跸雪芹之父曹寅盐署中,雪芹以童年召对,故有此笔。"下面赵嬷嬷说甄家接驾四次一段的下面,又注道:"圣祖南巡四次,此言接驾四次,特明为乾隆时事。"我们看这三段《索隐》,可以看出许多错误。(1)第十六回明说二三十年前"太祖皇帝"南巡时的几次接驾;赵嬷嬷年长,故"亲眼看见"。我们如何能指定前者为康熙时的南巡而后者为乾隆时的南巡呢？（2）康熙帝二次南巡在二十八年（西历1689），到四十二年曹寅才做两淮巡盐御史。《索隐》说康熙帝二次南巡驻跸曹寅盐院署，是错的。（3）《索隐》说康熙帝二次南巡时，"曹雪芹以童年召对"；又说雪芹成书在嘉庆时。嘉庆元年（西历1796），上距康熙二十八年，已隔百零七年了。曹雪芹成书时，他可不是一百二三十岁了吗？（4）《索隐》说《红楼梦》成书在乾嘉时代，又说是在嘉庆时所作：这一说最谬。《红楼梦》在乾隆时已风行，有当时版本可证（详考见后文）。况且袁枚在《随园诗话》里曾提起曹雪芹的《红楼梦》；袁枚死于嘉庆二年，《诗话》之作更早的多，如何能提到嘉庆时所作的《红楼梦》呢？

第二派说《红楼梦》是清康熙朝的政治小说。这一派可用蔡子民先生的《〈石头记〉索隐》作代表。蔡先生说：

《石头记》……作者持民族主义甚挚。书中本事在吊明之亡，揭清之失，而尤于汉族名士仕清者寓痛惜之意。当时既虑触文网，又欲别开生面，特于本事之上，加以数层障幂，使读者有"横看成岭侧成峰"之状况。（《〈石头记〉索隐》页一）书中"红"字多隐"朱"字。朱者，明也，汉也。宝玉有"爱红"之癖，言以满人而爱汉族文化也；好吃人口上胭脂，言拾汉人唾余也。……当时清帝虽躬修文学，且创开博学鸿词科，实专以笼络汉人，初不愿满人渐染汉俗，其后雍、乾诸朝亦时时申诫之。故第十九回袭人劝宝玉道："再不许吃人嘴上擦的胭脂了，与那爱红的毛病儿。"又黛玉见宝玉腮上血渍，询知为淘澄胭脂膏子所溅，谓为"带出幌子，吹到舅舅耳里，又大家不干净惹气"，皆此意。宝玉在大观园中所居曰怡红院，即爱红之义。所谓曹雪芹于悼红轩中增删本书，则吊明之义也。……（页三至四）

书中女子多指汉人，男子多指满人。不但"女子是水作的骨肉，男人是泥作的骨肉"与"汉"字"满"字有关系也；我国古代哲学以阴阳二字说明一切对待之事物，《易》坤卦象传曰，"地道也，妻道也，臣道也"，是以夫妻君臣分配于阴阳也。《石头记》即用其义。第三十一回,……翠缕说:"知道了!姑娘(史湘云)是阳,我就是阴。……人家说主子为阳,奴才为阴。我连这个大道理也不懂得!"……清制,对于君主,满人自称奴才,汉人自称臣。臣与奴才,并无二义。以民族之对待言之,征服者为主,被征服者为奴。本书以男女影满、汉,以此。(页九至十)

这些是蔡先生的根本主张。以后便是"阐证本事"了。依他的见解,下面这些人是可考的:

(1)贾宝玉,伪朝之帝系也;宝玉者,传国玺之义也,即指胤礽(康熙帝的太子,后被废)。(页十至二二)

(2)《石头记》叙巧姐事,似亦指胤礽,巧字与礽字形相似也。……(页二三至二五)

(3)林黛玉影朱竹垞(朱彝尊)也。绛珠,影其氏也。居潇湘馆,影其竹垞之号也。……(页二五至二七)

(4)薛宝钗,高江村(高士奇)也。薛者,雪也。林和靖诗,"雪满山中高士卧,月明林下美人来。"用薛字以影江村之姓名(高士奇)也。……(页二八至四二)

(5)探春影徐健庵也。健庵名乾学,乾卦作"☰",故曰三姑娘。健庵以进士第三人及第,通称探花,故名探春。……(页四二至四七)

(6)王熙凤影余国柱也。王即柱字偏旁之省,國字俗写作"国",故熙凤之夫曰琏,言二王字相连也。……(页四七至六一)

(7)史湘云,陈其年也。其年又号迦陵。史湘云佩金麒麟,当是"其"字"陵"字之借音。氏以史者,其年尝以翰林院检讨纂修《明史》也。……(页六一至七一)

(8)妙玉,姜西溟(姜宸英)也。姜为少女,以妙代之。《诗》曰,"美如玉","美如英"。玉字所以代英字也(从徐柳泉说)。……(页七二至八七)

(9)惜春,严荪友也。……(页八七至九一)

(10)宝琴,冒辟疆也。……(页九一至九五)

(11)刘老老,汤潜庵(汤斌)也。……(页九五至百十)

蔡先生这部书的方法是：每举一人，必先举他的事实，然后引《红楼梦》中情节来配合。我这篇文里，篇幅有限，不能表示他的引书之多和用心之勤；这是我很抱歉的。但我总觉得蔡先生这么多的心力都是白白的浪费了，因为我总觉得他这部书到底还只是一种很牵强的附会。我记得从前有个灯谜，用杜诗"无边落木萧萧下"来打一个"日"字。这个谜，除了做谜的人自己，是没有人猜得中的。因为做谜的人先想着南北朝的齐和梁两朝都是姓萧的；其次，把"萧萧下"的"萧萧"解作两个姓萧的朝代；其次，二萧的下面是那姓陈的陈朝。想着了"陳"字，然后把偏旁去掉（无边）；再把"東"字里的"木"字去掉（落木）。剩下的"日"字，才是谜底！你若不能绕这许多湾子，休想猜谜！假使做《红楼梦》的人当日真个用王熙凤来影余国柱，真个想着"王即柱字偏旁之省，國字俗写作国，故熙凤之夫曰琏，言二王字相连也"，——假使他真如此思想，他岂不真成了一个大笨伯了吗？他费了那么大气力，到底只做了"国"字和"柱"字的一小部分；还有这两个字的其余部分和那最重要的"余"字，都不曾做到"谜面"里去！这样做的谜，可不是笨谜吗？用麒麟来影"其年"的其，"迦陵"的陵；用三姑娘来影"乾学"的乾：假使真有这种影射法，都是同样的笨谜！假使一部《红楼梦》真是一串这么样的笨谜，那就真不值得猜了！

我且再举一条例来说明这种"索隐"（猜谜）法的无益。蔡先生引蒯若木先生的话，说刘老老即是汤潜庵：

> 潜庵受业于孙夏峰（孙奇逢，清初的理学家），凡十年。夏峰之学本以象山（陆九渊）、阳明（王守仁）为宗。《石头记》，"刘老老之女婿曰王狗儿，狗儿之父曰王成。其祖上曾与凤姐之祖，王夫人之父认识；因贪王家势利，便连了宗"。似指此。

其实《红楼梦》里的王家既不是专指王阳明的学派，此处似不应该忽然用王家代表王学，况且从汤斌想到孙奇逢，从孙奇逢想到王阳明学派，再从阳明学派想到王夫人一家，又从王家想到王狗儿的祖上，又从王狗儿转到他的丈母刘老老，——这个谜可不是比那"无边落木萧萧下"的谜还更难猜吗？蔡先生又说《石头记》第三十九回刘老老说的"抽柴"一段故事是影汤斌毁五通祠的事;刘老老的外孙板儿影的是汤斌买的一部《廿一史》;他的外孙女青儿影的是汤斌每天吃的韭菜。这种附会已是很滑稽的了。最妙的是第六回凤姐给刘老老二十两银子,蔡先生说这是影汤斌死后徐乾学赙送的二十金;又第四十二回凤姐又送老老八两银子,蔡先生说这是影汤斌死后惟遗俸银八两。这八两有了下落了,那二十两也有了下落了;但第四十二回王夫人还送了刘老老两包银子,每包五十两,共是一百两;这一百两可就没有下落了!因为汤斌一生的事实没有一件可恰合这一百两银子的,所以这一百两虽然比那二十八两更重要,到底没有"索隐"的价值!这种完全任意的去取,实在没有道理,故我说蔡先生的《〈石头记〉索隐》也还是一种很牵强的附会。

第三派的《红楼梦》附会家,虽然略有小小的不同,大致都主张《红楼梦》记的是纳兰成德的事。成德后改名性德,字容若,是康熙朝宰相明珠的儿子。陈康祺的《郎潜纪闻二笔》(即《燕下乡脞录》)卷五说:

> 先师徐柳泉先生云:"小说《红楼梦》一书即记故相明珠家事;金钗十二,皆纳兰侍卫(成德官侍卫)所奉为上客者也。宝钗影高澹人,妙玉即影西溟(姜宸英)……"徐先生言之甚详,惜余不尽记忆。

又俞樾的《小浮梅闲话》(《曲园杂纂》三十八)说:

> 《红楼梦》一书,世传为明珠之子而作。……明珠子名成德,字容若。《通志堂经解》每一种有纳兰成德容若序,即其人也。恭读乾隆五十一年二月二十九日上谕:"成德于康熙十一年壬子科中式举人,十二年癸丑科中式进士,年甫十六岁。"(适按,此谕不见于《东华录》,但载于《通志堂经解》之首)然则其中举人止十五岁,于书中所述颇合也。

钱静方先生的《红楼梦考》(附在《〈石头记〉索隐》之后,页一二一至一三○)也颇有赞成这种主张的倾向。钱先生说:

> 是书力写宝、黛痴情。黛玉不知所指何人。宝玉固全书之主人翁,即纳兰侍御也。使侍御而非深于情者,则焉得有此情

影?余读《饮水词抄》,不独于宾从间得忻合之欢,而尤于闺房内致缠绵之意。即黛玉葬花一段,亦从其词中脱卸而出。是黛玉虽影他人,亦实影侍御之德配也。

这一派的主张,依我看来,也没有可靠的根据,也只是一种很牵强的附会。(1)纳兰成德生于顺治十一年(西历 1654),死于康熙二十四年(1685),年三十一岁。他死时,他的父亲明珠正在极盛的时代(大学士加太子太傅,不久又晋太子太师),我们如何可说那眼见贾府兴亡的宝玉是指他呢?(2)俞樾引乾隆五十一年上谕说成德中举人时止十五岁,其实连那上谕都是错的。成德生于顺治十一年;康熙壬子,他中举人时,年十八;明年癸丑,他中进士,年十九。徐乾学做的《墓志铭》与韩菼做的《神道碑》,都如此说。乾隆帝因为硬要否认《通志堂经解》的许多序是成德做的,故说他中进士时年止十六岁(也许成德应试时故意减少三岁,而乾隆帝但依据履历上的年岁)。无论如何,我们不可用宝玉中举的年岁来附会成德。若宝玉中举的年岁可以附会成德,我们也可以用成德中进士和殿试的年岁来证明宝玉不是成德了!(3)至于钱先生说的纳兰成德的夫人即是黛玉,似乎更不能成立。成德原配卢氏,为两广总督兴祖之女,续配官氏,生二子一女。卢氏早死,故《饮水词》中有几首悼亡的词。钱先生引他的悼亡词来附会黛玉,其实这种悼亡的诗词,在中国旧文学里,何止几千首?况且大致都是千篇一律的东西。若几首悼亡词可以附会林黛玉,林黛玉真要成"人尽可夫"了!(4)至于徐柳泉说的大观园里十二金钗都是纳兰成德所奉为上客的一班名士,这种附会法与《〈石头记〉索隐》的方法有同样的危险。即如徐柳泉说妙玉影姜宸英,那么,黛玉何以不可附会姜宸英?晴雯何以不可附会姜宸英?又如他说宝钗影高士奇,那么,袭人也可以影高士奇,凤姐更可以影高士奇了。我们试读姜宸英祭纳兰成德的文:

> 兄一见我,怪我落落;转亦以此,赏我标格。……数兄知我,其端非一。我常箕踞,对客欠伸,兄不余傲,知我任真。我时嫚骂,无问高爵,兄不余狂,知余疾恶。激昂论事,眼睁舌拆,兄为抵掌,助之叫号。有时对酒,雪涕悲歌,谓余失志,孤愤则那?彼

何人斯,实应且憎,余色拒之,兄门固扃。

妙玉可当得这种交情吗?这可不更像黛玉吗?我们又试读郭琇参劾高士奇的奏疏:

> ……久之,羽翼既多,遂自立门户。……凡督抚藩臬道府厅县以及在内之大小卿员,皆王鸿绪等为之居停哄骗而夤缘照管者,馈至成千累万;即不属党护者,亦有常例,名之曰平安钱。然而人之肯为贿赂者,盖士奇供奉日久,势焰日张,人皆谓之门路真,而士奇遂自忘乎其为撞骗,亦居之不疑,曰,我之门路真。……以觅馆餬口之穷儒,而今忽为数百万之富翁。试问金从何来?无非取给于各官。然官从何来?非侵国帑,即剥民膏。夫以国帑民膏而填无厌之谿壑,是士奇等真国之蠹而民之贼也。……(清史馆本传《耆献类征》六十)

宝钗可当得这种罪名吗?这可不更像凤姐吗?我举这些例的用意是要说明这种附会完全是主观的,任意的,最靠不住的,最无益的。钱静方先生说的好:"要之,《红楼》一书,空中楼阁。作者第由其兴会所至,随手拈来,初无成意。即或有心影射,亦不过若即若离,轻描淡写,如画师所绘之百像图,类似者固多,苟细按之,终觉貌是而神非也。"

2 我现在要忠告诸位爱读《红楼梦》的人:"我们若想真正了解《红楼梦》,必须先打破这种种牵强附会的《红楼梦》谜学!"

其实做《红楼梦》的考证,尽可以不用那种附会的法子。我们只须根据可靠的版本与可靠的材料,考定这书的著者究竟是谁,著者的事迹家世,著书的时代,这书曾有何种不同的本子,这些本子的来历如何。这些问题乃是《红楼梦》考证的正当范围。

我们先从"著者"一个问题下手。

本书第一回说这书原稿是空空道人从一块石头上抄写下来的,故名《石头记》;后来空空道人改名情僧,遂改《石头记》为《情僧录》;东鲁孔梅溪题为《风月宝鉴》;"后因曹雪芹于悼红轩中,披阅十载,增删五次,纂成目录,分出章回,又题曰《金陵十二钗》,并题一

绝,即此便是《石头记》的缘起:诗云:

> 满纸荒唐言,一把辛酸泪。都云作者痴,谁解其中味?

第百二十回又提起曹雪芹传授此书的缘由。大概"石头"与空空道人等名目都是曹雪芹假托的缘起,故当时的人多认这书是曹雪芹做的。袁枚的《随园诗话》卷二中有一条说:

> 康熙间,曹练亭(练当作楝)为江宁织造,每出拥八驺,必携书一本,观玩不辍。人问:"公何好学?"曰:"非也。我非地方官而百姓见我必起立,我心不安,故借此遮目耳。"素与江宁太守陈鹏年不相中,及陈获罪,乃密疏荐陈。人以此重之。
>
> 其子雪芹撰《红楼梦》一书,备记风月繁华之盛。中有所谓大观园者,即余之随园也。明我斋读而羡之(坊间刻本无此七字)。当时红楼中有某校书尤艳,我斋题云:(此四字坊间刻本作"雪芹赠云",今据原刻本改正。)
>
> 病容憔悴胜桃花,午汗潮回热转加;犹恐意中人看出,强言今日较差些。
>
> 威仪棣棣若山河,应把风流夺绮罗,不似小家拘束态,笑时偏少默时多。

我们现在所有的关于《红楼梦》的旁证材料,要算这一条为最早。近人征引此条,每不全录;他们对于此条的重要,也多不曾完全懂得。这一条纪载的重要,凡有几点:

(1) 我们因此知道乾隆时的文人承认《红楼梦》是曹雪芹做的。

(2) 此条说曹雪芹是曹楝亭的儿子(又《随园诗话》卷十六也说"雪芹者,曹练亭织造之嗣君也"。但此说实是错的,说详后)。

(3) 此条说大观园即是后来的随园。

俞樾在《小浮梅闲话》里曾引此条的一小部分,又加一注,说:

> 纳兰容若《饮水词集》有《满江红》词,为曹子清题其先人所构楝亭,即雪芹也。

俞樾说曹子清即雪芹,是大谬的。曹子清即曹楝亭,即曹寅。

我们先考曹寅是谁。吴修的《昭代名人尺牍小传》卷十二说:

> 曹寅,字子清,号楝亭,奉天人,官通政司使,江宁织造。校

刊古书甚精,有扬州局刻《五韵》、《楝亭十二种》盛行于世。著《楝亭诗抄》。

《扬州画舫录》卷二说:

> 曹寅,字子清,号楝亭,满洲人,官两淮盐院。工诗词,善书,著有《楝亭诗集》。刊秘书十二种,为《梅宛》、《声画集》、《法书考》、《琴史》、《墨经》、《砚笺》刘后山(当作刘后村)《千家诗》、《禁扁》、《钓矶立谈》、《都城纪胜》、《糖霜谱》、《录鬼簿》。今之仪征余园门榜"江天传舍"四字,是所书也。

这两条可以参看。又韩菼的《有怀堂文稿》里有《楝亭记》一篇,说:

> 荔轩曹使君性至孝。自其先人董三服官江宁,于署中手植楝树一株,绝爱之,为亭其间,尝憩息于斯。后十余年,使君适自苏移节,如先生之任,则亭颇坏,为新其材,加垩焉,而亭复完。

据此可知曹寅又字荔轩,又可知《饮水词》中的楝亭的历史。

最详细的纪载是章学诚的《丙辰札记》:

> 曹寅为两淮巡盐御史,刻古书凡十五种,世称"曹楝亭本"是也。康熙四十三年,四十五年,四十七年,四十九年,间年一任,与同旗李煦互相番代。李于四十四年,四十六年,四十八年,与曹互代;五十年,五十一年,五十二年,五十五年,五十六年,又连任,较曹用事为久矣。然曹至今为学士大夫所称,而李无闻焉。

不幸章学诚说的那"至今为学士大夫所称"的曹寅,竟不曾留下一篇传记给我们做考证的材料,《耆献类征》与《碑传集》都没有曹寅的碑传。只有宋和的《陈鹏年传》(《耆献类征》卷一六四,页一八以下)有一段重要的纪事:

> 乙酉(康熙四十四年),上南巡(此康熙帝第五次南巡)。总督集有司议供张,欲于丁粮耗加三分。有司皆慑服,唯唯。独鹏年(江宁知府陈鹏年)不服,否否。总督怏怏,议虽寝,则欲抶去鹏年矣。
>
> 无何,车驾由龙潭幸江宁。行宫草创(按此指龙潭之行宫),欲抶去之者因以是激上怒。时故庶人(按此即康熙帝的太

子胤礽,至四十七年被废)从幸,更怒,欲杀鹏年。车驾至江宁,驻跸织造府。一日,织造幼子嬉而过于庭,上以其无知也,曰,"儿知江宁有好官乎?"曰,"知有陈鹏年。"时有致政大学士张英来朝,上……使人问鹏年,英称其贤。而英则庶人之所傅,上乃谓庶人曰,"尔师傅贤之,如何杀之?"庶人犹欲杀之。

织造曹寅免冠叩头,为鹏年请。当是时,苏州织造李某伏寅后,为寅婕(婕字不见于字书,似有儿女亲家的意思),见寅血被额,恐触上怒,阴曳其衣,警之。寅怒而顾之曰,"云何也?"复叩头,阶有声,竟得请。出,巡抚宋荦逆之曰,"君不愧朱云折槛矣!"

又我的朋友顾颉刚在《江南通志》里查出江宁织造的职官如下表:

康熙二年至二十三年	曹　玺
康熙二十三年至三十一年	桑　格
康熙三十一年至五十二年	曹　寅
康熙五十二年至五十四年	曹　颙
康熙五十四年至雍正六年	曹　頫
雍正六年以后	隋赫德

又苏州织造的职官如下表:

康熙二十九年至三十二年	曹　寅
康熙三十二年至六十一年	李　煦

这两表的重要,我们可以分开来说:

(1)曹玺,字元璧,是曹寅的父亲。颉刚引《上元江宁两县志》道:"织局繁剧,玺至,积弊一清。陛见,陈江南吏治极详,赐蟒服,加一品,御书'敬慎'扁额。卒于位。子寅。"

(2)因此可知曹寅当康熙二十九年至三十二年时,做苏州织造;三十一年至三十二年,他兼任江宁织造;三十二年以后,他专任江宁织造二十年。

(3)康熙帝六次南巡的时代,可与上两表参看:

康熙二三	一次南巡	曹玺为苏州织造

二八	二次南巡	
三八	三次南巡	曹寅为江宁织造
四二	四次南巡	同上
四四	五次南巡	同上
四六	六次南巡	同上

（4）颉刚又考得"康熙南巡，除第一次到南京驻跸将军署外，余五次均把织造署当行宫"。这五次之中，曹寅当了四次接驾的差。又《振绮堂丛书》内有《圣驾五幸江南恭录》一卷，记康熙四十四年的第五次南巡，写曹寅既在南京接驾，又以巡盐御史的资格赶到扬州接驾；又记曹寅进贡的礼物及康熙帝回銮时赏他通政使司通政使的事，甚详细，可以参看。

（5）曹颙与曹頫都是曹寅的儿子。曹寅的《楝亭诗抄别集》有《郭振基序》，内说"侍公函丈有年，今公子继任织部，又辱世讲"。是曹颙之为曹寅儿子，已无可疑。曹頫大概是曹颙的兄弟（说详下）。

又《四库全书提要》谱录类食谱之属存目里有一条说：

《居常饮馔录》一卷。（编修程晋芳家藏本）

国朝曹寅撰。寅字子清，号楝亭，镶蓝旗汉军。康熙中，巡视两淮盐政，加通政司衔。是编以前代所传饮膳之法汇成一编：一曰，宋王灼《糖霜谱》；二三曰，宋东溪遁叟《粥品》及《粉面品》；四曰，元倪瓒《泉史》；五曰，元海滨逸叟《制脯鲊法》；六曰，明王叔承《酿录》；七曰，明释智舷《茗笺》；八九曰，明灌畦老叟《蔬香谱》及《制蔬品法》。中间《糖霜谱》，寅已刻入所辑《楝亭十种》；其他亦颇散见于《说郛》诸书云。

又《提要》别集类存目里有一条：

《楝亭诗抄》五卷，附《词抄》一卷。（江苏巡抚采进本）

国朝曹寅撰。寅有《居常饮馔录》，已著录。其诗一刻于扬州，计盈千首；再刻于仪征，则寅自汰其旧刻，而吴尚中开雕于束［楝］园者。此本即仪征刻也。其诗出入于白居易、苏轼之间。

《提要》说曹家是镶蓝旗人，这是错的。《八旗氏族通谱》有曹锡远一系，说他家是正白旗人，当据以改正。但我们因《四库提要》提起曹寅的诗集,故后来居然寻着他的全集,计《楝亭诗抄》八卷,《文抄》一卷,《词抄》一卷,《诗别集》四卷,《词别集》一卷(天津公园图书馆藏)。从他的集子里,我们得知他生于顺治十五年戊戌(1658)九月七日,他死时大概在康熙五十一年(1712)的下半年,那时他五十五岁。他的诗颇有好的,在八旗的诗人之中,他自然要算一个大家了(他的诗在铁保辑的《八旗人诗抄》——改名《熙朝雅颂集》——里,占一全卷的地位)。当时的文学大家,如朱彝尊、姜宸英等,都为《楝亭诗抄》作序。

以上关于曹寅的事实,总结起来,可以得几个结论:

(1) 曹寅是八旗的世家,几代都在江南做官。他的父亲曹玺做了二十一年的江宁织造;曹寅自己做了四年的苏州织造,做了二十一年的江宁织造,同时又兼做了四次的两淮巡盐御史。他死后,他的儿子曹颙接着做了三年的江宁织造,他的儿子曹頫接下去做了十三年的江宁织造。他家祖孙三代四个人总共做了五十八年的江宁织造。这个织造真成了他家的"世职"了。

(2) 当康熙帝南巡时,他家曾办过四次以上的接驾的差。

(3) 曹寅会写字,会做诗词,有诗词集行世;他在扬州曾管领《全唐诗》的刻印,扬州的诗局归他管理甚久;他自己又刻有二十几种精刻的书。(除上举各书外,尚有《周易本义》、《施愚山集》等;朱彝尊的《曝书亭集》也是曹寅捐资倡刻的,刻未完而死。)他家中藏书极多,精本有三千二百八十七种之多(见他的《楝亭书目》,京师图书馆有抄本),可见他的家庭富有文学美术的环境。

(4) 他生于顺治十五年,死于康熙五十一年(1658—1712)。

以上是曹寅的略传与他的家世。曹寅究竟是曹雪芹的什么人呢?袁枚在《随园诗话》里说曹雪芹是曹寅的儿子。这一百多年以来,大家多相信这话,连我在这篇《考证》的初稿里也信了这话。现在我们知道曹雪芹不是曹寅的儿子,乃是他的孙子。最初改正这个大错的是杨钟羲先生。杨先生编有《八旗文经》六十卷,又著有《雪

桥诗话》三编,是一个最熟悉八旗文献掌故的人。他在《雪桥诗话续集》卷六,页二三,说:

> 敬亭(清宗室敦诚字敬亭)……尝为《琵琶亭传奇》一折,曹雪芹(霑)题句有云:"白傅诗灵应喜甚,定教蛮素鬼排场。"雪芹为楝亭通政孙,平生为诗,大概如此,竟坎坷以终。敬亭挽雪芹诗有"牛鬼遗文悲李贺,鹿车荷锸葬刘伶"之句。

这一条使我们知道三个要点:

(一)曹雪芹名霑。

(二)曹雪芹不是曹寅的儿子,是他的孙子(《中国人名大辞典》页九九〇作"名霑,寅子",似是根据《雪桥诗话》而误改其一部分)。

(三)清宗室敦诚的诗文集内必有关于曹雪芹的材料。

敦诚字敬亭,别号松堂,英王之裔。他的轶事也散见《雪桥诗话》初、二集中。他有《四松堂集》诗二卷,文二卷,《鹪鹩轩笔麈》一卷。他的哥哥名敦敏,字子明,有《懋斋诗抄》。我从此便到处访求这两个人的集子,不料到如今还不曾寻到手。我今年夏间到上海,写信去问杨钟羲先生,他回信说,曾有《四松堂集》,但辛亥乱后遗失了。我虽然很失望,但杨先生既然根据《四松堂集》说曹雪芹是曹寅之孙,这话自然万无可疑。因为敦诚兄弟都是雪芹的好朋友,他们的证见自然是可信的。

我虽然未见敦诚兄弟的全集,但《八旗人诗抄》(《熙朝雅颂集》)里有他们兄弟的诗一卷。这一卷里有关于曹雪芹的诗四首,我因为这种材料颇不易得,故把这四首全抄于下:

赠曹雪芹　　　　敦　敏

碧水青山曲径遐,薜萝门巷足烟霞。寻诗人去留僧壁,卖画钱来付酒家。燕市狂歌悲遇合,秦淮残梦忆繁华。新愁旧恨知多少,都付酕醄醉眼斜。

访曹雪芹不值　　　　敦　敏

野浦冻云深,柴扉晚烟薄。山村不见人,夕阳寒欲落。

佩刀质酒歌　　　　敦　诚

秋晓遇雪芹于槐园,风雨淋涔,朝寒袭袂。时主人未出,雪芹酒渴如狂,余因解佩刀沽酒而饮之。雪芹欢甚,作长歌以谢余。余亦作此答之。

我闻贺鉴湖,不惜金龟掷酒垆。又闻阮遥集,直卸金貂作鲸吸。嗟余本非二子狂,腰间更无黄金珰。秋气酿寒风雨恶,满园榆柳飞苍黄。主人未出童子睡,斝干甕涩何可当!相逢况是淳于辈,一石差可温枯肠。身外长物亦何有?鸾刀昨夜磨秋霜。且酤满眼作软饱,……令此肝肺生角芒。曹子大笑称"快哉!"击石作歌声琅琅。知君诗胆昔如铁,堪与刀颖交寒光。我有古剑尚在匣,一条秋水苍波凉。君才抑塞倘欲拔,不妨斫地歌王郎。

寄怀曹雪芹　　　敦　诚

少陵昔赠曹将军,曾曰魏武之子孙。嗟君或亦将军后,于今环堵蓬蒿屯。扬州旧梦久已绝,且著临邛犊鼻裈。爱君诗笔有奇气,直追昌谷披篱樊。当时虎门数晨夕,西窗剪烛风雨昏。接䍦倒著容君傲,高谈雄辩虱手扪。感时思君不相见,蓟门落日松亭尊。劝君莫弹食客铗,劝君莫叩富儿门。残杯冷炙有德色,不如著书黄叶村。

我们看这四首诗,可想见他们弟兄与曹雪芹的交情是很深的。他们的证见真是史学家说的"同时人的证见",有了这种证据,我们不能不认袁枚为误记了。

这四首诗中,有许多可注意的句子。

第一,如"秦淮残梦忆繁华",如"于今环堵蓬蒿屯,扬州旧梦久已绝,且著临邛犊鼻裈",如"劝君莫弹食客铗,劝君莫叩富儿门;残杯冷炙有德色,不如著书黄叶村",都可以证明曹雪芹当时已很贫穷,穷的很不像样了,故敦诚有"残杯冷炙有德色"的劝戒。

第二,如"寻诗人去留僧壁,卖画钱来付酒家",如"知君诗胆昔如铁",如"爱君诗笔有奇气,直追昌谷披篱樊",都可以使我们知道曹雪芹是一个会作诗又会绘画的人。最可惜的是曹雪芹的诗现在只剩得"白傅诗灵应喜甚,定教蛮素鬼排场"两句了。但单看这两句,也就可以想见曹雪芹的诗大概是很聪明的,很深刻的。敦诚弟兄比他做李贺,大概很有点相像。

第三,我们又可以看出曹雪芹在那贫穷潦倒的境遇里,很觉得牢骚抑郁,故不免纵酒狂歌,自寻排遣。上文引的如"雪芹酒渴如狂",如"相逢况是淳于辈,一石差可温枯肠",如"新愁旧恨知多少,都村酤酶醉眼斜",如"鹿车荷锸葬刘伶",都可以为证。

我们既知道曹雪芹的家世和他自身的境遇了,我们应该研究他的年代。这一层颇有点困难,因为材料太少了。敦诚有挽雪芹的诗,可见雪芹死在敦诚之前。敦诚的年代也不可详考。但《八旗文经》里有几篇他的文字,有年月可考:如《拙鹊亭记》作于辛丑初冬,如《松亭再征记》作于戊寅正月,如《祭周立厓》文中说:"先生与先公始交时在戊寅己卯间;是时先生……每过静补堂,……诚尝侍几杖侧。……迨庚寅先公即世,先生哭之过时而哀。……诚追述平生,……回念静补堂几杖之侧,已二十余年矣。"今作一表,如下:

乾隆二三,戊寅(1758)。

乾隆二四,己卯(1759)。

乾隆三五,庚寅(1770)。

乾隆四六,辛丑(1781)。自戊寅至此,凡二十三年。

清宗室永忠(臞仙)为敦诚作葛巾居的诗,也在乾隆辛丑。敦诚之父死于庚寅,他自己的死期大约在二十年之后,约当乾隆五十余年。纪昀为他的诗集作序,虽无年月可考,但纪昀死于嘉庆十年(1805),而序中的语意都可见敦诚死已甚久了。故我们可以猜定敦诚大约生于雍正初年(约1725),死于乾隆五十余年(约1785—1790)。

敦诚兄弟与曹雪芹往来,从他们赠答的诗看起来,大概都在他们兄弟中年以前,不像在中年以后。况且《红楼梦》当乾隆五十六七年时已在社会上流通了二十余年了(说详下)。以此看来,我们可以断定曹雪芹死于乾隆三十年左右(约1765)。至于他的年纪,更不容易考定了。但敦诚兄弟的诗的口气,很不像是对一位老前辈的口气。我们可以猜想雪芹的年纪至多不过比他们大十来岁,大约生于康熙末叶(约1715—1720);当他死时,约五十岁左右。

以上是关于著者曹雪芹的个人和他的家世的材料。我们看了这些材料,大概可以明白《红楼梦》这部书是曹雪芹的自叙传了。这个见解,本来并没有什么新奇,本来是很自然的。不过因为《红楼梦》被一百多年来的红学大家越说越微妙了,故我们现在对于这个极平常的见解反觉得他有证明的必要了。我且举几条重要的证据如下:

第一,我们总该记得《红楼梦》开端时,明明的说着:

> 作者自云曾历过一番梦幻之后,故将真事隐去,而借"通灵"说此《石头记》一书也。……自己又云:今风尘碌碌,一事无成,忽念及当日所有之女子,一一细考较去,觉其行止见识皆出我之上。我堂堂须眉,诚不若彼裙钗。……当此日,欲将已往所赖天恩祖德,锦衣纨袴之时,饫甘餍肥之日,背父兄教育之恩,负师友规训之德,以致今日一技无成半生潦倒之罪,编述一集,以告天下。

这话说的何等明白!《红楼梦》明明是一部"将真事隐去"的自叙的书。若作者是曹雪芹,那么,曹雪芹即是《红楼梦》开端时那个深自忏悔的"我"!即是书里的甄贾(真假)两个宝玉的底本!懂得这个道理,便知书中的贾府与甄府都只是曹雪芹家的影子。

第二,第一回里那石头说道:

> 我想历来野史的朝代,无非假借汉唐的名色;莫如我这石头所记,不借此套,只按自己的事体情理,反到新鲜别致。

又说:

> 更可厌者,"之乎者也",非理即文,大不近情,自相矛盾;竟不如我这半世亲见亲闻的这几个女子,虽不敢说强似前代书中所有之人,但观其事迹原委,亦可消愁破闷。

他这样明白清楚的说"这书是我自己的事体情理","是我这半世亲见亲闻的";而我们偏要硬派这书是说顺治帝的,是说纳兰成德的!这岂不是作茧自缚吗?

第三,《红楼梦》第十六回有谈论南巡接驾的一大段,原文如下:

> 凤姐道:"……可恨我小几岁年纪。若早生二三十年,如今这些老人家也不薄我没见世面了。说起当年太祖皇帝仿舜巡的

故事，比一部书还热闹，我偏偏的没赶上。"

赵嬷嬷（贾琏的乳母）道："嗳哟，那可是千载难逢的！那时候我才记事儿。咱们贾府正在姑苏扬州一带，监造海船，修理海塘。只预备接驾一次，把银子花的像淌海水是［似］的。说起来——"

凤姐忙接道："我们王府里也预备过一次。那时我爷爷专管各国进贡朝贺的事，凡有外国人来，都是我们家养活。粤、闽、滇、浙所有的洋船货物，都是我们家的。"

赵嬷嬷道："那是谁不知道的？……如今还有现在江南的甄家，——嗳哟，好势派！——独他们家接驾四次。要不是我们亲眼看见，告诉谁也不信的。别讲银子成了粪土；凭是世上有的，没有不是堆山积海的。'罪过可惜'四个字，竟顾不得了。"

凤姐道："我常听见我们太爷说，也是这样的。岂有不信的？只纳罕他家怎么就这样富贵呢？"

赵嬷嬷道："告诉奶奶一句话：也不过拿着皇帝家的银子往皇帝身上使罢了。谁家有那些钱买这个虚热闹去？"

此处说的甄家与贾家都是曹家。曹家几代在江南做官，故《红楼梦》里的贾家虽在"长安"，而甄家始终在江南。上文曾考出康熙帝南巡六次，曹寅当了四次接驾的差，皇帝就住在他的衙门里。《红楼梦》差不多全不提起历史上的事实，但此处却郑重的说起"太祖皇帝仿舜巡的故事"，大概是因为曹家四次接驾乃是很不常见的盛事，故曹雪芹不知不觉的——或是有意的——把他家这桩最阔的大典说了出来。这也是敦敏送他的诗里说的"秦淮旧梦忆繁华"了。但我们却在这里得着一条很重要的证据。因为一家接驾四五次，不是人人可以随便有的机会。大官如督抚，不能久任一处，便不能有这样好的机会。只有曹寅做了二十年江宁织造，恰巧当了四次接驾的差。这不是很可靠的证据吗？

第四，《红楼梦》第二回叙荣国府的世次如下：

自荣国公死后，长子贾代善袭了官，娶的是金陵世家史侯的小姐为妻，生了两个儿子：长名贾赦，次名贾政。如今代善早已去世,太夫人尚在。长子贾赦袭了官,为人平静中和,也不管理家务。次子贾政,自幼酷喜读书,为人端方正直;祖父钟爱,原要他以科甲出身的。不料代善临终时,遗本一上,皇上因恤先臣,即时令长子袭官外,问还有几子,立刻引见;遂又额外赐了这政老爷一个主事之职,令其入部学习;如今已升了员外郎。

我们可用曹家的世系来比较:

> 曹锡远,正白旗包衣人。世居沈阳地方,来归年月无考。其子曹振彦,原任浙江盐法道。
>
> 孙:曹玺,原任工部尚书;曹尔正,原任佐领。
>
> 曾孙:曹寅,原任通政使司通政使;曹宣,原任护军参领兼佐领;曹荃,原任司库。
>
> 元孙:曹颙,原任郎中;曹頫,原任员外郎;曹顾,原任二等侍卫,兼佐领;曹天祐,原任州同。(《八旗氏族通谱》卷七十四)

这个世系颇不分明。我们可试作一个假定的世系表如下:

曹寅的《楝亭诗抄别集》中有"辛卯三月闻珍儿殇,书此忍恸,兼示四侄寄东轩诸友"诗三首,其二云:"世出难居长,多才在四三。承家赖犹子,努力作奇男。"四侄即顾,那排行第三的当是那小名珍儿的了。如此看来,颙与頫当是行一与行二。曹寅死后,曹颙袭织造之职。到康熙五十四年,曹颙或是死了,或是因事撤换了,故次子曹頫接下去做。织造是内务府的一个差使,故不算做官,故《氏族通谱》上只称曹寅为通政使,称曹頫为员外郎。但《红楼梦》里的贾政,也是次子,也是先不袭爵,也是员外郎。这三层都与曹頫相合。故我们可以认贾政即是曹頫;因此,贾宝玉即是曹雪芹,即是曹頫之子,这一层更容易明白了。

第五,最重要的证据自然还是曹雪芹自己的历史和他家的历史。《红楼梦》虽没有做完(说详下),但我们看了前八十回,也就可以断定：（1）贾家必致衰败，（2）宝玉必致沦落。《红楼梦》开端便说，"风尘碌碌，一事无成"；又说，"一技无成，半生潦倒"；又说，"当此蓬牖茅椽，绳床瓦灶"。这是明说此书的著者——即是书中的主人翁——当著书时，已在那穷愁不幸的境地。况且第十三回写秦可卿死时在梦中对凤姐说的话，句句明说贾家将来必以"树倒猢狲散"的地步。所以我们即使不信后四十回（说详下）抄家和宝玉出家的话，也可以推想贾家的衰败和宝玉的流落了。我们再回看上文引的敦诚兄弟送曹雪芹的诗，可以列举雪芹一生的历史如下：

（1）他是做过繁华旧梦的人。
（2）他有美术和文学的天才，能做诗，能绘画。
（3）他晚年的境况非常贫穷潦倒。

这不是贾宝玉的历史吗？此外，我们还可以指出三个要点。第一是曹雪芹家自从曹玺、曹寅以来，积成一个很富丽的文学美术的环境。他家的藏书在当时要算一个大藏书家，他家刻的书至今推为精刻的善本。富贵的家庭并不难得；但富贵的环境与文学美术的环境合在一家，在当日的汉人中是没有的，就在当日的八旗世家中，也很不容易寻找了。第二，曹寅是刻《居常饮馔录》的人，《居常饮馔录》所收的书，如《糖霜谱》、《制脯鲊法》、《粉面品》之类，都是专讲究饮食糖饼的做法的。曹寅家做的雪花饼，见于朱彝尊的《曝书亭集》（二十一，页十二），有"粉量云母细，糁和雪糕匀"的称誉。我们读《红楼梦》的人，看贾母对于吃食的讲究，看贾家上下对于吃食的讲究，便知道《居常饮馔录》的遗风未泯，雪花饼的名不虚传！第三，关于曹家衰落的情形，我们虽没有什么材料，但我们知道曹寅的亲家李煦在康熙六十一年已因亏空被革职查追了。雍正《朱批谕旨》第四十八册有雍正元年《苏州织造胡凤翚奏折》内称：

> 今查得李煦任内亏空各年余剩银两，现奉旨交督臣查弼纳查追外，尚有六十一年办六十年分应存剩银六万三百五十五两零，并无存库，亦系李煦亏空。……所有历年动用银两数目，另开细折，并呈御览。……

又第十三册有《两淮巡盐御史谢赐履奏折》内称：

> 窃照两淮应解织造银两,历年遵奉已久。兹于雍正元年三月十六日,奉户部咨行,将江苏织造银两停其支给;两淮应解银两,汇行解部。……前任盐臣魏廷珍于康熙六十一年内未奉部文停止之先,两次解过苏州织造银五万两。……再本年六月内奉有停止江宁织造之文。查前盐臣魏廷珍经解过江宁织造银四万两,臣任内……解过江宁织造银四万五千一百二十两。……臣请将解过苏州织造银两在于审理李煦亏空案内并追;将解过江宁织造银两行令曹頫解还户部。……

李煦做了三十年的苏州织造,又兼了八年的两淮盐政,到头来竟因亏空被查追。胡凤翚折内只举出康熙六十一年的亏空,已有六万两之多;加上谢赐履折内举出应退还两淮的十万两:这一年的亏空就是十六万两了!他历年亏空的总数之多,可以想见。这时候,曹頫(曹雪芹之父)虽然还未曾得罪,但谢赐履折内已提及两事:一是停止两淮应解织造银两,一是要曹頫赔出本年已解的八万一千余两。这个江宁织造就不好做了。我们看了李煦的先例,就可以推想曹頫的下场也必是因亏空而查追,因查追而抄没家产。关于这一层,我们还有一个很好的证据。袁枚在《随园诗话》里说《红楼梦》里的大观园即是他的随园。我们考随园的历史,可以信此话不是假的。袁枚的《随园记》(《小仓山房文集》十二)说随园本名隋园,主人为康熙时织造隋公。此隋公即是隋赫德即是接曹頫的任的人(袁枚误记为康熙时,实为雍正六年)。袁枚作记在乾隆十四年己巳(1749),去曹頫卸织造任时甚近,他应该知道这园的历史。我们从此可以推想曹頫当雍正六年去职时,必是因亏空被追赔,故这个园子就到了他的继任人的手里。从此以后,曹家在江南的家产都完了,故不能不搬回北京居住。这大概是曹雪芹所以流落在北京的原因。我们看了李煦、曹頫两家败落的大概情形,再回头来看《红楼梦》里写的贾家的经济困难情形,便更容易明白了。如第七十二回凤姐夜间梦见人来找他,说娘娘要一百匹锦,凤姐不肯给,他就来夺。来旺家的笑道:"这是奶奶日间操心常应候宫里的事。"一语未了,人回夏太监打发了一个小内监来说话。贾琏听了,忙皱眉道:"又是什么话!一年他们也够搬了。"凤姐道:"你藏起来,等我见他。"好容易凤姐弄了二百两银子把那小内监打发开去,贾琏出来,笑道:"这一起外祟,何日是了?"凤姐笑道:"刚说着,就来了一股子。"贾琏道:"昨儿周太监来,张口就是一千两。我略慢应了些,他不自在。将来得罪人之处不少。这会子再发三二百万的财,就好了!"又如第五十三回写黑山村庄头乌进孝来贾府纳年例,贾珍与他谈的一段话也很可注意:

  贾珍皱眉道:"我算定你至少也有五千银子来。这够做什么的!……真真是叫别过年了!"

  乌进孝道:"爷的地方还算好呢。我兄弟离我那里只有一百多里,竟又大差了。他现管着那府(荣国府)八处庄地,比爷这边多着几倍,今年也是这些东西,不过二三千两银子,也是有饥荒打呢。"

  贾珍道:"如何呢?我这边到可已,没什么外项大事,不过是一年的费用。……比不得那府里(荣国府)这几年添了许多化钱的事,一定不可免是要化的,却又不添银子产业。这一二年里赔了许多。不和你们要,找谁去?"

  乌进孝笑道:"那府里如今虽添了事,有去有来。娘娘和万岁爷岂不赏吗?"

  贾珍听了,笑向贾蓉等道:"你们听听,他说的可笑不可笑?"

  贾蓉等忙笑道:"你们山坳海沿子上的人,那里知道这道理?娘娘难道把皇上的库给我们不成?……就是赏,也不过一百两金子,才值一千多两银子,够什么?这二年,那一年不赔出几千两银子来?头一年省亲,连盖花园子,你算算那一注化了多少,就知道了。再二年,再省一回亲,只怕精穷了!……"

  贾蓉又说又笑,向贾珍道:"果真那府里穷了。前儿我听见二婶娘(凤姐)和鸳鸯悄悄商议,要偷老太太的东西去当银子呢。"

借当的事又见于第七十二回:

  鸳鸯一面说,一面起身要走。贾琏忙也立起身来说道:"好姐姐,略坐一坐儿,兄弟还有一事相求。"说着,便骂小丫头:"怎么不泡好茶来!快拿干净盖碗,把昨日进上的新茶泡一碗来!"说着,向鸳鸯道:"这两日因老太太千秋,所有的几千两都使完了。几处房租地租统在九月才得。这会子竟接不上。明儿又要送南安府里的礼,又要预备娘娘的重阳节;还有几家红白大礼,至少还要二三千两银子用,一时难去支借。俗语说的好,求人不如求己。说不得,姐姐担个不是,暂且把老太太查不着的金银家伙,偷着运出一箱子来,暂押千数两银子,支腾过去。"

因为《红楼梦》是曹雪芹"将真事隐去"的自叙,故他不怕琐碎,再三再四的描写他家由富贵变成贫穷的情形。我们看曹寅一生的历史,决不像一个贪官污吏;他家所以后来衰败,他的儿子所以亏空破产,大概都是由于他一家都爱挥霍,爱摆阔架子;讲究吃喝,讲究场面;收藏精本的书,刻行精本的书;交结文人名士,交结贵族大官,招待皇帝,至于四次五次;他们又不会理财,又不肯节省;讲究挥霍惯了,收缩不回来:以致于亏空,以致于破产抄家。《红楼梦》只是老老实实的描写这一个"坐吃山空"、"树倒猢狲散"的自然趋势。因为如此,所以《红楼梦》是一部自然主义的杰作。那班猜谜的红学大家不晓得《红楼梦》的真价值正在这平淡无奇的自然主义的上面,所以他们偏要绞尽心血去猜那想入非非的笨谜,所以他们偏要用尽心思去替《红楼梦》加上一层极不自然的解释。

总结上文关于"著者"的材料,凡得六条结论:

(1)《红楼梦》的著者是曹雪芹。

(2)曹雪芹是汉军正白旗人,曹寅的孙子,曹頫的儿子,生于极富贵之家,身经极繁华绮丽的生活,又带有文学与美术的遗传与环境。他会做诗,也能画,与一班八旗名士往来。但他的生活非常贫苦,他因为不得志,故流为一种纵酒放浪的生活。

(3)曹寅死于康熙五十一年。曹雪芹大概即生于此时,或稍后。

(4)曹家极盛时,曾办过四次以上的接驾的阔差;但后来家渐衰败,大概因亏空得罪被抄没。

(5)《红楼梦》一书是曹雪芹破产倾家之后,在贫困之中做的。做书的年代大概当乾隆初年到乾隆三十年左右,书未完而曹雪芹死了。

(6)《红楼梦》是一部隐去真事的自叙:里面的甄、贾两宝玉,即是曹雪芹自己的化身;甄、贾两府即是当日曹家的影子(故贾府在"长安"都中,而甄府始终在江南)。

现在我们可以研究《红楼梦》的"本子"问题。现今市上通行的《红楼梦》虽有无数版本,然细细考较去,除了有正书局一本外,都是从一种底本出来的。这种底本是乾隆末年间程伟元的百二十回全本,我们叫他做"程本"。这个程本有两种本子:一种是乾隆五十七年壬子(1792)的第一次活字排本,可叫做"程甲本"。一种也是乾隆五十七年壬子程家排本,是用"程甲本"来校改修正的,这个本子可叫做"程乙本"。"程甲本"我的朋友马幼渔教授藏有一部,"程乙本"我自己藏有一部。乙本远胜于甲本,但我仔细审察,不能不承认"程甲本"为外间各种《红楼梦》的底本。各本的错误矛盾,都是根据于"程甲本"的。这是《红楼梦》版本史上一件最不幸的事。

此外,上海有正书局石印的一部八十回本的《红楼梦》,前面有一篇德清戚蓼生的序,我们可叫他做"戚本"。有正书局的老板在这部书的封面上题着"国初抄本《红楼梦》",又在首页题着"原本《红楼梦》"。那"国初抄本"四个字自然是大错的。那"原本"两字也不妥当。这本已有总评,有夹评,有韵文的评赞,又往往有"题"诗,有时又将评语抄入正文(如第二回),可见已是很晚的抄本,决不是"原本"了。但自程氏两种百二十回本出版以后,八十回本已不可多见。戚本大概是乾隆时无数展转传抄本之中幸而保存的一种,可以用来参校程本,故自有他的相当价值,正不必假托"国初抄本"。

《红楼梦》最初只有八十回,直至乾隆五十六年以后始有百二十回的《红楼梦》。这是无可疑的。程本有程伟元的序,序中说:

> 《石头记》是此书原名,……好事者每传抄一部置庙市中,昂其值得数十金,可谓不胫而走者矣。然原本目录一百二十卷,今所藏只八十卷,殊非全本。即间有称全部者,及检阅仍只

八十卷,读者颇以为憾。不佞以是书既有百二十卷之目,岂无全璧?爰为竭力搜罗,自藏书家甚至故纸堆中,无不留心。数年以来,仅积有二十余卷。一日,偶于鼓担上得十余卷,遂重价购之,欣然翻阅,见其前后起伏尚属接榫(榫音笋,削木入窍名榫,又名榫头)。然漶漫不可收拾。乃同友人细加厘剔,截长补短,抄成全部,复为镌板,以公同好。《石头记》全书至是始告成矣。……小泉程伟元识。

我自己的程乙本还有高鹗的一篇序,中说:

予闻《红楼梦》脍炙人口者,几廿余年,然无全璧,无定本。……今年春,友人程子小泉过予,以其所购全书见示,且曰:"此仆数年铢积寸累之苦心,将付剞劂,以公同好。子闲且惫矣,盍分任之?"予以是书虽稗官野史之流,然尚不谬于名教,欣然拜诺,正以波斯奴见宝为幸,遂襄其役。工既竣,并识端末,以告阅者。时乾隆辛亥(1791)冬至后五日铁岭高鹗叙,并书。

此序所谓"工既竣",即是程序说的"同友人细加厘剔,截长补短"的整理工夫,并非指刻板的工程。我这部程乙本还有七条"引言",比两序更重要,今节抄几条于下:

(一)是书前八十回,藏书家抄录传阅,几三十年矣。今得后四十回,合成完璧。缘友人借抄争睹者甚夥,抄录固难,刊板亦需时日,姑集活字刷印。因急欲公诸同好,故初印时不及细校,间有纰缪。今复聚集各原本,详加校阅,改订无讹。惟阅者谅之。

(一)书中前八十回,抄本各家互异。今广集核勘,准情酌理,补遗订讹。其间或有增损数字处,意在便于披阅,非敢争胜前人也。

(一)是书沿传既久,坊间缮本及诸家所藏秘稿,繁简歧出,前后错见。即如六十七回此有彼无,题同文异,燕石莫辨。兹惟择其情理较协者,取为定本。

(一)书中后四十回系就历年所得,集腋成裘,更无他本可考,惟按其前后关照者,略为修辑,使其有应接而无矛盾。至其原文,未敢臆改。俟再得善本,更为厘定,且不欲尽掩其本来面目也。

引言之末,有"壬子花朝后一日,小泉、兰墅又识"一行。兰墅即高鹗。我们看上文引的两序与引言,有应该注意的几点:

(1)高序说"闻《红楼梦》脍炙人口者,几廿余年"。引言说"前八十回,藏书家抄录传阅,几三十年"。从乾隆壬子上数三十年,为乾隆二十七年壬午(1762)。今知乾隆三十年间此书已流行,可证我上文推测曹雪芹死于乾隆三十年左右之说大概无大差错。

(2)前八十回,各本互有异同。例如引言第三条说"六十七回此有彼无,题同文异"。我们试用戚本六十七回与程本及市上各本的六十七回互校,果有许多同异之处,程本所改的似胜于戚本。大概程本当日确曾经过一番"广集各本核勘,准情酌理,补遗订讹"的工夫,故程本一出即成为定本,其余各抄本多被淘汰了。

(3)程伟元的序里说,《红楼梦》当日虽只有八十回,但原本却有一百二十卷的目录。这话可惜无从考证(戚本目录并无后四十回)。我从前想当时各抄本中大概有些是有后四十回目录的,但我现在对于这一层很有点怀疑了(说详下)。

(4)八十回以后的四十回,据高、程两人的话,是程伟元历年杂凑起来的,——先得二十余卷,又在鼓担上得十余卷,又经高鹗费了几个月整理修辑的工夫,方才有这部百二十回本的《红楼梦》。他们自己说这四十回"更无他本可考";但他们又说:"至其原文,未敢臆改。"

(5)《红楼梦》直到乾隆五十六年(1791)始有一百二十回的全本出世。

(6)这个百二十回的全本最初用活字版排印,是为乾隆五十七年壬子(1792)的程本。这本又有两种小不同的印本:(一)初印本(即程甲本),"不及细校,间有纰缪"。此本我近来见过,果然有许多纰缪矛盾的地方。(二)校正印本,即我上文说的程乙本。

(7)程伟元的一百二十回本的《红楼梦》,即是这一百三十年来的一切印本《红楼梦》的老祖宗。后来的翻本,多经过南方人的批注,书中京话的特别俗语往往稍有改换;但没有一种翻本(除了戚本)不是从程本出来的。

这是我们现有的一百二十回本《红楼梦》的历史。这段历史里有一个大可研究的问题，就是"后四十回的著者究竟是谁？"

俞樾的《小浮梅闲话》里考证《红楼梦》的一条说：

> 《船山诗草》有"赠高兰墅鹗同年"一首云："艳情人自说《红楼》。"注云："《红楼梦》八十回以后，俱兰墅所补。"然则此书非出一手。按乡会试增五言八韵诗，始乾隆朝。而书中叙科场事已有诗，则其为高君所补，可证矣。

俞氏这一段话极重要。他不但证明了程排本作序的高鹗是实有其人，还使我们知道《红楼梦》后四十回是高鹗补的。船山即是张船山，名问陶，是乾隆、嘉庆时代的一个大诗人。他于乾隆五十三年戊申（1788）中顺天乡试举人；五十五年庚戌（1790）成进士，选庶吉士。他称高鹗为同年，他们不是庚戌同年，便是戊申同年。但高鹗若是庚戌的新进士，次年辛亥他作《〈红楼梦〉序》不会有"闲且惫矣"的话；故我推测他们是戊申乡试的同年。后来我又在《郎潜纪闻二笔》卷一里发现一条关于高鹗的事实：

> 嘉庆辛酉京师大水，科场改九月，诗题"百川赴巨海"，……闱中罕得解。前十本将进呈，韩城王文端公以通场无知出处为憾。房考高侍读鹗搜遗卷，得定远陈黻卷，亟呈荐，遂得南元。

辛酉（1801）为嘉庆六年。据此，我们可知高鹗后来曾中进士，为侍读，且曾做嘉庆六年顺天乡试的同考官。我想高鹗既中进士，就有法子考查他的籍贯和中进士的年份了。果然我的朋友顾颉刚先生替我在《进士题名录》上查出高鹗是镶黄旗汉军人，乾隆六十年乙卯（1795）科的进士，殿试第三甲第一名。这一件引起我注意《题名录》一类的工具，我就发愤搜求这一类的书。果然我又在清代《御史题名录》里，嘉庆十四年（1809）下，寻得一条：

> 高鹗，镶黄旗汉军人，乾隆乙卯进士，由内阁侍读考选江南道御史，刑科给事中。

又《八旗文经》二十三有高鹗的《操缦堂诗稿跋》一篇，末署乾隆四十七年壬寅（1782）小阳月。我们可以总合上文所得关于高鹗的材料，作一个简单的《高鹗年谱》如下：

乾隆四七（1782），高鹗作《操缦堂诗稿跋》。

乾隆五三（1788），中举人。

乾隆五六—五七（1791—1792），补作《红楼梦》后四十回，并作序例。《红楼梦》百廿回全本排印成。

乾隆六〇（1795），中进士，殿试三甲一名。

嘉庆六（1801），高鹗以内阁侍读为顺天乡试的同考官，闱中与张问陶相遇，张作诗送他，有"艳情人自说《红楼》"之句；又有诗注，使后世知《红楼梦》八十回以后是他补的。

嘉庆一四（1809），考选江南道御史，刑科给事中。——自乾隆四七至此，凡二十七年。大概他此时已近六十岁了。

后四十回是高鹗补的，这话自无可疑。我们可约举几层证据如下：

第一，张问陶的诗及注，此为最明白的证据。

第二，俞樾举的"乡会试增五言八韵诗始乾隆朝，而书中叙科场事已有诗"一项。这一项不十分可靠，因为乡会试用律诗，起于乾隆二十一二年，也许那时《红楼梦》前八十回还没有做成呢。

第三，程序说先得二十余卷，后又在鼓担上得十余卷。此话便是作伪的铁证，因为世间没有这样奇巧的事！

第四，高鹗自己的序，说的很含糊，字里行间都使人生疑。大概他不愿完全埋没他补作的苦心，故引言第六条说："是书开卷略志数语，非云弁首，实因残缺有年，一旦颠末毕具，大快人心；欣然题名，聊以记成书之幸。"因为高鹗不讳他补作的事，故张船山赠诗直说他补作后四十回的事。

但这些证据固然重要，总不如内容的研究更可以证明后四十回与前八十回决不是一个人作的。我的朋友俞平伯先生曾举出三个理由来证明后四十回的回目也是高鹗补作的。他的三个理由是：（1）和第一回自叙的话都不合，（2）史湘云的丢开，（3）不合作文时的程序。这三层之中，第三层姑且不论。第一层是很明显的：《红楼梦》的开端明说"一技无成，半生潦倒"；明说"蓬牖茅椽，绳床瓦灶"；岂有到了末尾说宝玉出家成仙之理？第二层也很可注意。第三十一回的回目"因麒麟伏白首双星"确是可怪！依此句看来,史湘云后来似乎应该与宝玉做夫妇,不应该此话全无照应。以此看来,我们可以推想后四十回不是曹雪芹做的了。

其实何止史湘云一个人？即如小红,曹雪芹在前八十回里极力描写这个攀高好胜的丫头；好容易他得着了凤姐的赏识,把他提拔上去了；但这样一个重要人才,岂可没有下场？况且小红同贾芸的感情,前面既经曹雪芹那样郑重描写,岂有完全没有结果之理？又如香菱的结果也决不是曹雪芹的本意。第五回的"十二钗副册"上写香菱结局道：

根并荷花一茎香,平生遭际实堪伤。自从两地生孤木,致使芳魂返故乡。

两地生孤木,合成"桂"字。此明说香菱死于夏金桂之手,故第八十回说香菱"血分中有病,加以气怨伤肝,内外挫折不堪,竟酿成干血之症,日渐羸瘦,饮食懒进,请医服药无效"。可见八十回的作者明明的要香菱被金桂磨折死。后四十回里却是金桂死了,香菱扶正：这岂是作者的本意吗？此外,又如第五回"十二钗"册上说凤姐的结局道："一从二令三人木,哭向金陵事更哀。"这个谜竟无人猜得出,许多批《红楼梦》的人也都不敢下注解。所以后四十回里写凤姐的下场竟完全与这"二令三人木"无关。这个谜只好等上海灵学会把曹雪芹先生请来降坛时再来解决了！此外,又如写和尚送玉一段,文字的笨拙,令人读了作呕。又如写贾宝玉忽然肯做八股文,忽然肯去考举人,也没有道理。高鹗补《红楼梦》时,正当他中举人之后,还没有中进士。如果他补《红楼梦》在乾隆六十年之后,贾宝玉大概非中进士不可了！

以上所说,只是要证明《红楼梦》的后四十回确然不是曹雪芹做的。但我们平心而论,高鹗补的四十回,虽然比不上前八十回,也确然有不可埋没的好处。他写司棋之死,写鸳鸯之死,写妙玉的遭劫,写凤姐的死,写袭人的嫁,都是很有精采的小品文字。最可注意的是这些人都写作悲剧的下场。还有那最重要的"木石前盟"一件公案,高鹗居然忍心害理的教黛玉病死,教宝玉出家,作一个大悲剧的结束,打破中国小说的团圆迷信。这一点悲剧的眼光,不能不令人佩服。我们试看高鹗以后,那许多《续红楼梦》和《补红楼梦》的人,那一人不是想把黛玉、晴雯都从棺材里扶出来,重新配给宝玉?那一个不是想做一部"团圆"的《红楼梦》的?我们这样退一步想,就不能不佩服高鹗的补本了。我们不但佩服,还应该感谢他,因为他这部悲剧的补本,靠着那个"鼓担"的神话,居然打倒了后来无数的团圆《红楼梦》,居然替中国文学保存了一部有悲剧下场的小说!

以上是我对于《红楼梦》的"著者"和"本子"两个问题的答案。我觉得我们做《红楼梦》的考证,只能在这两个问题上着手;只能运用我们力所能搜集的材料,参考互证,然后抽出一些比较的最近情理的结论。这是考证学的方法。我在这篇文章里,处处想撇开一切先入的成见;处处存一个搜求证据的目的;处处尊重证据,让证据做向导,引我到相当的结论上去。我的许多结论也许有错误的,——自从我第一次发表这篇《考证》以来,我已经改正了无数大错误了,——也许有将来发现新证据后即须改正的。但我自信:这种考证的方法,除了《董小宛考》之外,是向来研究《红楼梦》的人不曾用过的。我希望我这一点小贡献,能引起大家研究《红楼梦》的兴趣,能把将来的《红楼梦》研究引上正当的轨道去:打破从前种种穿凿附会的"红学",创造科学方法的《红楼梦》研究!

十,三,二七初稿
十,十一,十二改定稿

(**附记**)初稿曾附录《寄蜗残赘》一则:

《红楼梦》一书,始于乾隆年间。……相传其书出汉军曹雪芹之手。嘉庆年间,逆犯曹纶即其孙也。灭族之祸,实基于此。

这话如果确实,自然是一段很重要的材料。因此我就去查这一桩案子的事实。

嘉庆十八年癸酉（1813），天理教的信徒林清等勾通宫里的小太监，约定于九月十五日起事，乘嘉庆帝不在京城的时候，攻入禁城，占据皇宫。但他们的区区两百个乌合之众，如何能干这种大事？所以他们全失败了，林清被捕，后来被磔死。

林清的同党之中，有一个独石口都司曹纶和他的儿子曹幅昌都是很重要的同谋犯。那年十月己未的上谕说：

> 前因正黄旗汉军兵丁曹幅昌从习邪教，与知逆谋。……兹据讯明，曹幅昌之父曹纶听从林清入教，经刘四等告知逆谋，允为收众接应。曹纶身为都司，以四品职官习教从逆，实属猪狗不如，罪大恶极！……

那年十一月中，曹纶等都被磔死。

清礼亲王昭梿是当日在紫禁城里的一个人，他的《啸亭杂录》卷六记此事有一段说：

> 有汉军独石口都司曹纶者，侍郎曹瑛后也（瑛字一本或作寅），家素贫，尝得林清侬助，遂入贼党。适之任所，乃命其子曹福昌勾结不轨之徒，许为城中内应。……曹福昌临刑时，告刽子手曰："我是可交之人，至死不卖友以求生也！"……

《寄蜗残赘》说曹纶是曹雪芹之孙，不知是否根据《啸亭杂录》说的。我当初已疑心此曹瑛不是曹寅，况且官书明说曹瑛是正黄旗汉军，与曹寅不同旗。前天承陈筱庄先生（宝泉）借我一部《靖逆记》（兰簃外史纂，嘉庆庚辰刻），此书记林清之变很详细。其第六卷有《曹纶传》，记他家世系如下：

> 曹纶，汉军正黄旗人。曾祖金铎，官骁骑校；伯祖瑛，历官工部侍郎；祖瑊，云南顺宁府知府；父廷奎，贵州安顺府同知。……廷奎三子，长绅、早卒；次维，武备院工匠；次纶，充整仪卫，擢治仪正，兼公中佐领，升独石口都司。

此可证《寄蜗残赘》之说完全是无稽之谈。

十，十一，十二

（收入曹雪芹著，汪原放标点：《红楼梦》，亚东图书馆1921年5月初版。收入《胡适文存》时作者作了修改）

胡适文存 卷四

归国杂感

我在美国动身的时候,有许多朋友对我道:"密斯忒胡,你和中国别了七个足年了,这七年之中,中国已经革了三次的命,朝代也换了几个了。真个是一日千里的进步。你回去时,恐怕要不认得那七年前的老大帝国了。"我笑着对他们说道:"列位不用替我担忧。我们中国正恐怕进步太快,我们留学生回去要不认得他了,所以他走上几步,又退回几步。他正在那里回头等我们回去认旧相识呢。"

这话并不是戏言,乃是真话。我每每劝人回国时莫存大希望:希望越大,失望越大。所以我自己回国时,并不曾怀什么大希望。果然船到了横滨,便听得张勋复辟的消息。如今在中国已住了四个月了,所见所闻,果然不出我所料。七年没见面的中国还是七年前的老相识!到上海的时候,有一天,有一位朋友拉我到大舞台去看戏。我走进去坐了两点钟,出来的时候,对我的朋友说道:"这个大舞台真正是中国的一个绝妙的缩本模型。你看这大舞台三个字岂不很新?外面的房屋岂不是洋房?里面的座位和戏台上的布景装潢又岂不是西洋新式?但是做戏的人都不过是赵如泉、沈韵秋、万盏灯、何家声、何金寿这些人。没有一个不是二十年前的旧古董!我十三岁到上海的时候,他们已成了老脚色了。如今又隔了十三年了,却还是他们在台上撑场面。这十三年造出来的新角色都到那里去了呢?你再看那台上做的《举鼎观画》。那祖先堂上的布景,岂不很完备?只是那小薛蛟拿了那老头儿的书信,就此跨马加鞭,却忘记了台上布的景是一座祖先堂!又看那出《四进士》。台上布景,明明有了门了,那宋士杰却还要做手势去关那没有的门!上公堂时,还要跨那没有的门槛!你看这二十年前的旧古董,在二十世纪的小舞台上做戏;装上了二十世纪的新布景,却偏要做那二十年前的旧手脚!这不是一副绝妙的中国现势图吗?"

我在上海住了十二天,在内地住了一个月,在北京住了两个月,在路上走了二十天,看了两件大进步的事:第一件是"三炮台"的纸烟,居然行到我们徽州去了;第二件是"扑克"牌居然比麻雀牌还要时髦了。"三炮台"纸烟还不算希奇,只有那"扑克"牌何以会这样风行呢?有许多老先生向来学A,B,C,D,是很不行的,如今打起"扑克"来,也会说"恩德","累死","接客倭彭"了!这些怪不好记的名词,何以会这样容易上口呢?他们学这些名词这样容易,何以学正经的A,B,C,D,又那样蠢呢?我想这里面很有可以研究的道理。新思想行不到徽州,恐怕是因为新思想没有"三炮台"那样中吃罢?A,B,C,D,不容易教,恐怕是因为教的人不得其法罢?

我第一次走过四马路,就看见了三部教"扑克"的书。我心想"扑克"的书已有这许多了,那别种有用的书,自然更不少了,所以我就花了一天的工夫,专去调查上海的出版界。我是学哲学的,自然先寻哲学的书。不料这几年来,中国竟可以算得没有出过一部哲学书。找来找去,找到一部《中国哲学史》,内中王阳明占了四大页,《洪范》倒占了八页!还说了些"孔子既受天之命","与天地合德"的话。又看见一部《韩非子精华》,删去了《五蠹》和《显学》两篇,竟成了一部"韩非子糟粕"了。文学书内,只有一部王国维的《宋元戏曲史》是很好的。又看见一家书目上有翻译的萧士比亚剧本,找来一看,原来把会话体的戏剧,都改作了《聊斋志异》体的叙事古文!又看见一部《妇女文学史》,内中苏蕙的回文诗足足占了六十页! 又看见《饮冰室丛著》内有《墨学微》一书,我是喜欢看看墨家的书的人,自然心中很高兴。不料抽出来一看,原来是任公先生十四年前的旧作,不曾改了一个字!此外只有一部《中国外交史》,可算是一部好书,如今居然到了三版了。这件事还可以使人乐观。此外那些新出版的小说,看来看去,实在找不出一部可看的小说。有人对我说,如今最风行的是一部《新华春梦记》,这也可想见中国小说界的程度了。

总而言之,上海的出版界,——中国的出版界——这七年来简直没有两三部以上可看的书! 不但高等学问的书一部都没有,就是要找一部轮船上火车上消遣的书，也找不出（后来我寻来寻去，只寻得一部吴稚晖先生的《上下古今谈》，带到芜湖路上去看）！我看了这个怪现状，真可以放声大哭。如今的中国人，肚子饿了，还有些施粥的厂把粥给他们吃。只是那些脑子叫饿的人可真没有东西吃了。难道可以把些《九尾龟》、《十尾龟》来充饥吗？

中文书籍既是如此，我又去调查现在市上最通行的英文书籍。看来看去，都是些什么萧士比亚的《威匿思商》、《麦克白传》，阿狄生的《文报选录》，戈司密的《威克斐牧师》，欧文的《见闻杂记》，……大概都是些十七世纪十八世纪的书。内中有几部十九世纪的书，也不过是欧文、迭更司、司各脱、麦考来几个人的书，都是和现在欧美的新思潮毫无关系的。怪不得我后来问起一位有名的英文教习，竟连 Bernard Shaw 的名字也不曾听见过，不要说 Tchekoff 和 Andreyev 了。我想这都是现在一班教会学堂出身的英文教习的罪过。这些英文教习，只会用他们先生教过的课本。他们的先生又只会用他们先生的先生教过的课本。所以现在中国学堂所用的英文书籍，大概都是教会先生的太老师或太太老师们教过的课本！怪不得和现在的思想潮流绝无关系了。

有人说，思想是一件事，文学又是一件事，学英文的人何必要读与现代新思潮有关系的书呢？这话似乎有理，其实不然。我们中国人学英文，和英国、美国的小孩子学英文，是两样的。我们学西洋文字，不单是要认得几个洋字，会说几句洋话，我们的目的在于输入西洋的学术思想。所以我以为中国学校教授西洋文字，应该用一种"一箭射双雕"的方法，把"思想"和"文字"同时并教。例如教散文，与其用欧文的《见闻杂记》，或阿狄生的《文报选录》，不如用赫胥黎的《进化杂论》。又如教戏曲，与其教萧士比亚的《威匿思商》，不如用 Bernard Shaw 的 *Androcles and The Lion*，或是 Galsworthy 的 *Strife* 或 *Justice*。又如教长篇的文字，与其教麦考来的《约翰生行述》，不如教弥尔的《群己权界论》。……我写到这里，忽然想起日本东京丸善书店的英文书目。那书目上，凡是英美两国一年前出版的新书，大概都有。我把这书目和商务印书馆与伊文思书馆的书目一比较，我几乎要羞死了。

我回中国所见的怪现状,最普通的是"时间不值钱"。中国人吃了饭没有事做,不是打麻雀,便是打"扑克"。有的人走上茶馆,泡了一碗茶,便是一天了。有的人拿一只鸟儿到处逛逛,也是一天了。更可笑的是朋友去看朋友,一坐下便生了根了,再也不肯走。有事商议,或是有话谈论,到也罢了。其实并没有可议的事,可说的话。我有一天在一位朋友处有事,忽然来了两位客,是□□馆的人员。我的朋友走出去会客,我因为事没有完,便在他房里等他。我以为这两位客一定是来商议这□□馆中什么要事的。不料我听得他们开口道:"□□先生,今回是打津浦火车来的,还是坐轮船来的?"我的朋友说是坐轮船来的。这两位客接着便说轮船怎样不便,怎样迟缓。又从轮船上谈到铁路上,从铁路上又谈到现在中、交两银行的钞洋跌价。因此又谈到梁任公的财政本领,又谈到梁士诒的行踪去迹:……谈了一点多钟,没有谈上一句要紧的话。后来我等的没法了,只好叫听差去请我的朋友。那两位客还不知趣,不肯就走。我不得已,只好跑了,让我的朋友去领教他们的"二梁优劣论"罢!

美国有一位大贤名弗兰克令(Benjamin Franklin)的,曾说道:"时间乃是造成生命的东西。"时间不值钱,生命自然也不值钱了。上海那些拣茶叶的女工,一天拣到黑,至多不过得二百铜钱,少的不得五六十钱!茶叶店的伙计,一天做十六七点钟的工,一个月平均只拿得两三块钱!还有那些工厂的工人,更不用说了。还有那些更下等,更苦痛的工作,更不用说了。人力那样不值钱,所以卫生也不讲究,医药也不讲究。我在北京、上海看那些小店铺里和穷人家里的种种不卫生,真是一种黑暗世界。至于道路的不洁净,瘟疫的流行,更不消说了。最可怪的是无论阿猫、阿狗都可挂牌医病,医死了人,也没有人怨恨,也没有人干涉。人命的不值钱,真可算得到了极端了。

现今的人都说教育可以救种种的弊病。但是依我看来,中国的教育,不但不能救亡,检直可以亡国。我有十几年没到内地去了,这回回去,自然去看看那些学堂。学堂的课程表,看来何尝不完备?体操也有,图画也有,英文也有,那些国文,修身之类,更不用说了。但是学堂的弊病,却正在这课程完备上。例如我们家乡的小学堂,经费自然不充足了,却也要每年花六十块钱去请一个中学堂学生兼教英文唱歌。又花二十块钱买一架风琴。我心想,这六十块一年的英文教习,能教什么英文?教的英文,在我们山里的小地方,又有什么用处?至于那音乐一科,更无道理了。请问那种学堂的音乐,还是可以增进"美感"呢?还是可以增进音乐知识呢?若果然要教音乐,为什么不去村乡里找一个会吹笛子的唱昆腔的人来教?为什么一定要用那实在不中听的二十块钱的风琴呢?那些穷人的子弟学了音乐回家,能买得起一架风琴来练习他所学的音乐知识吗?我真是莫名其妙了。所以我在内地常说:"列位办学堂,尽不必问教育部规程是什么,须先问这块地方上最需要的是什么。譬如我们这里最需要的是农家常识,蚕桑常识,商业常识,卫生常识,列位却把修身教科书去教他们做圣贤!又把二十块钱的风琴去教他们学音乐!又请一位六十块钱一年的教习教他们的英文!列位且自己想想看,这样的教育,造得出怎么样的人才?所以我奉劝列位办学堂,切莫注重课程的完备,须要注意课程的实用。尽不必去巴结视学员,且去巴结那些小百姓。视学员说这个学堂好,是没有用的,须要小百姓都肯把他们的子弟送来上学,那才是教育有成效了。"

以上说的是小学堂。至于那些中学堂的成绩,更可怕了。我遇见一位省立法政学堂的本科学生,谈了一会,他忽然问道:"听说东文是和英文差不多的,这话可真吗?"我已经大诧异了。后来他听我说日本人总有些岛国的习气,忽然问道:"原来日本也在海岛上吗?"……这个固然是一个极端的例。但是如今中学堂毕业的人才,高又高不得,低又低不得,竟成了一种无能的游民。这都由于学校里所教的功课,和社会上的需要毫无关涉。所以学校只管多,教育只管兴,社会上的工人,伙计,账房,警察,兵士,农夫,……还只是用没有受过教育的人。社会所需要的是做事的人才,学堂所造成的是不会做事又不肯做事的人才,这种教育不是亡国的教育吗?

我说我的《归国杂感》,提起笔来,便写了三四千字。说的都是些很可以悲观的话。但是我却并不是悲观的人。我以为这二十年来中国并不是完全没有进步,不过惰性太大,向前三步又退回两步,所以到如今还是这个样子。我这回回家寻出了一部叶德辉的《翼教丛编》,读了一遍,才知道这二十年的中国实在已经有了许多大进步。不到二十年前,那些老先生们,如叶德辉、王益吾之流,出了死力去驳康有为,所以这书叫做《翼教丛编》。我们今日也痛骂康有为。但二十年前的中国,骂康有为太新;二十年后的中国,却骂康有为太旧。如今康有为没有皇帝可保了,很可以做一部《翼教续编》来骂陈独秀了。这两部"翼教"的书的不同之处,便是中国二十年来的进步了。

民国七年一月

(原载1918年1月15日《新青年》第4卷第1号)

易卜生主义

1 易卜生最后所作的《我们死人再生时》(When We Dead Awaken)一本戏里面有一段话,很可表出易卜生所作文学的根本方法。这本戏的主人翁是一个美术家,费了全副精神,雕成一副像,名为"复活日"。这位美术家自己说他这副雕像的历史道:

> 我那时年纪还轻,不懂得世事。我以为这"复活日"应该是一个极精致,极美的少女像,不带着一毫人世的经验,平空地醒来,自然光明庄严,没有什么过恶可除。……但是我后来那几年,懂得些世事了,才知道这"复活日"不是这样简单的,原来是很复杂的。……我眼里所见的人情世故,都到我理想中来,我不能不把这些现状包括进去。我只好把这像的座子放大了,放宽了。
>
> 我在那座子上雕了一片曲折爆裂的地面。从那地的裂缝里,钻出来无数模糊不分明,人身兽面的男男女女。这都是我在世间亲自见过的男男女女。(二幕)

这是"易卜生主义"的根本方法。那不带一毫人世罪恶的少女像,是指那盲目的理想派文学。那无数模糊不分明,人身兽面的男男女女,是指写实派的文学。易卜生早年和晚年的著作虽不能全说是写实主义,但我们看他极盛时期的著作,尽可以说,易卜生的文学,易卜生的人生观,只是一个写实主义。1882年,他有一封信给一个朋友,信中说道:

> 我做书的目的,要使读者人人心中都觉得他所读的全是实事。(《尺牍》第一五九号)

人生的大病根在于不肯睁开眼睛来看世间的真实现状。明明是男盗女娼的社会,我们偏说是圣贤礼义之邦;明明是赃官污吏的政治,我们偏要歌功颂德;明明是不可救药的大病,我们偏说一点病都没有!却不知道:若要病好,须先认有病;若要政治好,须先认现今的政治实在不好;若要改良社会,须先知道现今的社会实在是男盗女娼的社会!易卜生的长处,只在他肯说老实话,只在他能把社会种种腐败龌龊的实在情形写出来叫大家仔细看。他并不是爱说社会的坏处,他只是不得不说。1880年,他对一个朋友说:

> 我无论作什么诗,编什么戏,我的目的只要我自己精神上的舒服清净。因为我们对于社会的罪恶,都脱不了干系的。(《尺牍》第一四八号)

因为我们对于社会的罪恶都脱不了干系,故不得不说老实话。

2

我们且看易卜生写近世的社会,说的是一些什么样的老实话。第一,先说家庭。

易卜生所写的家庭,是极不堪的。家庭里面,有四种大恶德:一是自私自利;二是倚赖性,奴隶性;三是假道德,装腔做戏;四是懦怯没有胆子。做丈夫的便是自私自利的代表。他要快乐,要安逸,还要体面,所以他要娶一个妻子。正如《娜拉》戏中的郝尔茂,他觉得同他妻子有爱情是很好玩的。他叫他妻子做"小宝贝","小鸟儿","小松鼠儿","我的最亲爱的",等等肉麻名字。他给他妻子一点钱去买糖吃,买粉搽,买好衣服穿。他要他妻子穿得好看,打扮的标致。做妻子的完全是一个奴隶。他丈夫喜欢什么,他也该喜欢什么,他自己是不许有什么选择的。他的责任在于使丈夫欢喜。他自己不用有思想:他丈夫会替他思想。他自己不过是他丈夫的玩意儿,很像叫化子的猴子专替他变把戏引人开心的(所以《娜拉》又名《玩物之家》)。丈夫要妻子守节,妻子却不能要丈夫守节,正如《群鬼》(Ghosts)戏里的阿尔文夫人受不过丈夫的气,跑到一个朋友家去;那位朋友是个牧师,很教训了他一顿,说他不守妇道。但是阿尔文夫人的丈夫专在外面偷妇人,甚至淫乱他妻子的婢女;人家都毫不介意,那位牧师朋友也觉得这是男人常有的事,不足为奇!妻子对丈夫,什么都可以牺牲;丈夫对妻子,是不犯着牺牲什么的。《娜拉》戏内的娜拉因为要救他丈夫的生命,所以冒他父亲的名字,签了借据去借钱。后来事体闹穿了,他丈夫不但不肯替娜拉分担冒名的干系,还要痛骂他带累他自己的名誉。后来和平了结了,没有危险了,他丈夫又装出大度的样子,说不追究他的错处了。他得意扬扬的说道:"一个男人赦了他妻子的过犯是很畅快的事!"(《娜拉》三幕)

　　这种极不堪的情形,何以居然忍耐得住呢? 第一,因为人都要顾面子,不得不装腔做势,做假道德遮着面孔。第二,因为大多数的人都是没有胆子的懦夫。因为要顾面子,故不肯闹翻;因为没有胆子,故不敢闹翻。那《娜拉》戏里的娜拉忽然看破家庭是一座做猴子戏的戏台,他自己是台上的猴子。他有胆子,又不肯再装假面子,所以告别了掌班的,跳下了戏台,去干他自己的生活。那《群鬼》戏里的阿尔文夫人没有娜拉的胆子,又要顾面子,所以被他牧师朋友一劝,就劝回头了,还是回家去尽他的"天职",守他的"妇道"。他丈夫仍旧做那种淫荡的行为。阿尔文夫人只好牺牲自己的人格,尽力把他羁縻在家。后来生下一个儿子,他母亲恐怕他在家学了他父亲的坏榜样,所以到了七岁便把他送到巴黎去。他一面要哄他丈夫在家,一面要在外边替他丈夫修名誉,一面要骗他儿子说他父亲是怎样一个正人君子。这种情形,过了十九个足年,他丈夫才死。死后,他妻子还要替他装面子,花了许多钱,造了一所孤儿院,作他亡夫的遗爱。孤儿院造成了,把他儿子唤回来参预孤儿院落成的庆典。谁知他儿子从胎里就得了他父亲的花柳病的遗毒,变成一种脑腐症,到家没几天,那孤儿院也被火烧了,他儿子的遗传病发作,脑子坏了,就成了疯人了。这是没有胆子,又要顾面子的结局。这就是腐败家庭的下场!

3

　　其次,且看易卜生的社会的三种大势力。那三种大势力:一是法律,二是宗教,三是道德。

　　第一,法律　　法律的效能在于除暴去恶,禁民为非。但是法律有好处也有坏处。好处在于法律是无有偏私的;犯了什么法,就该得什么罪。坏处也在于此。法律是死板板的条文,不通人情世故;不知道一样的罪名却有几等几样的居心,有几等几样的境遇情形;同犯一罪的人却有几等几样的知识程度。法律只说某人犯了某法的某某篇某某章某某节,该得某某罪,全不管犯罪的人的知识不同,境遇不同,居心不同。《娜拉》戏里有两件冒名签字的事:一件是一个律师做的,一件是一个不懂法律的妇人做的。那律师犯这罪全由于自私自利,那妇人犯这罪全因为他要救他丈夫的性命。但是法律全不问这些区别。请看这两个"罪人"讨论这个问题:

> (律师)郝夫人,你好像不知道你犯了什么罪,我老实对你说,我犯的那桩使我一生声名扫地的事,和你所做的事恰恰相同,一毫也不多,一毫也不少。
>
> (娜拉)你!难道你居然也敢冒险去救你妻子的命吗?
>
> (律师)法律不管人的居心如何。
>
> (娜拉)如此说来,这种法律是笨极了。
>
> (律师)不问他笨不笨,你总要受他的裁判。
>
> (娜拉)我不相信。难道法律不许做女儿的想个法子免得他临死的父亲烦恼吗?难道法律不许做妻子的救他丈夫的命吗?我不大懂得法律,但是我想总该有这种法律承认这些事的。你是一个律师,你难道不知道有这样的法律吗?柯先生,你真是一个不中用的律师了。(《娜拉》一幕)

最可怜的是世上真没有这种入情入理的法律!

第二,**宗教** 易卜生眼里的宗教久已失了那种可以感化人的能力;久已变成毫无生气的仪节信条,只配口头念得烂熟,却不配使人奋发鼓舞了。《娜拉》戏里说:

> (郝尔茂)你难道没有宗教吗?
>
> (娜拉)我不很懂得究竟宗教是什么东西。我只知道我进教时那位牧师告诉我的一些话。他对我说宗教是这个,是那个,是这样,是那样。(三幕)

如今人的宗教,都是如此,你问他信什么教,他就把他的牧师或是他的先生告诉他的话背给你听。他会背耶稣的祈祷文,他会念阿弥陀佛,他会背一部《圣谕广训》。这就是宗教了!

宗教的本意,是为人而作的,正如耶稣说的,"礼拜是为人造的,不是人为礼拜造的"。不料后世的宗教处处与人类的天性相反,处处反乎人情。如《群鬼》戏中的牧师,逼着阿尔文夫人回家去受那荡子丈夫的待遇,去受那十九年极不堪的惨痛。那牧师说,宗教不许人求快乐;求快乐便是受了恶魔的魔力了。他说,宗教不许做妻子的批评他丈夫的行为。他说,宗教教人无论如何总要守妇道,总须尽责任。那牧师口口声声所说是"是"的,阿尔文夫人心中总觉得都是"不是"的。后来阿尔文夫人仔细去研究那牧师的宗教,忽然大悟。原来那些教条都是假的,都是"机器造的!"(《群鬼》二幕)

　　但是这种机器造的宗教何以居然能这样兴旺呢?原来现在的宗教虽没有精神上的价值,却极有物质上的用场。宗教是可以利用的,是可以使人发财得意的。那《群鬼》戏里的木匠,本是一个极下流的酒鬼,卖妻卖女都肯干的。但是他见了那位道学的牧师,立刻就装出宗教家的样子,说宗教家的话,做宗教家的唱歌祈祷,把这位蠢牧师哄得滴溜溜的转(二幕)。那《罗斯马庄》(Rosmersholm)戏里面的主人翁罗斯马本是一个牧师,后来他的思想改变了,遂不信教了。他那时想加入本地的自由党,不料党中的领袖却不许罗斯马宣告他脱离教会的事。为什么呢?因为他们党里很少信教的人,故想借罗斯马的名誉来号召那些信教的人家。可见宗教的兴旺,并不是因为宗教真有兴旺的价值,不过是因为宗教有可以利用的好处罢了。

　　第三,**道德**　　法律宗教既没有裁制社会的本领,我们且看"道德"可有这种本事。据易卜生看来,社会上所谓"道德"不过是许多陈腐的旧习惯。合于社会习惯的,便是道德;不合于社会习惯的,便是不道德。正如我们中国的老辈人看见少年男女实行自由结婚,便说是"不道德"。为什么呢?因为这事不合于"父母之命,媒妁之言"的社会习惯。但是这班老辈人自己讨许多小老婆,却以为是很平常的事,没有什么不道德。为什么呢?因为习惯如此。又如中国人死了父母,发出讣书,人人都说"泣血稽颡","苫块昏迷"。其实他们何尝泣血?又何尝"寝苫枕块"?这种自欺欺人的事,人人都以为是"道德",人人都不以为羞耻。为什么呢?因为社会的习惯如此,所以不道德的也觉得道德了。

这种不道德的道德,在社会上,造出一种诈伪不自然的伪君子。面子上都是仁义道德,骨子里都是男盗女娼。易卜生最恨这种人。他有一本戏,叫做《社会的栋梁》(Pillars of Society)。戏中的主人名叫褒匿,是一个极坏的伪君子;他犯了一桩奸情,却让他兄弟受这恶名,还要诬赖他兄弟偷了钱跑脱了。不但如此,他还雇了一只烂脱底的船送他兄弟出海,指望把他兄弟和一船的人都沉死在海底,可以灭口。

这样一个大奸,面子上却做得十分道德,社会上都尊敬他,称他做"全市第一个公民","公民的模范","社会的栋梁"!他谋害他兄弟的那一天,本城的公民,聚了几千人,排起队来,打着旗,奏着军乐,上他的门来表示社会的敬意,高声喊道,"褒匿万岁!社会的栋梁褒匿万岁!"

这就是道德!

4

其次,我们且看易卜生写个人与社会的关系。

易卜生的戏剧中,有一条极显而易见的学说,是说社会与个人互相损害;社会最爱专制,往往用强力摧折个人的个性,压制个人自由独立的精神;等到个人的个性都消灭了,等到自由独立的精神都完了,社会自身也没有生气了,也不会进步了。社会里有许多陈腐的习惯,老朽的思想,极不堪的迷信,个人生在社会中,不能不受这些势力的影响。有时有一两个独立的少年,不甘心受这种陈腐规矩的束缚,于是东冲西突想与社会作对。上文所说的褒匿,当少年时,也曾想和社会反抗。但是社会的权力很大,网罗很密;个人的能力有限,如何是社会的敌手?社会对个人道:"你们顺我者生,逆我者死;顺我者有赏,逆我者有罚。"那些和社会反对的少年,一个一个的都受家庭的责备,遭朋友的怨恨,受社会的侮辱驱逐。再看那些奉承社会意旨的人,一个个的都升官发财,安富尊荣了。当此境地,不是顶天立地的好汉,决不能坚持到底。所以像褒匿那般人,做了几时的维新志士,不久也渐渐的受社会同化,仍旧回到旧社会去做"社会的栋梁"

了。社会如同一个大火炉,什么金银铜铁锡,进了炉子,都要熔化。易卜生有一本戏叫做《雁》(The Wild Duck)写一个人捉到一只雁,把他养在楼上半阁里,每天给他一桶水,让他在水里打滚游戏。那雁本是一个海阔天空逍遥自得的飞鸟,如今在半阁里关久了,也会生活,也会长得胖胖的,后来竟完全忘记了他从前那种海阔天空来去自由的乐处了!个人在社会里,就同这雁在人家半阁上一般,起初未必满意,久而久之,也就惯了,也渐渐的把黑暗世界当作安乐窝了。

　　社会对于那班服从社会命令,维持陈旧迷信,传播腐败思想的人,一个一个的都有重赏。有的发财了,有的升官了,有的享大名誉了。这些人有了钱,有了势,有了名誉,就像老虎长了翅膀,更可横行无忌了,更可借着"公益"的名义去骗人钱财,害人生命,做种种无法无天的行为。易卜生的《社会的栋梁》和《博克曼》(John Gabriel Borkman)两本戏的主人翁都是这种人物。他们钱赚得够了,然后掏出几个小钱来,开一个学堂,造一所孤儿院,立一个公共游戏场,"捐二十镑金去买面包给贫人吃"(用《社会的栋梁》二幕中语)。于是社会格外恭维他们,打着旗子,奏着军乐,上他们家来,大喊"社会的栋梁万岁!"

　　那些不懂事又不安本分的理想家,处处和社会的风俗习惯反对,是该受重罚的。执行这种重罚的机关,便是"舆论",便是大多数的"公论"。世间有一种最通行的迷信,叫做"服从多数的迷信"。人都以为多数人的公论总是不错的。易卜生绝对的不承认这种迷信。他说"多数党总在错的一边,少数党总在不错的一边"(《国民公敌》五幕)。一切维新革命,都是少数人发起的,都是大多数人所极力反对的。大多数人总是守旧麻木不仁的;只有极少数人,有时只有一个人,不满意于社会的现状,要想维新,要想革命。这种理想家是社会所最忌的。大多数人都骂他是"捣乱分子",都恨他"扰乱治安",都说他"大逆不道";所以他们用大多数的专制威权去压制那"捣乱"的理想志士,不许他开口,不许他行动自由;把他关在监牢里,把他赶出境去,把他杀了,把他钉在十字架上活活的钉死,把他捆在柴草上活活的烧死。过了几十年几百年,那少数人的主张渐渐的变成多数人的主张了,于是社会的多数人又把他们从前杀死钉死烧死的那些"捣乱分子"一个一个的重新推崇起来,替他们修墓,替他们作传,替他们立庙,替他们铸铜像。却不知道从前那种"新"思想,到了这时候,又早已成了"陈腐的"迷信!当他们替从前那些特立独行的人修墓铸铜像的时候,社会里早已发生了几个新派少数人,又要受他们杀死钉死烧死的刑罚了!所以说"多数党总是错的,少数党总是不错的"。

易卜生有一本戏叫做《国民公敌》,里面写的就是这个道理。这本戏的主人翁斯铎曼医生从前发现本地的水可以造成几处卫生浴池。本地的人听了他的话,觉得有利可图,便集了资本造了几处卫生浴池。后来四方的人闻了这浴池的名,纷纷来这里避暑养病。来的人多了,本地的商业市面便渐渐发达兴旺。斯铎曼医生便做了浴池的官医。后来洗浴的人之中,忽然发生一种流行病症;经这位医生仔细考察,知道这病症是从浴池的水里来的,他便装了一瓶水寄与大学的化学师请他化验。化验出来,才知道浴池的水管安的太低了,上流的污秽,停积在浴池里,发生一种传染病的微生物,极有害于公众卫生。斯铎曼医生得了这种科学证据,便做了一篇切切实实的报告书,请浴池的董事会把浴池的水管重行改造,以免妨碍卫生。不料改造浴池须要花费许多钱,又要把浴池闭歇一两年;浴池一闭歇,本地的商务便要受许多损失。所以本地的人全体用死力反对斯铎曼医生的提议。他们宁可听那些来避暑养病的人受毒病死,却不情愿受这种金钱的损失,所以他们用大多数的专制威权压制这位说老实话的医生,不许他开口。他做了报告,本地的报馆都不肯登载。他要自己印刷,印刷局也不肯替他印。他要开会演说,全城的人都不把空屋借他做会场。后来好容易找到了一所会场,开了一个公民会议,会场上的人不但不听他的老实话,还把他赶下台去,由全体一致表决,宣告斯铎曼医生从此是国民的公敌。他逃出会场,把裤子都撕破了,还被众人赶到他家,用石头掷他,把窗户都打碎了。到了明天,本地政府革了他的官医;本地商民发了传单不许人请他看病;他的房东请他赶快搬出屋去;他的女儿在学堂教书,也被校长辞退了。这就是"特立独行"的好结果！这就是大多数惩罚少数"捣乱分子"的辣手段！

5 其次，我们且说易卜生的政治主义。易卜生的戏剧不大讨论政治问题，所以我们须要用他的《尺牍》（*Letters*, ed. by his son, Sigurd Ibsen, English Trans. 1905）做参考的材料。

易卜生起初完全是一个主张无政府主义的人。当普法之战（1870至1871年）时，他的无政府主义最为激烈。1871年，他有信与一个朋友道：

> ……个人绝无做国民的需要。不但如此，国家检直是个人的大害。请看普鲁士的国力，不是牺牲了个人的个性去买来的吗？国民都成了酒馆里跑堂的了，自然个个是好兵了。再看犹太民族：岂不是最高贵的人类吗？无论受了何种野蛮的待遇，那犹太民族还能保存本来的面目。这都因为他们没有国家的原故。国家总得毁去。这种毁除国家的革命，我也情愿加入。毁去国家观念，单靠个人的情愿和精神上的团结做人类社会的基本，——若能做到这步田地，这可算得有价值的自由起点。那些国体的变迁，换来换去，都不过是弄把戏，——都不过是全无道理的胡闹。（《尺牍》第七九）

易卜生的纯粹无政府主义，后来渐渐的改变了。他亲自看见巴黎"市民政府"（Commune）的完全失败（1871），便把他主张无政府主义的热心减了许多（《尺牍》第八一）。到了1884年，他写信给他的朋友说，他在本国若有机会，定要把国中无权的人民联合成一个大政党，主张极力推广选举权，提高妇女的地位，改良国家教育，要使脱除一切中古陋习（《尺牍》第一七八）。这就不是无政府的口气了。但是他自己到底不曾加入政党。他以为加入政党是很下流的事（《尺牍》第一五八）。他最恨那班政客，他以为"那班政客所力争的，全是表面上的权利，全是胡闹。最要紧的是人心的大革命"（《尺牍》第七七）。

易卜生从来不主张狭义的国家主义，从来不是狭义的爱国者。1888年，他写信给一个朋友说道：

> 知识思想略为发达的人,对于旧式的国家观念,总不满意。我们不能以为有了我们所属的政治团体便足够了。据我看来,国家观念不久就要消灭了,将来定有人种观念起来代他。即以我个人而论,我已经过这种变化。我起初觉得我是那威国人,后来变成斯堪丁纳维亚人(那威与瑞典总名斯堪丁纳维亚),我现在已成了条顿人了。(《尺牍》第二〇六)

这是 1888 年的话。我想易卜生晚年临死的时候(1906),一定已进到世界主义的地步了。

6 我开篇便说过易卜生的人生观只是一个写实主义。易卜生把家庭、社会的实在情形都写了出来,叫人看了动心,叫人看了觉得我们的家庭社会原来是如此黑暗腐败,叫人看了晓得家庭社会真正不得不维新革命:——这就是"易卜生主义"。表面上看去,像是破坏的,其实完全是建设的。譬如医生诊了病,开的一个脉案,把病状详细写出,这难道是消极的破坏的手续吗?但是易卜生虽开了许多脉案,却不肯轻易开药方。他知道人类社会是极复杂的组织,有种种绝不相同的境地,有种种绝不相同的情形。社会的病,种类纷繁,决不是什么"包医百病"的药方所能治得好的。因此他只好开个脉案,说出病情,让病人各人自己去寻医病的药方。

虽然如此,但是易卜生生平却也有一种完全积极的主张。他主张个人须要充分发达自己的天才性;须要充分发展自己的个性。他有一封信给他的朋友白兰戴说道:

> 我所最期望于你的是一种真正纯粹的为我主义。要使你有时觉得天下只有关于我的事最要紧,其余的都算不得什么。……你要想有益于社会,最好的法子莫如把你自己这块材料铸造成器。……有的时候我真觉得全世界都像海上撞沉了船,最要紧的还是救出自己。(《尺牍》第八四)

最可笑的是有些人明知世界"陆沉",却要跟着"陆沉",跟着堕落,不肯"救出自己"!却不知道社会是个人组成的,多救出一个人便是多备下一个再造新社会的分子。所以孟轲说"穷则独善其身",

这便是易卜生所说"救出自己"的意思。这种"为我主义",其实是最有价值的利人主义。所以易卜生说,"你要想有益于社会,最好的法子莫如把你自己这块材料铸造成器"。《娜拉》戏里,写娜拉抛了丈夫儿女飘然而去,也只为要"救出自己"。那戏中说:

　　(郝尔茂)……你就是这样抛弃你的最神圣的责任吗?

　　(娜拉)你以为我的最神圣的责任是什么?

　　(郝)还等我说吗?可不是你对于你的丈夫和你的儿女的责任吗?

　　(娜)我还有别的责任同这些一样的神圣。

　　(郝)没有的。你且说,那些责任是什么。

　　(娜)是我对于我自己的责任。

　　(郝)最要紧的,你是一个妻子,又是一个母亲。

　　(娜)这种话我现在不相信了。我相信第一我是一个人正同你一样。——无论如何,我务必努力做一个人。(三幕)

1882 年,易卜生有信给朋友道:

　　这样生活,须使各人自己充分发展:——这是人类功业顶高的一层;这是我们大家都应该做的事。(《尺牍》第一六四)

　　社会最大的罪恶莫过于摧折个人的个性,不使他自由发展。那本《雁》戏所写的只是一件摧残个人才性的惨剧。那戏写一个人少年时本极有高尚的志气,后来被一个恶人害得破家荡产,不能度日;那恶人又把他自己通奸有孕的下等女子配给他做妻子,从此家累日重一日,他的志气便日低一日。到了后来,他堕落深了,竟变成了一个懒人懦夫,天天受那下贱妇人和两个无赖的恭维,他洋洋得意的觉得这种生活很可以终身的。所以那本戏借一个雁做比喻:那雁在半阁上关得久了,他从前那种高飞远举的志气全消灭了。居然把人家的半阁做他的极乐国了!

　　发展个人的个性,须要有两个条件。第一,须使个人有自由意志。第二,须使个人担干系,负责任。《娜拉》戏中写郝尔茂的最大错处只在他把娜拉当作"玩意儿"看待,既不许他有自由意志,又不许他担负家庭的责任,所以娜拉竟没有发展他自己个性的机会。所以娜拉一旦觉悟时,恨极他的丈夫,决意弃家远去,也正为这个原故。易卜生又有一本戏,叫做《海上夫人》(The Lady From The Sea),里面写一个女子哀梨妲少年时嫁给人家做后母,他丈夫和前妻的两个女儿看他年纪轻,不让他管家务,只叫他过安闲日子。哀梨妲在家觉得做这种不自由的妻子,不负责任的后母,是极没趣的事。因此他天天想跟人到海外去过那海阔天空的生活。他丈夫越不许他自由,他偏越想自由。后来他丈夫知道留他不住,只得许他自由出去。他丈夫说道:

> (丈夫)……我现在立刻和你毁约,现在你可以有完全自由拣定你自己的路子。……现在你可以自己决定,你有完全的自由,你自己担干系。
>
> (哀梨妲)完全自由!还要自己担干系!还担干系咧!有这么一来,样样事都不同了。

哀梨妲有了自由又自己负责任了,忽然大变了,也不想那海上的生活了,决意不跟人走了(《海上夫人》第五幕)。这是为什么呢?因为世间只有奴隶的生活是不能自由选择的,是不用担干系的。个人若没有自由权,又不负责任,便和做奴隶一样,所以无论怎样好玩,无论怎样高兴,到底没有真正乐趣,到底不能发展个人的人格。所以哀梨妲说,有了完全自由,还要自己担干系,有这么一来,样样事都不同了。

家庭是如此,社会国家也是如此。自治的社会,共和的国家,只是要个人有自由选择之权,还要个人对于自己所行所为都负责任。若不如此,决不能造出自己独立的人格。社会国家没有自由独立的人格如同酒里少了酒曲,面包里少了酵,人身上少了脑筋:那种社会国家决没有改良进步的希望。

所以易卜生的一生目的只是要社会极力容忍,极力鼓励斯铎曼医生一流的人物(斯铎曼事见上文四节);要想社会上生出无数永不知足,永不满意,敢说老实话攻击社会腐败情形的"国民公敌";要想社会上有许多人都能像斯铎曼医生那样宣言道:"世上最强有力的人就是那个最孤立的人!"

社会国家是时刻变迁的,所以不能指定那一种方法是救世的良药:十年前用补药,十年后或者须用泻药了;十年前用凉药,十年后或者须用热药了。况且各地的社会国家都不相同,适用于日本的药,未必完全适用于中国;适用于德国的药,未必适用于美国。只有康有为那种"圣人",还想用他们的"戊戌政策"来救戊午的中国;只有辜鸿铭那班怪物,还想用二千年前的"尊王大义"来施行于二十世纪的中国。易卜生是聪明人,他知道世上没有"包医百病"的仙方,也没有"施诸四海而皆准,推之百世而不悖"的真理。因此他对于社会的种种罪恶污秽,只开脉案,只说病状,却不肯下药。但他虽不肯下药,却到处告诉我们一个保卫社会健康的卫生良法。他仿佛说道:"人的身体全靠血里面有无量数的白血轮时时刻刻与人身的病菌开战,把一切病菌扑灭干净,方才可使身体健全,精神充足。社会国家的健康也全靠社会中有许多永不知足,永不满意,时刻与罪恶分子龌龊分子宣战的白血轮,方才有改良进步的希望。我们若要保卫社会的健康,须要使社会里时时刻刻有斯铎曼医生一般的白血轮分子。但使社会常有这种白血轮精神,社会决没有不改良进步的道理。"1883年,易卜生写信给朋友道:

> 十年之后,社会的多数人大概也会到了斯铎曼医生开公民大会时的见地了。

> 但是这十年之中,斯铎曼自己也刻刻向前进;所以到了十年之后,他的见地仍旧比社会的多数人还高十年。即以我个人而论,我觉得时时刻刻总有进境。我从前每作一本戏时的主张,如今都已渐渐变成了很多数人的主张。但是等到他们赶到那里时,我久已不在那里了。我又到别处去了。我希望我总是向前去了。(《尺牍》第一七二)

民国七年五月十六日作于北京
民国十年四月二十六日改稿

(原载1918年6月15日《新青年》第4卷第6号)

美国的妇人
在北京女子师范学校讲演

去年冬季,我的朋友陶孟和先生请我吃晚饭。席上的远客,是一位美国女子,代表几家报馆,去到俄国做特别调查员的。同席的是一对英国夫妇,和两对中国夫妇,我在这个"中西男女合璧"的席上,心中发生一个比较的观察。那两位中国妇人和那位英国妇人,比了那位美国女士,学问上,智识上,不见得有什么大区别。但我总觉得那位美国女子和他们绝不相同。我便问我自己道,他和他们不相同之处在那一点呢?依我看来,这个不同之点,在于他们的"人生观"有根本的差别。那三位夫人的"人生观"是一种"良妻贤母"的人生观。这位美国女子的,是一种"超于良妻贤母"的人生观。我在席上,估量这位女子,大概不过三十岁上下,却带着一种苍老的状态,倔强的精神。他的一言一动,似乎都表示这种"超于良妻贤母的人生观";似乎都会说道:"做一个良妻贤母,何尝不好?但我是堂堂地一个人,有许多该尽的责任,有许多可做的事业。何必定须做人家的良妻贤母,才算尽我的天职,才算做我的事业呢?"这就是"超于良妻贤母"的人生观。我看这一个女子单身走几万里的路,不怕辛苦,不怕危险,要想到大乱的俄国去调查俄国革命后内乱的实在情形:——这种精神,便是那"超于良妻贤母"的人生观的一种表示;便是美国妇女精神的一种代表。

这种"超于良妻贤母的人生观",换言之,便是"自立"的观念。我并不说美国的妇人个个都不屑做良妻贤母;也并不说他们个个都想去俄国调查革命情形。我但说,依我所观察,美国的妇女,无论在何等境遇,无论做何等事业,无论已嫁未嫁,大概都存一个"自立"的心。别国的妇女大概以"良妻贤母"为目的,美国的妇女大概以"自立"为目的。"自立"的意义,只是要发展个人的才性,可以不倚赖别人,自己能独立生活,自己能替社会作事。中国古代传下来的心理,以为"妇人主中馈";"男子治外,女子主内";妇人称丈夫为"外子",丈夫称妻子为"内助"。这种区别,是现代美国妇女所绝对不承认的。他们以为男女同是"人类",都该努力做一个自由独立的"人",没有什么内外的区别的。我的母校康南耳大学,几年前新添森林学一科,便有一个女子要求学习此科。这一科是要有实地测量的,所以到了暑假期内,有六星期的野外测量,白天上山测量,晚间睡在帐篷里,是很苦的事。这位女子也跟着去做,毫不退缩,后来居然毕业了。这是一个例。列位去年看报定知有一位美国史天孙女士在中国试演飞行机。去年在美国有一个男子飞行家,名叫 Carlstrom,从 Chicago 飞起。飞了四百五十二英里(约一千五百里),不曾中止,当时称为第一个远道飞行家。不到十几天,有一个女子,名叫 Ruth Law,偏不服气,便驾了他自己的飞行机,一气飞了六百六十八英里,便胜过那个男飞行家的成绩了。这又是一个例。我举这两个例,以表美国妇女不认男外女内的区别。男女同有在社会上谋自由独立的生活的天职。这便是美国妇女的一种特别精神。

这种精神的养成,全靠教育。美国的公立小学全是"男女共同教育"。每年约有八百万男孩子和八百万女孩子受这种共同教育,所发生的效果,有许多好处。女子因为常同男子在一起做事,自然脱去许多柔弱的习惯。男子因为常与女子在一堂,自然也脱去许多野蛮无礼的行为(如秽口骂人之类)。最大的好处,在于养成青年男女自治的能力。中国的习惯,男女隔绝太甚了,所以偶然男女相见,没有鉴别的眼光,没有自治的能力,最容易陷入烦恼的境地,最容易发生不道德的行为。美国的少年男女,从小受同等的教育(有几种学科稍不同),同在一个课堂读书,同在一个操场打球,有时同来同去,所以男女之间,只觉得都是同学,都是朋友,都是"人":所以渐渐的把男女的界限都消灭了,把男女的形迹也都忘记了。这种"忘形"的男女交际,是增进青年男女自治能力的惟一方法。

以上所说是小学教育。美国的高级教育，起初只限于男子。到了十九世纪中叶以后，女子的高级教育才渐渐发达。女子高级教育可分两种：一是女子大学，一是男女共同的大学。单收女子的高级学校如今也还不少。最著名的，如：

（一）Vassar College 在 Poughkeepsie, N.Y. 有一千二百人。

（二）Wellesley College 在 Wellesley, Mass. 有一千五百人。

（三）Bryn Mawr College 在 Bryn Mawr, Pa. 有五百人。

（四）Smith College 在 Northampton, Mass. 有二千人。

（五）Badcliffe College 在 Cambridge, Mass. 有七百人。

（六）Barnard College 在纽约，有八百人。

这种专收女子的大学，起初多用女子教授，现今也有许多男教授了。这种女子大学，往往有极幽雅的校址，极美丽的校舍，极完全的设备。去年有一位中国女学生，陈衡哲女士，做了一篇小说，名叫《一日》，写 Vassar College 的生活，极有趣味。这篇小说登在去年的《留美学生季报》第二号。诸位若要知道美国女子大学的内部生活，不可不读他。

第二种便是男女共同的大学。美国各邦的"邦立大学"，都是男女同校的。那些有名的私立大学，如 Cornell, Chicago, Leland Stanford, 也都是男女同校。有几个守旧的大学，如 Yale, Columbia, Johns Hopkins, 本科不收女子，却许女子进他们的大学院（即毕业院）。这种男女共校的大学生活，有许多好处。第一，这种大学的学科比那些女子大学，种类自然更丰富了，因此可以扩张女子高级教育的范围。第二，可使成年的男女，有正当的交际，共同的生活，养成自治的能力和待人处世的经验。第三，男学生有了相当的女朋友，可以增进个人的道德，可以减少许多不名誉的行为。第四，在男女同班的学科，平均看来，女子的成绩总在男子之上：——这种比较的观察，一方面可以消除男子轻视女子的心理；一方面可以增长女子自重的观念，更可以消灭女子仰望男子和依顺男子的心理。

据 1915 年的调查，美国的女子高级教育，约如下表：

大学本科　　　男　141836 人　　　女　79763 人

大学院　　　　男　10571人　　女　5098人
专门职业科(如路矿牙医)　男　38128人　女　1775人

初看这表,似乎男女还不能平等。我们要知道女子高级教育是最近七八十年才发生的,七八十年内做到如此地步,可算得非常神速了。中美和西美有许多大学中,女子人数或和男子相等(如 Wisconsin),或竟比男子还多(如 Northwestern),可见将来未必不能做到高等男女教育完全平等的地位。

美国的妇女教育既然如此发达,妇女的职业自然也发达了。"职业"二字,在这里单指得酬报的工作。母亲替儿子缝补衣裳,妻子替丈夫备饭,都不算"职业"。美国妇女的职业,可用下表表示:

1900年统计　男　23754000人
　　　　　　　女　　5319000人　居全数百分之十八
1910年统计　男　30091564人
　　　　　　　女　　8075772人　居全数百分之二十一

这些职业之中,那些下等的职业,如下女之类,大概都是黑人或新入境的欧洲侨民。土生的妇女所做的职业,大抵皆系稍上等的。教育一业,妇女最多。今举1915年的报告如下:

小学校　　　　　男教员　114851人　　女教员　465207人
中学私立　　　　男教员　　5776人　　女教员　　8250人
中学公立　　　　男教员　 26950人　　女教员　 35569人
师范私立　　　　男教员　　 167人　　女教员　　 249人
师范公立　　　　男教员　　1573人　　女教员　　2916人
大学及专门学校　男教员　 26636人　　女教员　　5931人

照上表看来,美国全国四分之三的教员都是妇女!即此一端,便可见美国妇女在社会上的势力了。

据1910年的统计,美国共有四千四百万妇女。这八百万有职业的妇人,还不到全数的五分之一。那些其余的妇女,虽然不出去做独立的生活,却并不是坐吃分利的,也并不是没有左右社会的势力的。我在美国住了七年,觉得美国没有一桩大事发生,中间没有妇女的势力的;没有一种有价值的运动,中间没有无数热心妇女出钱出力维持进行的。最大的运动,如"禁酒运动","妇女选举权运动","反对幼童作苦工运动",……几乎全靠妇女的功劳,才有今日那么发达。此外如宗教的事业,慈善的事业,文学的事业,美术音乐的事业,……最热心提倡赞助的人都是妇女占最大多数。

美国妇女的政治活动,并不限于女子选举一个问题。有许多妇女极反对妇女选举权的,却极热心去帮助"禁酒"及"反对幼童苦工"种种运动。1912年大选举时,共和党分裂,罗斯福自组一个进步党。那时有许多妇女,都极力帮助这新政党鼓吹运动,所以进步党成立的第一年,就能把那成立六十年的共和党打得一败涂地。前年(1916)大选举时,从前帮助罗斯福的那些妇女之中,如 Jane Addams 之流,因为怨恨罗斯福破坏进步党,故又都转过来帮助威而逊。威而逊这一次的大胜,虽有许多原因,但他得妇女的势力也就不少。最可怪的是这一次选举时,威而逊对于女子选举权的主张,很使美国妇女失望。然而那些明达的妇女却不因此便起反对威而逊的心。这便可见他们政治知识的程度了。

美国妇女所做最重要的公众活动,大概属于社会改良的一方面居多。现在美国实行社会改良的事业,最重要的要算"贫民区域居留地"(Social Settlements)。这种运动的大旨,要在下等社会的区域内,设立模范的居宅,兴办演说,游戏,音乐,补习课程,医药,看护等事,要使那些下等贫民有些榜样的生活,有用的知识,正当的娱乐。这些"居留地"的运动起于英国,现在美国的各地都有这种"居留地"。提倡和办理的人,大概都是大学毕业的男女学生。其中妇女更多,更热心。美国有两处这样的"居留地",是天下闻名的。一处在 Chicago,名叫 Hull House,创办的人就是上文所说的 Jane Addams。这位女士办这"居留地",办了三十多年,也不知道造就了几多贫民子女,救济了几多下等贫家。前几年有一个《独立周报》,发起一种选举,请读那报的人投票公举美国十大伟人。选出的十大伟人之中,有一个便是这位 Jane Addams 女士。这也可想见那位女士的声价了。还有那一处"居留地",在纽约省,名叫 Henry Street Settlement,是一位 Lilian Wald 女士办的。这所"居留地"初起的宗旨,在于派出许多看护妇,亲到那些极贫苦的下等人家,做那些不要钱的看病,施药,接生等事。后来范围渐渐扩充,如今这"居留地"里面,有学堂,有会场,有小戏园,有游戏场。那条亨利街本是极下等的贫民区域,自从有了这所"居留地",真像地狱里有了一座天堂了。以上所说两所"居留地",不过是两个最著名的榜样,略可表见美国妇女所做改良社会的实行事业。我在美国常看见有许多富家的女子,抛弃了种种贵妇人的快活生涯,到那些"居留地"去居住。那种精神,不由人不赞叹崇拜。

以上所说各种活动中的美国妇女,固然也有许多是沽名钓誉的人,但是其中大多数妇女的目的只是上文所说"自立"两个字。他们的意思,似乎可分三层。第一,他们以为难道妇女便不配做这种有用的事业吗?第二,他们以为正因他们是妇女,所以最该做这种需要细心耐性的事业。第三,他们以为做这种实心实力的好事,是抬高女子地位声望的唯一妙法:即如上文所举那位 Jane Addams,做了三十年的社会事业,便被国人公认为十大伟人之一;这种荣誉岂是沈佩贞一流人那种举动所能得到的吗?所以我们可说美国妇女的社会事业不但可以表示个人的"自立"精神,并且可以表示美国女界扩张女权的实行方法。

以上所说,不过略举几项美国妇女家庭以外的活动。如今且说他们家庭以内的生活。

美国男女结婚,都由男女自己择配。但在一定年限以下,若无父母的允许,婚约即无法律的效力。今将美国四十八邦法律所规定不须父母允许之结婚年限如下:

(男子可自由结婚年限)	(女子可自由结婚年限)
三十九邦规定　二十一岁	三十四邦规定　十八岁
五邦规定　　　十八岁	八邦规定　　　二十一岁
一邦规定　　　十四岁	二邦规定　　　十六岁
三邦无法定的年限	一邦规定　　　十二岁
	三邦无法定的年限

自由结婚第一重要的条件,在于男女都须要有点处世的阅历,选择的眼光,方才可以不至受人欺骗,或受感情的欺骗,以致陷入痛苦

的境遇,种下终身的悔恨。所以须要有法律规定的年限,以保护少年的男女。

据1910年的统计,有下列的现象(此表单指白种人而言):

已婚的男子有 16196452 人　　已婚的女子有 15791087 人
未婚的男子有 11291985 人　　未婚的女子有　8070918 人
离婚的男子有　　138832 人　　离婚的女子有　　151116 人

这表中,有两件事须要说明。第一是不婚不嫁的男女何以这样多? 第二是离婚的夫妻何以这样多? (美国女子本多于男子,故上表前两项皆女子多于男子)

第一,不婚不嫁的原因约有几种:

(一)生计一方面,美国男子非到了可以养家的地位,决不肯娶妻。但是个人谋生还不难;要筹一家的衣食,要预备儿女的教育,便不容易了。因此有家室的便少了。

(二)知识一方面,女子的程度高了,往往瞧不起平常的男子;若要寻恰好相当的智识上的伴侣,却又"可遇而不可求"。所以有许多女子往往宁可终身不嫁,不情愿嫁平常的丈夫。

(三)从男子一方面设想,他觉得那些知识程度太高的女子,只配在大学里当教授,未必很配在家庭里做夫人;所以有许多人决意不敢娶那些"博士派"("Ph. D. Type")的女子做妻子。这虽是男子的谬见,却也是女子不嫁一种小原因。

(四)美国不嫁的女子,在社会上,在家庭中,并没有什么不便,也不致损失什么权利。他一样的享受财产权,一样的在社会上往来,一样的替社会尽力。他既不怕人家笑他白头"老处女"(Old maid-uens),也不用虑着死后无人祭祀!

(五)美国的女子,平均看来,大概不大喜欢做当家生活。他并不是不会做:我所见许多已嫁的女子,都是很会当家的。有一位心理学大家 Hugo Muensterberg 说得好:"受过大学教育的美国女子,管理家务何尝不周到,但他总觉得宁可到病院里去看护病人!"

(六)最重要的原因,还是我上文所说那种"自立"的精神,那种"超于良妻贤母"的人生观。有许多女子,早已选定一种终身的事业,或是著作,或是"贫民区域居留地",或是学音乐,或是学画,都可用全副精神全副才力去做。若要嫁了丈夫,便不能继续去做了;若要生下儿女,更没有作这种"终身事业"的希望了。所以这些女子,宁可做白头的老处女,不情愿抛弃他们的"终身事业"。

以上六种都是不婚不嫁的原因。

第二,离婚的原因。我们常听见人说美国离婚的案怎样多,便推想到美国的风俗怎样不好。其实错了。第一,美国的离婚人数,约当男人全数千分之三,女子全数千分之四。这并不算过多。第二,须知离婚有几等几样的离婚,不可一笔抹煞。如中国近年的新进官僚,休了无过犯的妻子,好去娶国务总理的女儿:这种离婚,是该骂的。又如近来的留学生,吸了一点文明空气,回国后第一件事便是离婚,却不想想自己的文明空气是机会送来的,是多少金钱买来的;他的妻子要是有了这种好机会,也会吸点文明空气,不致于受他的冥落了!这种不近人情的离婚,也是该骂的。美国的离婚,虽然也有些该骂的,但大多数都有可以原谅的理由。因为美国的结婚,总算是自由结婚;而自由结婚的根本观念就是要夫妇相敬相爱,先有精神上的契合,然后可以有形体上的结婚。不料结婚之后,方才发现从前的错误,方才知道他两人决不能有精神上的爱情。既不能有精神上的爱情,若还依旧同居,不但违背自由结婚的原理,并且必至于堕落各人的人格,决没有良好的结果,更没有家庭幸福可说了。所以离婚案之多,未必全由于风俗的败坏,也未必不由于个人人格的尊贵。我们观风问俗的人,不可把我们的眼光,胡乱批评别国礼俗。

我所闻所见的美国女子之中,很有许多不嫁的女子。那些鼎鼎大名的 Jane Addams, Lilian Wald 一流人,自不用说了。有的终身做老处女,在家享受安闲自由的清福。有的终身做教育事业,觉得个个男女小学生都是他的儿女一般,比那小小的家庭好得多了。如今单举一个女朋友作例。这位女士是一个有名的大学教授的女儿,学问很好,到了二十几岁上,忽然把头发都剪短了,把从前许多华丽衣裙都不要了。从此以后,他只穿极朴素的衣裳,披着一头短发,离了家乡,去到纽约专学美术。他的母亲是很守旧的,劝了他几年,终劝不回头。他抛弃了世家的家庭清福,专心研究一种新画法;又不肯多用家中的钱,所以每日自己备餐,自己扫地。他那种新画法,研究了多少年,起初很少人赏识,前年他的新画在一处展览,居然有人出重价买去。将来他那种画法,或者竟能自成一家也未可知。但是无论如何,他这种人格,真可算得"自立"两个字的具体的榜样了。

这是说不嫁的女子。如今且说几种已嫁的妇女的家庭。

第一种是同具高等学问,相敬相爱,极圆满的家庭。如大哲学家 John Deway 的夫人,帮助他丈夫办一个"实验学校",把他丈夫的教育学说实地试验了十年,后来他们的大女儿也研究教育学,替他父亲去考察各地的新教育运动。又如生物学家 Comstock 的夫人,也是生物学名家,夫妇同在大学教授,各人著的书都极有价值。又如经济学家 Alvin Johnson 的夫人,是一个哲学家,专门研究 Aristotle 的学说很有成绩。这种学问平等的夫妇,圆满的家庭,便在美国也就不可多得了。

第二种是平常中等人家,夫妻同艰苦,同安乐的家庭。我在 Ithaca 时,有一天晚上在一位大学教授家吃晚饭。我先向主人主妇说明,我因有一处演说,所以饭后怕不能多坐。主人问我演什么题目,我说是"中国的婚姻制度"。主人说,"今晚没有他客,你何不就在这里先试演一次?"我便取出演说稿,挑出几段,读给他们听。内中有一节讲中国夫妻,结婚之前,虽然没有爱情,但是成了夫妇之后,有了共同的生活,有福同享,有难同当,这种同艰苦的生活也未尝不可发生一种浓厚的爱情。我说到这里,看见主人抬起头来望着主妇,两人似乎都很为感动。后来他们告诉我说,他们都是苦学生出身,结婚以来虽无子女,却同受了许多艰苦。近来境况稍宽裕了,正在建筑一所精致的小屋,他丈夫是建筑工程科教授,自己打图样,他夫人天天去监督工程。这种共同生活,可使夫妇爱情格外浓厚,家庭幸福格外圆满。

又一次,我在一个人家过年。这家夫妇两人,也没有儿女,却极相敬爱,同尝艰苦。那丈夫是一位化学技师,因他夫人自己洗衣服,便想出心思替他造了一个洗衣机器。他夫人指着对我说,"这便是我的丈夫今年送我的圣诞节礼了"。这位夫人身体很高,在厨房做事,不很方便,因此他丈夫便自己动手把厨房里的桌脚添高了一尺。这种琐屑小事,可以想见那种同安乐,同艰苦的家庭生活了。

第三种是夫妇各有特别性质,各有特别生活,却又都能相安相得的家庭。我且举一个例。有一个朋友,在纽约一家洋海转运公司内做经理,天天上公司去办事。他的夫人是一个"社交妇人"（Society Woman）,善于应酬,懂得几国的文学,又研究美术音乐。每月他开一两次茶会,到的人,有文学家,也有画师,也有音乐家,也有新闻记者,也有很奢华的"社交妇人",也有衣饰古怪,披着头发的"新妇女"（The New Women）。这位主妇四面招呼,面面都到。来的人从不得见男主人,男主人也从来不与闻这种集会。但他们夫妇却极相投相爱,决不因此生何等间隔。这是一种"和而不同"的家庭。

第四种是"新妇女"的家庭。"新妇女"是一个新名词,所指的是一种新派的妇女,言论非常激烈,行为往往趋于极端,不信宗教,不依礼法,却又思想极高,道德极高。内中固然也有许多假装的"新妇女",口不应心,所行与所说大相反悖的。但内中实在有些极有思想,极有道德的妇女。我在 Ithaca 时,有一位男同学,学的是城市风景工程,却极喜欢研究文学,做得极好的诗文。后来我到纽约不上一个月,忽然收到一个女子来信,自言是我这位同学的妻子,因为平日听他丈夫说起我,故很想见我。我自然去见他,谈起来,才知道他是一个"新妇人",学问思想,都极高尚。他丈夫那时还在 Cornell 大学的大学院研究高等学问。这位女子在 Columbia 大学做一个打字的书记,自己谋生,每星期五六夜去学高等音乐。他们夫妇隔开二百多英里,每月会见一次,他丈夫继续学他的风景工程,他夫人继续学他的音乐。他们每日写一封信,虽不相见,却真和朝夕相见一样。这种家庭,几乎没有"家庭"可说;但我和他们做了几年的朋友,觉得他们那种生活,最足代表我所说的"自立"的精神。他们虽结了婚,成了夫妇,却依旧做他们的"自立"生活。这种人在美国虽属少数,但很可表示美国妇女最近的一种趋向了。

结 论

　　以上所说"美国的妇女",不过随我个人见闻所及,略举几端,既没有"逻辑"的次序,又不能详尽。听者读者,心中必定以为我讲"美国的妇女",单举他们的好处,不提起他们的弱点,未免太偏了。这种批评,我极承认。但我平日的主张,以为我们观风问俗的人,第一个大目的,在于懂得人家的好处。我们所该学的,也只是人家的长处。我们今日还不配批评人家的短处。不如单注意观察人家的长处在什么地方。那些外国传教的人,回到他们本国去捐钱,到处演说我们中国怎样的野蛮不开化。他们钱虽捐到了,却养成一种贱视中国人的心理。这是我所最痛恨的。我因为痛恨这种单摘人家短处的教士,所以我在美国演说中国文化,也只提出我们的长处;如今我在中国演说美国文化,也只注重他们的特别长处。

　　如今所讲美国妇女特别精神,只在他们的自立心,只在他们那种"超于良妻贤母人生观"。这种观念是我们中国妇女所最缺乏的观念。我们中国的姊妹们若能把这种"自立"的精神来补助我们的"倚赖"性质,若能把那种"超于良妻贤母人生观"来补助我们的"良妻贤母"观念,定可使中国女界有一点"新鲜空气",定可使中国产出一些真能"自立"的女子。这种"自立"的精神,带有一种传染的性质。女子"自立"的精神,格外带有传染的性质。将来这种"自立"的风气,像那传染鼠疫的微生物一般,越传越远,渐渐的造成无数"自立"的男女,人人都觉得自己是堂堂地一个"人",有该尽的义务,有可做的事业。有了这些"自立"的男女,自然产生良善的社会。良善的社会决不是如今这些互相倚赖,不能"自立"的男女所能造成的。所以我所说那种"自立"精神,初看去,似乎完全是极端的个人主义,其实是善良社会绝不可少的条件。这就是我提出这个问题的微意了。

民国七年九月

（原载 1918 年 9 月 15 日《新青年》第 5 卷第 3 号）

贞操问题

1 周作人先生所译的日本与谢野晶子的《贞操论》(《新青年》四卷五号),我读了很有感触。这个问题,在世界上受了几千年无意识的迷信,到近几十年中,方才有些西洋学者正式讨论这问题的真意义。文学家如易卜生的《群鬼》和 Thomas Hardy 的《苔史》(Tess),都带着讨论这个问题。如今家庭专制最利害的日本居然也有这样大胆的议论!这是东方文明史上一件极可贺的事。

当周先生翻译这篇文字的时候,北京一家很有价值的报纸登出一篇恰相反的文章。这篇文章是海宁朱尔迈的《会葬唐烈妇记》(7月23、24日北京《中华新报》)。上半篇写唐烈妇之死如下:

> 唐烈妇之死,所阅灰水,钱卤,投河,雉经者五,前后绝食者三;又益之以砒霜,则其亲试乎杀人之方者凡九。自除夕上溯其夫亡之夕,凡九十有八日。夫以九死之惨毒,又历九十八日之长,非所称百挫千折有进而无退者乎?……

下文又借出一件"俞氏女守节"的事来替唐烈妇作陪衬:

> 女年十九,受海盐张氏聘,未于归,夫夭,女即绝食七日;家人劝之力,始进糜曰,"吾即生,必至张氏,宁服丧三年,然后归报地下。"

最妙的是朱尔迈的论断:

> 嗟乎,俞氏女盖闻烈妇之风而兴起者乎?……俞氏女果能死于绝食七日之内,岂不甚幸?乃为家人阻之,俞氏女亦以三年为己任,余正恐三年之间,凡一千八十日有奇,非如烈妇之九十八日也。且绝食之后,其家人防之者百端,……虽有死之志,而无死之间,可奈何?烈妇倘能阴相之以成其节,风化所关,猗欤

盛矣！"

这种议论检直是全无心肝的贞操论，俞氏女还不曾出嫁，不过因为信了那种荒谬的贞操迷信，想做那"青史上留名的事"，所以绝食寻死，想做烈女。这位朱先生要维持风化，所以忍心害理的巴望那位烈妇的英灵来帮助俞氏女赶快死了，"岂不甚幸！"这种议论可算得贞操迷信的极端代表。《儒林外史》里面的王玉辉看他女儿殉夫死了，不但不哀痛，反仰天大笑道："死得好！死得好！"（五十二回）王玉辉的女儿殉已嫁之夫，尚在情理之中。王玉辉自己"生这女儿为伦纪生色"，他看他女儿死了反觉高兴，已不在情理之中了。至于这位朱先生巴望别人家的女儿替他未婚夫做烈女，说出那种"猗欤盛矣"的全无心肝的话，可不是贞操迷信的极端代表吗？

贞操问题之中，第一无道理的，便是这个替未婚夫守节和殉烈的风俗。在文明国里，男女用自由意志，由高尚的恋爱，订了婚约，有时男的或女的不幸死了，剩下的那一个因为生时爱情太深，故情愿不再婚嫁。这是合情理的事。若在婚姻不自由之国，男女订婚以后，女的还不知男的面长面短，有何情爱可言？不料竟有一种陋儒，用"青史上留名的事"来鼓励无知女儿做烈女，"为伦纪生色"，"风化所关，猗欤盛矣！"我以为我们今日若要作具体的贞操论，第一步就该反对这种忍心害理的烈女论，要渐渐养成一种舆论，不但永不把这种行为看作"猗欤盛矣"可旌表褒扬的事，还要公认这是不合人情，不合天理的罪恶；还要公认劝人做烈女，罪等于故意杀人。

这不过是贞操问题的一方面。这个问题的真相，已经与谢野晶子说得很明白了。他提出几个疑问，内中有一条是："贞操是否单是女子必要的道德，还是男女都必要的呢？"这个疑问，在中国更为重要。中国的男子要他们的妻子替他们守贞守节，他们自己却公然嫖妓，公然纳妾，公然"吊膀子"。再嫁的妇人在社会上几乎没有社交的资格；再婚的男子，多妻的男子，却一毫不损失他们的身分。这不是最不平等的事吗？怪不得古人要请"周婆制礼"来补救"周公制礼"的不平等了。

我不是说，因为男子嫖妓，女子便该偷汉；也不是说，因为老爷有姨太太,太太便该有姨老爷。我说的是,男子嫖妓,与妇人偷汉,犯的是同等的罪恶;老爷纳妾,与太太偷人,犯的也是同等的罪恶。

为什么呢?因为贞操不是个人的事,乃是人对人的事;不是一方面的事,乃是双方面的事。女子尊重男子的爱情,心思专一,不肯再爱别人,这就是贞操。贞操是一个"人"对别一个"人"的一种态度。因为如此,男子对于女子,也该有同等的态度。若男子不能照样还敬,他就是不配受这种贞操的待遇。这并不是外国进口的妖言,这乃是孔丘说的"己所不欲,勿施于人"。孔丘说:

> 君子之道四,丘未能一焉:所求乎子以事父,未能也;所求乎臣以事君,未能也;所求乎弟以事兄,未能也;所求乎朋友,先施之,未能也。

孔丘五伦之中,只说了四伦,未免有点欠缺。他理该加上一句道:

> 所求乎吾妇,先施之,未能也。

这才是大公无私的圣人之道!

2

我这篇文字刚才做完,又在上海报上看见陈烈女殉夫的事。今先记此事大略如下:

> 陈烈女名宛珍,绍兴县人,三世居上海。年十七,字王远甫之子菁士。菁士于本年三月廿三日病死,年十八岁。陈女闻死耗,即沐浴更衣,潜自仰药。其家人觉察,仓皇施救,已无及。女乃泫然曰:"儿志早决。生虽未获见夫,殁或相从地下,……"言讫,遂死,死时距其未婚夫之死仅三时而已。(此据上海绍兴同乡会所出征文启)

过了两天,又见上海县知事呈江苏省长请予褒扬的呈文,中说:

> 呈为陈烈女行实可风,造册具书证明,请予按例褒扬事。……(事实略)……兹据呈称……并开具事实,附送褒扬费银六元前来。……知事复查无异。除先给予"贞烈可风"匾额,以资旌表外,谨援《褒扬条例》……之规定,造具清册,并附证明书,连同褒扬费,一并备文呈送,仰祈鉴核,俯赐咨行内务部将陈烈女按例褒扬,实为德便。

我读了这篇呈文,方才知道我们中华民国居然还有什么《褒扬条例》。于是我把那些条例寻来一看,只见第一条九种可褒扬的行谊的第二款便是"妇女节烈贞操可以风世者";第七款是"著述书籍,制造器用,于学术技艺有发明或改良之功者";第九款是"年逾百岁者"!一个人偶然活到了一百岁,居然也可以与学术技艺上的著作发明享受同等的褒扬!这已是不伦不类可笑得很了。再看那条例《施行细则》解释第一条第二款的"妇女节烈贞操可以风世者"如下:

> 第二条:《褒扬条例》第一条第二款所称之"节"妇,其守节年限自三十岁以前守节至五十岁以后者。但年未五十而身故,其守节已及六年者同。
>
> 第三条:同条款所称之"烈"妇"烈"女,凡遇强暴不从致死,或羞忿自尽,及夫亡殉节者,属之。
>
> 第四条:同条款所称之"贞"女,守贞年限与节妇同。其在夫家守贞身故,及未符年例而身故者,亦属之。

以上各条乃是中国贞操问题的中心点。第二条褒扬"自三十岁以前守节至五十岁以后"的节妇,是中国法律明明认三十岁以下的寡妇不该再嫁;再嫁为不道德。第三条褒扬"夫亡殉节"的烈妇烈女,是中国法律明明鼓励妇人自杀以殉夫;明明鼓励未嫁女子自杀以殉未嫁之夫。第四条褒扬未嫁女子替未婚亡夫守贞二十年以上,是中国法律明明说未嫁而丧夫的女子不该再嫁人;再嫁便是不道德。

这是中国法律对于贞操问题的规定。

依我个人的意思看来,这三种规定都没有成立的理由。

第一,寡妇再嫁问题　这全是一个个人问题。妇人若是对他已死的丈夫真有割不断的情义,他自己不忍再嫁;或是已有了孩子,不肯再嫁;或是年纪已大,不能再嫁;或是家道殷实,不愁衣食,不必再嫁:——妇人处于这种境地,自然守节不嫁。还有一些妇人,对他丈夫,或有怨心,或无恩意,年纪又轻,不肯抛弃人生正当的家庭快乐;或是没有儿女,家又贫苦,不能度日:——妇人处于这种境遇没有守节的理由,为个人计,为社会计,为人道计,都该劝他改嫁。贞操乃是夫妇相待的一种态度。夫妇之间爱情深了,恩谊厚了,无论谁生谁死,无论生时死后,都不忍把这爱情移于别人,这便是贞操。夫妻之间若没有爱情恩意,即没有贞操可说。若不问夫妇之间有无可以永久不变的爱情,若不问做丈夫的配不配受他妻子的贞操,只晓得主张做妻子的总该替他丈夫守节;这是一偏的贞操论,这是不合人情公理的伦理。再者,贞操的道德,"照各人境遇体质的不同,有时能守,有时不能守;在甲能守,在乙不能守"(用与谢野晶子的话)。若不问个人的境遇体质,只晓得说"忠臣不事二君,烈女不更二夫";只晓得说"饿死事极小,失节事极大"(用程子语);这是忍心害理,男子专制的贞操论。——以上所说,大旨只要指出寡妇应否再嫁全是个人问题,有个人恩情上,体质上,家计上种种不同的理由,不可偏于一方面主张不近情理的守节。因为如此,故我极端反对国家用法律的规定来褒扬守节不嫁的寡妇。褒扬守节的寡妇,即是说寡妇再嫁为不道德,即是主张一偏的贞操论。法律既不能断定寡妇再嫁为不道德,即不该褒扬不嫁的寡妇。

第二,烈妇殉夫问题　寡妇守节最正当的理由是夫妇间的爱情。妇人殉夫最正当的理由也是夫妇间的爱情。爱情深了,生离尚且不能堪,何况死别?再加以宗教的迷信,以为死后可以夫妇团圆。因此有许多妇人,夫死之后,情愿杀身从夫于地下。这个不属于贞操问题。但我以为无论如何,这也是个人恩爱问题,应由个人自由意志去决定。无论如何,法律总不该正式褒扬妇人自杀殉夫的举动。一来呢,殉夫既由于个人的恩爱,何须用法律来褒扬鼓励?二来呢,殉夫若由于死后团圆的迷信,更不该有法律的褒扬了。三来呢,若用法律来褒扬殉夫的烈妇,有一些好名的妇人,便要借此博一个"青史留名";是法律的褒扬反发生一种沽名钓誉,作伪不诚的行为了!

第三,贞女烈女问题　未嫁而夫死的女子,守贞不嫁的,是"贞女";杀身殉夫的,是"烈女"。我上文说过,夫妇之间若没有恩爱,即没有贞操可说。依此看来,那未嫁的女子,对于他丈夫有何恩爱?既无恩爱,更有何贞操可守?我说到这里,有个朋友驳我道,"这话别人说了还可,胡适之可不该说这话。为什么呢?你自己曾做过一首诗,诗里有一段道:

> 我不认得他,他不认得我,我却常念他,这是为什么?
> 岂不因我们,分定常相亲?由分生情意,所以非路人。
> 海外土生子,生不识故里,终有故乡情,其理亦如此。

依你这诗的理论看来,岂不是已订婚而未嫁娶的男女因为名分已定,也会有一种情意。既有了情意,自然发生贞操问题。你于今又说未婚嫁的男女没有恩爱,故也没有贞操可说,可不是自相矛盾吗?"

我听了这番驳论,几乎开口不得。想了一想,我才回答道:我那首诗所说名分上发生的情意,自然是有的;若没有那种名分上的情意,中国的旧式婚姻决不能存在。如旧日女子听人说他未婚夫的事,即面红害羞,即留神注意,可见他对他未婚夫实有这种名分上所发生的情谊。但这种情谊完全属于理想的。这种理想的情谊往往因实际上的反证,遂完全消灭。如女子悬想一个可爱的丈夫,及到嫁时,只见一个极下流不堪的男子,他如何能坚持那从前理想中的情谊呢?我承认名分可以发生一种情谊,我并且希望一切名分都能发生相当情谊。但这种理想的情谊,依我看来实在不够发生终身不嫁的贞操,更不够发生杀身殉夫的节烈。即使我更让一步,承认中国有些女子,例如吴趼人《恨海》里那个浪子的聘妻,深中了圣贤经传的毒,由名分上真能生出极浓挚的情谊,无论他未婚夫如何淫荡,人格如何堕落,依旧贞一不变。试问我们在这个文明时代,是否应该赞成提倡这种盲从的贞操?这种盲从的贞操,只值得一句"其愚不可及也"的评论,却不值得法律的褒扬。法律既许未嫁的女子夫死再嫁,便不该褒扬处女守贞。至于法律褒扬无辜女子自杀以殉不曾见面的丈夫,那更是男子专制时代的风俗,不该存在于现今的世界。

总而言之,我对于中国人的贞操问题,有三层意见。

第一,这个问题,从前的人都看作"天经地义",一味盲从,全不研究"贞操"两字究竟有何意义。我们生在今日,无论提倡何种道德,总该想想那种道德的真意义是什么。《墨子》说得好:

> 子墨子问于儒者曰,"何故为乐?"曰,"乐以为乐也"。子墨子曰,"子未我应也。今我问曰,'何故为室?'曰,'冬避寒焉,夏

避暑焉,室以为男女之别也',则子告我为室之故矣。今我问曰,'何故为乐?'曰,'乐以为乐也'。是犹曰,'何故为室?'曰,'室以为室也'"。(《公孟》篇)

今试问人"贞操是什么?"或"为什么你褒扬贞操?"他一定回答道,"贞操就是贞操。我因为这是贞操,故褒扬他"。这种"室以为室也"的论理,便是今日道德思想宣告破产的证据。故我做这篇文字的第一个主意只是要大家知道"贞操"这个问题并不是"天经地义",是可以彻底研究,可以反复讨论的。

第二,我以为贞操是男女相待的一种态度,乃是双方交互的道德,不是偏于女子一方面的。由这个前提,便生出几条引申的意见:(一)男子对于女子,丈夫对于妻子,也应有贞操的态度;(二)男子做不贞操的行为,如嫖妓娶妾之类,社会上应该用对待不贞妇女的态度来对待他;(三)妇女对于无贞操的丈夫,没有守贞操的责任;(四)社会法律既不认嫖妓纳妾为不道德,便不该褒扬女子的"节烈贞操"。

第三,我绝对的反对褒扬贞操的法律。我的理由是:

(一)贞操既是个人男女双方对待的一种态度,诚意的贞操是完全自动的道德,不容有外部的干涉,不须有法律的提倡。

(二)若用法律的褒扬为提倡贞操的方法,势必至造成许多沽名钓誉,不诚实,无意识的贞操举动。

(三)在现代社会,许多贞操问题,如寡妇再嫁,处女守贞,等等问题的是非得失,却都还有讨论余地,法律不当以武断的态度制定褒贬的规条。

(四)法律既不奖励男子的贞操,又不惩男子的不贞操,便不该单独提倡女子的贞操。

(五)以近世人道主义的眼光看来,褒扬烈妇烈女杀身殉夫,都是野蛮残忍的法律,这种法律,在今日没有存在的地位。

民国七年七月

(原载1918年7月15日《新青年》第5卷第1号)

论贞操问题
答蓝志先

先生对于这个问题共分五层。第一层的大意是说：

> 夫妇关系，爱情虽是极重要的分子，却不是唯一的条件。……贞操虽是对待的要求，却并不是以爱情有无为标准，也不能仅看做当事者两个人的自由态度。……因为爱情是盲目而极易变化的。这中间须有一种强迫的制裁力。……爱情之外，尚当有一种道德的制裁。简单说来，就是两方应当尊崇对手的人格。……爱情必须经过道德的洗炼，使感情的爱变为人格的爱，方能算的真爱。……夫妇关系一旦成立以后，非一方破弃道德的制裁，或是生活上有不得已的缘故，这关系断断不能因一时感情的好恶随便可以动摇。贞操即是道德的制裁人格的义务中应当强迫遵守之一。破弃贞操是道德上一种极大罪恶，并且还毁损对手的人格，绝不可以轻恕的。

这一层的大旨，我是赞成的。我所讲的爱情，并不是先生所说盲目的又极易变化的感情的爱。人格的爱虽不是人人都懂得的（这话先生也曾说过），但平常人所谓爱情，也未必全是肉欲的爱；这里面大概总含有一些"超于情欲的分子"，如共同生活的感情，名分的观念，儿女的牵系，等等。但是这种种分子，总还要把异性的恋爱做一个中心点。夫妇的关系所以和别的关系（如兄弟姊妹朋友）不同，正为有这一点异性的恋爱在内。若没有一种真挚专一的异性恋爱，那么共同生活便成了不可终日的痛苦，名分观念便成了虚伪的招牌，儿女的牵系便也和猪狗的母子关系没有大分别了。我们现在且不要悬空高谈理想的夫妇关系，且仔细观察最大多数人的实际夫妇关系究竟是什么样子。我以为我们若从事实上的观察作根据,一定可以得到这个断语:夫妇之间的正当关系应该以异性的恋爱为主要元素;异性的恋爱专注在一个目的,情愿自己制裁性欲的自由,情愿永久和他所专注的目的共同生活,这便是正当的夫妇关系。人格的爱,不是别的,就是这种正当的异性恋爱加上一种自觉心。

我和先生不同的论点,在于先生把"道德的制裁"和"感情的爱"分为两件事,所以说"爱情之外尚当有一种道德的制裁"。我却把"道德的制裁"看作即是那正当的,真挚专一的异性恋爱。若在"爱情之外"别寻夫妇间的"道德",别寻"人格的义务",我觉得是不可能的了。所以我赞成先生说的"夫妇关系一旦成立以后,非一方破弃道德的制裁(即是我所谓"真一的异性恋爱"),或是生活上有不得已的缘故(如寡妇不能生活,或鳏夫不能抚养幼小儿女),这关系断断不能因一时感情的好恶随便可以动摇"。我虽然赞成这个结论,却不赞成先生说的"贞操并不是以爱情有无为标准"。因为我所说的"贞操"即是异性恋爱的真挚专一。没有爱情的夫妇关系,都不是正当的夫妇关系,只可说是异性的强迫同居!既不是正当的夫妇,更有什么贞操可说?

先生所说的"尊重人格",固然是我所极赞成的。但是夫妇之间的"人格问题",依我看来只不过是真一的异性恋爱加上一种自觉心。中国古代所说"夫妇相敬如宾"的敬字便含有尊重人格的意味。人格的爱情,自然应该格外尊重贞操。但是人格的观念,根本上研究起来,实在是超于平常人心里的"贞操"观念的范围以外。平常人所谓"贞操",大概指周作人先生所说的"信实",我所说的"真一",和先生所说的"一夫一妇"。但是人格的观念有时不限于此。先生屡用易卜生的《娜拉》为例。即以此戏看来,郝尔茂对于娜拉并不曾违背"贞操"的道德。娜拉弃家出门,并不是为了贞操问题,乃是为了人格问题。这就可见人格问题是超于贞操问题了。

先生又极力攻击自由恋爱和容易的离婚。其实高尚的自由恋爱,并不是现在那班轻薄少年所谓自由恋爱,只是根据于"尊重人格"一个观念。我在美洲也曾见过这种自由恋爱的男女,觉得他们真能尊重彼此的人格。这一层周作人先生已说过了,我且不多说。至于容易的离婚,先生也不免有点误解。我从前在《美国的妇人》一篇里曾有一节论美国多离婚案之故道:

> ……自由结婚的根本观念就是要夫妇相敬相爱,先有精神上的契合,然后可以有形体上的结婚。不料结婚之后,方才发现从前的错误,方才知道他们两人决不能有精神上的爱情;既不能有精神上的爱情,若还依旧同居,不但违背自由结婚的原理,并且必至于堕落各人的人格。……所以离婚案之多,未必全由于风俗的败坏,也未必不由于个人人格的尊贵。

所以离婚的容易,并不是一定就可以表示不尊重人格。这又可见人格的问题超于平常的贞操观念以外了。

先生第二层的意思,已有周作人先生的答书了,我本可以不加入讨论,但是我觉得这一段里面有一个重要观念,是哲学上的一个根本问题,故不得不提出讨论。先生不赞成与谢野夫人把贞操看作一种趣味,信仰,洁癖,不当他是道德。先生是个研究哲学的人,大概知道"道德"本可当作一种信仰,一种趣味,一种洁癖。中国的孔丘也曾两次说"吾未见好德如好色者也"。他又说"知之者不如好之者,好之者不如乐之者"。这种议论很有道理,远胜于康德那种"绝对命令"的道德论。道德教育的最高目的是要人人都能自然行善去恶,"如恶恶臭,如好好色"一般。西洋哲学史上也有许多人把道德观念当作一种美感的。要是人人都能把道德当作一种趣味,一种美感,岂不很好吗?

先生第三层的大意是说我不应该"把外部的制裁一概抹杀"。先生所指的乃是法律上消极的制裁,如有夫有妇奸罪等等。这都是刑事法律的问题,自然不在我所抹杀的"外部干涉"之内,我不消申明了。

先生第四层论续娶和离婚的限制,我也可以不辩。

先生第五层论共妻和自由恋爱。我的原文里并没有提到这两个问题,《新青年》的同人也不曾有提倡这两种问题,本可以不辩。况且周作人先生已有答书提起这一层,我在上文也略提到自由恋爱。

我觉得先生对于这两个问题未免有点"拢统"的攻击,不曾仔细分析主张这种制度的人心理和品格。因此我且把先生反对这种人的理由略加讨论。

（一）先生说,"夫妇的平等关系,是人格的平等,待遇的平等,不是男女做同样的事才算平等"。这话固然不错。男女不能做完全同样的事,这是人所共知的。但是有许多事是男女都能做的。古来相传的家庭制度,把许多极繁琐的事看作妇人的天职:有钱的人家固然可以雇人代做,但是中人以下的人家,这是做不到的;因此往往有可造就的女子人才竟被家庭事务埋没了,不能有机会发展他的个性的才能。欧美提倡废家庭制度的人,大多数是自食其力的美术家和文人。这一派人所以反对家庭,正因为家庭的负担有碍于他们才性的自由发展。还有那避妊的行为,也是为此。先生说他们的流弊可以"把一切文明事业尽行推翻",未免太过了。

（二）先生说,"妇女解放是解放人格,不是解放性欲"。学者的提倡共妻制度（如柏拉图所说）,难道是解放性欲吗?还有那种有意识的自由恋爱,据我所见,都是尊重性欲的制裁的。无制裁的性欲,不配称恋爱,更不配称自由恋爱。

（三）先生论儿童归公家教养一段,理由很不充足。这种主张从柏拉图以来,大概有三种理由:（甲）公家教养儿童,可用专门好手,功效可以胜过平常私家的教养,因为有无量数的父母都是不配教养子女的;（乙）儿女乃是社会的分子,并不是你我的私产,所以教养儿童并不全是先生所说"自己应尽的义务";（丙）依分功互助的道理,有些愿意教养儿童的人便去替公家教养儿童,有些不愿意或不配教养儿童的人便去做旁的事业。先生说,"既说平等,为什么又要一种人来替你尽那不愿意教养儿童的义务呢?"他们并不说人人能力才性都平等（这种平等说是绝对不能成立的）,他们也不要勉强别人做不愿意的事;他们只要各人分功互助,各人做自己愿意做的事。

（四）先生又说共妻主义的大罪恶在于"拿极少数人的偏见来破坏人类精神生活上万不可缺的家庭制度"。这话固然有理,但是我们革新家不应该一笔抹杀"极少数人的偏见";我们应该承认这些极少数人有自由实验他所主张的权利。

（五）先生说"共妻主义实际上是把妇女当作机械牛马"。这话未免冤枉共妻主义的人了。我手头没有近代主张共妻的书，我且引柏拉图的《共和国》中论公妻的一节为证（Republic, 458-459）：

> 假定你做了（这个理想国的）立法官，既然选出了那些最好的男子，就该选出一些最好的女子，要拣那些最配得上这些男子的，使他们男女同居公共的房子，同在一块用餐。他们都不许有自己的东西；他们同作健身的运动，同在一处养育长大。他们自然会被一种天性的必要（Necessity）牵引起来互相结合。我用"必要"一个字，不太强吗？
>
> （答）不太强。你所谓"必要"自然不是几何学上的必要；这种必要只有有情的男女才知道的。
>
> 这种必要对于一般人类的效能比几何学上的必要还大的多咧。
>
> 是的。但是这种事的进行须要有秩序。在这个乐国里面，淫乱是该禁止的。
>
> （答）应该如此。
>
> 你的主张是要使配偶成为最高洁神圣的，要使这种最有益的配偶成为最高洁神圣的吗？
>
> （答）正是。

这就可见古代的共妻论已不曾把妇女当作机械牛马一样看待。近世个性发展，女权伸张，远胜古代，要是共妻主义把妇女看作机械牛马，还能自成一说吗？至于先生把自由恋爱解作"两方同意性欲关系即随便可以结合，不受何等制限"，这也不很公平。世间固然有一种"放纵的异性生活"装上自由恋爱的美名。但是有主义的自由恋爱也不能一笔抹杀。古今正式主张自由恋爱的人，大概总有一种个性的人生观，决不是主张性欲自由的。最著名的先例是 William Godwin 和 Mary Wollstoncraft 的关系。Godwin 最有名的著作 Political Justice 是主张自由恋爱最早的一部书。他后来遇见那位女界的怪杰 Mary Wollstoncraft，居然实行他们理想中的恋爱生活。Godwin 书中曾说自由恋爱未必就有"淫乱"的危险，因为人类的通性总会趋向一个伴侣，不爱杂交；再加上朋友的交情，自然会把粗鄙的情欲变高尚了。即使让一步，承认自由恋爱容易解散，这也未必一定是最坏的事。论者只该问这一桩离散是有理无理，不该问离散是难是易。最近北京有一家夫妇不和睦，丈夫对他妻子常用野蛮无理的行为，后来他妻子跑回母家去了，不料母家的人说他是弃妇，瞧不起他，他受不过这种嘲笑，只好含羞忍辱回他夫家去受他丈夫的虐待！这种婚姻可算得不容易离散了，难道比容易离散的自由恋爱更好吗？自由恋爱的离散未必全由于性欲的厌倦，也许是因为人格上有不能再同居的理由。他们既然是人格的结合，——有主张的自由恋爱应该是人格的结合！——如今觉得继续同居有妨碍于彼此的人格，自然可以由两方自由解散了。

以上答先生的第五层，完全是学理的讨论；因为先生提到共妻和自由恋爱两种主张，故我也略说几句。我要正式声明，我并不是主张这两种制度的；不过我是一个研究思想史的人，所以对于无论那一种学说，总想寻出他的根据理由，我决不肯"拢统"排斥他。

民国八年四月

（原载 1919 年 4 月 15 日《新青年》第 6 卷第 4 号）

论女子为强暴所污
答萧宜森

萧先生原书：

……学生有一最亲密的朋友，他的姐姐在前几年曾被土匪掳去，后来又送还他家。我那朋友常以此事为他家"奇耻大辱"，所以他心中常觉不平安；并且因为同学知道此事，他在同学中常像是不好意思似的。学生见这位朋友心中常不平安，也就常将此事放在心中思想。按着中国的旧思想，我这位朋友的姐姐就应当为人轻看，一生受人的侮慢，受人的笑骂。但不知按着新思想，这样的女人应居如何的地位？

学生要问的就是：

（1）一个女子被人污辱，不是他自愿的，这女子是不是应当自杀？

（2）若这样的女子不自杀，他的贞操是不是算有缺欠？他的人格的尊严是不是被灭杀？他应当受人的轻看不？

（3）一个男子若娶一个曾被污辱的女子，他的人格是不是被灭杀？应否受轻看？

（1）女子为强暴所污，不必自杀。

我们男子夜行，遇着强盗，他用手枪指着你，叫你把银钱戒指拿下来送给他。你手无寸铁，只好依着他吩咐。这算不得懦怯。女子被污，平心想来，与此无异。都只是一种"害之中取小"。不过世人不肯平心着想，故妄信"饿死事极小，失节事极大"的谬说。

（2）这个失身的女子的贞操并没有损失。

平心而论,他损失了什么?不过是生理上,肢体上,一点变态罢了!正如我们无意中砍伤了一只手指,或是被毒蛇咬了一口,或是被汽车碰伤了一根骨头。社会上的人应该怜惜他,不应该轻视他。

(3)娶一个被污了的女子,与娶一个"处女",究竟有什么分别?若有人敢打破这种"处女迷信",我们应该敬重他。

(本文收入《胡适文存》时未经发表,后收入《胡适来往书信选》上册,中华书局 1979 年版。从信后所署日期知写于 1920 年 6 月 22 日)

"我的儿子"

一 汪长禄先生来信

昨天上午我同太虚和尚访问先生,谈起许多佛教历史和宗派的话,耽搁了一点多钟的工夫,几乎超过先生平日见客时间的规则五倍以上,实在抱歉的很。后来我和太虚匆匆出门,各自分途去了。晚边回寓,我在桌子上偶然翻到最近《每周评论》的文艺那一栏,上面题目是《我的儿子》四个字,下面署了一个"适"字,大约是先生做的。这种议论我从前在《新潮》、《新青年》各报上面已经领教多次,不过昨日因为见了先生,加上"叔度汪汪"的印像,应该格外注意一番。我就不免有些意见,提起笔来写成一封白话信,送给先生,还求指教指教。

大作说,"树本无心结子,我也无恩于你"。这和孔融所说的"父之于子当有何亲……"、"子之于母亦复奚为……"差不多同一样的口气。我且不去管他。下文说的,"但是你既来了,我不能不养你教你,那是我对人道的义务,并不是待你的恩谊"。这就是做父母一方面的说法。换一方面说,做儿子的也可模仿同样口气说道:"但是我既来了,你不能不养我教我,那是你对人道的义务,并不是待我的恩谊"。那么两方面凑泊起来,简直是亲子的关系,一方面变成了跛形的义务者,他一方面变成了跛形的权利者,实在未免太不平等了。平心而论,旧时代的见解,好端端生在社会一个人,前途何等遥远,责任何等重大,为父母的单希望他做他俩的儿子,固然不对。但是照先生的主张,竟把一般做儿子的抬举起来,看做一个"白吃不回账"的主顾,那又未免太"矫枉过正"罢。

现在我且丢却亲子的关系不谈,先设一个譬喻来说。假如有位朋友留我在他家里住上若干年,并且供给我的衣食,后来又帮助我的学费,一直到我能够独立生活,他才放手。虽然这位朋友发了一个大愿,立心做个大施主,并不希望我些须报答,难道我自问良心能够就是这么拱拱手同他离开便算了吗?我以为亲子的关系,无论怎样改革,总比朋友较深一层。就是同朋友一样平等看待,果然有个鲍叔再世,把我看做管仲一般,也不能够说"不是待我的恩谊"罢。

大作结尾说道:"我要你做一个堂堂的人,不要你做我的孝顺儿子。"这话我倒并不十分反对。但是我以为应该加上一个字,可以这么说:"我要你做一个堂堂的人,不单要你做我的孝顺儿子。"为什么要加上这一个字呢?因为儿子孝顺父母,也是做人的一种信条,和那"悌弟"、"信友"、"爱群"等等是同样重要的。旧时代学说把一切善行都归纳在"孝"字里面,诚然流弊百出。但一定要把"孝"字"驱逐出境",划在做人事业范围以外,好像人做了孝子,便不能够做一个堂堂的人。换一句话,就是人若要做一个堂堂的人,便非打定主意做一个不孝之子不可。总而言之,先生把"孝"字看得与做人的信条立在相反的地位。我以为"孝"字虽然没有"万能"的本领,但总还够得上和那做人的信条凑在一起,何必如此"雷厉风行"硬要把他"驱逐出境"呢?

前月我在一个地方谈起北京的新思潮,便联想到先生个人身上。有一位是先生的贵同乡,当时插嘴说道:"现在一般人都把胡适之看做洪水猛兽一样,其实适之这个人旧道德并不坏。"说罢,并且引起事实为证。我自然是很相信的。照这位贵同乡的说话推测起来,先生平日对于父母当然不肯做那"孝"字反面的行为,是决无疑义了。我怕的是一般根底浅薄的青年,动辄抄袭名人一两句话,敢于扯起幌子,便"肆无忌惮"起来。打个比方,有人昨天看见《每周评论》上先生的大作,也便可以说道:"胡先生教我做一个堂堂的人,万不可做父母的孝顺儿子。"久而久之,社会上布满了这种议论,那么任凭父母老病冻饿以至于死,都可以不去管他了。我也知道先生的本意无非看见旧式家庭过于"束缚驰骤",急急地要替他调换空气,不知不觉言之太过,那也难怪。从前朱晦庵说得好,"教学者如扶醉人",现在的中国人真算是大多数醉倒了。先生可怜他们,当下告奋勇,使一股大劲,把他从东边扶起。我怕是用力太猛,保不住又要跌向西边去。那不是和没有扶起一样吗?万一不幸,连性命都要送掉,那又向谁叫冤呢?

我很盼望先生有空闲的时候,再把那"我的父母"四个字做个题目,细细的想一番。把做儿子的对于父母应该怎样报答的话(我以为一方面做父母的儿子,同时在他方面仍不妨做社会上一个人),也得咏叹几句,"恰如分际","彼此兼顾",那才免得发生许多流弊。

二　我答汪先生的信

前天同太虚和尚谈论,我得益不少。别后又承先生给我这封很诚恳的信,感谢之至。

"父母于子无恩"的话,从王充、孔融以来,也很久了。从前有人说我曾提倡这话,我实在不能承认。直到今年我自己生了一个儿子,我才想到这个问题上去。我想这个孩子自己并不曾自由主张要生在我家,我们做父母的不曾得他的同意,就糊里糊涂的给了他一条生命。况且我们也并不曾有意送给他这条生命。我们既无意,如何能居功?如何能自以为有恩于他?他既无意求生,我们生了他,我们对他只有抱歉,更不能"市恩"了。我们糊里糊涂的替社会上添了一个人,这个人将来一生的苦乐祸福,这个人将来在社会上的功罪,我们应该负一部分的责任。说得偏激一点,我们生一个儿子,就好比替他种下了祸根,又替社会种下了祸根。他也许养成坏习惯,做一个短命浪子;他也许更堕落下去,做一个军阀派的走狗。所以我们"教他养他",只是我们自己减轻罪过的法子,只是我们种下祸根之后自己补过弥缝的法子。这可以说是恩典吗?

我所说的,是从做父母的一方面设想的,是从我个人对于我自己的儿子设想的,所以我的题目是"我的儿子"。我的意思是要我这个儿子晓得我对他只有抱歉,决不居功,决不市恩。至于我的儿子将来怎样待我,那是他自己的事。我决不期望他报答我的恩,因为我已宣言无恩于他。

先生说我把一般做儿子的抬举起来,看做一个"白吃不还帐"的主顾。这是先生误会我的地方。我的意思恰同这个相反。我想把一般做父母的抬高起来,叫他们不要把自己看做一种"放高利债"的债主。

先生又怪我把"孝"字驱逐出境。我要问先生,现在"孝子"两个字究竟还有什么意义? 现在的人死了父母都称"孝子"。孝子就是居父母丧的儿子(古书称为"主人"),无论怎样忤逆不孝的人,一穿上麻衣,带上高梁冠,拿着哭丧棒,人家就称他做"孝子"。

我的意思以为古人把一切做人的道理都包在孝字里,故战阵无勇,莅官不敬,等等都是不孝。这种学说,先生也承认他流弊百出。所以我要我的儿子做一个堂堂的人,不要他做我的孝顺儿子。我的意想[思]以为"一个堂堂的人"决不致于做打爹骂娘的事,决不致于对他的父母毫无感情。

但是我不赞成把"儿子孝顺父母"列为一种"信条"。易卜生的《群鬼》里有一段话很可研究(《新潮》第五号页八五一):

(孟代牧师)你忘了没有,一个孩子应该爱敬他的父母?

(阿尔文夫人)我们不要讲得这样宽泛。应该说:"欧士华应该爱敬阿尔文先生(欧士华之父)吗?"

这是说,"一个孩子应该爱敬他的父母"是耶教一种信条,但是有时未必适用。即如阿尔文一生纵淫,死于花柳毒,还把遗毒传给他的儿子欧士华,后来欧士华毒发而死。请问欧士华应该孝顺阿尔文吗? 若照中国古代的伦理观念自然不成问题。但是在今日可不能不成问题了。假如我染着花柳毒,生下儿子又聋又瞎,终身残废,他应该爱敬我吗? 又假如我把我的儿子应得的遗产都拿去赌输了,使他衣食不能完全,教育不能得着,他应该爱敬我吗? 又假如我卖国卖主义,做了一国一世的大罪人,他应该爱敬我吗?

至于先生说的,恐怕有人扯起幌子,说,"胡先生教我做一个堂堂的人,万不可做父母的孝顺儿子"。这是他自己错了。我的诗是发表我生平第一次做老子的感想,我并不曾教训人家的儿子!

总之,我只说了我自己承认对儿子无恩,至于儿子将来对我作何感想,那是他自己的事,我不管了。

先生又要我做"我的父母"的诗。我对于这个题目,也曾有诗,载在《每周评论》第一期和《新潮》第二期里。

(原载1919年8月10日至17日《每周评论》第34、35号)

不朽
我的宗教

不朽有种种说法，但是总括看来，只有两种说法是真有区别的。一种是把"不朽"解作灵魂不灭的意思。一种就是《春秋左传》上说的"三不朽"。

（一）神不灭论　宗教家往往说灵魂不灭，死后须受末日的裁判：做好事的享受天国天堂的快乐，做恶事的要受地狱的苦痛。这种说法，几千年来不但受了无数愚夫愚妇的迷信，居然还受了许多学者的信仰。但是古今来也有许多学者对于灵魂是否可离形体而存在的问题，不能不发生疑问。最重要的如南北朝人范缜的《神灭论》说："形者神之质，神者形之用。……神之于质，犹利之于刀；形之于用，犹刀之于利。……舍利无刀，舍刀无利。未闻刀没而利存，岂容形亡而神在？"宋朝的司马光也说："形既朽灭，神亦飘散，虽有剉烧舂磨，亦无所施。"但是司马光说的"形既朽灭，神亦飘散"，还不免把形与神看作两件事，不如范缜说的更透切。范缜说人的神灵即是形体的作用，形体便是神灵的形质。正如刀子是形质，刀子的利钝是作用；有刀子方才有利钝，没有刀子便没有利钝。人有形体方才有作用：这个作用，我们叫做"灵魂"。若没有形体，便没有作用了，便没有灵魂了。范缜这篇《神灭论》出来的时候，惹起了无数人的反对。梁武帝叫了七十几个名士作论驳他，都没有什么真有价值的论议。其中只有沈约的《难神灭论》说："利若遍施四方，则利体无处复立；利之为用正存一边毫毛处耳。神之与形，举体若合，又安得同乎？若以此譬为尽耶，则不尽；若谓本不尽耶，则不可以为譬也。"这一段是说刀是无机体，人是有机体，故不能彼此相比。这话固然有理，但终不能推翻"神者形之用"的议论。近世唯物派的学者也说人的灵魂并不是什么无形体,独立存在的物事,不过是神经作用的总名;灵魂的种种作用都即是脑部各部分的机能作用;若有某部被损伤,某种作用即时废止;人年幼时脑部不曾完全发达,神灵作用也不能完全,老年人脑部渐渐衰耗,神灵作用也渐渐衰耗。这种议论的大旨,与范缜所说"神者形之用"正相同。但是有许多人总舍不得把灵魂打消了,所以咬住说灵魂另是一种神秘玄妙的物事,并不是神经的作用。这个"神秘玄妙"的物事究竟是什么,他们也说不出来,只觉得总应该有这么一件物事。既是"神秘玄妙",自然不能用科学试验来证明他,也不能用科学试验来驳倒他。既然如此,我们只好用实验主义(Pragmatism)的方法,看这种学说的实际效果如何,以为评判的标准。依此标准看来,信神不灭论的固然也有好人,信神灭论的也未必全是坏人。即如司马光、范缜、赫胥黎一类的人,说不信灵魂不灭的话,何尝没有高尚的道德?更进一层说,有些人因为迷信天堂,天国,地狱,末日裁判,方才修德行善,这种修行全是自私自利的,也算不得真正道德。总而言之,灵魂灭不灭的问题,于人生行为上实在没有什么重大影响;既没有实际的影响,检直可说是不成问题了。

(二)三不朽说 《左传》说的三种不朽是:(一)立德的不朽,(二)立功的不朽,(三)立言的不朽。"德"便是个人人格的价值,像墨翟、耶稣一类的人,一生刻意孤行,精诚勇猛,使当时的人敬爱信仰,使千百年后的人想念崇拜。这便是立德的不朽。"功"便是事业,像哥仑布发现美洲,像华盛顿造成美洲共和国,替当时的人开一新天地,替历史开一新纪元,替天下后世的人种下无量幸福的种子。这便是立功的不朽。"言"便是语言著作,像那《诗经》三百篇的许多无名诗人,又像陶潜、杜甫、萧士比亚、易卜生一类的文学家,又像柏拉图、卢骚、弥儿一类的文学家,又像牛敦、达尔文一类的科学家,或是做了几首好诗使千百年后的人欢喜感叹;或是做了几本好戏使当时的人鼓舞感动,使后世的人发愤兴起;或是创出一种新哲学,或是发明了一种新学说,或在当时发生思想的革命,或在后世影响无穷。这便是立言的不朽。总而言之,这种不朽说,不问人死后灵魂能不能存在，只问他的人格，他的事业，他的著作有没有永远存在的价值。即如基督教徒说耶稣是上帝的儿子，他的神灵永永存在，我们正不用驳这种无凭据的神话，只说耶稣的人格，事业，和教训都可以不朽，又何必说那些无谓的神话呢？又如孔教会的人每到了孔丘的生日，一定要举行祭孔的典礼，还有些人学那"朝山进香"的法子，要赶到曲阜孔林去对孔丘的神灵表示敬意！其实孔丘的不朽全在他的人格与教训，不在他那"在天之灵"。大总统多行两次丁祭，孔教会多行两次"朝山进香"，就可以使孔丘格外不朽了吗？更进一步说，像那《三百篇》里的诗人，也没有姓名，也没有事实，但是他们都可说是立言的不朽。为什么呢？因为不朽全靠一个人的真价值，并不靠姓名事实的流传，也不靠灵魂的存在。试看古今来的多少大发明家，那发明火的，发明养蚕的，发明缫丝的，发明织布的，发明水车的，发明舂米的水碓的，发明规矩的，发明秤的，……虽然姓名不传，事实湮没，但他们的功业永远存在，他们也就都不朽了。这种不朽比那个人的小小灵魂的存在，可不是更可宝贵，更可羡慕吗？况且那灵魂的有无还在不可知之中，这三种不朽——德，功，言，——可是实在的。这三种不朽可不是比那灵魂的不灭更靠得住吗？

以上两种不朽论，依我个人看来，不消说得，那"三不朽说"是比那"神不灭说"好得多了。但是那"三不朽说"还有三层缺点，不可不知。第一，照平常的解说看来，那些真能不朽的人只不过那极少数有道德，有功业，有著述的人。还有那无量平常人难道就没有不朽的希望吗？世界上能有几个墨翟、耶稣，几个哥仑布、华盛顿，几个杜甫、陶潜，几个牛敦、达尔文呢？这岂不成了一种"寡头"的不朽论吗？第二，这种不朽论单从积极一方面着想，但没有消极的裁制。那种灵魂的不朽论既说有天国的快乐，又说有地狱的苦楚，是积极消极两方面都顾着的。如今单说立德可以不朽，不立德又怎样呢？立功可以不朽，有罪恶又怎样呢？第三，这种不朽论所说的"德，功，言"三件，范围都很含糊。究竟怎样的人格方才可算是"德"呢？怎样的事业方才可算是"功"呢？怎样的著作方才可算是"言"呢？我且举一个例。哥仑布发现美洲固然可算得立了不朽之功,但是他船上的水手火头又怎样呢?他那只船的造船工人又怎样呢?他船上用的罗盘器械的制造工人又怎样呢?他所读的书的著作者又怎样呢?……举这一条例,已可见"三不朽"的界限含糊不清了。

因为要补足这三层缺点,所以我想提出第三种不朽论来请大家讨论。我一时想不起别的好名字,姑且称他做"社会的不朽论"。

(三)社会的不朽论　社会的生命,无论是看纵剖面,是看横截面,都像一种有机的组织。从纵剖面看来,社会的历史是不断的;前人影响后人,后人又影响更后人;没有我们的祖宗和那无数的古人,又那里有今日的我和你?没有今日的我和你,又那里有将来的后人?没有那无量数的个人,便没有历史,但是没有历史,那无数的个人也决不是那个样子的个人:总而言之,个人造成历史,历史造成个人。从横截面看来,社会的生活是交互影响的:个人造成社会,社会造成个人;社会的生活全靠个人分功合作的生活,但个人的生活,无论如何不同,都脱不了社会的影响;若没有那样这样的社会,决不会有这样那样的我和你;若没有无数的我和你,社会也决不是这个样子。来勃尼慈(Leibnitz)说得好:

> 这个世界乃是一片大充实(Plenum,为真空 Vacuum 之对),其中一切物质都是接连着的。一个大充实里面有一点变动,全部的物质都要受影响,影响的程度与物体距离的远近成正比例。世界也是如此。每一个人不但直接受他身边亲近的人的影响,并且间接又间接的受距离很远的人的影响。所以世间的交互影响,无论距离远近,都受得着的。所以世界上的人,每人受着全世界一切动作的影响。如果他有周知万物的智慧,他可以在每人的身上看出世间一切施为,无论过去未来都可看得出,在这一个现在里面便有无穷时间空间的影子。(见 Monadology 第六十一节)

从这个交互影响的社会观和世界观上面,便生出我所说的"社会的不朽论"来。我这"社会的不朽论"的大旨是:

我这个"小我"不是独立存在的,是和无量数小我有直接或间接的交互关系的；是和社会的全体和世界的全体都有互为影响的关系的；是和社会世界的过去和未来都有因果关系的。种种从前的因，种种现在无数"小我"和无数他种势力所造成的因，都成了我这个"小我"的一部分。我这个"小我"，加上了种种从前的因，又加上了种种现在的因，传递下去，又要造成无数将来的"小我"。这种种过去的"小我"，和种种现在的"小我"，和种种将来无穷的"小我"，一代传一代，一点加一滴；一线相传，连绵不断；一水奔流，滔滔不绝：——这便是一个"大我"。"小我"是会消灭的，"大我"是永远不灭的。"小我"是有死的，"大我"是永远不死，永远不朽的。"小我"虽然会死，但是每一个"小我"的一切作为，一切功德罪恶，一切语言行事，无论大小，无论是非，无论善恶，——都永远留存在那个"大我"之中。那个"大我"，便是古往今来一切"小我"的纪功碑，彰善祠，罪状判决书，孝子慈孙百世不能改的恶谥法。这个"大我"是永远不朽的，故一切"小我"的事业，人格，一举一动，一言一笑，一个念头，一场功劳，一桩罪过，也都永远不朽。这便是社会的不朽，"大我"的不朽。

　　那边"一座低低的土墙，遮着一个弹三弦的人"。那三弦的声浪，在空间起了无数波澜；那被冲动的空气质点，直接间接冲动无数旁的空气质点；这种波澜，由近而远，至于无穷空间；由现在而将来，由此刹那以至于无量刹那，至于无穷时间：——这已是不灭不朽了。那时间，那"低低的土墙"外边来了一位诗人，听见那三弦的声音，忽然起了一个念头；由这一个念头，就成了一首好诗；这首好诗传诵了许多人；人读了这诗，各起种种念头；由这种种念头，更发生无量数的念头，更发生无数的动作，以至于无穷。然而那"低低的土墙"里面那个弹三弦的人又如何知道他所发生的影响呢？

　　一个生肺病的人在路上偶然吐了一口痰。那口痰被太阳晒干了，化为微尘，被风吹起空中，东西飘散，渐吹渐远，至于无穷时间，至于无穷空间。偶然一部分的病菌被体弱的人呼吸进去，便发生肺病，由他一身传染一家，更由一家传染无数人家。如此展转传染，至于无穷空间，至于无穷时间。然而那先前吐痰的人的骨头早已腐烂了，他又如何知道他所种的恶果呢？

一千五六百年前有一个人叫做范缜说了几句话道："神之于形,犹利之于刀;未闻刀没而利存,岂容形亡而神在?"这几句话在当时受了无数人的攻击。到了宋朝有个司马光把这几句话记在他的《资治通鉴》里。一千五六百年之后,有一个十一岁的小孩子,——就是我,——看《通鉴》到这几句话,心里受了一大感动,后来便影响了他半生的思想行事。然而那说话的范缜早已死了一千五百年了!

二千六七百年前,在印度地方有一个穷人病死了,没人收尸,尸首暴露在路上,已腐烂了。那边来了一辆车,车上坐着一个王太子,看见了这个腐烂发臭的死人,心中起了一念;由这一念,展转发生无数念。后来那位王太子把王位也抛了,富贵也抛了,父母妻子也抛了,独自去寻思一个解脱生老病死的方法。后来这位王子便成了一个教主,创了一种哲学的宗教,感化了无数人。他的影响势力至今还在;将来即使他的宗教全灭了,他的影响势力终久还存在,以至于无穷。这可是那腐烂发臭的路殍所曾梦想到的吗?

以上不过是略举几件事,说明上文说的"社会的不朽","大我的不朽"。这种不朽论,总而言之,只是说个人的一切功德罪恶,一切言语行事,无论大小好坏,一一都留下一些影响在那个"大我"之中,一一都与这永远不朽的"大我"一同永远不朽。

上文我批评那"三不朽论"的三层缺点:(一)只限于极少数的人,(二)没有消极的裁制,(三)所说"功,德,言"的范围太含糊了。如今所说"社会的不朽",其实只是把那"三不朽论"的范围更推广了。既然不论事业功德的大小,一切都可不朽,那第一第三两层短处都没有了。冠绝古今的道德功业固可以不朽,那极平常的"庸言庸行",油盐柴米的琐屑,愚夫愚妇的细事,一言一笑的微细,也都永远不朽。那发现美洲的哥仑布固可以不朽,那些和他同行的水手火头,造船的工人,造罗盘器械的工人,供给他粮食衣服银钱的人,他所读的书的著作家,生他的父母,生他父母的父母祖宗,以及生育训练那些工人商人的父母祖宗,以及他以前和同时的社会,……都永远不朽。社会是有机的组织,那英雄伟人可以不朽,那挑水的,烧饭的,甚至于浴堂里替你擦背的,甚至于每天替你家掏粪倒马桶的,也都永远不朽。至于那第二层缺点，也可免去。如今说立德不朽，行恶也不朽；立功不朽，犯罪也不朽；"流芳百世"不朽，"遗臭万年"也不朽；功德盖世固是不朽的善因，吐一口痰也有不朽的恶果。我的朋友李守常先生说得好："稍一失脚，必致遗留层层罪恶种子于未来无量的人，——即未来无量的我，——永不能消除，永不能忏悔。"这就是消极的裁制了。

中国儒家的宗教提出一个父母的观念，和一个祖先的观念，来做人生一切行为的裁制力。所以说，"一出言而不敢忘父母，一举足而不敢忘父母"。父母死后，又用丧礼祭礼等等见神见鬼的方法，时刻提醒这种人生行为的裁制力。所以又说，"斋明盛服，以承祭祀，洋洋乎如在其上，如在其左右"。又说，"斋三日，则见其所为斋者；祭之日，入室，僾然必有见乎其位；周还出户，肃然必有闻乎其容声；出户而听，忾然必有闻乎其叹息之声"。这都是"神道设教"，见神见鬼的手段。这种宗教的手段在今日是不中用了。还有那种"默示"的宗教，神权的宗教，崇拜偶像的宗教，在我们心里也不能发生效力，不能裁制我们一生的行为。以我个人看来，这种"社会的不朽"观念很可以做我的宗教了。我的宗教的教旨是：

我这个现在的"小我"，对于那永远不朽的"大我"的无穷过去，须负重大的责任；对于那永远不朽的"大我"的无穷未来，也须负重大的责任。我须要时时想着，我应该如何努力利用现在的"小我"，方才可以不辜负了那"大我"的无穷过去，方才可以不遗害那"大我"的无穷未来？

（跋）

这篇文章的主意是民国七年年底当我的母亲丧事里想到的。那时只写成一部分，到八年二月十九日方才写定付印。后来俞颂华先生在报纸上指出我论社会是有机体一段很有语病，我觉得他的批评很有理，故九年二月间我用英文发表这篇文章时，我就把那一段完全改过了。十年五月，又改定中文原稿，并记作文与修改的缘起于此。

（原载1919年2月15日《新青年》第6卷第2号）

不老

跋梁漱溟先生致陈独秀书

一 梁先生原信节录

仲甫先生：

方才收到《新青年》六卷一号，看见你同陶孟和先生论我父亲自杀的事各一篇，我很感谢。为什么呢？因为凡是一件惹人注目的事，社会上对于他一定有许多思量感慨。当这用思兴感的时候，必不可无一种明确的议论来指导他们到一条正确的路上去，免得流于错误而不自觉。所以我很感谢你们作这种明确的议论。我今天写这信有两个意思：一个是我读孟和的论断似乎还欠明晰，要有所申论；一个是凡人的精神状况差不多都与他的思想有关系，要众人留意。……

诸君在今日被一般人指而目之为新思想家，那里知道二十年前我父亲也是受人指而目之为新思想家的呀。那时候人都毁骂郭筠仙（嵩焘）信洋人讲洋务，我父亲同他不相识，独排众论，极以他为然。又常亲近那最老的外交家许静山先生（珏），去访问世界大势，讨论什么亲俄亲英的问题。自己在日记上说："倘我本身不能出洋留学，一定节省出钱来叫我儿子出洋。万事可省，此事不可不办。"大家总该晓得向来小孩子开蒙念书照规矩是《百家姓》、《千字文》、《四书五经》。我父亲竟不如此，叫那先生拿《地球韵言》来教我。我八岁时候有一位陈先生开了一个"中西小学堂"，便叫我去那里学起 abcd 来。到现在二十岁了，那人人都会背的《论语》、《孟子》，我不但不会背，还是没有念呢！请看二十年后的今日还在那里压派着小学生读经，稍为革废之论，即为大家所不容。没有过人的精神，能行之于二十年前么？我父亲有兄弟交彭翼仲先生是北京城报界开天辟地的人,创办《启蒙画报》、《京话日报》、《中华报》等等。(《启蒙画报》上边拿些浅近科学知识讲给人听,排斥迷信,恐怕是北京人与赛先生(Science)相遇的第一次呢!)北京人都叫他"洋报",没人过问,赔累不堪,几次绝望。我父亲典当了钱接济他,前后千余金。在那借钱折子上自己批道:"我们为开化社会,就是把这钱赔干净了也甘心。"我父亲又拿鲁国漆室女倚门而叹的故事编了一出新戏叫作"女子爱国"。其事距今有十四五年了,算是北京新戏的开创头一回。戏里边便是把当时认为新思想的种种改革的主张夹七夹八的去灌输给听戏的人。平日言谈举动,在一般亲戚朋友看去,都有一种生硬新异的感觉,抱一种老大不赞成的意思。当时的事且不再叙,去占《新青年》的篇幅了。然而到了晚年,就是这五六年,除了合于从前自己主张的外,自己常很激烈的表示反对新人物新主张(于政治为尤然)。甚至把从前所主张的,如申张民权排斥迷信之类,有返回去的倾向。不但我父亲如此,我的父执彭先生本是勇往不过的革新家,那一种破釜沉舟的气概,恐怕现在的革新家未必能及,到现在他的思想也是陈旧的很。甚至也有那返回去的倾向。当年我们两家虽都是南方籍贯,因为一连几代作官不曾回南,已经成了北京人。空气是异常腐败的。何以竟能发扬蹈厉去作革新的先锋?到现在的机会,要比起从前,那便利何止百倍,反而不能助成他们的新思想,却墨守条规起来,又何故呢?这便是我说的精神状况的关系了。当四十岁时,人的精神充裕,那一副过人的精神便显起效用来,于甚少的机会中追求出机会,摄取了知识,构成了思想,发动了志气,所以有那一番积极的作为。在那时代便是维新家了。到六十岁时,精神安能如昔?知识的摄取力先减了,思想的构成力也退了,所有的思想都是以前的遗留,没有那方兴未艾的创造,而外界的变迁却一日千里起来,于是乎就落后为旧人物了。因为所差的不过是精神的活泼,不过是创造的智慧,所以虽不是现在的新思想家,却还是从前的新思想家;虽没有今人的思想,却不像寻常人的没思想。况且我父亲虽然到了老年,因为有一种旧式道德家的训练,那颜色还是很好,目光极其有神,肌肉不瘠,步履甚健,样样都比我们年轻人还强。精神纵不如昔,还是过人。那神志的清明,志气的刚强,情感的真挚,真所谓老当益壮的了。对于外界政治上社会上种种不好的现象,他如何肯糊涂过去!便本着那所有的思想终日早起晏息的去作事,并且成了这自杀的举动。其间知识上的错误自是有的。然而不算事。假使拿他早年本有的精神遇着现在新学家同等的机会,那思想举动正未知如何呢!因此我又联想到何以这么大的中国,却只有一个《新青年》杂志?可以验国人的精神状况了!诸君所反复说之不已的,不过是很简单的一点意思,何以一般人就大惊小怪起来,又有一般人就觉得趣味无穷起来?想来这般人的思想构成力太缺了!然则这国民的"精神的养成"恐怕是第一大事了。我说精神状况与思想关系是要留意的一桩事,就是这个。

梁漱溟

二 跋

漱溟先生这封信,讨论他父亲巨川先生自杀的事,使人读了都很感动。他前面说的一段,因陶先生已去欧洲,我们且不讨论。后面一段论"精神状况与思想有关系"一个问题,使我们知道巨川先生精神生活的变迁,使我们对于他老先生不能不发生一种诚恳的敬爱心。这段文章,乃是近来传记中有数的文字。若是将来的孝子贤孙替父母祖宗做传时,都能有这种诚恳的态度,写实的文体,解释的见地,中国文学也许发生一些很有文学价值的传记。

我读这一段时,觉得内中有一节很可给我们少年人和壮年人做一种永久的教训,所以我把他提出来抄在下面:

> 当四十岁时,人的精神充裕,那一副过人的精神便显起效用来,于甚少的机会中追求出机会,摄取了知识,构成了思想,发动了志气,所以有那一番积极的作为。在那时代便是维新家了。到六十岁时,精神安能如昔?知识的摄取力先减了,思想的构成力也退了,所有的思想都是以前的遗留,没有那方兴未艾的创造,而外界的变迁却一日千里起来,于是乎就落后成为旧人物了。

我们少年人读了这一段,应该问自己道:"我们到了六七十岁时,还能保存那创造的精神,做那时代的新人物吗?"这个问题还不是根本问题。我们应该进一步,问自己道:"我们该用什么法子方才可使我们的精神到老还是进取创造的呢?我们应该怎么预备做一个白头的新人物呢?"

从这个问题上着想,我觉得漱溟先生对于他父亲平生事实的解释还不免有一点"倒果为因"的地方。他说,"到了六十岁时,精神安能如昔?知识的摄取力先减了,思想的构成力也退了"。这似乎是说因为精神先衰了,所以不能摄取新知识,不能构成新思想。但他下文又说巨川先生老年的精神还是过人,"真所谓老当益壮"。这可见巨川先生致死的原因不在精神先衰,乃在知识思想不能调剂补助他的精神。二十年前的知识思想决不够培养他那二十年后"老当益壮"的旧精神,所以有一种内部的冲突,所以竟致自杀。

我们从这个上面可得一个教训:我们应该早点预备下一些"精神不老丹",方才可望做一个白头的新人物。这个"精神不老丹"是什么呢?我说是永远可求得新知识新思想的门径。这种门径不外两条:(一)养成一种欢迎新思想的习惯,使新知识新思潮可以源源进来;(二)极力提倡思想自由和言论自由,养成一种自由的空气,布下新思潮的种子,预备我们到了七八十岁时,也还有许多簇新的知识思想可以收获来做我们的精神培养品。

今日的新青年!请看看二十年前的革命家!

民国八年四月

(原载1919年4月15日《新青年》第6卷第4号,附在梁漱溟《致陈独秀书》后)

我对于丧礼的改革

去年北京通俗讲演所请我讲演"丧礼改良",讲演日期定在 11 月 27 日。不料到了 11 月 24 日,我接到家里的电报,说我的母亲死了。我的讲演还没有开讲,就轮着我自己实行"丧礼改良"了!

我们于 25 日赶回南。将动身的时候,有两个学生来见我,他们说:"我们今天过来,一则是送先生起身;二则呢,适之先生向来提倡改良礼俗,现在不幸遭大丧,我们很盼望先生能把旧礼大大的改革一番。"

我谢了他们的好意,就上车走了。

我出京之先,想到家乡印刷不便,故先把讣帖付印。讣帖如下式:

> 先母冯太夫人于中华民国七年十一月二十三日病殁于安徽绩溪上川本宅。敬此讣闻。
>
> 胡适 觉谨告

这个讣帖革除了三种陋俗:一是"不孝□□等罪孽深重,不自殒灭,祸延显妣",一派的鬼话。这种鬼话含有儿子有罪连带父母的报应观念,在今日已不能成立;况且现在的人心里本不信这种野蛮的功罪见解,不过因为习惯如此,不能不用,那就是无意识的行为。二是"孤哀子□□等泣血稽颡"的套语。我们在民国礼制之下,已不"稽颡",更不"泣血",又何必自欺欺人呢? 三是"孤哀子"后面排着那一大群的"降服子","齐衰期服孙","期","大功","小功",……等等亲族,和"扠泪稽首","拭泪稽首",……等等有"谱"的虚文。这一大群人为什么要在讣闻上占一个位置呢？因为这是古代宗法社会遗传下来的风俗如此。现在我们既然不承认大家族的恶风俗，自然用不着列入这许多名字了。还有那从"泣血稽颡"到"拭泪顿首"一大串的阶级，又是因为什么呢？这是儒家"亲亲之杀"的流毒。因为亲疏有等级，故在纸上写一个"哭"字也要依着分等级的"谱"。我们绝对不承认哭丧是有"谱"的，故把这些有谱的虚文一概删去了。

我在京时，家里电报问"应否先殓"，我复电说"先殓"。我们到家时，已殓了七日了，衣衾棺材都已办好，不能有什么更动。我们徽州的风俗，人家有丧事，家族亲眷都要送锡箔，白纸，香烛；讲究的人家还要送"盘缎"，纸衣帽，纸箱担，等件。锡箔和白纸是家家送的，太多了，烧也烧不完，往往等丧事完了，由丧家打折扣卖给店家。这种糜费，真是无道理。我到家之后，先发一个通告给各处有往来交谊的人家。通告上说：

> 本宅丧事拟于旧日陋俗略有所改良。倘蒙赐吊，只领香一炷或挽联之类。此外如锡箔，素纸，冥器，盘缎等物，概不敢领，请勿见赐。　伏乞鉴原。

这个通告随着讣帖送去，果然发生效力，竟没有一家送那些东西来的。

和尚，道士，自然是不用的了。他们怨我，自不必说。还有几个投机的人，预算我家亲眷很多，定做冥器盘缎的一定不少，故他们在我们村上新开一个纸扎铺，专做我家的生意。不料我把这东西都废除了，这个新纸扎铺只好关门。

我到家之后，从各位长辈亲戚处访问事实，——因为我去国日久，事实很模糊了，——做了一篇《先母行述》。我们既不"寝苫"，又不"枕块"，自然不用"苫块昏迷，语无伦次"等等诳语了。"棘人"两字，本来不通，(《诗·桧风·素冠》一篇本不是指三年之丧的，乃是怀人的诗，故有"聊与子同归"，"聊与子如一"的话，素冠素衣也不过是与《曹风》"麻衣如雪"同类的话，未必专指丧服；"棘人"两字，棘训急，训瘠，也不过是"劳人"的意思；这一首很好的相思诗，被几个腐儒解作一篇丧礼论，真是可恨！)故也不用了。我做这篇《行述》，抱定一个说老实话的宗旨，故不免得罪了许多人。但是得罪了许多人,便是我说老实话的证据。文人做死人的传记,既怕得罪死人,又怕得罪活人,故不能不说谎,说谎便是大不敬。

讣闻出去之后,便是受吊。吊时平常的规矩是:外面击鼓,里面启灵帏,主人男妇举哀,吊客去了,哀便止了。这是作伪的丑态。古人"哀至则哭",哭岂是为吊客哭的吗?因为人家要用哭来假装"孝",故有大户人家吊客多了,不能不出钱雇人来代哭,我是一个穷书生,那有钱来雇人代我们哭?所以我受吊的时候,灵帏是开着的,主人在帏里答谢吊客,外面有子侄辈招待客人;哀至即哭,哭不必做出种种假声音,不能哭时,便不哭了,决不为吊客做出举哀的假样子。

再说祭礼。我们徽州是朱子、江慎修、戴东原、胡培翚的故乡,代代有礼学专家,故祭礼最讲究。我做小孩的时候,也不知看了多少次的大祭小祭。祭礼很繁,每一个祭,总得要两三个钟头;祠堂里春分冬至的大祭,要四五点钟。我少时听见秀才先生们说,他们半夜祭春分冬至,跪着读祖宗谱,一个人一本,读"某某府君,某某孺人",烛光又不明,天气又冷,石板的地又冰又硬,足足要跪两点钟!他们为了祭包和胙肉,不能不来鬼混念一遍。这还算是宗法社会上一种很有意味的仪节。最怪的,是人家死了人,一定要请一班秀才先生来做"礼生",代主人做祭。祭完了,每个礼生可得几尺白布,一条白腰带,还可吃一桌"九碗"或"八大八小"。大户人家,停灵日子长,天天总要热闹,故天天须有一个祭。或是自己家祭,或是亲戚家"送祭"。家祭是今天长子祭,明天少子祭,后天长孙祭,……送祭是那些有钱的亲眷,远道不能来,故送钱来托主人代办祭菜,代请礼生。总而言之,那里是祭?不过是做热闹,装面子,摆架子!——那里是祭!

我起初想把祭礼一概废了,全改为"奠"。我的外婆七十多岁了,他眼见一个儿子两个女儿死在他生前,心里实在悲恸,所以他听见我要把祭全废了,便叫人来说,"什么事都可依你,两三个祭是不可少的"。我仔细一想,只好依他,但是祭礼是不能不改的。我改的祭礼有两种:

(1)本族公祭仪节(族人亲自做礼生):序立。就位。参灵,三鞠躬。三献。读祭文(祭文中列来祭的人名,故不可少)。辞灵。礼成。

(2)亲戚公祭。我不要亲戚"送祭"。我把要来祭的亲戚邀在一块,公推主祭者一人,赞礼二人,余人陪祭,一概不请外人作礼生。同时一奠,不用"三献礼"。向来可分七八天的祭,改了新礼,十五分钟就完了。仪节如下:序立。主祭者就位。陪祭者分列就位。参灵,三鞠躬。读祭文。辞灵。礼成。谢奠。

我以为我这第二种祭礼,很可以供一般人的采用。祭礼的根据在于深信死人的"灵"还能受享。我们既不信死者能受享,便应该把古代供献死者饮食的祭礼,改为生人对死者表示敬意的祭礼。死者有知无知,另是一个问题。但生人对死者表示敬意,是在情理之中的行为,正不必问死者能不能领会我们的敬意。有人说,"古礼供献酒食,也是表示敬意,也不必问死者能不能饮食。"这却有个区别。古人深信死者之灵真能享用饮食,故先有"降神",后有"三献",后有"侑食",还有"望燎",还有"举哀",都是见神见鬼的做作,便带着古宗教的迷信,不单是表示生人的敬意了。

再论出殡。出殡的时候,"铭旌"先行,表示谁家的丧事;次是灵柩,次是主人随柩行,次是送殡者。送殡者之外,没有别样排场执事。主人不必举哀,哀至则哭,哭不必出声。主人穿麻衣,不戴帽,不执哭丧杖,不用草索束腰,但用白布腰带。为什么要穿麻衣呢?我本来想用民国服制,用乙种礼服,袖上蒙黑纱。后来因为来送殡的男人女人都穿白衣,主人不能独穿黑,只好用麻衣,束白腰带。为什么不戴帽呢?因为既不用那种俗礼的高梁孝子冠,一时寻不出相当的帽子,故不如用表示敬意的脱帽法。为什么不用杖呢?因为古人居父母的丧要自己哀毁,要做到"扶而后能起,杖而后能行"的半死样子,故不能不用杖。我们既不能做到那种半死样子,又何必拿那根杖来装门面呢?

我们是聚族而居的,人死了,该送神主入祠。俗礼先有"题主"或"点主"之法,把"神主牌"先请人写好,留着"主"字上的一点,再去请一位阔人来,求他用朱笔蘸了鸡冠血,把"主"字上一点点上。

这就是"点主"。点主是丧事里一件最重要的事，因为他是一件最可装面子摆架子的事。你们回想当年袁世凯死后，他的儿子孙子们请徐世昌点主的故事，就可晓得这事的重要了。

那时家里人来问我要请谁点主。我说，用不着点主了。为什么呢？因为古礼但有"请善书者书主"（《朱子家礼》与《温公书仪》同）。这是恐怕自己不会写好字，故请一位写好字的写牌，是郑重其事的意思。后来的人，要借死人来摆架子，故请顶阔的人来题主。但是阔人未必会写字。也许请的是一位督军，连字都不认得。所以主人家先把牌子上的字写好，单留"主"字上的一点，请"大宾"的大笔一点。如此办法，就是不识字的大帅，也会题主了！我不配借我母亲来替我摆架子，不如行古礼罢。所以我请我的老友近仁把牌位连那"主"字上的一点一齐写好。出殡之后把神主送进宗祠，就完了事。

未出殡之前，有人来说，他有一穴好地，葬下去可以包我做到总长。我说，我也看过一些堪舆书，但不曾见那部书上有"总长"二字，还是请他留上那块好地自己用罢。我自己出去，寻了一块坟地，就是在先父铁花先生的坟的附近。乡下的人以为我这个"外国翰林"看的风水，一定是极好的地，所以我的母亲葬下之后，不到十天，就有人抬了一口棺材，摆在我母亲坟下的田里。人来对我说，前面的棺材挡住了后面的"气"。我说，气是四方八面都可进来的，没有东西可挡得住，由他挡去罢。

以上记丧事完了。

再论我的丧服。我在北京接到凶电的时候，那有仔细思想的心情？故糊糊涂涂的依着习惯做去，把缎子的皮袍脱了，换上布棉袍，布帽，帽上还换了白结子，又买了一双白鞋。时表上的练子是金的，——镀金的，——故留在北京。眼镜脚也是金的，但是来不及换了，我又不能离开眼镜，只好戴了走。里面的棉袄是绸的，但是来不及改做布的，只好穿了走，好在穿在里面，人看不见！我的马褂袖上还加了一条黑纱。这都是我临走的一天，糊糊涂涂的时候，依着习惯做的事。到了路上，我自己回想，很觉惭愧。何以惭愧呢？因为我这时候用的丧服制度,乃是一种没有道理的大杂凑。白帽结,布袍,布帽,白鞋,是中国从前的旧礼。袖上蒙黑纱是民国元年定的新制。既蒙了黑纱,何必又穿白呢?我为什么不穿皮袍呢?为什么不敢穿绸缎呢?为什么不敢戴金色的东西呢?绸缎的衣服上蒙上黑纱,不仍旧是民国的丧服吗?金的不用了,难道用了银的就更"孝"了吗?

我问了几个"为什么",自己竟不能回答。我心里自然想着孔子"食夫稻,衣夫锦,于汝安乎"的话,但是我又问:我为什么要听孔子的话?为什么我们现在"食稻"(吃饭)心已安了?为什么"衣锦"便不安呢?仔细想来,我还是脱不了旧风俗的无形的势力,——我还是怕人说话!

但是那时我在路上,赶路要紧,也没有心思去想这些"细事小节"。到家之后,更忙了,便也不曾想到服制上去。丧事里的丧服,上文已说过了。丧事完了之后,我仍旧是布袍,布帽,白帽结,白棉鞋,袖上蒙了一块黑纱。穿惯了,我更不觉得这种不中不西半新半旧的丧服有什么可怪的了。习惯的势力真可怕!

今年4月底,我到上海欢迎杜威先生,过了几天,便是5月7日的上海国民大会。那一天的天气非常的热,诸位大概总还有人记得。我到公共体育场去时,身上穿着布的夹袍,布的夹裤还是绒布里子的,上面套着线缎的马褂。我要听听上海一班演说家,故挤到台前,身上已是汗流遍体。我脱下马褂,听完演说,跟着大队去游街,从西门一直走到大东门,走得我一身衣服从里衣湿透到夹袍子。我回到一家同乡店家,邀了一位同乡带我去买衣服更换,因为我从北京来,不预备久住,故不曾带得单衣服。习惯的势力还在,我自然到石路上小衣店里去寻布衫子,羽纱马褂,布套裤之类。我们寻来寻去,寻不出合用的衣裤,因为我一身湿汗,急于要换衣服,但是布衣服不曾下水是不能穿的。我们走完一条石路,仍旧是空手。我忽然问我自己道:"我为什么一定要买布的衣服?因为我有服在身,穿了绸衣,人家要说话。我为什么怕人家说我的闲话?"我问到这里,自己不能回答。我打定主意,去买绸衣服,买了一件原当的府绸长衫,一件实地纱马褂,一双纱套裤,再借了一身衬衣裤,方才把衣服换了。初换的时候,我心里还想在袖上蒙上一条黑纱。后来我又想:我为什么一定要蒙黑纱呢?因为我丧期没有完。我又想:我为什么一定要守这三年的服制呢?我既不是孔教徒,又向来不赞成儒家的丧制,为什么不敢实行短丧呢?我问到这里,又不能回答了,所以决定主意,实行短丧,袖上就不蒙黑纱了。

我从5月7日起,已不穿丧服了。前后共穿了五个月零十几天的丧服。人家问我行的是什么礼?我说是古礼。人家又问,那一代的古礼?我说是《易传》说的太古时代"丧期无数"的古礼。我以为"丧期无数"最为有理。人情各不相同,父母的善恶各不相同,儿子的哀情和敬意也不相同。《檀弓》上说:

> 子夏既除丧而见,予之琴,和之不和,弹之而不成声,作而曰,"哀未忘也,先王制礼而弗敢过也"。子张既除丧而见,予之琴,和之而和,弹之而成声,作而曰,"先王制礼,不敢不至焉。"

这可见人对父母的哀情各不相同,子张、宰我嫌三年之丧太长了,子夏、闵子骞又嫌三年太短了。最好的办法是"丧期无数",长的可以几年,短的可以三月,或三日,或竟无服。不但时期无定,还应该打破古代一定等差的丧服制度。我以为服制不必限于自己的亲属:亲属值得纪念的,不妨为他纪念成服;朋友可以纪念的,也不妨为他穿服;不值得纪念的,无论在几服之内,尽可不必为他穿服。

我的母亲是我生平最敬爱的一个人,我对他的纪念,自然不止五六个月,何以我一定要实行短丧的制度呢?我的理由不止一端:

第一,我觉得三年的丧服在今日没有保存的理由。顾亭林说,"三代圣王教化之事,其仅存于今日者,惟服制而已"(《日知录》卷十五)。这话说得真正可怜!现在居丧的人,可以饮酒食肉,可以干政筹边,可以嫖赌纳妾,可以作种种"不孝"的事,却偏要苦苦保存这三年穿素的"服制"!不能实行三年之"丧",却偏要保存三年的"丧服"!这真是孟子说的"放饭流歠而问无齿决,是之谓不知务"了!

第二,真正的纪念父母,方法很多,何必单单保存这三年服制?现行的服制,乃是古丧礼的皮毛,乃是今人装门面自欺欺人的形式。我因为不愿意用这种自欺欺人的服制来做纪念我母亲的方法,所以我决意实行短丧。我因为不承认"穿孝"就算"孝",不承认"孝"是拿来穿在身上的,所以我决意实行短丧。

第三,现在的人居父母之丧,自称为"守制",写自己的名字要加上一个小"制"字,请问这种制是谁人定的制?是古人遗传下来的制呢?还是现在国家法律规定的制呢?民国法律并不曾规定丧期。若说是古代遗制,则从斩衰三年到小功,缌,都是"制",何以三年之丧单称为"制"呢?况且古代的遗制到了今日,应该经过一番评判的研究,看那种遗制是否可以存在,不应该因为他是古制就糊糊涂涂的服从他。我因为尊重良心的自由,不愿意盲从无意识的古制,故决意实行短丧。

第四,现在的服制实际上有许多行不通的地方。若说素色是丧服,现在的风尚喜欢素色衣裳,素色久已不成为丧服的记号了。若说布衣是丧服,绸缎不是丧服,那么,除了丝织的材料之外,许多外国的有光的织料是否算是布衣?有光的洋货织料可以穿得,何以本国的丝织物独不可穿?蚕丝织的绸缎既不能穿,何以羊毛织的呢货又可以穿得?还有羊皮既可以穿得,何以狐皮便穿不得?银器既可以戴得,金器和镀金器何以又戴不得?——诸如此类,可以证明现在的服制全凭社会的习惯随意乱定,没有理由可说,没有标准可寻;颠倒杂乱,一无是处。经济上的困难且丢开不说,就说这心理上的麻烦不安,也很够受了。我也曾想采用一种近人情,有道理,有一贯标准的丧服,竟寻不出来,空弄得精神上受无数困难惭愧。因此,我索性主张把服丧的期限缩短,在这短丧期内,无论穿何种织料的衣服,——无论布的,绸缎的,呢的,绒的,纱的,——只要蒙上黑纱,依民国的新礼制,便算是丧服了。

以上记我实行短丧的原委和理由。

我把我自己经过的丧礼改革,详细记了下来,并不是说我所改的都是不错的,也并不敢劝国内的人都依着我这样做。我的意思,不过是想表示我个人从一次生平最痛苦的经验里面得来的一些见解,一些感想;不过想指点出现在丧礼的种种应改革的地方和将来改革的大概趋势。我现在且把我对于丧礼的一点普通见解总括写出来,做一个结论。

结　论

人类社会的进化,大概分两条路子:一边是由简单的变为复杂的,如文字的增添之类;一边是由繁复的变为简易的,如礼仪的变简之类。近来的人,听得一个"由简而繁,由浑而画"的公式,以为进化的秘诀全在于此了。却不知由简而繁固然是进化的一种,由繁而简也是进化的一条大路。即如文字固是逐渐增多,但文法却逐渐变简。拿英文和希腊、拉丁文比较,便是文法变简的进化。汉文也有逐渐变简的痕迹。古代的代名词,"吾"、"我"有别,"尔"、"汝"有别,"彼"、"之"有别。现代变为"我"、"你"、"他","我们"、"你们"、"他们",使主次宾次变为一律,使多数单数的变化也归一律。这不是一大进化吗?古代的字如马两岁叫做"驹",三岁叫做"駣",八岁叫做"馴";又马高六尺为"骄",七尺为"騋"。这都是很不规则的变化,现在都变简易了。

我举这几个例,来证明由繁而简也是进化。再举礼仪的变迁,更可以证明这个道理。我们试请一位孔教会的信徒,叫他把一部《仪礼》来实行,他做得到吗?何以做不到呢?因为古人生活简单,那些一半祭司一半贵族的士大夫,很可以玩那"一献之礼宾主百拜"的把戏儿。后来生活复杂了,谁也没有工夫来干这揖让周旋的无谓繁文。因此,自古以来,礼仪一天简单一天,虽有极顽固的复古家,势不能恢复那"礼仪三百,威仪三千"的盛世规模。故社会生活变复杂了,是一进化。同时礼仪变简单了,也是一进化。由我们现在的生活,要想回到茹毛饮血,穴居野处的生活,固是不可能;但是由我们现在简单礼节,要想回到那揖让周旋宾主百拜的礼节,也是不可能。

懂得这个道理,方才可以谈礼俗改良,方才可以谈丧礼改良。

简单说来,我对于丧礼问题的意见是:

(1)现在的丧礼比古礼简单多了,这是自然的趋势,不能说是退化。将来社会的生活更复杂,丧礼应该变得更简单。

（2）现在丧礼的坏处，并不在不行古礼，乃在不曾把古代遗留下来的许多虚伪仪式删除干净。例如不行"寝苫枕块"的礼，并不是坏处；但自称"苫块昏迷"，便是虚伪的坏处。又如古礼，儿子居丧，用种种自己刻苦的仪式，"水浆不入于口者三日，杖而后能起"，所以必须用杖。现在的人不行这种野蛮的风俗，本是一大进步，并不是一种坏处；但做"孝子"的仍旧拿着哭丧棒，这便是作伪了。

（3）现在的丧礼还有一种大坏处，就是一方面虽然废去古代的繁重礼节，一方面又添上了许多迷信的，虚伪的，野蛮风俗。例如地狱天堂，轮回果报，等等迷信，在丧礼上便发生了和尚念经超度亡人，棺材头点"随身灯"，做法事"破地狱"，"破血盆湖"，……等等迷信的风俗。

（4）现在我们讲改良丧礼，当从两方面下手。一方面应该把古丧礼遗下的种种虚伪仪式删除干净，一方面应该把后世加入的种种野蛮迷信的仪式删除干净。这两方面破坏工夫做到了，方才可以有一种近于人情，适合于现代生活状况的丧礼。

（5）我们若要实行这两层破坏的工夫，应该用什么做去取的标准呢？我仔细想来，没有绝对的标准，只有一个活动的标准，就是"为什么"三个字。我们每做一件事，每行一种礼，总得问自己：我为什么要做这件事？为什么要行那种礼？（例如我上面所举"点主"一件事）能够每事要寻一个"为什么"，自然不肯行那些说不出为什么要行的种种陋俗了。凡事不问为什么要这样做，便是无意识的习惯行为。那是下等动物的行为，是可耻的行为！

（原载1919年11月1日《新青年》第6卷第6号）

新生活
为《新生活》杂志第一期做的

那样的生活可以叫做新生活呢？

我想来想去，只有一句话。新生活就是有意思的生活。

你听了，必定要问我，有意思的生活又是什么样子的生活呢？

我且先说一两件实在的事情做个样子，你就明白我的意思了。

前天你没有事做，闲的不耐烦了，你跑到街上一个小酒店里，打了四两白干，喝完了，又要四两，再添上四两。喝的大醉了，同张大哥吵了一回嘴，几乎打起架来。后来李四哥来把你拉开，你气忿忿的又要了四两白干，喝的人事不知，幸亏李四哥把你扶回去睡了。昨儿早上，你酒醒了，大嫂子把前天的事告诉你，你懊悔的很，自己埋怨自己："昨儿为什么要喝那么多酒呢？可不是糊涂吗？"

你赶上张大哥家去，作了许多揖，赔了许多不是，自己怪自己糊涂，请张大哥大量包涵。正说时，李四哥也来了，王三哥也来了。他们三缺一，要你陪他们打牌。你坐下来，打了十二圈牌，输了一百多吊钱。你回得家来，大嫂子怪你不该赌博，你又懊悔的很，自己怪自己道："是呵，我为什么要陪他们打牌呢？可不是糊涂吗？"

诸位，像这样子的生活，叫做糊涂生活，糊涂生活便是没有意思的生活。你做完了这种生活，回头一想，"我为什么要这样干呢？"你自己也回不出究竟为什么。

诸位，凡是自己说不出"为什么这样做"的事，都是没有意思的生活。

反过来说，凡是自己说得出"为什么这样做"的事，都可以说是有意思的生活。

生活的"为什么",就是生活的意思。

人同畜生的分别,就在这个"为什么"上。你到万牲园里去看那白熊一天到晚摆来摆去不肯歇,那就是没有意思的生活。我们做了人,应该不要学那些畜生的生活。畜生的生活只是糊涂,只是胡混,只是不晓得自己为什么如此做。一个人做的事应该件件事回得出一个"为什么"。

我为什么要干这个?为什么不干那个?回答得出,方才可算是一个人的生活。

我们希望中国人都能做这种有意思的新生活。其实这种新生活并不十分难,只消时时刻刻问自己为什么这样做,为什么不那样做,就可以渐渐的做到我们所说的新生活了。

诸位,千万不要说"为什么"这三个字是很容易的小事。你打今天起,每做一件事,便问一个为什么,——为什么不把辫子剪了?为什么不把大姑娘的小脚放了?为什么大嫂子脸上搽那么多的脂粉?为什么出棺材要用那么多叫化子?为什么娶媳妇也要用那么多叫化子?为什么骂人要骂他的爹妈?为什么这个?为什么那个?——你试办一两天,你就会晓得这三个字的趣味真是无穷无尽,这三个字的功用也无穷无尽。

诸位,我们恭恭敬敬的请你们来试试这种新生活。

民国八年八月

(原载1919年8月24日《新生活》第1期)

新思潮的意义

> 研究问题
> 输入学理
> 整理国故
> 再造文明

1 近来报纸上发表过几篇解释"新思潮"的文章。我读了这几篇文章,觉得他们所举出的新思潮的性质,或太琐碎,或太拢统,不能算作新思潮运动的真确解释,也不能指出新思潮的将来趋势。即如包世杰先生的《新思潮是什么》一篇长文,列举新思潮的内容,何尝不详细?但是他究竟不曾使我们明白那种种新思潮的共同意义是什么。比较最简单的解释要算我的朋友陈独秀先生所举出的《新青年》两大罪案,——其实就是新思潮的两大罪案,——一是拥护德莫克拉西先生(民治主义),一是拥护赛因斯先生(科学)。陈先生说:

> 要拥护那德先生,便不得不反对孔教,礼法,贞节,旧伦理,旧政治。要拥护那赛先生,便不得不反对旧艺术,旧宗教。要拥护德先生,又要拥护赛先生,便不得不反对国粹和旧文学。(《新青年》六卷一号页一〇)

这话虽然很简明,但是还嫌太拢统了一点。假使有人问:"何以要拥护德先生和赛先生便不能不反对国粹和旧文学呢?"答案自然是:"因为国粹和旧文学是同德、赛两位先生反对的。"又问:"何以凡同德、赛两位先生反对的东西都该反对呢?"这个问题可就不是几句拢统简单的话所能回答的了。

据我个人的观察,新思潮的根本意义只是一种新态度。这种新态度可叫做"评判的态度"。

评判的态度，简单说来，只是凡事要重新分别一个好与不好。仔细说来，评判的态度含有几种特别的要求：

（1）对于习俗相传下来的制度风俗，要问："这种制度现在还有存在的价值吗？"

（2）对于古代遗传下来的圣贤教训，要问："这句话在今日还是不错吗？"

（3）对于社会上糊涂公认的行为与信仰，都要问："大家公认的，就不会错了吗？人家这样做，我也该这样做吗？难道没有别样做法比这个更好，更有理，更有益的吗？"

尼采说现今时代是一个"重新估定一切价值"（Transvaluation of all Values）的时代。"重新估定一切价值"八个字便是评判的态度的最好解释。从前的人说妇女的脚越小越美。现在我们不但不认小脚为"美"，简直说这是"惨无人道"了。十年前，人家和店家都用鸦片烟敬客。现在鸦片烟变成犯禁品了。二十年前，康有为是洪水猛兽一般的维新党。现在康有为变成老古董了。康有为并不曾变换，估价的人变了，故他的价值也跟着变了。这叫做"重新估定一切价值"。

我以为现在所谓"新思潮"，无论怎样不一致，根本上同有这公共的一点：——评判的态度。孔教的讨论只是要重新估定孔教的价值。文学的评论只是要重新估定旧文学的价值。贞操的讨论只是要重新估定贞操的道德在现代社会的价值。旧戏的评论只是要重新估定旧戏在今日文学上的价值。礼教的讨论只是要重新估定古代的纲常礼教在今日还有什么价值。女子的问题只是要重新估定女子在社会上的价值。政府与无政府的讨论，财产私有与公有的讨论，也只是要重新估定政府与财产等等制度在今日社会的价值。……我也不必往下数了，这些例很够证明这种评判的态度是新思潮运动的共同精神。

2 这种评判的态度,在实际上表现时,有两种趋势。一方面是讨论社会上,政治上,宗教上,文学上种种问题。一方面是介绍西洋的新思想,新学术,新文学,新信仰。前者是"研究问题",后者是"输入学理"。这两项是新思潮的手段。

我们随便翻开这两三年以来的新杂志与报纸,便可以看出这两种的趋势。在研究问题一方面,我们可以指出(1)孔教问题,(2)文学改革问题,(3)国语统一问题,(4)女子解放问题,(5)贞操问题,(6)礼教问题,(7)教育改良问题,(8)婚姻问题,(9)父子问题,(10)戏剧改良问题,……等等。在输入学理一方面,我们可以指出《新青年》的"易卜生号","马克思号",《民铎》的"现代思潮号",《新教育》的"杜威号",《建设》的"全民政治"的学理,和北京《晨报》,《国民公报》,《每周评论》,上海《星期评论》,《时事新报》,《解放与改造》,广州《民风周刊》……等等杂志报纸所介绍的种种西洋新学说。

为什么要研究问题呢？因为我们的社会现在正当根本动摇的时候,有许多风俗制度,向来不发生问题的,现在因为不能适应时势的需要,不能使人满意,都渐渐的变成困难的问题,不能不彻底研究,不能不考问旧日的解决法是否错误;如果错了,错在什么地方;错误寻出了,可有什么更好的解决方法;有什么方法可以适应现时的要求。例如孔教的问题,向来不成什么问题;后来东方文化与西方文化接近,孔教的势力渐渐衰微,于是有一班信仰孔教的人妄想要用政府法令的势力来恢复孔教的尊严;却不知道这种高压的手段恰好挑起一种怀疑的反动。因此,民国四五年的时候,孔教会的活动最大,反对孔教的人也最多。孔教成为问题就在这个时候。现在大多数明白事理的人,已打破了孔教的迷梦,这个问题又渐渐的不成问题了,故安福部的议员通过孔教为修身大本的议案时,国内竟没有人睬他们了！

又如文学革命的问题。向来教育是少数"读书人"的特别权利,于大多数人是无关系的,故文字的艰深不成问题。近来教育成为全国人的公共权利,人人知道普及教育是不可少的,故渐渐的有人知道文言在教育上实在不适用,于是文言白话就成为问题了。后来有人觉得单用白话做教科书是不中用的,因为世间决没有人情愿学一种除了教科书以外便没有用处的文字。这些人主张：古文不但不配做教育的工具，并且不配做文学的利器；若要提倡国语的教育，先须提倡国语的文学。文学革命的问题就是这样发生的。现在全国教育联合会已全体一致通过小学教科书改用国语的议案，况且用国语做文章的人也渐渐的多了，这个问题又渐渐的不成问题了。

为什么要输入学理呢？这个大概有几层解释。一来呢，有些人深信中国不但缺乏炮弹，兵船，电报，铁路，还缺乏新思想与新学术，故他们尽量的输入西洋近世的学说。二来呢，有些人自己深信某种学说，要想他传播发展，故尽力提倡。三来呢，有些人自己不能做具体的研究工夫，觉得翻译现成的学说比较容易些，故乐得做这种稗贩事业。四来呢，研究具体的社会问题或政治问题，一方面做那破坏事业，一方面做对症下药的工夫，不但不容易，并且很遭犯忌讳，很容易惹祸，故不如做介绍学说的事业，借"学理研究"的美名，既可以避"过激派"的罪名，又还可以种下一点革命的种子。五来呢，研究问题的人，势不能专就问题本身讨论，不能不从那问题的意义上着想；但是问题引申到意义上去，便不能不靠许多学理做参考比较的材料，故学理的输入往往可以帮助问题的研究。

这五种动机虽然不同，但是多少总含有一种"评判的态度"，总表示对于旧有学术思想的一种不满意，和对于西方的精神文明的一种新觉悟。

但是这两三年新思潮运动的历史应该给我们一种很有益的教训。什么教训呢？就是：这两三年来新思潮运动的最大成绩差不多全是研究问题的结果。新文学的运动便是一个最明白的例。这个道理很容易解释。凡社会上成为问题的问题，一定是与许多人有密切关系的。这许多人虽然不能提出什么新解决，但是他们平时对于这个问题自然不能不注意。若有人能把这个问题的各方面都细细分析出来，加上评判的研究，指出不满意的所在，提出新鲜的救济方法，自然容易引起许多人的注意。起初自然有许多人反对。但是反对便是注意的证据，便是兴趣的表示。试看近日报纸上登的马克斯的《赢余价值论》，可有反对的吗？可有讨论的吗？没有人讨论，没有人反对，便是不能引起人注意的证据。研究问题的文章所以能发生效果，正为所研究的问题一定是社会人生最切要的问题，最能使人注意，也最能使人觉悟。悬空介绍一种专家学说，如《赢余价值论》之类，除了少数专门学者之外，决不会发生什么影响。但是我们可以在研究问题里面做点输入学理的事业，或用学理来解释问题的意义，或从学理上寻求解决问题的方法。用这种方法来输入学理，能使人于不知不觉之中感受学理的影响。不但如此，研究问题最能使读者渐渐的养成一种批评的态度，研究的兴趣，独立思想的习惯。十部《纯粹理性的评判》，不如一点评判的态度；十篇《赢余价值论》，不如一点研究的兴趣；十种"全民政治论"，不如一点独立思想的习惯。

总起来说：研究问题所以能于短时期中发生很大的效力，正因为研究问题有这几种好处：(1)研究社会人生切要的问题最容易引起大家的注意；(2)因为问题关切人生，故最容易引起反对，但反对是该欢迎的，因为反对便是兴趣的表示，况且反对的讨论不但给我们许多不要钱的广告，还可使我们得讨论的益处，使真理格外分明；(3)因为问题是逼人的活问题，故容易使人觉悟，容易得人信从；(4)因为从研究问题里面输入的学理，最容易消除平常人对于学理的抗拒力，最容易使人于不知不觉之中受学理的影响；(5)因为研究问题可以不知不觉的养成一班研究的，评判的，独立思想的革新人才。

这是这几年新思潮运动的大教训！我希望新思潮的领袖人物以后能了解这个教训，能把全副精力贯注到研究问题上去；能把一切学理不看作天经地义，但看作研究问题的参考材料；能把一切学理应用到我们自己的种种切要问题上去；能在研究问题上面做输入学理的工夫；能用研究问题的工夫来提倡研究问题的态度，来养成研究问题的人才。

这是我对于新思潮运动的解释。这也是我对于新思潮将来的趋向的希望。

(注)参看：

(1)《多研究些问题，少谈些主义》。(2)《问题与主义》。(3)《再论问题与主义》。(4)《三论问题与主义》。

3

以上说新思潮的"评判的精神"在实际上的两种表现。现在要问:"新思潮的运动对于中国旧有的学术思想,持什么态度呢?"

我的答案是:"也是评判的态度。"

分开来说,我们对于旧有的学术思想有三种态度。第一,反对盲从;第二,反对调和;第三,主张整理国故。

盲从是评判的反面,我们既主张"重新估定一切价值",自然要反对盲从。这是不消说的了。

为什么要反对调和呢?因为评判的态度只认得一个是与不是,一个好与不好,一个适与不适,——不认得什么古今中外的调和。调和是社会的一种天然趋势。人类社会有一种守旧的惰性,少数人只管趋向极端的革新,大多数人至多只能跟你走半程路。这就是调和。调和是人类懒病的天然趋势,用不着我们来提倡。我们走了一百里路,大多数人也许勉强走三四十里。我们若先讲调和,只走五十里,他们就一步都不走了。所以革新家的责任只是认定"是"的一个方向走去,不要回头讲调和。社会上自然有无数懒人懦夫出来调和。

我们对于旧有的学术思想,积极的只有一个主张,——就是"整理国故"。整理就是从乱七八糟里面寻出一个条理脉络来;从无头无脑里面寻出一个前因后果来;从胡说谬解里面寻出一个真意义来;从武断迷信里面寻出一个真价值来。为什么要整理呢?因为古代的学术思想向来没有条理,没有头绪,没有系统,故第一步是条理系统的整理。因为前人研究古书,很少有历史进化的眼光的,故从来不讲究一种学术的渊源,一种思想的前因后果,所以第二步是要寻出每种学术思想怎样发生,发生之后有什么影响效果。因为前人读古书,除极少数学者以外,大都是以讹传讹的谬说,——如太极图,爻辰,先天图,卦气,……之类,——故第三步是要用科学的方法,作精确的考证,把古人的意义弄得明白清楚。因为前人对于古代的学术思想,有种种武断的成见,有种种可笑的迷信,如骂杨朱、墨翟为禽兽,却尊孔丘为德配天地,道冠古今!故第四步是综合前三步的研究,各家都还他一个本来真面目,各家都还他一个真价值。

这叫做"整理国故"。现在有许多人自己不懂得国粹是什么东西,却偏要高谈"保存国粹"。林琴南先生做文章论古文之不当废,他说,"吾知其理而不能言其所以然!"现在许多国粹党,有几个不是这样糊涂懵懂的?这种人如何配谈国粹?若要知道什么是国粹,什么是国渣,先须要用评判的态度,科学的精神,去做一番整理国故的工夫。

4　新思潮的精神是一种评判的态度。
新思潮的手段是研究问题与输入学理。

新思潮的将来趋势,依我个人的私见看来,应该是注重研究人生社会的切要问题,应该于研究问题之中做介绍学理的事业。

新思潮对于旧文化的态度,在消极一方面是反对盲从,是反对调和;在积极一方面,是用科学的方法来做整理的工夫。

新思潮的唯一目的是什么呢?是再造文明。

文明不是拢统造成的,是一点一滴的造成的。进化不是一晚上拢统进化的,是一点一滴的进化的。现今的人爱谈"解放与改造",须知解放不是拢统解放,改造也不是拢统改造。解放是这个那个制度的解放,这种那种思想的解放,这个那个人的解放,是一点一滴的解放。改造是这个那个制度的改造,这种那种思想的改造,这个那个人的改造,是一点一滴的改造。

再造文明的下手工夫,是这个那个问题的研究。再造文明的进行,是这个那个问题的解决。

中华民国八年十一月一日晨三时

(原载 1919 年 12 月 1 日《新青年》第 7 卷第 1 号)

工读主义试行的观察

自从北京发起工读互助团以来,工读的计划很受各地青年的欢迎,天津、上海等处都有同样的发起。天津现在风潮之中,这事自然一时不能实现。上海的工读互助团大概不久可以成立了。将来各地渐渐推行,这是意中的事,也是近来一种很可使人乐观的事。

但是我近来观察北京工读互助团的试验,很有几种感想。现在我且先说我观察的两件事实:

(1)工作的时间太多,——每人七时以上,十时以下——只有工作的时间,没有做学问的机会。

(2)做的工作,大都是粗笨的,简单的,机械的,不能引起做工的人的精神上的反应。只有做工的苦趣,没有工读的乐趣。

第一件事实是大家公认的。北京互助团初发起时,章程上规定"每日每人必须作工四小时"。实验的效果不能不增加钟点。故上海新发起的工读互助团简章第三条已改为"每日每人必须工作六小时"。并且还加上"若生活费用不能支持,得临时由团员公议增加作工钟点"。上海房租很贵,大概六小时是决不够的。现在且假定八小时作工,八小时睡觉,一时半吃饭,二时休息,剩下的只有四个半小时了。

如果做的工作都带有知识的分子,都能引起研究学问的旨趣,工作的时间就多一点也不妨。但是现在各处互助团兴办的工作大概都是"挨役"(drudgery),不是工作(work)。现在互助团的团员打起"试验新生活"的旗号,觉得"挨役"是新人物的一部分,故还能有点兴致。但是我预料这种兴致是不能持久的。兴致减少了,"挨役"更成了苦工了,假的新旗号也要倒了!

照我个人的愚见看来，我们在北京发起的工读互助团的计划，实在是太草率了，太不切事实了。因为我希望别处的工读计划不要抄袭北京，所以我现在要把我对于这两个月北京的试验结果的意见写出来供大家参考。

北京工读互助团的计划的根本大错就在不忠于"工读"两个字。发起人之中，有几个人的目的并不注重工读，他们的眼光射在"新生活"和"新组织"上。因此，他们只做了一个"工"的计划，不曾做"读"的计划。开办以后也只做到了"工"的一小方面，不能顾全"读"的方面。上海的新团将来一定也要陷入这种现状。今天《民国日报》上费哲民先生问"工作定六小时，受课定几小时呢？"发起人彭先生对于这个问题也不能回答。

我也是北京发起人之一，但我是见惯半工半读的学生生活的，觉得"工读主义"乃是极平平无奇的东西，用不着挂什么金字招牌。我当初对于这种计划很表示赞成，因为中国学生向来瞧不起工作，社会上也瞧不起作工的人，故有了一种挂起招牌的组织也许可以容易得到工作，也许还可以打破一点轻视工人的心理。简单说来，我当时赞成这种有组织的工作，是因为我希望有了组织可使工读容易实行。我希望用组织来帮助那极平常的工读主义，并不希望用这种组织来"另外产生一种新生活新组织"。

我为什么说这段话呢？因为我觉得现有许多人把工读主义看作一种高超的新生活。北京互助团的捐启上还只说"帮助北京的青年实行半工半读主义，庶几可以达教育和职业合一的理想"。上海互助团的捐启便老实说："使上海一般有新思想的青年男女可以解除旧社会旧家庭种种经济上意志上的束缚，而另外产生一种新生活新组织出来。"新生活和新组织也许都是很该提倡的东西，但是我很诚恳的希望我的朋友们不要借"工读主义"来提倡新生活新组织。工读主义只不过是靠自己的工作去换一点教育经费，是一件极平常的事，——美国至少有几万人做这事——算不得什么"了不得"的新生活。提倡工读主义的人和实行工读主义的人，都只该研究怎样才可以做到"靠自己的工作去换一点教育经费"的方法，不必去理会别的问题和别的主义。现在提倡和实行工读主义的人先就存了一种新生活的计划，却不注意怎样做到半工半读的方法。即如北京的互助团至今还不能解决"工读"两个字；但他们对于家庭，婚姻，男女，财产等等绝大的问题早已有了武断的解决，都早已定为成文的戒约了！

因为不忠于工读主义，因为不注意实行半工半读的方法，故北京至今不能补救当初计划的缺陷，故北京的错误计划居然有人仿行。

北京互助团的计划的错误在什么地方呢？我说是在偏重自办的工作，不注意团外的雇工。

北京这两个月的经验可以证明自办的工作是很不经济的；不但时间不经济，金钱也不经济。不但时间金钱上不经济，还有精神上的不经济。前天《时事新报》登有沈时中先生《建设组织工读介绍社》一篇，中有很切要的见解。他说："我对于组织简单的工读团体不能十分满意，并且认为无设备工场的必要，因为团员很多，个性不同，所学不同，只有一个工场，绝对不能满足工读的紧要条件。"这是很可佩服的见解。自办的工场所需的开办费太大，故只能办洗衣店一类的工作，费时既多，所得又极少，这是最不经济的事。况且所做的工作都是机械的事，毫不能发生兴趣，更不能长进学识，这是最笨拙的办法。

沈时中先生建议组织"一个大规模的工读介绍社，可以由这社将社员介绍到各机关各工场去服务。……每日规定工作几小时，所得的工价只要能供给个人的需用，不必过多"。这个计划极可试行，比现在的工读团体高明得多了。但是我以为不必先办大规模的介绍社，尽可先从小规模的下手；也不必限定机关与工场的服务，个人的雇用助手——如大学教授或著作家的私人书记或抄手——也可由这社介绍。由社中订定工价，如抄写每千字价若干，打字每页价若干，或服务每小时价若干，以供社外人参考。

但是这还是"工"的一方面。我的意思以为"工"的一方面应该注重分功，注重个性的不同，不必在一个工场里作那机械的挨役。至于"读"的一方面，那就应该采用互助的组合了。假定一个人学英文，每周须出五元；五个人同请一个英文教员，每周也只须五元。一个人买《新青年》，每月须出二角，四十个人合定一份《新青年》，每月也只得二角。还有生活上的需要品，也应该注重互助。米可以合买，房可以合租，厨子可以合雇。但共产尽可以不必。为什么呢？因为我也许愿意用我自己挣来的钱去买一部鲍生葵的《美学史》，但是你们诸位也许都用不着这部书，我还是买呢？还是不买呢？最好是许团员私有财产，但可由每人抽出每月所得之几分之几，作为公共储金，以备失业的社员借用，及大家疾病缓急的随时救济。

最难的问题，还是"读"的问题。今年正月一日，我在天津觉悟社谈话，他们问的第一个问题就是"工读主义实行以后，求学的方法应该如何？"我的答案，简单说来，是："用自己的工作去换一个教育机会的人，若还去受那既不经济又无趣味的学校生活，自然不能满意了。学校的工课时间不能不和工作时间冲突，是一病；学校课程是根据中人以下的资质定的，故很迟缓，很不经济，是二病；学校须遵守学制，人人都须按步就班的上去，是三病；学校里的工课，有许多是绝对无用的，但不得不学，是四病。我以为实行工读的人应该注重自修的工夫，遇不得不进学校时，——如试验的科学等，——也应该作旁听生，不必作正科生。"

我以为提倡工读主义的人，与其先替团员规定共产互助的章程，不如早点替他们计划怎样才可以做自修的学问的方法。自修的条件很不容易：（1）参考的书籍杂志，（2）肯尽义务的学者导师，（3）私家或公家图书馆的优待介绍，（4）便于自修的居住（北京互助团的公开生活是不适于自修的），（5）要求良好学校的旁听权。此外还有一个绝对不可少的条件：谋生的工作每日决不可过四小时。

如不能做到这些条件，如不能使团员有自修求学的工夫，那么，叫他泛劳动主义也罢，叫他新组织也罢，请不要乱挂"工读主义"的招牌！

民国九年四月

（原载 1920 年 4 月 1 日《新青年》第 7 卷第 5 号，又载 1920 年 5 月 10 日《东方杂志》第 17 卷第 9 号）

非个人主义的新生活

这个题目是我在山东道上想着的,后来曾在天津学生联合会的学术讲演会讲过一次,又在唐山的学术讲演会讲过一次。唐山的演稿由一位刘赞清君记出,登在1月15日《时事新报》上。我这一篇的大意是对于新村的运动贡献一点批评。这种批评是否合理,我也不敢说。但是我自信这一篇文字是研究考虑的结果,并不是根据于先有的成见的。

九,一,二二

本篇有两层意思。一是表示我不赞成现在一般有志青年所提倡,我所认为"个人主义的"新生活。一是提出我所主张的"非个人主义的"新生活,就是"社会的"新生活。

先说什么叫做"个人主义"(Individualism)。一月二夜(就是我在天津讲演前一晚),杜威博士在天津青年会讲演《真的与假的个人主义》,他说:个人主义有两种:

(1)假的个人主义——就是为我主义(Egoism) 他的性质是自私自利:只顾自己的利益,不管群众的利益。

(2)真的个人主义——就是个性主义(Individuality) 他的特性有两种:一是独立思想,不肯把别人的耳朵当耳朵,不肯把别人的眼睛当眼睛,不肯把别人的脑力当自己的脑力;二是个人对于自己思想信仰的结果要负完全责任,不怕权威,不怕监禁杀身,只认得真理,不认得个人的利害。

杜威先生极力反对前一种假的个人主义,主张后一种真的个人主义。这是我们都赞成的。但是他反对的那种自私自利的个人主义的害处,是大家都明白的。因为人多明白这种主义的害处,故他的危险究竟不很大。例如东方现在实行这种极端为我主义的"财主督军"，无论他们眼前怎样横行，究竟逃不了公论的怨恨，究竟不会受多数有志青年的崇拜。所以我们可以说这种主义的危险是很有限的。但是我觉得"个人主义"还有第三派，是很受人崇敬的，是格外危险的。这一派是：

（3）独善的个人主义　他的共同性质是：不满意于现社会，却又无可如何，只想跳出这个社会去寻一种超出现社会的理想生活。

这个定义含有两部分：(1)承认这个现社会是没有法子挽救的了；(2)要想在现社会之外另寻一种独善的理想生活。自有人类以来，这种个人主义的表现也不知有多少次了。简括说来，共有四种：

（一）宗教家的极乐国　如佛家的净土，犹太人的伊丁园，别种宗教的天堂，天国，都属于这一派。这种理想的原起，都由于对现社会不满意。因为厌恶现社会，故悬想那些无量寿，无量光的净土；不识不知，完全天趣的伊丁园；只有快乐，毫无痛苦的天国。这种极乐国里所没有的，都是他们所厌恨的；所有的，都是他们所梦想而不能得到的。

（二）神仙生活　神仙的生活也是一种悬想的超出现社会的生活。人世有疾病痛苦，神仙无病长生；人世愚昧无知，神仙能知过去未来；人生不自由，神仙乘云遨游，来去自由。

（三）山林隐逸的生活　前两种是完全出世的；他们的理想生活是悬想的，渺茫的，出世生活。山林隐逸的生活虽然不是完全出世的，也是不满意于现社会的表示。他们不满意于当时的社会政治，却又无能为力，只得隐姓埋名，逃出这个恶浊社会去做他们自己理想中的生活。他们不能"得君行道"，故对于功名利禄，表示藐视的态度；他们痛恨富贵的人骄奢淫佚[逸]，故说富贵如同天上的浮云，如同脚下的破草鞋。他们痛恨社会上有许多不耕而食，不劳而得的"吃白阶级"，故自己耕田锄地，自食其力。他们厌恶这污浊的社会，故实行他们理想中梅妻鹤子，渔蓑钓艇的洁净生活。

（四）近代的新村生活　近代的新村运动，如十九世纪法国、美国的理想农村，如现在日本日向的新村，照我的见解看起来，实在同山林隐逸的生活是根本相同的。那不同的地方，自然也有。山林隐逸是没有组织的，新村是有组织的：这是一种不同。隐遁的生活是同世事完全隔绝的，故有"不知有汉，遑论魏晋"的理想；现在的新村的人能有赏玩 Rodin 同 Cézanne 的幸福，还能在村外著书出报：这又是一种不同。但是这两种不同都是时代造成的，是偶然的，不是根本的区别。从根本性质上看来，新村的运动都是对于现社会不满意的表示。即如日向的新村，他们对于现在"少数人在多数人的不幸上，筑起自己的幸福"的社会制度，表示不满意，自然是公认的事实。周作人先生说日向新村里有人把中国看作"最自然，最自在的国"（《新潮》二，页七五）。这是他们对于日本政制极不满意的一种牢骚话，很可玩味的。武者小路实笃先生一般人虽然极不满意于现社会，却又不赞成用"暴力"的改革。他们都是"真心仰慕着平和"的人。他们于无可如何之中，想出这个新村的计划来。周作人先生说，"新村的理想，要将历来非暴力不能做到的事，用和平方法得来"（《新青年》七，二，一三四）。这个和平方法就是离开现社会，去做一种模范的生活。"只要万人真希望这种的世界，这世界便能实现。"（《新青年》同上）这句话不但是独善主义的精义，简直全是净土宗的口气了！所以我把新村来比山林隐逸，不算冤枉他；就是把他来比求净土天国的宗教运动，也不算玷辱他。不过他们的"净土"是在日向，不在西天罢了。

我这篇文章要批评的"个人主义的新生活"，就是指这一种跳出现社会的新村生活。这种生活，我认为"独善的个人主义"的一种。"独善"两个字是从孟轲"穷则独善其身"一句话上来的。有人说：新村的根本主张是要人人"尽了对于人类的义务，却又完全发展自己个性"；如此看来，他们既承认"对于人类的义务"，如何还是独善的个人主义呢。我说：这正是个人主义的证据。试看古往今来主张个人主义的思想家，从希腊的"狗派"（Cynic）以至十八九世纪的个人主义，那一个不是一方面崇拜个人，一方面崇拜那广漠的"人类"的？主张个人主义的人，只是否认那些切近的伦谊，——或是家族，或是"社会"，或是国家，——但是因为要推翻这些比较狭小逼人的伦谊，不得不捧出那广漠不逼人的"人类"。所以凡是个人主义的思想家,没有一个不承认这个双重关系的。

新村的人主张"完全发展自己个性",故是一种个人主义。他们要想跳出现社会去发展自己个性,故是一种独善的个人主义。

这种新村的运动,因为恰合现在青年不满意于现社会的心理,故近来中国也有许多人欢迎,赞叹,崇拜。我也是敬仰武者先生一班人的,故也曾仔细考究这个问题。我考究的结果是不赞成这种运动。我以为中国的有志青年不应该仿行这种个人主义的新生活。

这种新村的运动有什么可以反对的地方呢?

第一,因为这种生活是避世的,是避开现社会的。这就是让步。这便不是奋斗。我们自然不应该提倡"暴力",但是非暴力的奋斗是不可少的。我并不是说武者先生一班人没有奋斗的精神。他们在日本能提倡反对暴力的论调,——如《一个青年的梦》——自然是有奋斗精神的。但是他们的新村计划想避开现社会里"奋斗的生活",去寻那现社会外"生活的奋斗",这便是一大让步。武者先生的《一个青年的梦》里的主人翁最后有几句话,很可玩味。他说:

> ……请宽恕我的无力。——宽恕我的话的无力。但我心里所有的对于美丽的国的仰慕,却要请诸君体察的。(《新青年》七,二,一〇二)

我们对于日向的新村应该作如此观察。

第二,在古代,这种独善主义还有存在的理由;在现代,我们就不该崇拜他了。古代的人不知道个人有多大的势力,故孟轲说:"穷则独善其身,达则兼善天下。"古人总想,改良社会是"达"了以后的事业,——是得君行道以后的事业;故承认个人——穷的个人——只能做独善的事业,不配做兼善的事业。古人错了。现在我们承认个人有许多事业可做。人人都是一个无冠的帝王,人人都可以做一些改良社会的事。去年的五四运动和六三运动,何尝是"得君行道"的人做出来的? 知道个人可以做事,知道有组织的个人更可以作事,便可以知道这种个人主义的独善生活是不值得摹仿的了。

第三,他们所信仰的"泛劳动主义"是很不经济的。他们主张:

"一个人生存上必要的衣食住,论理应该用自己的力去得来,不该要别人代负这责任。"这话从消极一方面看,——从反对那"游民贵族"的方面看,——自然是有理的。但是从他们的积极实行方面看,他们要"人人尽劳动的义务,制造这生活的资料",——就是衣食住的资料,——这便是"矫枉过正"了。人人要尽制造衣食住的资料的义务,就是人人要加入这生活的奋斗(周作人先生再三说新村里平和幸福的空气,也许不承认"生活的奋斗"的话;但是我说的,并不是人同人争面包米饭的奋斗,乃是人在自然界谋生存的奋斗;周先生说新村的农作物至今还不够自用,便是一证)。现在文化进步的趋势,是要使人类渐渐减轻生活的奋斗至最低度,使人类能多分一些精力出来,做增加生活意味的事业。新村的生活使人人都要尽"制造衣食住的资料"的义务,根本上否认分功进化的道理,增加生活的奋斗,是很不经济的。

第四,这种独善的个人主义的根本观念就是周先生说的"改造社会,还要从改造个人做起"。我对于这个观念,根本上不能承认。这个观念的根本错误在于把"改造个人"与"改造社会"分作两截;在于把个人看作一个可以提到社会外去改造的东西。要知道个人是社会上种种势力的结果。我们吃的饭,穿的衣服,说的话,呼吸的空气,写的字,有的思想,……没有一件不是社会的。我曾有几句诗,说:"……此身非吾有:一半属父母,一半属朋友"。当时我以为把一半的我归功社会,总算很慷慨了。后来我才知道这点算学做错了!父母给我的真是极少的一部分。其余各种极重要的部分,如思想,信仰,知识,技术,习惯,……等等,大都是社会给我的。我穿线袜的法子是一个徽州同乡教我的;我穿皮鞋打的结能不散开,是一个美国女朋友教我的。这两件极细碎的例,很可以说明这个"我"是社会上无数势力所造成的。社会上的"良好分子"并不是生成的,也不是个人修炼成的,——都是因为造成他们的种种势力里面,良好的势力比不良的势力多些。反过来,不良的势力比良好的势力多,结果便是"恶劣分子"了。古代的社会哲学和政治哲学只为要妄想凭空改造个人,故主张正心,诚意,独善其身的办法。这种办法其实是没有办法,因为没有下手的地方。近代的人生哲学渐渐变了,渐渐打破了这种迷梦,渐渐觉悟:改造社会的下手方法在于改良那些造成社会的种种势力,——制度,习惯,思想,教育,等等。那些势力改良了,人也改良了。所以我觉得"改造社会要从改造个人做起"还是脱不了旧思想的影响。我们的根本观念是:

个人是社会上无数势力造成的。

改造社会须从改造这些造成社会,造成个人的种种势力做起。

改造社会即是改造个人。

新村的运动如果真是建筑在"改造社会要从改造个人做起"一个观念上,我觉得那是根本错误了。改造个人也是要一点一滴的改造那些造成个人的种种社会势力。不站在这个社会里来做这种一点一滴的社会改造,却跳出这个社会去"完全发展自己个性",这便是放弃现社会,认为不能改造;这便是独善的个人主义。

以上说的是本篇的第一层意思。现在我且简单说明我所主张的"非个人主义的"新生活是什么。这种生活是一种"社会的新生活";是站在这个现社会里奋斗的生活;是霸占住这个社会来改造这个社会的新生活。他的根本观念有三条:

(1) 社会是种种势力造成的,改造社会须要改造社会的种种势力。这种改造一定是零碎的改造,——一点一滴的改造,一尺一步的改造。无论你的志愿如何宏大,理想如何彻底,计划如何伟大,你总不能笼统的改造,你总不能不做这种"得寸进寸,得尺进尺"的工夫。所以我说:社会的改造是这种制度那种制度的改造,是这种思想那种思想的改造,是这个家庭那个家庭的改造,是这个学堂那个学堂的改造。

(**附注**)有人说:"社会的种种势力是互相牵掣的,互相影响的。这种零碎的改造,是不中用的。因为你才动手改这一种制度,其余的种种势力便围拢来牵掣你了。如此看来,改造还是该做笼统的改造。"我说不然。正因为社会的势力是互相影响牵掣的,故一部分的改造自然会影响到别种势力上去。这种影响是最切实的,最有力的。近年来的文字改革,自然是局部的改革,但是他所影响的别种势力,竟有意想不到的多。这不是一个很明显的例吗?

（2）因为要做一点一滴的改造，故有志做改造事业的人必须要时时刻刻存研究的态度，做切实的调查，下精细的考虑，提出大胆的假设，寻出实验的证明。这种新生活是研究的生活，是随时随地解决具体问题的生活。具体的问题多解决了一个，便是社会的改造进了那么多一步。做这种生活的人要睁开眼睛，公开心胸；要手足灵敏，耳目聪明，心思活泼；要欢迎事实，要不怕事实；要爱问题，要不怕问题的逼人！

（3）这种生活是要奋斗的。要避世的独善主义是与人无忤，与世无争的，故不必奋斗。这种"淑世"的新生活，到处翻出不中听的事实，到处提出不中听的问题，自然是很讨人厌的，是一定要招起反对的。反对就是兴趣的表示，就是注意的表示。我们对于反对的旧势力，应该作正当的奋斗，不可退缩。我们的方针是：奋斗的结果，要使社会的旧势力不能不让我们；切不可先就偃旗息鼓退出现社会去，把这个社会双手让给旧势力。换句话说，应该使旧社会变成新社会，使旧村变为新村，使旧生活变为新生活。

我且举一个实际的例。英美近二三十年来，有一种运动，叫做"贫民区域居留地"的运动（Social Settlements）。这种运动的大意是：一班青年的男女，——大都是大学的毕业生，——在本城拣定一块极龌龊，极不堪的贫民区域，买一块地，造一所房屋。这一班人便终日在这里面做事。这屋里，凡是物质文明所赐的生活需要品，——电灯，电话，热气，浴室，游水池，钢琴，话匣，等等，——无一不有。他们把附近的小孩子，——垢面的孩子，顽皮的孩子，——都招拢来，教他们游水，教他们读书，教他们打球，教他们演说辩论，组成音乐队，组成演剧团，教他们演戏奏艺。还有女医生和看护妇，天天出去访问贫家，替他们医病，帮他们接生和看护产妇。病重的，由"居留地"的人送入公家医院。因为天下贫民都是最安本分的，他们眼见那高楼大屋的大医院，心里以为这定是为有钱人家造的，决不是替贫民诊病的；所以必须有人打破他们这种见解，教他们知道医院不是专为富贵人家的。还有许多贫家的妇女每日早晨出门做工，家里小孩子无人看管，所以"居留地"的人教他们把小孩子每天寄在"居留地"里，有人替他们洗浴,换洗衣服,喂他们饮食,领他们游戏。到了晚上,他们的母亲回来了,各人把小孩领回去。这种小孩子从小就在洁净慈爱的环境里长大,渐渐养成了良好习惯,回到家中,自然会把从前的种种污秽的环境改了。家中的大人也因时时同这种新生活接触,渐渐的改良了。我在纽约时,曾常常去看亨利街上的一所居留地,是华德女士(Lilian Wald)办的。有一晚我去看那条街上的贫家子弟演戏,演的是贝里(Barry)的名剧。我至今回想起来,他们演戏的程度比我们大学的新戏高得多咧!

这种生活是我所说的"非个人主义的新生活"!是我所说的"变旧社会为新社会,变旧村为新村"的生活!这也不是用"暴力"去得来的!我希望中国的青年要做这一类的新生活,不要去模仿那跳出现社会的独善生活。我们的新村就在我们自己的旧村里!我们所要的新村是要我们自己的旧村变成的新村!

可爱的男女少年!我们的旧村里我们可做的事业多得很咧!村上的鸦片烟灯还有多少?村上的吗啡针害死了多少人?村上缠脚的女子还有多少?村上的学堂成个什么样子?村上的绅士今年卖选票得了多少钱?村上的神庙香火还是怎么兴旺?村上的医生断送了几百条人命?村上的煤矿工人每日只拿到五个铜子,你知道吗?村上多少女工被贫穷逼去卖淫,你知道吗?村上的工厂没有避火的铁梯,昨天火起,烧死了一百多人,你知道吗?村上的童养媳妇被婆婆打断了一条腿,村上的绅士逼他的女儿饿死做烈女,你知道吗?

有志求新生活的男女少年!我们有什么权利,丢开这许多的事业去做那避世的新村生活!我们放着这个恶浊的旧村,有什么面孔,有什么良心,去寻那"和平幸福"的新村生活!

九,一,二六

(原载 1920 年 1 月 15 日上海《时事新报》,又载 1920 年 4 月 1 日《新潮》第 2 卷第 3 号)

许怡荪传

我的朋友许怡荪死了！他死的时候是中华民国八年三月二十二夜七点半钟。死的前十几天，他看见报纸上说我几个朋友因为新旧思潮的事被政府驱逐出北京大学。他不知那是谣言，一日里写了两封快信给我，劝我们"切不必因此灰心，也不必因此愤慨"（3月5日信）。他又说"无论如何，总望不必愤慨，仍以冷静的态度处之，……所谓经一回的失败，长一回的见识"（3月5日第二信）。这就是怡荪最末一次的信。到了3月17日，他就有病。起初他自己还说是感冒，竟不曾请医生诊看；直到二十一夜，他觉得病不轻，方才用电话告知几个同乡。明天他们来时，怡荪的呼吸已短促，不很能说话。河海工程学校的人把他送到日本医院，医院中人说这是流行的时症转成肺炎；他的脉息都没有了，医生不肯收留。抬回之后，校长许肇南先生请有名的中医来，也是这样说，不肯开方。许先生再三求他，他才开了四味药，药还没煎好，怡荪的气已绝了！

怡荪是一个最忠厚，最诚恳的好人，不幸死的这样早！……这样可惨！我同怡荪做了十几年的朋友，很知道他的为人，很知道他一生学问思想的变迁进步。我觉得他的一生，处处都可以使人恭敬，都可以给我们做一个模范，因此我把他给朋友的许多书信作材料，写成这篇传。

怡荪名棣常，从前号绍南，后来才改做怡荪。他是安徽绩溪十五都礧头的人。先进绩溪仁里的思诚学堂，毕业之后，和他的同学程干丰、胡祖烈、程敷模、程干诚等人同来上海求学。他那几位同学都进了吴淞复旦公学，只有怡荪愿进中国公学。那时我住在校外，他便和我同居。后来中国公学解散，同学组织中国新公学，怡荪也在内，和我同住竞业旬报馆。后来怡荪转入复旦公学，不久他的父亲死了（庚戌），他是长子，担负很重，不能不往来照应家事店事，所以他决计暂时不进学校，改作自修工夫，可以自由来往。决计之后，他搬出复旦，到上海和我同住。庚戌五月，怡荪回浙江孝丰，——他家有店在孝丰，——我也去北京应赔款留学官费的考试。我们两人从此一别，七个足年不曾相见。我到美国以后，怡荪和我的朋友郑仲诚同到西湖住白云庵，关门读国学旧书，带着自修一点英文（庚戌十一月十七日信）。明年辛亥，我们的朋友程干丰（乐亭）病死。怡荪和他最好，心里非常悲痛，来信有"日来居则如有所失，出则不知所之，念之心辄悽然而泪下，盖六载恩情，其反动力自应如是"（辛亥四月十一日信）。那年五月怡荪考进浙江法官养成所，他的意思是想"稍攻国法私法及国际法，期于内政外交可以洞晓；且将来无论如何立身，皆须稍明法理，故不得不求之耳"。（辛亥五月二十一日信）但是那学堂办得很不满他的意，所以辛亥革命之后，他就不进去了。他来信说，"读律之举，去岁曾实行之，今年又复舍去，盖因校中组织未善，徒袭取东夷皮相；……人品甚杂，蘧篨戚施之态，心素恶之，故甚不能侧身其间以重违吾之本心也"（民国元年十月三十日信）。

　　那一年怡荪仍旧在西湖读书。民国二年他决意到日本留学，四月到东京进明治大学的法科，五月来信说："……君既去国，乐亭复云亡。此时孤旅之迹，若迷若惘，蓬转东西，而终无所栖泊。本拟屏迹幽遐，稍事根底学问，然非性之所近，……恐于将来为己为人，一无所可。……去岁以来，思之重思之，意拟负笈东瀛，一习拯物之学。然因经济困难，尚未自决。嗣得足下第二手书，慰勉有加，欲使膏肓沉没，复起为人，吾何幸而得此于足下！……遂于阴历正月间驰赴苕上，料理一切，期于必行。"（二年五月十七日信）他到日本后不久第二次革命起事，汇款不通，他决计回国，临走时他写长函寄我，中有一段，我最佩服。他说："自古泯棼之会，沧海横流，定危扶倾，宜有所托。寄斯任者，必在修学立志之士，今既气运已成，乱象日著，虽有贤者不能为力。于此之时，若举国之士尽入漩涡，随波出没，则不但国亡无日，亦且万劫不复矣。在昔东汉之末，黄巾盗起，中原鼎沸，诸葛武侯高卧隆中,心不为动。岂有鞠躬尽瘁死而后已之人而能忘情国家者乎?诚以乱兹方寸于事无益耳。丁此乱离,敢唯足下致意焉。"

这封信寄后,因道路不平静,他竟不能回国。那时东京有一班人发起一个孔教分会,怡荪也在内。他是一个热心救国的人,那时眼见国中大乱,心里总想寻一个根本救国方法;他认定孔教可以救国,又误认那班孔教会的人都是爱国的志士,故加入他们的团体。他那时对于那班反对孔教会的人,很不满意,来信有"无奈东京留学界中,大半趋奉异说,习气已深,难与适道"的话(同上)。这时代的怡荪完全是一个主张复古的人。他来信有论孔教会议决"群经并重"一段,说"以余之意,须侧重三礼。盖吾国三代之时,以礼治国,故经之要尽在三礼。近日东西各国每以法律完备自多,岂知吾国数千年前已有威仪三百,礼仪三千,以礼治国,精审完美,必不让于今日所谓法治国也。且一般人多主张以孔子为宗教家。既认为宗教,则于方式亦不可不讲。冠婚丧祭等事,宜复于古,方为有当耳"(同上)。我回信对于这主张,很不赞成。明年(民国三年)怡荪写了一封楷书六千字的长信同我辩论,到了这时候,怡荪已经看破孔教会一班人的卑劣手段,故来信有云:"近日之孔教会不脱政党窠臼,所谓提倡道德挽回人心之事,殆未梦见也。此殊非初心所料及!……尊崇孔子而有今日之孔教会,其犹孔子所谓死不若速朽之为愈也!"(三年四月一日信)怡荪本来已经搬进孔教会事务所里,替他们筹成立会和办"大成节"的庆祝会的事,很热心的。后来因为看出那班"孔教徒"的真相,所以不久就搬出来,住辰实馆(二年十一月三日信)。但是他这时候仍旧深信真孔教可以救国,不过他的孔教观念已经不是陈焕章一流人的孔教观念了。他那封六千字的长信里,说他提倡孔教有三条旨趣:"(一)洗发孔子之真精神,为革新之学说,以正人心;(二)保存东亚固有之社会制度,必须昌明孔孟学说,以为保障;(三)吾国古代学说如老、荀、管、墨,不出孔子范围,皆可并行不背;颂言孔教,正犹振衣者之必提其领耳。"(三年四月十日信)

这时候怡荪所说"孔子之真精神"即是公羊家所说的"微言大义"。所以他那信里说:"至于近世,人心陷溺已至于极,泯棼之祸,未知所届。及今而倡孔教以正人心,使此后若有窃国者兴,亦知所戒,则犹可以免于大乱也。"后来袁世凯用了种种卑污手段,想做皇帝。东京的孔教会和筹安会私造了许多假图章,捏名发电"劝进"。怡荪的希望从此一齐打破。所以后来来信说:"时局至此,欲涕无从。大力之人,负之狂走,其于正义民意,不稍顾恤。所谓'道德'者,已被轻薄无余矣!"(四年十二月二十七日信)

又第二条所说"东亚固有之社会制度",他的意思是专指家族制度。原信说:"挽近世衰道微,泰西个人功利等学说盛行,外力膨胀,如水行地中,若不亟思保界,则东亚社会制度中坚之家族制,必为所冲决。此中关系甚巨,国性灭失,终必有受其敝者。此知微之士所不得不颂言孔教,夫岂得已哉?"(三年四月十日信)怡荪这种观念,后来也渐渐改变。最后的两年,他已从家族制移到"人生自己"(七年十月二十三日寄高一涵信)。他后来不但不满意于旧式的家族制,并且对于社会政治的组织也多不满意。去年来信竟说"所谓社会制度,所谓政治组织,无一不为人类罪恶之源泉,而又无法跳出圈子,所以每一静念,神智常为惘惘也"。(七年九月八日信)复古的怡荪,此时已变成了社会革新家的怡荪。

至于第三条所说"老、荀、管、墨不出孔子范围"的话,我当时极力同他辩论,后来他稍稍研究诸子学,主张也渐渐改变。我在美国的时候,要用俞樾的《读公孙龙子》,遂写信请怡荪替我寻一部《俞楼杂纂》。他因为买不到单行本子,所以到上野图书馆去替我抄了一部《读公孙龙子》。我那时正在研究诸子学,作为博士论文。怡荪屡次来信劝勉我;有一次信上说,"世言东西文明之糅合,将生第三种新文明。足下此举将为之导线,不特增重祖国,将使世界发现光明"(五年三月十三日信)。这种地方不但可以见得怡荪鼓舞朋友的热心,并且可以见得他对于儒家与非儒家学说的态度变迁了。

以上述怡荪对于孔教的态度。那封六千字的信上半论孔教问题,下半论政治问题。怡荪的政治思想前后共经过几种根本的变迁。那封信里所说可以代表他的基本观念是"政治中心"的观念。他说:"以余观于吾国近数十年来之政局,政治之重点,亦常有所寄。盖自湘乡柄政以后,移于合肥。合肥将死,……疏荐项城以代。项城起而承合肥之成局,故势力根深蒂固,不崇朝而心腹布天下,历世而愈大。……辛亥之际,失其重点,故常震撼不宁,其在民质未良之国,政治中心宜常寄于一部分之人,否则驯至于乱。……再以今日时势推之,其继项城而起者,其必为段氏祺瑞乎?"(三年四月十日信)这时代的怡荪所主张的是一种变相的"独头政治"。他说"一国改进之事,不宜以顿,尤须自上发之"。(同上)他那时推测中国的将来,不出三条路子:"若天能挺生俊杰,如华盛顿其人者,使之能制一国之重,与以悠久岁月,别开一生面:此策之最上者也。其次若有人焉,就已成之时局而善扶掖之,取日本同一之步趋(适按此指政党政治)。……至若今日之上下相激,终至以武力解决,……此则天下最不幸之事也。"(同上)

怡荪一生真能诚心爱国,处处把"救国"作前提,故凡他认为可以救国的方法,都是好的。如袁政府当时的恶辣政策,怡荪也不根本否认。他说:"吾人之于政府,固常望其发奋有为,自脱于险,苟有利于吾国吾民者,犯众难以为之,可也;能如诸葛武侯、克林威尔之公忱自矢,其心迹终可大白于天下,而吾人亦将讴歌之不暇,岂忍议其后乎? 若计不出此,徒揽天下之威福以为一姓之尊荣,是则非吾人之所敢知矣。"(三年五月十八日信中载。录他寄胡绍庭的信)可见怡荪当时不满意于袁政府,不过是为他的目的不在救国而在谋一姓的尊荣。至于严厉的政策和手段,他并不根本反对。他说,"总之,政治之事无绝对至善之标准,惟视其时之如何耳"(三年五月十八日信)。

过了一年多,帝制正式实行,云南、贵州的革命接着起来,民国五年帝制取消,不久袁世凯也死了。那时怡荪对于国事稍有乐观,来信说:"国事顷因陈(其美)毙于前,袁(世凯)殂于后,气运已转,国有生望。盖陈死则南方暴烈恶徒无所依附,而孙中山之名誉可复。袁灭则官僚政治可期廓清。"(五年六月三十日信)那时怡荪前两年所推算的段祺瑞果然成了"政治的中心"。怡荪来信说:"闻段之为人,悃愊无华,而节操不苟,雅有古大臣之风。倘国人悔祸,能始终信赖其为人,则戡乱有期,澄清可望。"(同上)可见那时怡荪还是主张他的"政治中心"论。

怡荪在明治大学于民国五年夏间毕业。七月中他和高一涵君同行回国。那时段内阁已成立，阁员中很有几个南方的名士。表面上很有希望，骨子里还是党争很激烈，暗潮很利害。怡荪回国住了一年，他的政治乐观很受了一番打击，于是他的政治思想遂从第一时代的"政治中心"论变为第二时代的"领袖人才"论。他说，"国事未得大定，无知小人尚未厌乱，而有心君子真能爱国者，甚鲜其人。如今日现状虽有良法美制，有用无体，何以自行？欲图根本救济，莫如结合国中优秀分子，树为政治社会之中坚。如人正气日旺，然后可保生命"。因此他希望他的朋友"搜集同志，组一学会，专于社会方面树立基础，或建言论，或办学校，务为国家树人之计"（六年一月二十四日寄一涵君信）。他又说："今日第一大患在于人才太少。然人才本随时而生，惜无领袖人物能组织团体，锻炼濯磨，俾其如量发挥；徒令情势涣散，虽有贤能亦不能转移风气。志行薄弱者，又常为风气所转移。……是知吾国所最缺乏者，尚非一般人才，而在领袖人才也审矣。"（六年旧七月十日信）当第三次革命成功时，我在美洲寄信给怡荪说，"这一次国民、进步两党的稳健派互相携手，故能成倒袁的大功。以大势看来，新政府里面大概是进步党的人居多数。我很盼望国民党不要上台，专力组织一个开明强健的在野党，做政府的监督，使今日的'稳健'不致流为明日的腐败。"我这种推测完全错了。倒袁以后，国民党在内阁里竟居大多数，进步党的重要人物都不曾上台。后来党见越闹越激烈，闹得后来督军团干预政治，国会解散，黎元洪退职。张勋复辟的戏唱完之后，段祺瑞又上台。这一次民党势力完全失败。怡荪回想我前一年的话，很希望民党能组织一个有力的在野党，监督政府（六年八月九日又九月二十日与高一涵信）。那时怡荪的政治思想已有了根本改变，从前的"政治中心"论，已渐渐取消，故主张有一种监督政府的在野党"抵衡其间，以期同入正轨"（六年九月二十日与一涵信）。

但是那时因为国会的问题，南北更决裂，时局更不可收拾。怡荪所抱的两种希望，——领袖人才和强硬的在野党，——都不能实现。民国六年秋天他屡次写信给朋友，说天下的事"当于大处着眼，小处下手"（六年旧七月十日信，又九月二十日与一涵信，又九月二十三日与我信)。那时安徽的政治,腐败不堪,后来又有什么"公益维持会"出现,专做把持选举的事。我们一班朋友不愿意让他们过太容易的日子,总想至少有一种反对的表示,所以劝怡荪出来竞争本县的省议会的选举。怡荪起初不肯,到了七年五月,方才勉强答应了。他答应的信上说,"民国二年选举的时候,足下寄手书,谓'中国之事,患在一般好人不肯做事'云云,其言颇痛。与其畏难退缩,徒于事后叹息痛恨,何如此时勿计利害,出来奋斗,反觉得为吾良心所安也"(七年五月二十日信)。这一次的选举竞争,自然是公益维持会得胜,怡荪几乎弄到"拿办"的罪名,还有他两个同乡因为反对公益维持会的手段,被县知事详办在案。但是怡荪因此也添了许多阅历。他写信给我说:"年来大多数的人,无一人不吞声饮恨,只是有些要顾面子,有些没有胆子,只得低头忍耐,不敢闹翻,却总希望有人出来反对,……由此看来,所谓社会制度,所谓政治组织,无一不为人类罪恶之源泉。"(七年九月八日信)他又说:"最近以来,头脑稍清晰的人,皆知政治本身已无解决方法,须求社会事业进步,政治亦自然可上轨道。"(同上)

这几句话可以代表怡荪的政治思想第三个时代。这时候,他完全承认政治的改良须从"社会事业"下手,和他五年前所说"一国改良之事,尤须自上发之"的主张,完全不相同了。他死之前一个月还有一封长信给我,同我论办杂志的事。他说:"办杂志本要觑定二三十年后的国民要有什么思想,于是以少数的议论,去转移那多数国民的思想。关系如何重要!虽是为二三十年后国民思想的前趋,须要放开眼界,偏重急进的一方面。……政治可以暂避不谈,对于社会各种问题,不可不提出讨论。"(八年二月二十三日信)这个时代的怡荪完全是一个社会革命家。可惜他的志愿丝毫未能实现,就短命死了!以上述怡荪政治思想的变迁。

怡荪于民国七年冬天,受我的朋友许肇南的聘,到南京河海工程学校教授国文。肇南在美国临归国的时候,问我知道国内有什么人才,我对他说:"有两个许少南。"一个就是肇南自己,一个就是怡荪(怡荪本名绍南)。后来两个许少南竟能在一块做事,果然很相投。

我今年路过南京,同他谈了两天,心里很满意。谁知这一次的谈话竟成了我们最后的聚会呢?

怡荪是一个最富于血性的人。他待人的诚恳,存心的忠厚,做事的认真,朋友中真不容易寻出第二个。他同我做了十年的朋友,十年中他给我的信有十几万字,差不多个个都是楷书,从来不曾写一个潦草的字。他写给朋友的信,都是如此。只此一端已经不是现在的人所能做到。他处处用真诚待朋友,故他的朋友和他来往长久了,没有一个不受他的感化的。即如我自己也不知得了他多少益处。己酉、庚戌两年我在上海做了许多无意识的事,后来一次大醉,几乎死了。那时幸有怡荪极力劝我应留美考试,又帮我筹款做路费。我到美国之后,他给我的第一封信就说:"足下此行,问学之外,必须祓除旧染,砥砺廉隅,致力省察之功,修养之用。必如是持之有素,庶将来涉世,不至为习俗所靡,允为名父之子。"(庚戌十一月十七日信)自此以后,九年之中,几乎没有一封信里没有规劝我,勉励我的话。我偶然说了一句可取的话,或做了一首可看的诗,他一定写信来称赞我,鼓励我。我这十年的日记札记,他都替我保存起来。我没有回国的时候,他晓得我预备博士论文,没有时间做文章,他就把我的《藏晖室札记》节抄一部,送给《新青年》发表。我回国以后看见他的小楷抄本,心里惭愧这种随手乱写的札记如何当得我的朋友费这许多精力来替我抄写。但他这种鼓励朋友的热心,实在能使人感激奋发。我回国以后,他时时有信给我,警告我"莫走错路","举措之宜,不可不慎"(六年旧七月初十日信),劝我"打定主意,认定路走,毋贪速效,勿急近功"(六年九月二十三日信)。爱谋生(Emerson)说得好:"朋友的交情把他的目的物当作神圣看待。要使他的朋友和他自己都变成神圣。"怡荪待朋友,真能这样做,他现在虽死了,但他的精神,他的影响,永永留在他的许多朋友的人格里,思想里,精神里,……将来间接又间接,传到无穷,怡荪是不会死的!

民国八年六月

(原载 1919 年 8 月 15 日《新中国》第 1 卷第 4 号)

李超传

李超的一生,没有什么轰轰烈烈的事迹。我参考他的行状和他的信稿,他的生平事实不过如此:

李超原名惟柏,又名惟璧,号璞真,是广西梧州金紫庄的人。他的父母都早死了,只有两个姊姊,长名惟钧,次名□□。他父亲有一个妾,名附姐。李超少时便跟着附姐长大。因为他父母无子,故承继了他胞叔槩廷的儿子,名惟琛,号极甫。

他家本是一个大家,家产也可以算得丰厚。他的胞叔在全州做官时,李超也跟着在衙门里,曾受一点国文的教育。后来他回家乡,又继续读了好几年的书,故他作文写信都还通顺清楚。

民国初年,他进梧州女子师范学校肄业,毕业时成绩很好。民国四年他和他的一班同志组织了一个女子国文专修馆。过了一年,他那班朋友纷纷散去了,他独自在家,觉得旧家庭的生活没有意味,故发愤要出门求学。他到广州,先进公立女子师范,后进结方学堂;又进教会开的圣神学堂,后又回到结方,最后进公益女子师范。他觉得广州的女学堂不能满意,故一心要想来北京进国立高等女子师范学校。民国七年七月,他好容易筹得旅费,起程来北京。九月进学校,初做旁听生,后改正科生。那年冬天,他便有病。他本来体质不强,又事事不能如他的心愿,故容易致病。今年春天,他的病更重,医生说是肺病,他才搬进首善医院调养。后来病更重,到八月十六日遂死在法国医院。死时,他大约有二十三四岁了(行状作"年仅二十",是考据不精的错误)。

这一点无关紧要的事实,若依古文家的义法看来,实在不值得一篇传。就是给他一篇传,也不过说几句"生而颖悟,天性孝友,戚鄪称善,苦志求学,天不永其年,惜哉惜哉"一类的刻板文章,读了也不能使人相信。但是李超死后,他的朋友搜索他的遗稿,寻出许多往来的信札,又经他的同乡苏甲荣君把这些信稿分类编记一遍,使他一生所受的艰苦,所抱的志愿,都一一的表现分明。我得读这些信稿,觉得这一个无名的短命女子之一生事迹很有作详传的价值,不但他个人的志气可使人发生怜惜敬仰的心,并且他所遭遇的种种困难都可以引起全国有心人之注意讨论。所以我觉得替这一个女子做传比替什么督军做墓志铭重要得多咧。

> 李超决意要到广州求学时,曾从梧州寄信给他的继兄,信中说:
>> 计妹自辍学以来,忽又半载。家居清闲,未尝不欲奋志自修。奈天性不敏,遇有义理稍深者,既不能自解,又无从质问。盖学无师承,终难求益也。同学等极赞广州公立女子第一师范,规则甚为完善,教授亦最良好,且年中又不收学费,如在校寄宿者,每月只缴膳费五元,校章限二年毕业。……广东为邻省,轮舟往还,一日可达。……每年所费不过百金。侬家年中入息虽不十分丰厚,然此区区之数,又何难筹?……谅吾兄必不以此为介意。……妹每自痛生不逢辰,幼遭悯凶,长复困厄……其所以偷生人间者,不过念既受父母所生,又何忍自相暴弃。但一息苟存,乌得不稍求学问?盖近来世变日亟,无论男女,皆以学识为重。妹虽愚陋,不能与人争胜,然亦欲趁此青年,力图进取。苟得稍明义理,无愧所生,于愿已足。其余一切富贵浮华,早已参透,非谓能恝然置之,原亦知福薄之不如人也。……若蒙允诺,……匪独妹一生感激,即我先人亦当含笑于九泉矣。战栗书此,乞早裁复。

这信里说的话,虽是一些"门面话",但是已带着一点呜咽的哭声。再看他写给亲信朋友的话:
>> 前上短章,谅承收览。奉商之事,不知得蒙允诺与否。妹此时寸心上下如坐针毡,……在君等或视为缓事,而妹则一生苦乐

> 端赖是也。盖频年来家多故。妹所处之境遇固不必问及。自壬子□兄续婚后,嫌隙愈多,积怨愈深。今虽同爨,而各怀意见。诟谇之声犹(尤)所时有。其所指摘,虽多与妹无涉,而冷言讥刺,亦所不免。欲冀日之清净,殊不可得。去年妹有书可读,犹可藉以强解。近来闲居,更无术排遣。……锢居梧中,良非本怀。……盖凡人生于宇宙间,既不希富贵,亦必求安乐。妹处境已困难,而家人意见又复如此。环顾亲旧无一我心腹,因此,厌居梧城已非一日。

这信里所说,旧家庭的黑暗,历历都可想见。但是我仔细看这封信,觉得他所说还不曾说到真正苦痛上去。当时李超已二十岁了,还不曾订婚。他的哥嫂都很不高兴,都很想把他早早打发出门去,他们就算完了一桩心事,就可以安享他的家产了。李超"环顾亲旧,无一心腹",只有胞姊惟钧和姊夫欧寿松是很帮助他的。李超遗稿中有两封信是代他姊姊写给他姊夫的,说的是关于李超的婚事。一封信说:

> 先人不幸早逝,遗我手足三人。……独季妹生不逢辰,幼失怙恃,长遭困厄,今后年华益增,学问无成,后顾茫茫,不知何以结局。钧每念及此,寝食难安。且彼性情又与七弟相左。盖弟择人但论财产,而舍妹则重学行。用是各执意见,致起龃龉。妹虑家庭专制,恐不能遂其素愿,缘此常怀隐忧,故近来体魄较昔更弱。稍有感触,便觉头痛。……舍妹之事,总望为留心。苟使妹能终身付托得人,岂独钧为感激,即先人当含笑于九泉也。……

这信所说,乃是李超最难告人的苦痛。他所以要急急出门求学,大概是避去这种高压的婚姻。他的哥哥不愿意他远去,也只是怕他远走高飞做一只出笼的鸟,做一个终身不嫁的眼中钉。

李超初向他哥哥要求到广州去求学,——广州离梧州只有一天的轮船路程,算不得什么远行。——但是他哥哥执意不肯。请看他的回信:

> 九妹知悉:尔欲东下求学,我并无成见在胸,路程近远,用款多少,我亦不措意及之也。惟是侬等祖先为乡下人,侬等又系生

长乡间,所有远近乡邻女子,并未曾有人开远游羊城(即广州)求学之先河。今尔若子身先行,事属罕见创举。乡党之人少见多怪,必多指摘非议。然乡邻众口悠悠姑置勿论,而尔五叔为族中之最尊长者,二伯娘为族中妇人之最长者,今尔身为处子,因为从师求学,远游至千数百里外之羊城,若不禀报而行,恐于理不合。而且伊等异日风闻此事,则我之责任非轻矣。我为尔事处措无方。今尔以女子身为求学事远游异域,我实不敢在尊长前为尔启齿,不得已而请附姐(李超的庶母)为尔转请,而附姐诸人亦云不敢,而且附姐意思亦不欲尔远行也。总之,尔此行必要禀报族中尊长方可成行,否则我之责任綦重。……见字后,尔系一定东下,务必须由尔设法禀明族中尊长。

这封信处处用恫吓手段来压制他妹子,简直是高压的家族制度之一篇绝妙口供。

李超也不管他,决意要东下,后来他竟到了广州进了几处学堂。他哥哥气得利害,竟不肯和他通信。六年七月五日,他嫂嫂陈文鸿信上说:

> ……尔哥对九少言,"……余之所以不寄信不寄钱于彼者,以妹之不遵兄一句话也。且余意彼在东省未知确系读书,抑系在客栈住,以信瞒住家人。余断不为彼欺也。"言时声厉。……嫂思之,计无所出,妹不如暂且归梧,以息家人之怨。……何苦惹家人之怨?

又阴历五月十七日函说:

> ……姑娘此次东下,不半年已历数校,以致家人咸怒。而今又欲再觅他校专读中文,嫂恐家人愈怒。……

即这几封信,已可看出李超一家对他的怨恨了。

李超出门后,即不愿回家,家人无可如何,只有断绝他的用费一条妙计。李超在广州二年,全靠他的嫂嫂陈文鸿,姊夫欧寿松,堂弟惟几,本家李典五,堂姊伯援、宛贞等人私下帮助他的经费。惟几信上(阴九月三十日)有"弟因寄银与吾姐一事,屡受亚哥痛责"的话。欧寿松甚至于向别人借钱来供给他的学费,那时李超的情形,也可想而知了。

李超在广州换了几处学堂，总觉得不满意。那时他的朋友梁惠珍在北京高等女子师范学校写了几次信去劝他来北京求学。李超那时好像屋里的一个蜜蜂，四面乱飞，只朝光明的方向走。他听说北京女高师怎样好，自然想北来求学，故把旧作的文稿寄给梁女士，请他转呈校长方还请求许他插班，后来又托同乡京官说情，方校长准他来校旁听。但是他到广州，家人还百计阻难，如何肯让他远走北京呢？

李超起初想瞒住家人，先筹得一笔款子，然后动身。故六年冬天李伯援函说：

> ……七嫂心爱妹，甫兄防之极严，限以年用百二（十）金为止，……甫嫂灼急异常。甫嫂许妹之款，经予说尽善言，始获欣然。伊苟知妹欲行，则诚恐激变初心矣。……

后来北行的计划被家人知道了，故他嫂嫂六年十一月七日函说：

> 日前得三姑娘来信，知姑娘不肯回家，坚欲北行。闻讯之下，不胜烦闷。姑娘此行究有何主旨？嫂思此行是直不啻加嫂之罪，陷嫂于不义也。嫂自姑娘东行后，尔兄及尔叔婶时时以恶言相责，说是嫂主其事，近日复被尔兄殴打。且尔副姐（即附姐）亦被责。时时相争相打，都因此事。姑娘若果爱嫂，此行万难实行，恳祈思之，再思之。

那时他家人怕他远走，故极力想把他嫁了。那几个月之中，说婚的信很多，李超都不肯答应。他执意要北行，四面八方向朋友亲戚借款。他家虽有钱，但是因为他哥哥不肯负还债的责任，故人多不敢借钱给他。七年五月二十二日，他姊姊惟钧写信给在广州的本家李典五说：

> ……闻九妹欲近日入京求学，本甚善事也。但以举廷五叔及甫弟等均以为女子读书稍明数字便得。今若只身入京，奔走万里，实必不能之事。即使其能借他人之款，以遂其志，而将来亦定不担偿还之职。

这是最利害的对付方法。六月二十八日伯援函说：

> ……该款七嫂不肯付，伊云妹有去心，自后一钱不寄矣。在

> 款项一节，予都可为妹筹到。惟七嫂云，如妹能去，即惟予与婉贞二人是问。……七嫂与甫为妹事又大斗气。渠云妹并未知渠之苦心，典五之款，渠亦不还，予对妹难，对渠等尤难也。

照这信看来，连他那贤明的嫂嫂也实行那断绝财源的计划了。

那时李超又急又气，已病了几个月。后来幸亏他的大姊丈欧寿松一力担任接济学费的事。欧君是一个极难得的好人，他的原信说：

> ……妹决意往京就学，……兄亦赞成。每年所需八九十金，兄尽可担负。……惟吾妹既去，极甫谅亦不恝置也。……

李超得了李典五借款，又得了欧寿松担任学费，遂于七月动身到北京。他先在女高师旁听，后改正科生。那时他家中哥嫂不但不肯接济款项，还写信给他姊夫，不许他接济。欧君七年九月五日信说：

> ……七舅近来恐无银汇。昨接璇儿信，称不独七妗不满意，不肯汇银，且来信嘱兄不许接济。兄已回函劝导，谅不至如此无情。兄并声明，七舅如不寄银则是直欲我一人担任。我近年债务已达三千元左右，平远又是苦缺，每年所得，尚未足清还债累，安得如许钱常常接济？即勉强担任，于亲疏贫富之间，未免倒置。

看这信所说李超的家产要算富家，何以他哥嫂竟不肯接济他的学费呢？原来他哥哥是承继的儿子，名分上他应得全份家财。不料这个倔强的妹子偏不肯早早出嫁，偏要用家中银钱读书求学。他们最怕的是李超终身读书不嫁，在家庭中做一个眼中钉。故欧寿松再三写信给李超劝他早早定婚，劝他早早表明宗旨，以安他哥嫂之心。欧君九月五日信说：

> ……兄昨信所以直言不讳劝妹早日定婚者，职此之故。妹婚一日未定，即七舅等一日不安。……妹婚未成，则不独妹无终局，家人不安，即愚夫妇亦终身受怨而莫由自解。……前年在粤时，兄屡问妹之主意，即是欲妹明白宣示究竟读书至何年为止，届时即断然适人，无论贤愚，绝无苛求之意，只安天命，不敢怨人，否则削发为尼，终身不字。如此决定，则七舅等易于处置，不至如今日之若涉大海，茫无津涯，教育之费，不知负担到何时乃

为终了。

又九月七日信说：

>……妹读书甚是好事，惟宗旨未明，年纪渐长，兄亦深以为忧。……极甫等深以为吾妹终身读书亦是无益。吾妹即不为极甫诸人计，亦当为兄受怨计，早日决定宗旨，明以告我。

欧君的恩义，李超极知感激。这几封信又写得十分恳切，故李超答书也极恳切。答书说：

>……吾兄自顾非宽，而于妹膏火之费屡荷惠助。此恩此德，不知所以报之，计惟有刻诸肺腑，没世不忘而已。……妹来时曾有信与家兄，言明妹此次北来，最迟不过二三年即归。婚事一节，由伊等提议，听妹处裁。至受聘迟早，妹不敢执拗，但必俟妹得一正式毕业，方可成礼。盖妹原知家人素疑妹持单独主义，故先剖明心迹，以释其疑，今反生意外之论，实非妹之所能料。若谓妹频年读书费用浩繁，将来伊于胡底，此则故设难词以制我耳。盖吾家虽不敢谓富裕，而每年所入亦足敷衍。妹年中所耗不过二三百金，何得谓为过分？况此乃先人遗产，兄弟辈既可随意支用，妹读书求学乃理正言顺之事，反谓多余，揆之情理，岂得谓平耶？静思其故，盖家兄为人惜财如璧，且又不喜女子读书，故生此闲论耳。……

李超说，"此乃先人遗产，兄弟辈既可随意支用，妹读书求学乃理正言顺之事，反谓多余，揆之情理，岂得谓平耶？"这几句话便是他杀身的祸根。谁叫他做一个女子！既做了女子，自然不配支用"先人遗产"来做"理正言顺之事"！

李超到京不够半年，家中吵闹得不成样子。伯援十一月六号来信说：

>……七嫂于中秋前出来住数天，因病即返乡。渠因与甫兄口角成仇，赌气出来。渠数月来甚与甫兄反目，其原因一为亚凤（极甫之妾），一为吾妹。凤之不良，悉归咎于鸿嫂，而鸿嫂欲卖去之，甫兄又不许，近且宠之，以有孕故也。前月五叔病，钧姊宁省，欲为渠三人解释嫌恨，均未达目的，三宿即返。返时鸿嫂欣

> 然送别,嘱钧姊勿念,渠自能自慰自解,不复愁闷。九姑娘(即李超)处,渠典当金器亦供渠卒业,请寄函渠,勿激气云云。是夕渠于夜静悬梁自缢,幸副姐闻吹气声,即起呼救,得免于危。……
>
> 甫兄对于妹此行,其恶益甚,声称一钱不寄,尽妹所为,不复追究。渠谓妹动以先人为念一言为题,即先人尚在,妹不告即远行,亦未必不责备也。钧姐嘱妹自后来信千万勿提先人以触渠怒云。

这一封信,前面说他嫂嫂为了他的事竟致上吊寻死,后面说他哥哥不但不寄一钱,甚至于不准他妹妹提起"先人"两个字。李超接着这封信,也不知气得什么似的。后来不久他就病倒了,竟至吐血。到了八年春天,病势更重,医生说是肺病。那时他的死症已成。到八月就死了。

李超病中,他姊夫屡次写信劝他排解心事,保重身体。有一次信中,他姊丈说了一句极伤心的趣话。他说:"吾妹今日境遇与兄略同。所不同者,兄要用而无钱,妹则有钱而不得用"。李超"有钱而不得用",以至于受种种困苦艰难,以至于病,以至于死,……这是谁的罪过?……这是什么制度的罪过?

李超死后,一切身后的事都靠他的同乡区君谌,陈君瀛等料理。他家中哥嫂连信都不寄一封。后来还是他的好姊夫欧君替他还债。李超的棺材现在还停在北京一个破庙里,他家中也不来过问。现在他哥哥的信居然来了。信上说他妹子"至死不悔,死有余辜"!

以上是李超的传完了。我替这一个素不相识的可怜女子作传,竟做了六七千字,要算中国传记里一篇长传。我为什么要用这么多的工夫做他的传呢?因为他的一生遭遇可以用做无量数中国女子的写照,可以用做中国家庭制度的研究资料,可以用做研究中国女子问题的起点,可以算做中国女权史上的一个重要牺牲者。我们研究他的一生,至少可以引起这些问题:

(1)家长族长的专制 "尔五叔为族中之最尊长者,二伯娘为族中妇人之最长者。若不禀报而行,恐于理不合。"诸位读这几句话,发生什么感想?

（2）女子教育问题　"侬等祖先为乡下人,所有远近乡邻女子,并未曾有人开远游求学之先河。今尔若孑身先行,事属罕见创举。乡党之人必多指摘非议。""举廷五叔及甫弟等均以为女子读书稍明数字便得。"诸位读这些话,又发生什么感想?

（3）女子承袭财产的权利　"此乃先人遗产,兄弟辈既可随意支用,妹读书求学乃理正言顺之事,反谓多余。揆之情理,岂得谓平耶?"诸位读这几句话,又发生什么感想?

（4）有女不为有后的问题　《李超传》的根本问题,就是女子不能算为后嗣的大问题。古人为大宗立后,乃是宗法社会的制度。后来不但大宗,凡是男子无子,无论有无女儿,都还要承继别人的儿子为后。即如李超的父母,有了李超这样的一个好女儿,依旧不能算是有后,必须承继一个"全无心肝"的侄儿为后。诸位读了这篇传,对于这种制度,该发生什么感想?

民国八年十二月

（原载1919年12月1日至3日《晨报》,又载
1919年12月1日《新潮》第2卷第2号）

吴敬梓传

我们安徽的第一个大文豪,不是方苞,不是刘大櫆,也不是姚鼐,是全椒县的吴敬梓。

吴敬梓,字敏轩,一字文木。他生于清康熙四十年,死于乾隆十九年(西历1701—1754)。他生在一个很阔的世家,家产很富;但是他瞧不起金钱,不久就成了一个贫士。后来他贫的不堪,甚至于几日不能得一饱。那时清廷开博学鸿词科,安徽巡抚赵国麟荐他应试,他不肯去。从此,"乡试也不应,科岁也不考,逍遥自在,做些自己的事"。后来死在扬州,年纪只有五十四岁。

他生平的著作有《文木山房诗集》七卷,文五卷(据金和《〈儒林外史〉跋》);《诗说》七卷(同);又《儒林外史》小说一部(程晋芳《吴敬梓传》作五十卷,金《跋》作五十五卷,天目山樵评本五十六卷,齐省堂本六十卷)。据金和《跋》,他的诗文集和《诗说》都不曾付刻。只有《儒林外史》流传世间,为近世中国文学的一部杰作。

他的七卷诗,都失传了。王又曾(榖原)《丁辛老屋集》里曾引他两句诗:"如何父师训,专储制举材。"这两句诗的口气,见解,都和他的《儒林外史》是一致的。程晋芳《拜书亭稿》也引他两句:"遥思二月秦淮柳,蘸露拖烟委曲尘。"——可以想见他的诗文集里定有许多很好的文字。只可惜那些著作都不传了,我们只能用《儒林外史》来作他的传的材料。

《儒林外史》这部书所以能不朽,全在他的见识高超,技术高明。这书的"楔子"一回,借王冕的口气,批评明朝科举用八股文的制度道:"将来读书人既有此一条荣身之路,把那文行出处都看得轻了。"这是全书的宗旨。

学,三年始令一归省。人或谓其太忍,先母笑颔之而已。

适以甲辰年别母至上海,是年先三兄死于上海,明年乙巳先外祖振爽公卒。先母有一弟二妹,弟名诚厚,字敦甫,长妹名桂芬,次妹名玉英,与先母皆极友爱。长妹适黄氏,不得于翁姑。先母与先敦甫舅痛之,故为次妹择婿甚谨。先母有姑适曹氏,为继室;其前妻子名诚均者,新丧妇。先母与先敦甫舅皆主以先玉英姨与之,以为如此则以姑侄为姑媳,定可相安。先玉英姨既嫁,未有所出,而夫死。先玉英姨悲伤咯血,姑又不谅,时有责言,病乃益甚,又不肯服药,遂死。时宣统己酉二月也。

姨病时,先敦甫舅日夜往视,自恨为妹主婚致之死,悼痛不已,遂亦病。顾犹力疾料理丧事,事毕,病益不支,腹胀不消。念母已老,不忍使知,乃来吾家养病。舅居吾家二月,皆先母亲侍汤药,日夜不懈。

先母爱弟妹最笃,尤恐弟疾不起,老母暮年更无以堪;闻俗传割股可疗病,一夜闭户焚香祷天,欲割臂肉疗弟病。先敦甫舅卧厢室中,闻檀香爆炸,问何声。母答是风吹窗纸,令静卧勿扰。俟舅既睡,乃割左臂上肉,和药煎之。次晨,奉药进舅,舅得肉不能咽,复吐出,不知其为姊臂上肉也。先母拾肉,持出炙之,复问舅欲吃油炸锅巴否,因以肉杂锅巴中同进。然病终不愈,乃舁舅归家。先母随往看护。妗氏抚幼子,奉老亲;先母则日侍病人,不离床侧。已而先敦甫舅腹胀益甚,竟于己酉九月二十七日死,距先玉英姨死时,仅七阅月耳。

先是吾家店业连年屡遭失败,至戊申仅余汉口一店,已不能支持内外费用。己酉,诸兄归里,请析产,先母涕泣许之;以先长兄洪骏幼失学,无业,乃以汉口店业归长子,其余薄产分给诸子,每房得田数亩,屋三间而已。先君一生作清白吏,俸给所积,至此荡尽。先母自伤及身见家业零败,又不能止诸子离异,悲愤咯血。时先敦甫舅已抱病,犹力疾为吾家理析产事。事毕而舅病日深,辗转至死。先母既深恸弟妹之死,又伤家事衰落,隐痛积哀,抑郁于心;又以侍弟疾劳苦,体气浸衰,遂得喉疾,继以咳嗽,转成气喘。

时适在上海,以教授英文自给,本拟次年庚戌暑假归省;及明年七月,适被取赴美国留学,行期由政府先定,不及归别,匆匆去国。先母眷念游子,病乃日深。是时诸兄虽各立门户,然一切亲戚庆吊往来,均先母一身撑拄其间。适远在异国初尚能节学费,卖文字,略助家用。其后学课益繁,乃并此亦不能得。家中日用,皆取给于借贷。先母于此六七年中,所尝艰苦,笔难尽述。适至今闻邻里言之,犹有余痛也。

辛亥之役,汉口被焚,先长兄只身逃归,店业荡然。先母伤感,病乃益剧。然终不欲适辍学,故每寄书,辄言无恙。及民国元二年之间,病几不起。先母招照相者为摄一影,藏之,命家人曰,"吾病若不起,慎勿告吾儿;当仍倩人按月作家书,如吾在时。俟吾儿学成归国,乃以此影与之。吾儿见此影,如见我矣。"已而病渐愈,亦终不促适归国。适留美国七年,至第六年后始有书促早归耳。

民国四年冬,先长姊与先长兄前后数日相继死。先长姊名大菊,年长于先母,与先母最相得。先母尝言,"吾家大菊可惜不是男子。不然,吾家决不至此也。"及其死,先母哭之恸。又念长嫂二子幼弱无依,复令与己同爨。先三兄洪骍出嗣先伯父,死后三嫂守节抚孤,先母亦令同居。盖吾家分后,至是又几复合。然家中担负日增,先母益劳悴,体气益衰。

民国六年七月,适自美国归。与吾母别十一年矣。归省之时,慈怀甚慰,病亦稍减。不意一月之后,长孙思明病死上海。先长兄遗二子,长即思明,次思齐,八岁忽成聋哑。先母闻长孙死耗,悲感无已。适归国后,即任北京大学教授;是年冬,归里完婚,婚后复北去,私心犹以为先母方在中年,承欢侍养之日正长;岂意先母屡遭患难,备尝劳苦,心血亏竭,体气久衰,又自奉过于俭薄,无以培补之;故虽强自支撑,以慰儿妇,然病根已深,此别竟成永诀矣。

溯近年先母喘疾,每当冬春二季辄触发,发甚或至呕吐。夏秋气候暖和,疾亦少闲。今冬(七年)旧疾初未大发,自念或当愈于往岁。不料新历11月11日先母忽感冒时症,初起呕逆咳嗽,不能纳食;比即延医服药,病势尚无出入;继被医者误投"三阳表劫"之剂,心烦自汗,顿觉困惫;及请他医诊治,病已绵惙,奄奄一息,已难挽回;遂于书里的马二先生说：

> 举业二字是从古及今，人人必要做的。就如孔子生在春秋时候，那时用言扬行举做官；故孔子只讲得个"言寡尤，行寡悔，禄在其中。"这便是孔子的举业。……到唐朝用诗赋取士，他们若讲孔孟的话，就没有官做了。……到本朝用文章取士，就是夫子在而今也要念文章，做举业，断不讲那"言寡尤，行寡悔"的话。何也？就日日讲"言寡尤，行寡悔"，那个给你官做？孔子的道，也就不行了。

这一段话句句是恭维举业，其实句句是痛骂举业。末卷表文所说："夫萃天下之人才而限制于资格，则得之者少，失之者多，"正是这个道理。国家天天挂着孔孟的招牌，其实不许人"说孔孟的话"，也不要人实行孔孟的教训，只要人念八股文，做试帖诗；其余的"文行出处"都可以不讲究，讲究了又"那个给你官做？"不给你官做，便是专制君主困死人才的唯一妙法。要想抵制这种恶毒的牢笼，只有一个法子：就是提倡一种新社会心理，叫人知道举业的丑态，知道官的丑态；叫人觉得"人"比"官"格外可贵，学问比八股文格外可贵，人格比富贵格外可贵。社会上养成了这种心理，就不怕皇帝"不给你官做"的毒手段了。

一部《儒林外史》的用意只是要想养成这种社会心理。看他写周进、范进那样热中的可怜，看他写严贡生、严监生那样贪吝的可鄙，看他写马纯上那样酸，匡超人那样辣。又看他反过来写一个做戏子的鲍文卿那样可敬，一个武夫萧云仙那样可爱。再看他写杜少卿、庄绍光、虞博士诸人的学问人格那样高出八股功名之外。——这种见识，在二百年前，真是可惊可敬的了！

程晋芳做的《吴敬梓传》里说他生平最恨做时文的人；时文做得越好的人，他痛恨他们也越利害。《儒林外史》痛骂八股文人，有几处是容易看得出的，不用我来指出。我单举两处平常人不大注意的地方：

第三回写范进的文章，周学台看了三遍之后才晓得是"天地间之至文，真乃一字一珠！"

第四回写范进死了母亲,去寻汤知县打秋风,汤知县请他吃饭,用的是银镶杯箸,范举人因为居丧不肯举杯箸;汤知县换了磁杯象牙箸来,他还不肯用。"汤知县疑惑他居丧如此尽礼,倘或不用荤酒,却是不曾备办;后来看见他在燕窝碗里拣了一个大虾元送在嘴里,方才放心!"

这种绝妙的文学技术,绝高的道德见解,岂是姚鼐、方苞一流人能梦见的吗?

最妙的是写汤知县、范进、张静斋三人的谈话:

张静斋道:"想起洪武年间刘老先生——"

汤知县道:"那个刘老先生?"

静斋道:"讳基的了。他是洪武三年开科的进士,'天下有道'三句中的第五名"。

范进插口道:"想是第三名?"

静斋道:"是第五名!那墨卷是弟读过的。后来入了翰林,洪武私行到他家,恰好江南张王送了他一坛小菜,当面打开看,都是些瓜子金,洪武圣上恼了,把刘老先生贬为青田县知县,又用毒药摆死了。"汤知县见他说的"口若悬河",又是本朝确切的典故,不由得不信!

这一段话写两个举人和一个进士的"博雅",写时文大家的学问,真可令人绝倒。这又岂是方苞、姚鼐一流人能梦见的吗?

这一篇短传里,我不能细评《儒林外史》全书了。这一部大书,用一个做裁缝的荆元做结束。这个裁缝每日做工有余下的工夫,就弹琴写字,也极欢喜做诗。朋友问他道:"你既要做雅人,为什么还要做你这贱行?何不同学校里人相与相与?"他道:"我也不是要做雅人。只为性情相近,故此时常学学。至于我们这个贱行,是祖父遗留下来的,难道读书识字做了裁缝就玷污了不成?况且那些学校里的朋友,他们另有一番见识,怎肯和我相与?我而今每日寻得六七分银子,吃饱了饭,要弹琴,要写字,诸事都由得我。我又不贪图人的富贵,又不伺候人的颜色;天不收,地不管,倒不快活!"

这是真自由,真平等,——这是我们安徽的一个大文豪吴敬梓想要造成的社会心理。

九,四,八

本传附录

以下四种附录都是从程晋芳的集子里抄出来的。程晋芳字鱼门,是程廷祚(绵庄)的族侄孙。程绵庄即是《儒林外史》的庄绍光,程鱼门大概即是他的侄子庄濯江(名洁)。我本想替《儒林外史》做一篇考证,不幸我病了,不能做文章,只能把这篇旧传来充数。手边恰巧有程鱼门的集子,就叫我的侄儿们抄出这几篇做附录,要使人知道《儒林外史》的考证材料并不十分难寻。程鱼门还有吊冯粹中(即马纯上)的诗,又有吊朱草衣(即牛布衣)的诗,也都可用作材料,但与本传无关,故不抄了。

一　吴敬梓传　　　　程晋芳

先生姓吴氏,讳敬梓,字敏轩,一字文木,全椒人。世望族,科第仕宦多显者。

先生生而颖异,读书才过目,辄能背诵。稍长,补学官弟子员。袭父祖业,有二万余金;素不习治生,性复豪上,遇贫即施,偕文士辈往还,倾酒歌呼,穷日夜,不数年而产尽矣。

安徽巡抚赵公国麟闻其名,招之试,才之,以博学鸿词荐,竟不赴廷试;亦自此不应乡举,而家益以贫。乃移居江城东之大中桥,环堵萧然,拥故书数十册,日夕自娱。穷极,则以书易米。或冬日苦寒,无酒食,邀同好汪京门、樊圣□辈五六人,乘月出城南门,绕城堞行数十里,歌吟啸呼,相与应和,逮明,入水西门,各大笑散去,夜夜如是,谓之"暖足"。

余族伯祖丽山先生,与有姻连,时周之。方秋,霖潦三四日,族祖告诸子曰:"比日城中米奇贵,不知敏轩作何状。可持米三斗,钱二千,往视之。"至,则不食二日矣。然先生得钱,则饮酒歌呶,未尝为来日计。

其学尤精,《文选》诗赋援笔立成,凤构者莫之为胜。辛酉壬戌间,延至余家,与研诗赋,相赠答,惬意无间。而性不耐久客,不数月,别去。

生平见才士,汲引如不及。独嫉时文士如仇;其尤工者,则尤嫉之。余恒以为过,然莫之能禁。缘此,所遇益穷。

与余族祖绵庄为至契。绵庄好治经,先生晚年亦好治经,曰,"此人生立命处也。"

岁甲戌,与余遇于扬州,知余益贫,执余手以泣曰,"子亦到我地位,此境不易处也,奈何!"

余返淮,将解缆,先生登船言别,指新月谓余曰,"与子别,后会不可期。即景悢悢,欲构句相赠,而涩于思,当俟异日耳。"时十月七日也。又七日而先生殁矣。先数日,哀囊中余钱,召友朋酣饮。醉,辄诵樊川"人生只合扬州死"之句,而竟如所言,异哉。

先是,先生子烺已官内阁中书舍人,其同年王又曾毂原适客扬,告转运使卢公,殓而归其殡于江宁。盖享年五十有四。

所著有《文木山房集》,《诗说》若干卷;又仿唐人小说为《儒林外史》五十卷,穷极文士情态,争传写之。

子三人,长即烺也,今官宁武府同知。

论曰,余生平交友,莫贫于敏轩。抵淮访余,检其橐,笔砚都无,余曰,"此吾辈所倚以生,可暂离耶?"敏轩笑曰,"吾胸中自有笔墨,不烦是也。"其流风余韵,足以掩映一时。窒其躬,传其学,天之于敏轩,倘意别有在,未可以流俗好尚测之也。

二　怀人诗(十八首之一)

程晋芳《春帆集》

寒花无冶姿,贫士无欢颜。嗟嗟吴敏轩,短褐不得完。家世盛华缨,落魄中南迁。偶游淮海间,设帐依空园。飕飕窗纸响,械械庭树喧。山鬼忽调笑,野狐来说禅。心惊不得寐,归去澄江边。白门三日雨,灶冷囊无钱。逝将乞食去,亦且赁春焉。《外史》纪儒林,刻画何工妍! 吾为斯人悲,竟以稗说传!

三　寄怀严东有(三首之一)

程晋芳《白门春雨集》

敏轩生近世,而抱六代情:风雅慕建安,斋栗怀昭明。囊无一钱守,腹作乾雷鸣。时时坐书廧,发咏惊鹏庚。阿郎虽得官,职此贫更增。近闻典衣尽,灶突无烟青。频蜡雨中屐,晨夕追良朋。孤棹驶烟水,杂花拗芬馨。惟君与独厚,过从欣频仍。酌酒破愁海,觅句镂寒冰。西窗应念我,余话秋灯青。

　　四　哭吴敏轩

程晋芳《拜书亭稿》

　　三年别意语缠绵,记得维舟水驿前。转眼讵知成永诀,拊膺直欲问苍天。生耽白下残烟景,死恋扬州好墓田。①　涂殡匆匆谁料理?可怜犹剩典衣钱!沉醉炉边落拓身,从教吟鬓染霜新。惜君才思愁君老,感我行藏虑我贫。曾拟篇章为社侣,空将鸡黍问陈人。板桥倦柳丝丝在,谁倚春风咏麴尘?②　促膝闲窗雨洒灯,重寻欢宴感偏增。艳歌蛱蝶情何远?散录云仙事可征。③身后茅堂余破漏,当年丹篆想飞腾。过江寒浪连天白,忍看灵车指秣陵。

民国九年十一月

(收入吴敬梓著,汪原放标点:《儒林外史》,
1920年12月亚东图书馆初版)

---

①　时客死邗上。前一夕,屡诵禅智山光之句。
②　君诗有云:"遥思二月秦淮柳,蘸露拖烟委麴尘",为时所称。
③　君好为稗说,故及之。

先母行述(1873—1918)

先母冯氏,绩溪中屯人,生于清同治癸酉四月十六日,为先外祖振爽公长女。家世业农,振爽公勤俭正直,称于一乡;外祖母亦慈祥好善;所生子女禀其家教,皆温厚有礼,通大义。先母性尤醇粹,最得父母钟爱。先君铁花公元配冯氏遭乱殉节死,继配曹氏亦不寿,闻先母贤,特纳聘焉。

先母以清光绪己丑来归,时年十七。明年,随先君之江苏宦所。辛卯,生适于上海。其后先君转官台湾,先母留台二年。甲午,中东事起,先君遣眷属先归,独与次兄觉居守。割台后,先君内渡,卒于厦门,时乙未七月也。

先母遭此大变时,仅二十三岁。适刚五岁。先君前娶曹氏所遗诸子女,皆已长大。先大兄洪骏已娶妇生女,次兄觉及先三兄洪骍(孪生)亦皆已十九岁。先母内持家政,外应门户,凡十余年。以少年作后母,周旋诸子诸妇之间,其困苦艰难有非外人所能喻者。先母一一处之以至诚至公,子妇间有过失,皆容忍曲喻之;至不能忍,则闭户饮泣自责;子妇奉茶引过,始已。

先母自奉极菲薄,而待人接物必求丰厚;待诸孙皆如所自生,衣履饮食无不一致。是时一家日用皆仰给于汉口、上海两处商业,次兄觉往来两地经理之。先母于日用出入,虽一块豆腐之细,皆令适登记,俟诸兄归时,令检阅之。

先君遗命必令适读书。先母督责至严,每日天未明即推适披衣起坐,为缕述先君道德事业,言,"我一生只知有此一个完全的人,汝将来做人总要学尔老子。"天明,即令适着衣上早学。九年如一日,未尝以独子有所溺爱也。及适十四岁,即令随先三兄洪骍至上海入

11月23日晨一时,弃适等长逝,享年仅四十有六岁。次日,适在京接家电,以道远,遂电令侄思永、思齐等先行闭殓,即与妻江氏,及侄思聪,星夜奔归。归时,殓已五日矣。

先母所生,只适一人,徒以爱子故,幼岁即令远出游学;十五年中,侍膝下仅四五月耳。生未能养,病未能侍,毕世劬劳未能丝毫分任,生死永诀乃亦未能一面。平生惨痛,何以加此!伏念先母一生行实,虽纤细琐屑不出于家庭闾里之间,而其至性至诚,有宜永存而不朽者,故粗叙梗概,随讣上闻,伏乞矜鉴。

（此篇因须在乡间用活字排印,故不能不用古文。我打算将来用白话为我的母亲做一篇详细的传。）

十,六,二五

寄吴又陵先生书

前接先生3月21日手书,当时匆匆未及即时作答,现闻成都报纸因先生的女儿辟疆女士的事竟攻击先生,我觉得我此时不能不写几句话来劝慰先生。春间辟疆因留学的事来见我,我觉得他少年有志,冒险远来,胆识都不愧为名父之女,故很敬重他。他临行时,我给他几封介绍信,都很带有期望他的意思。后来忽然听见他和潘力山君结婚之事,我心里着实失望。我所以失望,倒并不是因为他们的恋爱关系,——那另是一个问题,——我最失望的是辟疆一腔志气不曾做到分毫,便自己甘心做一个人的妻子;将来家庭的担负,儿女的牵挂,都可以葬送他的前途。后来任叔永回国,告诉我他过卜克利见辟疆时的情形,果然辟疆躬自操作持家,努力作主妇了。……

先生对于此事,不知感想如何?我怕外间纷纷的议论定已使先生心里不快。先生廿年来日与恶社会宣战,恶社会现在借刀报复,自是意中之事。但此乃我们必不可免的牺牲,——我们若怕社会的报复,决不来干这种与社会宣战的事了。乡间有人出来提倡毁寺观庙宇,改为学堂;过了几年,那人得暴病死了,乡下人都拍手称快,大家造出谣言,说那人是被菩萨捉去地狱里受罪去了!这是很平常的事。我们不能预料我们的儿女的将来,正如我们不能预料我们的房子不被"天火"烧,我们的"灵魂"不被菩萨"捉去地狱里受罪"。

况且我们既主张使儿女自由自动,我们便不能妄想一生过老太爷的太平日子。自由不是容易得来的。自由有时可以发生流弊,但我们决不因为自由有流弊便不主张自由。"因噎废食"一句套语,此时真用得着了。自由的流弊有时或发现于我们自己的家里,但我们不可因此便失望不可因此便对于自由起怀疑的心。我们还要因此更希望人类能从这种流弊里学得自由的真意义,从此得着更纯粹的自由。

从前英国的高德温(Godwin)主张无政府主义,主张自由恋爱,后来他的女儿爱了诗人薛莱(Shelley),跟他跑了。社会的守旧党遂借此攻击他老人家,但高德温的价值并不因此减损。当时那班借刀报复的人,现在谁也不提起了!

我是很敬重先生的奋斗精神的。年来所以不曾通一信寄一字者,正因为我们本是神交,不必拘泥形迹。此次我因此事第一次寄书给先生,固是我从前不曾预料到的,但此时我若再不寄此信,我就真对不起先生了。

(本文收入《胡适文存》时未经发表。后收入《胡适来往书信选》上册,从信后所署日期知写于1920年9月3日)

朋友与兄弟
答王子直

中国是用家族伦理作中心的社会,故中国人最爱把家族的亲谊硬加到朋友的关系上去。朋友相称为弟兄,——"吾兄","仁兄","弟","小弟",——又称朋友的父母为"老伯","老伯母",都是这个道理。朋友结拜为弟兄,更是这个道理的极端。

其实朋友是人造的关系,是自由选择的"人伦",弟兄是天然的关系,是不能自由选择的"天伦"。把朋友认作弟兄,并不能加上什么亲谊。自己弟兄尽有不和睦的,还有争财产相谋害的。朋友也有比弟兄更亲热更可靠的。所以我主张朋友不应该结拜为弟兄。不但新时代不应有,其实古人并无此礼。汉人始有"结交为弟昆"的话。但古人通信,仍不称弟兄。

> (本文收入《胡适文存》时未经发表。后收入《胡适来往书信选》上册,从信后所署日期知作于 1920 年 5 月 18 日)

《曹氏显承堂族谱》序

绩溪旺川曹氏显承堂是族中的一个支厅,今年修成支厅的家谱。厅里有许多人是我的亲戚朋友,他们要我做一篇序。我想他们不肯捏造几个大人先生的序,反要我做序,这是他们的一番好意,我如何好推辞呢?

我是很赞成曹氏诸位先生修支厅分谱的。为什么呢?因为支厅成立以来不过十几代,年代既近,系统容易追寻,事迹自然信实可靠。况且支厅修谱,事轻费微,容易举办,可以随时续修,不须受别支牵制,以致年代久远,到头仍旧不能成功。

中国的族谱有一个大毛病,就是"源远流长"的迷信。没有一个姓陈的不是胡公满之后,没有一个姓张的不是黄帝第五子之后,没有一个姓李的不是伯阳之后。家家都是古代帝王和古代名人之后,不知古代那些小百姓的后代都到那里去了?

从黄帝、尧、舜、文王、周公到于今,四五千年了。古代氏族授姓的制度,经许多学者考订,至今不能明白。谁能知道古代私家相传的系统呢?荀卿去古未远,他已说"五帝之外无传人,非无贤人也,久故也。……故文久而灭,节族久而绝"。韩非也说,"无参验而必之者,愚也。弗能必而据之者,诬也"。二千年前的荀卿、韩非尚且如此说法,我们生在这个时代,如何可以妄信古人的乱说呢?

古人对于家谱也有很慎重,很老实的。如颜真卿作元次山的墓志,直说元氏是拓跋的遗族。其实汉、晋以来,西北东北的低级民族侵入中国,和中国人杂居,日久都同化了。现在中国的民族,照人种学的眼光看来,实在是一个极复杂的民族。如果当初各姓各族都老老实实的把本族的来源记在族谱上,我们现在研究中国的民族,岂不省了多少事吗？可惜各姓各族都中了这种"源远流长"的迷信的毒，不肯承认自己的祖宗，都去认黄帝、尧、舜等等不相干的人作远祖。因此中国的族谱虽然极多极繁，其实没有什么民族史料的价值。这是我对于中国旧谱的一大恨事。

因此我希望以后各族修谱，把那些"无参验"不可深信的远祖一概从略。每族各从始迁祖数起。始迁祖以前但说某年自某处迁来，以存民族迁徙的踪迹就够了。各族修谱的人应该把全副精神贯注在本支本派的系统事迹上，务必信本支本派的家谱有"信史"的价值。要知道修谱的本意是要存真传信；若不能存真，不能传信，又何必要谱呢？

此次曹显承堂修的是支谱，是一种小谱。我以为这种法子很可以供别支别姓仿行。将来中国有了无数存真传信的小谱，加上无数存真传信的志书，那便是民族史的绝好史料了。

中华民国八年七月三十一日同县胡适敬序于北京

（原载 1919 年 12 月 10 日《新生活》第 17 期，原题《一篇族谱的序》）

《吴虞文录》序

凡是到过北京的人,总忘不了北京街道上的清道夫。那望不尽头的大街上,迷漫扑人的尘土里,他们抬着一桶水,慢慢的歇下来,一勺一勺的洒到地上去,洒的又远又均匀。水洒着的地方,尘土果然不起了。但那酷烈可怕的太阳光,偏偏不肯帮忙,他只管火也似的晒在那望不尽头的大街上。那水洒过的地方,一会儿便晒干了;一会儿风吹过来或汽车走过去,那迷漫扑人的尘土又飞扬起来了!洒的尽管洒,晒的尽管晒。但那些蓝袄蓝裤露着胸脯的清道夫,并不因为太阳和他们作对就不洒水了。他们依旧一勺一勺的洒将去,洒的又远又均匀,直到日落了,天黑了,他们才抬着空桶,慢慢的走回去,心里都想道,"今天的事做完了!"

吴又陵先生是中国思想界的一个清道夫。他站在那望不尽头的长路上,眼睛里,嘴里,鼻子里,头颈里,都是那迷漫扑人的孔渣孔滓的尘土,他自己受不住了,又不忍见那无数行人在那孔渣孔滓的尘雾里撞来撞去,撞的破头折脚。因此,他发愤做一个清道夫,常常挑着一担辛辛苦苦挑来的水,一勺一勺的洒向那孔尘迷漫的大街上。他洒他的水,不但拿不着工钱,还时时被那无数吃惯孔尘的老头子们跳着脚痛骂,怪他不识货,怪他不认得这种孔渣孔滓的美味,怪他挑着水拿着勺子在大路上妨碍行人!他们常常用石头掷他,他们哭求那些吃孔尘粪饭的大人老爷们,禁止他挑水,禁止他清道。但他毫不在意,他仍旧做他清道的事。有时候,他洒的疲乏了,失望了,忽然远远的觑见那望不尽头的大路的那一头好像也有几个人在那里洒水清道,他的心里又高兴起来了,他的精神又鼓舞起来了。于是他仍旧挑了水来,一勺一勺的洒向那旋洒旋干的长街上去。

这是吴先生的精神。吴先生和我的朋友陈独秀是近年来攻击孔教最有力的两位健将。他们两人,一个在上海,一个在成都,相隔那么远,但精神上很有相同之点。独秀攻击孔丘的许多文章(多载在《新青年》第二卷)专注重"孔子之道不合现代生活"的一个主要观念。当那个时候,吴先生在四川也做了许多非孔的文章,他的主要观念也只是"孔子之道不合现代生活"的一个观念。吴先生是学过法政的人,故他的方法与独秀稍不同。吴先生自己说他的方法道:

> 不佞丙午游东京,曾有数诗,注中多非儒之说。归蜀后,常以六经,《五礼通考》,《唐律疏义》,《满清律例》,及诸史中议礼议狱之文,与老、庄、孟德斯鸠、甄克思、穆勒约翰、斯宾塞尔、远藤隆吉、久保天随诸家之著作,及欧美各国宪法,民法,刑法,比较对勘。十年以来,粗有所见。

吴先生用这个方法的结果,他的非孔文章大体都注意那些根据孔道的种种礼教,法律制度,风俗。他先证明这些礼法制度都是根据于儒家的基本教条的,然后证明这种种礼法制度都是一些吃人的礼教和一些坑陷人的法律制度。他又从思想史的方面,指出自老子以来也有许多古人不满意于这些欺人吃人的礼制,使我们知道儒教所极力拥护的礼制在千百年前早已受思想家的批评与攻击了,何况在现今这种大变而特变的社会生活之中呢?

吴先生的方法,我觉得是很不错的。我们对于一种学说或一种宗教,应该研究他在实际上发生了什么影响:"他产生了什么样子的礼法制度?他所产生的礼法制度发生了什么效果?增长了或是损害了人生多少幸福?造成了什么样子的国民性?助长了进步吗?阻碍了进步吗?"这些问题都是批评一种学说或一种宗教的标准。用这种实际的效果去批评学说与宗教,是最严厉又最平允的方法。吴先生虽不曾明说他用的是这种实际主义的标准,但我想他一定很赞成我这个解释。

那些"卫道"的老先生们也知道这种实际标准的厉害,所以他们想出一个躲避的法子来。他们说:"这种种实际的流弊都不是孔老先生的本旨,都是叔孙通、董仲舒、刘歆、程颢、朱熹……等人误解孔道的结果。你们骂来骂去,只骂着叔孙通、董仲舒、刘歆、程颢、朱熹一班人,却骂不着孔老先生。"于是有人说《礼运》大同说是真孔教(康有为先生);又有人说四教,四绝,三慎,是真孔教(顾实先生)。关于这种遁辞,独秀说的最痛快:

> 足下分汉、宋儒者以及今之孔道、孔教诸会之孔教,与真正孔子之教为二,且谓孔教为后人所坏。愚今所欲问者,汉、唐以来诸儒,何以不依傍道、法、杨、墨,而人亦不以道、法、杨、墨称之?何以独与孔子为缘而复败坏之也?足下可深思其故矣。(《新青年》二卷四号)

这个道理最明显:何以那种种吃人的礼教制度都不挂别的招牌,偏爱挂孔老先生的招牌呢?正因为二千年吃人的礼教法制都挂着孔丘的招牌,故这块孔丘的招牌——无论是老店,是冒牌——不能不拿下来,捣碎,烧去!

我给各位中国少年介绍这位"四川省只手打孔家店"的老英雄——吴又陵先生!

十,六,一六

(原载 1921 年 6 月 20 日至 21 日《晨报副刊》,又载 1921 年 6 月 24 日上海《民国日报·觉悟》副刊)

《林肯》序

英国现代文人德林瓦脱（John Drinkwater）的这本历史戏是1918年编的，先在伯明罕戏园演过，已哄动一时；后来大文豪班涅（Arnold Bernett）等在伦敦附近的汉茂斯密（Hammersmith）办了一个新戏园，遂把伯明罕的原班请来，重演此戏，成绩更大。汉茂斯密虽在乡间，伦敦贵族士女也争来看此戏；有一天，一位前任司法大臣从伦敦赶来看戏，竟买不着座位，只好扫兴回去！后来这本戏在英美两国演做，都受绝大的欢迎。

这本戏可算是一件空前的大成功。为什么呢？因为这本戏一来是一种政治历史戏，平常人向来是不大欢喜政治历史戏的；二来全本没有男女爱情的事，更不应该受欢迎了；然而这本戏居然受了英美两国的大欢迎，居然哄动了几千万人，居然每晚总能使许多人感动下泪！这不是一件空前的大成功吗？

这本戏的著者德林瓦脱是现代的一个诗人，他的诗集出版的有下面的各种：

Poems 1908-1914.

Pawns; Three Poetic Plays.

Olton Pools.

Swords and Ploughshares.

他又是一个很懂得戏剧的艺术的人，他曾编有戏剧，——上面举的第二部书即是三种诗剧，——他又做过伯明罕戏园的艺术主任，故他能于旧有的戏剧之外，别开生面，打出这条新路来，创造这种近代的政治历史戏。

这本戏共有六幕事实的大要如下：

第一幕,(1860年)共和党大会已推定林肯为本党的候选总统,派代表四人到林肯家中来,请他接受这个推选。林肯允出来候选。

〔这一年大选举的结果,林肯得一百八十六万多票,被选为总统,尚未正式就任,而南加洛林纳(South Carolina)邦首先宣告脱离联邦而独立。到林肯就职时(1861年3月),已有七邦宣告独立了!〕

第二幕,(次年)南北的战端将开,南军要进攻撒姆特炮台,要想林肯把那炮台的驻兵召回,故派代表二人私去见国务卿希华德,请他设法劝林肯让步。希华德是共和党的大人物,平日不大把林肯放在眼里,故允许了南代表。幸而林肯撞见他们,切实答复南代表,说他为维持统一国家起见,决不承认南方各邦有分离的权利,决不让步。〔南军遂进攻撒姆特,国军力竭饷绝,始降。这是第一次开战。〕

第三幕,(约两年后)南北开战已两年了,这一幕借两个妇人的口气写出两种心理。一个勃罗(Blow)夫人,译言"打",代表军阀好战的心理;一个阿特利(Otherly)夫人,译言"别样",代表那和平派反对战争的心理。林肯对他们的话语与态度可以表示他是不得已而战的。

第四幕,(约与前幕同时)北军已见胜利了。林肯开内阁会议,讨论宣布释放黑奴的事。南北之战的原因,自然是南邦蓄奴的问题。南方各邦始终否认联邦政府有干涉蓄奴问题的权利,故一变而为中央政府与邦政府的权限问题。这个问题争了几十年,没有解决;后来南方各邦越闹越激烈了,就主张南方分离,自成一独立的"联邦"(Confederacy)。故这个问题再变而为统一与分离的问题。林肯是一个大政治家,他知道黑奴问题比统一问题轻的多,故他认定"维持统一"为战争的第一个目的。故他说:"如果不释放奴隶可以维持统一,我要做的;如果释放全数的奴隶可以维持统一,我要做的;如果释放一部分,留下一部分,可以维持统一,我也要做的。我战争的第一个目的是要维持统一。"但他始终不曾忘记黑奴的问题,故国军战事顺利之后,林肯知道南军的败挫已可决定了,他就不顾内阁的反对,毅然决然的宣布释放黑奴的宣言。这是林肯与威尔逊不同之处。威尔逊等到战事终了之后方才谈到善后的条件,故完全失败。林肯不等战事终了之后就先实行他的理想,故完全胜利。

第五幕,(1865年4月)写林肯到格兰脱将军营中,写格兰脱将军受李将军的降服。李将军一降,南邦的独立国就完了。

第六幕,(同月)写林肯之死。李将军之降在4月9日,林肯被刺在四月十四夜。林肯死后四十五日,——5月29日,——大赦,南北之战正式终结。

林肯为近代史上一个大人物,年代太近了,事迹又太繁重了,很不容易用作戏剧的材料。德林瓦脱自己说他最得力于英国庄吴勋爵(Lord Charnwood)的《林肯传》,他运用历史材料的手段,真可佩服!他在他的自序里说:

第一,我的目的并不是做历史,是做戏。历史家的目的,已有许多林肯传记很忠实的做到了。……我虽不曾错乱历史,但我不得不把历史事实缩拢来,稍稍加上一点变动,使戏剧的意味得尽量发挥出来。……

第二,我是一个戏剧家,并不是政治哲学家。联邦的各邦有没有分离(Secession)的权利,这个问题很可以有种种不同的意见;但我个人赞成或反对林肯的政策,绝不关紧要。我只顾得他的人格在戏剧里的趣味,我只晓得这个用高尚的精神和理想来主持战事的人是一个很感动人的模范。

他从林肯一生的事迹里,只挑出五年;这五年之中,他只挑出几件事。但这几件事已很可以使我们懂得林肯的人格和美国南北之战的大事了。例如第一幕写林肯的帽子,写他看地图,写他跪下祷告;第二幕写林肯完全收服希华德;第三幕写林肯的女仆和那来见的黑人;第四幕写林肯于讨论国事之前先读一段笑话,大事办完之后接写林肯命史莱纳读一段萧士比亚的新剧;第五幕写林肯特赦一个要枪毙的少年,写格兰脱将军对林肯之崇拜:这些都是细小琐碎的事,但这些小节都是替林肯写生的颜料。最好的自然是第二幕收服希华德的一段。林肯在希华德的公事室里碰见南方代表之后,人都退出了,只剩林肯与希华德两人在屋里;林肯停了半晌不说话,忽然说道:

(林)希华德,这是不行的。

(希)你疑心我——

(林)我没有。不过我们说话要坦白。……我组织内阁的时候,第一个我就选到你。我决不懊悔的;并且永远不会懊悔的。但你要记得:忠心能得忠心。……希华德,你也许想我是一个头脑简单的人,可是我能把你的思想看得极清楚,如同你看钟表里的机械一样。你的热心,你在行政上的经验,你的爱人的心,很可以大大的贡献于政府的。不要因为你想我头脑不清楚,把你自己毁了。

(希)(慢慢的)是的,我知道了。我没有把全体详细研究过。

(林)(从袋内取出一张纸来)这是你寄给我的那篇文章。"几条意见,备总统的考虑。对英国的政策,……对俄罗斯的政策,……对墨西哥的政策。总统须得自己管这个,或是交给一位阁员去专管。这不是我个人的专责。但是我也不推委责任,也不包揽事情"。(半晌,两人互相看着,一句话也不说。林肯将那张纸交给希华德,他拿在手里半晌,扯碎了,丢在他的字纸篓里。)

(希)请你原谅。

(林)(握住他的手)那是你的勇敢。

从此以后,那个瞧不起林肯的希华德就死心塌地的做林肯的帮手了。这种描写法,比诸葛亮三气周瑜时,周瑜咬着头上的山鸡毛,搓着两手,要杀诸葛亮的描写法,优劣如何?

又如第五幕写南北之战的两个大英雄——北军的格兰脱,南军的李——的会见,也非常感动人:

(两个领袖面对着面,格兰脱举手,李将军回礼。)

(格)先生,你常使我觉得和你做敌手是荣幸的事。

(李)我不曾有一回不尽力。我承认我败了。

(格)你今回来——

(李)来问你以什么条件接受投降。是的。

(格)(取桌上的纸给李)很简单的。我想你不至于想我不大量罢。

（李）（读了条件）你真大量，先生。我还可以提出一件请求吗？

（格）如果我可以商量，那是很荣幸的。

（李）你许我们的军官保留他们的马匹。那是你的大恩。但我们骑兵的马匹也都是他们自己的。

（格）我明白了。他们在农场上有用的。可以准他们留下。

（李）多谢你。这很能抚慰我们的人民了。你的条件我承认了。

（李将军摘下佩刀，交给格兰脱。）

（格）不，不。这把刀只有一个合适的地方。请你收了。

（李将军收了刀。格兰脱伸手，李将军同他握手。互相举手行礼，李将军退出。）

这种描写法，既不背历史事实，又能在寥寥几句话里使两个英雄的神情态度在戏台上活现出来。我们如果真想打破那些红脸黑脸，翻斤斗，金鸡独立，全武行……的历史戏，不应该研究研究这种描写法吗？

十，六，十九

（收入德林瓦脱著，沈性仁译：《林肯》，
1921年12月商务印书馆初版）

一个问题

　　我到北京不到两个月。这一天我在中央公园里吃冰，几位同来的朋友先散了；我独自坐着，翻开几张报纸看看，只见满纸都是讨伐西南和召集新国会的话。我懒得看那些疯话，丢开报纸，抬起头来，看见前面来了一男一女，男的抱着一个小孩子，女的手里牵着一个三四岁的孩子。我觉得那男的好生面善，仔细打量他，见他穿一件很旧的官纱长衫，面上很有老态，背脊微有点弯，因为抱着孩子，更显出曲背的样子。他看见我，也仔细打量。我不敢招呼，他们就过去了。走过去几步，他把小孩子交给那女的，他重又回来，问我道，"你不是小山吗？"我说，"正是。你不是朱子平吗？我几乎不敢认你了！"他说，"我是子平，我们八九年不见，你还是壮年，我竟成了老人了，怪不得你不敢招呼我"。

　　我招呼他坐下，他不肯坐，说他一家人都在后面坐久了，要回去预备晚饭了。我说，"你现在是儿女满前的福人了。怪不得要自称老人了"。他叹口气，说，"你看我狼狈到这个样子，还要取笑我？我上个月见着伯安、仲实弟兄们，才知道你今年回国。你是学哲学的人，我有个问题要来请教你，我问过多少人，他们都说我有神经病，不大理会我。你把住址告诉我，我明天来看你。今天来不及谈了"。

　　我把住址告诉了他，他匆匆的赶上他的妻子，接过小孩子，一同出去了。

　　我望着他们出去，心里想道：朱子平当初在我们同学里面，要算一个很有豪气的人，怎么现在弄得这样潦倒？看他见了一个多年不见的老同学，一开口就有什么问题请教，怪不得人说他有神经病。但不知他因为潦倒了才有神经病呢？还是因为有了神经病所以潦倒呢?……

第二天一大早,他果然来了。他比我只大得一岁,今年三十岁。但是他头上已有许多白发了。外面人看来,他至少要比我大十几岁。

他还没有坐定,就说,"小山,我要请教你一个问题。"

我问他什么问题。他说,"我这几年以来,差不多没有一天不问自己道:人生在世,究竟是为什么的?我想了几年,越想越想不通。朋友之中也没有人能回答这个问题。起先他们给我一个'哲学家'的绰号,后来他们竟叫我做朱疯子了!小山,你是见多识广的人,请你告诉我,人生在世,究竟是为什么的?"

我说,"子平,这个问题是没有答案的。现在的人最怕的是有人问他这个问题。得意的人听着这个问题就要扫兴,不得意的人想着这个问题就要发狂。他们是聪明人,不愿意扫兴,更不愿意发狂,所以给你一个疯子的绰号,就算完了。——我要问你,你为什么想到这个问题上去呢?"

他说,"这话说来很长,只怕你不爱听。"

我说我最爱听。他叹了一口气,点着一根纸烟,慢慢的说。以下都是他的话。

我们离开高等学堂那一年,你到英国去了,我回到家乡,生了一场大病,足足的病了十八个月。病好了,便是辛亥革命,把我家在汉口的店业就光复掉了。家里生计渐渐困难,我不能不出来谋事。那时伯安、石生一班老同学都在北京,我写信给他们,托他们寻点事做。后来他们写信给我,说从前高等学堂的老师陈老先生答应要我去教他的孙子。我到北京,就住在陈家。陈老先生在大学堂教书,又担任女子师范的国文,一个月拿的钱很多,但是他的两个儿子都不成器,老头子气得很,发愤要教育他几个孙子成人。但是他一个人教两处书,那有工夫教小孩子?你知道我同伯安都是他的得意学生,所以他叫我去,给我二十块钱一个月,住的房子,吃的饭,都是他的,总算他老先生的一番好意。

过了半年,他对我说,要替我做媒。说的是他一位同年的女儿,现在女子师范读书,快要毕业了。那女子我也见过一两次,人倒很朴素稳重。但是我一个月拿人家二十块钱,如何养得起家小?我把这个意思回复他,谢他的好意。老先生有点不高兴,当时也没说什么。过了几天,他请了伯安、仲实弟兄到他家,要他们劝我就这门亲事。他说,"子平的家事,我是晓得的。他家三代单传,嗣续的事不能再缓了。二十多岁的少年,那里怕没有事做?还怕养不活老婆吗?我替他做媒的这头亲事是再好也没有的。女的今年就毕业,毕业后还可在本京蒙养院教书,我已经替他介绍好了。蒙养院的钱虽不多,也可以贴补一点家用。他再要怕不够时,我把女学堂的三十块钱让他去教。我老了,大学堂一处也够我忙了。你们看我这个媒人总可算是竭力报效了"。

伯安弟兄把这番话对我说,你想我如何能再推辞。我只好写信告诉家母。家母回信,也说了许多"三代单传,不孝有三,无后为大"的话。又说,"陈老师这番好意,你稍有人心,应该感激图报,岂可不识抬举?"

我看了信,晓得家母这几年因为我不肯娶亲,心里很不高兴,这一次不过是借题发点牢骚。我仔细一想,觉得做了中国人,老婆是不能不讨的,只好将就点罢。

我去找到伯安、仲实,说我答应订定这头亲事,但是我现在没有积蓄,须过一两年再结婚。

他们去见老先生,老先生说,"女孩子今年二十三岁了,他父亲很想早点嫁了女儿,好替他小儿子娶媳妇。你们去对子平说,叫他等女的毕业了就结婚。仪节简单一点,不费什么钱。他要用木器家具,我这里有用不着的,他可以搬去用。我们再替他邀一个公份,也就可以够用了"。

他们来对我说,我没有话可驳回,只好答应了。过了三个月,我租了一所小屋,预备成亲。老先生果然送了一些破烂家具,我自己添置了一点。伯安、石生一些人发起一个公份,送了我六十多块钱的贺仪，只够我替女家做了两套衣服，就完了。结婚的时候，我还借了好几十块钱，才勉强把婚事办了。

结婚的生活，你还不曾经过。我老实对你说，新婚的第一年，的确是很有乐趣的生活。我的内人，人极温和，他晓得我的艰苦，我们从不肯乱花一个钱。我们只用一个老妈，白天我上陈家教书，下午到女师范教书，他到蒙养院教书。晚上回家，我们自己做两样家乡小菜，吃了晚饭，闲谈一会，我改我的卷子，他陪我坐着做点针线。我有时做点文字卖给报馆，有时写到夜深才睡。他怕我身体过劳，每晚到了十二点钟，他把我的墨盒纸笔都收了去，吹灭了灯，不许我再写了。

小山，这种生活，确有一种乐趣。但是不到七八个月，我的内人就病了，呕吐得很利害。我们猜是喜信，请医生来看，医生说八成是有喜。我连忙写信回家，好叫家母欢喜。老人家果然欢喜得很，托人写信来说了许多孕妇保重身体的法子，还做了许多小孩的衣服小帽寄来。

产期将近了。他不能上课，请了一位同学代他。我添雇了一个老妈子，还要准备许多临产的需要品。好容易生下一个男孩子来。产后内人身体不好，乳水不够，不能不雇奶妈。一家平空减少了每月十几块钱的进帐，倒添上了几口人吃饭拿工钱。家庭的担负就很不容易了。

过了几个月，内人身体复原了，依旧去上课，但是记挂着小孩子，觉得很不方便。看十几块钱的面上，只得忍着心肠做去。

不料陈老先生忽然得了中风的病，一起病就不能说话，不久就死了。他那两个宝贝儿子，把老头子的一点存款都瓜分了，还要赶回家去分田产，把我的三个小学生都带回去了。

我少了二十块钱的进款，正想寻事做，忽然女学堂的校长又换了人，第二年开学时，他不曾送聘书来，我托熟人去说，他说我的议论太偏僻了，不便在女学堂教书。我生了气，也不屑再去求他了。

伯安那时做众议院的议员，在国会里颇出点风头。我托他设法。他托陈老先生的朋友把我荐到大学堂去当一个事务员,一个月拿三十块钱。

我们只好自己刻苦一点,把奶妈和那添雇的老妈子辞了。每月只吃三四次肉,有人请我吃酒,我都辞了不去,因为吃了人的,不能不回请。戏园里是四年多不曾去过了。

但是无论我们怎样节省,总是不够用。过了一年又添了一个孩子。这回我的内人自己给他奶吃,不雇奶妈了。但是自己的乳水不够,我们用开成公司的豆腐浆代他,小孩子不肯吃,不到一岁就殇掉了。内人哭的什么似的。我想起孩子之死全系因为雇不起奶妈,内人又过于省俭,不肯吃点滋养的东西,所以乳水更不够。我看见内人伤心,我心里实在难过。

后来时局一年坏似一年,我的光景也一年更紧似一年。内人因为身体不好,辍课太多,蒙养院的当局颇说嫌话,内人也有点拗性,索性辞职出来。想找别的事做,一时竟寻不着。北京这个地方,你想寻一个三百五百的阔差使,反不费力。要是你想寻二三十块钱一个月的小事,那就比登天还难。到了中、交两行停止兑现的时候,我那每月三十块钱的票子更不够用了。票子的价值越缩下去,我的大孩子吃饭的本事越大起来。去年冬天,又生了一个女孩子,就是昨天你看见我抱着的。我托了伯安去见大学校长,请他加我的薪水,校长晓得我做事认真,加了我十块钱票子,共是四十块,打个七折,四七二十八,你替我算算,房租每月六块,伙食十五块,老妈工钱两块,已是二十三块钱了。剩下五块大钱,每天只派着一角六分大洋做零用钱。做衣服的钱都没有,不要说看报买书了。大学图书馆里虽然有书有报,但是我一天忙到晚,公事一完,又要赶回家来帮内人照应小孩子,那里有工夫看书阅报?晚上我腾出一点工夫做点小说,想赚几个钱。我的内人向来不许我写过十二点钟的,于今也不来管我了。他晓得我们现在所处的境地,非寻两个外快钱不能过日子,所以只好由我写到两三点钟才睡。但是现在卖文的人多了,我又没有工夫看书,全靠绞脑子,挖心血,没有接济思想的来源,做的东西又都是百忙里偷闲潦草做的,那里会有好东西?所以往往卖不起价钱,有时原稿退回,我又修改一点,寄给别家。前天好容易卖了一篇小说,拿着五块钱,所以昨天全家去逛中央公园,去年我们竟不曾去过。

我每天五点钟起来,——冬天六点半起来——午饭后靠着桌子偷睡半个钟头,一直忙到夜深半夜后。忙的是什么呢?我要吃饭,老婆要吃饭,还要喂小孩子吃饭——所忙的不过为了这一件事!

我每天上大学去,从大学回来,都是步行。这就是我的体操,不但可以省钱,还可给我一点厎思想的时间,使我可以想小说的布局,可以想到人生的问题。有一天,我的内人的姊夫从南边来,我想请他上一回馆子,家里恰没有钱,我去问同事借,那几位同事也都是和我不相上下的穷鬼,那有钱借人?我空着手走回家,路上自思自想,忽然想到一个大问题,就是"人生在世,究竟是为什么的?"……我一头想,一头走,想入了迷,就站在北河沿一颗柳树下,望着水里的树影子,足足站了两个钟头。等到我醒过来走回家时,天已黑了,客人已走了半天了!

自从那一天到现在,几乎没有一天我不想到这个问题。有时候,我从睡梦里喊着"人生在世,究竟是为什么的?"

小山,你是学哲学的人。像我这样养老婆,喂小孩子,就算做了一世的人吗?……

民国八年

(原载1919年7月20日《每周评论》第31号)

终身大事
游戏的喜剧

（序）前几天有几位美国留学的朋友来说,北京的美国大学同学会不久要开一个宴会。中国的会员想在那天晚上演一出短戏。他们限我于一天之内编成一个英文短戏,预备给他们排演。我勉强答应了,明天写成这出独折戏,交与他们。后来他们因为寻不到女角色,不能排演此戏。不料我的朋友卜思先生见了此戏,就拿去给《北京导报》主笔刁德仁先生看,刁先生一定要把这戏登出来,我只得由他。后来因为有一个女学堂要排演这戏,所以我又把他翻成中文。

这一类的戏,西文叫做Farce,译出来就是游戏的喜剧。

这是我第一次弄这一类的玩意儿,列位朋友莫要见笑。

戏中人物
田太太
田先生
田亚梅女士
算命先生（瞎子）
田宅的女仆李妈
布景

田宅的会客室。右边有门,通大门。左边有门,通饭厅。背面有一张莎法榻。两旁有两张靠椅。中央一张小圆桌子,桌上有花瓶。桌边有两张坐椅。左边靠壁有一张小写字台。

墙上挂的是中国字画,夹着两块西洋荷兰派的风景画。这种中西合璧的陈设,很可表示这家人半新半旧的风气。

开幕时,幕慢慢的上去,台下的人还可听见台上算命先生弹的弦子将完的声音。田太太坐在一张靠椅上。算命先生坐在桌边椅子上。

田太太　你说的话我不大听得懂。你看这门亲事可对得吗?

算命先生　田太太,我是据命直言的。我们算命的都是据命直言的。你知道——

田太太　据命直言是怎样呢?

算命先生　这门亲事是做不得的。要是你家这位姑娘嫁了这男人,将来一定没有好结果。

田太太　为什么呢?

算命先生　你知道,我不过是据命直言。这男命是寅年亥日生的,女命是巳年申时生的。正合着命书上说的"蛇配虎,男克女。猪配猴,不到头"。这是合婚最忌的八字。属蛇的和属虎的已是相克的了。再加上亥日申时,猪猴相克,这是两重大忌的命。这两口儿要是成了夫妇,一定不能团圆到老。仔细看起来,男命强得多,是一个夫克妻之命,应该女人早年短命。田太太,我不过是据命直言,你不要见怪。

田太太　不怪,不怪。我是最喜欢人直说的。你这话一定不会错。昨天观音娘娘也是这样说。

算命先生　哦!观音菩萨也这样说吗?

田太太　是的,观音娘娘签诗上说——让我寻出来念给你听。(走到写字台边,翻开抽屉,拿出一条黄纸,念道)这是七十八签,下下。签诗说,"夫妻前生定,因缘莫强求。逆天终有祸,婚姻不到头"。

算命先生　"婚姻不到头",这句诗和我刚才说的一个字都不错。

田太太　观音娘娘的话自然不会错的。不过这件事是我家姑娘的终身大事,我们做爷娘的总得二十四分小心的办去。所以我昨儿求了签诗,总还有点不放心。今天请你先生来看看这两个八字里可有什么合得拢的地方。

算命先生　没有。没有。

田太太　娘娘的签诗只有几句话,不容易懂得。如今你算起命来,又合签诗一样。这个自然不用再说了。(取钱付算命先生)难为你。这是你对八字的钱。

算命先生　(伸手接钱)不用得,不用得。多谢,多谢。想不到观音娘娘的签诗居然和我的话一样!(立起身来)

田太太　(喊道)李妈!(李妈从左边门进来)你领他出去。(李妈领算命先生从右边门出去)

田太太　(把桌上的红纸庚帖收起,折好了,放在写字台的抽屉里。又把黄纸签诗也放进去。口里说道)可惜!可惜这两口儿竟配不成!

田亚梅女士　(从右边门进来。他是一个二十三四岁的女子,穿着出门的大衣,脸上现出有心事的神气。进门后,一面脱下大衣,一面说道)妈,你怎么又算起命来了?我在门口碰着一个算命的走出去。你忘了爸爸不准算命的进门吗?

田太太　我的孩子,就只这一次,我下次再不干了。

田女　但是你答应了爸爸以后不再算命了。

田太太　我知道,我知道,但是这一回我不能不请教算命的。我叫他来把你和那陈先生的八字排排看。

田女　哦!哦!

田太太　你要知道,这是你的终身大事,我又只生了你一个女儿,我不能糊里糊涂的让你嫁一个合不来的人。

田女　谁说我们合不来?我们是多年的朋友,一定很合得来。

田太太　一定合不来。算命的说你们合不来。

田女　他懂得什么?

田太太　不单是算命的这样说,观音菩萨也这样说。

田女　什么?你还去问过观音菩萨吗?爸爸知道了更要说话了。

田太太　我知道你爸爸一定同我反对,无论我做什么事,他总同我反对。但是你想,我们老年人怎么敢决断你们的婚姻大事。我们无论怎样小心,保不住没有错。但是菩萨总不会骗人。况且菩萨说的话,和算命的说的,竟是一样,这就更可相信了。(立起来,走到写字台边,翻开抽屉)你自己看菩萨的签诗。

田女　我不要看,我不要看!

田太太　(不得已把抽屉盖了)我的孩子,你不要这样固执。那位陈先生我是很喜欢他的。我看他是一个很可靠的人。你在东洋认得他好几年了,你说你很知道他的为人。但是你年纪还轻,又没有阅历,你的眼力也许会错的。就是我们活了五六十岁的人,也还不敢相信自己的眼力。因为我不敢相信自己,所以我去问观音菩萨又去问算命的。菩萨说对不得,算命的也说对不得,这还会错吗?算命的说,你们的八字正是命书最忌的八字,叫做什么"猪配猴,不到头",因为你是巳年申时生的,他是——

田女　你不要说了,妈,我不要听这些话。(双手遮着脸,带着哭声)我不爱听这些话!我知道爸爸不会同你一样主意。他一定不会。

田太太　我不管他打什么主意。我的女儿嫁人,总得我肯。(走到他女儿身边,用手巾替他揩眼泪)不要掉眼泪。我走开去,让你仔细想想。我们都是替你打算,总想你好。我去看午饭好了没有。你爸爸就要回来了。不要哭了,好孩子。(田太太从饭厅的门进去了)

田女　(揩着眼泪,抬起头来,看见李妈从外面进来,他用手招呼他走近些,低声说)李妈,我要你帮我的忙。我妈不准我嫁陈先生——

李妈　可惜,可惜!陈先生是一个很懂礼的君子人。今儿早晨,我在路上碰着他,他还点头招呼我咧。

田女　是的,他看见你带了算命先生来家,他怕我们的事有什么变卦,所以他立刻打电话到学堂去告诉我。我回来时,他在他的汽车里远远的跟在后面。这时候恐怕他还在这条街的口子上等候我的信息。你去告诉他,说我妈不许我们结婚。但是爸爸就回来了,他自然会帮我们。你叫他把汽车开到后面街上去等我的回信。你就去罢。(李妈转身将出去)回来!(李妈回转身来)你告诉他——你叫他——你叫他不要着急!(李妈微笑出去)

田女　(走到写字台边,翻开抽屉,偷看抽屉里的东西,伸出手表看道)爸爸应该回来了,快十二点了。

(田先生约摸五十岁的样子,从外面进来)

田女　(忙把抽屉盖了,站起来接他父亲)爸爸,你回来了!妈说,……妈有要紧话同你商量,——有很要紧的话。

田先生　什么要紧话?你先告诉我。

田女　妈会告诉你的。(走到饭厅边,喊道)妈,妈,爸爸回来了。

田先生　不知道你们又弄什么鬼了。(坐在一张靠椅上。田太太从饭厅那边过来。)亚梅说你有要紧话,——很要紧的话,要同我商量。

田太太　是的,很要紧的话。(坐在左边椅子上)我说的是陈家这门亲事。

田先生　不错,我这几天心里也在盘算这件事。

田太太　很好,我们都该盘算这件事了。这是亚梅的终身大事,我一想起这事如何重大,我就发愁,连饭都吃不下了,觉也睡不着了。那位陈先生我们虽然见过好几次,我心里总有点不放心。从前人家看女婿总不过偷看一面就完了。现在我们见面越多了,我们的责任更不容易担了。他家是很有钱的,但是有钱人家的子弟总是坏的多,好的少。他是一个外国留学生,但是许多留学生回来不久就把他们原配的妻子休了。

田先生　你讲了这一大篇,究竟是什么主意?

田太太　我的主意是,我们替女儿办这件大事,不能相信自己的主意。我就不敢相信我自己。所以我昨儿到观音庵去问菩萨。

田先生　什么?你不是答应我不再去烧香拜佛了吗?

田太太　我是为了女儿的事去的。

田先生　哼！哼！算了罢。你说罢。

田太太　我去庵里求了一签。签诗上说，这门亲事是做不得的。我把签诗给你看。（要去开抽屉）

田先生　呸！呸！我不要看。我不相信这些东西！你说这是女儿的终身大事，你不敢相信自己，难道那泥塑木雕的菩萨就可相信吗？

田女　（高兴起来）我说爸爸是不信这些事的。（走近他父亲身边）谢谢你。我们该应相信自己的主意，可不是吗？

田太太　不单是菩萨这样说。

田先生　哦！还有谁呢？

田太太　我求了签诗，心里还不很放心，总还有点疑惑。所以我叫人去请城里顶有名的算命先生张瞎子来排八字。

田先生　哼！哼！你又忘记你答应我的话了。

田太太　我也知道。但是我为了女儿的大事，心里疑惑不定，没有主张，不得不去找他来决断决断。

田先生　谁叫你先去找菩萨惹起这点疑惑呢？你先就不该去问菩萨，——你该先来问我。

田太太　罪过，罪过，阿弥陀佛，——那算命的说的话同菩萨说的一个样儿。这不是一桩奇事吗？

田先生　算了罢！算了罢！不要再胡说乱道了。你有眼睛，自己不肯用，反去请教那没有眼睛的瞎子，这不是笑话吗？

田女　爸爸，你这话一点也不错。我早就知道你是帮助我们的。

田太太　（怒向他女儿）亏你说得出，"帮助我们的"，谁是"你们"？"你们"是谁？你也不害羞！（用手巾蒙面哭了）你们一齐通同起来反对我！我女儿的终身大事，我做娘的管不得吗？

田先生　正因为这是女儿的终身大事，所以我们做父母的该应格外小心，格外慎重，什么泥菩萨哪，什么算命合婚哪，都是骗人的，都不可相信。亚梅，你说是不是？

田女　正是，正是。我早知道你决不会相信这些东西。

田先生　现在不许再讲那些迷信的话了。泥菩萨，瞎算命，一齐

丢去！我们要正正经经的讨论这件事。（对田太太）不要哭了。（对田女）你也坐下。（田女在莎法榻上坐下）

田先生　亚梅，我不愿意你同那姓陈的结婚。

田女　（惊慌）爸爸，你是同我开玩笑，还是当真？

田先生　当真。这门亲事一定做不得的。我说这话，心里很难过，但是我不能不说。

田女　你莫非看出他有什么不好的地方？

田先生　没有。我很欢喜他。拣女婿拣中了他，再好也没有了，因此我心里更不好过。

田女　（摸不着头脑）你又不相信菩萨和算命？

田先生　决不，决不。

田太太与田女　（同时间）那么究竟为了什么呢？

田先生　好孩子，你出洋长久了，竟把中国的风俗规矩全都忘了。你连祖宗定下的祠规都不记得了。

田女　我同陈家结婚，犯了那一条祠规？

田先生　我拿给你看。（站起来从饭厅边进去）

田太太　我意想不出什么。阿弥陀佛，这样也好，只要他不肯许就是了。

田女　（低头细想，忽然抬头显出决心的神气）我知道怎么办了。

田先生　（捧着一大部族谱进来）你瞧，这是我们的族谱。（翻开书页，乱堆在桌上）你瞧，我们田家两千五百年的祖宗，可有一个姓田和姓陈的结亲？

田女　为什么姓田的不能和姓陈的结婚呢？

田先生　因为中国的风俗不准同姓的结婚。

田女　我们并不同姓。他家姓陈，我家姓田。

田先生　我们是同姓的。中国古时的人把陈字和田字读成一样的音。我们的姓有时写作田字，有时写作陈字，其实是一样的。你小时候读过《论语》吗？

田女　读过的，不大记得了。

田先生　《论语》上有个陈成子,旁的书上都写作田成子,便是这个道理。两千五百年前,姓陈的和姓田只是一家。后来年代久了,那写做田字的便认定姓田,写做陈字的便认定姓陈,外面看起来,好像是两姓,其实是一家。所以两姓祠堂里都不准通婚。

田女　难道两千年前同姓的男女也不能通婚吗?

田先生　不能。

田女　爸爸,你是明白道理的人,一定不认这种没有道理的祠规。

田先生　我不认他也无用。社会承认他。那班老先生们承认他。你叫我怎么样呢?还不单是姓田的和姓陈的呢。我们衙门里有一位高先生告诉我,说他们那边姓高的祖上本是元朝末年明朝初年陈友谅的子孙,后来改姓高。他们因为六百年前姓陈,所以不同姓陈的结亲;又因为二千五百年前姓陈的本又姓田,所以又不同姓田的结亲。

田女　这更没有道理了!

田先生　管他有理无理,这是祠堂里的规矩,我们犯了祠规就要革出祠堂。前几十年有一家姓田的在南边做生意,就把一个女儿嫁给姓陈的。后来那女的死了,陈家祠堂里的族长不准他进祠堂。他家花了多少钱,捐到祠堂里做罚款,还把"田"字当中那一直拉长了,上下都出了头,改成了"申"字,才许他进祠堂。

田女　那是很容易的事。我情愿把我的姓当中一直也拉长了改作"申"字。

田先生　说得好容易!你情愿,我不情愿咧!我不肯为了你的事连累我受那班老先生们的笑骂。

田女　(气得哭了)但是我们并不同姓!

田先生　我们族谱上说是同姓,那班老先生们也都说是同姓。我已经问过许多老先生了,他们都是这样说。你要知道,我们做爹娘的,办儿女的终身大事,虽然不该听泥菩萨瞎算命的话,但是那班老先生们的话是不能不听的。

田女　(作哀告的样子)爸爸!——

田先生　你听我说完了。还有一层难处。要是你这位姓陈的朋友是没有钱的,到也罢了;不幸他又是很有钱的人家。我要把你嫁了他,那班老先生们必定说我贪图他有钱,所以连祖宗都不顾,就把女儿卖给他了。

田女　(绝望了)爸爸!你一生要打破迷信的风俗,到底还打不破迷信的祠规!这是我做梦也想不到的!

田先生　你恼我吗?这也难怪。你心里自然总有点不快活。你这种气头上的话,我决不怪你,——决不怪你。

李妈　(从左边门出来)午饭摆好了。

田先生　来,来,来。我们吃了饭再谈罢。我肚里饿得很了。(先走进饭厅去)

田太太　(走近他女儿)不要哭了。你要自己明白。我们都是想你好。忍住。我们吃饭去。

田女　我不要吃饭。

田太太　不要这样固执。我先去,你定一定心就来。我们等你咧。(也进饭厅去了。李妈把门随手关上,自己站着不动)

田女　(抬起头来,看见李妈)陈先生还在汽车里等着吗?

李妈　是的。这是他给你的信,用铅笔写的。(摸出一张纸,递与田女)

田女　(读信)"此事只关系我们两人,与别人无关,你该自己决断!"(重读末句)"你该自己决断!"是的,我该自己决断!(对李妈说)你进去告诉我爸爸和妈,叫他们先吃饭,不用等我。我要停一会再吃。(李妈点头自进去。田女士站起来,穿上大衣,在写字台上匆匆写了一张字条,压在桌上花瓶底下。他回头一望,匆匆从右边门出去了。略停一会)

田太太　(戏台里的声音)亚梅,你快来吃饭,菜要冰冷了。(门里出来)你那里去了? 亚梅。

田先生　(戏台里)随他罢。他生了气了,让他平平气就会好了。(门里出来)他出去了?

田太太　他穿了大衣出去了。怕是回学堂去了。

田先生　（看见花瓶底下的字条）这是什么？（取字条念道）"这是孩儿的终身大事。孩儿应该自己决断。孩儿现在坐了陈先生的汽车去了。暂时告辞了。"（田太太听了，身子往后一仰，坐倒在靠椅上。田先生冲向右边的门，到了门边，又回头一望，眼睁睁的显出迟疑不决的神气。幕下来）

跋

　　这出戏本是因为几个女学生要排演，我才把他译成中文的。后来因为这戏里的田女士跟人跑了，这几位女学生竟没有人敢扮演田女士。况且女学堂似乎不便演这种不很道德的戏！所以这稿子又回来了。我想这一层很是我这出戏的大缺点。我们常说要提倡写实主义。如今我这出戏竟没有人敢演，可见得一定不是写实的了。这种不合写实主义的戏，本来没有什么价值，只好送给我的朋友高一涵去填《新青年》的空白罢。

（适）

（原载 1919 年 3 月 15 日《新青年》第 6 卷第 3 号）